■2025年度中学受験用

立教新座中学校

4年間(＋3年間HP掲載)スーパー過去問

●収録内容一覧

入試問題と解説・解答の収録内容

2024年度　1回	算数・社会・理科・国語	実物解答用紙DL
2024年度　2回	算数・社会・理科・国語	実物解答用紙DL
2023年度　1回	算数・社会・理科・国語	実物解答用紙DL
2023年度　2回	算数・社会・理科・国語	実物解答用紙DL
2022年度　1回	算数・社会・理科・国語	実物解答用紙DL
2022年度　2回	算数・社会・理科・国語	実物解答用紙DL
2021年度　1回	算数・社会・理科・国語	
2021年度　2回	算数・社会・理科・国語	
2020～2018年度(HP掲載) 「カコ過去問」 (ユーザー名) koe (パスワード) w8ga5a1o	問題・解答用紙・解説解答DL **◇著作権の都合により国語と一部の問題を削除しております。** ◇一部解答のみ(解説なし)となります。 ◇9月下旬までに全校アップロード予定です。 ◇掲載期限以降は予告なく削除される場合があります。	

～本書ご利用上の注意～　以下の点について，あらかじめご了承ください。

★別冊解答用紙は巻末にございます。実物解答用紙は，弊社サイトの各校商品情報ページより，一部または全部をダウンロードできます。
★編集の都合上，学校実施のすべての試験を掲載していない場合がございます。
★当問題集のバックナンバーは，弊社には在庫がございません(ネット書店などに一部在庫あり)。
★本書の内容を無断転載することを禁じます。また，本書のコピー，スキャン，デジタル化等の無断複製は著作権法上での例外を除き禁じられています。

JN008065

合格を勝ち取るための
『スーパー過去問』の使い方

本書に掲載されている過去問をご覧になって，「難しそう」と感じたかもしれません。でも，多くの受験生が同じように感じているはずです。なぜなら，中学入試で出題される問題は，小学校で習う内容よりも高度なものが多く，たくさんの知識や解き方のコツを身につけることも必要だからです。ですから，初めて本書に取り組むさいには，点数を気にしすぎないようにしましょう。本番でしっかり点数を取れることが大事なのです。

過去問で重要なのは「まちがえること」です。自分の弱点を知るために，過去問に取り組むのです。当然，まちがえた問題をそのままにしておいては意味がありません。

本書には，長年にわたって中学入試にたずさわっているスタッフによるていねいな解説がついています。まちがえた問題はしっかりと解説を読み，できるようになるまで何度も解き直しをしてください。理解できていないと感じた分野については，参考書や資料集などを活用し，改めて整理しておきましょう。

このページも参考にしてみましょう！

◆どの年度から解こうかな　「入試問題と解説・解答の収録内容一覧」

本書のはじめには収録内容が掲載されていますので，収録年度や収録されている入試回などを確認できます。

※著作権上の都合によって掲載できない問題が収録されている場合は，最新年度の問題の前に，ピンク色の紙を差しこんでご案内しています。

◆学校の情報を知ろう!!「学校紹介ページ」

このページのあとに，各学校の基本情報などを掲載しています。問題を解くのに疲れたら息ぬきに読んで，志望校合格への気持ちを新たにし，再び過去問に挑戦してみるのもよいでしょう。なお，最新の情報につきましては，学校のホームページなどでご確認ください。

◆入試に向けてどんな対策をしよう？「出題傾向＆対策」

「学校紹介ページ」に続いて，「出題傾向＆対策」ページがあります。過去にどのような分野の問題が出題され，どのように対策すればよいかをアドバイスしていますので，参考にしてください。

◇別冊「入試問題解答用紙編」

本書の巻末には，ぬき取って使える別冊の解答用紙が収録してあります。解答用紙が非公表の場合などを除き，（注）が記載されたページの指定倍率にしたがって拡大コピーをとれば，実際の入試問題とほぼ同じ解答欄の大きさで，何度でも過去問に取り組むことができます。このように，入試本番に近い条件で練習できるのも，本書の強みです。また，データが公表されている学校は別冊の１ページ目に過去の「入試結果表」を掲載しています。合格に必要な得点の目安として活用してください。

本書がみなさんの志望校合格の助けとなることを，心より願っています。

株式会社　声の教育社　編集部

立教新座中学校

所在地　〒352-8523 埼玉県新座市北野1-2-25
電　話　048-471-2323（代）
ホームページ　https://niiza.rikkyo.ac.jp/
交通案内　東武東上線「志木駅」より徒歩15分またはバス10分
JR武蔵野線「新座駅」より徒歩25分またはバス10分

くわしい情報はホームページへ

トピックス
★入試当日の持ち物に，直定規（15cm程度）とコンパスがある（参考：昨年度）。
★立教池袋中との間に入学手続時納入金の移管制度がある（参考：昨年度）。

創立年 平成12年　｜　男子校　｜　高校募集あり

応募状況

年度	募集数	応募数	受験数	合格数	倍率
2024	①約100名	1744名	1680名	742名	2.3倍
	②約 40名	266名	213名	41名	5.2倍
2023	①約100名	1760名	1685名	804名	2.1倍
	②約 40名	280名	217名	46名	4.7倍
2022	①約100名	1802名	1647名	804名	2.0倍
	②約 40名	256名	203名	40名	5.1倍

入試情報（参考：昨年度）

・出願方法：Web出願
・出願期間：
　一般第１回　2023年12月18日12:00
　　　　　　　～2024年１月18日23:59
　一般第２回　2023年12月18日12:00
　　　　　　　～2024年２月２日16:59
　※この期間中に，受験料を納入してください。
・試験日：
　一般第１回　2024年１月25日
　一般第２回　2024年２月３日
・合格発表〔Web発表のみ〕：
　一般第１回　2024年１月26日15:00
　　　　　　　～2024年２月２日16:59
　一般第２回　2024年２月３日21:00
　　　　　　　～2024年２月４日11:59

本校のカリキュラム

中学の３年間では，学習習慣を確立し，基礎学力を身につけます。特定の教科に偏りのない総合的な学力・能力を養っていくことを目標にします。そのため，理解に個人差の出やすい教科は学習内容に応じた習熟度別・少人数授業を実施します。高校の３年間では，基礎的な教養を身につけ，論理的思考力を習得していきます。高２より他大学進学クラスが設置され，自分の進路に沿ったカリキュラムで学ぶことができます。

2023年度の主な他大学合格実績

＜国立大学＞
東京大，東京工業大，一橋大，横浜国立大

＜私立大学＞
慶應義塾大，早稲田大，上智大，国際基督教大，東京理科大，東京慈恵会医科大，順天堂大

〔立教大学推薦基準概要〕
①高校が定める卒業に必要な単位を修得していること。
②学校生活上の状況が良好であること（出欠状況など）。
③立教大学への進学を希望し，勉学の意志を明確に持っていること。
④卒業研究論文を提出し，認定されること。
⑤英語についての一定の能力が認定されること。
⑥国語についての一定の能力が認定されること。
⑦その他の科目の能力が認定されること。
⑧自己推薦項目で一定のポイントを取得していること。

編集部注一本書の内容は2024年3月現在のものであり，変更されている場合があります。正確な情報は，学校のホームページ等で必ずご確認ください。

算数 出題傾向＆対策

◆基本データ(2024年度１回)

試験時間／満点	50分／100点
問　題　構　成	・大問数…５題 計算・応用小問１題(６問) ／応用問題４題 ・小問数…20問
解　答　形　式	解答のみを記入する形式となっている。必要な単位などは解答用紙にあらかじめ印刷されている。
実際の問題用紙	Ａ４サイズ，小冊子形式
実際の解答用紙	Ａ３サイズ

◆過去４年間の出題率トップ５

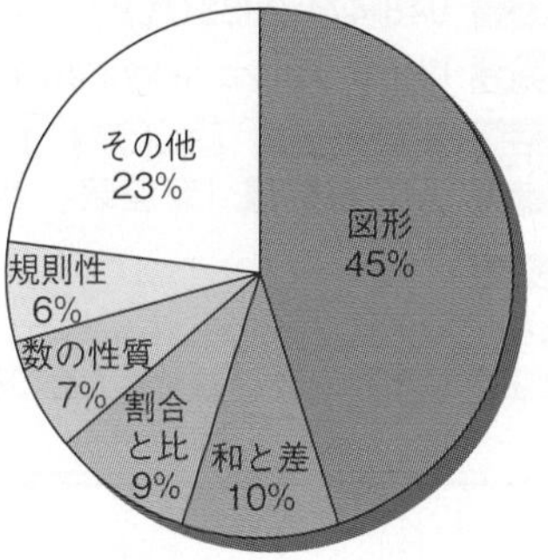

※　配点(推定ふくむ)をもとに算出

◆近年の出題内容

【 2024年度１回 】			【 2023年度１回 】		
大問	1	四則計算，消去算，条件の整理，体積，図形の移動，長さ，集まり，相当算	大問	1	四則計算，仕事算，消去算，角度，体積，表面積，整数の性質，条件の整理
	2	平面図形─相似，辺の比と面積の比		2	つるかめ算
	3	割合と比，つるかめ算		3	平面図形─図形の移動，面積
	4	場合の数		4	立体図形─展開図，体積，相似
	5	立体図形─体積，表面積		5	条件の整理

◆出題傾向と内容

問題全体を見ると，さまざまな分野から出題されていて**かたよりのない構成**になっています。

●計算・応用小問…出題される単元ははば広く，今までに出題された単元は，分数や小数のまじった複雑な四則計算のほか，逆算，数の性質，周期算，条件の整理，場合の数，平均，長さ，体積，面積比，表面積などです。

●応用問題…数の性質，規則性，水の深さと体積，場合の数，濃度，立体図形の分割，体積，表面積，年齢算，旅人算，つるかめ算などが取り上げられています。

◆対策～合格点を取るには？～

まず，計算力は算数の基礎力養成の最低条件ですから，反復練習を心がけて，計算ミスをなくすことが大切です。

図形は，面積や体積ばかりでなく，長さ，角度，展開図，縮尺，相似比と面積比，体積比などの考え方や解き方をはば広く身につけ，割合や比を使ってすばやく解けるようになること。また，図形をいろいろな方向から見たり分割してみたりして，図形の性質もおさえておきましょう。さまざまなパターンの問題にあたって，その解法を身につけていくのが効果的です。

数量分野では，特に数の性質，規則性，場合の数などをマスターしましょう。はじめに教科書にある重要事項を自分なりに整理し，さらに類題を数多くこなして，基本的なパターンを身につけてください。

また，特殊算からの出題は少なめですが，参考書などにある「○○算」というものの基本を学習し，問題演習を通じて公式をスムーズに活用できるようになりましょう。

なお，全体を通していえることですが，算数では答えを導くまでの考え方や式がもっとも大切ですから，**ふだんからノートに自分の考え方，線分図，式を，後から見返しやすいようにしっかりとかく習慣をつけておきましょう。**

算数　出題分野分析表

分野		2024		2023		2022		2021	
	年度	1回	2回	1回	2回	1回	2回	1回	2回
計算	四則計算・逆算	○	○	○	○	○	○	○	○
	計算のくふう								
	単位の計算								
和と差	和差算・分配算								○
	消去算	○		○		○			○
	つるかめ算	○		○	○	○		○	
	平均とのべ						○		○
	過不足算・差集め算								
	集まり	○							
	年齢算								
割合と比	割合と比	○							
	正比例と反比例							○	
	還元算・相当算	○	○		○				
	比の性質							○	
	倍数算							○	
	売買損益								
	濃度						○		
	仕事算			○		○			
	ニュートン算								
速さ	速さ							○	
	旅人算		○						
	通過算		○						
	流水算								
	時計算				○				
	速さと比						○		
図形	角度・面積・長さ	○	◎	◎	◎	○	◎	○	◎
	辺の比と面積の比・相似	○	○	○	○	○		○	○
	体積・表面積	◎	○	●	○	○	●	●	●
	水の深さと体積		○			○			
	展開図		○	○	○				○
	構成・分割		○		◎		◎	○	
	図形・点の移動	○	○	○	○		◎		○
表とグラフ									
数の性質	約数と倍数								
	N進数								
	約束記号・文字式								
	整数・小数・分数の性質		●	○		○	○		○
規則性	植木算							○	
	周期算		○					○	
	数列						○		
	方陣算								
	図形と規則								
場合の数		○				○		○	○
調べ・推理・条件の整理		○		◎	○	◎			●
その他									

※　○印はその分野の問題が１題，◎印は２題，●印は３題以上出題されたことをしめします。

社会　出題傾向＆対策

◆基本データ(2024年度１回)

試験時間／満点	30分／50点
問題構成	・大問数…３題 ・小問数…22問
解答形式	記号の選択と用語の記入を中心とする構成だが，１行で書く記述問題が２問出されている。記号の選択は，ほとんどが択一式で，年代順に並び替えるものも見られる。
実際の問題用紙	Ａ４サイズ，小冊子形式
実際の解答用紙	Ａ３サイズ

◆過去４年間の分野別出題率

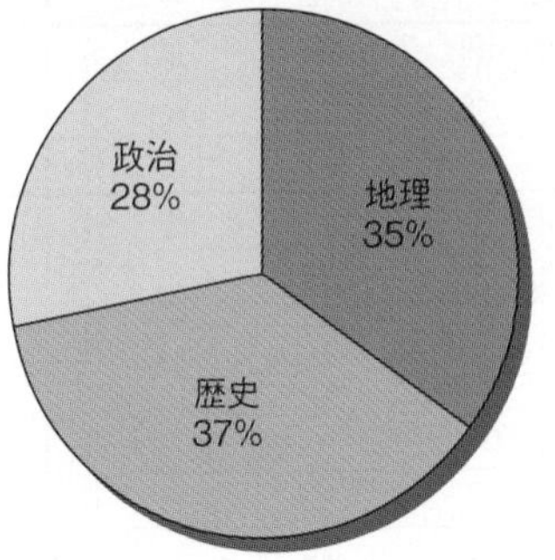

※　配点(推定ふくむ)をもとに算出

◆近年の出題内容

【 2024年度１回 】			【 2023年度１回 】		
大問	Ⅰ	〔地理〕県境・国境を題材とした問題	大問	Ⅰ	〔地理〕日本の地形や産業など
	Ⅱ	〔歴史〕各時代の歴史的なことがら		Ⅱ	〔歴史〕各時代の歴史的なことがら
	Ⅲ	〔政治〕政治や経済，平等権などについての問題		Ⅲ	〔政治〕国際社会と日本の政治についての問題

◆出題傾向と内容

本校の社会は，地理，歴史，政治の**各分野からまんべんなく出題**されています(複数の分野を融合した形での出題も見られます)。それぞれが各分野のはば広いことがらを問う総合問題形式になっており，**細かく専門的なことがらを問うものはあまり見られません。**

●**地理**…日本地図を見て各地域の地勢(海流，山地，火山など)や各都道府県の特ちょう，おもな都市の産業などを問う形式がよく見られます。

●**歴史**…縄文・弥生時代の生活のようす，古代の戦乱(壬申の乱，平将門の乱など)，明治・大正時代の民衆運動，太平洋戦争(沖縄戦，原爆投下など)，法律の歴史(大宝律令，建武の新政など)，仏教と信仰の歴史(一向一揆，鑑真など)などが取り上げられています。

●**政治**…衆議院と参議院，憲法で定められた内容(国民主権，基本的人権など)，大日本帝国憲法と日本国憲法の比較，三権のしくみとはたらき，国の財政，非核三原則，国際連合のしくみなどのほか，時事的な問題(近年行われた国政選挙，内閣総理大臣，主要国首脳会議，外国の大統領・首相，世界遺産など)や経済のしくみについての問題も出題されています。

◆対策～合格点を取るには？～

はば広い知識が問われていますが，問題のレベルは標準的ですから，基礎を固めることを心がけてください。**標準的な参考書を選び，基本事項をしっかりと身につけましょう。**

地理分野では，地図とグラフが欠かせません。つねにこれらを参照しながら，白地図作業帳を利用して地形と気候をまとめ，そこから産業のようすへと広げていってください。

歴史分野では，教科書や参考書を読むだけでなく，自分で年表を作って覚えると学習効果が上がります。できあがった年表は，各時代，各分野のまとめに活用できます。本校の歴史の問題にはさまざまな分野が取り上げられていますから，この作業はおおいに威力を発揮するはずです。

政治分野では，日本国憲法の基本的な内容と三権についてはひと通りおさえておいた方がよいでしょう。また，時事問題については，新聞やテレビ番組などでニュースを確認し，国の政治や経済の動き，世界各国の情勢などについて，ノートにまとめておきましょう。

社会 出題分野分析表

分野 ＼ 年度			2024		2023		2022		2021	
			1回	2回	1回	2回	1回	2回	1回	2回
日本の地理		地図の見方								
		国土・自然・気候	○	○	○		○	○	○	○
		資源			○					○
		農林水産業	○	○	○		○		○	○
		工業	○	○	○		○	○	○	
		交通・通信・貿易			○				○	
		人口・生活・文化		○		★		○	○	
		各地方の特色		○			○			
		地理総合	★	★	★		★			★
世界の地理			○		○					
日本の歴史	時代	原始～古代	○	○	○	○	○	○	○	○
		中世～近世	○	○	○	○	○	○	○	○
		近代～現代	○	○	○	○	○	○	○	○
	テーマ	政治・法律史								
		産業・経済史								
		文化・宗教史								
		外交・戦争史								
		歴史総合	★	★	★	★	★			★
世界の歴史										
政治		憲法	○	○	○		○	○		○
		国会・内閣・裁判所	○	○	○		○	○		
		地方自治		○		★			○	
		経済	○		○		○			○
		生活と福祉				○		○		○
		国際関係・国際政治	○		○		○	○	○	○
		政治総合	★	★	★			★	★	★
環境問題										
時事問題				○						
世界遺産				○			○	○	○	
複数分野総合							★	★	★	

※　原始～古代…平安時代以前，中世～近世…鎌倉時代～江戸時代，近代～現代…明治時代以降
※　★印は大問の中心となる分野をしめします。

理科 出題傾向＆対策

◆基本データ（2024年度１回）

試験時間／満点	30分／50点
問　題　構　成	・大問数…４題 ・小問数…21問
解　答　形　式	記号の選択と計算結果や語句の記入となっている。記号の選択は，択一式だけでなく，複数選ぶものも見られる。作図や短文記述などは出題されていない。
実際の問題用紙	Ａ４サイズ，小冊子形式
実際の解答用紙	Ａ３サイズ

◆過去４年間の分野別出題率

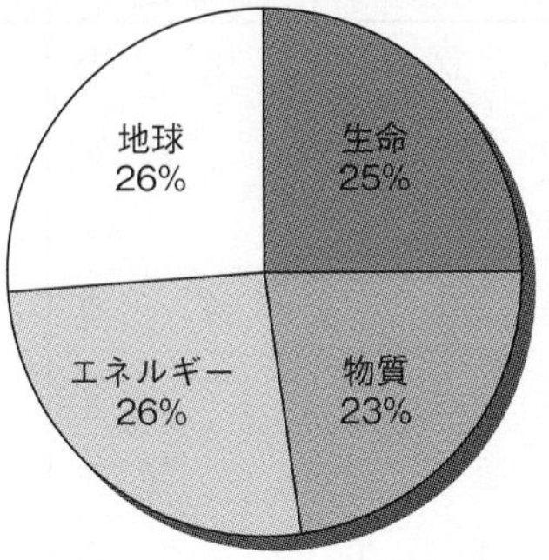

※　配点（推定ふくむ）をもとに算出

◆近年の出題内容

【 2024年度１回 】			【 2023年度１回 】		
大問	1	〔**生命**〕呼吸	大問	1	〔**地球**〕日時計
	2	〔**地球／エネルギー**〕湿度，熱の伝わり方		2	〔**生命**〕生物の誕生と進化
	3	〔**地球**〕地震		3	〔**エネルギー**〕自転車のギアのしくみ
	4	〔**エネルギー**〕光		4	〔**物質**〕金属と塩酸の反応

◆出題傾向と内容

各分野からバランスよく出題されています。実験・観察・観測をもとにした問題が多く，中途はんぱな学習では得点できないでしょう。**単なる丸暗記の知識よりも，日常の授業の中での理解，成果がためされている**といえます。

●**生命**…メダカの成長，動物のからだのつくり，呼吸，魚類のからだ，植物の蒸散，光の強さと植生，ホルモンのはたらき，けんび鏡の使い方，タンポポのつくりと成長，オジギソウの葉の動きなどが出題されています。

●**物質**…ものの燃え方，木の蒸し焼き，水溶液の中和反応，気体の発生と性質，鉄とアルミニウムなどが取り上げられています。実験器具なども見られます。

●**エネルギー**…力のつり合いや光，熱などが出題されています。実験の題材がいつも目新しいのが特ちょうです。

●**地球**…月食と月の満ち欠け，太陽高度の変化，星の動き，地震のゆれの伝わり方，地層と岩石などが出題されています。なお，小問集合題が顔を見せることもあります。

◆対策～合格点を取るには？～

各分野からまんべんなく出題されていますので，**基礎的な知識をはやいうちに身につけ，そのうえで問題集で演習をくり返しながら実力アップをめざしましょう**。「生命」は，身につけなければならない基本知識の多い分野ですが，楽しみながら確実に学習する心がけが大切です。「物質」では，気体や水溶液，金属などの性質に重点をおいて学習しましょう。「エネルギー」は，力の計算問題，ふりこ・物体の運動，ものの温まり方，かん電池のつなぎ方や磁力の強さなどの出題が予想されます。「地球」では，太陽・月・地球の動き，季節と星座の動き，天気と気温・湿度の変化，地層のでき方などが重要なポイントです。

なお，分野にかたよりのない学習を心がけるのはもちろんのこと，環境問題・身近な自然現象に日ごろから注意をはらうことや，テレビの科学番組，新聞・雑誌の科学に関する記事，読書などを通じて多くのことを知るのも大切です。

理科 出題分野分析表

分野		2024 1回	2024 2回	2023 1回	2023 2回	2022 1回	2022 2回	2021 1回	2021 2回
生命	植物				○	○	★		
	動物	★	★	★		○			★
	人体	○							
	生物と環境								
	季節と生物								
	生命総合				★	★		★	
物質	物質のすがた								
	気体の性質								
	水溶液の性質			○					○
	ものの溶け方				★			★	
	金属の性質			★			★		
	ものの燃え方					★			
	物質総合								★
エネルギー	てこ・滑車・輪軸			★				★	
	ばねののび方				○				
	ふりこ・物体の運動				★				★
	浮力と密度・圧力					★			○
	光の進み方	★	★						
	ものの温まり方	○							
	音の伝わり方								
	電気回路								
	磁石・電磁石								
	エネルギー総合						★		
地球	地球・月・太陽系			★			★	★	
	星と星座								
	風・雲と天候				★				
	気温・地温・湿度	★				★			
	流水のはたらき・地層と岩石		★						○
	火山・地震	★							
	地球総合								★
実験器具			★						
観察									
環境問題									
時事問題									
複数分野総合									

※　★印は大問の中心となる分野をしめします。

国語 出題傾向＆対策

◆基本データ(2024年度１回)

試験時間／満点	50分／100点
問題構成	・大問数…２題 文章読解題２題 ・小問数…15問
解答形式	記号選択と本文中のことばの書きぬきから構成されており，記述問題は見られない。ほかに，漢字の読み書きも出題されている。
実際の問題用紙	Ａ４サイズ，小冊子形式
実際の解答用紙	Ａ３サイズ

◆過去４年間の分野別出題率

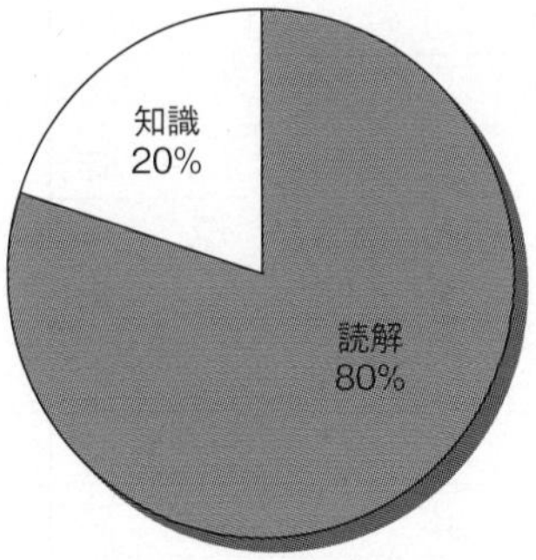

※　配点(推定ふくむ)をもとに算出

◆近年の出題内容

【 2024年度１回 】			【 2023年度１回 】		
大問	一	〔説明文〕藤田正勝『はじめての哲学』(約3100字)	大問	一	〔説明文〕広田照幸『学校はなぜ退屈でなぜ大切なのか』(約3700字)
	二	〔小説〕藤岡陽子『おしょりん』(約4000字)		二	〔小説〕村山早紀『百貨の魔法』(約4200字)

◆出題傾向と内容

本校の国語は，**文章の内容が的確に読み取れるかどうかを，表現力もためしながらあわせて見ようとする問題**だといえます。

●文章読解題…小説・物語文，説明文・論説文，随筆文のうちから２題出題されることが多いようです。出題内容を見ると，文脈を正しく読み取って主題や要旨を理解しているかどうかをためすものが中心です。さらに，適語(接続語など)の補充，指示語の内容，語句の意味といいかえ，脱文のそう入，段落分けなど，バラエティーに富んだ内容になっています。また，問題文を参考に自分の考えを書かせる作文形式の問題もときおり出されています。

●知識問題…文章読解題の小問で語句の意味，四字熟語，慣用句・ことわざなどが出題されています。

◆対策〜合格点を取るには？〜

本校の国語は，読解力と表現力を見る問題がバランスよく出題されていますから，**まず読解力をつけ，そのうえで表現力を養う**ことをおすすめします。

読解力をつけるためには読書が必要ですが，長い作品よりも短編のほうが主題が読み取りやすいので，特に国語の苦手な人は短編から入るとよいでしょう。

次に表現力ですが，これには内容をまとめるものと自分の考えをのべるものとがあります。内容をまとめるものは，数多く練習することによって，まとめ方やポイントのおさえ方のコツがわかってきます。自分の考えをのべるものは，問題文のどの部分がどのように問われるのかを予想しながら文章を読むとよいでしょう。そうすれば，ある場面での登場人物の気持ちなどをおしはかることが自然とできるようになります。答えに必要なポイントをいくつか書き出し，それらをつなげるような練習を心がけたいものです。

なお，ことばのきまり・知識に関しては，参考書を１冊仕上げておけばよいでしょう。また，漢字や熟語については，読み書きはもちろん，同音(訓)異義語，その意味についても調べておくようにするとよいでしょう。

国語 出題分野分析表

分野		年度	2024		2023		2022		2021	
			1回	2回	1回	2回	1回	2回	1回	2回
読解	文章の種類	説明文・論説文	★	★	★	★	★	★	★	★
		小説・物語・伝記	★	★	★	★	★	★	★	★
		随筆・紀行・日記								
		会話・戯曲								
		詩								
		短歌・俳句								
	内容の分類	主題・要旨	○			○	○	○	○	○
		内容理解	○	○	○	○	○	○	○	○
		文脈・段落構成			○					
		指示語・接続語	○		○	○	○	○	○	○
		その他	○	○	○	○	○	○	○	○
知識	漢字	漢字の読み	○	○	○		○			
		漢字の書き取り	○	○	○	○	○	○	○	○
		部首・画数・筆順								
	語句	語句の意味			○					
		かなづかい								
		熟語		○		○				
		慣用句・ことわざ		○			○		○	○
	文法	文の組み立て								
		品詞・用法								
		敬語								
	形式・技法									
	文学作品の知識									
	その他									
	知識総合									
表現	作文									
	短文記述									
	その他									
放送問題										

※　★印は大問の中心となる分野をしめします。

2024年度 立教新座中学校

【算　数】〈第1回試験〉(50分)〈満点：100点〉

注意　1．答はできるだけ簡単にしなさい。また，円周率は，3.14を用いなさい。

2．直定規，コンパスをかしたり，かりたりしてはいけません。

3．三角定規，分度器，計算機の使用はいけません。

1　以下の問いに答えなさい。

(1)　次の計算をしなさい。

$$\left\{\left(1-\frac{1}{20}\right)-0.5\times0.3+\frac{1}{2}\right\}\div1\frac{5}{8}+(10-0.1)\times\frac{4}{5}\div1.1$$

(2)　太郎君，次郎君，花子さんはお菓子《かし》を買いに行きました。太郎君はお菓子A，お菓子B，お菓子Cを1個ずつ買い，次郎君はお菓子Aを5個とお菓子Bを2個買い，花子さんはお菓子Bを4個とお菓子Cを3個買いました。太郎君，次郎君，花子さんの代金はそれぞれ400円，710円，1060円でした。お菓子Bは1個いくらですか。

(3)　4つの異なる整数A，B，C，Dがあります。これらの整数のうち異なる2つをたすと全部で6つの数ができますが，この6つの数の中に同じ数があったので，できた数は10，13，15，17，20の5種類でした。4つの整数A，B，C，Dの積を求めなさい。

(4)　下の図1のような，底面が直角二等辺三角形である三角すいA-BCDがあり，4点E，F，G，Hは，それぞれ辺の真ん中の点です。この4点を通る平面で三角すいA-BCDを切断したとき，点Bをふくむ方の立体の体積を求めなさい。ただし，三角すいの体積は，(底面積)×(高さ)÷3で求めるものとします。

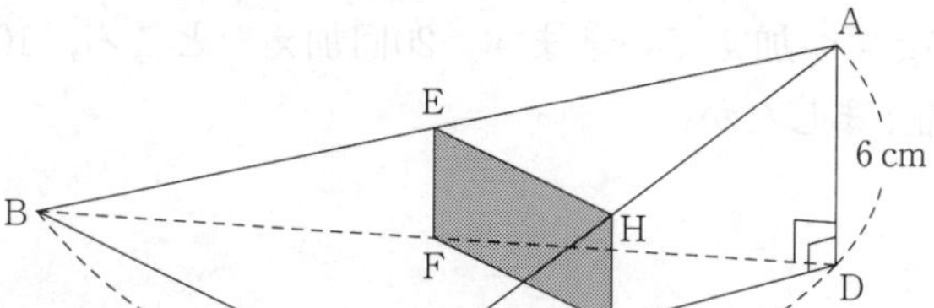

図1

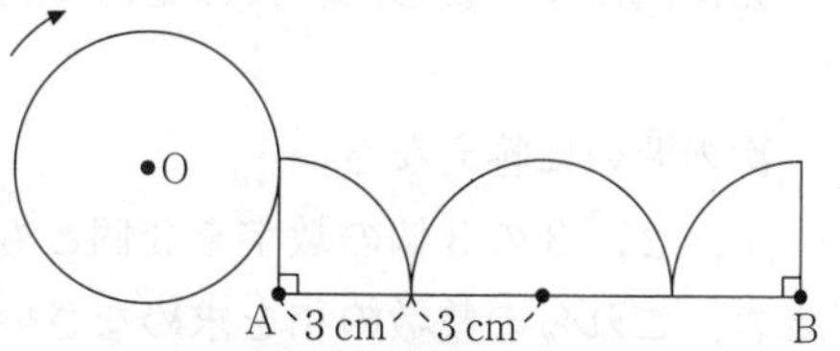

図2

(5)　上の図2は，2点AとBを結んだまっすぐな線の上に，半径3 cmの半円と半径3 cmのおうぎ形2つをすき間なく並べたものです。この図形の周りを，半径3 cmの円が離《はな》れないようにして1周します。円の中心Oが動いたあとの線の長さを求めなさい。

(6)　ある中学校の1年生全員に対して，通学時に利用する交通機関を調べました。電車を利用している人数は1年生全員の人数の$\frac{5}{6}$倍でした。電車を利用している人数とバスを利用している人数の比は8：3でした。また，電車とバスの両方を利用している人数は54人，電車もバスも利用していない人数は12人でした。次の問いに答えなさい。

①　バスを利用している人数は１年生全員の人数の何倍ですか。

②　１年生全員の人数を答えなさい。

2　面積が264cm^2の平行四辺形ABCDがあります。辺AB上に点Eがあり，AEとEBの長さの比は1：2です。また，辺AD上に点Fがあり，AFとFDの長さの比は1：3です。図のように，２点BとF，CとF，DとEをそれぞれ結び，BFとDEが交わる点をG，CFとDEが交わる点をHとします。次の問いに答えなさい。

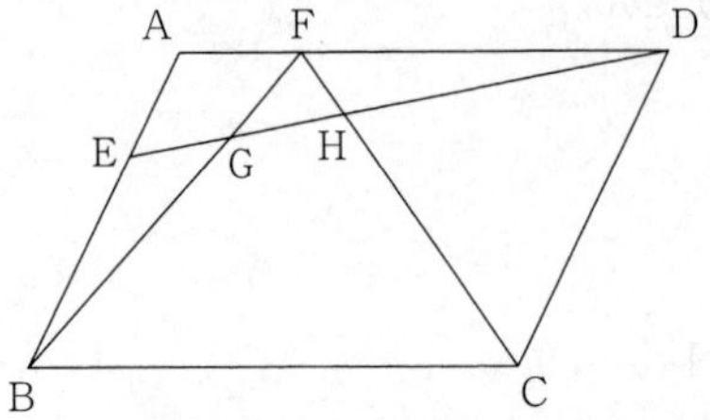

(1)　三角形ABFの面積を求めなさい。

(2)　FHとHCの長さの比を求めなさい。

(3)　EHとHDの長さの比を求めなさい。

(4)　四角形AEGFの面積を求めなさい。

3　３種類のコーヒー豆A，B，Cがあります。Aは100gあたり420円，Bは100gあたり550円，Cは100gあたり650円です。次の問いに答えなさい。

(1)　AとBとCを同じ割合で混ぜたコーヒー豆は，100gあたりいくらになりますか。

(2)　AとCをある割合で混ぜたら，500gで2560円でした。AとCの重さの比を求めなさい。

(3)　BとCを2：3の割合で混ぜ，そこにAを加えたら500gで2575円でした。AとCの重さの比を求めなさい。

(4)　空の容器にA，B，Cのいずれかを50gずつ加えていきます。20回加えたところ，1000gで4970円になりました。Aは全部で何g加えましたか。

4　次の問いに答えなさい。

(1)　1，2，3の３個の数字を３個とも使ってつくることができる３けたの整数をすべて考えるとき，これらの整数の和を求めなさい。

(2)　1，2，3，4の４個の数字を４個とも使ってつくることができる４けたの整数をすべて考えるとき，これらの整数の和を求めなさい。

(3)　0，1，2，3の４個の数字を４個とも使ってつくることができる４けたの整数をすべて考えるとき，これらの整数の和を求めなさい。

(4)　1から9までの数字の中から異なる４個の数字を選び，それらを４個とも使ってつくることができる４けたの整数をすべて考えます。これらの整数の和を求めたら，126654でした。選んだ４個の数字の和を求めなさい。

5　１辺６cmの立方体があります。次の立体の体積と表面積をそれぞれ求めなさい。

(1)　この立方体を，図のように手前の面と横の面からそれぞれ反対の面まで１辺２cmの正方形でまっすぐくりぬいたとき，残った部分の立体。

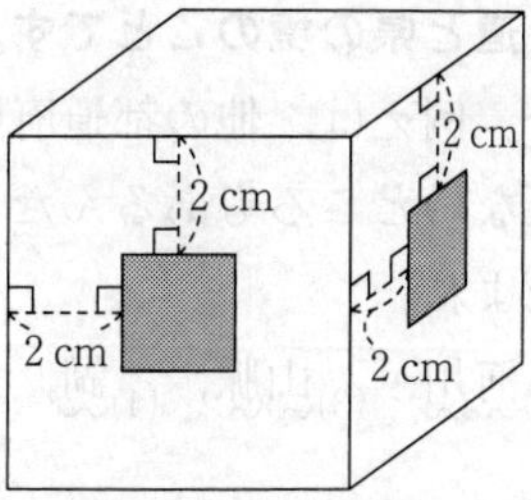

(2)　(1)の立体を，図のように上の面から反対の面まで半径１cmの円でまっすぐくりぬいたとき，残った部分の立体。

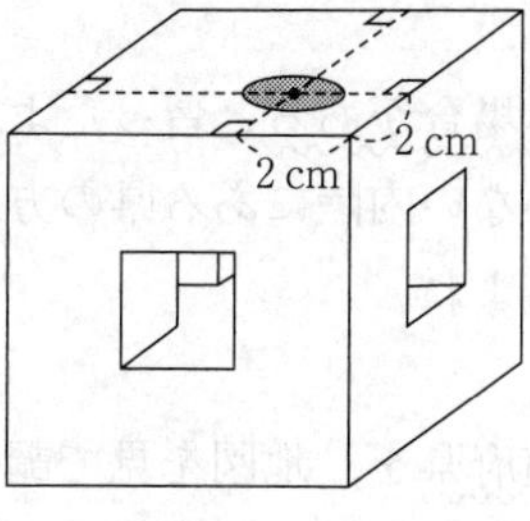

【社　会】〈第１回試験〉(30分)〈満点：50点〉

I　以下の文は，夏休みの自由研究で県境について調べようとしている和洋《かずひろ》君(立教新座中学校１年生)とお兄さん(立教新座高校２年生)の会話です。この文を読み，以下の問に答えなさい。なお，ここでの県境は隣《とな》り合う県同士，県と都，府と県，府同士，道と県の境のことです。

和洋　日本地図を見ていると，いろいろな県境があっておもしろいよ。例えば，他の都道府県と陸地でつながらず，海でへだてられ，１つの県としか県境を持たないところもあるんだよ。

兄　それは，沖縄県と鹿児島県の県境と(1)北海道と青森県の県境だよね。

和洋　それから，いろいろなものが県境になっているんだ。海峡，(2)河川，(3)山脈，(4)湖，道路などいろいろな県境があるんだ。

兄　同じ境ということでは，国同士の境界である国境にもいろいろあるよね。河川，山脈，湖など(5)自然の地形などを利用した国境もあると地理の時間に習ったよ。それ以外にも緯度や経度を利用した国境もあるよね。

　地理の授業で，(6)河川を国境にすると，領土問題の原因となる場合があると習ったよ。

和洋　そうなんだ。あと，地図を見て気づいたけれど，海に面していない内陸にある県の方が，周りを他の都道府県に囲まれているから，多くの県と接しているよね。

兄　一番多くの都道府県と接している県は，どこかわかるかい。

和洋　わからないや。(7)海に面していない内陸の県と，隣り合う都道府県を，地図を見て調べてみるよ。

兄　がんばれ！　どこも海に面していない(8)内陸国もあるよね。

問１　下線部(1)についてですが，県境となる海峡名を答えなさい。

問２　下線部(2)についてですが，県境となる河川として適切ではないものを，以下より選び，番号で答えなさい。

①　木曽川　　②　熊野川(新宮川)

③　利根川　　④　信濃川

問３　下線部(3)についてですが，県境が引かれている高地・山地・山脈として適切ではないものを，以下より選び，番号で答えなさい。

①　北上高地　　②　関東山地

③　鈴鹿山脈　　④　越後山脈

問４　下線部(4)についてですが，県境が引かれている湖として適切なものを，以下より選び，番号で答えなさい。なお，この県境は2008年に確定しました。

①　猪苗代湖　　②　十和田湖

③　田沢湖　　④　琵琶湖

問５　下線部(5)についてですが，自然の地形などを国境としている例として適切ではないものを，以下より選び，番号で答えなさい。

①　フランス―(ライン川)　―ドイツ

②　スイス　―(アルプス山脈)―イタリア

③　カナダ　―(五大湖)　―アメリカ合衆国

④　チリ　―(ロッキー山脈)―アルゼンチン

問６　下線部(6)についてですが，なぜ河川を国境にすると領土問題の原因になるのですか。その理由を簡潔に説明しなさい。

問７　下線部(7)についてですが，以下の表は，和洋君が海に面していない内陸県と，隣り合う都道府県の数を調べたメモをもとに作ったものです。この表を見て以下の問に答えなさい。

地方名	都道府県名	隣り合う都道府県数	隣り合う都道府県
関東地方	（ ア ）県	4	（ イ ）県，埼玉県，他２県
	（ イ ）県	5	（ ア ）県，埼玉県，他３県
	埼玉県	7	（ ア ）県，（ イ ）県，（ ウ ）県，（ エ ）県，他３都県
中部地方	（ ウ ）県	5	埼玉県，（ エ ）県，他３都県
	（ エ ）県	8	（ イ ）県，埼玉県，（ ウ ）県，岐阜県，他４県
	岐阜県	7	（ エ ）県，（ オ ）県，他５府県
近畿地方	（ オ ）県	4	岐阜県，他３府県
	奈良県	4	４府県

(1)　内陸県である表中の(イ)県，(エ)県の２県両方に県境を接する県は，埼玉県ともう１県あります。この県名を答えなさい。

(2)　上記(1)で答えた県の農業の特色として最も適切なものを，以下より選び，番号で答えなさい。

①　扇状地を利用して，ぶどうやももなどの果樹栽培がさかんである。

②　農地の約９割が水田で，日本一の米の生産量をほこっている。

③　稲作が中心だが，チューリップの日本有数の産地でもある。

④　都市向けの野菜・果実などを生産し，特にイチゴの生産では有名である。

(3)　内陸県である表中の岐阜県，(オ)県，奈良県の３県と県境を接する県名を答えなさい。

(4)　上記(3)で答えた県の特色として最も適切なものを，以下より選び，番号で答えなさい。

①　この県の北部にある鉱山《こうざん》の廃水《はいすい》にふくまれたカドミウムが，河川を通じて隣の県に達し，イタイイタイ病を引き起こした。

②　明治時代の中ごろ，この県の北西部にある銅山《どうざん》の開発により，銅山からの廃水中の鉱《こう》毒《どく》によって，川の魚が死んだり，川沿いの農作物がかれたりした。

③　1960年代の石油化学コンビナートの操業《そうぎょう》とともに，コンビナートから排出された亜《あ》硫酸《りゅうさん》ガスによって多くのぜんそく患者《かんじゃ》が発生した。

④　工場から排出《はいしゅつ》された有機水銀が，川魚などを通じて人の身体に入り，脳や神経に障害を引き起こした。

(5)　表中の(ア)県と(ウ)県の県名を答えなさい。

問８　下線部(8)についてですが，この内陸国の例として適切ではないものを，以下より選び，番号で答えなさい。

①　スイス　　②　エクアドル

③　モンゴル　　④　ネパール

Ⅱ　和洋君は，日本列島の歴史を東日本と西日本に分けた場合，どのような違いがあるのかを考えてみました。そして，東日本の歴史に関するキーワードとして次の9個を選びました。これらのキーワードに関して，以下の問に答えなさい。

縄文文化	**壬申の乱**	**蝦夷**	**平将門の乱**	**鎌倉幕府**
江戸幕府	**金**	**東京遷都**	**北海道**	

問1　縄文文化は，西日本よりも東日本で特に栄えたとされています。東日本で縄文文化が栄えた理由として，ブナの木が多かったことが挙げられています。他の木にくらべて，ブナの木が多いとなぜ人口を維持するのに有効なのでしょうか。最も適切なものを以下より選び，番号で答えなさい。

①　ドングリやトチの実がとれるので，食料を確保しやすいため。

②　木材が豊富に使えて，住居が造りやすいため。

③　自然のダムの役割を果たすことで，洪水が起きにくいため。

④　すぐに成長することで，木材として確保しやすいため。

問2　壬申の乱では，東日本の豪族が大きな役割を果たしました。

(1)　大海人皇子は東日本から味方を集めるため，吉野から東に向かい，現在の愛知県を経由して大津を攻めたとされます。この時に夫である大海人皇子に同行して，のちに天皇に即位した人物は誰ですか，答えなさい。

(2)　壬申の乱が起きたころ，九州北部の守りを固めるために東日本から兵士が派遣されていました。この兵士を何といいますか，答えなさい。

問3　蝦夷は東北地方に住んでいた部族で，古代から朝廷の侵攻を受けることになりました。

(1)　蝦夷を率いて，坂上田村麻呂と戦い，802年に処刑された人物は誰ですか。以下より選び，番号で答えなさい。

①　シャクシャイン　　②　コシャマイン　　③　オニビシ　　④　アテルイ

(2)　9世紀以降，朝廷に降伏した蝦夷は厳しい扱いを受け，東北地方の境界地域に配置されました。この人たちが，安倍氏をリーダーとして1051年に蜂起《ほうき》しますが，源頼義・義家親子らによって鎮圧されました。この戦いを何といいますか，答えなさい。

問4　平将門の乱は，平安時代の東日本で起きた大規模な反乱です。将門は京都の天皇に対して，自らを何と名乗りましたか，答えなさい。

問5　鎌倉幕府の成立によって，初めて政治の中心が東日本に置かれました。

(1)　鎌倉幕府が成立する過程を順番に並べ替えた時に，2番目に来るものはどれですか。以下より選び，番号で答えなさい。

①　源義経をとらえる名目で守護・地頭が設置される。

②　後白河法皇の死後，源頼朝が征夷大将軍となる。

③　西国へ逃げた平氏が，壇ノ浦の戦いで滅びる。

④　北陸道から攻め上った源義仲が京都へ入る。

(2)　1221年，京都の後鳥羽上皇が鎌倉幕府打倒の兵をあげます。この戦いは幕府軍の勝利に終わりますが，このときに大将として京都に攻め上り，のちに御成敗式目を制定した人物は誰ですか，答えなさい。

問６　江戸幕府は，政治的にも経済的にも東日本の発展に大きな役割を果たしました。

⑴　江戸幕府の所在地である江戸は，日本最大の都市として発展することになります。そのため，江戸と各地を結ぶ五街道が整備されますが，その起点となったのはどこですか，答えなさい。

⑵　江戸は学問の中心としても栄えましたが，1797年に朱子学を学ぶ幕府公営の学問所として成立した教育機関は何ですか，答えなさい。

問７　金は東日本で特に多く産出されたため，江戸時代の東日本では金貨が多く使われました。東日本にあった金山として適切なものはどれですか。以下より選び，番号で答えなさい。

①　足尾　　②　佐渡　　③　生野

④　別子　　⑤　石見

問８　東京遷都によって，江戸は東京と改称され，明治天皇が京都からやってきました。

⑴　明治天皇の住まいとなった宮殿一帯は，江戸時代には別の施設として使われていました。宮殿一帯にかつてあった施設は何ですか，答えなさい。

⑵　東京にはいち早く鉄道が敷《し》かれましたが，1872年に開通した日本初の鉄道は，東京の新橋とどこを結んでいましたか，答えなさい。

問９　北海道の近代は，ロシアと日本との間で揺れ動いた歴史でした。

⑴　江戸時代後期になると，北海道周辺にロシア人が多く現れるようになります。漂流民の大黒屋光太夫を連れて，1792年に根室にやってきた人物は誰ですか，答えなさい。

⑵　日露戦争の結果，北海道のさらに北にある島の南半分が日本領となりました。この島を何といいますか，答えなさい。

Ⅲ　**和さんと洋さんは「時代による学び方・働き方のちがい調査」という企画に参加し，近所に住む卒業生に昔の話を聞きました。この文を読み，以下の問に答えなさい。**

洋さん　中学校に通っていたのは，いつごろでしたか。

卒業生　(1)中学校に入学したのは1973年でした。

和さん　教室はどんな様子でしたか。

卒業生　今のような冷房設備はなく，冬にストーブが入りました。男子も女子も，それぞれの出席番号順に並んで座っていましたね。

洋さん　男の子と女の子に別々の出席番号が，割りふられたのですか？

卒業生　男子を先頭にした通し番号だった学校もあるようです。私たちの学校の名簿《ぼ》は男子と女子で別々の出席番号が割りふられ，男子が先，女子が後に書いてありました。

和さん　今の私たちは，男女関係ない名簿なので，不思議な感じがします。

卒業生　私たちには，男女別名簿が当たり前だったのです。授業も男子と女子では違い，男子は技術を，女子は家庭科を習っていました。

洋さん　学校で学ぶ内容にも，男女差があったのですね。

卒業生　学習内容が同じになったのは，日本が1985年に(2)女子差別撤廃条約を＊批准《ひじゅん》したことが，きっかけの一つです。この年には(3)男女雇用機会均等法も制定されています。皆さんが探究するヒントがあるかもしれませんね。

註　＊批准…国際条約を，国会が承認すること。

問１　和さんと洋さんは，インタビューをまとめることになりました。インタビューとそのまとめの方法について適切な対応はどれですか，以下より選び，番号で答えなさい。

①　インタビューの目的や利用方法を，相手に説明しなかった。
②　後から自分で調べた情報も付け加えて，インタビューとしてまとめた。
③　記事にしない約束の話も，大事なことなので書き加えた。
④　インタビューの結果をまとめて，インタビューの相手に見せた。

問２　下線部(1)についてですが，1973年に第四次中東戦争をきっかけとした石油危機が起こり，翌年は戦後初のマイナス成長を記録しました。次のグラフは，1973年度，1993年度，2003年度，2023年度の日本の国家予算のうち，歳入を示したものです。1973年度のものを，以下より選び，番号で答えなさい。

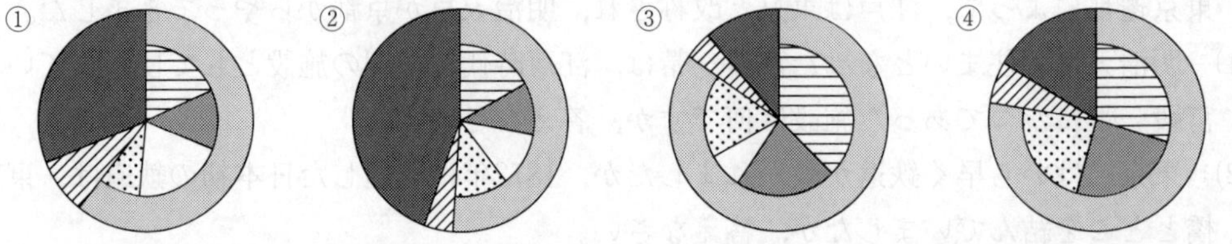

凡例　▨租税及び印紙収入（☰所得税　▨法人税　□消費税　⁘その他），▨その他の収入，■公債金

問３　下線部(2)についてですが，以下の問に答えなさい。

(1)　女子差別撤廃条約が採択された国際連合の機関として，適切なものを以下より選び，番号で答えなさい。

①　安全保障理事会　　②　経済社会理事会　　③　事務局
④　総会　　　　　　　⑤　人権理事会

(2)　女子差別撤廃条約を批准する以前から，日本国憲法24条でも，男性と女性の本質的平等が記されていました。それは何についてですか，適切なものを以下より選び，番号で答えなさい。

①　国籍を変えること
②　仕事を選ぶこと
③　結婚相手を選ぶこと
④　学校を選ぶこと

問４　下線部(3)についてですが，以下の問に答えなさい。

(1)　以下の図は，男女雇用機会均等法などの法律を，国会で制定する過程について示したものです。法律案の審議が，図のような状況になった場合に開催されることがある【　】について，【　】ではどのようなことが行われますか。【　】に入る語を明記した上で，具体的に説明しなさい。

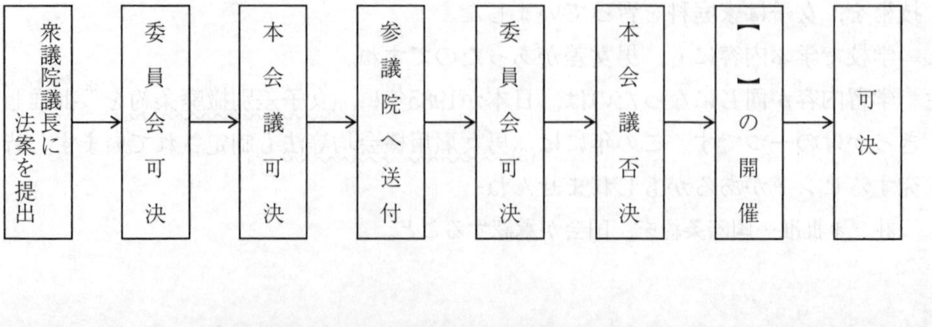

(2)　男女雇用機会均等法が施行されてから，性別を理由にした格《かく》差は少なくなりつつあり，いまある格差については裁判を通してその適正さが問われています。日本の裁判制度について説明した以下の文の空欄にあてはまる語を答えなさい。

> 仕事中の事故で顔に重いけがを負った男性が，顔へのけがに対する＊労災保険の給付について，国を相手に裁判を起こしました。この男性は，けがの程度が同じであるにも関わらず，保険金の給付額に男女差がもうけられ，男性が女性よりも低い給付額しか認められないことは，法の下の平等を定めた憲法に違反すると主張したのです。請求金額が原則として140万円以下の場合を除いて，日本の裁判制度で最初に裁判を行うのは【 X 】や家庭裁判所です。この件では京都【 X 】で裁判が行われ，男性の主張が認められました。日本の裁判制度は【 Y 】を採用していますので，裁判所の判決に不服がある場合は上級裁判所に再度判断をあおぐことができます。【 X 】から高等裁判所に訴《うった》えることを【 Z 】といいます。この事件で国は【 Z 】を断念し，敗訴が確定しました。現在，この規定は修正されています。

註　＊労災保険…仕事によるけがやその後遺症《こういしょう》について，けがの程度によって，定められた等級に従って国から給付金が支払われる仕組み。

問５　和さんと洋さんは，インタビューからヒントをもらって，男女雇用機会均等法が制定されてから，私たちがどのように男女の差別を解消しようとしてきたのか，次のページの資料を利用して，子育てというテーマでまとめてみることにしました。まとめの下線部を補足するような図１を付け加えるとすれば，最も適切なものはどれですか。以下より選び，番号で答えなさい。

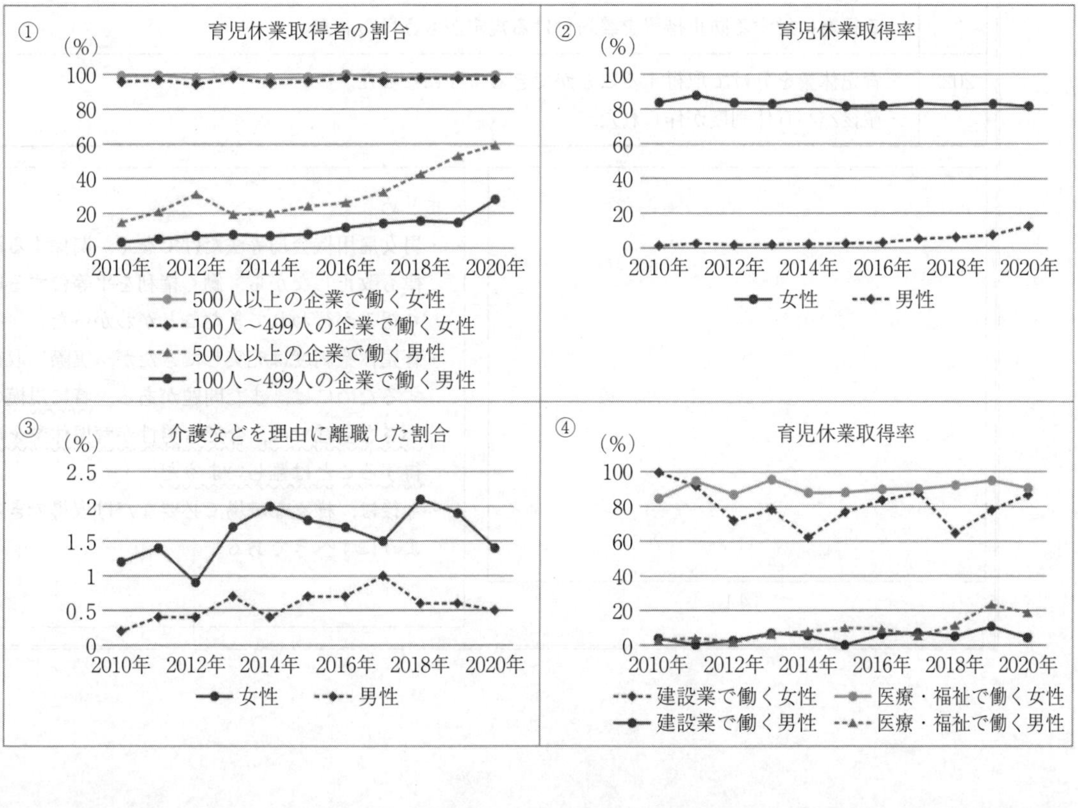

題名　働く権利と子どもを育てる役割を男女平等にすること

年表1　男女雇用機会均等法のおもな改正内容

年	おもな内容
1985	・男女雇用機会均等法が制定され，仕事の募集・採用，配置・昇進について，女性を男性と同じように扱うように努力することが求められた。
1999	・仕事の募集・採用，配置・昇進について，女性を男性と同じように扱うことが求められた。 ・女性に対するセクシュアルハラスメントを防ぐようにすることが，義務化された。
2007	・男性に対しても女性に対しても，セクシュアルハラスメントが禁止された。 ・女性の妊娠，出産等を理由に，仕事の上で不利益な取扱いをすることが禁止された。
2017	・女性の妊娠，出産等を理由に，仕事の上で不利益な取扱いをすることが禁止されるとともに，未然に防ぐための防止措置が義務化された。

年表2　育児・介護休業法のおもな改正内容

年	おもな内容
1992	・育児休業法が施行された。
1995	・育児・介護休業法として改正された。
2005	・必要に応じて，子が1歳6か月に達するまで育児休業を延長できるようになった。 ・子の看護休暇制度の設定が義務化された。
2010	・配偶者が専業主婦(夫)であっても育児休業がとれるようになった。
2017	・男女雇用機会均等法の改正と合わせ，育児休業等に関する上司・同僚による就業環境を害する行為に対する防止措置を義務付ける規定がもうけられた。
2022	・育児休業を分けて取得することができるようになった。 ・産後パパ育休制度が作られた。

図1

まとめ

・男女雇用機会均等法だけでなく，関係する法律も改正しながら，働く権利を平等にする取り組みが行われてきたことがわかった。

・育児休業制度は充実してきたが，実際に取得するためには，まだ問題がある。特に規模の小さな会社では，今でも男性が育児休業を取得することは難しいようだ。

・今後は，様々な職場で必要なだけ取得できるようにすべきである。

【理　科】〈第１回試験〉（30分）〈満点：50点〉

注意　計算機，分度器を使用してはいけません。

1　以下の問いに答えなさい。

(1)　動物の呼吸には肺呼吸やえら呼吸などがあります。肺呼吸を行う動物を，次の(ア)〜(オ)からすべて選び，記号で答えなさい。

(ア)　ペンギン　　(イ)　クジラ

(ウ)　ザリガニ　　(エ)　カメ

(オ)　トビウオ

(2)　カエルやイモリは幼生から成体へ成長するときにからだの形態が大きく変化します。この変化を何というか答えなさい。また，このとき呼吸がどのように変化するかも答えなさい。

(3)　次の文章は，ヒトの呼吸について説明したものです。以下の問いに答えなさい。

鼻や口から吸い込《こ》まれた空気(吸気)は気管を通って肺に入ります。肺の内部には小さい袋《ふくろ》状の(　Ⅰ　)がたくさんあり，それぞれに血管が巻きついています。(　Ⅰ　)に入った(　X　)は血液中の(　Ⅱ　)に渡《わた》され，血液中の(　Y　)は(　Ⅰ　)に放出され，気体の交換《こうかん》が行われます。気体の交換が終わった空気(呼気)は鼻や口から体外へはき出されます。次のグラフ１とグラフ２は，吸気または呼気に含《ふく》まれる気体の割合を示したものです。

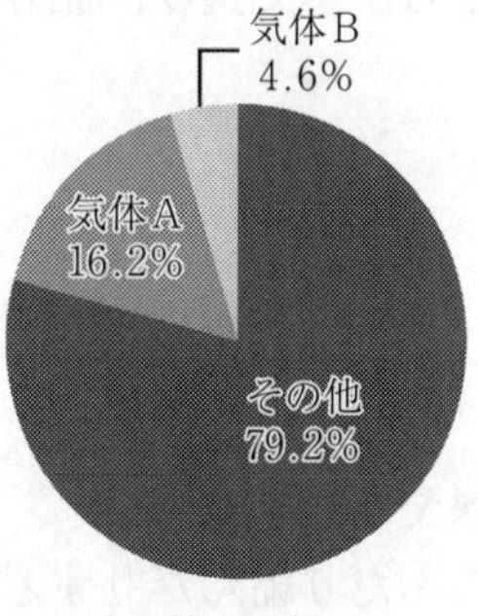

グラフ１

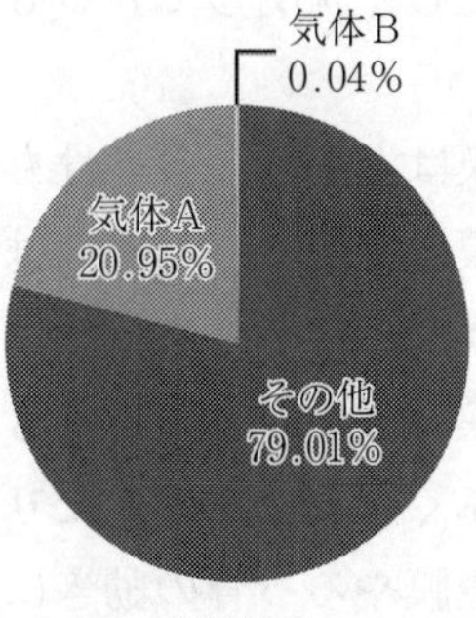

グラフ２

①　文章中のⅠ，Ⅱに適する語句をそれぞれ答えなさい。

②　文章中のX，Yには，気体Aもしくは気体Bが入ります。Xに入るものを答えなさい。

③　呼気に含まれる気体の割合を示すグラフは，グラフ１またはグラフ２のどちらですか。

④　上記のグラフを用いて，ヒトのからだが１日に取り込む酸素の量が500mLのペットボトル何本分に相当するかを計算したとき，もっとも近いものを，次の(ア)〜(オ)から選び，記号で答えなさい。ただし，呼吸の条件については下の表で示したものとします。

(ア)　40本分　　(イ)　100本分　　(ウ)　400本分　　(エ)　1000本分　　(オ)　4000本分

呼吸の条件	
１回の呼吸で肺に入る空気の量	500mL
１回の呼吸で肺から出る空気の量	500mL
１分間に行われる呼吸の回数	15回

(4)　図１はヒトの胸部を表したものです。また，図２は胸部の模型で，ゴム膜《まく》は横隔膜《おうかくまく》，ゴム風船は肺，ストローは気管を表します。この模型のゴム膜を下に引っ張ったときの説明として適切なものを，以下の(ア)〜(エ)から選び，記号で答えなさい。

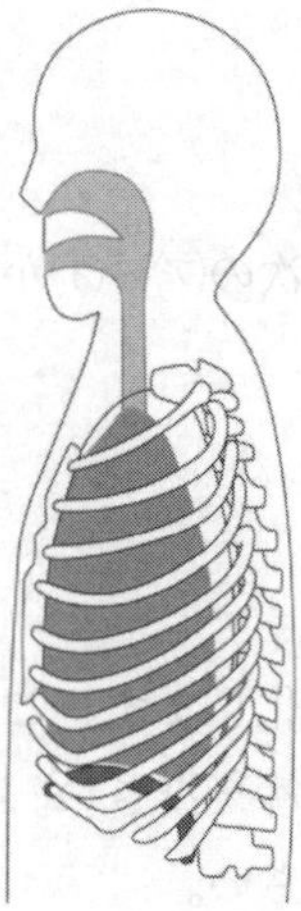

図１

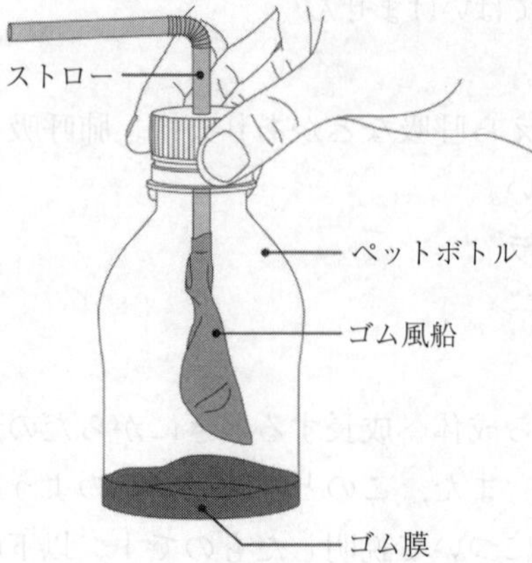

図２

(ア)　ペットボトル内の空気の圧力が上がり，ゴム風船がふくらむ
(イ)　ペットボトル内の空気の圧力が上がり，ゴム風船が縮む
(ウ)　ペットボトル内の空気の圧力が下がり，ゴム風船がふくらむ
(エ)　ペットボトル内の空気の圧力が下がり，ゴム風船が縮む

(5)　ヒトの呼吸運動について正しく説明しているものを，次の(ア)～(カ)からすべて選び，記号で答えなさい。
(ア)　息を吸うときは，横隔膜は上がり，ろっ骨も上がる
(イ)　息を吸うときは，横隔膜は上がり，ろっ骨は下がる
(ウ)　息を吸うときは，横隔膜は下がり，ろっ骨は上がる
(エ)　息を吸うときは，横隔膜は下がり，ろっ骨も下がる
(オ)　肺の筋肉によって肺がふくらんだり縮んだりすることで，横隔膜やろっ骨も動く
(カ)　肺には筋肉がなく，横隔膜やろっ骨の動きによって，肺はふくらんだり縮んだりする

2　以下の問いに答えなさい。

太郎君は，寒い冬の日に部屋の中にいると，窓ガラスに水滴《すいてき》がついていることに気付きました。なぜこのような現象が起こるのかを調べてみたところ，飽和水蒸気量《ほうわすいじょうきりょう》が関係していることがわかりました。

飽和水蒸気量とは，ある温度において，空気１m^3あたりに含むことができる水蒸気の量です。この量を超《こ》えると，空気中の水蒸気は水になって出てきます。

表１　温度と飽和水蒸気量の関係

温度　〔℃〕	0	5	10	15	20	25	30	35
飽和水蒸気量〔g〕	4.8	6.8	9.4	12.8	17.3	23.0	30.4	39.6

また，湿度《しつど》とは，空気に含まれる水蒸気の量が飽和水蒸気量と同じときを100％とし，空気が実際に含んでいる水蒸気の割合を表したものです。

(1)　文章中の下線部と同じ理由で起こる現象を，次の(ア)～(オ)からすべて選び，記号で答えなさい。
(ア)　水が入ったビーカーを日当たりのよいところに置いて放置すると，水の量が減る
(イ)　氷水の入ったコップの外側がぬれる

(ウ)　水を加熱すると，表面だけでなく水の中からも泡《あわ》が生じる

(エ)　上空で雲ができる

(オ)　寒い日の朝にはく息が白くなる

(2)　20℃に保たれている室内の空気50m^{3}の湿度が40%でした。このとき，空気中に含まれる水蒸気の量を求めなさい。

(3)　はじめ25℃に保たれている室内の空気90m^{3}の温度を下げていったところ，10℃のときにはじめて空気中の水蒸気が水になって出てきました。このとき，はじめの空気の湿度を求めなさい。ただし，割り切れない場合は小数第2位を四捨五入し，小数第1位まで答えなさい。

窓ガラスに水滴がつくのを防止する方法として，図1のような複層ガラスを用いる方法があります。これは，ガラス層の間にアルゴンという気体の層をはさむことで，同じ厚さのガラスに比べて水滴がつきにくくしたもので，物質の熱の伝わりやすさの違《ちが》いを利用しています。

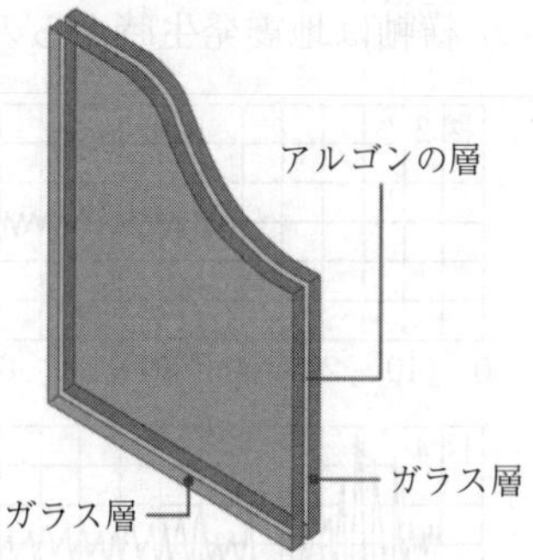

図1　複層ガラスの構造

(4)　次の表2の①，②に適する数値を，以下の(ア)～(ウ)から選び，それぞれ記号で答えなさい。

ただし，熱の伝わりやすさはガラスの値を1として表しており，値が大きい物質ほど，熱が伝わりやすい物質となります。

表2　さまざまな物質の熱の伝わりやすさ

物質	熱の伝わりやすさ
ガラス	1
アルミニウム	①
水	0.442
空気	0.0189
アルゴン	②

(ア)　0.0128　(イ)　0.618　(ウ)　172

(5)　部屋の内外に温度差があるときの，さまざまなガラス板を通過する熱の量(放熱量)について表3にまとめました。ただし，表3の放熱量は，条件1におけるガラス板の放熱量を1としています。また，ガラス板の放熱量は，室内外の温度差に比例し，ガラス板の縦の長さおよび横の長さに比例し，厚さに反比例します。このとき，表3の①，②に適する数値を答えなさい。

表3　ガラス板を通過する熱の量(放熱量)

条件	室内外の温度差	縦の長さ	横の長さ	厚さ	放熱量
1	20℃	50cm	50cm	5mm	1
2	20℃	50cm	100cm	①mm	1
3	10℃	50cm	100cm	5mm	1
4	10℃	50cm	50cm	2.5mm	1
5	20℃	50cm	100cm	5mm	2
6	25℃	100cm	100cm	10mm	②

3　以下の問いに答えなさい。

図１は地震《じしん》のゆれを記録する装置(地震計)です。ある地震が起きたとき，地震が起きた地点から順に一直線上に並んだ地表の地点Ａ～Ｄに置かれた地震計が地震のゆれを記録しました。地震が起きた地点から地点Ａまでの距離《きょり》は25km，地点Ｂまでの距離は50kmでした。図２～５は，地点Ａ～Ｄのいずれかに置かれた地震計の記録を模式的に表しており，横軸《よこじく》は地震発生時からの経過時間を表しています。

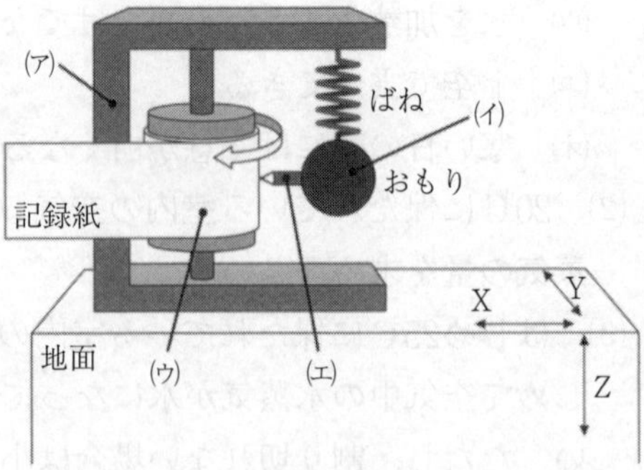

図１

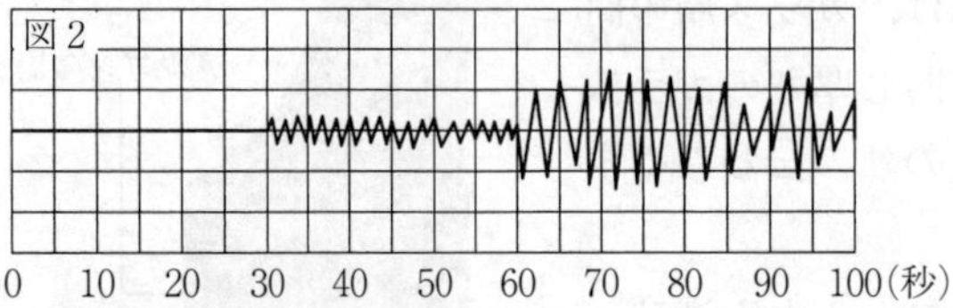

図２

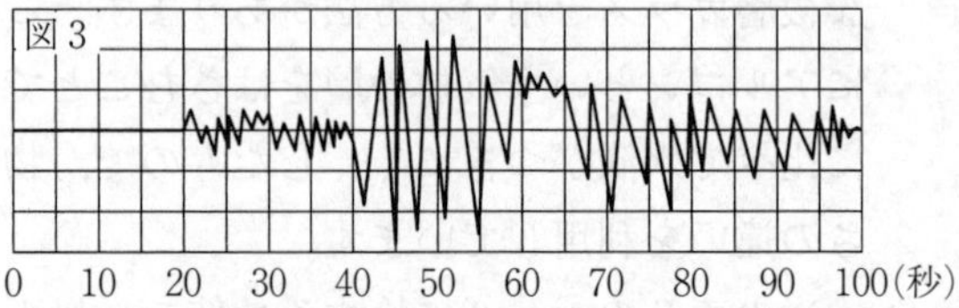

図３

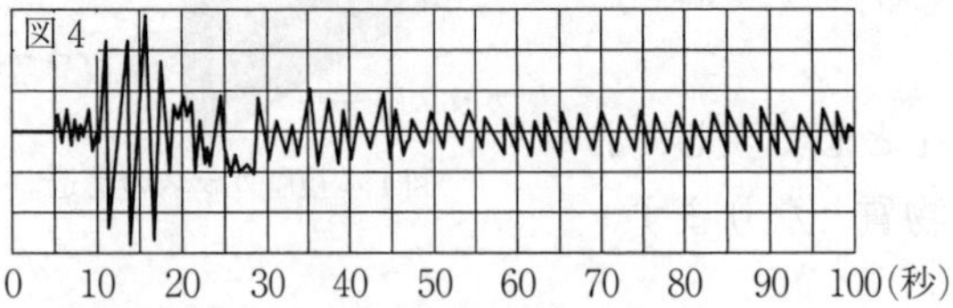

図４

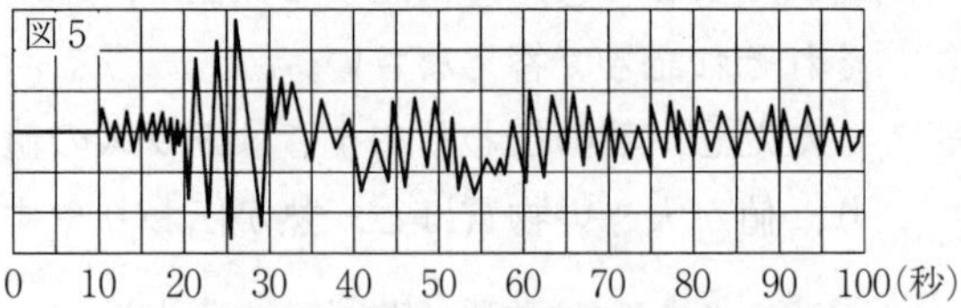

図５

(1)　地面のゆれと同程度にゆれるところを図１の(ア)～(エ)からすべて選び，記号で答えなさい。

(2)　図１の地震計で記録されるゆれの方向としてもっとも適切なものを，図１のＸ～Ｚから選び，記号で答えなさい。

(3)　地点Ｄの記録として適切なものを，図２～５から選びなさい。

(4)　地震が起きた地点から地点Ｄまでの距離を求めなさい。

図６と図７は地点Ａ～Ｄの延長線上にある地震が起きた地点からの距離が280kmの地点Ｅと，360kmの地点Ｆに置かれた地震計の記録を模式的に表したものです。他の記録と比べてみると，ゆれが記録されはじめる時間が，図２～５から予想される時間に比べて早いことがわかりました。そこで，さらに詳《くわ》しく調べてみると，次のことがわかりました。なお，この地震の震源は地中のごく浅いところにあり，地表からの深さは無視できるものとします。

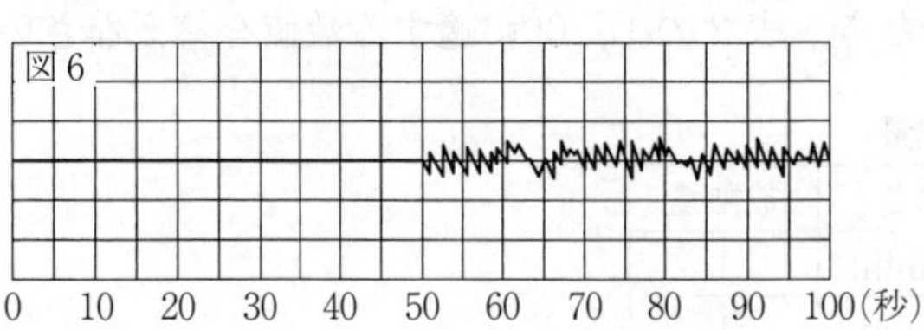

図６

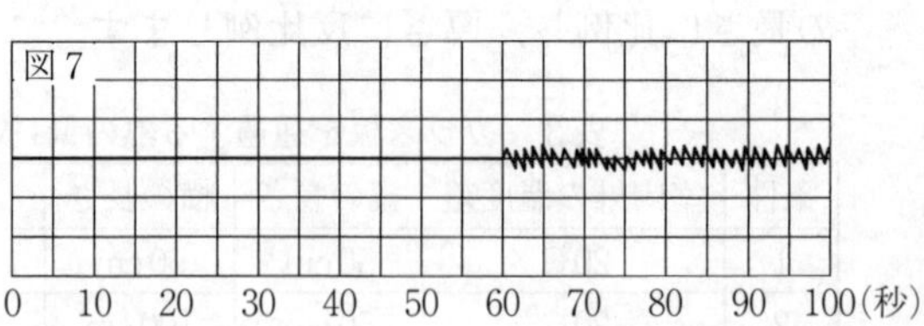

図７

【調べてわかったこと】
・地下は地殻《ちかく》とマントルの２層に構造がわかれている。
・ゆれの一部は，層の境界面で伝わる向きを変え，マントル中を境界面に沿って進み再び地表に戻ってくる。
・マントルの方が地殻よりもゆれの伝わる速さが速い。
・震源からの距離が離《はな》れると，地殻から直接伝わるより，マントルを経由して伝わるゆれの方が早く到着《とうちゃく》する。

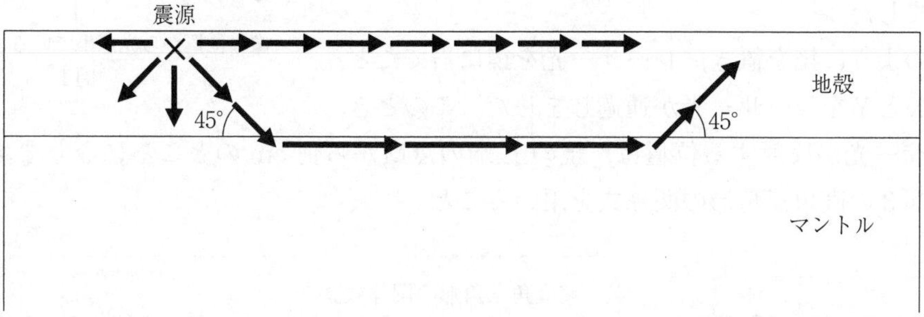

(5)　地殻から直接伝わるゆれと，マントルを経由して伝わるゆれが同時に到着する地点をＰとします。震源から地点Ｐまでの距離を求めなさい。必要に応じて次のグラフ用紙を用いること。

(6)　地震のゆれがマントル中を進む速さを求めなさい。ただし，割り切れない場合は小数第１位を四捨五入し，整数で答えなさい。

(7)　地殻の厚さを求めなさい。ただし，１辺が１kmの長さの正方形の対角線の長さは1.4kmとします。また，割り切れない場合は小数第１位を四捨五入し，整数で答えなさい。

4 以下の問いに答えなさい。

光が目に入ることで，私たちは物体の位置を知ることができます。しかし，図1のように鏡などで光が曲がると，私たちはそのことに気付かずに，実際とは異なる位置に物体があるように見えてしまいます。このとき，鏡の中に見える物体を像といいます。そこで，太郎さんは，1マスの1辺が1cmの方眼紙の上で，光の反射や屈折《くっせつ》の実験をして，このことを確かめることにしました。

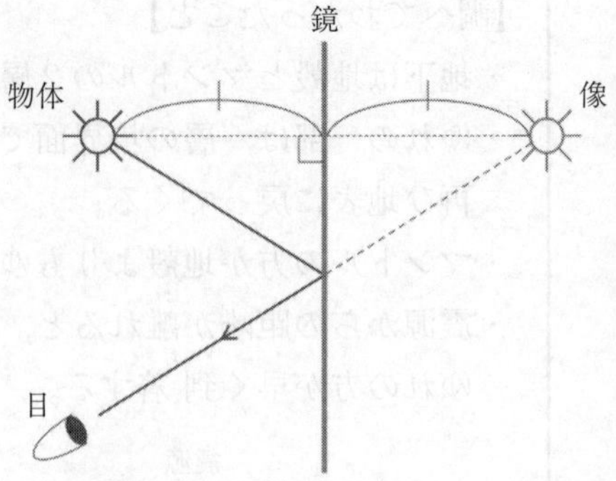

像の位置から光が出ているように見える

図1

(1) 図2のように鏡を置き，レーザー光を鏡に当てたとき，点XとYをレーザー光が通過しました。このときのレーザー光が反射する位置は，鏡の上端《じょうたん》の点Mから何cmのところになりますか。必要に応じて図3の直角三角形の関係式を用いること。

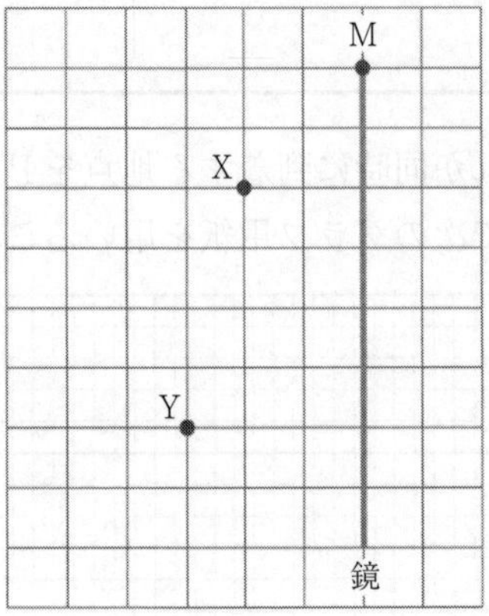

図2

≪直角三角形の関係式≫

大きさの異なる直角三角形でも，2組の角度が等しければ辺の長さの比が等しくなる

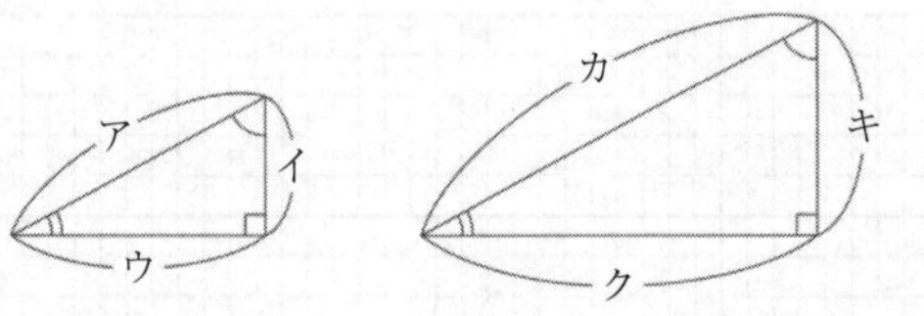

ア：カ ＝ イ：キ ＝ ウ：ク

図3

(2) 図4のような底面が直径8cmの半円の物体とまち針AとBを用いて実験を行いました。図5は方眼紙の上に置いた物体を上から見た図で，レーザー光が必ず点Oを通るようにしながら，レーザー光源の位置を変えて実験しました。また，まち針で光の道すじを記録し，レーザー光と破線Lの交わる点Aにまち針Aをさし，レーザー光と物体の境界の交わる点Bにまち針Bをさしました。表1は点Oを通る基準線に垂直な方向の距離 a と b の関係を表しています。

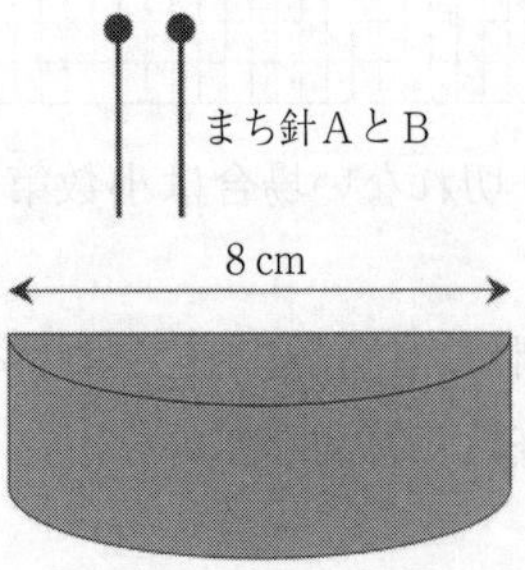

図4

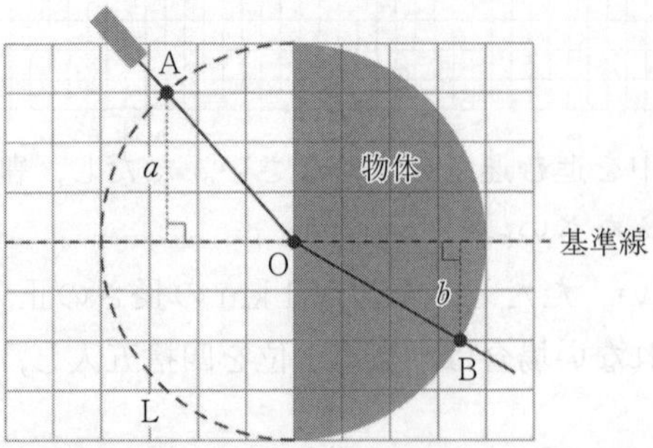

図5

表1

a	b
3.0cm	2.0cm
2.0cm	1.3cm
1.0cm	0.7cm

① a が0.6cmのときの b の値としてもっとも適切なものを，次の(ア)～(オ)から選び，記号で答えなさい。

(ア) 0.1cm

(イ) 0.2cm

(ウ) 0.3cm

(エ) 0.4cm

(オ) 0.5cm

② 図５の位置にまち針Ｂがさしてあるとき，まち針Ａのあたりから物体を通してまち針Ｂを見たようすとして適切なものを，次の(ア)～(ウ)から選び，記号で答えなさい。

(ア)

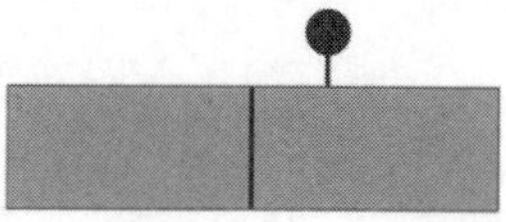

(イ)

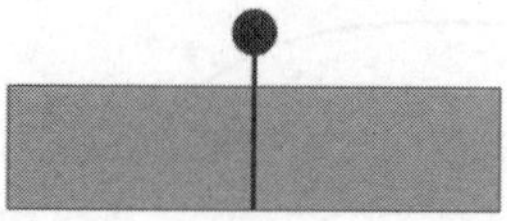

(ウ)

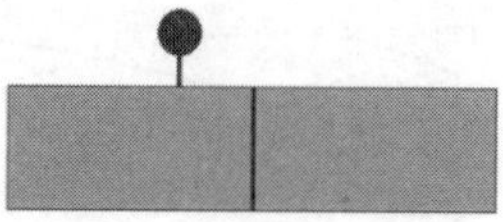

③ 次の図のようにレーザー光を物体に当てたとき，物体中でのレーザー光の道すじとして適切なものを，図中の(ア)～(オ)から選び，記号で答えなさい。

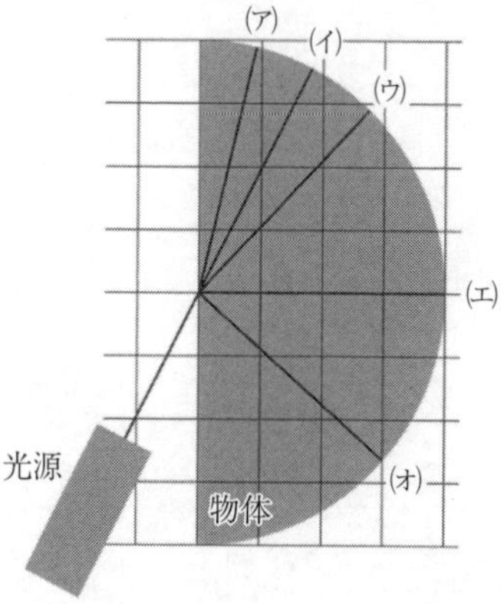

図６のように，蜃気楼《しんきろう》によって水平面から昇《のぼ》る太陽がだるまのように見えることがあります。調べてみると，温度の異なる空気の層で光が曲がるために蜃気楼が見えること，また濃度《のうど》の異なる液体の層でも同じように光が曲がることを知りました。そこで太郎さんは，水の入った透明な容器に濃《こ》い砂糖水を入れ濃度の異なる層をつくりました。そして図７のように，容器右側に置いた人形を容器左側から見ると，人形が変形して見えました。ただし，図７の実線は砂糖水中の光の道すじを表しています。

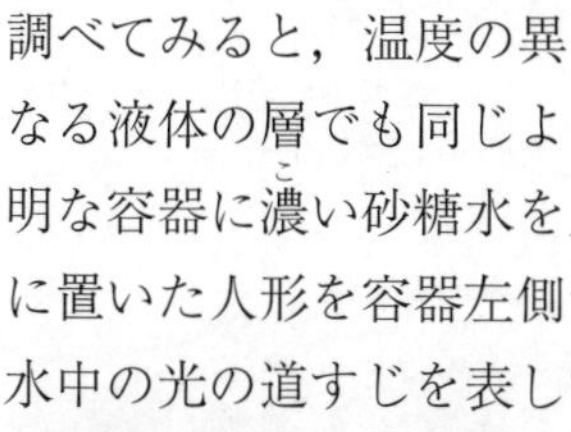

図６

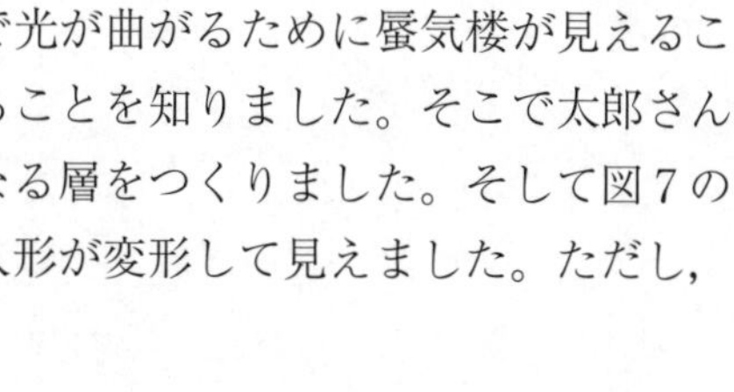

図７

(3) 変形して見えた人形の形として適切なものを，次の(ア)～(オ)から選び，記号で答えなさい。

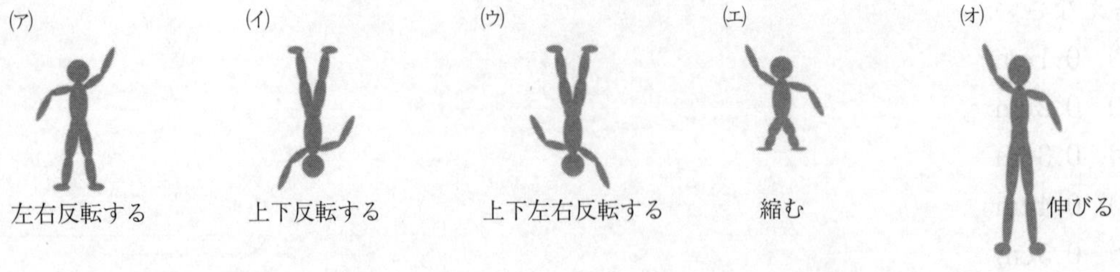

(4) 図６のように太陽が見えるとき，太陽からの光の道すじとして適切なものを，次の図中の(ア)～(オ)から２つ選び，記号で答えなさい。ただし，図中の実線と破線は光の道すじを見やすくするために用いているだけです。

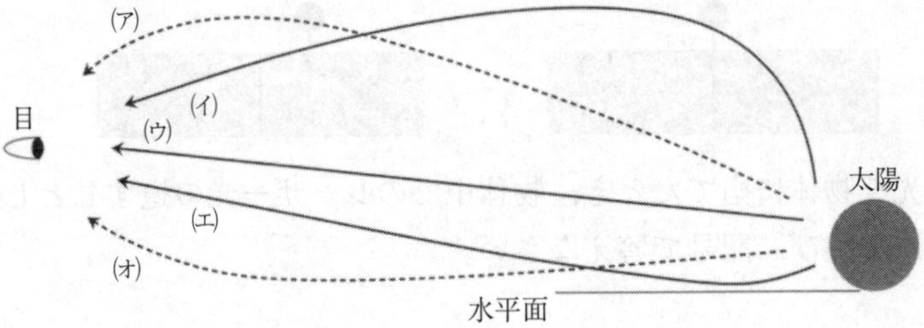

エ　ツネの意外な言動に驚きのあまり放心している様子。

問四　傍線部③「推測したこと」の内容を、解答欄の形式に合うように文中から十五字以内で抜き出しなさい。

問五　傍線部④「末吉の声が上ずっていた」について。「声が上ずっ」たのはなぜですか。その理由として最も適当なものを次の中から選び、記号で答えなさい。

ア　学校で娘がうまくいかなかった原因がようやくわかり感極まったから。

イ　学校の先生や医者に娘を馬鹿にされたことを思い出し腹が立ったから。

ウ　娘のためを思ってやってきたことが徒労であったことに落ち込んだから。

エ　娘に対する見立てが当たっていなかったことに安心したから。

問六　傍線部⑤「めがね作り」について。

Ⅰ　「めがね」を末吉はどのようなものと考えていますか。文中から抜き出しなさい。

Ⅱ　「めがね作り」を末吉はどう考えていますか。文中から抜き出しなさい。

問七　空欄 ⑥ に当てはまる語を次の中から選び、記号で答えなさい。

ア　渋い　　イ　優しい　　ウ　冷めた　　エ　おびえた

問八　傍線部⑦「幸八は酔いが回っていくのを感じていた」とありますが、幸八の心情として適当なものを次の中から選び、記号で答えなさい。

ア　末吉との話し合いが終わり、ようやく食事の時間となったことにいら立ちと疲労を覚えている。

イ　末吉との話し合いがまとまり、めがね作りの話が進んでいくことに達成感や安堵感を抱いている。

ウ　末吉との話し合いの中で、自分が持ってきためがねの見本が役立ったことに満足感や誇らしさを感じている。

エ　末吉との話し合いが決着し、ここから先は五左衛門に任せるつもりで力が抜け、投げやりになっている。

人より有利に立てる道具にばかり目がいきがちだが、自分は負を補う道具も同じくらい大切だと思っている。めがねは、見えないという負を正に転じる重要な道具だ。これからの世の中、めがねは必ずなくてはならないものになるはずだと幸八は語った。

「末吉さん、この村で一緒に、⑤めがね作りをやってはくれませんか」

幸八は改めて末吉に頼みこんだ。だがそうやすやすと末吉の気持ちは変わらない。末吉の表情が、幸八の言葉で【⑥】ものに変わり、長い沈黙が座敷に落ちる。

「うちではあかんやろか」

沈黙を破ったのは、小春だった。ためらうようなか細い声が、末吉の座る後ろから聞こえてくる。

「女でもかまわんのやったら、うちが手伝うわ」

「おまえ、なにを勝手に」

「ほやけど……。めがねがもっと、当たり前になったらええんやない。そうやったらツネが掛けても目立たんし、ツネみたいに生まれつき見えんで勉強のできん子ぉも助かるわ」

ふたりのやりとりを、幸八は胸が詰まる思いで聞いていた。いまツネが掛けているめがねは好きに使ってくれと告げると、小春が切なげに眉を寄せる。

「末吉さん、奥さんの言うとおりです。いまはめがねを掛けた顔が風変わりに見えるかもしれんが五年後、十年後にはごく当たり前のものとして人の目に映るはずや」

幸八はこれが最後という覚悟で、末吉を見据える。めがねという道具はただの商品ではない。人の体の一部となり、生活をともにするものに違いない。人の暮らしを守る建物を造ってきた末吉であるからこそ、めがねの価値もわかるはずだ。宮大工としての技術や経験が欲しいのはもちろんだが、兄と自分はもの作りの尊さを知る末吉の心を、増永工場に宿してほしいのだ——。

これで良い返事がもらえなければ、もう席を立とう。幸八はそう覚悟を決めていた。隣に目をやると、五左衛門も真剣な表情で末吉を見つめている。

「わかった」

しばらく黙ってツネの顔を眺めていた末吉が、ぼそりと呟く。

「増永兄弟には、借りができたざ」

大工の技術がめがね作りに通用するかはわからない。だが突拍子もないことを始めようとする増永兄弟に力を貸せるとしたら、この村では自分をおいていないだろうと末吉は言い、口端を上げる。

「末吉。おまえのほかに三人は必要や。あと三人、それが難しいならせめてふたり。手先が器用で忍耐力のある男を教えてくれ」

五左衛門が膝を寄せると、末吉が身を乗り出してきて、どこぞの誰はどうかという話が始まる。小春が運んできた酒に口をつけ、⑦幸八は酔いが回っていくのを感じていた。

（藤岡陽子『おしょりん』）

（注）＊訓導…小学校教諭の旧称。

問一　傍線部**イ**～**ホ**について。カタカナは漢字に直し、漢字は読みをひらがなで記しなさい。

問二　傍線部①「器用なところは父譲り」とありますが、「父」の仕事は何ですか。文中から抜き出しなさい。

問三　傍線部②「表情が消えた」とはどういう様子ですか。適当なものを次の中から選び、記号で答えなさい。

ア　ツネの言うことがまったく理解できずうんざりする様子。

イ　当たり前のことばかりを言うツネにあきれている様子。

ウ　ツネの行動に意味を見いだそうと集中している様子。

ら、ツネが幸八をじっと見つめてきた。笑いかけると、はにかんだ笑みが返ってくる。

「どうや。おんちゃんの顔もこれまでとは違って見えるやろ」

「うん。肌がざらざらしてる。眉毛が毛虫みたいや」

弾んだ声を出すと、ツネは自分の両手で蔓を支えながらその場で飛び跳ねた。これまでぼやけていた視界を、初めてはっきりと捉えたのではないだろうか。ツネは襖《ふすま》の間をするりと抜けるようにして奥の間に入ったかと思うと、すぐに戻ってきて小春の前になにかを置いた。尋常小学読本の一巻だった。読本の頁《ページ》を開いたツネは、小春に読んでくれとせがんでいる。小春は困惑顔のまま頷《うなず》くと、自分は字が読めないのだとその読本を五左衛門に渡した。

「イ、エ、ス、シ――」

五左衛門がはっきりとした太い声で読み上げれば、ツネがその後について声を出す。時々はめがねを外して裸眼で読本を眺め、また掛け直しては読本を見つめるツネの様子を見て、幸八は自分が③推測したことに間違いはないと確信した。

「学校の＊訓導に、周りについていくのは難しいと指摘されたんやざ。ツネ本人も学校へ行きたがらんようになった時、わしは敦賀までツネを連れて出たんや。そこに良い医者がいると聞いたもんやから……。もしかしたら、どこか体の具合が悪いのかと思うてな」

④末吉の声が上ずっていた。「医者には、頭が足りないんやて言われたざ。この子は生まれつき、他の者より知能が足らん。板書を写せんのは、なんで写さなあかんのかがわからず、写し方も理解できんのやろと医者は言うたんや」

勉強がだめならと機織りをさせてみたが、なかなか要領をつかめなかった。だから自分と小春は、それならばツネを家の中で育てようと思ったのだと末吉は喉《のど》を震わせる。

「ぼくは眼医者じゃないんで詳しいことはわからんけど、ツネちゃんは近眼やないでしょうか。近眼は、めがねを掛ければ矯正できるものや」

大阪では子供用の小さなめがねもあつらえるのだと幸八は話す。

「ほやが幸八よ、めがねみたいなおかしなもん掛けて学校へ行ったらツネは笑われるざ」

「たしかに……笑われるかもしれません」

「ほやったら」

末吉の顔が翳《かげ》った時、五左衛門がすかさず首を振る。いま笑われるくらいどうでもない。このまま学校に通わず、教育を身につける機会を得ないまま大人になれば、笑われるよりも辛いことがツネに降りかかるだろう。親は子供より先にいなくなる。末吉や小春がいなくなった後、ツネはひとりで生きていかなくてはいけないのだ。いま心ない人間に笑われたとしても、親がしっかりと守ってやればきっと耐えられる。

「これからは女にも学問が必要や、末吉」

それまで口を挟まずに静かにやりとりを見守っていた五左衛門が、強い口調で説得した。

「ツネちゃんに聞いてみたらどうやろ。めがねを掛けてでも学校へ行きたいかどうか。ぼくにはツネちゃんがどう答えるかは、わかっていますけど」

ツネは尋常小学校の読本を捨てずに手元に残していたのだ。それだけで、いままでどんな気持ちですごしてきたのかがわかるのではないか。

幸八は、東京で出逢った数学者から聞いた話を、末吉に持ちだした。負の概念の話である。負とは零よりも少ない数のことで、わかりやすくいえば赤字のことである。昨今のもの作りといえば、より便利に、

「どうしたんや」

夜半に再びロマい戻ってきた兄弟を、末吉が不思議そうに見つめる。

「弟がもう一度だけおまえと話したい言うから連れてきたんや。あと数分だけ、時間を割いてやってくれんか」

五左衛門は突然の訪問を詫びた後、幸八のほうを見て、「これが最後やざ」と念を押してくる。

「ほんまに、これが最後のお願いです。でもぼくは末吉さんに会いに来たわけではなく、実はツネちゃんに用があって戻ってきたんです」

幸八が言うと、盆に茶を載せて運んできた小春の足が止まり、口を半開きにしたツネが視線をこちらに向ける。

「ツネになんの用が――」

末吉が言い終わらないうちに、幸八は籠《かご》の中からいくつかのめがねを取り出し、板間に並べた。

「なんやこれ。さっき見ためがねやないか」

末吉がハウデグみをしたままめがねを顎《あご》で指し示す。

「ほうです。ほやがさっきは見本のひとつしか持ってきませんでしたが、今度は手持ち全部を持ってきたんです」

中でもいちばん小さな真鍮枠《しんちゅうわく》のものを指先で持ち上げ、幸八は、

「ツネちゃんに掛けてもらってもええですか」

と末吉のほうを見る。末吉の返事を待たずに「ツネちゃん」とニテマネきし、その小さな鼻の上に、めがねを置いてみる。

「どんな感じや」

いちばん小型なものにしても仕様が大人用なので、幸八は蔓《つる》を指先で支えてやりながらツネの言葉を待つ。めがねを掛けたツネは、せわしげに首をめぐらせ部屋の中を眺めるだけでなにも応えない。

「どうや。見え方が変わらんか」

幸八がツネの顔をのぞきこんで問いかけると、

「眩《まぶ》しい……」

ツネはいったん瞼《まぶた》を固く閉じ、そしてまたもう一度、見開いた。行灯がひとつだけ灯る薄暗い部屋だった。「眩しい」というツネのひと言に、小春と末吉が顔を見合わせる。

「どうしたんや。なんで眩しいんや」

末吉が心配そうに目をホコらし、ツネの頬に手を当てる。だがツネは末吉の問いかけにはなにも応えず、目に虫でも入った時のように瞬《まばた》きを繰り返すばかりだ。

「おとっちゃんの顔が……いつもと違って見えるで」

そしてようやく口にした言葉は、末吉の首を傾《かし》げさせるものだった。

「なに言うてるんや。顔が違うなんてことないざ」

「ううん、違うんや。目も鼻も口も、なんでかすごく大きく見えるんや」

ツネは天井を見上げ「うちの天井、板の木目がわからんほど煤で黒ずんでいるわ」と笑い、「おっかちゃんのその前掛けに、こんな白い花の模様あったんか」と小春に近づいた。そして、小春の腰に巻かれた三幅前掛けを撫《な》でる。その場にいる幸八以外の大人たちから、②表情が消えた。小春は両手で口許を押さえたまま、さっきから動けないでいる。

「末吉さん、小春さん。ツネちゃんは勉強ができないわけやなく、黒板の字が見えてなかっただけちがいますか。もしかすると教科書の字も見えにくかったかもしれん。ほんまは聡い子やで、生まれつき目が悪かっただけやとぼくは思うんです」

霞んでいたのだ。この娘の視界は、生まれた時からぼんやりと曇っていたのだ。だがそれはこの娘にとっては当たり前のことで、両親や教師に訴えるようなことではなかったのではないか。だから誰も気づかなかった。鼻からずり落ちそうなめがねを人差し指で持ち上げなが

て配慮をしなければならないのか、という問いが浮かびあがってきます。なぜ他者に対して配慮をすることが「よく生きる」ことにつながるのでしょうか。こうした点についてソクラテスは残念ながら詳しいことを語っていません。わたしたちに残された問いであると言ってよいでしょう。

（藤田正勝『はじめての哲学』）

問一 傍線部**イ**・**ロ**のカタカナを漢字で書くときに用いる漢字をふくむものを後の中から選び、それぞれ数字で答えなさい。

イ ハッキする

1 会社のコウキある伝統　2 入場行進のキシュ
3 キテンがきく青年　4 合奏をシキする

ロ そのカテイで行った弁明

1 被災者のカセツ住宅　2 期限をチョウカする
3 カダイ学習　4 イッカの団らん

問二 空欄 A ～ C に当てはまる語を次の中から選び、それぞれ記号で答えなさい。

ア だから　イ しかし　ウ つまり
エ むしろ　オ それでは

問三 傍線部①「自己の『付属物』について気づかうこと」として**適当でない**ものを次の中から一つ選び、記号で答えなさい。

ア 自分自身を美しく着飾ること。
イ 健康を気づかった生活を送ること。
ウ 欲望に忠実に、自然のままに生きること。
エ 心を秩序正しい状態に保つこと。

問四 傍線部②「そのような種類の問い」とはどのような問いですか。解答欄の形式に合うように文中から四十五字以内で探し、最初と最後の五字を抜き出しなさい。

問五 空欄 ③ に当てはまる言葉として適当なものを次の中から選び、記号で答えなさい。

ア 荒寥《こうりょう》とした庭園　イ 底の見えない沼
ウ 孔《あな》のあいた甕《かめ》　エ 青く澄んだ泉

問六 二重傍線部「『よく生きる』とはどういうことかという問題」に対するソクラテスの端的な答えを、文中から二十二字で抜き出しなさい。

問七 次のア～エそれぞれについて。本文の内容に当てはまるものには○、当てはまらないものには×をつけなさい。

ア ソクラテスの「知を愛する」ことと「よく生きる」こととは一体不可分である。
イ 健康であってはじめて、「自己自身」を大切にすることができる。
ウ 人々が権勢欲に踊らされることを、ソクラテスは危ぶんだ。
エ 他者への配慮がなぜ必要かについては、ソクラテスは述べていない。

二 次の文章を読んで、後の問に答えなさい。

イ提灯を下げた出戻りの訪問者を、小春は困惑の表情を浮かべつつ家の中へ通してくれた。

さっきの六畳間の座敷では末吉が晩酌をしている最中で、そのそばでツネが遊んでいる。美しい千代紙を使って姉さん人形を折るツネを、幸八はじっと見ていた。①器用なところは父譲りなのか、縮緬紙でこしらえた髪も、千代紙で作った花嫁衣裳も目を見張るくらいに上手にできている。どう見ても、勉強についていけないような娘ではない。幸八と五左衛門が神妙な顔つきで部屋に入ってきたことで、ツネは手を止め、こちらを窺うように眺めてきた。

をする」ということとも関係し、生命の源といった意味で使われた言葉ですが、わたしたちの感情や知性の働きを支えている「心」や「精神」という意味でも使われました。

ソクラテスは、身体や金銭ではなくプシュケーについて、つまり心について気づかわなければならないという自分の説を、プシュケーによってこそ健康や富もよいものとして生かされるが、いくらお金があっても心がよくなるわけではないからだ、と根拠づけています。その人がどういう人物であるか、また健康や富が活用されるか否かは、その人の心のあり方にかかっているというのです。ソクラテスが「自己自身」と表現したのは、このプシュケーのことだと言ってよいでしょう。それが「よく」あるように気づかうことが何より大切なのだということを、ソクラテスはアテナイの人々に説いてまわったのです。人間にとって、生きていく上で何より大切なのは、プシュケーが「よく」あるように気をつかうこと、つまり「よく生きる」ことだというのがソクラテスの考えであったと言えます。

この主張は、当時の人々の生き方に対する批判を含んでいました。ソクラテスの後半生は、古代ギリシアの有力なポリスであったアテナイとスパルタとのあいだで激しく戦われたペロポネソス戦争の時期と重なります。その混乱のなかで人々は貪欲になり、権勢欲に踊らされるようになっていきました。ソクラテスの日々の活動には、この貪欲になり、ますます「自己自身」から離れていく人々の価値観に対する批判があったのではないでしょうか。ソクラテスが告訴された真の原因については、いろいろな説が出されていますが、このことも関わっていたのかもしれません。

さて、ソクラテスは魂(心)について気づかうように人々に語りかけたのですが、わたしたちは自分の心のあり方について、どのように気づかえばよいのでしょうか。どうすれば「すぐれたよい者」になることができるのでしょうか。わたしたちはそのようにすぐに結論へ行こうとしますが、ソクラテスは急ぎません。［Ｂ］、「徳の何であるかを見失っているのは、まず誰よりわたし自身なのです」という答をわたしたちに投げ返してきます。たとえ答が得られなくても、それについて問い、議論し、吟味することが求められるような、そういう問いがあるということをソクラテスは語ろうとしたのではないでしょうか。「魂(心)のよさとは何か」という問いも、まさに②そのような種類の問いであると言えるでしょう。

プラトンが書いた『ゴルギアス』という対話篇(プラトンの著作は対話の形で話が進行していきますので、このように呼ばれています)では、ソクラテスは、少しこの魂の「よさ」について語っています。

この対話篇では、三人の人物がソクラテスと対話をしますが、最後に登場するカリクレスは、現実の政治の世界ではなばなしい活躍をしている人物でした。そのカリクレスがソクラテスに対し、自然なままに生きること、［Ｃ］欲望を抑えることなく、その充足をはかることこそが正義であり、善であるということを主張します。それに対してソクラテスは、人間の欲望とはどこまでいっても満足することのない「［　③　］」のようなものであり、欲望に踊らされた人生を送るのは、決して幸福でも、善でもないと言います。そして他者への配慮をまったく行わず、ただ自分の欲望の満足だけを強欲に追い求める生き方をソクラテスは「盗人の生活」と表現しています。

ソクラテスは、ものごとをよく考え、欲望を抑えて心を秩序正しい状態に保ち、他の人への配慮を行って、互いに力をあわせることが、わたしたちがめざすべきものであるという考えをもっていたと言えます。

しかしそこで、なぜわたしたちは自分の欲望を抑え、他の人に対し

2024年度

立教新座中学校

【国語】〈第一回試験〉（五〇分）〈満点：一〇〇点〉

一 次の文章を読んで、後の問に答えなさい。

どのように、あるいは何をめざして生きるべきかといった問題を考えるためには、自分の願いを実現することや自分の能力を**イ**ハッキすることだけでなく、「よく生きる」ということについても考える必要がありそうです。

そのことを考える上で参考になるのは、古代ギリシアの哲学者ソクラテスの考え方・生き方です。ソクラテスは自らを「知を愛する者」と呼びましたが、この「知を愛する」（ラテン文字で表記するとphilosophein）という表現から「哲学」（philosophy）という言葉が生まれました。そういう意味でもソクラテスは哲学においてとても重要な人物です。

ソクラテスは古代ギリシアの代表的なポリス（都市国家）であるアテナイ（アテネ）に生まれた人ですが、晩年、青年たちと議論をくり返し、彼らを悪い方向に導いたという理由、さらには国家が認める神々を認めなかったといった理由で訴えられ、結局、裁判で死刑の判決を受けました。その**ロ**カテイで行った弁明をもとに、死後に弟子のプラトンが『ソクラテスの弁明』という著作を発表しました。そこでプラトンは、裁判のプロセスやソクラテスが語ったことなどを詳しく記しています。そこに「よく生きる」とはどういうことかという問題を考える上で重要な意味をもつ文章が出てきます（以下で詳しく見てみます）。

結局、死に至ったわけですが、彼にとって、「知を愛する」ことと「よく生きる」こととは切り離すことのできないものであったと言えると思います。

ソクラテスは毎日広場に出かけていっては、多くの人とさまざまな問題をめぐって議論をするという生活を送った人でした。このように倦《う》むことなく事柄の真実を探究することがソクラテスにとっては「知を愛する」ということでした。なぜそのように多くの人々と、とくに青年たちと毎日のように議論したのか、その意図についてソクラテスは裁判のなかで語っています。それによると彼が行おうとしたのは、一人ひとりの人が、自分自身のことについて気づかい、すぐれたよい人になるよう、また思慮のある人になるように導くことでした。そしてここでソクラテスは、自分自身のことについて気づかうことは、①自己の「付属物」について気づかうことではないということを強調しています。自己の「付属物」についてではなく、「自己自身」について心を砕くことが何より大切なのだということを人々に説いてまわったとソクラテスは言うのです。

「よく生きる」とはどういうことかという問題を考える上で、これはとても重要な点だと思います。そのために、ソクラテスが「自己自身」と自己の「付属物」とをどのように区別していたのかをはっきりさせたいと思います。『ソクラテスの弁明』のなかでソクラテスはこの「付属物」について、「身体や金銭」という言葉でも言い表しています。したがってたとえば、美しく粧《よそお》うことに何より気をつかうことや、富を蓄えることに必死になるといったことが考えられていたと言ってよいでしょう。

[A] 「自分自身について気づかう」というのはどういう意味でしょうか。そのことをソクラテスは「魂」（プシュケー）について気づかうことであるとも表現しています。「プシュケー」というのは、「息

2024年度
立教新座中学校　▶解説と解答

算　数　＜第１回試験＞（50分）＜満点：100点＞

解　答

1 (1)　8　(2)　130円　(3)　2376　(4)　$72cm^3$　(5)　49.4cm　(6)　①　$\frac{5}{16}$倍　②　288人　2 (1)　$33cm^2$　(2)　１：４　(3)　２：３　(4)　$17cm^2$　3 (1)　540円　(2)　３：２　(3)　５：３　(4)　600ｇ　4 (1)　1332　(2)　66660　(3)　38664　(4)　19　5 (1)　**体積**…$176cm^3$，**表面積**…$272cm^2$　(2)　**体積**…$161.87cm^3$，**表面積**…$285.27cm^2$

解　説

1　四則計算，消去算，条件の整理，体積，図形の移動，長さ，集まり，相当算

(1)　$\left\{\left(1-\frac{1}{20}\right)-0.5\times0.3+\frac{1}{2}\right\}\div1\frac{5}{8}+(10-0.1)\times\frac{4}{5}\div1.1=\{(1-0.05)-0.15+0.5\}\div\frac{13}{8}+9.9\times0.8\div1.1=(0.95-0.15+0.5)\div\frac{13}{8}+9.9\div1.1\times0.8=1.3\div\frac{13}{8}+9\times0.8=\frac{13}{10}\times\frac{8}{13}+7.2=0.8+7.2=8$

(2)　お菓子《かし》Ａ，Ｂ，Ｃの１個の値段をそれぞれⒶ，Ⓑ，Ⓒとすると，右の図１のア～ウの式を作ることができる。はじめに，アの式の等号の両側を５倍するとエのようになり，エの式からイの式をひくとオのようになる。次に，ウの式の等号の両側を５倍するとカ，オの式の等号の両側を３倍するとキのようになる。最後にカの式からキの式をひくと，Ⓑ×11＝1430(円)となるから，Ⓑ＝1430÷11＝130(円)と求められる。

図１

Ⓐ×１＋Ⓑ×１＋Ⓒ×１＝ 400(円)…ア
Ⓐ×５＋Ⓑ×２　　　　＝ 710(円)…イ
　　　　Ⓑ×４＋Ⓒ×３＝1060(円)…ウ
Ⓐ×５＋Ⓑ×５＋Ⓒ×５＝2000(円)…エ
　　　　Ⓑ×３＋Ⓒ×５＝1290(円)…オ
　　　　Ⓑ×20＋Ⓒ×15＝5300(円)…カ
　　　　Ⓑ×９＋Ⓒ×15＝3870(円)…キ

(3)　小さい順にA，B，C，Dとすると，最も小さい和は$(A+B)$，２番目に小さい和は$(A+C)$，最も大きい和は$(C+D)$，２番目に大きい和は$(B+D)$と決まる。ところが，３番目と４番目の和は決まらないので，この２通りの和はどちらも15であり，下の図２のようになることがわかる。図２で，ア＋イ－エを計算すると，$(A+B)+(A+C)-(B+C)=A+A$の値が，10＋13－15＝８となるから，$A=8\div2=4$とわかる。すると，$B=10-4=6$，$C=13-4=9$，$D=15-4=11$と求められるので，$A\times B\times C\times D=4\times6\times9\times11=2376$となる。

(4)　下の図３のようにＣとＥ，ＣとＦをそれぞれ結ぶと，点Ｂをふくむ立体は，三角すいE－BCFと四角すいC－EFGHに分けることができる。三角形BCFの面積は三角形BCDの面積の半分だから，12×12÷２÷２＝36(cm^2)となる。また，EF＝６÷２＝３(cm)なので，三角すいE－BCFの体積は，36×３÷３＝36(cm^3)とわかる。さらに，EH＝FG＝CG＝12÷２＝６(cm)なので，四角すいC－EFGHの体積は，３×６×６÷３＝36(cm^3)と求められる。よって，点Ｂをふくむ立体の体積は，36＋36＝72(cm^3)である。

図２

$A+B=10$…ア
$A+C=13$…イ
$A+D=15$…ウ
$B+C=15$…エ
$B+D=17$…オ
$C+D=20$…カ

図３

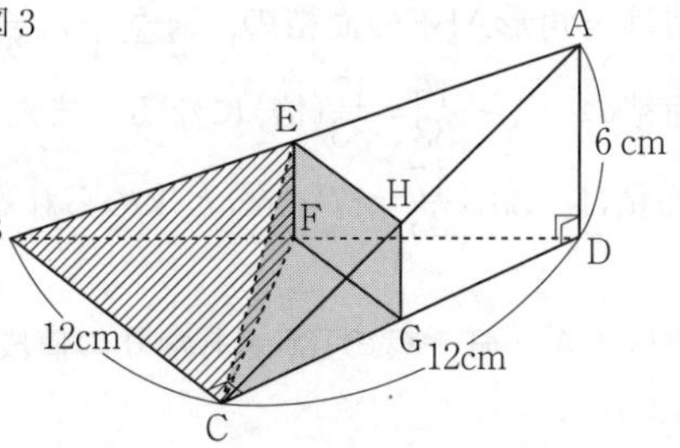

図４

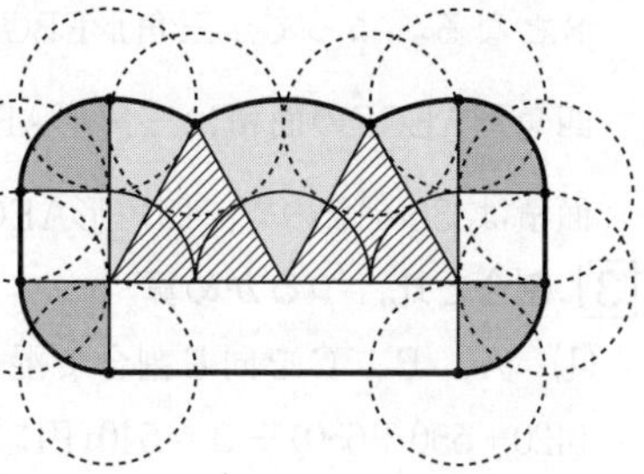

⑸　円の中心は上の図４の太線のように動く。濃《こ》いかげの部分は半径が３cmのおうぎ形であり，これらを合わせると１つの円になる。また，うすいかげの部分は半径が，$3+3=6$(cm)のおうぎ形である。このとき，斜線《しゃせん》部分は正三角形だから，うすいかげのおうぎ形の中心角の合計は，$(90-60)\times2+(180-60\times2)=120$(度)とわかる。よって，濃いかげの部分とうすいかげの部分の弧《こ》の長さの合計は，$3\times2\times3.14+6\times2\times3.14\times\frac{120}{360}=(6+4)\times3.14=31.4$(cm)と求められる。さらに，直線部分の長さの合計は，$3\times2+3\times4=18$(cm)なので，中心が動いたあとの線の長さは，$31.4+18=49.4$(cm)である。

⑹　①　全員の人数を$\boxed{1}$とすると，電車を利用している人数は，$\boxed{1}\times\frac{5}{6}=\frac{\boxed{5}}{\boxed{6}}$となる。すると，バスを利用している人数は，$\frac{\boxed{5}}{\boxed{6}}\times\frac{3}{8}=\frac{\boxed{5}}{\boxed{16}}$となるから，バスを利用している人数は全員の人数の，$\frac{5}{16}\div1=\frac{5}{16}$(倍)とわかる。　②　図に表すと上の図５のようになる。図５で，電車かバスを利用している人数は，$\frac{\boxed{5}}{\boxed{6}}+\frac{\boxed{5}}{\boxed{16}}-54=\frac{\boxed{55}}{\boxed{48}}-54$(人)と表すことができる。これが，$\boxed{1}-12$(人)と等しいから，$\frac{\boxed{55}}{\boxed{48}}-\boxed{1}=\frac{\boxed{7}}{\boxed{48}}$が，$54-12=42$(人)にあたる。したがって，全員の人数は，$42\div\frac{7}{48}=288$(人)と求められる。

図５

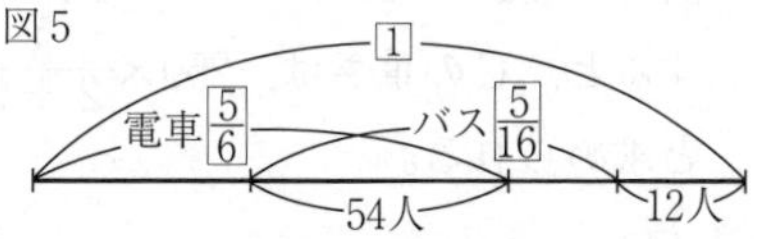

2　平面図形―相似，辺の比と面積の比

⑴　右の図で，三角形ABDの面積は平行四辺形ABCDの面積の半分だから，$264\div2=132$(cm^2)である。また，三角形ABFと三角形FBDの面積の比は，底辺の比と等しく１：３なので，三角形ABFの面積は，$132\times\frac{1}{1+3}=33$($cm^2$)とわかる。

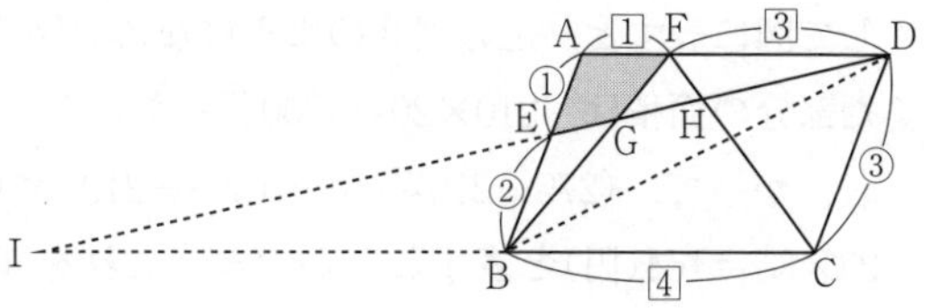

⑵　図のように，DEとCBをそれぞれ延長して交わる点をＩとする。はじめに，三角形AEDと三角形BEIは相似であり，相似比は，AE：BE＝１：２だから，$IB=\boxed{4}\times\frac{2}{1}=\boxed{8}$となる。次に，三角形FHDと三角形CHIも相似であり，相似比は，FD：CI＝３：(４＋８)＝１：４なので，FH：HC＝１：４とわかる。

⑶　ID＝１とすると，⑵の＿の相似から，IE：ED＝２：１となり，$ED=1\times\frac{1}{2+1}=\frac{1}{3}$とわかる。また，＝の相似から，IH：HD＝４：１となり，$HD=1\times\frac{1}{4+1}=\frac{1}{5}$と求められる。よって，$EH=\frac{1}{3}-\frac{1}{5}=\frac{2}{15}$だから，$EH:HD=\frac{2}{15}:\frac{1}{5}=2:3$となる。

⑷　三角形FGDと三角形BGIは相似であり，相似比は，FD：BI＝３：８なので，FG：GB＝３：

8となる。よって，三角形EBGの面積は三角形ABFの面積の，$\frac{2}{2+1}\times\frac{8}{8+3}=\frac{16}{33}$(倍)だから，四角形AEGFの面積は三角形ABFの面積の，$1-\frac{16}{33}=\frac{17}{33}$(倍)になる。また，⑴より三角形ABFの面積は33cm^2なので，四角形AEGFの面積は，$33\times\frac{17}{33}=17$(cm^2)と求められる。

3 割合と比，つるかめ算

⑴　A，B，Cを同じ割合で混ぜるから，A，B，Cの100ｇあたりの値段の平均になる。よって，(420＋550＋650)÷３＝540(円)と求められる。

⑵　500ｇで2560円なので，100ｇあたりの値段は，2560÷５＝512(円)である。よって，Aの重さをⒶｇ，Cの重さをⒸｇとして図に表すと，下の図１のようになる。図１で，ア：イ＝(512－420)：(650－512)＝２：３だから，Ⓐ：Ⓒ＝$\frac{1}{2}$：$\frac{1}{3}$＝３：２とわかる。

⑶　Bを200ｇとCを300ｇ混ぜると，550×２＋650×３＝3050(円)になるから，BとCを２：３の割合で混ぜた豆の100ｇあたりの値段は，3050÷(２＋３)＝610(円)とわかる。また，500ｇで2575円の豆の100ｇあたりの値段は，2575÷５＝515(円)なので，BとCを２：３の割合で混ぜた豆の重さを□ｇ，Aの重さをⒶｇとして図に表すと，下の図２のようになる。図２で，ウ：エ＝(610－515)：(515－420)＝１：１だから，□とⒶの重さは等しく，どちらも，500÷２＝250(ｇ)とわかる。すると，Cの重さは，$250\times\frac{3}{2+3}=150$(ｇ)になるので，AとCの重さの比は，250：150＝５：３と求められる。

図１

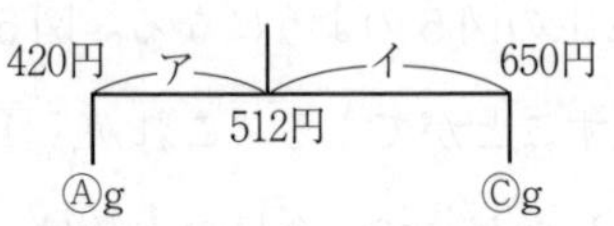

図２

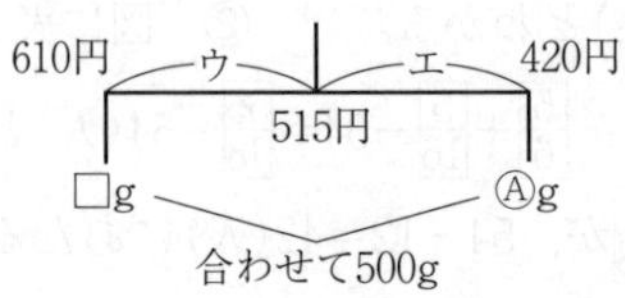

図３

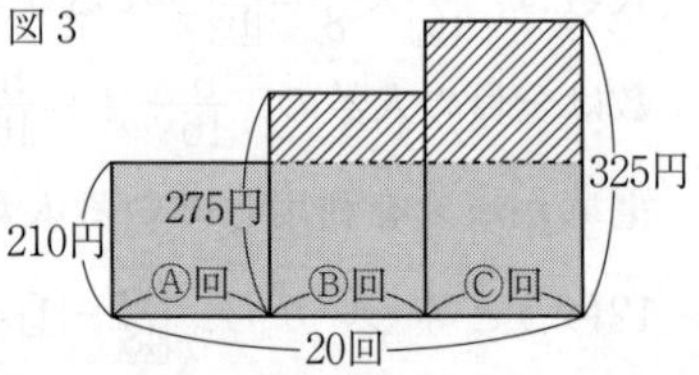

⑷　A，B，Cの１回あたり(50ｇあたり)の値段はそれぞれ，420÷２＝210(円)，550÷２＝275(円)，650÷２＝325(円)である。よって，A，B，Cを加えた回数をそれぞれⒶ回，Ⓑ回，Ⓒ回として図に表すと，上の図３のようになる。図３で，図形全体の面積は4970円にあたり，かげをつけた部分の面積は，210×20＝4200(円)だから，斜線部分の面積は，4970－4200＝770(円)とわかる。したがって，(275－210)×Ⓑ＋(325－210)×Ⓒ＝770(円)，65×Ⓑ＋115×Ⓒ＝770(円)，13×Ⓑ＋23×Ⓒ＝154(円)と表すことができ，これを満たすのは，Ⓑ＝３，Ⓒ＝５だけである。すると，Ⓐ＝20－３－５＝12となるので，加えたAの重さは，50×12＝600(ｇ)と求められる。

4 場合の数

⑴　１，２，３を並べてできる３けたの整数は，３×２×１＝６(個)である。このとき，どの位にも３個の数字が均等にあらわれるから，各位にあらわれる{1，２，３}の回数は，６÷３＝２(回)となる。よって，各位の和は，(１＋２＋３)×２＝12になるので，これらの整数の和は，12×100＋12×10＋12×１＝12×111＝1332と求められる。

⑵　⑴と同様に考える。１，２，３，４を並べてできる４けたの整数は全部で，４×３×２×１＝24(個)ある。このとき，どの位にも４個の数字が均等にあらわれるから，各位にあらわれる{1，２，３，４}の回数は，24÷４＝６(回)とわかる。よって，各位の和は，(１＋２＋３＋４)×６＝60になるので，これらの整数の和は，60×1000＋60×100＋60×10＋60×１＝60×1111＝66660と求

められる。

(3)　はじめに，0123のように千の位に０を並べてもよいことにすると，(2)と同様に考えることができる。つまり，０，１，２，３を並べてできる４けたの整数は全部で24個あり，どの位にも４個の数字が６回ずつあらわれる。よって，各位の和は，（０＋１＋２＋３）×６＝36になるから，これらの整数の和は，36×1111＝39996と求められる。ただし，この中には千の位が０の整数が６個ふくまれている。この６個の整数の和は(1)で求めた1332なので，実際にできる整数の和は，39996－1332＝38664である。

(4)　０はふくまないから，(2)と同様に考えればよい。選んだ数字をA，B，C，Dとすると，各位の和は，$(A+B+C+D)\times 6$となるので，すべての整数の和は，$(A+B+C+D)\times 6\times 1111$と表すことができる。これが126654になるから，$A+B+C+D=126654\div 1111\div 6=19$と求められる。

5　立体図形―体積，表面積

(1)　くりぬくのは下の図１のような立体である。これは１辺の長さが２cmの立方体を５個組み合わせた形をしているから，くりぬく部分の体積は，２×２×２×５＝40(cm^3)とわかる。また，もとの立方体の体積は，６×６×６＝216(cm^3)なので，残った部分の体積は，216－40＝176(cm^3)と求められる。次に，もとの立方体の表面積は，６×６×６＝216(cm^2)である。ここから図１の立体をくりぬくとき，減る分の表面積は斜線部分４個分だから，２×２×４＝16(cm^2)となる。また，増える分の表面積はかげの部分の18個分なので，２×２×18＝72(cm^2)とわかる。よって，残った部分の表面積は，216－16＋72＝272(cm^2)と求められる。

図１

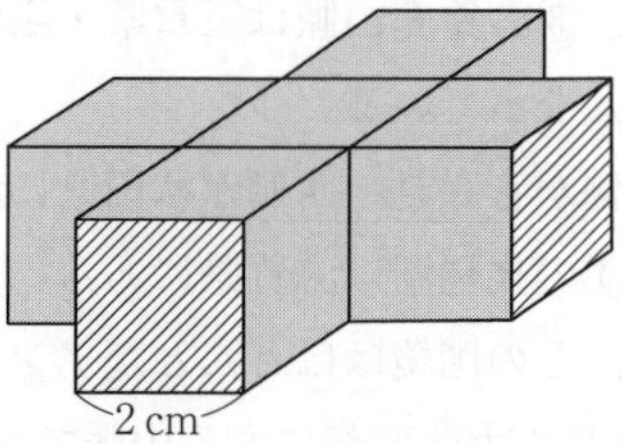

図２

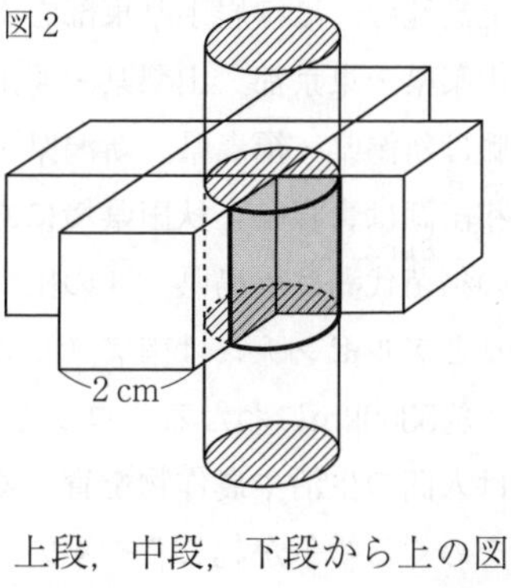

(2)　もとの立方体を上から順に２cmずつに分けたとき，上段，中段，下段から上の図２のように高さ２cmの円柱をそれぞれくりぬくことになる。このとき，新しくくりぬく部分の体積は，上段と下段がそれぞれ，１×１×3.14×２＝２×3.14(cm^3)，中段が，$1\times 1\times 3.14\times \frac{1}{4}\times 2=0.5\times 3.14$(cm^3)となる。よって，全部で，２×3.14×２＋0.5×3.14＝4.5×3.14＝14.13(cm^3)なので，残った部分の体積は，176－14.13＝161.87(cm^3)とわかる。次に，円柱をくりぬくときに減る分の表面積は，図２の斜線部分とかげの部分であり，斜線部分の面積の合計は，$1\times 1\times 3.14\times \left(2+\frac{3}{4}\times 2\right)=3.5\times 3.14$(cm^2)，かげの部分の面積は，１×２×２＝４(cm^2)となる。一方，円柱をくりぬくときに増える分の表面積は，上段と下段の円柱の側面積と，中段の円柱の側面積の一部(図２の太線部分)だから，$1\times 2\times 3.14\times 2\times 2+1\times 2\times 3.14\times \frac{1}{4}\times 2=9\times 3.14$(cm^2)とわかる。したがって，残った立体の表面積は，272－3.5×3.14－４＋９×3.14＝268＋5.5×3.14＝285.27(cm^2)と求められる。

社 会 ＜第１回試験＞（30分）＜満点：50点＞

解 答

Ⅰ **問１** 津軽 **問２** ④ **問３** ① **問４** ② **問５** ④ **問６** （例） 洪水などで河川の流路が変わることがあるから。 **問７** ⑴ 新潟 ⑵ ② ⑶ 三重 ⑷ ③ ⑸ ㋐ 栃木 ㋒ 山梨 **問８** ② Ⅱ **問１** ① **問２** ⑴ 持統天皇 ⑵ 防人 **問３** ⑴ ④ ⑵ 前九年の役（前九年合戦） **問４** 新皇 **問５** ⑴ ③ ⑵ 北条泰時 **問６** ⑴ 日本橋 ⑵ 昌平坂学問所 **問７** ② **問８** ⑴ 江戸城 ⑵ 横浜 **問９** ⑴ ラクスマン ⑵ 樺太（サハリン） Ⅲ **問１** ④ **問２** ④ **問３** ⑴ ④ ⑵ ③ **問４** ⑴ （例） 両院協議会では，両院の代表が出席して意見の調整を行う。 ⑵ **X** 地方裁判所 **Y** 三審制 **Z** 控訴 **問５** ①

解 説

Ⅰ 都道府県境や国境を題材にした問題

問１ 北海道と青森県との間には津軽海峡《かいきょう》があり，青函《せいかん》トンネルを通る鉄道で結ばれている。

問２ 信濃《しなの》川は，長野県・山梨県・埼玉県にまたがる甲武信ケ岳《こぶしがたけ》を水源とし，長野県と新潟県を流れて日本海に注ぐが，その一部が両県境を流れるということはない（④…×）。なお，①の木曽《きそ》川は愛知県・岐阜県，愛知県・三重県の県境，②の熊野川（新宮川）は三重県・和歌山県の県境，③の利《と》根《ね》川は群馬県・埼玉県，茨城県・千葉県の県境となっている。

問３ 北上高地は，ほぼ岩手県東部を南北に伸びており，県境をなさない（①…×）。なお，②の関東山地は山梨県・東京都，山梨県・埼玉県などの県境，③の鈴鹿《すずか》山脈は三重県・滋賀県の県境，④の越後《えちご》山脈は新潟県・福島県，新潟県・群馬県の県境となっている。

問４ 十和田《とわだ》湖は青森県・秋田県境にあり，湖面の東側が青森県，西側が秋田県に属する（②…○）。なお，①の猪苗代《いなわしろ》湖は福島県，③の田沢湖は秋田県，④の琵琶《びわ》湖は滋賀県にある。

問５ チリとアルゼンチンは南アメリカ大陸に位置し，その国境はほとんどがアンデス山脈の連峰《れんぽう》で，長さが約5300kmにわたる。ロッキー山脈は北アメリカ大陸西部にある山脈である（④…×）。

問６ 水は人間の生活や農作物を育てるためにきわめて重要であり，河川が国境の場合，隣国《りんごく》どうしで水利をめぐる紛争が起こりやすい。また，河川の流路は常に固定されているものではなく，洪《こう》水《ずい》や地殻《ちかく》変動で変わることがあるので，隣国どうしの領土問題に発展しやすい。

問７ ⑴ 表の㋑は群馬県で，北から時計回りに（以下同じ），新潟・福島・栃木・埼玉・長野の５県と県境を接する。また，㋓は長野県で，新潟・群馬・埼玉・山梨・静岡・愛知・岐阜・富山の８県と県境を接する。よって，群馬・長野両県と県境を接するのは埼玉県と新潟県である。 ⑵ 新潟県は農地の約９割を水田が占《し》め，米の収穫《しゅうかく》量が全国一である（2022年）。また，富山県とともにチューリップの栽培《さいばい》もさかんだが，最も適切なものを選ぶとあることから，新潟県にのみ該当する方がよりふさわしい（②…○，③…×）。なお，扇状地《せんじょうち》を利用したぶどう・ももの栽培がさかんなのは山梨県である（①…×）。大都市向けの近郊農業が行われ，イチゴの生産で有名なのは，イチゴの収穫量が第１位の栃木県や第２位の福岡県が挙げられる（2022年）（④…×）。 ⑶ 近畿地方に属する内陸県である表の㋔は滋賀県で，岐阜・滋賀・奈良の内陸３県と県境を接するのは，三重県である。三重県はほかに，愛知・和歌山・京都の３府県とも県境を接する。　⑷　三重県北部の四日市市では，大規模な石油化学コンビナートの工場のばい煙《えん》にふくまれる亜硫酸《ありゅうさん》ガス(二酸化硫黄《いおう》)を原因として，「四日市ぜんそく」と呼ばれる公害病が発生した(③…○)。なお，①のイタイイタイ病が発生したのは富山県，②の足尾銅山鉱毒事件が起こったのは栃木県，④の阿賀野川流域で水銀による新潟水俣《みなまた》病(第二水俣病)が発生したのは新潟県である。　⑸　(ア)　関東地方に位置する内陸県である栃木県は，福島・茨城・埼玉・群馬の４県と県境を接する。　(ウ)　中部地方に位置する内陸県である山梨県は，長野・埼玉・東京・神奈川・静岡の５都県と県境を接する。

問８　エクアドルは南アメリカ大陸の北西部に位置し，太平洋に面している。エクアドルの国名は「赤道」を意味し，赤道直下の国として知られる(②…○)。なお，①のスイスはヨーロッパ，③のモンゴルは東アジア，④のネパールは南アジアの内陸国である。

Ⅱ　東日本の歴史についての問題

問１　温帯性の広葉樹林では木の実が豊富に得られ，ブナの実のドングリは縄文時代の貴重な食料の一つであった(①…○)。なお，ブナの木は建築材には適さない(②…×)。自然のダムはブナ林に限らない(③…×)。広葉樹は一般《いっぱん》に針葉樹と比べて成長が遅い(④…×)。

問２　⑴　持統天皇は天智天皇の娘で，天武天皇の皇后《こうごう》である。天武天皇の死後，690年に持統天皇として即位《そくい》した。壬申の乱(672年)においては，大海人《おおあまの》皇子(のちの天武天皇)と行動をともにして勝利した。　⑵　白村江《はくすきのえ》の戦い(663年)で唐・新羅《しらぎ》の連合軍に敗れた後，九州北部の防衛のために防人《さきもり》と呼ばれる兵士が置かれた。防人は東日本から派遣されたが，８世紀半ばごろには九州の兵士を防備にあてるようになった。

問３　⑴　アテルイは東北地方の蝦夷《えみし》の族長で，802年に征夷《せいい》大将軍の坂上田村麻呂に降伏《こうふく》し，平安京に連行され処刑された(④…×)。なお，①のシャクシャインは江戸時代の1669年に松前藩に反《はん》抗《こう》したアイヌの族長，②のコシャマインは室町時代の1457年に和人(本州の日本人)に抵抗《ていこう》したアイヌの族長，③のオニビシはシャクシャインと対立して倒されたアイヌの族長である。　⑵　前九年の役(前九年合戦，1051～62年)は，陸奥《むつ》(東北地方)の豪族の安倍頼時《あべのよりとき》が，俘囚《ふしゅう》(蝦夷から帰順・同化した人びと)を率いて起こした反乱で，朝廷から派遣された源頼義・義家父子が豪族清原氏の助けを得て鎮圧《ちんあつ》した。

問４　平将門は939年に反乱を起こし，自らを「新皇《しんのう》」と称して関東一帯を支配した。しかし翌年，平貞盛《さだもり》・藤原秀郷《ひでさと》らに討《う》たれた。

問５　⑴　①の守護・地頭の設置は1185年11月，②の源頼朝が征夷大将軍に任命されたのは1192年，③の壇ノ浦《だんのうら》の戦いで平氏が滅《ほろ》んだのは1185年３月，④の源義仲が京都に入ったのは1183年のことなので，年代順に④→③→①→②となる。　⑵　北条泰時は鎌倉幕府の第３代執権《しっけん》で，1232年に初の武家法として御成敗式目(貞永《じょうえい》式目)を定めた。源頼朝以来の武家の慣習をもとにした51か条からなり，後の武家法の模範となった。

問６　⑴　江戸時代，東海道・中山道・甲州街道・日光街道・奥州街道の五街道が整備され，その起点は江戸の日本橋であった。　⑵　1797年，朱子学を学ぶ幕府直轄《ちょっかつ》の学問所として設立されたのは昌平坂学問所で，1690年に設立された湯島聖堂を前身とする。

問７　江戸時代，佐渡《さど》金山(新潟県)は幕府の直轄領として，多くの金を産出した(②…○)。なお，①の足尾(栃木県)と④の別子(愛媛県)は銅山，③の生野(兵庫県)と⑤の石見(島根県)は銀山である。

問８ (1)　明治時代，1869年に東京遷都《せんと》が行われ，かつて徳川氏の居城であった江戸城が，天皇の住まいの皇居となった。　(2)　1872年，日本初の鉄道が開業し，蒸気機関車が新橋―横浜間の約29kmを約50分間で走り，１日９往復した。

問９ (1)　1792年，ロシア使節ラクスマンが蝦夷地(北海道)の根室に来航し，日本に通商を求めた。このとき，ロシアに漂流《ひょうりゅう》した大黒屋光太夫が同行し，帰国を果たした。光太夫はロシアの首都サンクトペテルブルクで皇帝エカチェリーナ２世に面会している。　(2)　日露戦争(1904～05年)の講和条約であるポーツマス条約では，日本はロシアから南満州鉄道の一部の権利や樺太《からふと》(サハリン)の南半分を譲《ゆず》り受けた。

Ⅲ　男女平等な社会についての問題

問１　インタビューをまとめるとき，その結果をインタビューの相手に見せて，間違《まちが》いがないか確認する必要がある(④…○)。なお，インタビューの目的と利用方法は，事前に相手に示さなければならない(①…×)。自分で調べた情報は，インタビューとは別に扱《あつか》わなければならない(②…×)。記事にしないと約束した内容は，秘密にするのが原則である(③…×)。

問２　消費税が導入されたのは1989年なので，1973年度の歳入に消費税は存在しない(④…○)。なお，①は2023年度，②は2003年度，③は1993年度のグラフである。

問３ (1)　女子差別撤廃《てっぱい》条約は1979年，国際連合の総会で採択され，1981年に発効した。日本は1985年に批准《ひじゅん》している(④…○)。　(2)　日本国憲法第24条は，「家族生活における個人の尊厳と両性の平等」を定めた条文で，婚姻《こんいん》は両性の合意のみにもとづいて成立すること，夫婦は同等の権利を有することが記されている(③…○)。

問４ (1)　法律案の国会での審議について，衆議院と参議院が異なった議決をしたとき，衆議院で出席議員の３分の２以上の賛成で再可決すると法律が成立する。ただし，衆参両議院の代表からなる両院協議会を開いて意見の調整を行うことで，合意を得られる場合もある。　(2)　**X**　裁判の第一審は，ふつう地方裁判所で行われる。少年犯罪や家庭内の問題は家庭裁判所，請求額140万円以下の民事訴訟《そしょう》または罰金以下の罪の刑事訴訟は簡易裁判所で行われる。　**Y**　日本では，同一事件について３回まで審判を受けられる三審制がとられている。　**Z**　第一審の判決に不満がある場合に，１つ上級の裁判所に裁判のやり直しを求めることを，控訴《こうそ》という。また，第二審の判決に不満があって再び裁判のやり直しを求める場合を上告という。

問５　まとめの波線部に「特に規模の小さな会社では，今でも男性が育児休業を取得することは難しいようだ」とあることから，会社の規模別の育児休業取得率に関する統計資料である①が当てはまる。

理　科　＜第１回試験＞（30分）＜満点：50点＞

解　答

1 (1)　(ア)，(イ)，(エ)　(2)　**変化の名称**…変態　**呼吸の変化**…えら(呼吸)→肺(呼吸)　(3)　①　Ⅰ　肺ほう　Ⅱ　赤血球　②　(気体)A　③　(グラフ)1　④　(エ)　(4)　(ウ)　(5)　(ウ)，(カ)　**2** (1)　(イ)，(エ)，(オ)　(2)　346 g　(3)　40.9％　(4)　①　(ウ)　②　(ア)

(5) ① 10mm ② 2.5 [3] (1) (ア), (ウ) (2) Z (3) 図２ (4) 150km
(5) 200km (6) 秒速８km (7) 48km [4] (1) 3.6cm (2) ① (エ) ② (ウ)
③ (ウ) (3) (エ) (4) (ウ), (エ)

解 説

[1] 動物の呼吸のしくみについての問題

(1) 肺呼吸を行うのは，両生類(カエルやイモリ)の成体，ハ虫類(カメやワニなど)，鳥類(ペンギンやハトなど)，ホ乳類(クジラやイヌ，ヒトなど)である。なお，ザリガニは節足動物，トビウオは魚類で，どちらもえら呼吸を行う。

(2) 両生類のカエルやイモリは，幼生(子ども)から成体へと成長する過程でからだの形態が大きく変化する。これを変態という。水中で生活する幼生はえら呼吸と皮ふ呼吸だが，成体になって陸上にあがると，肺呼吸と皮ふ呼吸を行うようになる。

(3) ①，② 肺は気管とつながっていて，気管が枝わかれした気管支の先の小さな袋《ふくろ》状のつくりが肺ほう(…Ⅰ)である。肺ほうは毛細血管に取り巻かれ，肺ほうに入った吸気に含《ふく》まれる酸素(…X)は血液中の赤血球(…Ⅱ)と結びつき，血液中の二酸化炭素(…Y)は肺ほう内に放出されて，呼気として体外に出される。 ③ 吸気は大気中の空気と同じなので，酸素(気体A)を約21%，二酸化炭素(気体B)を約0.04%含む。呼気ははく息なので，身体に吸収された分，吸気よりも酸素の割合が減少し，二酸化炭素の割合が増加している。したがって，グラフ１が呼気，グラフ２が吸気を示している。 ④ １回の呼吸で肺ほうから血液中に取り込《こ》まれる酸素の体積は，$500\times\frac{20.95-16.2}{100}=23.75$(mL)であるから，１日では，$23.75\times15\times60\times24=513000$(mL)となる。これは，500mLのペットボトルに置きかえると，$513000\div500=1026$より，約1000本分に相当する。

(4) 図２の模型のゴム膜《まく》を下に引っ張ると，ペットボトル内の容積が大きくなって空気がぼう張するため，ペットボトル内の圧力が下がる。すると，ペットボトル内より大気圧の方が大きくなり，風船内に空気がおし込まれて風船がふくらむ。

(5) (4)で述べたことから，横隔膜《おうかくまく》が下がってろっ骨が上がると肺の体積が大きくなるので，空気が肺に入り，息を吸うことができる。また，横隔膜が上がってろっ骨が下がると，肺の体積が小さくなるので，空気をはき出せる。肺には筋肉がなくのび縮みできないので，このように横隔膜とろっ骨を動かすことで，肺がおさまっている胸の空間を大きくしたり小さくしたりして，肺をふくらませたり縮めたりしている。

[2] 湿《しつ》度と熱の伝わり方についての問題

(1) 寒い冬の日に，窓ガラスの内側に水滴《てき》がついたのは，冷たい窓ガラスにふれて冷やされた空気の飽和水蒸気量が小さくなり，部屋の空気に含まれる水蒸気量を下まわったため，水蒸気の一部が水になって出てきたからである。これは気体の水蒸気が液体の水に変化する現象で，(イ)，(エ)，(オ)があてはまる。なお，(ア)，(ウ)は液体から気体への状態変化である。

(2) 表１より，20℃における飽和水蒸気量は17.3ｇなので，湿度40%の空気50m^3に含まれている水蒸気の重さは，$17.3\times0.4\times50=346$(ｇ)と求められる。

(3) この空気は，10℃で湿度100%となるから，含んでいる水蒸気の量は１m^3あたり9.4ｇである。25℃における飽和水蒸気量は23.0ｇだから，はじめの空気の湿度は，$9.4\div23.0\times100=40.86\cdots$より，

40.9％であったとわかる。

(4)　アルミニウムはガラスよりも熱を伝えやすいので①には(ウ)があてはまる。また，複層ガラスにはさまれているアルゴンは，空気よりも熱を伝えにくいと考えられるので，②は(ア)が適している。

(5)　①　表３で，条件２は条件１と比べて横の長さが２倍になっているが，放熱量は同じであるから，厚さは２倍である。よって，５×２＝10(mm)とわかる。　②　条件２を基準とすると，条件６の室内外の温度差は，25÷20＝1.25(倍)，ガラス板の縦の長さは２倍なので，放熱量は，１×1.25×２＝2.5である。

3　地震《じしん》のゆれの伝わり方についての問題

(1)　図１のような地震計では，地面に固定された(ア)，(ウ)は地面といっしょにゆれるが，ばねにつるされたおもり(イ)とおもりに固定された針(エ)は，そのままの位置にとどまろうとする。この動きのちがいが，地震のゆれとして記録紙に記録される。

(2)　図１のおもり(イ)は地震計の(ア)にばねでつり下げられているので，針(エ)と記録紙(ウ)の動きのちがいは上下方向(Ｚ)となる。

(3)　地点Ａ～地点Ｄは地震が起きた地点から順に一直線上に並んでいるとあるので，地震のゆれが到着《とうちゃく》する時間も，地点Ａが最もはやく，地点Ｄが最もおそい。よって，図２は地点Ｄ，図３は地点Ｃ，図４は地点Ａ，図５は地点Ｂにおける地震計の記録である。

(4)　図４で，地震のはじめの小さなゆれは，地震が起きた地点から地点Ａまでの25kmを５秒間で伝わっている。地点Ｄに小さなゆれが到着したのは，地震発生時から30秒後なので，地震が起きた地点から地点Ｄまでの距離《きょり》は，25×$\frac{30}{5}$＝150(km)とわかる。

(5)　地震発生時から小さなゆれが到着するまでの時間と，震源からの距離との関係をグラフにすると，右の図 i のようになる。実線は地殻《ちかく》から直接伝わるゆれ，点線はマントルを経由して伝わるゆれで，これらが交わる点が，地点Ｐである。よって，震源から地点Ｐまでの距離は200kmとわかる。

図 i

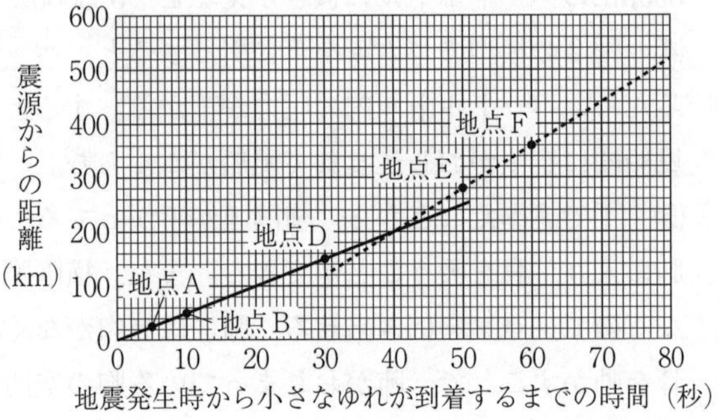

(6)　地点Ｅと地点Ｆの震源からの距離の差は，360−280＝80(km)で，ゆれが伝わる時間の差は，60−50＝10(秒)なので，ゆれがマントルを伝わる速さは，秒速，80÷10＝８(km)と求められる。

(7)　ゆれがマントル中を進む速さは，(6)より，秒速８kmである。また，地殻を進む速さは，図４から，25÷５＝５より，秒速５kmとわかる。ここで，地殻の厚さを□kmとすると，地震のゆれが地点Ｐまで伝わるようすは右の図 ii のように表せる。図 ii の左右の三角形は，それぞれ正方形を半分にしたものだから，ゆれが地殻を通りマントルまで進む部分の距離は(□×1.4)kmになる。すると，ゆれが地殻を通りマントルまで伝わる時間は，1.4×□÷５＝0.28×□(秒)，マントルを伝わる時間は，(200−□×２)÷８＝25−□×0.25(秒)と表せる。よって，震源からマントルを通り地点Ｐにゆれが伝わるまでにか

図 ii

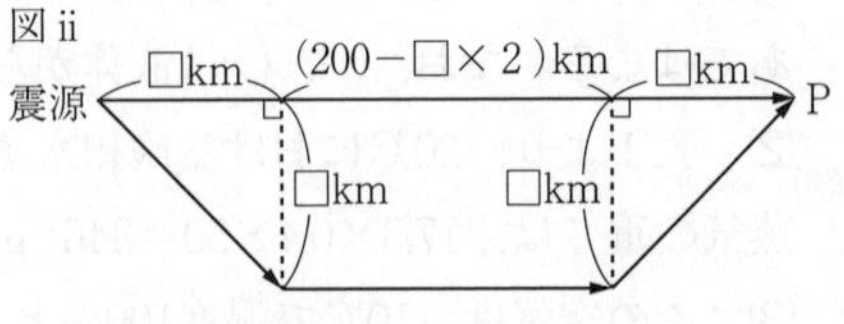

かる時間は，図ⅰから40秒なので，0.28×□×２＋25－□×0.25＝40が成り立ち，0.56×□＋25－0.25×□＝40，（0.56－0.25）×□＋25＝40，0.31×□＋25＝40より，□＝（40－25）÷0.31＝48.3…である。したがって，地殻の厚さは48kmとわかる。

4　光の反射や屈折《くっせつ》についての問題

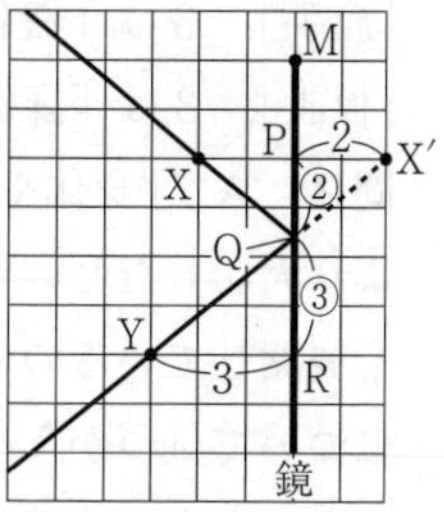

⑴　右の図のように，点Xの，鏡の面に対して対称《しょう》な点を点X′とする。この図で，三角形PQX′と三角形RQYは辺の長さの比が等しくなるので，PQ：RQ＝PX′：RY＝２：３が成り立つ。したがって，PQ＝$4\times\frac{2}{2+3}$＝1.6（cm）だから，MQ＝２＋1.6＝3.6（cm）とわかる。

⑵　①　表１によると，a：bの比はおよそ３：２となっているので，aが0.6cmのときのbの値は，$0.6\times\frac{2}{3}$＝0.4より，㈤が最も適切である。

②　図５から，まち針Bの下部は物体を通って点Oの先にあるように見えるが，まち針の上部からの光は直接点Bからとどくので，下部より左にずれた位置に見える。

③　図５のように，点Oから物体中に，境界面に対してななめに入射する光は，面から遠ざかる方向に屈折して進むので，レーザー光は㈦のように進む。

⑶　砂糖水内を進む光は，濃《こ》いところからうすいところに入るとき，濃い砂糖水がある方へ屈折して進む。図７では，人形の足から出た光が最も大きく屈折していて，頭からの光の屈折は小さい。よって，足が実際の人形の腰《こし》の位置あたりに見えるので，人形の背は縮んで，特に足から胸までが短く見える。

⑷　ふつう，太陽を見る場合は㈦のように直接目に届いたものだけが見える。しかし，図６のような太陽が見える場合，㈤のように太陽からななめ下に出た光が屈折したものも目に届いていることが考えられる。一般《いっぱん》に，空気は温度が高いとぼう張して空気の濃さ（密度）が小さくなり，温度が低いと濃さが大きくなる。水平面に近いところの温度が高い（空気の濃さが小さい）場合，太陽からななめ下に出た光は，温度が高い上の方に向かって屈折して目にとどくので図６のような蜃気楼《しんきろう》が見られることがある。なお，㈠や㈡では太陽の上に蜃気楼が見られるはずで，㈥では実際の位置の太陽と大きく離《はな》れてしまっているため図６のようには見えない。

国　語　＜第１回試験＞（50分）＜満点：100点＞

解　答

一　**問１**　イ　４　ロ　２　**問２**　A　オ　B　エ　C　ウ　**問３**　エ　**問４**　たとえ答が～れるような（問い。）　**問５**　ウ　**問６**　プシュケーが「よく」あるように気をつかうこと　**問７**　ア　○　イ　×　ウ　○　エ　○　二　**問１**　イ　ちょうちん　**ロ～ホ**　下記を参照のこと。　**問２**　宮大工（大工）　**問３**　エ　**問４**　（ツネは）生まれつき目が悪かっただけ（ということ。）　**問５**　ア　**問６**　Ⅰ　おかしなもん　Ⅱ　突拍子もないこと　**問７**　ア　**問８**　イ

●漢字の書き取り

二　問１　ロ　舞（い）　ハ　腕組（み）　ニ　手招（き）　ホ　凝（らし）

解　説

一　**出典：藤《ふじ》田《た》正勝《まさかつ》『はじめての哲学《てつがく》』**。「よく生きる」とはどのようなことか，哲学者であるソクラテスの考察が紹介《しょうかい》されている。

問１　**イ**　「発揮」と書き，４の「指揮」に同じ漢字がふくまれている。なお，１は「光輝」，２は「旗手」，３は「機転」となる。　**ロ**　「過程」と書くので，２の「超過」が選べる。なお，１は「仮設」，３は「課題」，４は「一家」。

問２　**Ａ**　「身体や金銭」のような「付属物」ではなく，「『自己自身』について心を砕《くだ》くことが何より大切」だというソクラテスの説を受け，筆者は「自分自身について気づかう」ことに関し話題を展開しているので，話題を変えるときに用いる「それでは」があてはまる。　**Ｂ**　「魂《たましい》（心）」について気づかうべきなのはわかるが，どのように気づかい，どうすれば「すぐれたよい者」になれるのかと，すぐに「結論へ行こうと」する人々に対し，ソクラテスは急がないどころか，「たとえ答が得られなくても，それについて問い，議論し，吟味《ぎんみ》することが求められるような」「問い」をつきつけてくるのだから，“どちらかといえば”という意味を表す「むしろ」が入る。　**Ｃ**　カリクレスの言う「自然なままに生きる」とは，続く部分で「欲望を抑《おさ》えることなく，その充足《じゅうそく》をはかること」だとわかりやすく説明されているので，別のことばに言いかえるときに用いる「つまり」が合う。

問３　ソクラテスは，「自分自身について気づかう」，つまり自らの「『心』や『精神』」（＝「魂」（プシュケー））を見つめ，それが「よく」あるように努めることが大切であり，「身体や金銭」（＝「美しく粧《よそお》うこと」や「富を蓄《たくわ》えること」）といった「付属物」に心を砕いてはならないと主張している。ア～ウは「自己の『付属物』について気づかう」こと，エは「自分自身について気づかう」ことの例にあたる。

問４　「そのような」とあるので，前の部分に注目する。我々は「すぐに結論」を欲《ほ》しがってしまいがちだが，「魂（心）のよさとは何か」というソクラテスの問いは，「たとえ答が得られなくても，それについて問い，議論し，吟味することが求められるような，そういう問い」だというのである。

問５　「欲望を抑えることなく，その充足をはかることこそが正義であり，善である」と主張したカリクレスに対し，ソクラテスは「人間の欲望とはどこまでいっても満足すること」などないと語り，「他者への配慮《はいりょ》をまったく行わず，ただ自分の欲望の満足だけを強欲《ごうよく》に追い求める生き方」を痛烈《つうれつ》に批判している。人の欲望に際限がないことを，いくら水を注いでも決して満ちることのない「孔《あな》のあいた甕《かめ》」にたとえているものと考えられるので，ウが選べる。

問６　これまでみてきたとおり，ソクラテスは「『自己自身』について心を砕くことが何より大切」だとしたうえで，自分の「魂」（プシュケー）を見つめ，それが「『よく』あるように」すべきだと述べている。つまり，「よく生きる」とは「プシュケーが『よく』あるように気をつかうこと」だといえる。

問７　**ア**　ソクラテスにとって「『知を愛する』ことと『よく生きる』こととは切り離《はな》すことのできないものであった」と述べられているので，正しい。　**イ**　「健康や富が活用されるか否《いな》かは，その人の心のあり方にかかっている」と述べられている。「自己自身」を大切にすることができてはじめて健康でいられるということなので，誤り。　**ウ**　人々の「貪欲」さや「権勢欲」にまみれたペロポネソス戦争のなかを生きたソクラテスは，「ますます『自己自身』から離れていく人々の価値観」を危険視したこともあって，なおさら「よく生きる」ことを声高に主張したものと考えられるので，合う。　**エ**　本文の最後のほうで，「なぜわたしたちは自分の欲望を抑え，他の人に対して配慮をしなければならないのか，という問い」について「ソクラテスは残念ながら詳しいことを語っていません」と述べられているので，正しい。

二　**出典：藤岡陽子《ふじおかようこ》『おしょりん』**。めがねが「見えないという負を正に転じる重要な道具だ」と考える幸八は，宮大工をしている末吉に一緒にめがね作りをしないかと申し入れる。

問１　**イ**　細い竹ひごの骨に紙を張り，中にろうそくを立てて，足下などを照らすための照明器具。**ロ**　音読みは「ブ」で，「舞台」などの熟語がある。　**ハ**　両方の腕を胸の前で組むこと。**ニ**　手のひらを上下に振《ふ》り，こちらへ来るように合図すること。　**ホ**　音読みは「ギョウ」で，「凝視」などの熟語がある。

問２　ツネの「器用なところは父譲《ゆず》り」だと言っている。本文の最後の場面で，ツネの父親である末吉は，「人の暮らしを守る建物を造ってきた」「宮大工」だと明かされている。なお，「宮大工」は，神社やお寺などを建築したり，補修したりすることを専門とする大工をいう。

問３　続く部分に「小春は両手で口許《くちもと》を押《お》さえたまま，さっきから動けないでいる」とあることに注目する。めがねをかけたツネが「これまでぼやけていた視界を，初めてはっきりと捉《とら》え」，父の顔や天井《てんじょう》のようす，前掛《まえか》けの模様についてくわしく話し始めたことで，小春はあまりにも驚いたのである。その場にいた「大人たち」も同様の気持ちだったのだろうと考えられるので，エがふさわしい。

問４　持ってきためがねをかけたツネが周囲の景色をはっきりと捉えているさまを見て，幸八は末吉と小春に，「ツネちゃんは勉強ができないわけやなく，黒板の字が見えてなかっただけちがいますか。もしかすると教科書の字も見えにくかったかもしれん」と言っている。ここでも，めがねを掛けたり外したりして尋常小学読本を眺める姿から，ツネはやはり「生まれつき目が悪かっただけ」だったと，幸八は自分の推測を確信に変えているので，この部分がぬき出せる。

問５　「訓導」から「(ツネが)周りについていくのは難しいと指摘《してき》され」たり，良い医者がいると聞き，向かった敦賀《つるが》では「(ツネに)頭が足りない」と言われたりした末吉と小春は，さぞ娘《むすめ》のツネを不憫《ふびん》に思っていたはずである。そんななか，「生まれつき目が悪かっただけ」だと，ツネや自分たちを苦しめていた原因がわかり，末吉は感極まったものと想像できる。よって，アが合う。

問６　めがねに対する「末吉」のとらえ方であることに注意する。　**Ⅰ**　本文のなかほどで，末吉は幸八に対し「めがねみたいなおかしなもん掛けて学校へ行ったらツネは笑われるざ」と話している。　**Ⅱ**　幸八からめがね作りを一緒にしてほしいと頼《たの》まれた末吉は，「大工の技術がめがね作りに通用するかはわからない」が，「突拍子《とっぴょうし》もないことを始めようとする」幸八たちに「力を貸せるとしたら，この村では自分をおいていないだろう」と話している。なお，「突拍子もない」は，ふつうでは考えられないようなとんでもないようす。

問７　幸八が「この村で一緒に，めがね作りをやってはくれませんか」と提案したものの，「そうやすやすと末吉の気持ちは変わらな」かったことや，座敷《ざしき》が「長い沈黙《ちんもく》」に包まれていたことをおさえる。末吉ははじめ，めがね作りに乗り気ではなかったのだから，「渋い」表情をしたものと推測できる。

問８　遠くない未来，「人の体の一部となり，生活をともにするもの」になるであろうめがねへの思いを，実際，先の開けたツネの姿を通しても末吉に伝えた幸八は，「これで良い返事がもらえなければ，もう席を立とう」と思っている。しかし，末吉が自分の申し出を了承し，めがね作りに協力してくれることになったので，幸八ははりつめていた気持ちから解放されたことや達成感もあって，飲んだ酒が(酔いが)体に「回っていくのを感じ」たのである。

2024年度 立教新座中学校

【算　数】〈第２回試験〉（50分）〈満点：100点〉

注意　１．答はできるだけ簡単にしなさい。また，円周率は，3.14を用いなさい。

２．直定規，コンパスをかしたり，かりたりしてはいけません。

３．三角定規，分度器，計算機の使用はいけません。

1　以下の問いに答えなさい。

(1)　次の計算をしなさい。

$$14\frac{1}{4}-6.375\div4.25+5\frac{1}{4}\div\left(2\frac{5}{6}-\frac{2}{3}\times0.75\right)$$

(2)　$\frac{1}{10}$ と $\frac{1}{4}$ の間にある，分子が３で分母が整数である分数のうち，約分できないものは何個ありますか。

(3)　図のように，１辺の長さが２ｍの正八角形を底面とする八角柱の建物のかどに，長さ８ｍのロープで犬がつながれています。次の問いに答えなさい。

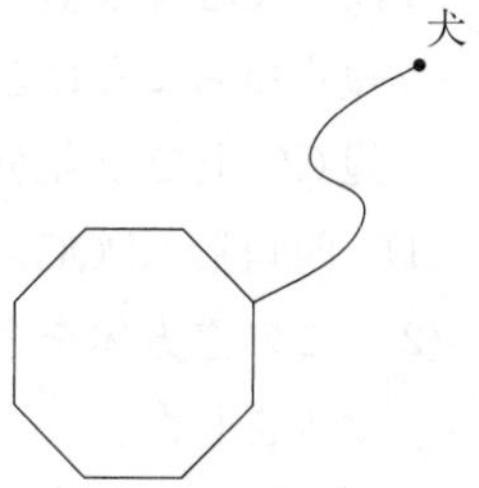

①　正八角形の内角の和を求めなさい。

②　建物の外で犬が動くことができる部分の面積を求めなさい。

(4)　１から100までのすべての整数の積 $1\times2\times3\times\cdots\cdots\times98\times99\times100$ は，８で最大何回割り切れますか。

(5)　水の入った２つの円柱の容器ＡとＢがあり，これらの底面積の比は８：５で，容器Ａの水面の高さは容器Ｂの水面の高さより26cm 高くなっていました。そこで，容器Ａの水の量の $\frac{1}{4}$ を容器Ｂに移したところ，容器ＡとＢの水面の高さは等しくなりました。次の問いに答えなさい。

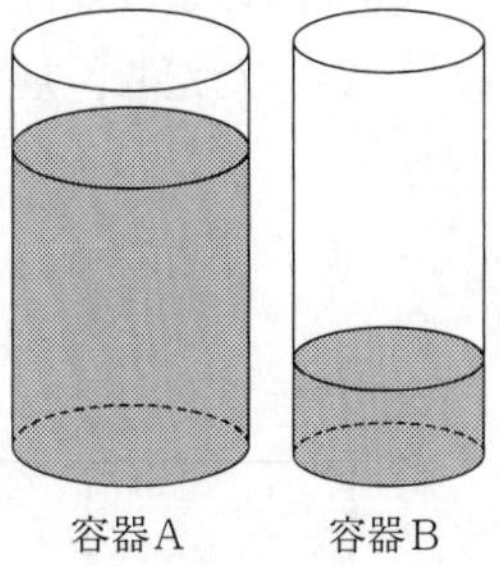

①　容器Ａのはじめの水面の高さを求めなさい。

②　容器Ａにはじめに入っていた水の量が 800cm^3 であったとき，容器Ｂにはじめに入っていた水の量を求めなさい。

(6)　太郎君は小説を読みました。１日目には全体の $\frac{1}{8}$ を読み，２日目には１日目の1.5倍を読みました。３日目は残りのページ数の $\frac{1}{3}$ を読み，４日目には３日目よりも20ページ少なく読み，５日目には３日目の $\frac{2}{3}$ 倍を読みました。６日目には５日目に読んだページ数よりも２ページ少なく読んだところ，この小説を読み終わりました。次の問いに答えなさい。

①　最も多いページ数を読んだのは何日目ですか。

② この小説は全部で何ページですか。

2 図のような面積が250cm²の三角形ABCがあります。辺AB上にADとDBの長さの比が２：３となる点Dをとり，辺BC上にBEとECの長さの比が１：１となる点Eをとり，辺CA上にCFとFAの長さの比が２：３となる点Fをとります。２点DとE，EとF，FとD，AとEをそれぞれ結び，AEとDFの交わる点をGとします。次の三角形の面積を求めなさい。

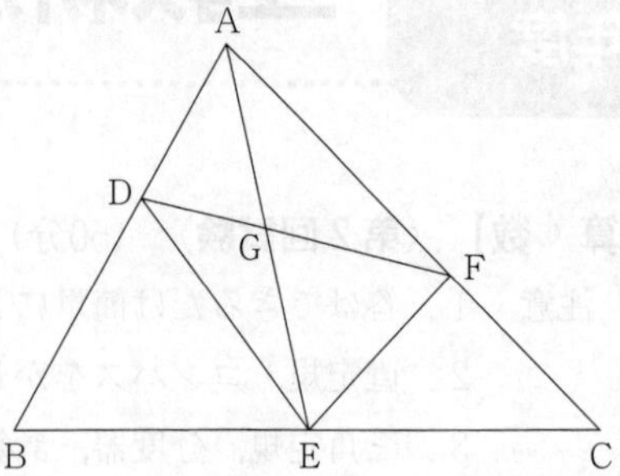

(1) 三角形DBE

(2) 三角形DEF

(3) 三角形DEG

3 １辺６cmの立方体ABCD-EFGHがあります。点Aから，辺BF，CG上を通り，点Hまでひもをかけます。ひもの長さが最も短くなるようにひもをかけるとき，辺BF上でひもがある位置をP，辺CG上でひもがある位置をQとして，次の問いに答えなさい。

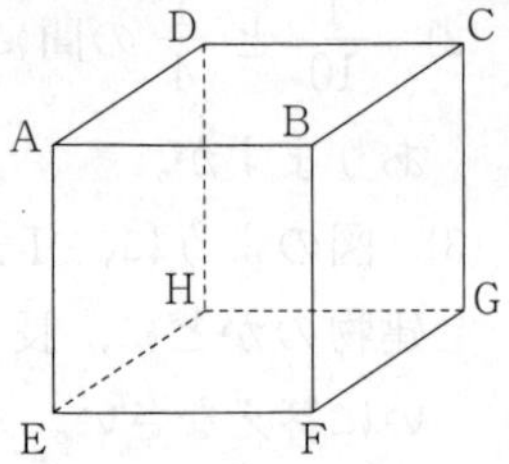

(1) 四角形BPQCの面積を求めなさい。

(2) この立方体を３点A，P，Qを通る平面で切断して２つの立体ができました。

① 点Bをふくむ方の立体の体積を求めなさい。

② ２つの立体の表面積の差を求めなさい。

③ 図のような立方体ABCD-EFGHの展開図に切り口の辺を，直定規を用いてかき入れなさい。ただし，展開図の・は各辺を３等分する点です。

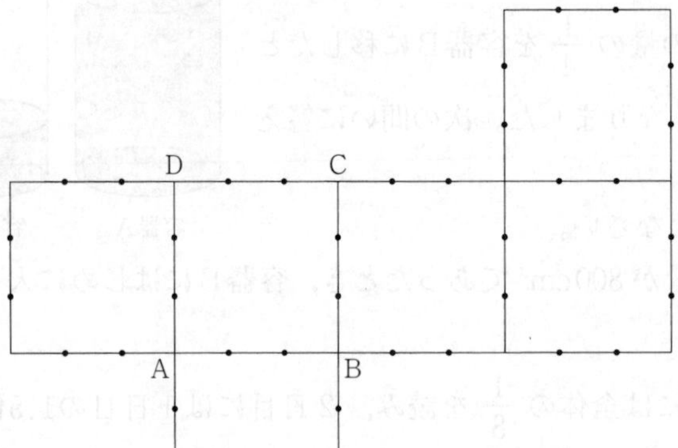

4　３つの電球Ａ，Ｂ，Ｃがあります。スイッチを入れると３つの電球は同時に点《つ》いて，電球Ａは１秒間点いたあとに２秒間消える，電球Ｂは１秒間点いたあとに３秒間消える，電球Ｃは１秒間点いたあとに４秒間消えることをくり返します。スイッチを入れてから３分後にスイッチを切りました。次の問いに答えなさい。

(1)　電球Ａが点いていた時間は，全部で何秒間ですか。

(2)　電球Ａと電球Ｂが同時に点いていた時間は，全部で何秒間ですか。

(3)　３つの電球が同時に点いていた時間は，全部で何秒間ですか。

(4)　３つの電球がすべて消えていた時間は，全部で何秒間ですか。

5　ある鉄道会社の普通列車の長さは96m，急行列車の長さは144mであり，急行列車の速さは普通列車の速さよりも1.5倍速いものとします。普通列車と急行列車が同じ方向に走っているとき，急行列車が普通列車に追いついてから追い越《こ》すまでに30秒かかります。このとき，次の問いに答えなさい。

(1)　普通列車の速さは秒速何mですか。

(2)　普通列車と急行列車が向かい合って走っているとき，出会ってから離《はな》れるまでに何秒かかりますか。

(3)　図のように，長さが1440mの鉄橋の西にＡ地点，東にＢ地点があります。東に向かって走る普通列車は，鉄橋を渡り始めてからＢ地点を通り過ぎるまで１分54秒かかります。また，西に向かって走る急行列車は，鉄橋を渡り始めてからＡ地点を通り過ぎるまで１分36秒かかります。

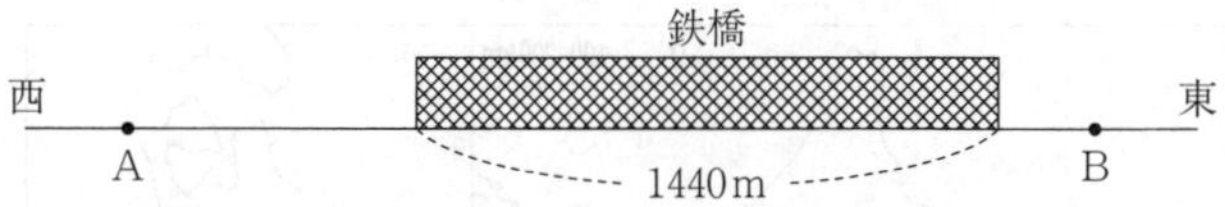

①　Ａ地点からＢ地点までの道のりは何mですか。

②　西に向かって走る急行列車がＢ地点にさしかかってから3.5秒後に，東に向かって走る普通列車がＡ地点にさしかかりました。急行列車が鉄橋を渡り始めたところで，急行列車が警笛を鳴らしたとき，普通列車でその警笛を聞くことができるのは警笛が鳴り始めてから何秒後ですか。ただし，音の速さは秒速352mとし，急行列車は列車の先頭から警笛を鳴らし，普通列車は列車の先頭で警笛を聞くものとします。

【社　会】〈第２回試験〉 (30分)〈満点：50点〉

Ⅰ　下の表は，各県の人口１位の都市と人口２位の都市をくらべた時に，その人口差が小さい９県の，人口１位都市の人口，人口２位都市の人口，県の総人口に対する人口１位都市の人口割合，人口10万人以上の都市数，市の数，農業産出額の内訳，製造品出荷額をしめしたものです。

表中の(ア)～(カ)の県は，地図中のＡ～Ｆのいずれかにあてはまります。以下の表と地図を見て，問に答えなさい。なお，表中の●印がついている都市が県庁所在地です。

	人口１位都市の人口(万人)	人口２位都市の人口(万人)	県の総人口に対する人口１位都市の人口割合(%)	人口10万人以上の都市数	市の数	農業産出額に占める米・野菜・果実・畜産の割合(2020年)				製造品出荷額総計(2019年十億円)
						米(%)	野菜(%)	果実(%)	畜産(%)	
茨城	●27.1	24.7	9.5	8	32	17.1	37.2	2.2	28.8	12,581
(ア)	37.1	●33.3	19.4	5	12	6.2	40.8	3.2	43.8	8,982
(イ)	31.0	●27.4	17.8	6	14	25.9	13.9	6.7	40.2	10,717
(ウ)	●19.9	17.5	30.2	2	8	30.5	16.3	6.9	40.8	1,237
(エ)	79.6	●68.9	22.2	10	23	9.1	30.8	13.5	23.9	17,154
青森	●27.5	22.3	22.8	3	10	16.8	25.2	27.8	27.1	1,727
(オ)	●18.5	14.7	34.0	2	4	19.6	28.0	8.4	38.0	782
(カ)	32.0	31.5	17.9	4	13	36.0	22.7	14.1	20.5	5,089
山口	25.4	●19.0	19.3	6	13	24.6	27.2	8.3	30.9	6,553

都市の人口，人口10万人以上の都市数，市の数に関しては，2020年１月１日現在の数。

『日本国勢図会　2023/24』公益財団法人矢野恒太記念会編集・発行
『データブック　オブ・ザ・ワールド2023』二宮書店発行　より作成

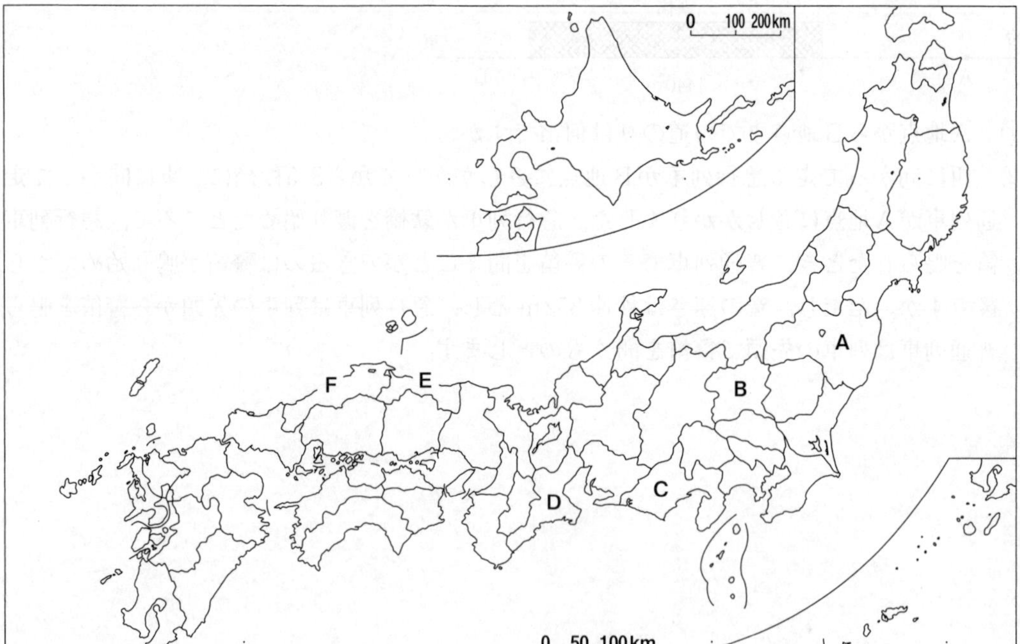

問１　表中で，県庁所在地の人口が１位になっていない県について，以下の問に答えなさい。

(1) 表中の(カ)は，県庁所在地の人口が上位２位までに入っていません。この県を地図中の**A**～**F**より選び，記号で答えなさい。

(2) 以下の各文は，表中の人口２位都市が県庁所在地となっている４つの県の人口１位都市の特色をしめしたものです。表中の(ア)・(エ)の人口１位都市の特色として最もあてはまるものを以下より選び，それぞれ番号で答えなさい。

① 交通の要地であり古くは街道，現在では高速自動車道，新幹線の分岐点となっている。

② 古くから海峡に面する港湾都市として栄え，大陸の玄関口にもなっている。

③ 江戸時代は城下町，宿場町として栄え，現在は楽器と自動車の製造が有名である。

④ 日本最大の工業地帯の中心として，臨海部に石油化学コンビナートが立地している。

(3) 表中の(イ)の県を地図中の**A**～**F**より選び，記号で答えなさい。

問２ 表中の(ウ)と(オ)の県について，以下の問に答えなさい。

(1) 表中(ウ)・(オ)の県の人口を求めなさい。必ず，千人単位で，答えること。

(2) (ウ)・(オ)の人口は，日本の都道府県別の人口で46位と47位になります。人口47位の県を地図中の**A**～**F**より選び，記号で答えなさい。

(3) 以下にしめした文は，(ウ)・(オ)の県のどちらかにある世界文化遺産について述べたものです。この世界文化遺産の中心となる鉱山を何といいますか，答えなさい。

戦国時代の後半から，江戸時代の前半まで栄えた銀鉱山です。ここでとれた銀は世界に輸出されました。

問３ 表中の茨城県について，以下の問に答えなさい。

(1) 茨城県の農業産出額（2020年）は全国で３位となります。特に野菜・果実・花などの栽培が有名です。このように農業がさかんな理由には，温和な気候，平らな土地の割合が高いなどの自然条件のほかに何がありますか，簡潔に答えなさい。

(2) 茨城県の生産量が全国の３位までに入る農産物として，適切ではないものを以下より選び，番号で答えなさい。

① 鶏卵《けいらん》　② メロン　③ かんしょ（さつまいも）　④ 肉用牛

問４ 表中の青森県について，以下の問に答えなさい。

(1) 県庁所在地で８月に行われる，巨大な山車《だし》が街を練り歩く祭りを何といいますか，答えなさい。

(2) 青森県は，果樹栽培がさかんです。特に，寒冷な土地のため，寒い気候でも良く育つ，りんご作りが有名です。このりんご作りの中心となっている平野を何といいますか，答えなさい。

問５ 表中の山口県について，以下の問に答えなさい。

(1) 山口県の西部にある秋吉台では，石灰岩が雨などに溶け，くぼ地や鍾乳洞《しょうにゅうどう》などいろいろな地形が見られます。このような石灰岩特有の地形を何といいますか，答えなさい。

(2) 山口県はセメント工業がさかんです。原料の石灰岩や石灰石に少量の粘土《ねんど》を加え，高温で焼成《しょうせい》して作られるのがセメントです。セメントは作られる過程で原料の重量より，製品の重量の方が軽くなります。どのような場所にセメント工場を作ったら輸送費を節約できますか。以下より選び，番号で答えなさい。なお，輸送費は原料・製品の重量と，工場と原料産地や市場との輸送距離により求められます。

①　セメントを消費する大都市などの市場の近く

②　原料である石灰岩・石灰石の産地の近く

③　原料や製品の輸送に便利な港湾の近く

④　安い労働力が得られる地域

Ⅱ　和洋君は，日本列島の歴史を東日本と西日本に分けた場合，どのような違いがあるのかを考えてみました。そして，西日本の歴史に関するキーワードとして次の９個を選びました。これらのキーワードに関して，以下の問に答えなさい。

稲作	**ヤマト政権**	**荘園**	**蒙古襲来**	**惣村**
天下の台所	**外様大名**	**西南戦争**	**原子爆弾**	

問１　稲作は大陸から西日本へ伝わり，広がりました。

(1)　稲作が，大陸から西日本へ縄文時代の終わり頃に伝わったことを知るうえで，重要な遺跡はどこですか。以下より選び，番号で答えなさい。

①　登呂遺跡　②　三ツ寺Ⅰ遺跡　③　三内丸山遺跡

④　板付遺跡　⑤　岩宿遺跡

(2)　稲作が行われるようになると，様々な道具や施設が使われるようになります。次のうち，道具や施設の名前と使い方の組み合わせとして誤っているものはどれですか。以下より選び，番号で答えなさい。

①　石包丁－田植え　②　すき・くわ－田起こし

③　うす・きね－脱穀　④　高床倉庫－保管

問２　ヤマト政権は近畿地方で成立し，次第に日本列島を支配する勢力となりました。

(1)　ヤマト政権の支配の広がりをしめすものとして，３世紀中頃に近畿地方から全国に広がっていく古墳を，その形から何といいますか，答えなさい。

(2)　律令が定められ，税制が整備されると，近畿地方を中心に田畑が碁盤《ごばん》の目のように整然と区画されるようになりました。この名残は今でも西日本に多く残っていますが，このような土地区画制度を何といいますか，答えなさい。

問３　荘園は全国にできましたが，特に西日本に多く見られました。荘園には，国司に税を納めなくてもよい特権を持つものもありましたが，この特権を何といいますか，答えなさい。

問４　蒙古襲来では，九州を中心とした西日本の御家人が活躍しました。

(1)　現在の熊本県の御家人で，自分の活躍《かつやく》を伝えるために『蒙古襲来絵巻』を作らせたのは誰ですか。以下より選び，番号で答えなさい。

①　安達泰盛　②　和田義盛　③　大友頼泰

④　北条時宗　⑤　竹崎季長

(2)　蒙古襲来を予告するような記述も含まれた『立正安国論』を記し，法華経の正しさを説いた僧は誰ですか，答えなさい。

問５　惣村は，特に西日本で多く発達し，村人たちの自治によって運営されました。惣村で村人の代表者が集まって行った会議を何といいますか，答えなさい。

問６　「天下の台所」と呼ばれた江戸時代の大坂は，全国の産物が集まり，経済の中心として栄えました。

(1)　各地の藩が，特産物を保管・販売するために，大坂に作った拠点を何といいますか，答えなさい。

(2)　河村瑞賢によって整備された，日本海側の各地から大坂へ物資を運ぶ航路を何といいますか，答えなさい。

問７　西日本には有力な外様大名が多く，幕末には幕府を倒す原動力となっていきました。

(1)　次のうち，西日本の外様大名ではない藩はどれですか。以下より選び，番号で答えなさい。

①　土佐藩　②　紀伊藩　③　肥前藩
④　長州藩　⑤　薩摩藩

(2)　明治時代になると，西日本の外様大名の藩出身の人たちが，政府の要職を独占するようになりました。このような政治を何といいますか，答えなさい。

問８　西南戦争は，九州地方で起きた，明治時代最大の内乱です。

(1)　西南戦争の中心人物は，政府を去っていた西郷隆盛でした。西郷隆盛が政府を去る原因となった，朝鮮を武力を用いてでも開国させようとする主張を何といいますか，答えなさい。

(2)　西南戦争が起きた年，政治は地租を地価の2.5％に引き下げました。それまでは地価の何％を現金で納めることになっていましたか，数字で答えなさい。

問９　原子爆弾が投下された都市は，いずれも西日本になります。

(1)　投下された２つの都市の共通点として最もあてはまるものはどれですか。以下より選び，番号で答えなさい。

①　造船所があった大きな港町である
②　多くの潜伏キリシタンがくらした町である
③　江戸時代からの城下町である
④　太平洋ベルトに含まれる町である

(2)　２つの原子爆弾が落とされた1945年８月６日と同９日との間の時期に，日本への攻撃を開始した国はどこですか，答えなさい。

Ⅲ　次の新聞記事を読み，以下の問に答えなさい。

Q　１月23日に開会する(　Ｘ　)国会で岸田文雄首相が行う「施政方針演説」って何かな。

A　首相が(　Ｘ　)国会の最初に，１年間に取り組む重点課題や政治姿勢など基本方針を演説する。(1)各担当大臣による「外交演説」「財政演説」「経済演説」と合わせて(2)「政府４演説」と呼ばれる。衆議院と参議院の本会議場で，同じ内容なんだ。

Q　内容の特徴は？

A　(3)国が直面する現状への認識や，経済，外交，(4)安全保障，社会問題，めざす社会像，政治理念など個別テーマごとに訴える。(5)長期政権を築いた安倍晋三首相は「[*1]戦後レジームの見直し」や憲法改正への意欲，(6)小泉純一郎首相は「構造改革」や郵政民営化を強く打ち出した。首相がこれまで出会った人たちとの思い出や歴史上の偉人《いじん》の名言などのエピソードが盛り込まれることもよくあるんだ。

Q　演説は法律に基づいてやっているの？

A　憲法や法律で明確に定められているわけではない。1890（明治23）年の第１回帝国議会で山県有朋首相が行って以降，慣例的に行われてきた。

Q　同じような首相の演説がほかにもあったよ。

A　「所信表明演説」のことだね。衆院選後はじめて開かれる（　Y　）国会や，（　Z　）国会の最初，あるいは国会会期中に首相が交代した時に行われる。国政の方針や重点課題を説明する点では施政方針演説とほとんど変わらない。

Q　演説内容は必ず実現するのかな。

A　＊2網羅《もうら》的で個別テーマへの具体策にはあまりふみこまないため，実現したかどうか判断しづらい面がある。一方で，演説ではふれていない重大な政治決断が下されることもある。例えば，岸田政権は昨年末，防衛費増額のための１兆円強の(7)増税方針や，原発の新規建設や運転期間の延長を決めたけど，これらを昨年の施政方針演説から読み取ることは難しかったよ。

朝日新聞（2023年１月23日付朝刊）より作成

註　＊１　戦後レジーム…「レジーム」とは，フランス語で政治体制や政治システムのこと。2007年７月10日に出された政府答弁書によると，安倍内閣では，戦後の「憲法を頂点とした，行政システム，教育，経済，雇用，国と地方の関係，外交・安全保障などの基本的枠《わく》組み」と定義していた。

＊２　網羅的…関係する内容を，幅広く残さず集めている様子。

問１　文章中の空欄（X）～（Z）に入る語の組み合わせとして正しいものを，以下より選び，番号で答えなさい。

①　X－特別　Y－通常　Z－臨時　　②　X－特別　Y－臨時　Z－通常
③　X－通常　Y－特別　Z－臨時　　④　X－通常　Y－臨時　Z－特別
⑤　X－臨時　Y－特別　Z－通常　　⑥　X－臨時　Y－通常　Z－特別

問２　下線部(1)についてですが，日本国憲法第66条第２項は，過去に軍人であった者や現役の自衛官などが，内閣総理大臣や国務大臣に就任することを禁止しています。この規定を何といいますか，答えなさい。

問３　下線部(2)についてですが，政府４演説の終了後，演説内容について代表質問を行うことは，各政党の重要な役割です。その中で，野党とは，国政の場においてどのような役割を果たす政党ですか。「与党」という言葉を必ず用いて，解答欄にある「という役割を果たす政党のこと。」という文末につながるよう，簡潔に説明しなさい。

問４　下線部(3)についてですが，日本だけでなく世界全体が，気候変動問題に直面しています。2023年７月，国際連合のグテーレス事務総長は，「地球温暖化の時代は終わり，地球（　　）化の時代が到来した。」と発言し，これが世界中で大きく報道されました。この空欄にあてはまる語は何ですか，以下より選び，番号で答えなさい。

①　液状　　②　沸騰　　③　焦土　　④　熱中　　⑤　砂漠

問５　下線部(4)についてですが，戦後日本の安全保障体制は，1951年に日米安全保障条約を結んだことから始まったといわれます。この条約を調印した当時の日本の内閣総理大臣は誰ですか，答えなさい。

問6　下線部(5)についてですが，岸田氏は，安倍内閣において外務大臣を務めました。2015年12月，当時の岸田外相と韓国の尹炳世《ユンビョンセ》外交部長官との間で，両国間の慰安婦問題の「最終的かつ不可逆的な解決」が確認されたものの，その後2017年に就任した韓国大統領によってこの合意は破棄されました。2022年に退任した韓国の前大統領である，この人物は誰ですか，以下より選び，番号で答えなさい。

①　李明博《イミョンバク》　②　金大中《キムデジュン》　③　朴槿恵《パククネ》　④　文在寅《ムンジェイン》　⑤　尹錫悦《ユンソンニョル》

問7　下線部(6)についてですが，小泉内閣では，新潟県中越地震にともなう自衛隊の災害派遣《はけん》が行われました。自衛隊の災害派遣は，1951年10月，九州や西日本に大きな被害をもたらしたルース台風災害から始まったとされています。ただし，この時派遣されたのは，前年にGHQの指示で新設され，現在の自衛隊のもとになった組織でした。この組織とは何ですか，答えなさい。

問8　下線部(7)についてですが，次の文章の空欄にあてはまる語は何ですか，答えなさい。

　近年，「ふるさと納税」によって，都市部の市区町村が税収を減らす事例が見られます。その場合，(　　)として地方自治体へ支払われるお金に上乗せする形で，原則として減った額の75%を国が補う制度があり，税収の減少をある程度緩和《かんわ》できます。

　しかしながら，(　　)は，収入格差を調整するため，財源不足が生じた自治体のみを対象に，その不足額に応じて支払われるものです。これは，そもそもの税収が少なくて運営が苦しい自治体のための制度であり，住民自身の意思で税収を減らした自治体のために用いるべきではない，との批判もあります。

【理　科】〈第2回試験〉（30分）〈満点：50点〉

注意　計算機，分度器を使用してはいけません。

1　以下の問いに答えなさい。

赤色・緑色・青色は光の三原色と呼ばれ，この3色の光を様々な強さの割合で混ぜ合わせることでほとんどの色を作ることができます。特に，3色の光の強さを同じ割合で混ぜ合わせたときにできる色の組み合わせは図1のようになります。一方で，太陽光(白色)をガラスでできた三角形のプリズムに通し，通過した光をスクリーンに映すと，図2のように，様々な色がグラデーションのように現れます。

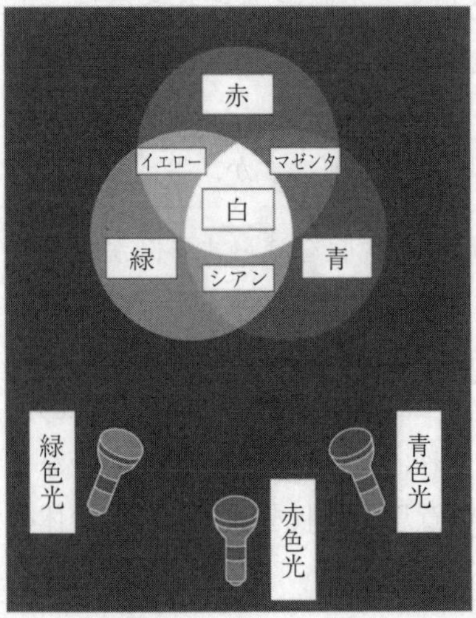

図1

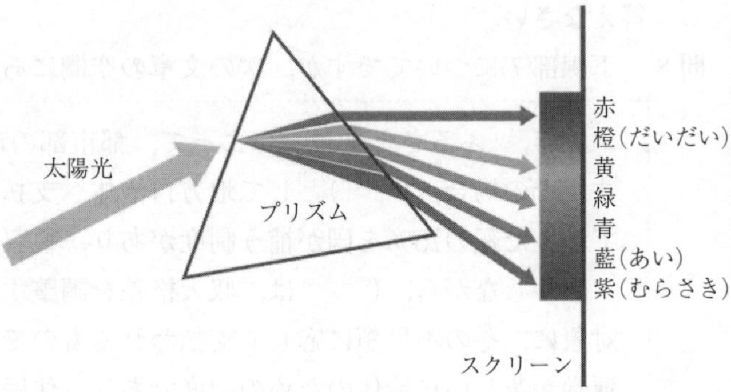

図2

(1)　透明《とうめい》な赤色のシートに太陽光を通過させて，スクリーンに映すと，赤色の光が映りました。この現象の説明としてもっとも適切なものを，次の(ア)～(エ)から選び，記号で答えなさい。

(ア)　太陽光に含《ふく》まれる赤色の光がシートに吸収されて，残りの色の光はシートを通過した

(イ)　太陽光に含まれる赤色の光がシートを通過して，残りの色の光はシートに吸収された

(ウ)　太陽光に含まれる緑色と青色の光がシートに吸収されて，残りの色の光はシートを通過した

(エ)　太陽光に含まれる緑色と青色の光がシートを通過して，残りの色の光はシートに吸収された

光が物体に当たると，光の一部は物体に吸収され，一部は表面で反射します。反射した光が目に入ることで，私たちはその物体の色を認識《にんしき》しています。光がすべて吸収され，反射しない場合など，光が目に入らないとき私たちは黒色と認識しています。

(2)　透明な緑色のシートと，透明な赤色のシートを重ね，太陽光を通過させてスクリーンに映すと，何色に見えますか。もっとも適切なものを，次の(ア)～(キ)から選び，記号で答えなさい。

(ア)　赤　　(イ)　緑　　(ウ)　青　　(エ)　シアン　　(オ)　マゼンタ　　(カ)　イエロー　　(キ)　黒

底辺が長方形の水槽《すいそう》に水をためて，少量の牛乳を混ぜました。赤色・緑色・青色を混ぜ合わせて作った白色のライトを水槽に押《お》し当てると，水槽内が光って見えました。これは，光が水の中にひろがった牛乳の粒《つぶ》に当たり，四方八方に進むようになったからで，このことを光の散乱と言います。

図３のように面Ｘの中央にライトを当て，矢印の向きから観察したところ中央部分がイエローっぽく見えました。図４のように面Ｙの中央にライトを当て，矢印の向きから観察したところ，中央部分が赤っぽく見えました。これらは，水槽内の水を通過する間に，白色のライトに含まれる一部の色の光が散乱したからです。

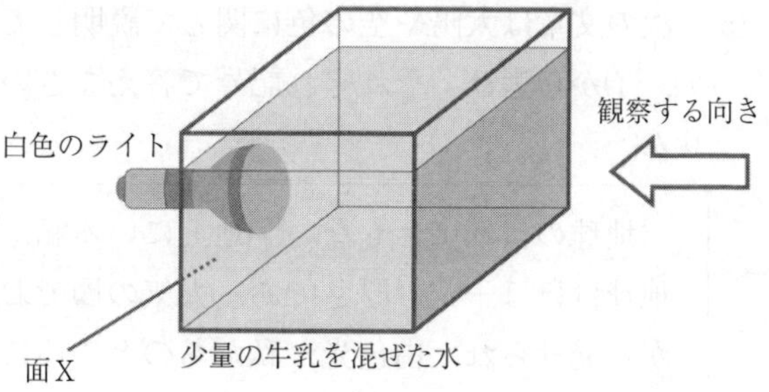

図３

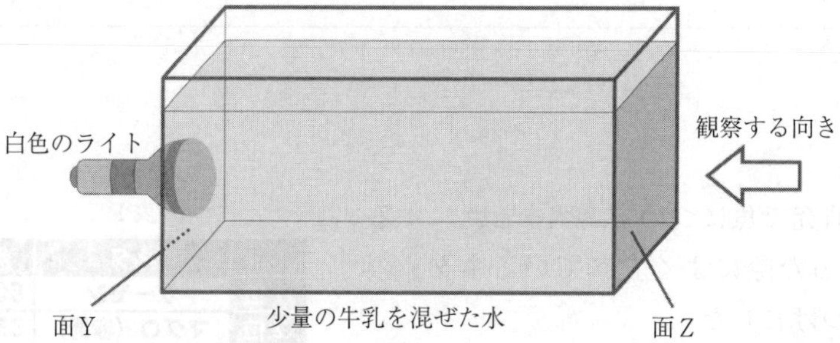

図４

(3)　文章中の下線部からわかることとして適切なものを，次の(ア)～(オ)からすべて選び，記号で答えなさい。

(ア)　水槽内の水を通過する距離《きょり》が短いと青色の光が散乱しやすい
(イ)　水槽内の水を通過する距離が短いと赤色と緑色の光が散乱しやすい
(ウ)　水槽内の水を通過する距離と散乱しやすい色の関係はわからない
(エ)　図３のように観察したとき，中央部分以外は青っぽく見える
(オ)　図３のように観察したとき，中央部分以外は赤っぽく見える

(4)　白色のライトのうち緑色のスイッチを切り，赤色と青色のみを光らせた場合について，次の①，②の問いに答えなさい。

①　このライトを直接スクリーンに映すと，何色の光が映りますか。もっとも適切なものを，次の(ア)～(ク)から選び，記号で答えなさい。

(ア)　赤　　(イ)　緑　　(ウ)　青　　(エ)　シアン
(オ)　マゼンタ　　(カ)　イエロー　　(キ)　黒　　(ク)　白

②　図５のように面Ｙの中央にライトを当てたときの水槽内の水の色を，面Ｙ側と面Ｚ側で比較《ひかく》したときの説明としてもっとも適切なものを，次の(ア)～(オ)から選び，記号で答えなさい。

(ア)　面Ｙ側は赤っぽく，面Ｚ側は青っぽい
(イ)　面Ｙ側は青っぽく，面Ｚ側は赤っぽい
(ウ)　面Ｙ側は緑っぽく，面Ｚ側は紫っぽい
(エ)　面Ｙ側は紫っぽく，面Ｚ側は緑っぽい
(オ)　差は見られない

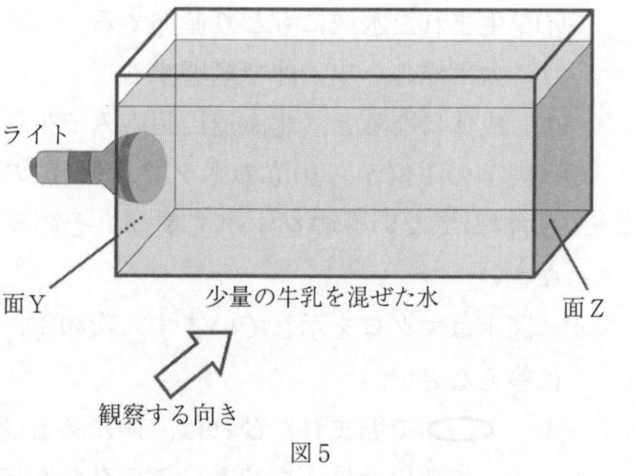

図５

(5)　次の文章は太陽や空の色に関して説明しています。文章中の①，②に適切な語句を，以下の(ア)，(イ)から選び，それぞれ記号で答えなさい。ただし，同じ記号を複数回使用してもかまいません。

> 地球の自転にともない，地上にいる私たちから見た太陽の高度は時間により変化する。地球はほぼ一定の厚さである大気の層でおおわれているため，太陽の高度によって，太陽から発せられた白色光が私たちのところに届くまでに大気を通過する距離が変化する。昼間は通過する距離が(　①　)ので，空が青っぽく，夕方頃は通過する距離が(　②　)ので，太陽が赤っぽく見える。

(ア)　短い　　(イ)　長い

2

以下の問いに答えなさい。

太郎さんは夏休みの自由研究で魚について調べました。すると，SNSで『回転寿司《ずし》に行った際によく食べているネタ』のアンケート結果(表１)を見つけました。

(出典：マルハニチロ　回転寿司に関する消費者実態調査 2023)

表１

	ネタ	%
1位	サーモン	50.3
2位	マグロ（赤身）	35.2
3位	ハマチ・ブリ	32.5
4位	エビ	29.0
5位	マグロ（中トロ）	27.9
6位	ネギトロ	23.8
7位	イカ	22.9
8位	えんがわ	21.2
9位	イクラ	18.0
10位	カンパチ	15.9

(1)　サーモンはサケ(鮭)のことです。サケの成体として適切なものを，次の(ア)～(エ)から選び，記号で答えなさい。

(ア)

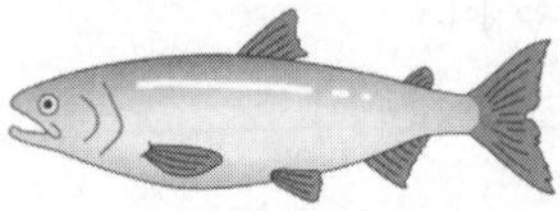

(イ)

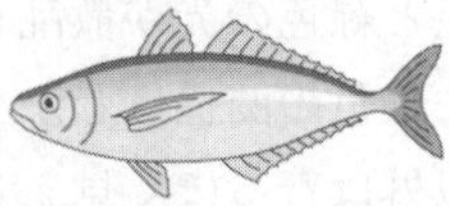

(ウ)

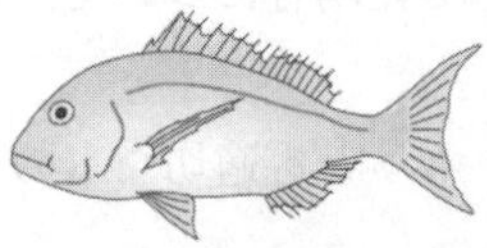

(エ)

(2)　サケの説明として適切な文を，次の(ア)～(エ)から選び，記号で答えなさい。

(ア)　卵は「数の子」と呼ばれ，海藻《かいそう》に産み付けられる

(イ)　生まれた水域にもどり産卵《さんらん》する

(ウ)　太平洋のハワイ沖で産卵する

(エ)　成体になると，北海道周辺のみで生活する

(3)　表１の１位から10位のネタで，魚(魚の卵や一部も含む)でないものをすべて選び，その順位で答えなさい。

(4)　図１はマグロを示しています。次の①，②の問いに答えなさい。

①　⬭で囲まれたひれは，体にある溝《みぞ》に収まっていて普段《ふだん》は見えません。このひれが持つ役割と

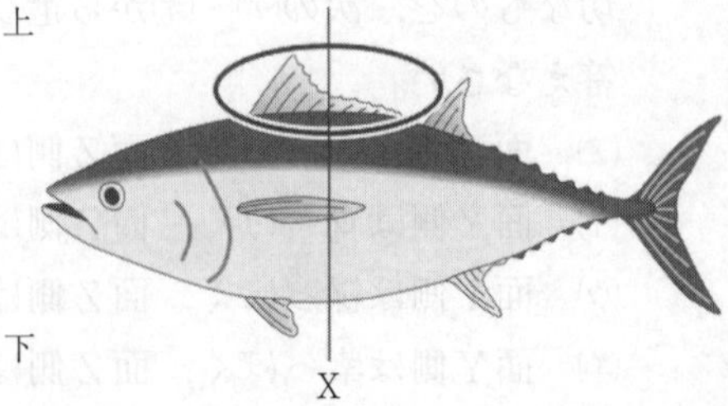

図１

して適切なものを，次の(ア)〜(エ)から選び，記号で答えなさい。

(ア)　えさとなる魚の匂《にお》いを感じ取る

(イ)　進行方向を変える

(ウ)　サメなどの天敵との距離を測る

(エ)　メスに対して強さを示す

②　線Xの位置でマグロを切ったときの断面図として適切なものを，次の(ア)〜(エ)から選び，記号で答えなさい。

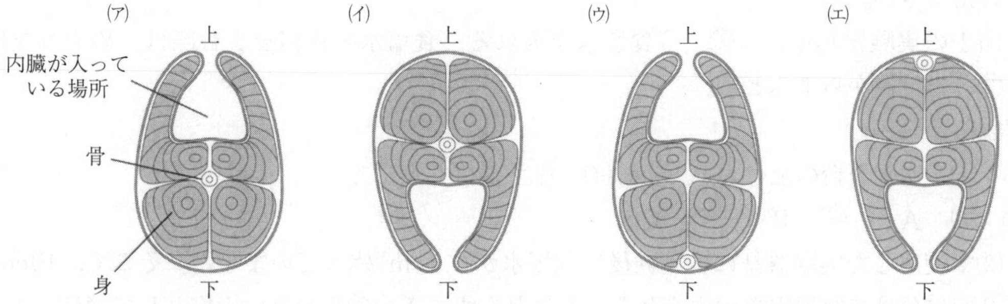

調べてみると，ネタになる身の部分が筋肉だということと，筋肉には赤色をしている筋肉と，白色をしている筋肉があることがわかりました。さらに，赤色の筋肉は白色の筋肉より酸素を多く含んでいることもわかりました。

(5)　赤色の筋肉の魚に見られる特徴《とくちょう》として適切なものを，次の(ア)〜(エ)から選び，記号で答えなさい。

(ア)　カツオなど回遊魚に見られる

(イ)　タイなど近海魚に見られる

(ウ)　ヒラメなど砂にもぐる魚に見られる

(エ)　アユなどの川魚のみに見られる

さらに筋肉の動きと神経の関係を調べました。すると，神経に刺激《しげき》を与《あた》えると，電気信号が発生して神経を伝わっていくのがわかりました。また，その刺激が筋肉に届くと，筋肉の中のいろいろな物質が作用して収縮することもわかりました。

(6)　図2は，カエルのふくらはぎの筋肉とそれにつながっている神経(座骨神経)を示しています。筋肉と神経がつながっている部分Aから10mm離《はな》れたBを刺激すると，0.0035秒後に筋肉が収縮しました。Aから70mm離れたCを刺激すると，0.0055秒後に筋肉が収縮しました。次の①，②の問いに答えなさい。

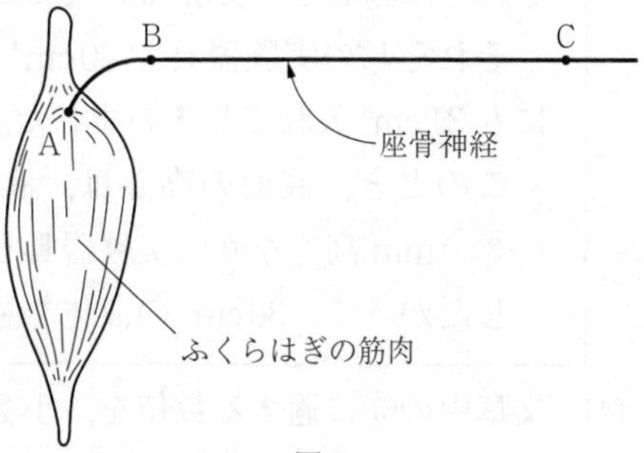

図2

①　この神経を伝わる電気信号の速さを求めなさい。
ただし，割り切れない場合は小数第1位を四捨五入して整数で求めなさい。

②　Aから130mm離れたD(図中にはありません)を同じように刺激しました。筋肉が収縮するのは何秒後か求めなさい。

3　以下の問いに答えなさい。

理科の実験では，様々な器具や薬品を用います。例えば，図１の実験器具は液体を入れて用いるものです。

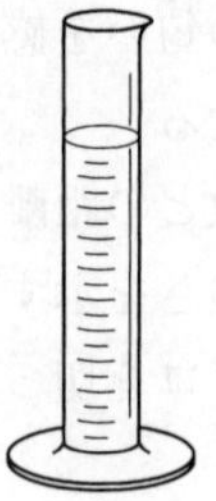

図１

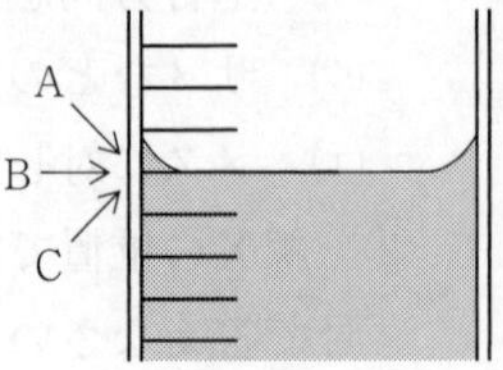

図２

(1)　図１の実験器具の名称《めいしょう》を答えなさい。

(2)　次の文章は，図１の実験器具を用いて食塩水を正確に量りとる方法について説明したものです。文章中の①と②に適切な語句を，以下の語群から選び，それぞれ記号で答えなさい。

図１の実験器具を(　　①　　)食塩水を入れる。食塩水の体積をよむ際は，めもりを図２の(　②　)の位置からよみとる。

〈語群〉

①：(ア)　水平な台の上において　　(イ)　片手で持ち上げて

②：(ア)　A　　(イ)　B　　(ウ)　C

(3)　(2)で使用した実験器具には実験後に食塩水が0.1cm^3残っていました。そこで，10cm^3の水で２回に分けて容器内をすすぐとき，もっともすすぎの効果が高い操作として適切なものを，次の(ア)～(オ)から選び，記号で答えなさい。ただし，すすぐときの水溶液《すいようえき》の濃度《のうど》は均一であるとし，すすいだ後の容器内には，どの方法でも0.1cm^3の水溶液が残っているものとします。

(ア)　水１cm^3を入れてすすいだ後，新たに水９cm^3を入れてすすぐ

(イ)　水３cm^3を入れてすすいだ後，新たに水７cm^3を入れてすすぐ

(ウ)　水５cm^3を入れてすすいだ後，新たに水５cm^3を入れてすすぐ

(エ)　水７cm^3を入れてすすいだ後，新たに水３cm^3を入れてすすぐ

(オ)　水９cm^3を入れてすすいだ後，新たに水１cm^3を入れてすすぐ

図１の実験器具には種類がいくつかあるため，量りとる液体の量によって使い分ける必要があります。このことについて考えてみましょう。

> 図１の実験器具と形状が同じで，50cm^3まで量れる実験器具Aと100cm^3まで量れる実験器具Bを用意しました。それぞれの形は円柱であり，液体が入るガラスの内側の直径をそれぞれ測ると，実験器具Aでは24mm，実験器具Bでは30mmでした。
>
> それぞれの実験器具で30cm^3の液体を量りとるときに多く入れすぎてしまい，どちらにも31cm^3入れてしまいました。
>
> このとき，液面の高さは，液体が30cm^3入っているときと比べて，実験器具Aでは(　③　)mm高くなり，実験器具Bでは(　　④　　)なります。
>
> したがって，30cm^3の液体を量りとるときは(　　⑤　　)と言えます。

(4)　文章中の③に適する数値を，小数第２位を四捨五入して小数第１位まで求めなさい。ただし，円周率は3.14とします。

(5)　文章中の④と⑤に適する語句を，以下の語群から選び，それぞれ記号で答えなさい。

〈語群〉

④：(ア)　Aより高く　　(イ)　Aと同じ高さに　　(ウ)　Aより低く

⑤：(ア)　実験器具Aの方が正確に量れる

(イ)　実験器具Ｂの方が正確に量れる

(ウ)　実験器具Ａも実験器具Ｂも同じくらい正確に量れる

(6)　実験器具Ａよりも正確に50cm³の液体を量りたい場合，どのような実験器具が適していると考えられますか。その実験器具のおおまかな形を１つ描きなさい。ただし，50cm³のめもりの高さが，解答用紙に描かれた実験器具Ａと同じ高さになるようにすること。また，その実験器具が適していると考えた理由を説明しなさい。

4　以下の問いに答えなさい。

国際地質科学連合が選定した世界的な地質遺産100選に，兵庫県の野島断層と玄武洞《げんぶどう》があります。

野島断層は，1995年の阪神・淡路大震災《あわじだいしんさい》で，六甲《ろっこう》・淡路島断層帯から地表に露出《ろしゅつ》しました。

図１　野島断層
（出典：北淡震災記念公園 HP）

(1)　図１は野島断層の写真です。この断層ができるときにかかった力の方向としてもっとも適切なものを，次の(ア)～(エ)から選び，記号で答えなさい。また，このようにしてできた断層の種類をなんと言うか，答えなさい。

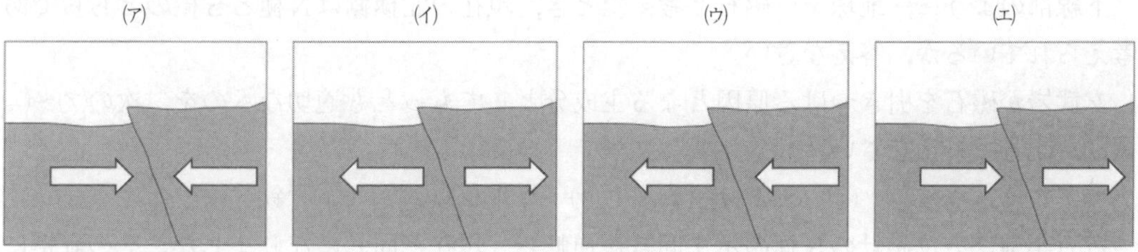

図２は玄武洞の写真です。玄武洞は，ユネスコ世界ジオパークにも選定されている山陰《さんいん》海岸ジオパークエリアに位置しており，玄武岩の名前の由来となっています。玄武岩には黒っぽい色のものが多く，磁石を引きつけるものもあります。

また，図３や図４は玄武岩とはんれい岩を顕微鏡《けんびきょう》で観察したようすです。はんれい岩は玄武岩と同じように黒っぽい色をしています。

図２　玄武洞
（出典：豊岡市フォトライブラリー HP）

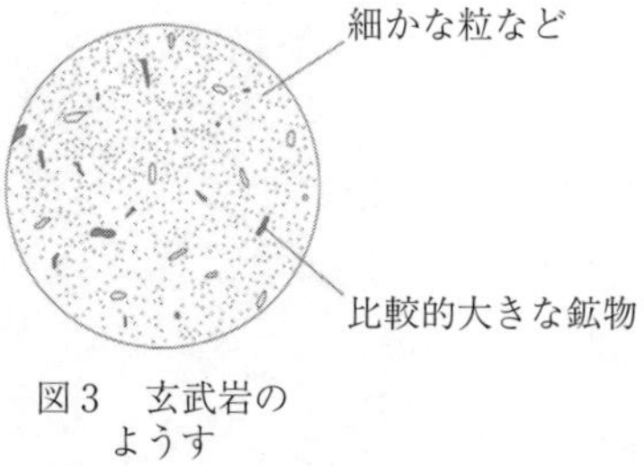

図３　玄武岩のようす

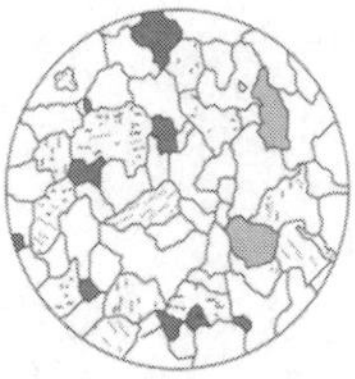

図４　はんれい岩のようす

(2)　玄武岩とはんれい岩の違いとしてもっとも適切なものを，次の(ア)～(エ)から選び，記号で答えなさい。

(ア)　マグマの移動距離

(イ)　マグマが地表を流れていく時間

(ウ)　マグマが冷やされるまでにかかった時間

(エ)　噴出《ふんしゅつ》した直後のマグマの温度

(3)　次の文章は，玄武洞ができたしくみについてまとめたものです。文章中の①～④に適する語句を，以下の語群から選び，それぞれ記号で答えなさい。

約160万年前，(　①　)マグマが固まり，玄武岩ができた。玄武岩を顕微鏡で観察すると図3のように細かな粒からできていることから，(　②　)固まったことがわかる。マグマが冷えて固まるときに，体積が少しずつ(③)なり，規則正しいきれいな割れ目ができた。その後，河川《かせん》の(④)で玄武岩のかたまりが現れて玄武洞ができた。

〈語群〉

①：(ア)　地下の深いところにある　　(イ)　流れ出した

②：(ア)　急に冷えて　　(イ)　ゆっくり冷えて

③：(ア)　小さく　　(イ)　大きく

④：(ア)　運搬《うんぱん》　　(イ)　侵食《しんしょく》

方位磁針を用いることで方位がわかることから，地球は大きな棒磁石のようなものであると考えられています。1929年，松山基範《まつやまもとのり》は玄武洞の岩石調査から，方位磁針のN極の示す向きが逆転していた時代があったことを世界で初めて発表しました。

(4)　下線部のように，地球を棒磁石と考えたとき，現在の北極側はN極とS極のどちらであると考えられているか，答えなさい。

(5)　玄武岩が磁石を引きつける原因となる主成分としてもっとも適切なものを，次の(ア)～(エ)から選び，記号で答えなさい。

(ア)　アルミニウム　　(イ)　ナトリウム　　(ウ)　カルシウム　　(エ)　鉄

(6)　77万年前に方位磁針のN極の示す向きが逆転し，現在と同じになりました。その証拠になる地層が日本で発見されました。その地層の名称として適切なものを，次の(ア)～(オ)から選び，記号で答えなさい。

(ア)　ニホニアン　　(イ)　エドニアン　　(ウ)　チバニアン

(エ)　サイタマニアン　　(オ)　ハチオウジニアン

ぐった。

唖然《あぜん》とした。

変わったのはコンビニの母ではなく、③子の層だった。

「おじいちゃん、いつもありがとうねえ。はい、いち、にい、さん……三十万円のお返しでーす。きゃきゃきゃっ。ちゃんとお財布に入れてね、チャックしてね、落とさないでね。また明日も待ってまーすっ」

レジ待ちの列にずらり並んだ白髪の面々をながめ、和也は妙な敗北感を覚えると同時に、④都会がそれほど単層的に成り立ってはいないことを学んだのだった。

（森　絵都「コンビニの母」）

問一　傍線部**イ**〜**ニ**のカタカナを漢字に直しなさい。

問二　空欄 A に当てはまる四字熟語を次の中から選び、記号で答えなさい。

ア　神出鬼没　　イ　突然変異

ウ　一期一会　　エ　天変地異

問三　空欄 B に当てはまる漢字一字を答えなさい。

問四　傍線部①「たとえ四、五分の手間をかけても、福平さんに吸われるエネルギーを思えば安くつく」とはどういうことですか。適当なものを次の中から選び、記号で答えなさい。

ア　多少遠くのコンビニであっても、福平さんにいろいろと押しつけられて商品を買うよりは安くすむということ。

イ　多少遠くのコンビニであっても、福平さんに話しかけられるよりは同僚たちと行く方が楽しいということ。

ウ　多少遠くのコンビニであっても、福平さんにあれこれと話しかけられて疲れるよりはよいということ。

エ　多少遠くのコンビニであっても、福平さんに話しかけられるくらいなら往復費用は考えなくてよいということ。

問五　傍線部②「閑古鳥が鳴きはじめた」とありますが、その意味として適当なものを次の中から選び、記号で答えなさい。

ア　店員がいなくなりはじめた

イ　クレームが増えはじめた

ウ　客が来なくなりはじめた

エ　みんなが心配しはじめた

問六　傍線部③「子」とは具体的に何ですか。文中から漢字一字で抜き出しなさい。

問七　傍線部④「都会がそれほど単層的に成り立ってはいない」とはどういうことですか、説明しなさい。

こわごわレジをうかがうと、そこにいたのはゆうに五十をこえたふくよかな女性店員だった。

「はいっ、つぎの方、どうぞーっ。ほんとにもう、お待たせしちゃってごめんなさいねーっ」

ぷっくらとした下ぶくれの丸顔。前髪を額の真ん中でぱりっと分けたショートヘア。「福平」の名札をつけた彼女の風貌は否《いや》が応でもお好み焼きのソースを連想させた。

「はいっ、熱いコーヒー、やけどしないでね。外もね、暑いですからね。気をつけてお持ちかえりくださいね、外もコーヒーもあっつあつだから。ふふふふふ」

のちに会社の同僚たちから「押しかけ母さん」と呼ばれることになる福平さんは、デビュー時からして早くもこの強烈なキャラクターを完成させていた。とにかくコミュニケーションの希求がハンパではない。ただお茶を買いに来ただけの客にさえ、これでもか、これでもかとスモールトークごと売りつけようとする。単なるサービス精神に留まらず、そこにはある種の母性が介在しているのがまたいっそう暑苦しい。

和也が最初に受けた二センレイはこれだった。

「あーら、気が合うわあ。私もね、おにぎりは絶対、鮭とおかかって決めてるの。これぞ王道よね。最近、多いじゃない、ツナだとか唐揚げだとかオムライスだとか、もう、そうなっちゃうとおにぎりって言えないじゃない、ねえ。ふふふ、鮭とおかかで正解！」

赤い顔を伏せてレジから立ち去った和也は、あまりに暴力的な干渉に放心しつつ、「あの人は長くない」と胸中ひそかに予言した。

都会では人と人との関係が希薄だ。都会人は孤独だ。誰もがみな寂しい――などなど、いろいろ言われてはいるものの、つまるところは皆、その希薄な人間関係のすがすがしさを求めて、粘っこいしがらみに満ちた田舎から上京してきたのである。母さん的な情を田舎の母さんに求めはしても、コンビニの店員には求めない。遅かれ早かれ、客からのクレームで彼女はあの過干渉を自制することになるだろう。和也にはそんな未来が透けて見えるようだった。

ところが、その日はいっこうに訪れなかった。和也の未来予測に反して、福平さんはその後もコンビニのレジに立ちつづけた。しかも、自制どころか客への過干渉をエスカレートさせて。

「私もね、好きなのよ、これ。下手な専門店のたこ焼きよりおいしいわよね。うんうん、冷凍食品もバカにできない、できない。レンジで温めたあと、アルミにのせてオーブントースターで三分、これ、イケるからやってみて。表面カリッとね！」

「まいどありがとうございます。牛乳とバナナ……あら、バナナジュース作るの？」

「はい、はい、大根とウインナー巻きとはんぺん……玉子はいいの？　はい、はい、糸こんにゃくと牛すじと巾着餅……玉子はいいの？」

ぐいぐいと籠の内側へ踏みこんでくる押しかけ母さんに食傷し、和也の同僚たちは一人、また一人と別のコンビニを利用しはじめた。①たとえ四、五分の手間をかけても、福平さんに吸われるエネルギーを思えば安くつくとの判断だ。間もなく和也もその一人に加わった。この現象が和也の身のまわりだけで起こっているわけではないことは、新たに通いだしたコンビニの賑《にぎ》わいからも見てとれた。

かといって、福平さんのコンビニで②閑古鳥《かんこどり》が鳴きはじめたのかといえば、摩訶不思議にもそうでもないのだった。いつ通りかかってもガラスの外壁ごしには常に一定数の客影がある。二ヶ月、三ヶ月――いつになっても人気が絶える気配はない。

なぜなのか。もしや福平さんが反省し、接客態度を改めたのか。

下世話な好奇心から、ある日、和也はひさびさにその自動ドアをく

「肉を盗むお前はケモノだ！」と厳しく抗議されたという記録があります。リーによるサン人のフィールドワークには、もっとも攻撃度が高いことばとして、性器を意味する単語など、性に関する表現を使うことが記されています。

　そうしたことばのやりとりが問題を解決しないとすると、次はより［Ｃ］な手段が取られます。その対象となる人に向かって、一切話をしない、取り引きをしないといった形で、一時的にキャンプから離れさせるというものです。キャンプから離れることにはいろいろな不利益がありますが、それ以上の争いを発展させないために、頭を冷やす期間が設けられるわけです。

　さらには、人類学者が調査できた範囲でも、無視をするといったこと以上に、［Ｄ］な実力行使、暴力や殺害なども行われている、ということが分かっています。もちろん、そのような事例が多いわけではなく、狩猟採集民の人々が都市に住む人間よりも暴力的だというわけではありません。ことばによる攻撃は、物理的暴力にうったえるもっともっと前段階に使われ、コミュニティの中で権力者が生じないために用いられるのです。

（和泉　悠『悪口ってなんだろう』）

問一　傍線部**イ**〜**ニ**について。カタカナは漢字に直し、漢字は読みをひらがなで記しなさい。

問二　空欄［Ａ］〜［Ｄ］に当てはまる語を次の中から選び、それぞれ記号で答えなさい。

ア　明示的　　イ　物理的　　ウ　定期的
エ　効果的　　オ　強行的

問三　傍線部①「狩猟採集民」の集団には、どのような特徴がありますか。次の説明の空欄に当てはまる表現を、文中から十五字以内で抜き出しなさい。

狩猟採集民の集団には、［　　　　］ということ。

問四　傍線部②「大物《ビッグ・マン》」とはどのような人ですか。文中から三字で抜き出しなさい。

問五　空欄［③］に当てはまる語を次の中から選び、記号で答えなさい。

ア　優美　　イ　謙虚　　ウ　誠実　　エ　慎重

問六　サンの人々の中で「悪口」が果たす役割について、文中の言葉を用いて二十五字以内で記しなさい。

［二］　次の文章を読んで、後の問に答えなさい。

　和也《かずや》の勤め先が間借りしている雑居ビルの一階にはコンビニがある。そのレジに福平《ふくひら》さんが出現したのはおよそ半年前のことだった。

　めまぐるしくスタッフが入れ替わる都心のコンビニで、レジ係がまた一人増えたところでふつうは誰も気づかない。その陰で辞めた一人にも気づかない。彼らは個ではなく、あくまでコンビニ店員という集合体の一部として現れ、そして消えていく。和也にはそんな認識があった。しかし、その無機的な**イ**ジュンカンから遥《はる》か外れたところに、［Ａ］のごとく福平さんは出没した。

　その日、昼食を求める客で混みあう店内に足を踏みいれた瞬間から、和也は異様なそわつきを察知した。何かがいつもと違う。客という客の［Ｂ］が泳いでいる。通常ならば休憩時間のくつろぎモードにあるべき人々が妙に**ロ**キンチョウしている。あるいは、動揺している。

「ありがとうございました。また来てねーっ。お仕事がんばってくださいねーっ」

　前方のレジからドラえもんばりのドラ声が**ハ**ヒビきわたるなり、和也は目を向けるまでもなく直感した。原因はこれだ。

脂が乗っており、たくさんの肉が取れました。集まった人々はニコニコと喜んで踊り、二日二晩にわたって、肉はシチューとしてふるまわれました。

リーは安心しましたが、なんでそんなに牡牛のことをバカにされたのだろう、自分は白人のよそ者だからかつがれたのかなと思い、後からそのことを聞いてみました。そして分かったのは、それは冗談などではなく、狩猟の腕前や、持ってきた獲物についてバカにするのが、サン人の習慣のひとつだったのです。平等に分け与えられた肉をもぐもぐしながらでも、「これはひどい！」「何の価値もない！」などと言うのがごく当たり前だったのです。

どうしてそのようなことをサンの人々はするのでしょうか。それは「傲慢《ごうまん》さ」のためだと、リーは信頼している人物から教わりました。狩りがうまくいくと、若者はすぐに調子に乗って大物《ビッグ・マン》ぶってしまうので、それをいさめるために獲物のことを小馬鹿にするというのです。「私たちは自慢をする人間を認めません。そのような人は、いつか、その自尊心のせいで誰かを殺してしまうからです。だから、獲物がたいしたことがない、ということを常に言って、その人の頭を冷して、穏やかな人間にするのです」と。

[③]であることが、サンの人々にとってはとても重要だったのです。大きな獲物を射とめた日でも、周りから聞かれるまでは、決してそのことを言わず、いざ「狩りはどうだった？」と聞かれたときに、「いやあ、今日もダメだったよ。こんなに小さな成果しかないよ」と言いながら、大成功の収穫を見せる、というのが、サン人がすべきふるまいなのです。

このサン人の習慣に、とても馴染《なじ》みがあるとは思えないでしょうか。お土産を渡すとき「つまらないものですが」と必ず口にして、自分が渡すものを誇らない習慣があります。そこまで言わなくても、と思わなくもないですが、そこには、調子に乗ってるわけではないですよ、大物《ビッグ・マン》ぶったりしませんよ、というメッセージが込められています。慎み深さを示すことの重要さは、どの人間社会にもいろいろな形で現れるようです。

悪口を言うことによって、誰かが調子に乗るのを防ぎ、大物《ビッグ・マン》、すなわち権力者が生まれるのをあらかじめ防ごうとする、という行為は、サン人だけに見られるものではありません。平等主義的な狩猟採集民において、言語を使ったある種の攻撃が、地域を超えて幅広く観察されています。

まず、狩猟採集民は人々についてのおしゃべり、つまりゴシップをよくしているという観察があります。砂漠や草原の中で、三〇人程度といった小さな集団で暮らすとき、お互いの協力が必要になります。私たちのように、「今日は自分は軽くコンビニで食事を済ますね～」というわけにはいかないのです。互いに採集した食糧を分けて、人手が必要な作業も分担して、はじめて生活が成立します。ですので、おしゃべりをして、お互いのことについて共有し、コミュニティの役割からはみだす人がいないかどうかチェックする必要があります。

大きく和を乱すような人がいたら、それはどうなのか、と介入しないといけません。たとえば、狩りの獲物は平等に分けるという習慣があるのに、明らかに自分の家族だけその取り分を大きくしたり、こっそりと自分だけのものにしたとすると、周囲の人々からの介入の対象となります。そして、ことばによる牽制《けんせい》が、もっと深刻な物理的介入よりも、より二ヒンパンに用いられる手段なわけです。

最初は揶揄《やゆ》や冗談が使われます。その次は、もっとあからさまなののしりのことばが使われます。たとえば、砂漠ではなく、ジャングルに住んでいるムブーティー・ピグミーと呼ばれる人々に関する民族誌には、自分だけたくさん獲物が取れるようにズルをしていた男が、

2024年度

立教新座中学校

【国　語】〈第二回試験〉（五〇分）〈満点：一〇〇点〉

一　次の文章を読んで、後の問に答えなさい。

罵詈《ばり》イ雑言はどうも人間の深いところに根ざしているということが分かりました。悪口はぽっと出の新人でも、最新ガジェットでもないわけです。その点をさらに深くロケントウするため、人類学の民族誌を利用します。人間を研究するのが人類学で、民族誌というのは、少数民族のコミュニティなどに自ら飛び込んでいき、生活をともにすることによって（「フィールドワーク」という研究手法の一種で、「参与観察」とも呼ばれます）、コミュニティの社会・経済・文化などを調べた報告書のことです。

人類学者たちは、現在は少なくなりつつある①狩猟採集民についても数多くの調査を行ってきました。狩猟採集民というのは、一箇所に定住せず、［Ａ］に移動するキャンプを拠点として生活し、農業ではなく、狩りをしたり、木の実を集めたりして食物を得ている人々のことです。だいたい、ひとつのキャンプは三〇人くらいでできていて、複数の家族が一緒に住んでいます。ときどき、複数のキャンプが集まって取り引きや祭りを行います。そのときには、一五〇人や二〇〇人くらいの人々が集まります。

また、そうしたキャンプには、誰が殿様で誰が家臣といった、明確な序列関係が存在しないというのも狩猟採集民族の特徴のひとつです。「首長」とか「村長」とか「②大物《ビッグ・マン》」と呼ばれるような、力を持った人物が決められていないのです。もちろん、知識と経験のある老人がアドバイスをする、ということはありますが、その人が「長老」などと呼ばれるわけではないのです。少なくとも［Ｂ］には権力関係がなく、食事を分け合う非常に平等なコミュニティの中で暮らしています。こうした、狩猟採集生活を送る人々の暮らし方は、人間が何万年前に行っていた暮らしにかなり近いと考えられています。

デジタル機器とストレスに囲まれている現代人と比べて、そうした「自然な」「あるがまま」の暮らしをしている狩猟採集民の人々は、さぞ悪口を言わないだろう、と思われるかもしれませんが、実は、まったくそのようなことはないと民族誌が伝えています。狩猟採集民は悪口を言いまくるのです。

まず、エピソードをひとつ紹介します。カナダの人類学者リチャード・リーは、一九六〇年代に、アフリカ大陸南部のカラハリ砂漠に住むサン人を調査していました。ある年のクリスマスに、リーは日頃の感謝をするために、調査に協力してくれているキャンプの人々に牛を買ってプレゼントしようとしました。それは五〇〇キロを超えるような立派な黒い牡牛で、いつものキャンプの人だけでなく、クリスマスのために集まってくる複数のキャンプの人たちみんなを満足させるほどの、たくさんの肉が取れるはずのものでした。

最高のプレゼントが準備できたぞ、と思っていると、リーはキャンプの人からの意外な反応にハコンワクしました。牡牛のことを伝えると、「はぁ？　私たちにそんな骨の袋を食わせる気なの？」「やせっぽちで肉なんかないよ」「ツノでも食わせる気なの？」とくすくす笑われたのです。他にも、「死にかけ」「年とった残骸」「お前はここに何年も住んでるのに何にも分かってない」「肉の取り合いで争いが起きるぞ」とまで言われてしまい、リーは自分は牛を見る目がなかったのだとがっかりしてしまいました。

ところが、クリスマス当日、牡牛が引き出され実際に解体されてみると、やはりリーが最初に思った通り、痩せているどころかたっぷり

2024年度

立教新座中学校 ▶解説と解答

算　数　＜第２回試験＞（50分）＜満点：100点＞

解　答

[1] (1)　15　　(2)　12個　　(3)　①　1080度　　②　169.56m^2　　(4)　32回　　(5)　①　40cm　②　175cm^3　　(6)　①　３日目　　②　288ページ　　[2] (1)　75cm^2　　(2)　65cm^2　　(3)　26cm^2　　[3] (1)　18cm^2　　(2)　①　72cm^3　　②　48cm^2　　③　解説の図３を参照のこと。　[4] (1)　60秒間　　(2)　15秒間　　(3)　３秒間　　(4)　72秒間　　[5] (1)　秒速16m　　(2)　６秒　　(3)　①　2448m　　②　5.5秒後

解　説

[1] 四則計算，分数の性質，角度，図形の移動，面積，素数の性質，水の深さと体積，相当算

(1)　$14\frac{1}{4}-6.375\div4.25+5\frac{1}{4}\div\left(2\frac{5}{6}-\frac{2}{3}\times0.75\right)=\frac{57}{4}-6\frac{3}{8}\div4\frac{1}{4}+\frac{21}{4}\div\left(\frac{17}{6}-\frac{2}{3}\times\frac{3}{4}\right)=\frac{57}{4}-\frac{51}{8}\div\frac{17}{4}+\frac{21}{4}\div\left(\frac{17}{6}-\frac{1}{2}\right)=\frac{57}{4}-\frac{51}{8}\times\frac{4}{17}+\frac{21}{4}\div\left(\frac{17}{6}-\frac{3}{6}\right)=\frac{57}{4}-\frac{3}{2}+\frac{21}{4}\div\frac{14}{6}=\frac{57}{4}-\frac{3}{2}+\frac{21}{4}\times\frac{3}{7}=\frac{57}{4}-\frac{3}{2}+\frac{9}{4}=\frac{57}{4}-\frac{6}{4}+\frac{9}{4}=\frac{60}{4}=15$

(2)　$\frac{1}{10}<\frac{3}{\square}<\frac{1}{4}$の□にあてはまる整数を考える。分子を３にそろえると，$\frac{3}{30}<\frac{3}{\square}<\frac{3}{12}$となるから，□にあてはまる整数は13以上29以下とわかる。また，□が３の倍数のときは約分できるので，条件に合う□は{13，14，16，17，19，20，22，23，25，26，28，29}の12個ある。

(3)　①　N角形の内角の和は，180×(N－２)で求められるから，八角形の内角の和は，180×(８－２)＝1080(度)である。なお，このことから正八角形の１つの内角は，1080÷８＝135(度)とわかる。　②　犬が動くことができるのは，下の図１のかげをつけた部分である。①から，半径が８mのおうぎ形の中心角は，360－135＝225(度)とわかる。また，それ以外のおうぎ形の中心角はすべて，180－135＝45(度)であり，これらはすべて２か所ずつある。よって，かげをつけた部分の面積の合計は，$8\times8\times3.14\times\frac{225}{360}+6\times6\times3.14\times\frac{45}{360}\times2+4\times4\times3.14\times\frac{45}{360}\times2+2\times2\times$

図１

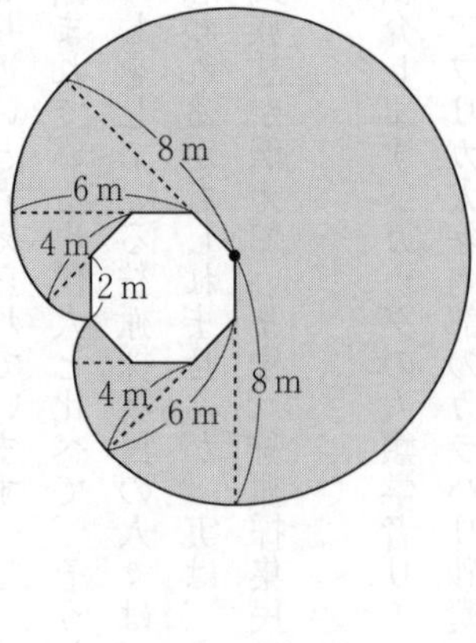

図２

㋐　100÷２＝50
　２は50個ある
㋑　100÷(２×２)＝25
　㋐のほかに２は25個ある
㋒　100÷(２×２×２)＝12余り４
　㋐，㋑のほかに２は12個ある
㋓　100÷(２×２×２×２)＝６余り４
　㋐～㋒のほかに２は６個ある
㋔　100÷(２×２×２×２×２)＝３余り４
　㋐～㋓のほかに２は３個ある
㋕　100÷(２×２×２×２×２×２)＝１余り36
　㋐～㋔のほかに２は１個ある

$3.14\times\frac{45}{360}\times2=40\times3.14+9\times3.14+4\times3.14+1\times3.14=54\times3.14=169.56$(m^2)と求められる。

(4)　$8=2\times2\times2$なので，$1\times2\times3\times\cdots\times100$を素数の積で表したとき，$2\times2\times2$の組が1組できるごとに8で1回割り切れる。上の図2の㋐から，1から100までに2の倍数は50個あることがわかる。また，㋑から，$2\times2=4$の倍数は25個あることがわかり，この中には2が2回ずつ現れるので，㋐でかぞえた以外に2は25個ある。同様に考えると㋒～㋕のようになるから，素数の積で表したときの2の個数は，$50+25+12+6+3+1=97$(個)と求められる。よって，$97\div3=32$余り1より，$2\times2\times2$の組は32組あるので，8で32回割り切れる。

(5)　①　右の図3で，★の部分と☆の部分の体積が等しくなる。ここで，★の部分と☆の部分は底面積の比が8：5だから，高さの比は，$\frac{1}{8}:\frac{1}{5}=5:8$となる。また，この和が26cmなので，★の部分の高さは，$26\times\frac{5}{5+8}=10$(cm)と求められる。さらに，これはAのはじめの水面の高さの$\frac{1}{4}$にあたるから，Aのはじめの水面の高さは，$10\div\frac{1}{4}=40$(cm)である。　②　Aの底面積は，$800\div40=20$(cm^2)なので，Bの底面積は，$20\times\frac{5}{8}=12.5$(cm^2)とわかる。よって，Bにはじめに入っていた水の量は，$12.5\times(40-26)=175$(cm^3)と求められる。

図3

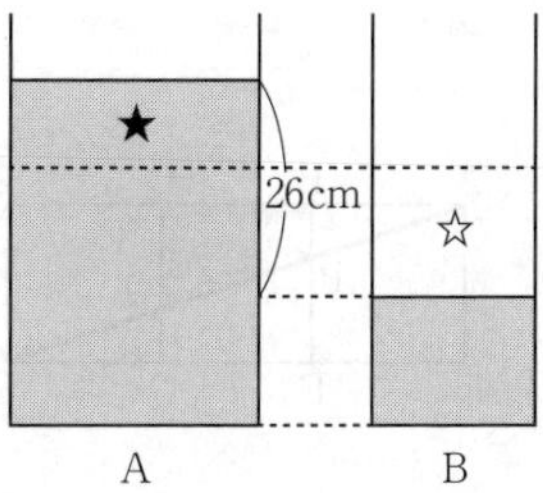

(6)　①　全体のページ数を$\boxed{1}$とすると，1日目に読んだページ数は，$\boxed{1}\times\frac{1}{8}=\boxed{\frac{1}{8}}$，2日目に読んだページ数は，$\boxed{\frac{1}{8}}\times1.5=\boxed{\frac{3}{16}}$となる。よって，残りのページ数は，$\boxed{1}-\boxed{\frac{1}{8}}-\boxed{\frac{3}{16}}=\boxed{\frac{11}{16}}$だから，3日目に読んだページ数は，$\boxed{\frac{11}{16}}\times\frac{1}{3}=\boxed{\frac{11}{48}}$とわかる。すると，4日目に読んだページ数は，$\boxed{\frac{11}{48}}-20$(ページ)，5日目に読んだページ数は，$\boxed{\frac{11}{48}}\times\frac{2}{3}=\boxed{\frac{11}{72}}$，6日目に読んだページ数は，$\boxed{\frac{11}{72}}-2$(ページ)と表すことができ，右の図4のようになる。したがって，最も多く読んだのは3日目である。
②　6日間の合計は，$\boxed{\frac{1}{8}}+\boxed{\frac{3}{16}}+\boxed{\frac{11}{48}}+\left(\boxed{\frac{11}{48}}-20\right)+\boxed{\frac{11}{72}}+\left(\boxed{\frac{11}{72}}-2\right)=\boxed{1\frac{11}{144}}-22$(ページ)となる。これが$\boxed{1}$にあたるので，$\boxed{1\frac{11}{144}}-\boxed{1}=\boxed{\frac{11}{144}}$にあたるページ数が22ページとわかる。よって，全体のページ数は，$22\div\frac{11}{144}=288$(ページ)と求められる。

図4

1日目…$\boxed{\frac{1}{8}}$
2日目…$\boxed{\frac{3}{16}}$
3日目…$\boxed{\frac{11}{48}}$
4日目…$\boxed{\frac{11}{48}}-20$(ページ)
5日目…$\boxed{\frac{11}{72}}$
6日目…$\boxed{\frac{11}{72}}-2$(ページ)

2　平面図形―辺の比と面積の比

(1)　右の図で，三角形DBEの面積は三角形ABCの面積の，$\frac{3}{3+2}\times\frac{1}{1+1}=\frac{3}{10}$(倍)である。よって，三角形DBEの面積は，$250\times\frac{3}{10}=75$(cm^2)とわかる。

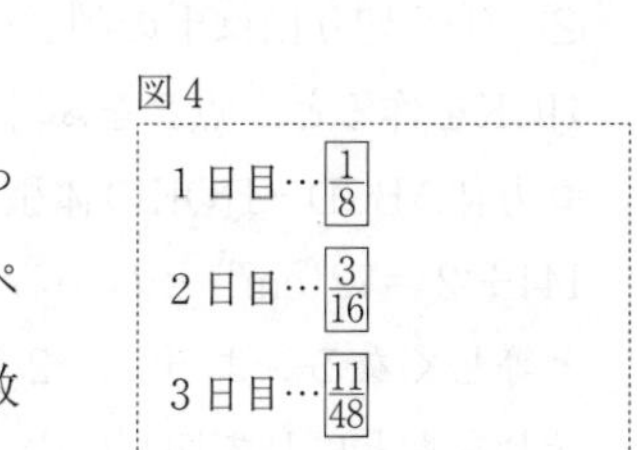

(2)　(1)と同様にして求めると，三角形ADFの面積は，$250\times\frac{2}{2+3}\times\frac{3}{3+2}=60$(cm^2)，三角形CFEの面積は，$250\times\frac{2}{2+3}\times\frac{1}{1+1}=50$(cm^2)となる。よって，三角形DEFの面積は，$250-(75+60+50)=65$(cm^2)と求められる。

(3)　三角形ADFの底辺をDF，三角形DEFの底辺をDFと考えると，この2つの三角形の底辺は共通になる。すると，高さの比は面積の比と等しくなるので，AG：GE＝60：65＝12：13とわかる。

よって，三角形ADGと三角形DEGの面積の比も12：13になる。さらに，三角形ABEの面積は，$250\times\frac{1}{1+1}=125$(cm²)だから，三角形ADEの面積は，$125\times\frac{2}{2+3}=50$(cm²)となる。したがって，三角形DEGの面積は，$50\times\frac{13}{12+13}=26$(cm²)と求められる。

3　立体図形―展開図，分割，体積，表面積

(1)　ひもは展開図上では直線になるから，下の図１のようになる。図１で，３つの三角形APB，AQC，AHDは相似であり，相似比は１：２：３なので，BP＝$6\times\frac{1}{3}=2$(cm)，CQ＝$6\times\frac{2}{3}=4$(cm)とわかる。よって，四角形BPQCの面積は，(２＋４)×６÷２＝18(cm²)と求められる。

図１

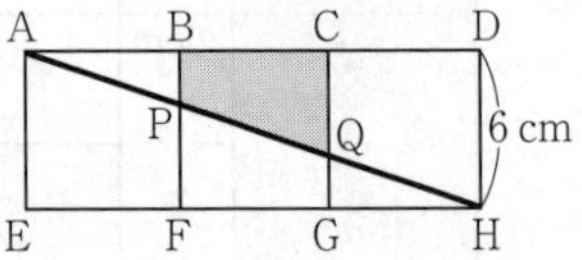

図２

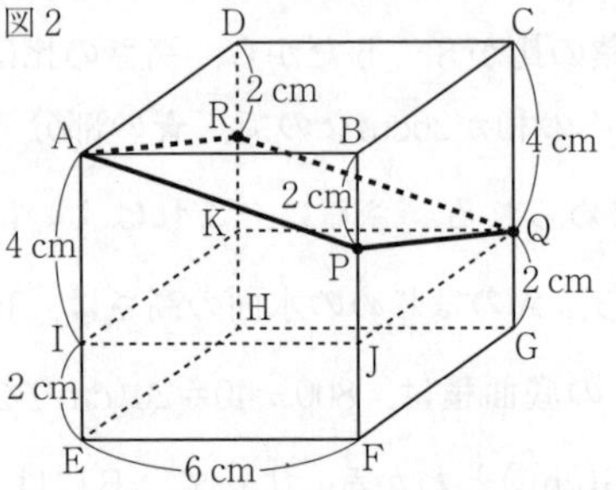

図３

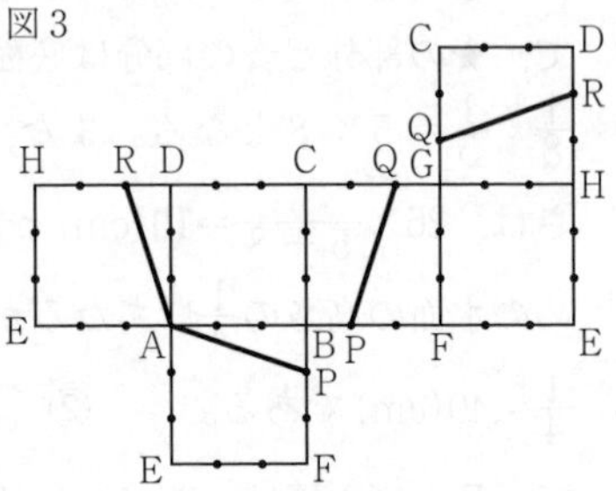

(2)　①　切り口は上の図２のような四角形APQRになる。図２のように立方体の面と平行な正方形IJQKを作ると，点Bをふくむ方の立体は直方体ABCD－IJQKを半分にした形の立体になる。また，直方体ABCD－IJQKの体積は，６×６×４＝144(cm³)なので，点Bをふくむ方の立体の体積は，144÷２＝72(cm³)とわかる。　②　２つの立体の表面積の差は，直方体IJQK－EFGHの側面積と等しくなる。よって，２×６×４＝48(cm²)と求められる。　③　展開図に頂点の記号を移し，それをもとにして切り口の辺をかき入れると，上の図３のようになる。

4　周期算，整数の性質

(1)　Aは，１＋２＝３(秒間)のうち１秒間点《つ》くことをくり返す。また，３分は，60×３＝180(秒)だから，３分間ではこれを，180÷３＝60(回)くり返すことになる。よって，Aが点いていた時間は全部で，１×60＝60(秒間)である。

(2)　Bは，１＋３＝４(秒間)のうち１秒間点くことをくり返す。また，３と４の最小公倍数は12なので，AとBは12秒間のうち１秒間同時に点くことをくり返す。３分間ではこれを，180÷12＝15(回)くり返すから，AとBが同時に点いていた時間は全部で，１×15＝15(秒間)と求められる。

(3)　Cは，１＋４＝５(秒間)のうち１秒間点くことをくり返す。また，３と４と５の最小公倍数は60なので，AとBとCは60秒間のうち１秒間同時に点くことをくり返す。３分間ではこれを，180÷60＝３(回)くり返すから，AとBとCが同時に点いていた時間は全部で，１×３＝３(秒間)である。

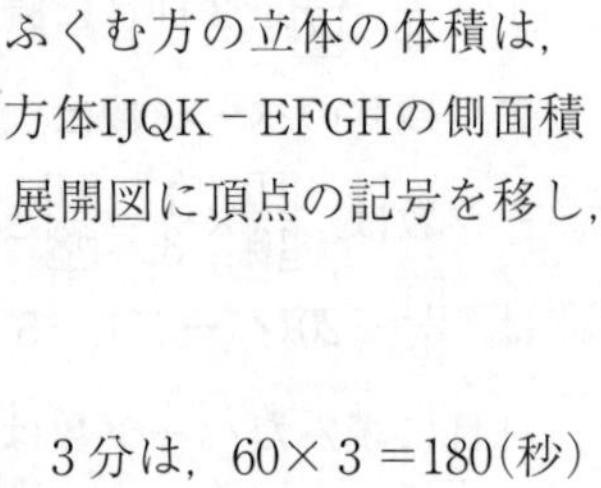

(4)　Bが点いていた時間は，180÷４＝45(秒間)，Cが点いていた時間は，180÷５＝36(秒間)となるので，右の図のようにまとめることができる。(2)より，AとBが同時に点いていた時間は15秒間だから，AとBのうち少なくともどちらかが点いていた時間(太線部分)は，60＋45－15＝90(秒間)とわかる。また，４と５の最小公倍

数は20なので，ＢとＣが同時に点いていた時間は，180÷20＝９（秒間）であり，ア＝９－３＝６（秒間）となる。さらに，３と５の最小公倍数は15だから，ＡとＣが同時に点いていた時間は，180÷15＝12（秒間）であり，イ＝12－３＝９（秒間）である。すると，Ｃだけが点いていた時間は，36－（３＋６＋９）＝18（秒間）だから，Ａ～Ｃのうち少なくとも１つが点いていた時間は，90＋18＝108（秒間）となる。よって，３つの電球がすべて消えていた時間は，180－108＝72（秒間）である。

5 通過算，旅人算

⑴　下の図１のようになってから，急行列車の最後尾《さいこうび》アが普通《ふつう》列車の先頭イに追いつくまでの時間が30秒である。よって，急行列車と普通列車の速さの差は秒速，（144＋96）÷30＝８（m）とわかる。また，急行列車と普通列車の速さの比は，1.5：１＝３：２だから，比の１にあたる速さは秒速，８÷（３－２）＝８（m）であり，普通列車の速さは秒速，８×２＝16（m）とわかる。

⑵　下の図２のようになってから，急行列車の最後尾ウと普通列車の最後尾エが出会うまでの時間を求める。ウとエの間の長さは，144＋96＝240（m）であり，急行列車の速さは秒速，８×３＝24（m）なので，240÷（16＋24）＝６（秒）と求められる。

図１

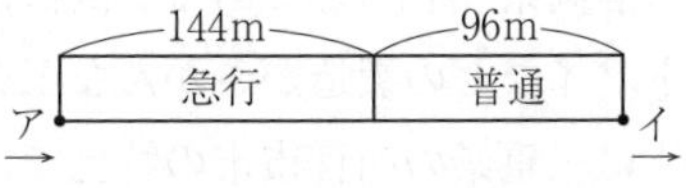

図２

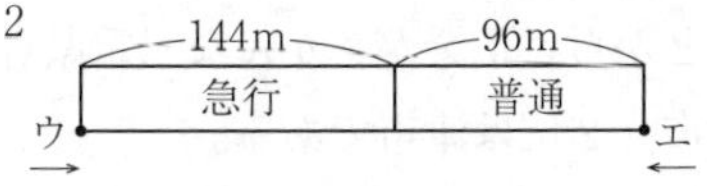

図３

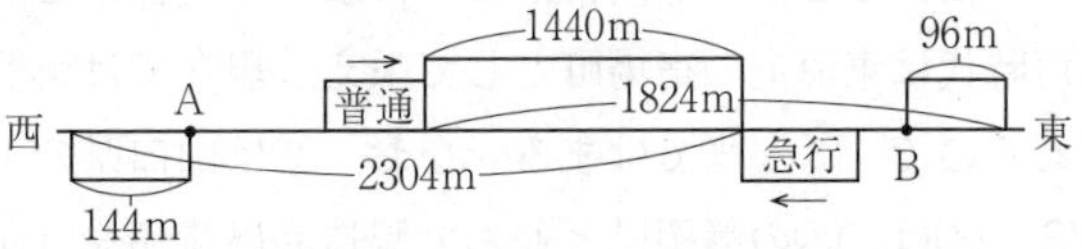

⑶　①　普通列車が１分54秒（＝114秒）で走る道のりは，16×114＝1824（m）であり，急行列車が１分36秒（＝96秒）で走る道のりは，24×96＝2304（m）だから，上の図３のように表すことができる。よって，鉄橋の東の端《はし》からＢ地点までの道のりは，1824－1440－96＝288（m），鉄橋の西の端からＡ地点までの道のりは，2304－1440－144＝720（m）なので，Ａ地点からＢ地点までの道のりは，720＋1440＋288＝2448（m）と求められる。　②　急行列車がＢ地点にさしかかったとき，普通列車はＡ地点まで，16×3.5＝56（m）の地点にいる。また，急行列車が鉄橋を渡《わた》り始めるのはその，288÷24＝12（秒後）であり，その間に普通列車が走る道のりは，16×12＝192（m）だから，急行列車が鉄橋を渡り始めるとき，普通列車はＡ地点を，192－56＝136（m）通り過ぎた地点にいる。よって，そのときの急行列車と普通列車の間の道のりは，720－136＋1440＝2024（m）とわかる。その後，音は秒速352mで進むので，普通列車が警笛《けいてき》を聞くのは，2024÷（352＋16）＝5.5（秒後）である。

社　会　＜第２回試験＞（30分）＜満点：50点＞

解　答

Ⅰ **問１**　⑴　A　⑵　㋐　①　㋓　③　⑶　D　**問２**　⑴　㋒　659　㋔　544　⑵　E　⑶　石見銀山　**問３**　⑴　（例）　東京などの大消費地に近いこと。　⑵　④　**問４**　⑴　ねぶた祭　⑵　津軽平野　**問５**　⑴　カルスト地形　⑵　②　**Ⅱ** **問１**　⑴　④　⑵　①　**問２**　⑴　前方後円墳　⑵　条里制　**問３**　不輸の権　**問４**　⑴

⑤　⑵ 日蓮　**問５** 寄合　**問６** ⑴ 蔵屋敷　⑵ 西廻り航路　**問７** ⑴ ②
⑵ 藩閥政治　**問８** ⑴ 征韓論　⑵ ３　**問９** ⑴ ①　⑵ ソ連(ソビエト連邦)
Ⅲ **問１** ③　**問２** 文民統制　**問３** (例) 政府・与党の政策を批判し，行政を監視する
問４ ②　**問５** 吉田茂　**問６** ④　**問７** 警察予備隊　**問８** 地方交付税交付金

解　説

Ⅰ 各県の人口の多い都市を題材にした問題

問１ ⑴ 県庁所在地の人口が上位２位までに入っていない表中の㈦は福島県(図中Ａ)で，人口の最も多い都市は郡山《こおりやま》市，２位がいわき市，県庁所在地の福島市は３位である。　⑵ 人口２位の都市が県庁所在地となっている４つの県のうち，㈠は茨城県と並《なら》んで近郊農業がさかんで，農業産出額に占《し》める野菜の割合が多いことから群馬県(図中Ｂ)であり，人口１位の都市は高崎市，２位は前橋市である。高崎市は，かつては五街道の一つである中山道《なかせんどう》といくつかの街道の分岐《ぶんき》点にあたり，現在では関越自動車道と北関東自動車道，上越新幹線と北陸新幹線の分岐点となっているので，①が当てはまる。また，㈤は１位と２位の都市の人口がともに50万人を超《こ》えていることから，１位の浜松市と２位の静岡市がともに政令指定都市となっている静岡県(図中Ｃ)である。浜松市は，江戸時代は東海道の宿場町として栄え，現在では楽器やオートバイなどの製造がさかんな工業都市であるので，③が当てはまる。なお，②は山口県の下関市，④は三重県の四日市市の特色である。⑶ ㈡は，㈤の静岡県と並んで製造品出荷額総計が多いことから，工業がさかんな三重県(図中Ｄ)であるとわかる。なお，三重県の人口１位の都市は四日市市，２位は津市である。

問２ ⑴ 表中の「人口１位都市の人口」と「県の総人口に対する人口１位都市の人口割合」から計算して求めることができるので，㈢の県の総人口は，199千÷0.302＝658.9…千より，約659千人である。また，㈥の県の総人口は，185千÷0.34＝544.1…千より，約544千人である。　⑵ 問２の⑴の解説より，㈥の方が人口が少ないので，人口47位の鳥取県(図中Ｅ)とわかる。なお，鳥取県の人口１位の都市は鳥取市，２位は米子《よなご》市である。㈢は島根県(図中Ｆ)で，人口１位の都市は松江市，２位は出雲《いずも》市である。　⑶ ㈢の島根県には，江戸時代に幕府直轄《ちょっかつ》地であった石見《いわみ》銀山があり，多くの銀が長崎を通じて外国へ輸出された。また，その跡地は「石見銀山遺跡とその文化的景観」として，ユネスコ(国連教育科学文化機関)の世界文化遺産に登録されている。

問３ ⑴ 茨城県は首都圏《けん》にあって，東京などの大消費地に比較《ひかく》的近いため，野菜や果実などを新《しん》鮮《せん》なまま輸送することができ，輸送費も少なくて済むという利点がある。　⑵ 肉用牛の飼養頭数は北海道，鹿児島県，宮崎県の順に多く，茨城県は15位である(④…×)。なお，①の鶏卵と②のメロンは全国一，③のかんしょ(さつまいも)は全国２位である(2023年)。

問４ ⑴ 青森市では，東北三大祭りの一つである「ねぶた祭」が毎年８月上旬《じょうじゅん》に行われ，全国から多くの観光客が訪《おとず》れる。　⑵ 青森県はりんごの収穫《しゅうかく》量が全国一で，県西部の津軽平野が主な産地として知られる。

問５ ⑴ 山口県西部の秋吉台では，石灰岩が雨水に侵食《しんしょく》されてできたカルスト地形が見られる。⑵ 秋吉台に近い宇部市や山陽小野田市では，石灰石を原料にしたセメント工業がさかんである。設問文に「セメントはつくられる過程で原料の重量より，製品の重量の方が軽くなります」とあるので，セメント工場は原料産地の近くに建設した方が，輸送費を節約することができる(②…○)。

Ⅱ 西日本の歴史についての問題

問１ ⑴ 板付《いたづけ》遺跡は，福岡県にある縄文時代晩期から弥生時代前期にかけての遺跡で，縄文時代晩期の水田跡が発見されたことから，稲作が伝わったころの農業の様子を知るうえで重要な遺跡として知られる(④…○)。なお，①の登呂《とろ》遺跡(静岡県)は弥生時代後期，②の三ツ寺Ⅰ遺跡(群馬県)は古墳時代，③の三内丸山遺跡(青森県)は縄文時代，⑤の岩宿遺跡(群馬県)は旧石器時代の遺跡である。 ⑵ 石包丁は，稲の収穫のさいに用いた道具で，半月形や長方形などの形の石に穴を２つ開け，そこにひもなどを通してにぎり，稲の穂をつみとった(①…×)。

問２ ⑴ 前方後円墳は，円形の墳丘の前に方形(四角形)の墳丘がつながった古墳で，日本独特の形式といわれており，真上から見るとカギ穴のような形をしている。３世紀半ば以降，近畿地方から全国に広まった。大阪府堺《さかい》市にある大仙(大山)古墳は，墳丘全長が486ｍにおよぶ日本最大の前方後円墳で，仁徳天皇の陵墓《りょうぼ》と伝えられる。 ⑵ 条里制は古代の土地区画制度であり，約654ｍ四方を基本単位として，６×６の碁盤《ごばん》の目状に耕地を区画することで，班田収授法の実施のさいに役立てた。

問３ 平安時代，貴族や寺社の私有地である荘園《しょうえん》が発達すると，役人の立ち入りを拒否《きょひ》する「不入の権」や税の納入を免除《めんじょ》される「不輸の権」などの特権を持つ荘園が現れた。

問４ ⑴ 竹崎季長《すえなが》は鎌倉時代の肥後国(熊本県)の御家人で，元寇《げんこう》(元軍の襲来《しゅうらい》)にさいし，自分の活躍《かつやく》を後世に伝えるため，絵師に『蒙古《もうこ》襲来絵巻(絵詞《えことば》)』を描《えが》かせた。『蒙古襲来絵巻』は，当時の日本と元の戦法や兵器の違いがわかる資料として知られる(⑤…○)。なお，①の安達泰盛《やすもり》は，④の第８代執権《しっけん》北条時宗の下で幕政を担当した御家人，②の和田義盛は鎌倉初期の有力御家人で侍所の初代別当，③の大友頼泰《よりやす》は元寇で活躍した相模《さがみ》国(神奈川県)の御家人である。 ⑵ 日蓮《にちれん》は日蓮宗(法華宗)の開祖で，『立正安国論』を著して他宗派を批判し，法華経を信じなければ国難があると予言したため，幕府から迫害《はくがい》を受けた。

問５ 室町時代，農民が自治を行う惣村《そうそん》が発達し，寄合を開いて村のおきてを決め，横暴な領主に対しては一揆《いっき》を結んで抵抗《ていこう》した。

問６ ⑴ 江戸時代，大坂(大阪)には諸大名の蔵屋敷が置かれ，全国から年貢《ねんぐ》米や特産物が集められて取り引きされたため，「天下の台所」と呼ばれた。 ⑵ 河村瑞賢《ずいけん》は，東北地方の米などを日本海沿岸と瀬戸内海を経由して大坂に運ぶ西廻《まわ》り航路を開いた。

問７ ⑴ 紀伊《きい》藩(和歌山県)は，水戸藩(茨城県)，尾張《おわり》藩(愛知県)とともに徳川御三家に数えられる親藩(徳川一族)である(②…×)。なお，①の土佐藩(高知県)の山内家，③の肥前藩(佐賀県)の鍋島家，④の長州藩(山口県)の毛利家，⑤の薩摩《さつま》藩(鹿児島県)の島津家は外様大名である。 ⑵ 倒幕の中心となった薩摩・長州・土佐・肥前の外様大名の藩士らは，明治政府が成立した後も政府の要職を占《し》めたことから，藩閥《はんばつ》政治として批判された。

問８ ⑴ 明治政府では，薩摩藩出身の西郷隆盛らが征韓《せいかん》論(朝鮮を武力で開国させようという考え方)を主張したが，国内政治の優先を唱える岩倉具視《ともみ》らに退けられたため，政府を去った。

⑵ 西郷は鹿児島県の不平士族に推されて，1877年に西南戦争を起こすが，政府軍に敗れ自害した。この年，地租改正に反対する一揆が全国的な広がりを見せていたことを受け，地租が３％から2.5％に引き下げられた。

問９ ⑴ アメリカ軍が原子爆弾投下を行う都市を選んだ基準の一つとして，軍事・港湾施設があることが挙げられ，原爆が投下された広島市と長崎市にはいずれも造船所があった(①…○)。なお，多くの潜伏《せんぷく》キリシタンが暮らしたのは長崎市で，広島市には当てはまらない(②…×)。広島市は江戸時代には城下町として栄えたが，長崎市の中心部は幕府直轄地であったため城下町ではなく，港町として栄えた(③…×)。広島市は太平洋ベルトにふくまれるが，長崎市はふくまれない(④…×)。

(2) 1945年８月８日，ソ連(ソビエト社会主義共和国連邦)が日ソ中立条約を一方的に破棄《はき》して日本に宣戦布告し，満州や朝鮮，樺太《からふと》・千島列島に侵攻を開始した。

Ⅲ 日本の政治や外交についての問題

問１ 毎年１回１月に召集《しょうしゅう》されるのは通常国会，衆議院議員総選挙後に召集されるのは特別国会，必要な場合に召集されるのは臨時国会である。よって，組み合わせは③になる。

問２ 日本国憲法第66条２項には「内閣総理大臣その他の国務大臣は，文民でなければならない」と規定されている。このような原則を「シビリアン・コントロール(文民統制)」という。政府見解によれば，ここでいう文民は，過去に旧海陸軍の職業軍人であった者や現役の自衛官以外を指す。

問３ 内閣を組織して政権を担当する政党を与党というのに対し，それ以外の政党を野党という。野党には，政府・与党の政策を批判し，行政を監視することで，政権が暴走するのを防ぐという役割がある。

問４ 2023年７月，気候変動により世界各地で異常気象が起きている現実に対して，国際連合のグテーレス事務総長は「地球温暖化の時代は終わり，地球沸騰《ふっとう》化の時代が到来《とうらい》した」と警告を発した(②…○)。

問５ 1951年，サンフランシスコ平和条約と日米安全保障条約に調印したのは，この会議に日本の全権として出席した吉田茂首相である。吉田茂は，戦前は外交官を務め，戦後は政治家となって，通算で７年間首相として政権を担当した。

問６ 2017～22年に韓国(大韓民国)の大統領を務めた人物は，文在寅《ムンジェイン》である(④…○)。なお，①の李明博《イミョンバク》は2008～13年，②の金大中《キムデジュン》は1998～2003年，③の朴槿恵《パククネ》は2013～17年に韓国大統領を務めた。⑤の尹錫悦《ユンソンニョル》は2022年に韓国大統領に就任した。

問７ 警察予備隊は，朝鮮戦争(1950～53年)が始まり，日本を占領《せんりょう》していたアメリカ軍が朝鮮半島に派遣されることになり，日本国内の治安維持《いじ》を目的として，GHQ(連合国軍総司令官総司令部)の指令で発足した。1952年に保安隊に改編し，1954年に自衛隊となって現在に至る。

問８ 地方交付税交付金は，税収の多い地方自治体と少ない自治体の間で生じる行政サービスの格差を是正《ぜせい》するため，国が地方自治体に支給するお金である。国庫支出金とは異なり，その使い道は地方自治体が自由に決めることができる。

理　科 ＜第２回試験＞（30分）＜満点：50点＞

解　答

1 (1) (イ)　(2) (キ)　(3) (ア), (オ)　(4) ① (オ)　② (イ)　(5) ① (ア)　② (イ)
2 (1) (ア)　(2) (イ)　(3) 4位，7位　(4) ① (イ)　② (イ)　(5) (ア)　(6) ① 秒速30000mm　② 0.0075秒後　3 (1) メスシリンダー　(2) ① (ア)　② (イ)　(3)

(ウ)　(4)　2.2　(5)　④　(ウ)　⑤　(ア)

(6)　右の図／**理由**…（例）細くのびた部分にめもりがついていて，体積の変化がくわしくわかり，誤差を小さくすることができるから。

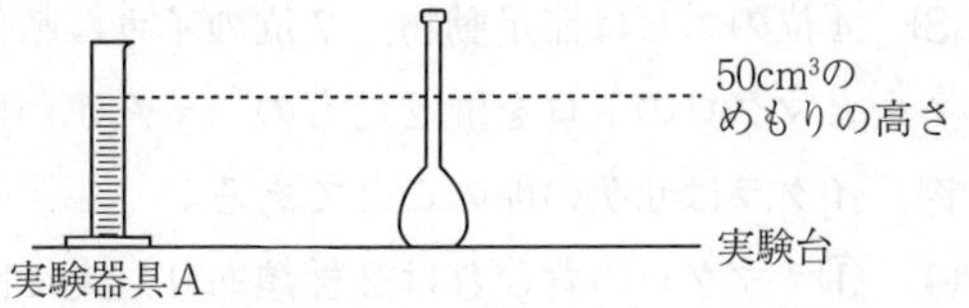

4　(1)　**記号**…(ア)　**断層の種類**…逆断層　(2)　(ウ)　(3)　①　(イ)　②　(ア)　③　(ア)
④　(イ)　(4)　Ｓ極　(5)　(エ)　(6)　(ウ)

解　説

1　光の三原色と散乱についての問題

(1)　赤色のシートを通過した光は，スクリーンに赤色の光を映すので，このとき通過したのは赤色の光だけである。太陽光には赤，緑，青の３色だけでなく，図２で示されるように，様々な色の光も含《ふく》まれているから，このシートには，緑色と青色の光だけでなく，赤色以外のさまざまな色の光が吸収された。

(2)　緑色のシートは緑以外の色の光を吸収し，赤色のシートは赤以外の色の光を吸収するので，両方のシートを重ねて太陽光を通過させるとすべての色の光が吸収されることになり，スクリーンには黒い影《かげ》だけが映る。

(3)　図１で，イエローは赤色の光と緑色の光を混ぜ合わせることでできる色である。図３で，ライトの中央部分がイエローっぽく見えたのは，３色の光のうち，青色の光だけが散乱してとどかなかったからと考えられる。したがって，３色のうち，青色の光が最も散乱しやすいとわかるので，(ア)が適切である。つぎに，図４で赤っぽく見えたのは，図３よりも光が水槽《すいそう》内を通過する距離《きょり》が長く，図３でとどいていた赤色の光と緑色の光のうち，緑色の光も散乱したためと考えられる。つまり，青色の光のつぎに，緑色の光が散乱しやすい。また，図３で観察したライトの光のうち中央部分以外は，ライトの光がまっすぐとどいた中央部分よりも，光が進む距離が長い。したがって，青色の光だけでなく，緑色の光も散乱してしまっている可能性があり，赤っぽく見えると予想されるので，(オ)も選べる。

(4)　①　図１から，赤色の光と青色の光が重なると，マゼンタ（赤紫《むらさき》）になる。　②　青色の光は赤色の光より散乱しやすいので，ライトから近い面Ｙ側の水は青っぽく光り，ライトから遠い面Ｚ側は赤っぽく光る。

(5)　①　太陽の高度が高いとき，大気の層に対して直角に近い角度で太陽光がとどくため，太陽光が大気を通過する距離は短くなる。　②　夕方頃《ごろ》は太陽高度が低く，太陽光が大気を通過する距離が長くなり，一番散乱しにくい赤色の光が多くとどく。

2　魚のからだのつくりとはたらきについての問題

(1)　ひれの形と枚数や，体の形などから，(ア)はサケ，(イ)はアジ，(ウ)はタイ，(エ)はコノシロなどのなかまとわかる。

(2)　サケは，冬に川底にうみつけられた卵からふ化すると，成長しながら川を下って海に出る。このあと，海で３～５年ほど生活し，生まれた川にもどって産卵して一生を終える。したがって，(イ)が正しく，(ウ)はまちがい。なお，「数の子」はニシンの卵の塩づけのことなので，(ア)はあてはまらない。また，サケの成体は北太平洋の広い範囲《はんい》を回遊するので，(エ)も適当ではない。

⑶　４位のエビは節足動物，７位のイカは軟体《なんたい》動物なので，魚ではない。なお，ネギトロは切ったネギとマグロのトロを混ぜたもの，えんがわはカレイやヒラメなどの背びれや尻《しり》びれのつけ根の筋肉，イクラはサケの卵のことである。

⑷　①　マグロの背びれは２種類あり，丸で囲まれている第１背びれを体の溝《みぞ》に収めることで水の抵抗《ていこう》を減らし，高速で泳ぐことができる。このひれには，出すことでブレーキをかけたり，進行方向を変えたりする役割がある。　②　マグロの体を線Ｘの位置で切った断面は，下の腹側に内臓が入っている場所があり，からだの中央を背骨が通っている。

⑸　赤色の筋肉は白色の筋肉よりも酸素を多く含んでいることから，長時間の運動に適している。このような筋肉は，長距離を泳ぐマグロやカツオなどの回遊魚によく見られる。

⑹　①　神経を伝わる電気信号は，BC間の，70－10＝60(mm)を，0.0055－0.0035＝0.0020(秒)で伝わる。よって，電気信号が伝わる速さは秒速，60÷0.0020＝30000(mm)とわかる。　②　Ａに刺激《しげき》が伝わってから筋肉が収縮するまでにも時間がかかることに注意する。①より，電気信号がBD間の，130－10＝120(mm)を伝わるのに必要な時間は，120÷30000＝0.0040(秒)である。したがって，Ｄを刺激してから筋肉が収縮するまでにかかる時間は，0.0035＋0.0040＝0.0075(秒)と求められる。

3　メスシリンダーの使い方についての問題

⑴　図１の器具はメスシリンダーである。円筒《えんとう》形の細長い容器で，等間隔《かく》にめもりがついていて，液体の体積を量ることに用いられる。

⑵　①　メスシリンダーには広い底板と注ぎ口があり，水平になっているしっかりと安定した台の上に置いて使用する。　②　メスシリンダーは，目の高さを液面と同じにして，液面の最も低い部分を，最小めもりの10分の１まで目分量で読み取る。

⑶　実験後に残っていた食塩水0.1cm^3に溶《と》けている食塩の重さに対する，２回すすいだ後に残る水溶《よう》液0.1cm^3に溶けている食塩の重さの割合を考える。(ア)は，$\frac{0.1}{1.1}\times\frac{0.1}{9.1}=\frac{1}{1001}$(倍)，(イ)は，$\frac{0.1}{3.1}\times\frac{0.1}{7.1}=\frac{1}{2201}$(倍)，(ウ)は，$\frac{0.1}{5.1}\times\frac{0.1}{5.1}=\frac{1}{2601}$(倍)となり，(ウ)がすすぎの効果が最も高いといえる。なお，(エ)は(イ)と，(オ)は(ア)と効果は同じである。

⑷　実験器具Ａの断面積は，$\frac{24}{2}\times\frac{24}{2}\times3.14=452.16$($mm^2$)なので，入れすぎた，31－30＝１($cm^3$)の液体の高さは，１×1000÷452.16＝2.21…より，2.2mmと求められる。

⑸　④　実験器具Ｂの内側の断面積は実験器具Ａより大きいので，１cm^3分の液体の高さは実験器具Ａよりも低くなる。　⑤　液体の体積が少しだけちがうとき，断面の面積が小さい実験器具Ａの方が液面の高さの差が大きくなるので，水面の高さをめもりに合わせたときの誤差が小さくなる。

⑹　⑸で述べたように，より正確に液体の体積を量りたいときは，めもりがついている部分の断面積が小さい容器を用いればよい。ただし，実験器具Ａを細長くしただけでは50mm^3のめもりの高さが高くなってしまうので，解答の図のように，下の部分を大きくすることでたくさんの液体が入るようにして，めもりのついている部分だけ細くする。なお，このような容器にメスフラスコとよばれるものがある。

4　大地の変化と火成岩についての問題

⑴　図１から，断層面に対して上にある方が持ち上がっているので，両側からおす力がはたらいて

できる逆断層とわかる。

(2)　玄武《げんぶ》岩とはんれい岩はどちらも火成岩で，同じように黒っぽい色をしていて，含まれている鉱物の割合がほぼ同じになっている。玄武岩は地表近くで急に冷やされてできた火山岩，はんれい岩は地下深くでゆっくり冷やされてできた深成岩で，図３や図４のように，鉱物の粒《つぶ》の大きさにちがいが見られる。

(3)　①　玄武岩はマグマが地表や地下の浅いところで冷えてできたので，ここでは流れ出したマグマが冷えたと考えられる。　②　マグマが急に冷えて固まると，含まれている鉱物の多くが大きな結晶《けっしょう》になりきれず，細かな粒になる。　③　マグマなど液体状のものが冷えて固体になると，ふつう体積が小さくなる。　④　マグマが固まって体積が小さくなるときにできた割れ目によって，規則正しくならんだ六角形の柱状の岩石ができる。これが河川のはたらきで侵食《しんしょく》されて現れたのが，玄武洞《どう》である。

(4)　地球上では方位磁針のＮ極が北をさすことから，北極側は磁石のＳ極となっていると考えられる。

(5)　磁石に引きつけられる鉱物には，鉄，ニッケル，コバルトがある。アルミニウム，ナトリウム，カルシウムは金属であるが磁石にはつかない。

(6)　現在は，北極付近がＳ極，南極付近がＮ極になっているが，長い地球の歴史のなかで，磁極の向きは何度も逆転していることがわかっている。千葉県市原市で発見された地層には，これまでで最も新しい地磁気逆転の証拠《しょうこ》がよくわかる形で残されていたため，その地名にちなんで，約77.4万年前～約12.9万年前までにあたる地質年代を「チバニアン」とよぶことになった。

国語　＜第２回試験＞（50分）＜満点：100点＞

解答

一 **問１**　**イ**　ぞうごん　**ロ～ニ**　下記を参照のこと。　**問２**　**Ａ**　ウ　**Ｂ**　ア　**Ｃ**　オ　**Ｄ**　イ　**問３**　明確な序列関係が存在しない　**問４**　権力者　**問５**　イ　**問６**　（例）　物理的暴力を使わずに権力者が生まれるのを防ぐ役割。　二 **問１**　下記を参照のこと。　**問２**　イ　**問３**　目　**問４**　ウ　**問５**　ウ　**問６**　客　**問７**　（例）　都会は，希薄な人間関係を好む人もいれば，情を押しつけるような会話を求める人もいるといった，さまざまな価値観の人が存在する所だということ。

●漢字の書き取り

一 **問１**　**ロ**　検討　**ハ**　困惑　**ニ**　頻繁　二 **問１**　**イ**　循環　**ロ**　緊張　**ハ**　響(き)　**ニ**　洗礼

解説

一 **出典：和泉悠《いずみゆう》『悪口ってなんだろう』**。カラハリ砂漠《さばく》に暮らす狩猟《しゅりょう》採集民のサン人の集団で「悪口」が多用される意義を，カナダの人類学者が体験した出来事《できごと》を紹介《しょうかい》しつつ説明する。

問１　**イ**　「罵詈《ばり》雑言」は，口汚い言葉を並べ立ててののしること。その言葉。　**ロ**　「検討」は，さまざまな面からよく調べ，それでいいかどうか考えること。　**ハ**　「困惑」は，どうしてよいか分からず困ること。　**ニ**「頻繁」は，くりかえし行われるようす。次々に起こるようす。

問２　**Ａ**「一箇所《いっかしょ》に定住」しないで「移動する」のだから，ある期間をおいて行われるようすのウの「定期的」が入る。　**Ｂ**　同じ段落で，「明確な序列関係が存在しない」という狩猟採集民族の特徴を指摘している。明らかな権力関係がないので，はっきりしたようすのアの「明示的」がよい。　**Ｃ**　コミュニティの習慣を破った人への介入には，まず「揶揄《やゆ》や冗談《じょうだん》」，「ののしりのことば」を使う。言葉が効かない場合の手段は無視や一時的追放なので，オの「強行的」が適する。「強行的」は，強引にするようす。　**Ｄ**　最終的な手段「暴力や殺害」は，直接身体にダメージを与えるのでイの「物理的」が合う。最後の文に「物理的暴力」とあるのも判断材料になる。

問３　次の段落で「狩猟採集民族の特徴のひとつ」に「明確な序列関係が存在しない」ことがあげられている。

問４　「大物《ビッグ・マン》」は「力を持った人物」のこと。後の方で「大物，すなわち権力者」と言いかえられている。

問５　サン人たちは，大きな獲物《えもの》をとって調子に乗る人を「いさめるため」に悪口を言う。獲物を小馬鹿《こばか》にして傲慢《ごうまん》さを牽制《けんせい》し，「穏《おだ》やかな人間にする」のが目的だから，重要なのは「謙虚」ということである。「謙虚」は，つつましいこと。

問６　カナダの人類学者によれば，「大物」ぶる人間を「穏やかな人間」にし，「権力者」が生まれるのを防ぐための手段として，サン人は「悪口」を使う。また，コミュニティで「大きく和を乱す」人に対しては，揶揄やののしりで介入し，言葉が効かない場合に「暴力や殺害」も行う。これを最後の一文で，「ことばによる攻撃は，物理的暴力にうったえるもっともっと前段階に使われ，コミュニティの中で権力者が生じないために用いられる」とまとめている。要点は，「権力者」を生まないこと，そのさい「物理的暴力」を使わないことである。

二　**出典：森絵都《もりえと》「コンビニの母」（『できない相談―piece of resistance』所収）**。和也《かずや》がよく利用する都心のコンビニのレジに，過剰《かじょう》に干渉《かんしょう》してくる「押しかけ母さん」的な福平《ふくひら》さんが立ったことで，店に起きた変化が描かれている。

問１　**イ**　「循環」は，ひとまわりして元に戻り，それを繰り返すこと。　**ロ**「緊張」は，雰囲気が悪くなり，よくないことが起こりそうな状態のこと。　**ハ**　音読みは「キョウ」で，「音響」などの熟語がある。　**ニ**「洗礼」は，あることについて初めての経験をして大きな影響を受けること。または，災難をこうむること。

問２　レジ係はめまぐるしく入れ替《か》わり，辞《や》めても増えてもふつうは気づかれない。ところが，福平さんは強烈《きょうれつ》なキャラクターで「これでもか，これでもか」とコミュニケーションを押しつけてくるのだから，「突然《とつぜん》変異」が適する。「突然変異」は，生物に親の系統ではない新しい形質が突然生じ，それが遺伝する現象。比喩的《ひゆてき》に，思いもよらない大きな変化が突然起きることを表す。「神《しん》出鬼没《しゅつきぼつ》」は，人をこえた鬼神かと思えるほど自由自在に現れたり消えたりすること。「一期一会《いちごいちえ》」は，茶道の心得を表し，一生に一度の出会いのこと。「天変地異」は，自然界に起こる災害や異変。

問３　「目が泳ぐ」は，“不安，あせり，動揺《どうよう》，後ろめたさなどで，視点が定まらずに揺《ゆ》れ動く”という意味。「無機的」な対応がふつうのコンビニのレジ係から，強烈なコミュニケーションを押しつけられた人々が「動揺している」のである。

問４　「四，五分」は，別のコンビニまでの時間である。福平さんから強烈なコミュニケーションの押しつけを浴びるより，四，五分歩く方が「エネルギー」を消耗《しょうもう》しないということなので，ウが合う。

問５　「閑古鳥《かんこどり》が鳴く」は，“店が流行っていない”，“店に客の訪れがなくさびれている”という意味。山里にカッコウ(閑古鳥)の鳴き声が響く静かな情景から出た言葉。

問６　「コンビニの母」は，「母さん的な情」をこめてコミュニケーションを押しつけてくる福平さんだから，「子」は福平さんに「情」を押しつけられる「客」である。

問７　情を押しつける福平さんのトークを求め，「白髪の面々」がレジに並ぶようすに，和也が感じたことである。「都会」の人は「希薄《きはく》な人間関係」を求めるという和也の思いこみがくつがえったのだから，「都会には，押しつけがましいコミュニケーションを求めて福平さんのレジに並ぶ年寄り，それをわずらわしく思う和也のような者など，多様な人がいること」のようにまとめる。

Dr.福井の

入試に勝つ！脳とからだのウルトラ科学

試験場でアガらない秘けつ

キミたちの多くは，今まで何度か模擬試験（たとえば合不合判定テストや首都圏模試）を受けていて，大勢のライバルに囲まれながらテストを受ける雰囲気を味わっているだろう。しかし，模擬試験と本番とでは雰囲気がまったくちがう。そういうところでも緊張しない性格ならば問題ないが，入試独特の雰囲気に飲みこまれてアガってしまうと，実力を出せなくなってしまう。

試験場でアガらないためには，試験を突破するぞという意気ごみを持つこと。つまり，気合いを入れることだ。たとえば，中学の校門前にはあちこちの塾の先生が激励《げきれい》のために立っている。もし，キミが通った塾の先生を見つけたら，「がんばります！」とあいさつをしよう。そうすれば先生は必ずはげましてくれる。これだけでもかなり気合いが入るはずだ。ちなみに，ヤル気が出るのは，TRHホルモンという物質の作用によるもので，十分な睡眠をとる，運動する（特に歩く），ガムをかむことなどで出されやすい。

試験開始の直前になってもアガっているときは，腹式呼吸が効果的だ。目を閉じ，おなかをふくらませるようにしながら，ゆっくりと大きく息を吸う。ここでは「ゆっくり」「大きく」がポイントだ。そして，ゆっくりと息をはく。これをくり返し何回も行うと，ノルアドレナリンという悪いホルモンが減っていくので，アガりを解消することができる。

よく「手のひらに“人”の字を書いて飲みこむことを3回行う」とアガらないというが，そのようなおまじないを信じて実行し，自分に暗示をかけてもいいだろう。要は，入試に対するさまざまな不安な気持ちを消し去って，試験に集中できるようなくふうをこらせばいいのだ。

Dr.福井（福井《ふくい》一成《かずしげ》）…医学博士。開成中・高から東大・文Ⅱに入学後，再受験して翌年東大・理Ⅲに合格。同大医学部卒。さまざまな勉強法や脳科学に関する著書多数。

2023
年度

立教新座中学校

【算　数】〈第１回試験〉（50分）〈満点：100点〉

注意　１．答はできるだけ簡単にしなさい。また，円周率は，3.14を用いなさい。

２．直定規，コンパスをかしたり，かりたりしてはいけません。

３．三角定規，分度器，計算機の使用はいけません。

1　以下の問いに答えなさい。

(1)　次の計算をしなさい。

$$11\frac{6}{7}\div\left\{\left(3\frac{1}{2}-\frac{1}{5}\right)\times2\frac{1}{3}+1.875+1\frac{1}{2}\div1\frac{7}{8}\right\}$$

(2)　太郎君が１人ですると21分，次郎君が１人ですると15分かかる仕事があります。次の問いに答えなさい。

①　この仕事を太郎君と次郎君の２人で同時にすると，何分何秒かかりますか。

②　この仕事を太郎君が１人で始めて，途中から次郎君も加わって２人で同時に仕事をしたところ，太郎君が仕事を始めてから15分24秒で終わりました。太郎君が１人で仕事をしたのは何分何秒ですか。

(3)　144個のビー玉をA，B，C，D，Eの５つの箱に入れたところ，以下のようになりました。

・　A，B，Cの箱に入っているビー玉の個数は合わせて48個でした。

・　C，D，Eの箱に入っているビー玉の個数は合わせて117個でした。

・　Dの箱に入っているビー玉の個数からBの箱に入っているビー玉の個数をひくと，Aの箱に入っているビー玉の個数の２倍になりました。

・　Eの箱に入っているビー玉の個数からAの箱に入っているビー玉の個数をひくと，Bの箱に入っているビー玉の個数の３倍になりました。

次の問いに答えなさい。

①　Cの箱に入っているビー玉の個数を求めなさい。

②　Eの箱に入っているビー玉の個数を求めなさい。

(4)　右の図１のように，正方形ABCDの辺BC上に点P，辺CD上に点Qをとり，三角形APQをつくりました。角xは何度ですか。

(5)　右の図２のような平行四辺形ABCDを，２点A，Cを通る直線lの周りに１回転させたときにできる立体の体積と表面積を求めなさい。ただし，円すいの体積は(底面積)×(高さ)÷３で求めるものとします。

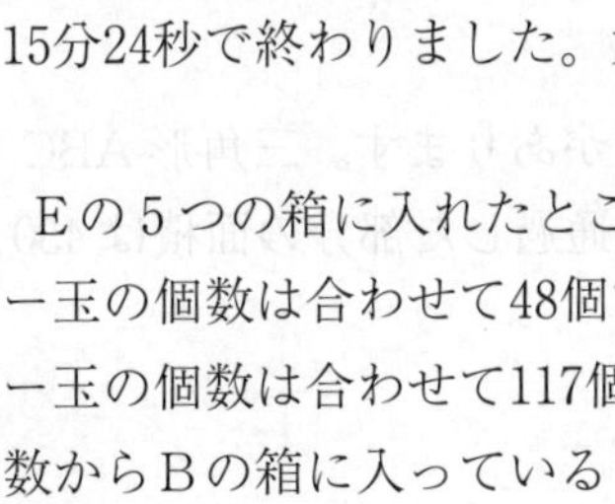

図１

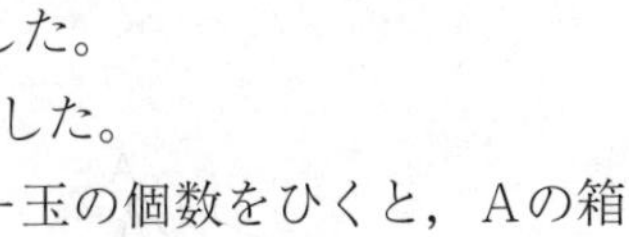

図２

(6)　１から100までの整数のうち，２の倍数または７の倍数である数について，次の問いに答えなさい。

①　８の倍数でないものは何個ありますか。

②　Aの倍数でないものは56個ありました。Aにあてはまる整数は何通りありますか。

2　ある工場で製品を1000個作りました。製品を作るのに１個あたり120円の費用がかかります。この製品に費用の25％の利益を見込んだ定価をつけました。この製品を定価で売り始めましたが，売れ残りそうだったので途中から定価の１割引きで売りました。その結果，製品1000個はすべて売り切れ，売り上げは148200円でした。次の問いに答えなさい。

(1)　定価で売った製品は何個ですか。

売り切った製品1000個のうち，不良品の申し出が８個分ありました。その８個分の不良品に対して買うときに支払われた代金を返金した結果，利益は27045円になりました。

(2)　不良品の申し出があった８個分のうち，定価で売った製品は何個ですか。

さらに不良品の申し出が何個分かありました。その申し出があったすべての不良品に対して買うときに支払われた代金を返金した結果，利益は25755円になり，それからは不良品の申し出はありませんでした。

(3)　売り切った製品1000個のうち，不良品の申し出があったのは全部で何個分ですか。

3　図のような三角形ABCがあります。三角形ABCを点Aを中心に時計回りに90°回転させたところ，三角形ABCが通過した部分の面積は430.185 cm^2 でした。以下の問いに答えなさい。

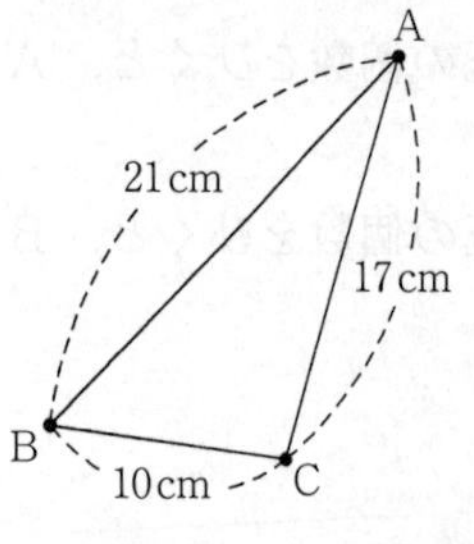

(1)　三角形ABCの面積を求めなさい。

(2)　三角形ABCを点Bを中心に時計回りに60°回転させました。辺ACが通過した部分の面積と辺BCが通過した部分の面積の和を求めなさい。

(3)　三角形ABCを点Cを中心に360°回転させました。辺ABが通過した部分の面積を求めなさい。

4　次のページの図１のような展開図を組み立てて立体をつくります。図２のように，点Oの位置には床《ゆか》と垂直な壁《かべ》があり，点Pの位置には床と垂直になるようにまっすぐな棒を立て，４点P，B，C，Oが一直線上になるように組み立てた立体を床の上に置きます。棒の先に電球があり，棒の長さが変わるとき，以下の問いに答えなさい。ただし，床は平らで，電球の大きさは考えないものとします。

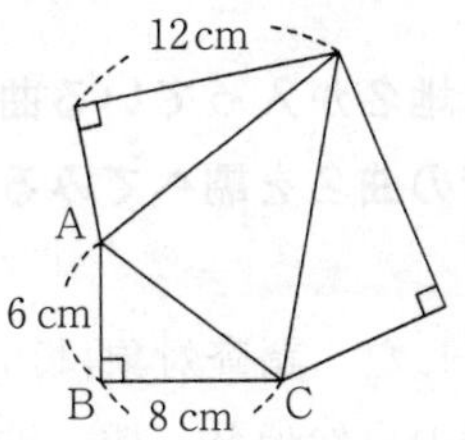

図1

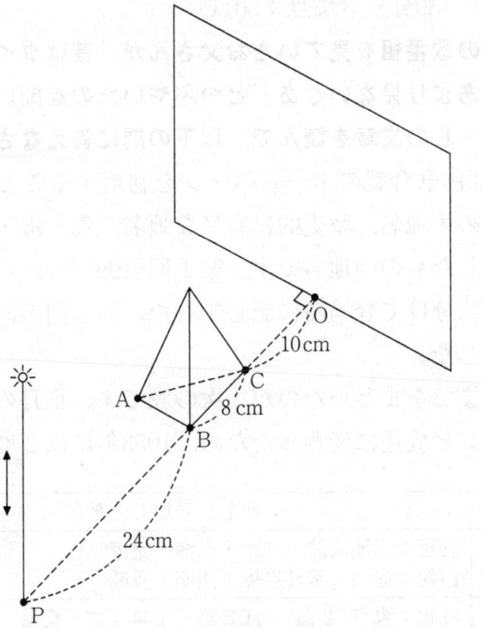

図2

(1) 図1の展開図を組み立ててできる立体の体積を求めなさい。ただし，三角すいの体積は(底面積)×(高さ)÷3で求めるものとします。

(2) 棒の長さを28cmにしたとき，床にできる影《かげ》の面積を求めなさい。

(3) 棒の長さを28cmから伸《の》ばしていったところ，ある長さのところで床の影がちょうどなくなりました。このときの棒の長さを求めなさい。

(4) 棒の長さを24cmにしたとき，壁にできる影の面積を求めなさい。

5 Nは4桁《けた》の整数です。Nを各位の数の和でわった商をA，あまりをBとします。

例えば，

・ Nが5633のとき，$5633 \div (5+6+3+3) = 331$ あまり6となり，

Aは331，Bは6

・ Nが2023のとき，$2023 \div (2+0+2+3) = 289$ あまり0となり，

Aは289，Bは0

となります。次の問いに答えなさい。

(1) Aが最も大きくなるようなNは全部で何個ありますか。

(2) Aが2番目に大きくなるようなNを求めなさい。

(3) Aが99となるようなNのうち，最も小さいNを求めなさい。

(4) Aが99，Bが0となるようなNを求めなさい。

(5) Aが100となるようなNは全部で何個ありますか。

【社　会】〈第１回試験〉（30分）〈満点：50点〉

Ⅰ　太郎君は，テレビの歌番組を見ていたお父さんが「昔はタイトルに地名が入っている曲が多かったのに，最近はあまり見ないなあ」とつぶやいたのを聞いて，昔の曲名を調べてみることにしました。次のＡ～Ｅの文章を読んで，以下の問に答えなさい。

Ａ．太郎君は，NHK 紅白歌合戦のホームページを利用することにしました。調査対象は，国名などの行政区域をしめす地名，歴史的に有名な地名，島・海・川などの自然地名，橋・鉱山・鉄道など人が生み出したものの地名です。第１回(1951年)から第72回(2021年)までに登場した地名を，紅組と白組に分けて登場順に記しました。同じ回の同じ組に複数回登場した地名は，その曲数をしめしました。

第１回から第５回までをまとめたのが，次の表です。正月のラジオ番組として始まった後，第４回から年末のテレビ放送に変わったため，1953年には２度も行われたことがわかりました。

回数	年	出場組数	曲名に登場した地名
1	1951	紅組７ 白組７	紅組：三池炭鉱・リオ・上海・桑港 白組：赤城・常磐炭鉱・銀座・長崎
2	1952	紅組12 白組12	紅組：東京（２曲）・江の島・モロッコ・桑港 白組：上州・愛染橋・上海・アルプス・ダコタ
3	1953	紅組12 白組12	紅組：東京・祇園 白組：東京（２曲）・長崎
4	1953	紅組17 白組17	紅組：東京（２曲）・佐渡ヶ島・モンテンルパ 白組：ロンドン・長崎・東京
5	1954	紅組15 白組15	紅組：ウスクダラ・スペイン・松島・東京 白組：セントルイス・ケンタッキー・数寄屋橋・長崎・石狩

問１　第１回には，「三池炭鉱」や「常磐炭鉱」が登場しました。日本の石炭産出量は，終戦直後に一度減りましたが，1951年にはその時期の２倍以上にまで回復しました。しかし，1960年代以降は，主要燃料が石炭から石油へ急速に移っていきました。炭鉱の経営が悪化する原因ともなった，こうした主要燃料の移り変わりのことを何といいますか，答えなさい。

問２　第１回と第２回に登場する「桑港」とは，サンフランシスコのことです。サンフランシスコの緯度(北緯37.6度)に最も近い日本の都市はどこですか，以下より選び，番号で答えなさい。

①　札幌　　②　秋田　　③　福島　　④　東京　　⑤　和歌山

Ｂ．第72回までの表を作り終えた太郎君は，曲名に用いられた都市としては東京が最も多く，「トーキョー」や「TOKIO」などの表記も含めると，50回近くも登場したことに気づきました。また，銀座，六本木，赤坂，池袋，新宿といった東京都内の地名がたくさん登場するものの，太郎君が住んでいる天王洲や台場など，東京湾に接するウォーターフロントの地名は，ひとつもありませんでした。一方で，家族旅行で訪れた八丈島の名前を見つけたときは，きれいな海を思い出してうれしくなりました。

問３　かつての東京湾では，現在の大田区を中心に，のり類の養殖が盛んに行われ，日本一の生産量をほこっていました。しかし，周辺の埋《う》め立て開発などを理由に，東京湾ではのり類の養殖が激減しました。2020年現在，のり類の養殖生産量が最も多い道県はどこですか，以下より選び，番号で答えなさい。

① 北海道　② 青森県　③ 愛媛県　④ 広島県　⑤ 佐賀県

問４　東京都には，八丈島が属する伊豆諸島や，小笠原諸島があります。これらの島しょ部には火山島が多く，2013年から2016年まで続いた激しい噴火活動により，その約３年間で面積を約９倍に広げたある島も，そのひとつに挙げられます。ある島とはどこですか，答えなさい。

C．東京以外の地名を探すと，津軽の登場回数が多いことに気づきました。初めて登場した1975年以降,「津軽平野」や「津軽海峡」を含めて，25回も用いられていました。その形から津軽富士と呼ばれる岩木山も，2015年に登場しています。

また，北海道内の地名も多く，襟裳岬，愛冠岬，宗谷，納沙布，サロマ湖，支笏湖，知床，小樽，釧路などを見つけることができました。

問５　次の文章は，津軽平野に位置する，ある都市について述べたものです。文章中の空欄に共通して入る地名は何ですか，答えなさい。

> 古くから城下町として発展してきた□市は，人口約17万人をかかえる津軽平野の中心都市です。国の重要文化財に指定されている□城の天守は，石垣の修理や耐震《たいしん》補強工事を行うため，現在，約70メートル横に移されています。また，市内には複数の大学があり，学園都市としても栄えています。

問６　1988年まで，津軽海峡を渡るには鉄道連絡船が利用されていましたが，現在は海底トンネルがその役割を引きついでいます。日本には，この場所以外にも，本州から他の島へ鉄道を通すために海底トンネルを設けた海峡があります。それはどこですか，以下より選び，番号で答えなさい。

① 鳴門海峡
② 明石海峡
③ 対馬海峡
④ 関門海峡
⑤ 大隅海峡

問７　「○○富士」という別名で呼ばれる山は，日本の各地にあります。山の名前とその別名の組み合わせとして適当でないものはどれですか，以下より選び，番号で答えなさい。

① 開聞岳－薩摩富士
② 鳥海山－出羽富士
③ 北岳－甲斐富士
④ 磐梯山－会津富士
⑤ 羊蹄山－蝦夷富士
⑥ 大山－伯耆富士

問８　右の地図は，北海道の地形をしめしたものです。襟裳岬，宗谷岬，納沙布岬の位置は，地図中のア～エのうちどれですか。その組み合わせとして正しいものを，以下より選び，番号で答えなさい。

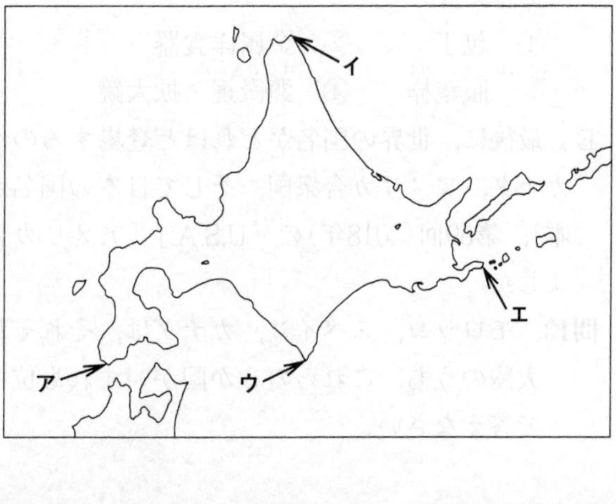

	襟裳岬	宗谷岬	納沙布岬
①	ア	イ	ウ
②	ア	イ	エ
③	ア	ウ	エ
④	イ	ウ	ア
⑤	イ	ア	エ
⑥	イ	エ	ウ
⑦	ウ	ア	エ
⑧	ウ	イ	ア
⑨	ウ	イ	エ

問９　北海道には，「愛冠」や「納沙布」など，日本の他の地域には見られない地名が多くあります。北海道にこうした地名が多く見られるのはなぜですか，その理由を説明しなさい。

D．今度は，自然地名に注目しました。山の名前はあまり見当たりませんでしたが，石狩川，千曲川，長良川，北上川，四万十川，加茂川，隅田川，九頭竜川，神田川など，川の名前をいくつか見つけることができました。

問10　長良川は，木曽川や揖斐川とともに濃尾平野を流れています。木曽川の上流は，木曽山脈と[　　　]山脈の間に位置しています。この空欄に入る地名は何ですか，答えなさい。

問11　国土交通省では，川の水系ごとに統計を取っています。例えば，石狩川は石狩川水系，北上川は北上川水系，千曲川は信濃川水系，長良川は木曽川水系，四万十川は渡川水系，隅田川は荒川水系に入ります。右の表は，その６つの水系のデータをしめしたものです。北上川水系はどれですか，右より選び，番号で答えなさい。なお，表中の「幹川流路延長」とは，水系の中心となる川の長さのことをいいます。

水系名	流域面積	幹川流路延長	流域内総人口
木曽川水系	9,100km²	木曽川　229km 長良川　166km 揖斐川　121km	192.8万人
①	2,186km²	196km	9.1万人
②	14,330km²	268km	256.9万人
③	2,940km²	173km	1019.5万人
④	10,150km²	249km	131.4万人
⑤	11,900km²	367km	283.3万人

国土交通省ホームページより作成

問12　九頭竜川の河口に位置する県は，鯖江市を中心としてある工業製品の生産が有名です。全国の出荷額の95％(2019年)をしめている，この工業製品とは何ですか。以下より選び，番号で答えなさい。

①　包丁　　　②　金属洋食器
③　眼鏡枠《わく》　　④　顕微鏡《けんびきょう》・拡大鏡

E．最後に，世界の国名がどれほど登場するのかを確認しました。すると，モロッコ，スペイン，カナダ，アメリカ合衆国，そして日本の国名がありました。第68回(2017年)の「JAPAN」〔日本〕，第69回(2018年)の「U.S.A.」〔アメリカ合衆国〕のように，英語で表記される例も見られました。

問13　モロッコ，スペイン，カナダは，それぞれ別の大陸に位置する国です。世界にある６つの大陸のうち，これらの３か国がいずれも位置しない大陸はどれですか。以下より選び，番号で答えなさい。

① ユーラシア大陸　② 北アメリカ大陸

③ 南アメリカ大陸　④ アフリカ大陸

問14 次の4つの表は，1960年，1980年，2000年，2020年の日本から見たアメリカ合衆国との貿易品目を，その年の輸出・輸入金額にしめる割合が高いものからしめしたものです。1980年の表を参考に，①～③の表が古いものから順に並ぶように，解答欄の形式に合わせて番号で答えなさい。

1980年

輸出品目	割合	輸入品目	割合
自動車	32.3%	機械類	14.4%
機械類	27.1%	木材	8.9%
鉄鋼	8.6%	とうもろこし	7.4%
精密機械	5.4%	石炭	6.5%
二輪自動車	3.8%	大豆	5.1%
金属製品	2.9%	航空機	3.6%
鉄道用車両	1.3%	小麦	2.9%

①

輸出品目	割合	輸入品目	割合
機械類	45.1%	機械類	38.2%
自動車	22.9%	肉類	4.8%
精密機械	5.7%	精密機械	4.8%
自動車部品	5.3%	たばこ	3.5%
金属製品	1.3%	航空機	3.4%
二輪自動車	1.2%	とうもろこし	2.5%
有機化合物	1.2%	魚介類	2.1%

②

輸出品目	割合	輸入品目	割合
機械類	36.8%	機械類	25.8%
自動車	27.5%	医薬品	7.6%
自動車部品	5.5%	肉類	5.5%
科学光学機器	2.4%	科学光学機器	5.3%
航空機部品	2.2%	液化石油ガス	3.9%
医薬品	2.1%	航空機類	3.6%
金属製品	1.6%	有機化合物	3.5%

③

輸出品目	割合	輸入品目	割合
衣類	10.8%	綿花	13.9%
鉄鋼	6.6%	機械類	12.0%
トランジスターラジオ	6.4%	鉄鋼くず	10.1%
金属製品	6.3%	大豆	6.7%
魚介類	5.3%	石炭	5.9%
がん具	5.0%	石油製品	4.1%
はき物	4.5%	小麦	4.1%

以下の資料より作成
『1982年版　日本国勢図会』(矢野恒太記念会，1982年)
『数字でみる　日本の100年　改訂第2版』(矢野恒太記念会，1986年)
『日本国勢図会 2002/03年版』(矢野恒太記念会，2002年)
『日本国勢図会 2022/23』(矢野恒太記念会，2022年)

Ⅱ　栃木県足利市にある足利学校は，中世には「坂東の大学」としても知られた教育施設です。足利学校に関する，以下の問に答えなさい。

問1 足利学校がどのようにつくられたかは，伝説も含めていくつかの説があります。そのひとつに，小野篁《たかむら》によってつくられたとする伝説があります。小野篁は，遣唐使に任命されたものの，それを拒否した人物としても知られています。遣唐使の説明として誤っているものを，以下より選び，番号で答えなさい。

① 第1回の遣唐使には，遣隋使としても派遣されたことがある，犬上御田鍬が長官として派遣されました。

② 遣唐使の航路は，当初は朝鮮半島を経由する北路でしたが，朝鮮半島の新羅との関係が悪化したことから，のちに東シナ海を横断する南路となりました。

③ 遣唐使として渡った藤原清河や阿倍仲麻呂は，帰国後，聖武天皇の下で政治家として活躍しました。

④ 鑑真は，遣唐使として渡った栄叡《ようえい》や普照《ふしょう》の願いを受けて，失敗をくり返しながらも日本へ渡り，戒律《かいりつ》を伝えました。

⑤　桓武天皇によって遣唐使として派遣された最澄や空海は，唐から新しい仏教をもたらし，日本の仏教に影響を与えました。

問２　足利学校の創設者として最も有力な人物は，足利義兼です。足利義兼の妻の姉は，「尼将軍」として承久の乱で重要な役割を果たした人物です。この姉妹の父にあたる鎌倉幕府の執権は誰《だれ》ですか，答えなさい。

問３　足利学校は，上杉憲実によって1439年から再興が進みました。上杉憲実は，関東を支配する人物を関東管領として補佐しました。室町時代に関東を支配した役職を何といいますか，以下より選び，番号で答えなさい。

①　六波羅探題　　②　鎌倉公方　　③　鎮守府
④　関東郡代　　⑤　侍所別当

問４　1509年，歌人の宗長が足利学校を訪れたことが，著書『東路の津登』に記されています。この宗長や師の宗祇によって確立された，多くの人が交互《こうご》に歌をよんで作品をつくりあげていくかたちを何といいますか，答えなさい。

問５　1590年，豊臣秀吉によって関東が征服《せいふく》されると，足利学校の書籍《しょせき》は，豊臣秀次によって持ち去られそうになりました。豊臣秀次は，この後に豊臣秀吉から天皇を補佐する役職を引き継ぎます。この役職とは何ですか，答えなさい。

問６　江戸時代になると，徳川家康によって足利学校は復興します。そのため，徳川家康ゆかりの人物も足利学校を訪ねています。それをふまえて，足利学校を訪ねた徳川家康ゆかりの人物に関する，次の問に答えなさい。

(1)　徳川家康の子である徳川義直は，御三家のひとつとなる尾張藩の初代藩主となった人物です。尾張藩以外で御三家にふくまれる藩はどれですか，以下より２つ選び，番号で答えなさい。

①　水戸藩　　②　越前藩　　③　会津藩　　④　甲府藩　　⑤　紀州藩

(2)　林羅山は，儒学の一派を幕府の公式学問として位置づけた人物です。主従関係や親子関係を重視する，この学問を何といいますか，答えなさい。

問７　江戸時代には，多くの文化人が足利学校を訪ねたことが記録されています。それをふまえて，足利学校を訪ねた文化人に関する，次の問に答えなさい。

(1)　蒲生《がもう》君平《くんぺい》は，天皇陵を調査したことでも知られています。蒲生君平は，著書『山陵志』で，古墳の形から前方後円墳という名前をつけたとされています。日本各地にある古墳のうち，現在は前方後円墳の形で残っていないものはどれですか，以下より選び，番号で答えなさい。

①　石舞台古墳　　②　稲荷山古墳　　③　大山古墳
④　箸墓古墳　　⑤　誉田御廟山古墳

(2)　渡辺崋山は，画家として知られるとともに，三河田原藩の重臣でもありました。渡辺崋山は，幕府の対外政策を批判したとして，奥州水沢の医者とともに処罰《しょばつ》されます。この医者とは誰ですか，答えなさい。

(3)　幕末の思想家である吉田松陰や，その弟子の高杉晋作も，足利学校に立ち寄っています
吉田松陰が指導し，高杉晋作が学んだ山口県の教育施設を何といいますか，答えなさい。

問８　明治・大正時代になり，足利学校は教育施設としての役割を終えますが，遺跡として多く

の人物が引き続き訪れました。それをふまえて，足利学校を訪れた政治家に関する，次の問に答えなさい。

(1) 大隈重信は，明治・大正時代の政治に大きな影響を与えた人物です。大隈重信に関する出来事が古いものから順に並ぶように，解答欄の形式に合わせて番号で答えなさい。

① 立憲改進党を結成する　② 中国に二十一カ条の要求をつきつける
③ 地租改正事業を進める　④ 日本初の政党内閣を組織する

(2) 井上馨は，初代外務大臣となった人物です。井上馨の行ったこととしては，「鹿鳴館外交」が知られています。この外交の説明として正しいものを，以下より選び，番号で答えなさい。

① 特定の国の人々を招待し，個別に条約改正交渉を行う。
② 多くの国の人々を招待し，いっせいに条約改正交渉を行う。
③ 日清戦争の講和条約交渉を相手国と行う。
④ 日露戦争の講和条約交渉を相手国と行う。
⑤ 韓国併合に関する交渉を周辺諸国と行う。

(3) 加藤高明は，第二次護憲運動の中心として活動し，選挙で勝利して内閣を組織した人物です。この内閣が選挙人の資格を変更した1925年に，ある国と国交が開かれています。ある国とはどこですか，当時の国名で答えなさい。

問９ 足利学校には，明治時代以降，多くの歴史研究者も訪れました。それをふまえて，足利学校を訪れた研究者に関する，次の問に答えなさい。

(1) 黒板勝美は，東大寺正倉院に残る古文書を整理したことでも知られる歴史研究者です。正倉院の宝物は，聖武天皇の皇后が聖武天皇の冥福《めいふく》を祈《いの》るために納めたものです。この皇后とは誰ですか，答えなさい。

(2) 辻善之助は，日本仏教史の研究者です。辻善之助は，日本の歴史上，寺院が今の市役所のような役割を果たしたある時代を，「仏教の堕落《だらく》した時代」と評価しています。ある時代とはいつのことですか，以下より選び，番号で答えなさい。

① 奈良時代　② 平安時代　③ 鎌倉時代
④ 室町時代　⑤ 江戸時代

問10 足利学校のある足利市内には，足尾鉱毒事件の原因となった川が流れています。この川は何ですか，答えなさい。

Ⅲ　次の新聞記事を読んで，以下の問に答えなさい。

英国ではエリザベス女王の死去とチャールズ３世国王の即位に伴《ともな》って，国歌の歌詞や(1)紙幣《しへい》，硬貨《こうか》のデザインなど，さまざまなものが変わる。

英国の各(2)メディアによると，一番わかりやすい例が，国歌「ゴッド・セーブ・ザ・クイーン」だ。歌詞の「クイーン」が「キング」に書き換《か》えられる。ただ，(3)数世代にわたり慣れ親しんできた歌であるだけに，「人々が新しいバージョンを歌えるようになるまでには時間がかかりそうだ」(ガーディアン紙)との見方がある。

紙幣，硬貨も変わる。現在，英国内では，エリザベス女王の肖像《しょうぞう》が描《えが》かれた銀行券約45億枚が流通しており，総額は800億ポンドに上る。英政府はこれをチャールズ３世国王の肖像画を描いた銀行券に置き換える予定だが，最低２年間の期間が必要とみられている。(4)英中央銀行は「女王の肖像が描かれた現行の紙幣は引き続き法定通貨である」とする声明を発表した。硬貨については，これまで王位継承によって一気に変更されたことはなく，時間をかけて置き換えられることになりそうだ。

警察署や海軍などで使用されているエリザベス女王の肖像が描かれた旗や，(5)国会議員の宣《せん》誓《せい》の文言なども変更される見通しだ。

またエリザベス女王は(6)旧植民地諸国を中心とした連合体・英連邦(コモンウェルス)の元首でもあった。(7)エリザベス女王の地位が憲法で定められている国では憲法の変更が必要となる。

出典：「英国：『皆《みな》さんに仕える』　英新国王が初演説」(『毎日新聞』2022年９月11日付朝刊)

問１　下線部(1)についてですが，日本において，紙幣を発行する量はどこが決めていますか。以下より選び，番号で答えなさい。

①　日本政府　　②　財務省　　③　内閣府　　④　日本銀行　　⑤　全国銀行協会

問２　下線部(2)についてですが，新聞やテレビは，代表的なマスメディアです。これらのマスメディアは，国の政治について，多くの情報を発信しています。これは，国民が，国家に対して情報の提供を求めたり，権力から干渉されずに政治に関する情報を受け取ったりすることのできる権利を行使するため，必要不可欠な役割だといわれます。この権利を何といいますか，答えなさい。

問３　下線部(3)についてですが，70年以上にわたって日本の人たちが慣れ親しんでいるものに，祝日があります。祝日は，1948年に制定された「国民の祝日に関する法律」によって定められています。それをふまえて，祝日や法律に関する，次の問に答えなさい。

(1)　日本の法律が公布されるまでの手続の説明として正しいものを，以下より選び，番号で答えなさい。

①　成立した法律は，そのときの首相の名において施行された後に公布されます。

②　法律案は，まず衆議院に送られて審議された後，参議院へ送られることになっています。

③　法律案は，まず委員会で審議された後，本会議へ送られることになっています。

④　衆議院と参議院のどちらかの議院で否決された法案は，ただちに廃案となります。

(2)　祝日でも消費者からの相談を受けつけられる場所として，国民生活センターがあります。自宅を訪問した販売《はんばい》人に商品の購入《こうにゅう》をせまられ，仕方なく購入契約を結ばされた消費者に対して，一定期間内であれば無条件でその契約を解除できる制度のことを何といいますか，カタカナで答えなさい。

問４　下線部(4)についてですが，通貨の説明として正しいものを，以下より選び，番号で答えなさい。

①　円安とは，１ポンド＝160円の交換比率が，１ポンド＝140円になった場合のことをいいます。

②　通貨の価値と物価の上昇には関連性があるので，通貨の価値が下がれば下がるほど，物価は上昇する傾向にあります。

③　日本を訪れるイギリスの旅行者にとっては，円高になった方が，その旅行費用を安くおさえることができます。

④　デフレーションは，社会に出回る通貨の量が増えすぎたときに起こる傾向にあります。

問５　下線部(5)についてですが，議会の構成や，そこで活動する議員の選び方などは，国によって様々な制度があります。それをふまえて，次の問に答えなさい。

(1)　法律案や予算案などを慎重《しんちょう》に審議し議決するため，国会には，衆議院(下院)だけでなく，参議院(上院)が置かれています。こうした法律や予算が成立するには，上院と下院の両方から賛成を得なければならないしくみを何といいますか，答えなさい。

(2)　日本の国会議員の説明として正しいものを，以下より選び，番号で答えなさい。

①　国会議員の被選挙権の年齢は，両院ともに満25歳以上と定められています。

②　国会議員以外の者が首相に就任する場合は，国会の指名に基づかなければなりません。

③　国会議員には，不逮捕《たいほ》特権があるため，議員を辞職するまで逮捕されることはありません。

④　国会議員は，裁判官を訴追《そつい》する弾劾裁判所を設置することができます。

問６　下線部(6)についてですが，イギリスの旧植民地のひとつに，カナダがあります。それをふまえて，次の問に答えなさい。

(1)　1949年に設立され，2022年１月時点ではカナダを含む北米２か国とヨーロッパ28か国が加盟している軍事機構を何といいますか，答えなさい。

(2)　日本の大豆輸入量の約１割をしめるカナダ産の大豆には，関税がかけられていません。関税やその働きの説明として誤っているものを，以下より選び，番号で答えなさい。

①　貿易を自由化する際に，国内産業への打撃《だげき》をおさえるため，輸入品に一時的な関税を課すことがあります。

②　WTO加盟国は，同じ品目について，どの国も同じ関税率を適用することになっています。

③　関税は，自由な貿易をさまたげると考えられたため，WTOにおいて関税を引き下げるための交渉が行われてきました。

④　関税による収入は，各国の税収を増やす働きがあります。

問７　下線部(7)についてですが，日本国憲法にも，英連邦の国王に相当する天皇についての規定や，改正手続についての規定が置かれています。それをふまえて，次の問に答えなさい。

(1)　次の条文は，日本国憲法第１条です。条文中の空欄に当てはまる語句は何ですか，９字で答えなさい。

> 第１条　天皇は，日本国の象徴であり［　　　　　　］であつて，この地位は，主権の存する日本国民の総意に基く。

(2)　次の条文は，日本国憲法第96条です。条文中の空欄ａ～ｃに当てはまる語句の正しい組み合わせはどれですか，あとより選び，番号で答えなさい。

> 第96条　この憲法の改正は，〔　ａ　〕以上の賛成で，国会が，これを〔ｂ〕，国民に提案してその承認を経なければならない。この承認には，特別の国民投票又は国会の定める選挙の際行はれる投票において，その過半数の賛成を必要とする。

2　憲法改正について前項の承認を経たときは，〔 c 〕，この憲法と一体をなすものとして，直ちにこれを公布する。

①　a：各議院の総議員の三分の二　b：審議し　c：国民は
②　a：各議院の総議員の三分の二　b：発議し　c：天皇は，国民の名で
③　a：各議院の総議員の三分の二　b：審議し　c：国会は，国民の名で
④　a：各議院の出席議員の三分の二　b：発議し　c：国民は
⑤　a：各議院の出席議員の三分の二　b：審議し　c：国会は，国民の名で
⑥　a：各議院の出席議員の三分の二　b：発議し　c：天皇は，国民の名で

【理　科】〈第1回試験〉（30分）〈満点：50点〉

注意　計算機，分度器を使用してはいけません。

1　次の文を読み，以下の問いに答えなさい。

日時計や砂時計，振《ふ》り子時計など様々な種類の時計があります。現代人が腕時計《うでどけい》やスマートフォンを利用しているように，江戸時代では携帯《けいたい》できる紙日時計を利用する人もいました。図1は自作した紙日時計です。季節に合わせて立てた短冊状の紙片を，時刻を知りたいときにその都度太陽の方角に向けると，AB間にできる影《かげ》の先端《せんたん》の位置から時刻を知ることができます。

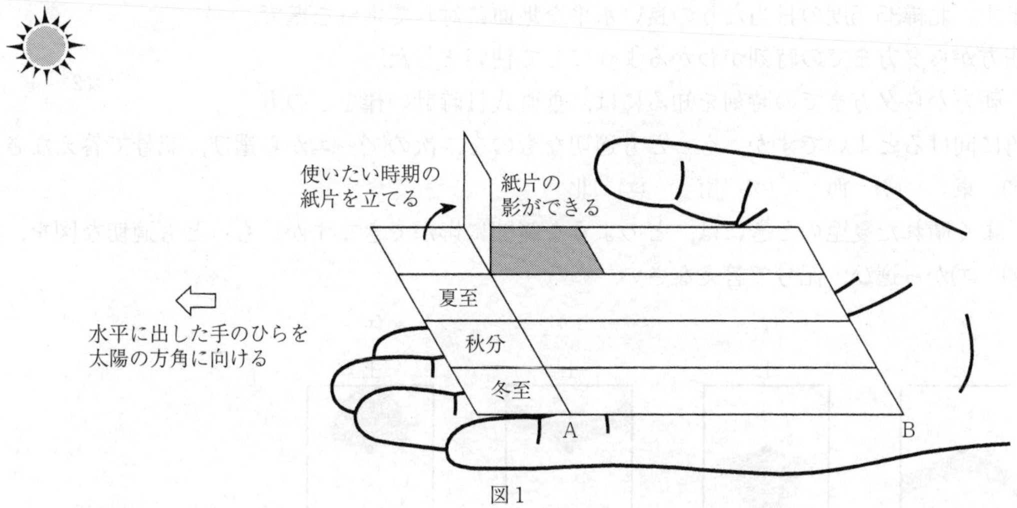

図1

江戸時代は，日の出から日の入りまでの時間を6等分して時刻を決めていました。そこで，自作した紙日時計も同様に時刻を決めることにしました。

(1)　紙日時計を春分のときに利用する場合，どのような線と時刻を書けば，影の先端の位置から時刻を知ることができますか。もっとも適切な図を，次の(ア)～(エ)から選び，記号で答えなさい。ただし，日の出の時刻を0，日の入りの時刻を6とします。

(ア)

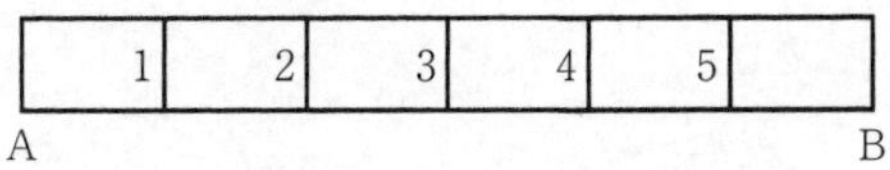

(イ)

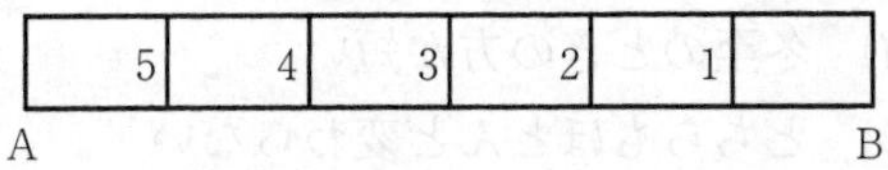

(ウ)

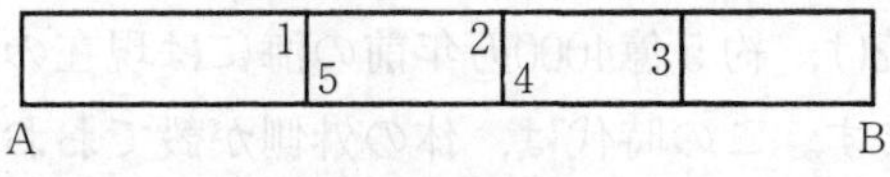

(エ)

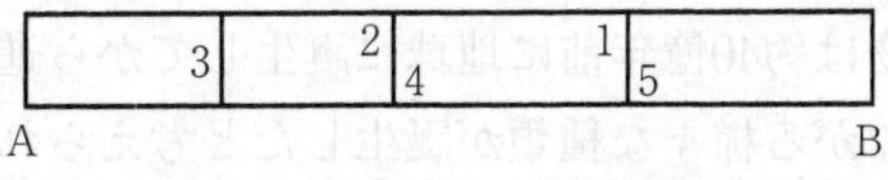

(2)　夏至のときに引く線は，春分のときと比べてどのようになりますか。適切なものを，次の(ア)～(オ)から選び，記号で答えなさい。

(ア)　全体的にA側に移動する

(イ)　全体的にB側に移動する

(ウ)　AB間の中央に寄る

(エ)　AとBの両端に寄る

(オ)　春分のときと変わらない

(3)　江戸時代のように，日の出から日の入りまでの時間を6等分して時刻を決めたときの時間間《かん》隔《かく》について説明した文として適切なものを，次の(ア)～(オ)からすべて選び，記号で答えなさい。

(ア)　春分がもっとも短くなる　　(イ)　夏至がもっとも短くなる
(ウ)　冬至がもっとも短くなる　　(エ)　春分と秋分は同じである
(オ)　夏至と冬至は同じである

ヨーロッパなどでは，建物の壁《かべ》に日時計が付いていることがあります。図2はその模型であり，壁から垂直に立てられた棒の影で時刻を知ることができます。このような日時計を垂直式日時計といいます。北緯《ほくい》35.5度の日当たりの良い水平な地面に対して垂直な壁で，朝方から夕方までの時刻がわかるようにして使いました。

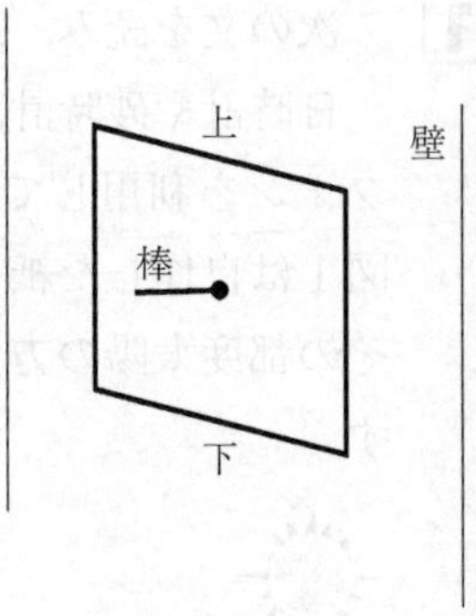

図2

(4)　朝方から夕方までの時刻を知るには，垂直式日時計の棒をどの方角に向けるとよいですか。もっとも適切なものを，次の(ア)～(エ)から選び，記号で答えなさい。

(ア)　東　　(イ)　西　　(ウ)　南　　(エ)　北

(5)　よく晴れた夏至のときには，どのような範囲《はんい》に影ができますか。もっとも適切な図を，次の(ア)～(エ)から選び，記号で答えなさい。

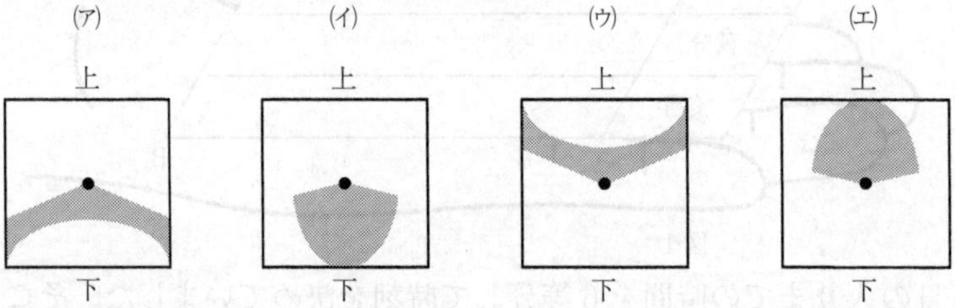

(6)　次の文章中の①と②に適する語句を，以下の語群から選び，それぞれ記号で答えなさい。

垂直式日時計を用いると，時間の経過とともに棒の影は棒を中心にして(　①　)回りに進む。夏至と冬至のときにできる影を比べると，太陽が南中する時刻の影の長さは(　②　)。

①　(ア)　時計　　(イ)　反時計
②　(ア)　夏至のときの方が短い
　　(イ)　冬至のときの方が短い
　　(ウ)　どちらもほとんど変わらない

2　次の文章を読み，以下の問いに答えなさい。

生物は約40億年前に地球に誕生してから進化を続け，約5億4000万年前の海には現在の生物につながる様々な種類が誕生したと考えられています。この時代は，体の外側が殻《から》でおおわれた動物が繁栄《はんえい》し，現代の昆虫《こんちゅう》や(　a　)のなかまの祖先となっています。一方で，体内に背骨をもつ(　b　)などの動物の祖先に近い，原始的な魚もこの時代に存在していました。この時代の魚は，現在のヤツメウナギのように上下に動くあごをもたなかったとされています。魚は，後に上下に動くあごの獲得《かくとく》など様々な進化と多様化を続け，約4億年前に繁栄しました。その頃《ころ》の魚の一部から，ひれがあしに変化し陸上に進出するものが現れ，両生類や爬虫類《はちゅうるい》が誕生しました。①爬虫類はその後，約2億5000万年前から著しく繁栄しました。その後，爬虫類の大部分が絶滅《ぜつめつ》した約6600万年前以降に哺乳類《ほにゅうるい》が繁栄し，現在に至ります。

１種類だった生物が２種類へ分かれることをくり返し，生物は多様化してきました。例えば，下の図のように，もともと１種類の種Ａのすむ環境《かんきょう》が何らかの原因で分断されます。長い年月が経ってそれぞれの環境が変わったときは，それに合わせて異なる進化が進み，種Ａは種Ｂと種Ｃの２種類に分かれます。さらに，種Ｃのすむ環境が分断されると，種Ｃが種Ｄと種Ｅに分かれていくというしくみです。このような進化の道すじから，②今いる生物が共通の祖先からいつ分かれたかを示すことができます。

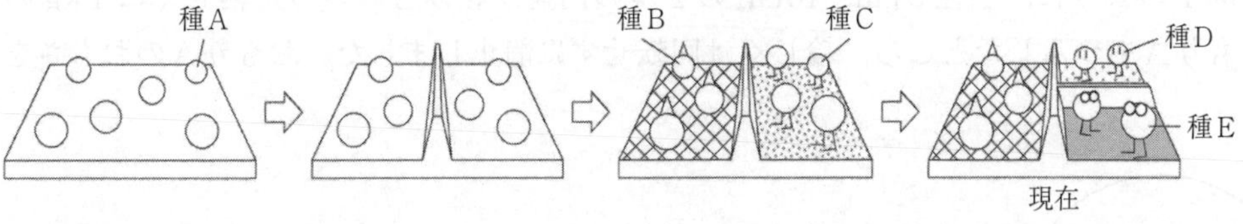

進化の歴史の中で，生物は環境に適応して体のつくり（器官）を変えてきました。そのため，異なる種類の間で異なる形やはたらきをしている器官であっても，もとは同じ器官から変化した場合があり，こうした器官どうしは相同器官と呼ばれます。例えば，ジャガイモのイモの部分とアサガオのつるはどちらも茎《くき》から変化したため，相同器官の関係になります。一方で，起源が異なる器官でも，環境や使い道が同じ場合，異なる種類の間で器官の形や機能が似てくることもあり，これらは相似器官と呼ばれます。

(1)　文章中のａとｂに適する生物を，次の(ア)～(カ)からそれぞれ選び，記号で答えなさい。

(ア)　イソギンチャク　(イ)　ヒト　(ウ)　クラゲ

(エ)　ナマコ　(オ)　カニ　(カ)　タコ

(2)　右図は，下線部①の爬虫類と同時期に繁栄した生物の化石です。この生物の名称を答えなさい。

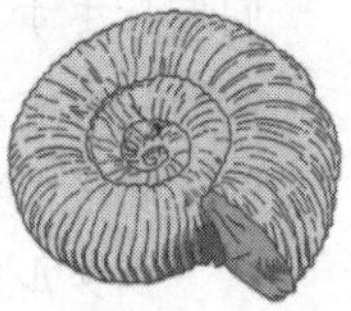

(3)　文章中の種Ａ～Ｅについて，下線部②を示す図としてもっとも適切なものを，次の(ア)～(オ)から選び，記号で答えなさい。

(ア)

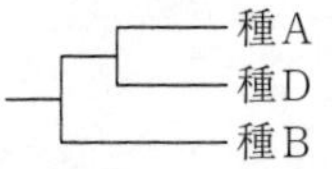

(イ)

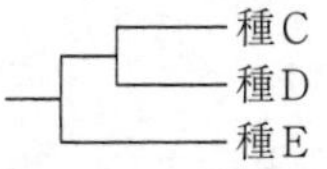

(ウ)

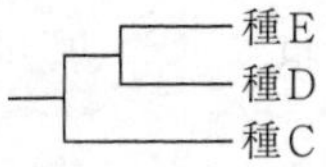

(エ)

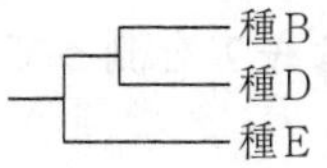

(オ)

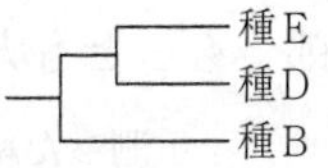

(4)　右図は，現在の生物について，下線部②を示した図です。（Ⅰ）～（Ⅳ）に適する生物を，次の(ア)～(エ)からそれぞれ選び，記号で答えなさい。

(ア)　メダカ　(イ)　ヤツメウナギ

(ウ)　ヤモリ　(エ)　ヒト

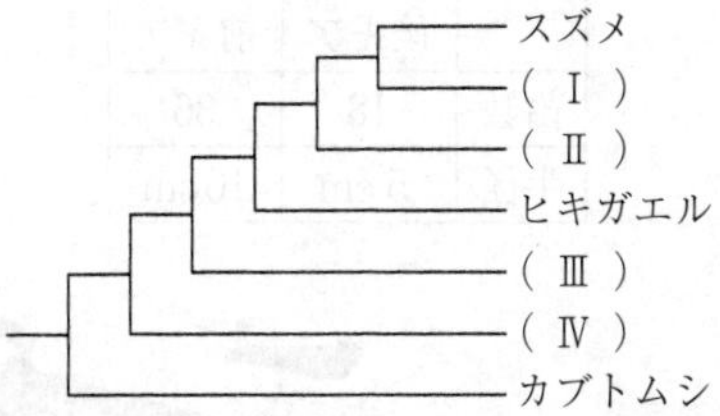

(5)　次の器官の組み合わせのうち，相同器官の組み合わせとして適切なものを，次の(ア)～(オ)から選び，記号で答えなさい。

(ア)　ハトのあし・カエルの前あし・コオロギの後あし

(イ)　クジラの胸びれ・ヒトの腕・コウモリの翼《つばさ》

(ウ)　トンボの羽・トビウオの胸びれ・オオタカの翼

(エ)　モグラの前あし・クワガタの大あご・ザリガニのハサミ

(オ)　サイの角・イッカクの角・マカジキの口先

3 次の会話文を読み，以下の問いに答えなさい。

父　　太郎，欲しがっていた変速ギア付の自転車が届いたよ。

太郎　お父さん，ありがとう。また色々なところに遊びに行けるよ。でもペダルを漕《こ》ぐだけで進める自転車って不思議だね。

父　　そうだね。自転車には輪じくやギアやチェーンが使われているので，それらのはたらきを考えてみよう。

⑴　下の図１のように，半径５cm，10cmの２つの円盤《えんばん》が組み合わさった輪じくに１kgのおもりとおもりＡをつるしたところ，輪じくは回転せずに静止しました。おもりＡのおもさを答えなさい。

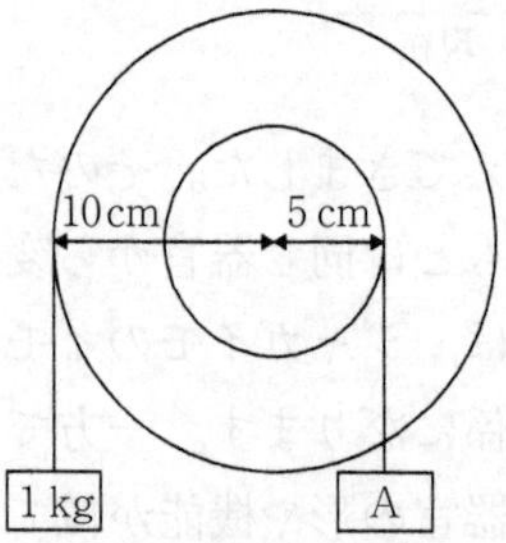

図１

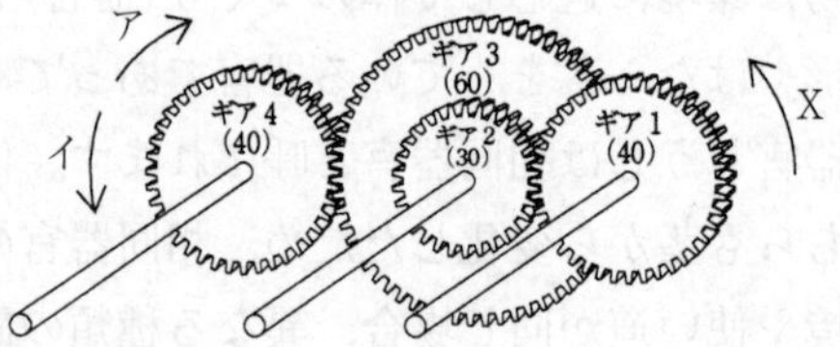

図２

⑵　上の図２のようにギア１～４を組み合わせました。ギア２とギア３は輪じくのように一緒《いっしょ》に回転します。ギア１が図の矢印Ｘの向きに１回転する間に，ギア４はア，イどちらの向きに何回転しますか。ただし，図２の括弧《かっこ》内の数字はギアの歯数を表します。

太郎　前後のギアを繋《つな》げているチェーンってどんなはたらきをしているの？

父　　ペダルを漕いだときの前ギアの回転のはたらきを後ギアに伝えるはたらきをしているんだよ(図３，図４)。ちなみに前ギアの回転した歯数と後ギアの回転する歯数は同じになるんだ。

太郎　そっかぁ。だから後ギアと一緒に動いている後輪が回転して動くんだね。

父　　そうだね。ところで太郎，自転車の色々な部品の長さを測ってくれるかな。

太郎　もっとも大きなギアを測ってみるね。

測った結果

	後ギア	前ギア
歯数	18	36
半径	5 cm	10cm

後輪半径：30cm
前ギア中心からペダルまでの長さ：15cm

図３

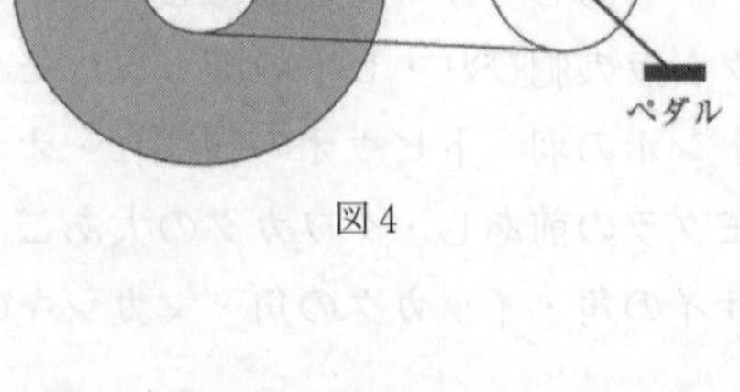

図４

父　　もっとも大きなギアを使って，考えてみよう。

(3)　ペダルを止めることなく，１時間で14km進むためには，平均してペダルを１分間に何回転させればよいですか。もっとも近い回転数を，次の(ア)～(オ)から選び，記号で答えなさい。ただし，円周率は3.14とします。

(ア)　30回転

(イ)　60回転

(ウ)　90回転

(エ)　120回転

(オ)　150回転

(4)　図５のように，前ギアと後ギアに１kgのおもりをつりさげると，ギアは回転しませんでした。図６のように，おもりをつりさげても回転しなかったとき，おもりＢのおもさを答えなさい。

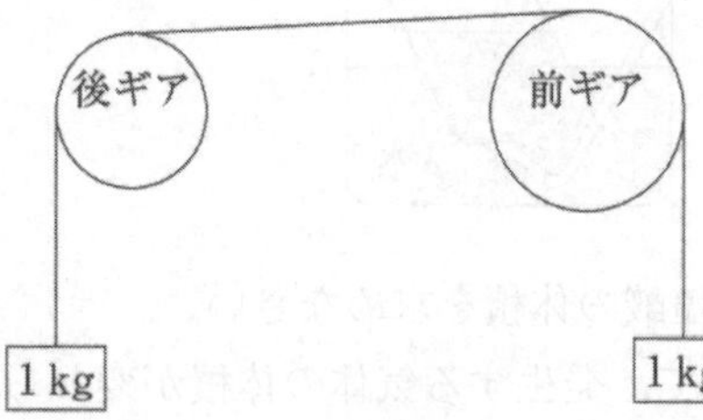

図５

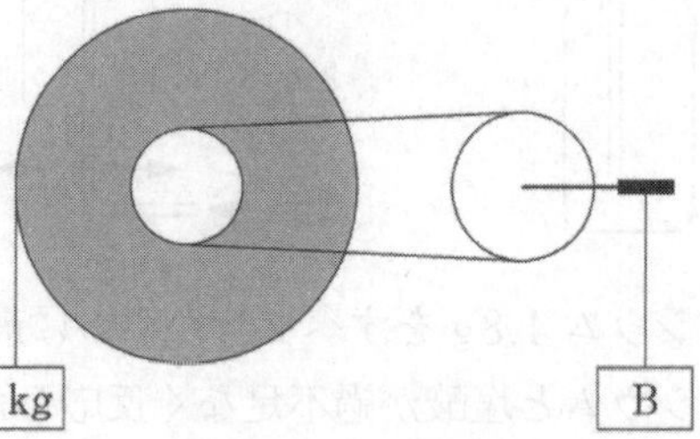

図６

太郎　変速ギアってどのギアを選べばいいのかなぁ。

父　　ペダルを押《お》す力が後輪に伝わり，後輪の回転による力の反動によって自転車は進むよ(図７)。その後輪の回転による力を一定として考えてみるよ。後ギアの歯数が(　①　)ほど小さい力でペダルを漕ぐことができるよね。また，前ギアの歯数が(　②　)ほど大きい力でペダルを漕がなければならないんだ。

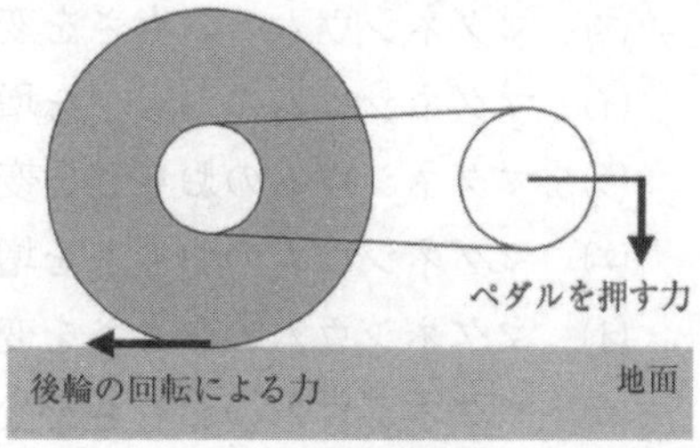

図７

太郎　じゃあ，坂を登るときはどうすればいいの？

父　　坂を登るときは平坦《へいたん》な道より後輪の回転による力を大きくしなければならないから，そのときのギアはどうすればいいかな。今度はペダルを押す力を一定にして考えてみてごらん。

太郎　前ギアは(　③　)歯数のギア，後ギアは(　④　)歯数のギアを選べば，楽に坂を登ることができるのかな。

父　　そうだね。

太郎　必要に応じてギアを変えてあげればいいんだね。

(5)　会話文中の①～④に適する語句を，次の(ア)，(イ)からそれぞれ選び，記号で答えなさい。ただし，同じ記号を複数回使用してもかまいません。

(ア)　多い

(イ)　少ない

4 以下の問いに答えなさい。

マグネシウムに塩酸を加えると，溶《と》けて気体が発生します。この気体は，アルミニウムに塩酸を加えたときに発生する気体と同じものです。3.6gのマグネシウムに塩酸を加えたときに発生した気体の体積を測定してまとめると，次の表のようになりました。

塩酸の体積[mL]	0	20	40	60	80	100
発生した気体の体積[L]	0	1.0	2.0	3.0	3.3	3.3

(1) この反応で発生した気体を集めるときの方法としてもっとも適切なものを，次の(ア)～(ウ)から選び，記号で答えなさい。

(ア)　(イ)　(ウ)

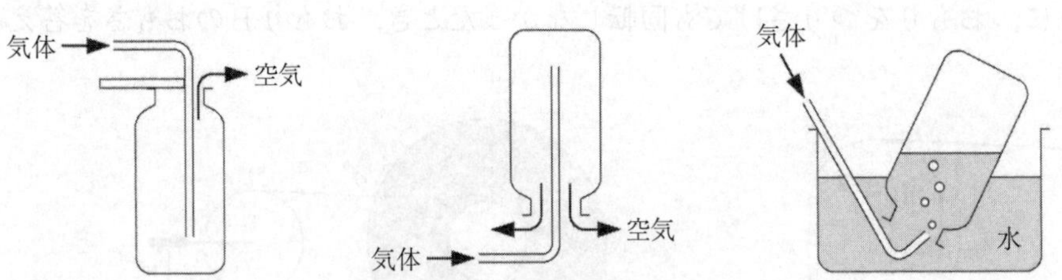

(2) マグネシウム4.8gをすべて溶かすのに最低限必要な塩酸の体積を求めなさい。

(3) マグネシウムと塩酸が過不足なく反応したときと比べて，発生する気体の体積が変わらない操作として適切なものを，次の(ア)～(カ)からすべて選び，記号で答えなさい。

(ア) マグネシウムのおもさを変えず，加える塩酸の体積を増やす

(イ) マグネシウムのおもさを増やし，加える塩酸の体積を増やす

(ウ) マグネシウムのおもさを変えず，加える塩酸の体積は変えずに塩酸をこくする

(エ) マグネシウムのおもさを増やし，加える塩酸の体積は変えずに塩酸をこくする

(オ) マグネシウムのおもさを変えず細かい粉末状にし，加える塩酸の体積は変えない

(カ) マグネシウムのおもさを変えず細かい粉末状にし，加える塩酸の体積を増やす

物質が過不足なく反応する場合，反応する物質のおもさと比べて，反応後の物質のおもさの割合は一定となります。

マグネシウムを完全に燃やすと，酸素と結びついて白色の物質となります。3.6gのマグネシウムを完全に燃やしておもさを量ったところ，6.0gとなりました。

(4) マグネシウム0.48gをピンセットでつまんで燃やしたところ，一部が燃え残っていることがわかりました。白色の物質と燃え残ったマグネシウムのおもさの合計が0.72gであったとき，マグネシウム全体のうち何%が酸素と結びつきましたか。

銅を完全に燃やすと，酸素と結びついて黒色の物質となります。3.2gの銅を完全に燃やしておもさを量ったところ，4.0gとなりました。

(5) 銅とマグネシウムが混ざった粉末4.0gを完全に燃やすと，6.0gになりました。燃やす前の粉末に含《ふく》まれていたマグネシウムのおもさを求めなさい。

気体の温度が変わらないとき，反応する気体の体積に比べ，反応後の物質のおもさの割合は一定となります。水素6.0Lと酸素2.4Lを混ぜて反応させたところ，水が3.6gでき，水素だけが1.2L残りました。

(6)　気体の体積が合計 21.6L になるように，さまざまな割合で水素と酸素を混合して一定の温度で反応させることを考えます。横軸《よこじく》に使用した水素の体積，縦軸《たてじく》に反応によって発生した水のおもさをとったグラフを描《か》くとき，グラフの形としてもっとも適切なものを，次の(ア)～(カ)から選び，記号で答えなさい。

　また，水がもっとも多く発生するときの水のおもさを求めなさい。

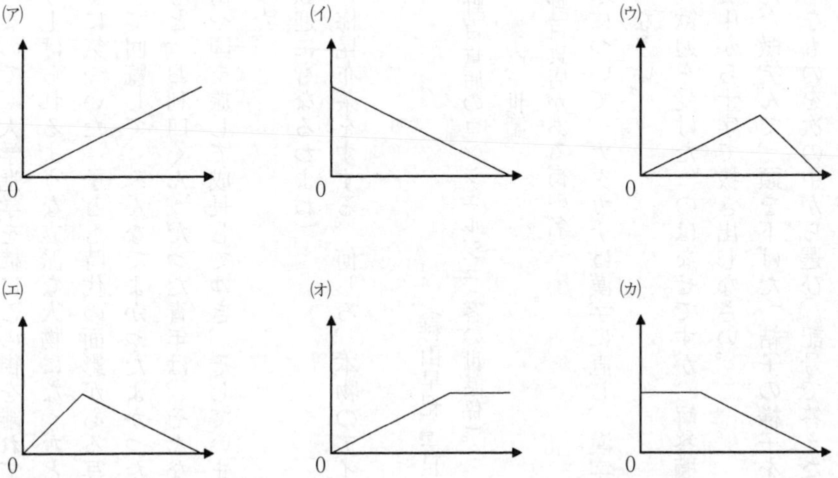

くん』に接していたひとびとは、その後の彼がどう成長したか、いつも気にかけていた。なので、大学進学を機にこの街を離れていた彼が、成長後、新聞に取り上げられるような立派な人物になったとき、百貨店のひとびとはすぐに気づいた。子ども時代の面影がある写真入りの記事を見、切り取って回覧して、みんなでよかったよかったと喜んだのだそうだ。――もと『お利口くん』だった青年は、そんなことは知らないまま、遠い街や国を旅して成長してゆき、そしていま、＊風早に帰ってきたのだった。

(それはまあ、大歓迎にもなるわよね)

結子は微笑んで、梅昆布茶をする。何しろ、本物のアイドルの帰還なのだから。

(村山早紀『百貨の魔法』)

(注)　＊結子…星野百貨店のコンシェルジュ(客の世話係)。
＊アテンド…案内、世話。
＊風早…星野百貨店がある街の名。

問一　傍線部**イ**～**ホ**について。カタカナは漢字に直し、漢字は読みをひらがなで記しなさい。

問二　傍線部①「大歓迎を受けた」のはなぜですか。解答欄の形式に合うように、文中から十字で抜き出しなさい。

問三　傍線部②「ただ微笑んで、頭を下げた」結子の様子を説明したものとして適当なものを次の中から選び、記号で答えなさい。

ア　感傷にひたっている二人のことをおかしく思ったが、水を差すようなことは言わないでおいた。

イ　百貨店で働く者として笑顔での接客を心がけ、客である二人の言うことに反対はしないでおこうと考えた。

ウ　二人の言葉から百貨店側の心が伝わったことがわかったが、それをあえて説明することはなかった。

エ　二人が従業員の対応を喜びほめてくれたことに対して、感動のあまり何も言えなかった。

問四　傍線部③「美しい」のここでの意味として最も適当なものを次の中から選び、記号で答えなさい。

ア　心温まる　　イ　印象深い
ウ　共有すべき　　エ　受け継がれる

問五　空欄［④］に当てはまる語句を文中から六字で抜き出しなさい。

問六　傍線部⑤「いいもの」とは具体的に何ですか。文中から三十字以内で探し、最初と最後の五字を抜き出しなさい。

問七　傍線部⑥「いつも少しだけラッキーなことが起きた」のはなぜですか。その理由を説明した次の文の空欄に当てはまる内容を、文中の語句を用いて二十五字以内で答えなさい。

『お利口くん』と家族は、［　　　　］サービスを受けていたから。

そうなの、そうかあ、という声が食堂のあちこちで上がったそうだ。

「この頃、『お利口くん』ちのお父さん、姿を見かけなかったものな」

「いいひとだったよなあ」

空気がしんみりとした。

ひとりがおもちゃ売り場の販売員に訊《き》いた。

「それで、『お利口くん』にはどんなおもちゃを薦めたんだ？　あまり高いものじゃなくて、その、何か⑤いいものがあったのか？」

その頃は、この百貨店にあった、家電・電化製品売り場のフロアの販売員だったそうだ。

「いや、とっさのことだし、ちょっと思いつかなかったから、宿題ってことにして貰《もら》って、いったん帰って貰ったんです。店長やメーカーのひとたちに相談しようと思って。だって――」

彼は唇を噛《か》んだ。涙をこらえるように。

「あの財布に入ってたのって、あの子のお小遣いだと思うんですよ。お年玉とか使わずに貯めておいたんじゃないかなあ。何か自分の欲しいものを買うために。そんな大事なお金で、死んだお父さんの代わりに、自分がサンタクロースになって、きょうだいにプレゼントを買おうって。自分もまだ子どもじゃないですか。サンタさんからプレゼントが欲しい年でしょうに」

もし店内のおもちゃが自分の物ならば、その子に無料で何もかもあげたいと思っただろう。その場にいた皆が思った。けれどここは百貨店。置いてあるものは売り物だ。

だから、彼は上司や取引先のおもちゃ会社のひとびとに相談した。おとなたちは、意見を出し合い、少しでも少年の負担にならない方向で、小さな妹と弟が喜びそうな物を考えた。次の日にやってきた『お利口くん』に、おもちゃ売り場の販売員は、プレゼント候補の品々を見せた。少年は顔を輝かせて、プレゼントを選び、何度もお礼をいって帰っていった。――少年は、この贈り物を選ぶのに、どれだけのひとびとが時間と頭を使ったか知らなかっただろう。

それでいいのだと星野百貨店のひとびとは思っていた。ただ、優しい精霊が見守るように、彼と、残された一家のことを見守っていたのだ。

その後、『お利口くん』と家族が店に来るごとに、⑥いつも少しだけラッキーなことが起きた。地下一階の市場でお母さんが量り売りのお漬け物を買ったら、「切りのいいところまで入れてあげるね」と、少しだけ多めに袋に詰めてもらえたり。まだタイムセールの時間ではないはずなのに、お惣菜が安くなったり。そのたびに一家はとても喜んだのだった。

ほんのささやかな贈り物が、いつもひそかに彼らには用意されていたのだった。

そんな話を結子に懐かしそうに話してくれた、化粧品売り場の販売員がいる。国産のブランドの美容部員。年齢不詳の元気で強気なおばさまだった。

「わたしも当時、若かりし日にね、『お利口くん』一家を見守っていたひとりよ。小さな妹ちゃんに粗品のぬいぐるみをあげて喜ばれたりしてたの。正直、わたしはふだん、そんなに善人じゃないのね。子どももたいして好きじゃない。でもあの『お利口くん』はほんとにいい子だったから。つい、ね」

照れくさそうに笑った。「あの子がおとなになって帰ってくるって、定年ですって？　まあそりゃわたしも年をとるはずよね。すっかりおばあちゃんになっちゃってさ。でも立派になってくれて、ほんとうによかった。亡くなったお父さんも、天国で喜んでらっしゃるでしょうね」

鷹城、という名字はあまり聞くものではない。そして当時『お利口れていた、年若いお客様だったのだ。

「ありゃどれくらい前のことになるのかなあ」

　地下一階の市場の、総菜も置いているホセンギョ店の老いた主が話してくれた。「この百貨店、子どもや学生さんの来客が多いじゃないですか。ほら、街中の店ですしね。で、いつも来てる子たちだと顔を覚えちゃって。お利口さんな子どもや学生さんだと、特にやっぱりね、かわいくなってきたりするんですよ。で、鷹城さん夫妻は、ふたりとも、そういう子たちだった、というわけです」

　百貨店に限らず、店に対して、懐かしみや親しみを覚えるひとは多い。結子は自分自身も他の店では客の立場なので、その辺りの感情もわかる。すると店や店員さんたちが、家族や友人のように大事になったりもするものだ。――ちょうど、鷹城夫妻のように。

　一方で、店で働くひとびともまた、馴染《なじ》みのお客様や印象の強いお客様のことを覚える。客側と同じような愛情を持って見守っていることもある。彼らの側からは、その感情を表に出さないこともあるけれど。けれど彼らは、客のことをいつも見て、記憶しているのだ。

　接客業のひとびとは、もちろんすべてのお客様に対して、安定した、誠実な応対をすることを求められている。それが「プロの対応」でもある。けれど、彼らもひとの心を持っている。もし最高のサービスが見たいなら、客の側もプロの客になればよい。それは、カジュアルな店から、一流の店やホテルまで、すべてにいえることだと結子は思っている。

「このお客様のために、何かしてあげたい」

「このお客様に、喜んで欲しい」

　そう思ったときうまれるサービスは百パーセントを超えるレベルと熱量のものとなる。

　鷹城夫妻は、その昔ひそかに星野百貨店のひとびとから【④】。百貨店はみなでお客様の情報を共有する。そのせいもあって、いつも彼らの話は癒やされる子どもたち・学生さんとして、語られ、伝えられてきた。特に『お利口くん』と呼ばれていた、子どもの頃の鷹城少年はそうだった。

　彼は最初は幸せな子どもとして、店のひとびとに記憶されていた。日曜ごとに一家で百貨店に来る家族の、彼は優しいお兄ちゃんとして、小さな弟と妹の面倒を見る子どもだった。両親も人の良さそうなひとたちで、買い物をするときも、常に笑顔で物腰は穏やか。レジを打つとき、癒やされた、絵に描いたような幸せそうな一家だよねえ、と、ひそかにささやかれていた。

　ところがあるとき、おもちゃ売り場の販売員が、「『お利口くん』の家、なんかあったらしいですよ」と、心配そうに、話した。

　クリスマスが近づいたある日、元気の無い『お利口くん』が、おもちゃ売り場にやってきて、

「小学校一年生の男の子と、二年生の女の子が喜ぶようなおもちゃは、どれになるでしょうか?」

　折りたたんだ千円札が数枚入った、小さな財布を持っていたという。

「今年からサンタクロースがうちに来ないから、ぼくがサンタさんになるんです。ちゃんとプレゼントを弟と妹の枕元に置かなくちゃいけなくて」と、笑顔でいったのだという。

　社員食堂でそれを聞いた、遊園地でアルバイトをしている学生が、ああ、と声を暗くした。

「あの子ね、こないだ、屋上遊園地でひとりで泣いてるところを見ましたよ。気になって話しかけたら、お父さん死んじゃったって。病気で長く入院なさってたらしくて」

二つの行為ともに［　　］点。

問七 次の一文は、文中の《A》〜《D》のどこに入れるのが適当ですか、記号で答えなさい。

> 「アクティブ・ラーニング」という教え方の是非をめぐる最近の議論も、そういう対立の例です。

二 次の文章を読んで、後の問に答えなさい。

鷹城《たかしろ》夫妻は、のんびりと店内で買い物を楽しんだ。彼らはどのフロアでも①大歓迎を受けた。見守る笑顔の中で、とても良い雰囲気で買い物を続けていたのだけれど――。

四階のイミンゲイ品の店を出て、そのフロアにある甘味処で休憩していたときのことだ。

ふと、鷹城氏がいったのだ。嬉しそうに。

「どこへ行っても、こんなに歓迎していただいて、何かこう、申し訳ないというのか。さすが星野百貨店、こんなに客を大切に思ってくださるんですね」

「あ、それわたしも思ったわ」

鷹城夫人も笑顔でうなずいた。「何か急にアイドルになったみたい、って思ってたんですよ。みんなにこにこで、目をきらきらさせて歓迎してくださるものだから」

「そうですね。たしかにみんな大歓迎で」

*結子《ゆうこ》は梅昆布茶を味わいながら、にっこりと笑った。「でもそれはきっと、当館が褒めていただくようなことではなく、鷹城様たちが、それだけ素晴らしいお客様だということでは無いかと存じます」

そうかなあ、そうかしら、と、夫妻は顔を見合わせて、けれど嬉しそうに笑った。

「子どもの頃から大好きで、思い出がたくさんあって、ロ憧れてもいた百貨店に、おとなになってから帰ってきて、こんなに大歓迎されるなんて、なんていうか」

鷹城氏は、眼鏡を外して、目元をハンカチで拭った。「すみません、年をとると涙もろくなっちゃって。なんていうかその、百貨店そのもののハ魂みたいなものに、歓迎されているような気持ちになっちゃったんですよ。よく帰ってきたね、って。昔の自分が」

隣で鷹城夫人も、同じく涙ぐみながら、うんうんとうなずいていた。

結子は②ただ微笑んで、頭を下げた。

『お利口《りこう》くん』と『福の神ちゃん』。

そのふたりの名前は、初夏の頃に、ドアマンの西原保から聞いた記憶があった。かわいらしくもインパクトのある二つ名だ。一度耳にしたら、忘れるのは難しい。

そして、そのふたりと星野百貨店の間に起きた、ささやかな出来事もまた――一度聞いたら忘れられなかった。何しろ、あの西原保の、いちばんの思い出の物語だ。四十年ほども昔。この百貨店がまだ若かった頃の、ある③美しい物語。だから結子は、今日の*アテンドの準備のために回ったいくつかの店で、その名が出たとき、すぐに思いだしたのだ。

結子が鷹城夫妻の名前と略歴を店でニツげると、古くからの販売員がいる店のいくつかで、その名前が挙がった。

「『お利口くん』ですか。そう、『福の神ちゃん』といっしょに来店されるんですか。懐かしいなあ。どんなおとなになったのかなあ」

語られる話は常に同じだった。話を聞くうちに事情がわかってきた。

かつてふたりはアイドルだった。この店で働くひとびとに密かに愛さうとすること」です。もって回った言い方になっていますが、「しようとする」なのです。だから、失敗するかもしれません。でも、成功するか失敗するかにかかわらず、それは教育だと考えます。教育哲学者のブレツィンカは、医者がニカンジャを治療する、というときの「治療する」というのと同じだと論じています。どういうことかというと、「⑤治療する」と「治癒する」とは違う。望ましい結果が得られるとは限らないわけです。教育もそれと同じで、「⑥教育する」「教える」「教授する」というのと、その成果が実現するというのとは違うわけです。

　失敗したら教育ではないのではなく、失敗したとしても、それは教育です。教育としてやったのに十分な成果が挙がらなかったということは、いつもあります。何十年も大学の教員をしてきた私でも、失敗は今でもしょっちゅうあります。「面白い話をしたつもりなのに、今日はたくさんの学生が寝ちゃったなあ」という回もあります。「これは面白い！」と思った論文をみつけてきて、演習の授業でとりあげたら、学生たちの理解がさっぱりで、「学生には難しすぎたか……」という回もあります。

　失敗はまあ仕方がない。教師の側でさらなる工夫はいろいろできるわけですが（私もやっている）、それでもなお、すべての回に完璧な結果を出せる授業なんかは、普通の教師には無理です。

　「教育の失敗」について、もう少し述べると、教える側の意図が学ぶ側では十分にホタッセイされなかった「効果なし」だけでなく、「かえって悪影響」ということもありえます。「望ましくない副作用」ですね。たとえば、教師の何げない言葉から、「人間は信用できない」と生徒が思うようになってしまったり、くり返されるテストを通して、勉強の苦手な生徒に「努力をしてもしょうがない」と考えさせてしまうようなことがあります。学校は、生徒の人格の成長にとって、かえって悪影響を与える教育になってしまう側面もあるのです。

（広田照幸『学校はなぜ退屈でなぜ大切なのか』）

問一 傍線部**イ**～**ホ**について、カタカナは漢字に直し、漢字は読みをひらがなで記しなさい。

問二 空欄［Ⅰ］～［Ⅲ］に当てはまる語を次の中から選び、それぞれ記号で答えなさい。

ア　つまり　　イ　しかし　　ウ　あるいは　　エ　たとえば

問三 傍線部①「そこに『教育』は基本的には存在しない」とはどういうことですか。適当なものを次の中から選び、記号で答えなさい。

ア　ヒマラヤ山脈から必ずしも何かを感じ取れるとは限らないということ。

イ　ヒマラヤ山脈が何らかの思惑を持っているわけではないということ。

ウ　ヒマラヤ山脈から受け取る印象は人それぞれであるということ。

エ　ヒマラヤ山脈が誰かから働きかけられるわけではないということ。

問四 空欄［②］・［③］に当てはまるものを次の中から選び、それぞれ記号で答えなさい。

ア　理論　　イ　社会　　ウ　個人　　エ　文化

問五 傍線部④「教育には権力が作用している」といえるのは、「教育」がどういうものだからですか。文中から十字で抜き出しなさい。

問六 傍線部⑤「治療する」と⑥「教育する」の共通点は何ですか。次の説明の空欄に当てはまる内容を、文中の語句を用いて二十字以内で答えなさい。

どういう「意図」を込めるのかについては、近代の教育のスタートから、さまざまな論や説が出てきていて、いろいろなところで、果てしない対立が続いているわけです。《**C**》

　これはなかなか大変なことです。シンプルな定義では、複数の考え方の間の対立は表面には見えません。［Ⅱ］、いざ実際に何をどう学ばせるべきかという「意図」の中身を議論し始めると、私たちは非常に複雑な対立の中でものを考えなければいけなくなるのです。《**D**》

「教育」についての私の定義におけるポイントの二つ目は、「他者の学習」です。教育には他者が存在します。というか、教育は他者を変えようとするお節介な営みなのです。だから、他人に押し付けるものであるという意味で、権力性を持っています。私が学生たちに、「これを覚えろ」「これについて考えろ」と言うのは、それ自体が一つの権力的な作用です。それどころか、「おとなしく座って、まずは俺の話を聞け」というふうになっている段階で、④教育には権力が作用していることになります。

　もう一つ、他者という点で重要なのは、教育する側にいる自分が望ましいとか必要だとか思うものを、他者、つまり被教育者がそのように思ってくれるとは限らないということです。私がシャガールの絵に感動して、「これを見せて感動させよう」と考えて子どもに見せたとしても、「ゲッ、下手くそな絵」と言われてしまうかもしれません。

　他者が存在するということは、教育関係とは、ある人と他者との関係だということになります。その場合、教育者の意図とは別の状態にあるのが、被教育者です。教師が何かを教えたいと思っていても、生徒がそれを学びたいと思っているとはかぎらないのです。教育には、ここに根本的な不確実性が存在しています。

　実際、教育を受ける側は、常にやり過ごしや離脱の自由を持っています。私が高校生のとき、クラスのS君という友だちが、日本史の担当のN先生の授業が大嫌いで、時間中はいつもずっと窓の外を見ていました。ある日とうとう、N先生が怒り出してS君に何か言ったのですが、S君の方は「あんたの授業が下手くそだから、聞く気にならないんだよ！」と言い返して、S君の**イ**アッショウになりました。新米のN先生の授業は、私の目から見ても下手でした。

　まあ、そこまで**ロ**ロコツでなくても、教師の方をぼうっと見ながら、「今日のお昼ご飯、何食べよう」とか、「夜のテレビは何がいいかな」と考えたりすることは、皆さんにもよくあることだと思います。そんなときは、だんだん眠くなりますね。教科書を見ているふりをして、私もときどき居眠りしました。

　私が教えている学生でよく見かけるのは、私の講義の話を軽く聞き流しておいて、「大事そうなことが出てきたら、そこはちゃんと聞こう」というふうな姿勢の学生です。「省エネモード型」といってもいいかもしれません。でも、「大事そうなこと」がわからないまま、最初から最後まで「省エネ」しっぱなし、というふうな感じの学生もいます。まあ、そういう学生の答案は、「八行以内で論じなさい」と出題しておいても一行ぐらいしか書けないから、教員の私のほうも、「省エネ」で採点ができるんですけどね。

［Ⅲ］、いくら教育をしても、本人がその気にならないと、学習は進みません。教育に関しては、常に被教育者の動機づけ問題を抱え続けます。これが教育の難題になり続けています。どこかの学習塾が**ハ**掲げている「やる気スイッチ」というフレーズは秀逸です。生徒の側の「やる気スイッチ」が入らないと、教育はなかなかうまくいきません。ただし、そんなスイッチが見つからないことが多いからこそ、教師はいつも苦労しているのですが。

　教育の定義の三つ目のポイントは、被教育者の学習を「組織化しよ

2023年度 立教新座中学校

【国　語】〈第一回試験〉（五〇分）〈満点：一〇〇点〉

一　次の文章を読んで、後の問に答えなさい。

そもそも「教育」とは何なのでしょうか。私は、「教育（education）」を定義するとき、「教育とは、誰かが意図的に、他者の学習を組織化しようとすることである」という定義を与えています。「教育とは何か」については、いろいろな人がいろいろな定義をしていますが、おそらく、最もシンプルな定義の一つだと思います。いろいろなものをそぎ落としてみて、最後まで残る重要な性質を、私は「教育」の定義に使っています。

なお、たまに「自己教育」という言葉を使う人がいますが、私の右の定義では、残念ながら、それは「教育」の枠から外れてしまいます。「自己教育」という考え方自体は、自分を客観化・対象化することなど、興味深い主題をいっぱい含んでいるのですが、これを含まない形で教育を定義した上で、論を進めていくことにします。

「教育とは、誰かが意図的に、他者の学習を組織化しようとすることである」という定義には、重要なポイントがいくつかあります。

一つ目は、「意図的に」です。つまり、こうなってほしい、こういうことを理解してほしいという、教育しようとする誰かの意図が存在しています。

たとえば、私が何かを求めてヒマラヤ山脈に出かけていって、広大な山並みをみて感動して、「ああ！」と何かを感じ取ったとしても、別にヒマラヤ山脈が「教育」についての意図を持って、私に働きかけてくれたわけではないですよね。「ああ、これだ！」というのは私自身が自ら気づくわけです。そこには教育しようとする誰か他者の意図は存在しませんから、この定義に沿えば、①そこに「教育」は基本的には存在しないのです。

教育には教える側の意図が存在する、という点から、一つの難題が生じます。どういう意図を込めて教育するかという点に、多種多様な考え方があるということです。そのため、何を学ばせるべきか、どう学ばせるべきかについて、果てしない論争や対立が生まれてきます。

［　Ⅰ　］、「教育される側が嫌がっていても、無理やり学習させるべきだ」という議論もできれば、「本人が望むまで待って、やりたいと思ったときにやらせればいい」という議論もできます。また、「しっかりとしたカリキュラムを組んでおいて、どんどん順番に教えるのがいい」という意見もあれば、逆に、「本人が関心を持ったところを入り口にして、そこからどんどんつなげて発展させていけばいい」など、いろいろな考え方ができます。《A》

教育学の議論の中では、たとえば、子どもが自身の経験の中から学ぶことをスタートにしていく経験主義の考え方と、あらかじめ知識の体系をつくっておいて、それを教えていく系統主義の考え方とがあり、経験主義対系統主義の果てしない対立がずっと続いています。二〇〇〇年前後の「ゆとり教育」改革をめぐる議論の対立は、その例の一つだったと思います。《B》

また、何かをやろうとする本人の側に焦点を当てて、教育で何をどう教えるかを考えていく［　②　］中心主義の考え方がある一方で、［　③　］の側で今の子どもにこういうことを学んでほしいからこれを学ばせようという［　③　］中心主義の考え方もあります。どちらの立場に立つのかによって、カリキュラムや教育方法の考え方が、まったく違ってきます。

2023年度

立教新座中学校　▶解説と解答

算　数　＜第１回試験＞（50分）＜満点：100点＞

解　答

1 (1) $1\frac{1}{7}$　(2) ①　８分45秒　②　11分24秒　(3) ①　21個　②　57個　(4) 32度　(5) **体積**…527.52cm³，**表面積**…508.68cm²　(6) ①　45個　②　28通り　**2** (1) 880個　(2) ５個　(3) 17個分　**3** (1) 84cm²　(2) 230.79cm²　(3) 706.5cm²　**4** (1) 96cm³　(2) 30cm²　(3) 48cm　(4) 2.25cm²　**5** (1) ９個　(2) 9100　(3) 1091　(4) 1782　(5) 11個

解　説

1 **四則計算，仕事算，消去算，角度，体積，表面積，整数の性質，条件の整理**

(1)　$11\frac{6}{7}\div\left\{\left(3\frac{1}{2}-\frac{1}{5}\right)\times2\frac{1}{3}+1.875+1\frac{1}{2}\div1\frac{7}{8}\right\}=\frac{83}{7}\div\left\{\left(\frac{7}{2}-\frac{1}{5}\right)\times\frac{7}{3}+1\frac{7}{8}+\frac{3}{2}\div\frac{15}{8}\right\}=\frac{83}{7}\div\left\{\left(\frac{35}{10}-\frac{2}{10}\right)\times\frac{7}{3}+\frac{15}{8}+\frac{3}{2}\times\frac{8}{15}\right\}=\frac{83}{7}\div\left(\frac{33}{10}\times\frac{7}{3}+\frac{15}{8}+\frac{4}{5}\right)=\frac{83}{7}\div\left(\frac{77}{10}+\frac{15}{8}+\frac{4}{5}\right)=\frac{83}{7}\div\left(\frac{308}{40}+\frac{75}{40}+\frac{32}{40}\right)=\frac{83}{7}\div\frac{415}{40}=\frac{83}{7}\div\frac{83}{8}=\frac{83}{7}\times\frac{8}{83}=\frac{8}{7}=1\frac{1}{7}$

(2)　①　右の図１の計算から，21と15の最小公倍数は，３×７×５＝105と求められる。そこで，仕事全体の量を105とすると，太郎君が１分間にする仕事の量は，105÷21＝５，次郎君が１分間にする仕事の量は，105÷15＝７となる。よって，２人ですると１分間に，５＋７＝12の仕事ができるから，終わるまでの時間は，105÷12＝$\frac{35}{4}$＝$8\frac{3}{4}$(分)と求められる。60×$\frac{3}{4}$＝45(秒)より，これは８分45秒となる。　②　太郎君ははじめから終わりまで仕事をしたので，太郎君が仕事をした時間は15分24秒である。よって，太郎君がした仕事の量は，５×$15\frac{24}{60}$＝77だから，次郎君がした仕事の量は，105−77＝28とわかる。したがって，次郎君が仕事をした時間（２人で仕事をした時間）は，28÷７＝４(分)なので，太郎君が１人で仕事をした時間は，15分24秒−４分＝11分24秒と求められる。

図１

3) 21　15
　　 7　 5

(3)　①　A～Eに入っている個数をそれぞれⒶ～Ⓔとして条件をまとめると，下の図２のようになる。図２で，イ＋ウ−アを計算すると，(Ⓐ＋Ⓑ＋Ⓒ)＋(Ⓒ＋Ⓓ＋Ⓔ)−(Ⓐ＋Ⓑ＋Ⓒ＋Ⓓ＋Ⓔ)＝Ⓒとなる。よって，Ⓒ＝48＋117−144＝21(個)とわかる。　②　Ⓒ＝21をイ，ウにあてはめると，Ⓐ＋Ⓑ＝48−21＝27(個)，Ⓓ＋Ⓔ＝117−21＝96(個)となる。また，エとオの等号の左側をたすと，(Ⓓ−Ⓑ)＋(Ⓔ−Ⓐ)＝Ⓓ＋Ⓔ−Ⓐ−Ⓑ＝(Ⓓ＋Ⓔ)−(Ⓐ＋Ⓑ)＝96−27＝69(個)とわかる。一方，エとオの等号の右側をたすと，Ⓐ×２＋Ⓑ×３になるから，Ⓐ×２＋Ⓑ×３＝69(個)となる。さらに，＿を２倍すると，Ⓐ×２＋Ⓑ×２＝27×２＝54(個)になるので，これと＝との差から，Ⓑ＝69−54＝15(個)と求められる。よって，＿から，Ⓐ＝27−15＝12(個)とわかるから，オの式は，Ⓔ−12＝15×３となる。したがって，Ⓔ＝15×３＋12＝57(個)と求められる。

(4)　下の図３のように，三角形AQDと合同な三角形ARBを作る。すると，角RAP＝16＋29＝45

図２

Ⓐ＋Ⓑ＋Ⓒ＋Ⓓ＋Ⓔ＝144(個)…ア
Ⓐ＋Ⓑ＋Ⓒ　　　＝48(個)…イ
Ⓒ＋Ⓓ＋Ⓔ＝117(個)…ウ
Ⓓ－Ⓑ＝Ⓐ×２　　…エ
Ⓔ－Ⓐ＝Ⓑ×３　　…オ

図３

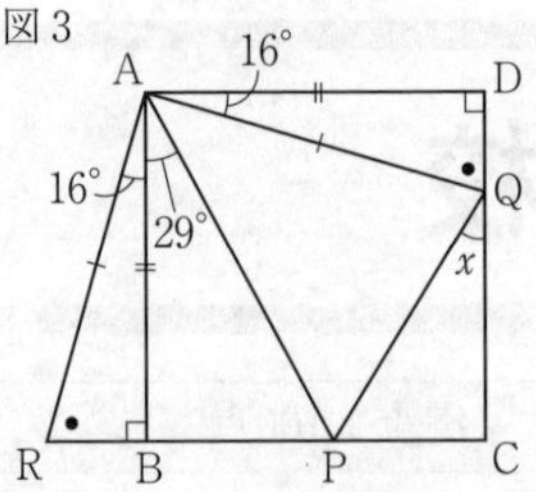

図４

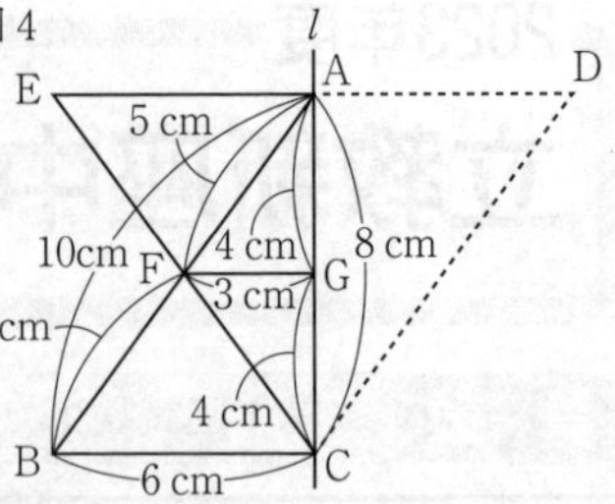

(度)，角QAP＝90－(16＋29)＝45(度)なので，三角形RAPと三角形QAPは２つの辺の長さと間の角の大きさが等しくなり，合同であることがわかる。よって，角AQPの大きさは●になる。さらに，●の大きさは，180－(90＋16)＝74(度)だから，角xの大きさは，180－74×２＝32(度)である。

⑸　上の図４のように，三角形ACDを直線lを軸《じく》にして折り返すと，三角形ACEになる。すると，五角形AEFBCはFGを軸とする線対称《せんたいしょう》な図形になるので，体積は台形FBCGを１回転させてできる立体の体積の２倍になる。また，三角形ABCを１回転させてできる円すいの体積は，６×６×3.14×８÷３＝96×3.14(cm^3)，三角形AFGを１回転させてできる円すいの体積は，３×３×3.14×４÷３＝12×3.14(cm^3)だから，台形FBCGを１回転させてできる立体の体積は，96×3.14－12×3.14＝(96－12)×3.14＝84×3.14(cm^3)とわかる。よって，五角形AEFBCを１回転させてできる立体の体積は，84×3.14×２＝168×3.14＝527.52(cm^3)と求められる。次に，AE(およびCB)を１回転させてできる円の面積は，６×６×3.14＝36×3.14(cm^2)である。また，三角形ABCを１回転させてできる円すいの側面積は，10×６×3.14＝60×3.14(cm^2)であり，三角形AFGを１回転させてできる円すいの側面積は，５×３×3.14＝15×3.14(cm^2)なので，FB(およびFE)を１回転させてできる部分の面積は，60×3.14－15×3.14＝(60－15)×3.14＝45×3.14(cm^2)となる。したがって，五角形AEFBCを１回転させてできる立体の表面積は，36×3.14×２＋45×3.14×２＝(72＋90)×3.14＝162×3.14＝508.68(cm^2)と求められる。

⑹　①　２の倍数は，100÷２＝50(個)ある。また，２の倍数ではない７の倍数は，７×(奇数《きすう》)と表すことができる数だから，７×１＝７，７×３＝21，７×５＝35，７×７＝49，７×９＝63，７×11＝77，７×13＝91の７個ある。よって，２の倍数または７の倍数である数の個数は，右の図５の，50＋７＝57(個)である。

図５

・２の倍数
２，４，６，…，48，50，
52，54，56，…，98，100
・７の倍数(２の倍数を除く)
７，21，35，49，63，77，91

次に，100÷８＝12余り４より，１から100までに８の倍数は12個あることがわかる。ここで，８の倍数は２の倍数でもあるので，８の倍数はすべて図５の中に含《ふく》まれている。したがって，図５の中で８の倍数でないものの個数は，57－12＝45(個)と求められる。　②　図５に含まれる57個の数について，図５の中にAの倍数が，57－56＝１(回)だけあらわれるようなAの値を求めればよい。はじめに，２～50の偶数《ぐうすう》を２倍した数は必ず図５の中にあらわれるから，条件に合わない。また，52～100の偶数を２倍すると100を超《こ》えてしまうから，52～100の偶数は条件に合う。次に，７の倍数のうち50以下の数(７，21，35，49)を２倍すると偶数になるので，必ず図５の中にあらわれて条件に合わない。さらに，７の倍数のうち50より大きい数(63，77，91)を２倍すると100を超えてしまうから，この３つの数は条件に合う。52～100の偶数の個数は，50÷２＝25(個)なので，Aにあてはまる整数は，25＋３＝28(通り)と求められる。

2 つるかめ算

(1)　定価は，120×(１＋0.25)＝150(円)であり，定価の１割引きは，150×(１－0.1)＝135(円)だから，右の図１のようにまとめることができる。1000個すべて１割引きで売ったとすると，売り上げは，135×1000＝135000(円)となり，実際の売り上げよりも，148200－135000＝13200(円)少なくなる。１割引きのかわりに定価で売ると，売り上げは１個あたり，150－135＝15(円)多くなるので，定価で売った個数は，13200÷15＝880(個)とわかる。

図１

定価　　(150円)｝合わせて
１割引き(135円)｝1000個で148200円

(2)　1000個の製品を作るのにかかった費用の合計は，120×1000＝120000(円)だから，不良品の申し出がなかった場合の利益は，148200－120000＝28200(円)である。よって，代金を返金することによって減った利益は，28200－27045＝1155(円)とわかる。また返金した金額は，定価で売った場合が150円，１割引きで売った場合が135円なので，右上の図２のようにまとめることができる。(1)と同様に考えると，申し出があった８個分のうち，定価で売った製品の個数は，(1155－135×８)÷15＝５(個)と求められる。

図２

定価　　(150円)｝合わせて
１割引き(135円)｝８個分で1155円

(3)　追加で返金した金額の合計は，27045－25755＝1290(円)だから，追加で返金した分について，定価で売った個数を□個，１割引きで売った個数を△個とすると，150×□＋135×△＝1290という式を作ることができる。この式の等号の両側を15でわって簡単にすると，10×□＋９×△＝86となる。すると，９×△の一の位が６になるので，△＝４と決まり，□＝(86－９×４)÷10＝５と求められる。よって，追加で返金した個数は，５＋４＝９(個)だから，不良品の申し出があった個数の合計は，８＋９＝17(個分)である。

3 平面図形―図形の移動，面積

(1)　下の図１で，三角形ABCが通過したのはかげの部分である。このうち四分円ABB′の面積は，21×21×3.14÷４＝110.25×3.14＝346.185(cm^2)だから，三角形ABCの面積は，430.185－346.185＝84(cm^2)とわかる。

(2)　下の図２で，辺ACが通過したのはかげの部分，辺BCが通過したのは斜線《しゃせん》部分であり，角ABA″と角CBC″はどちらも60度になる。ここで，三角形A″BC″の部分を三角形ABCの部分に移動すると，辺ACが通過した部分の面積と辺BCが通過した部分の面積の和は，おうぎ形ABA″の面積と等しくなることがわかる。よって，21×21×3.14×$\frac{60}{360}$＝73.5×3.14＝230.79(cm^2)と求められる。

図１

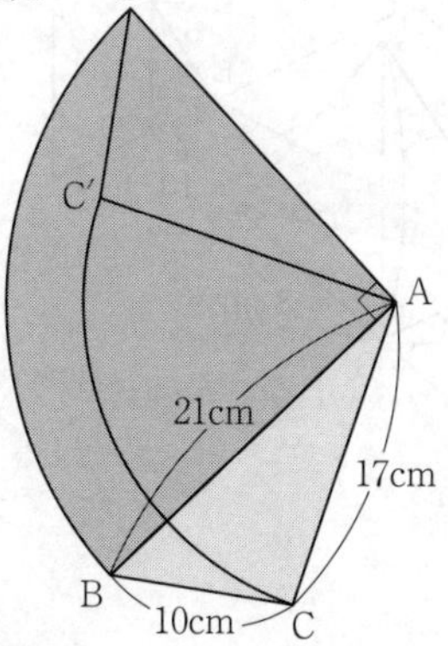

図２

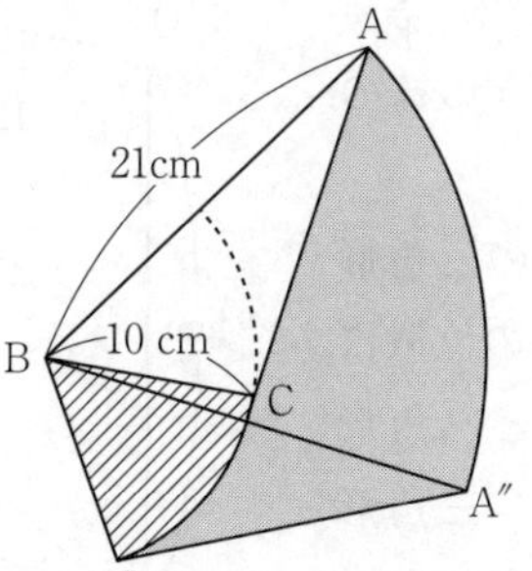

図３

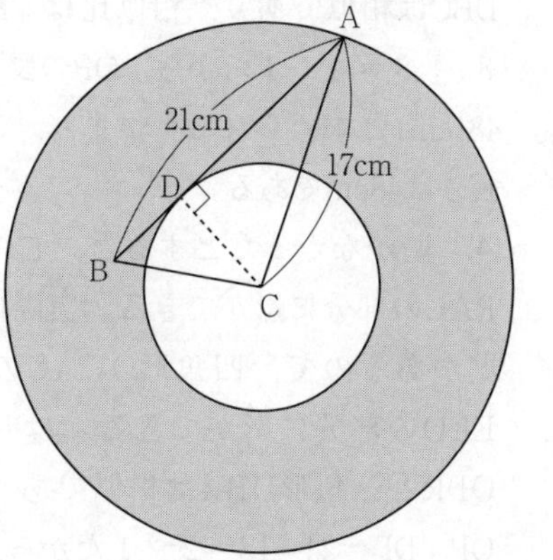

(3)　上の図３のようにＣからABに垂直な線CDを引くと，辺ABが通過したのはかげの部分になる。また，三角形ABCの面積は84cm^2だから，CDの長さは，84×２÷21＝８(cm)とわかる。よって，かげの部分の面積は，17×17×3.14－８×８×3.14＝(289－64)×3.14＝225×3.14＝706.5(cm^2)となる。

4　立体図形―展開図，体積，相似

(1)　残りの頂点をＤとして組み立てると，右の図①のような三角すいができる。角ABCの大きさは90度だから，底面積は，６×８÷２＝24(cm^2)となり，体積は，24×12÷３＝96(cm^3)とわかる。

図①

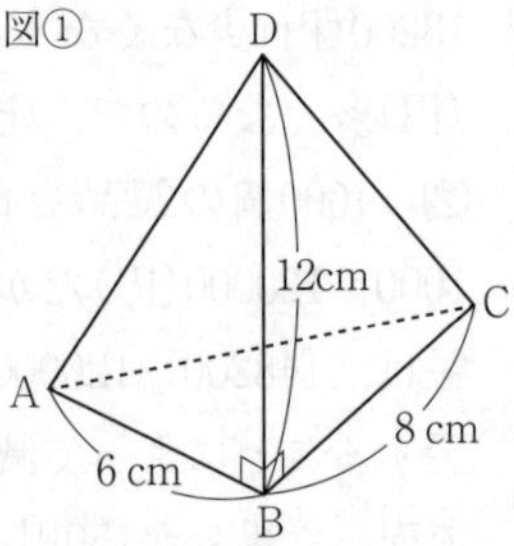

(2)　電球の位置をＱ，点Ｄの影《かげ》が床にできる位置をＲとすると，真横から見た図は下の図②のようになる。図②で，三角形QPRと三角形DBRは相似であり，相似比は，QP：DB＝28：12＝７：３なので，PB：BR＝(７－３)：３＝４：３となる。よって，BRの長さは，24×$\frac{3}{4}$＝18(cm)だから，点Ｒは点Ｏと一致《いっち》することになる。したがって，下の図③のようになるので，床にできる影の面積は，10×６÷２＝30(cm^2)とわかる。

図②

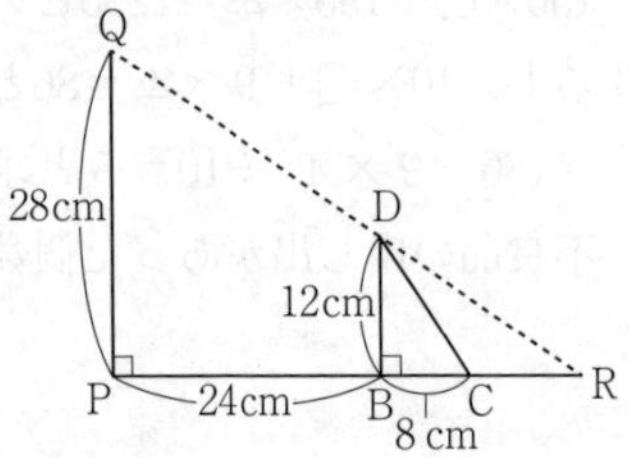

図③

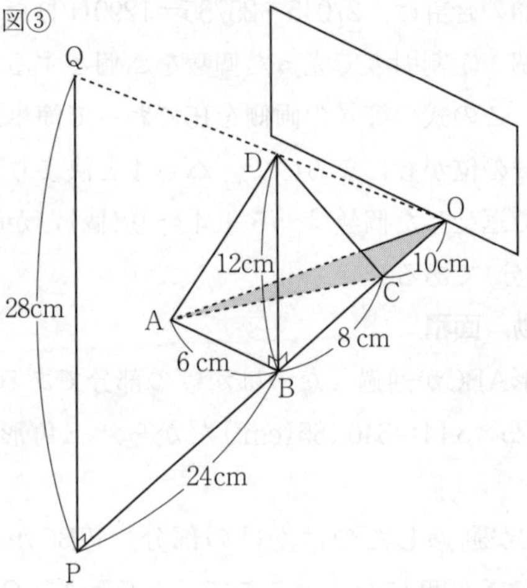

図④

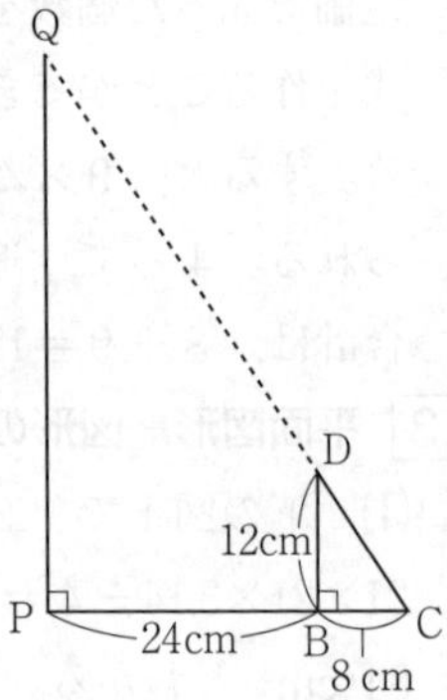

(3)　上の図④のようになったときに，床の影がちょうどなくなる。図④で，三角形QPCと三角形DBCは相似であり，相似比は，PC：BC＝(24＋８)：８＝４：１だから，QPの長さは，12×$\frac{4}{1}$＝48(cm)と求められる。つまり，このときの棒の長さは48cmである。

(4)　壁《かべ》がなかったとすると，右の図⑤の三角形RACの部分に影ができる。実際にはＯの位置に壁があるので，四角形ＯＥＡＣの部分と三角形FEOの部分に影ができる。はじめに，三角形QPRと三角形DBRは相似であり，相似比は，QP：DB＝24：12＝２：１だから，PB：BR＝(２

図⑤

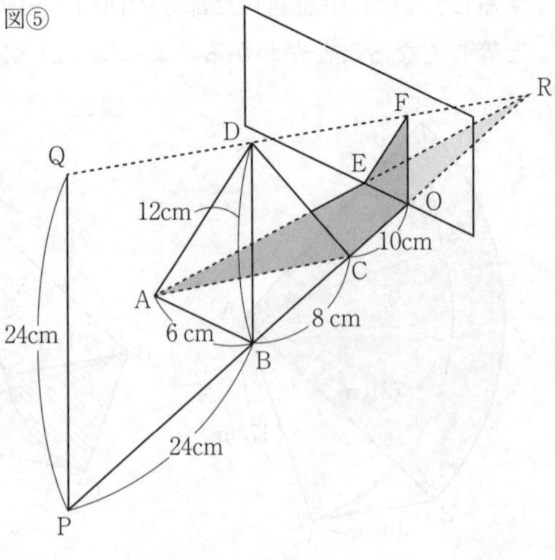

－１)：１＝１：１となる。よって，BR＝24cmなので，OR＝24－８－10＝６(cm)とわかる。次に，三角すいR－DABと三角すいR－FEOは相似であり，相似比は，RB：RO＝24：６＝４：１だから，EO＝６×$\frac{1}{4}$＝1.5(cm)，FO＝12×$\frac{1}{4}$＝３(cm)と求められる。したがって，壁にできる影の面積は，1.5×３÷２＝2.25(cm^2)である。

5 条件の整理

⑴　はじめに，Nの各位の和(わる数)をXとすると，Xが最小になるのは，N＝1000の場合であり，X＝１＋０＋０＋０＝１，Xが最大になるのは，N＝9999の場合であり，X＝９＋９＋９＋９＝36となる。つまり，Xは１以上36以下の整数とわかる。次に，X＝１となるのは，N＝1000の場合だけだから，A＝1000÷１＝1000と決まる。また，X＝２となるNの値は{2000，1100，1010，1001}の４個あるが，Aの値が最大になるのはNの値が最大の場合なので，最大のAの値は，2000÷２＝1000となる。同様に考えると上の図１のようになるから，最大のAの値は1000であり，そのようになるNの値は，1000，2000，…，9000の９個あることがわかる。

図１

X	最大のN	A	X	最大のN	A	X	最大のN	A	X	最大のN	A
1	1000	1000	10	9100	910	20	9920	496	30	9993	333
2	2000	1000	11	9200	836	21	9930	472	31	9994	322
3	3000	1000	12	9300	775	22	9940	451	⋮	⋮	⋮
⋮	⋮	⋮	⋮	⋮	⋮	⋮	⋮	⋮	36	9999	277
9	9000	1000	19	9910	521	29	9992	344			

⑵　図１から，２番目に大きいAの値は910であり，そのときのNの値は9100とわかる。なお，たとえば，X＝２のとき，２番目に大きいNの値は1100である。このときのAの値は，1100÷２＝550となり，910よりも小さくなる。ほかの場合についても２番目に大きいAの値が910より大きくなることはないので，２番目に大きいAの値は910で，このときのNの値は9100とわかる。

⑶　99≦N÷X＜100と表すことができるから，99×X≦N＜100×Xとなる。ここで，Nは1000以上なので，1000÷99＝10余り10より，最小のXは，10＋１＝11とわかる。X＝11のとき，Nは，99×11＝1089以上，100×11＝1100未満だから，「1089以上1099以下で各位の和が11になる最小の数」をさがすと，1091とわかる。

⑷　N÷X＝99と表すことができるので，N＝99×Xとなる。よって，Nは９の倍数だから，各位の和も９の倍数になる。つまりXは９の倍数なので，考えられるXの値は{９，18，27，36}の４個である。それぞれの場合についてNの値を求めると，99×９＝891，99×18＝1782，99×27＝2673，99×36＝3564となる。いずれの場合も各位の和は18になるから，条件に合うのはXが18の場合であり，N＝1782とわかる。

⑸　100≦N÷X＜101と表すことができるので，100×X≦N＜101×Xとなる。Nは1000以上だから，1000÷100＝10より，最小のXは10とわかる。X＝10のとき，100×10≦N＜101×10よ

図２

X	Nの範囲
10	1000，1001，…，1008，1009
11	1100，1101，…，1108，1109，1110
12	1200，1201，…，1208，1209，1210，1211
⋮	
18	1800，1801，…，1808，1809，1810，1811，…，1817
19	1900，1901，…，1908，1909，1910，1911，…，1917，1918
20	2000～2019
⋮	
29	2900～2928
30	3000～3029
⋮	
36	3600～3635

り，1000≦N＜1010となる。よって，考えられるNの範囲《はんい》は1000～1009となり，この中でXの値が10になるのは1009だけである。同様に，X＝11のとき，考えられるNの範囲は1100～1110となり，この中でXの値が11になるのは1109だけである。同様に考えると，Xが10～19の場合は上の図２のようになり，条件に合うNの値はかげの部分の11個あることがわかる（X＝19だけは２個あることに注意）。ここで，図２のNの下２桁《けた》には00から（X－１）までのX個の連続する整数が並び，条件に合うのは下２桁の数字の和が９になる場合である。同様に考えると，Xが20～29の場合は下２桁の数字の和を18，Xが30～36の場合は下２桁の数字の和を27にする必要があるから，条件に合う値はないことがわかる。したがって，条件に合うNの値は11個である。

社　会　＜第１回試験＞（30分）＜満点：50点＞

解　答

Ⅰ　**問１**　エネルギー革命　**問２**　③　**問３**　⑤　**問４**　西之島　**問５**　弘前　**問６**　④　**問７**　③　**問８**　⑨　**問９**　（例）　北海道の先住民族であるアイヌの言葉に由来する地名が多いから。　**問10**　飛驒　**問11**　④　**問12**　③　**問13**　③　**問14**　③→（1980年）→①→②　Ⅱ　**問１**　③　**問２**　北条時政　**問３**　②　**問４**　連歌　**問５**　関白　**問６**　(1)　①，⑤　(2)　朱子学　**問７**　(1)　①　(2)　高野長英　(3)　松下村塾　**問８**　(1)　③→①→④→②　(2)　②　(3)　ソビエト社会主義共和国連邦（ソ連）　**問９**　(1)　光明皇后　(2)　⑤　**問10**　渡良瀬川　Ⅲ　**問１**　④　**問２**　知る権利　**問３**　(1)　③　(2)　クーリングオフ　**問４**　②　**問５**　(1)　二院制（両院制）　(2)　④　**問６**　(1)　北大西洋条約機構（NATO）　(2)　②　**問７**　(1)　日本国民統合の象徴　(2)　②

解　説

Ⅰ　日本の地形や産業，貿易などについての問題

問１　第二次世界大戦（1939～45年）後，技術の向上や価格の低下などにともなって，エネルギー源の中心が石炭から石油へと移り変わっていった。こうした変化をエネルギー革命といい，日本では1960年代に石炭から石油へのエネルギー革命が起こった。

問２　日本では，秋田県の八郎潟を北緯40度の緯線が，房総《ぼうそう》半島（千葉県）の南部や京都市などを北緯35度の緯線が通る。こうしたことから，北緯37.6度の緯線が，東北地方南部に位置する福島県を通ると判断できる。なお，札幌市（北海道）は北緯約43度，東京都中心部は北緯約36度，和歌山市は北緯約34度に位置している。

問３　佐賀県が面する有明海は日本最大ののり類の産地として知られ，佐賀県はのり類の養殖収《しゅう》獲《かく》量が全国第１位となっている。統計資料は『データでみる県勢』2023年版による（以下同じ）。

問４　西之島《にしのしま》は小笠原《おがさわら》諸島（東京都）に属する無人の火山島で，2013年に付近で海底火山が噴火して新島が出現した。その後も噴火が続き，流れ出た溶岩《ようがん》で新島と西之島がくっついて１つの島となったため，面積が拡大した。

問５　弘前《ひろさき》市は青森県西部に位置する津軽平野の中心都市で，津軽平野はりんごの栽培地として知られる。弘前市は江戸時代に城下町から発展し，弘前城の天守閣は江戸時代の姿をとどめている。

問６　関門海峡《かいきょう》は本州と九州の間に広がる海で，海上には自動車専用の関門橋，海底には鉄道用の関門トンネルと自動車・歩行者用の関門トンネル，山陽新幹線用の新関門トンネルが通り，山口県下関市と福岡県北九州市を結んでいる。なお，明石《あかし》海峡は本州と兵庫県の淡路《あわじ》島，鳴門《なると》海峡は四国と淡路島の間にある海峡で，明石海峡大橋が神戸市(兵庫県)と淡路島，大鳴門橋が鳴門市と淡路島を結んでいる。また，対馬《つしま》海峡は九州と対馬(長崎県)の間，大隅《おおすみ》海峡は九州と種子島(鹿児島県)の間にある海峡で，これらを結ぶトンネルや橋はない。

問７　「○○富士」は富士山(静岡県・山梨県)にちなんで各地の山につけられる別名だが，甲斐《かい》は山梨県の旧国名で，山梨県には富士山があるため，甲斐富士という別名はない。北岳(山梨県)は赤石山脈(南アルプス)北部にそびえる標高3193ｍの山で，富士山についで全国で２番目に高い。なお，開聞《かいもん》岳は鹿児島県，鳥海山は山形県・秋田県，磐梯《ばんだい》山は福島県，羊蹄《ようてい》山は北海道，大山《だいせん》は鳥取県にある。

問８　襟裳岬《えりもみさき》は北海道の中央南部にあり，太平洋に向かって南にのびている。宗谷《そうや》岬は北海道の北端，納沙布《のさっぷ》岬は根室半島の先端に位置する。なお，アの場所には白神岬がある。

問９　北海道には先住民族のアイヌが暮らしていたが，明治時代になると北海道の開拓のために東北地方などから多くの人が移住してきた。このころ，アイヌ語の地名が漢字やカタカナで表されるようになり，現在まで使われている。

問10　飛驒《ひだ》山脈は新潟・富山・長野・岐阜の４県にまたがっておおむね南北にのびる山脈で，3000ｍ級の険しい山が連なっている。木曽川は，鉢盛《はちもり》山(長野県)を水源として，木曽山脈の西側に木曽谷を形成しながら南西へと流れ，岐阜・愛知・三重の各県を通って伊勢湾に注ぐ。なお，飛驒山脈は北アルプスともよばれ，木曽山脈(中央アルプス)・赤石山脈(南アルプス)とともに日本アルプスに数えられる。また，濃尾《のうび》平野を流れる木曽川・揖斐《いび》川・長良《ながら》川は，合わせて木曽三川とよばれる。

問11　流域内総人口が少ない①には，人口が少ない高知県のみを流れる四万十《しまんと》川をふくむ渡川《わたりがわ》水系が，流域内人口が1000万人を超《こ》えている③には，東京都を流れる隅田《すみだ》川をふくむ荒《あら》川水系があてはまると判断できる。また，千曲《ちくま》川は信濃川の長野県内のよび名で，信濃川は全国で最も長い川なので，幹川流路延長が最も長い⑤に信濃川水系があてはまる。②と④のうち，流域内総人口がより多い②が石狩川水系で，流域に人口が100万人を超える道庁所在地の札幌市があることや，石狩川の流域面積が利根川についで全国で２番目に広いことなどが特徴《とくちょう》といえる。④が北上川水系で，流域には岩手県の県庁所在地である盛岡市がふくまれているが，人口が100万人を超えるような大都市はふくまれていないため，流域内総人口はそれほど多くない。

問12　福井県鯖江《さばえ》市では，眼鏡枠《わく》の生産が地場産業としてさかんに行われており，全国の出荷額の95％を占《し》めている。なお，包丁は岐阜県，金属洋食器は新潟県，顕微鏡《けんびきょう》・拡大鏡は長野県が出荷額全国第１位となっている。

問13　モロッコはアフリカ大陸北西部，スペインはユーラシア大陸南西部，カナダは北アメリカ大陸北部にある。

問14　日本では明治時代以降，生糸や綿布などの繊維製品が輸出品の中心となっており，第二次世界大戦後もしばらくその状態が続いた。よって，③が1960年となる。①と②を比べたとき，より高度な技術を要すると考えられる科学光学機器や，近年の火力発電の主要な燃料となっている液化石油ガスが貿易品目にふくまれている②のほうが時代があとだと推測できるので，②が2020年，①が

2000年のものとわかる。

Ⅱ 各時代の歴史的なことがらについての問題

問１　阿倍仲麻呂《あべのなかまろ》は717年に留学生として，藤原清河《きよかわ》は752年に遣唐使として唐(中国)に渡った。753年，ともに帰国しようとしたがかなわず，唐にもどってそこで一生を終えた。なお，④と⑤について，栄叡《ようえい》・普照《ふしょう》・最澄・空海は，厳密には遣唐使ではなく留学僧として遣唐使船で唐に渡っている。

問２　「『尼《あま》将軍』として承久《じょうきゅう》の乱で重要な役割を果たした人物」は，北条政子にあたる。北条政子の父は，鎌倉幕府の初代執権《しっけん》北条時政で，平治の乱(1159年)で敗れて伊豆(静岡県)に流されていた源頼朝を支援し，源平の戦いに加わるなどして，鎌倉幕府の成立に貢献《こうけん》した。

問３　京都に室町幕府が成立すると，関東地方を治める機関として鎌倉府が置かれ，足利一族がその長官である鎌倉公方《くぼう》に就任した。なお，六波羅《ろくはら》探題は，西国の武士や朝廷の監視のために鎌倉幕府が京都に置いた。鎮守府《ちんじゅふ》は，東北地方の蝦夷《えみし》をしずめるため，奈良～平安時代に朝廷が東北地方に設置した。関東郡代は江戸幕府の役職で，関東地方の幕府領を治めるために設置された。侍《さむらい》所《どころ》は，鎌倉幕府・室町幕府で軍事や警察などを担当した機関で，鎌倉幕府では長官が別当とよばれた。

問４　連歌《れんが》は，和歌の上の句(五・七・五)と下の句(七・七)を複数のよみ手が交互によみついでいく文芸で，古代から行われていたが，室町時代には宗祇《そうぎ》らが芸術性を高めた。

問５　関白は，成人した天皇の政治を補佐する役職として，平安時代に置かれた。藤原基経《もとつね》が最初に就任してから，藤原氏がその地位を独占していたが，1585年，豊臣秀吉は藤原氏以外で初めて関白となった。秀吉はその地位を養子の秀次に譲《ゆず》ると，子に関白の座を譲った人をさす太閤《たいこう》のよび名を用いるようになった。

問６　(1)　徳川氏の一族である親藩のうち，尾張藩(愛知県)・水戸藩(茨城県)・紀州(紀伊)藩(和歌山県)の３つは「御三家」とよばれ，将軍の後継《あとつ》ぎを出すことができる特別な藩とされた。なお，越前藩は福井県，会津藩は福島県，甲府藩は山梨県にあった藩。　(2)　朱子学《しゅしがく》は，主従関係や親子関係など，身分の上下関係を重んじる儒学《じゅがく》の一派で，林羅山《らざん》は江戸幕府の初代将軍徳川家康から第４代将軍徳川家綱まで４代の将軍に仕えて朱子学の講義をした。

問７　(1)　石舞台《いしぶたい》古墳は奈良県明日香村にある古墳で，現在は大きな石が積みあがったような状態で残されている。なお，大山古墳は大阪府にある全国最大の前方後円墳で，これにつぐ大きさの誉《こん》田御廟山《だごびょうやま》古墳とともに「百舌鳥《もず》・古市古墳群」の構成資産としてユネスコ(国連教育科学文化機関)の世界文化遺産に登録されている。稲荷山《いなりやま》古墳は埼玉県，箸墓《はしはか》古墳は奈良県にある前方後円墳である。　(2)　高野長英は奥州水沢(岩手県奥州市)出身の蘭学《らんがく》者で，長崎の鳴滝塾《なるたきじゅく》でシーボルトに蘭学を学んだのち，江戸で医者を開業した。1837年にモリソン号事件が起こったさい，『戊戌《ぼじゅつ》夢物語』を書いて幕府の対外政策を批判したため，1839年の蛮社《ばんしゃ》の獄《ごく》で渡辺崋《か》山《ざん》らとともに処罰された。　(3)　松下村塾は，吉田松陰のおじが長州(山口県)の萩《はぎ》に開いた開いた私塾で，吉田松陰が講義を行った。松下村塾では，高杉晋作《しんさく》や伊藤博文，山県有朋《やまがたありとも》など，幕末から明治維新にかけて活躍《かつやく》した数多くの人物が指導を受けた。

問８　(1)　①は1882年，②は1915年，④は1898年のできごとである。③について，大隈重信は大蔵卿《きょう》(現在の財務大臣)などとして地租改正事業を進め，1873年に地租改正条例が公布されたのちもこれにたずさわったが，1881年に政府を去った。よって，古いものから順に③→①→④→②となる。
⑵　井上馨《かおる》は，1879年から1887年まで，外務卿・外務大臣として不平等条約の改正に努めた。その実現のため，東京日比谷に鹿鳴館《ろくめいかん》という社交場を建設し，ここに外国人を招いて，日本の近代化と西洋化の成果をしめそうとした(鹿鳴館外交)。各国といっせいに条約を改正しようと考えた井上は，集団会議方式で条約改正交渉《こうしょう》を始めたが，極端な欧化政策が反発を招いたことなどから，目的を果たせなかった。なお，日清戦争は1894～95年，日露戦争は1904～05年，韓国併合は1910年のできごとで，いずれも井上が外務大臣をやめたあとのことである。　⑶　1917年のロシア革命で日本とロシアの国交はとだえていたが，1925年，日本はロシアを倒《たお》して建国されたソビエト社会主義共和国連邦(ソビエト連邦，ソ連)と日ソ基本条約を結び，国交を開いた。

問９　⑴　光明《こうみょう》皇后は藤原不比等《ふひと》の娘で，聖武天皇の皇后となり，聖武天皇(亡《な》くなったときは上皇)が亡くなると，遺品などを東大寺の正倉院に納めた。　⑵「寺院が今の市役所のような役割を果たした」とは，江戸時代，寺院が寺請《てらうけ》制度によって事実上の戸籍の作成を行っていたことをさしている。江戸時代には，キリスト教を禁止するため，人々は必ずどこかの寺院の檀家《だんか》となるという寺請制度が実施された。これにともなって各寺院は，その人物が檀家であること証明する帳簿《ちょうぼ》として，家族の名前や年齢などを記した宗門人別改帳《しゅうもんにんべつあらためちょう》を作成したが，これが戸籍の役割を果たした。

問10　渡良瀬《わたらせ》川は群馬県と栃木県にまたがる皇海《すかい》山を水源として栃木県と群馬県を流れ，群馬・栃木・茨城・埼玉の４県にまたがる渡良瀬遊水地を通ったのち，茨城県南西部で利根川に合流する。上流にはかつて足尾銅山があり，ここから流れ出た鉱毒が渡良瀬川を汚染するという足尾鉱毒事件が起こった。なお，足尾鉱毒事件は，田中正造が解決に力をつくしたことで知られる。

Ⅲ　政治・経済や国際社会についての問題

問１　日本の紙幣《しへい》は正式には日本銀行券といい，日本の中央銀行である日本銀行が発行する。

問２　国や地方公共団体などの持っている情報を，国民が自由に手に入れられるという権利を，知る権利という。日本国憲法には直接規定されていないが，主張されるようになった「新しい人権」の一つで，この権利を保障するために情報公開法などが整備されている。

問３　⑴　①　国会で成立した法律は，天皇によって公布されたのち，施行される。　②　法律案は予算案の審議と異なり，どちらの議院から審議してもよいことになっている。　③　法律案の審議過程として正しい。　④　衆議院で可決されたのち，参議院で否決された法律案でも，衆議院で出席議員の３分の２以上の賛成で再可決すれば，法律として成立する。　⑵　訪問販売《はんばい》などでいったん商品の購入《こうにゅう》契約を結んでも，一定期間内であれば無条件で契約を解除できるという制度を，クーリングオフ(制度)という。

問４　①　１ポンド＝160円の交換《こうかん》比率が１ポンド＝140円になるということは，円の価値が上がったため，それまでよりも少ない額でポンドと交換できるようになったということで，この状況《じょうきょう》は円高とよばれる。これと逆の状況が円安である。　②　一般的に，通貨の価値が下がると，ものと交換するためにそれまでより多くのお金を支払う必要が生じるので，物価が上昇《じょうしょう》する。よって，正しい。　③　円安のときのほうが，外国通貨をより多くの円に交換できるので，外国人旅行者にとっては有利にはたらく。　④　デフレーションは，不景気で社会(市場)に出回る通貨の量が減ったときに起こる傾向《けいこう》にある。デフレーションのときは，貨幣価値が上がって物価が下がる。

問５　⑴　議事を慎重に審議し，議決することなどを目的として，日本の国会は衆議院と参議院の二院制(両院制)をとっている。議事の可決には原則として両院の一致が必要だが，一部の議事については衆議院の優越が認められている。　⑵　①　衆議院議員は満25歳以上，参議院議員は満30歳以上で被選挙権が与えられる。　②　首相(内閣総理大臣)は，国会議員の中から国会が指名する。　③　国会議員の不逮《たい》捕《ほ》特権は，国会の会期中のみ適用される。また，現行犯の場合，一般的に不逮捕特権は適用されない。　④　国会議員についての説明として正しい。

問６　⑴　1949年，アメリカと西ヨーロッパ諸国による集団防衛組織として，北大西洋条約機構(NATO)が結成された。その後，東ヨーロッパ諸国なども加盟し，2023年２月時点の加盟国は30か国となっている。　⑵　WTO(世界貿易機関)の加盟国は関税率について，WTOの協定で決められた税率に従うのが原則となっているが，お互いに自由貿易協定を結ぶなどしている場合，それぞれの協定にもとづいた税率を適用できる。

問７　⑴　日本国憲法第１条は天皇の地位を定めた条文で，天皇を「日本国と日本国民統合の象徴」と位置づけている。　⑵　日本国憲法第96条の規定にもとづいて憲法を改正する場合，まず衆議院・参議院各議院の総議員の３分の２以上の賛成で国会が憲法改正を発議(国民に提案)する。その後，国民投票が行われ，有効投票の過半数が賛成とした場合，憲法改正が承認される。改正された憲法は，天皇が国民の名で公布する。

理　科　＜第１回試験＞（30分）＜満点：50点＞

解　答

1　⑴　㈠　⑵　㈦　⑶　㈥，㈠　⑷　㈥　⑸　㈣　⑹　①　㈣　②　㈣

2　⑴　a　㈧　b　㈣　⑵　アンモナイト　⑶　㈧　⑷　Ⅰ　㈥　Ⅱ　㈠　Ⅲ　㈦　Ⅳ　㈣　⑸　㈣　3　⑴　2 kg　⑵　**記号**…イ／２回転　⑶　㈣　⑷　4 kg　⑸　①　㈦　②　㈦　③　㈣　④　㈦　4　⑴　㈥　⑵　88mL　⑶　㈦，㈥，㈧，㈩　⑷　75%　⑸　2.4 g　⑹　**記号**…㈥／10.8 g

解　説

1　日時計のしくみについての問題

⑴　図１のような紙日時計では，太陽の高さが高くなるほど影《かげ》の長さが短くなる。日の出や日の入りのころは太陽の高さが低いので影が長くなり，正午に太陽の高さがもっとも高くなると影が最も短くなる。

⑵　夏至のときは，春分より太陽の南中高度が高くなるので，正午の影の長さが短くなり，「３」の位置がＡ側に移動する。同様に，日の出から日の入りまでの時刻を６等分したさいに，それぞれの太陽の高さも夏至の方が高くなるので，影の先端《せんたん》(引く線)は全体的にＡ側に寄る。

⑶　昼の長さは，夏至にもっとも長くなり，冬至にもっとも短くなるので，日の出から日の入りまでの時間を６等分して時刻を決めると，時間の間隔《かんかく》は冬至がもっとも短くなる。また，春分と秋分は昼の長さが同じになるので，時間の間隔は同じになる。

⑷　北半球では，太陽が東から出て，南の高いところを通り，西に沈《しず》むので，棒に太陽の光が当た

る時間が長くなるように，垂直式日時計は棒が南に向くように設置する。

⑸　南を向いた垂直な壁《かべ》に棒を取り付けているので，東西を結んだ線より北に太陽がある時間には影はできない。北半球では，夏至の日には太陽がもっとも北寄りから出るので，太陽がある程度高くのぼったところから影ができ始める。その後，太陽が南中して高い位置にくると，影は図の下の向きにできる。また，壁に垂直に棒を取り付けたとき，太陽の高度が高くなるほど，影の長さは長くなるので，(イ)が適切といえる。

⑹　垂直式日時計は南に向いた壁に文字盤をはり付け，垂直に立てた棒がつくる影で時間を知る。太陽は東から出て，南の空高くを通り，西に沈むので，棒の影は西から棒の真下を通り東へ移っていく。⑸の図では，紙面向かって手前が南，東が右，西が左となるので，影は反時計回りに動く。また，夏至のときは太陽の南中高度が高いので，棒の影は棒の真下に長くのび，冬至のときは南中高度が低いので棒の影の長さは短くなる。

2　生物の誕生と進化についての問題

⑴　**a**　体の外側が殻《から》でおおわれていて，足に節のある動物を節足動物という。節足動物には昆《こん》虫のなかまや，カニなどの甲殻《こうかく》類，クモ類，ムカデなどの多足類などがいる。　**b**　体内に背骨をもつ動物をセキツイ動物といい，セキツイ動物にはヒトのような哺《ほ》乳類や魚類，両生類，爬《は》虫類，鳥類がいる。

⑵　図はアンモナイトの化石である。アンモナイトは中生代に繁栄《はんえい》した動物で，アンモナイトの化石が発見されると，その地層が中生代にできたことがわかる。このように地層の年代を調べる手がかりとなる化石を示準化石という。

⑶　現在いる生物は，種Ｂ，種Ｄ，種Ｅで，種Ａと種Ｃは絶滅《ぜつめつ》している。種Ｅと種Ｄは種Ｃから分かれたので，(オ)のように表すのが適切である。

⑷　まず，動物が無セキツイ動物である節足動物とセキツイ動物に分かれ，セキツイ動物として原始的な魚類のヤツメウナギが現れた。次に，あごが上下に動く魚(メダカ)が現れ，やがて魚の一部が陸上に進出して両生類(ヒキガエル)が誕生する。その後，両生類から哺乳類(ヒト)や爬虫類(ヤモリ)に分かれ，爬虫類の一部が鳥類に進化したと考えられている。

⑸　相同器官とは，現在では形やはたらきが異なっているがもとは同じ器官から変化したもので，クジラの胸びれ，ヒトの腕《うで》，コウモリの翼《つばさ》は，すべて魚類のひれが変化した相同器官である。なお，昆虫の羽は主に皮ふから進化したもの，鳥の翼などはひれ(前足)から変化したものなので，もとの器官が異なるが，いずれも飛ぶための器官なので相似器官である。

3　自転車のギアのしくみについての問題

⑴　輪じくは輪(大きい輪)とじく(小さい輪)を組み合わせたもので，つりあっているときは，(輪にかかる重さ)×(輪の半径)＝(じくにかかる重さ)×(じくの半径)という関係式が成り立つ。おもりＡのおもさを□kgとすると，１×10＝□×５となり，□＝２(kg)である。

⑵　ギア１がＸの向き(反時計回り)に回転すると，ギア２とギア３は時計回りに回転し，ギア４は反時計回りに回転する。ギア１が１回転すると歯の数が40進み，歯数30のギア２が，40÷30＝$\frac{4}{3}$(回転)する。このとき，ギア３も同時に$\frac{4}{3}$回転するので，ギア３は，60×$\frac{4}{3}$＝80の歯の数が進む。すると，ギア４の回転数は，80÷40＝２(回転)とわかる。

⑶　１時間に14km（＝14000m）進むには，１分間に，$14000\div60=\frac{700}{3}$（m）進む必要がある。後輪の直径が，30×２＝60（cm）なので，後輪が１回転で進む距離は，60÷100×3.14＝1.884（m）となり，後輪は１分間に，$\frac{700}{3}\div1.884=123.8\cdots$（回転）することになる。歯数18の後ギアが１回転するとき，歯数36の前ギアは，18÷36＝0.5（回転）するので，後ギアを123.8回転させるには，前ギアを，123.8×0.5＝61.9（回転）させなければならない。よって，60回転が選べる。

⑷　図６で，後ギアを回転させるのに必要な力を□kgとすると，輪じくの関係より，１×30＝□×５が成り立ち，□＝６（kg）とわかる。図５の説明より，前ギアを回転させようとする力も６kgなので，Ｂにつりさげるおもりのおもさを△kgとすると，６×10＝△×15より，△＝４（kg）となる。

⑸　①　後輪にかかる力が等しいとき，後ギアの半径が大きくなるほど，チェーンにかかる力が小さくなるため，小さい力でペダルを漕《こ》ぐことができる。そのため，歯の数がギアの半径に比例するとき，後ギアの歯数が多いほど小さい力でペダルを漕ぐことができる。　②　チェーンにかかる力が等しいとき，前ギアの半径が大きくなるほど，ペダルを押《お》す力も大きくなる。よって，前ギアの歯数が多いほど，大きな力でペダルを押す必要がある。　③，④　①，②より，ペダルを押す力が一定のとき，後輪にかかる力を大きくするには，前ギアを小さく（歯数を少なく）して，後ギアを大きく（歯数を多く）すればよい。

４　金属と塩酸の反応についての問題

⑴　マグネシウムに塩酸を加えたときに発生する気体は水素で，水素は水に溶《と》けにくい性質を利用して㈦の水上置換《ちかん》法で集めるのが適している。

⑵　表より，3.6ｇのマグネシウムがすべて反応すると3.3Ｌの水素が発生し，このとき，必要な塩酸の体積は，$60\times\frac{3.3}{3.0}=66$（mL）である。よって，マグネシウム4.8ｇをすべて溶かすのに最低限必要な塩酸の体積は，$66\times\frac{4.8}{3.6}=88$（mL）である。

⑶　マグネシウムのおもさを変えなければ，加える塩酸の体積を増やしたり，体積を変えずに加える塩酸をこくしたりしても，発生する気体の体積は変わらない。また，マグネシウムを粉末状にすると，塩酸とふれる面積が増えるため，マグネシウムが溶けるまでの時間は短くなるが，加える塩酸の体積を減らしたり，塩酸をうすくしたりしなければ，発生する気体の体積は変わらない。

⑷　マグネシウム0.48ｇを燃やすと，白色の物質と燃え残ったマグネシウムのおもさの合計が0.72ｇなので，マグネシウムと結びついた酸素のおもさは，0.72－0.48＝0.24（ｇ）である。マグネシウム3.6ｇと結びつく酸素は，6.0－3.6＝2.4（ｇ）だから，酸素0.24ｇと結びついたマグネシウムのおもさは，$3.6\times\frac{0.24}{2.4}=0.36$（ｇ）となる。よって，酸素と結びついたマグネシウムの割合は，0.36÷0.48×100＝75（％）と求められる。

⑸　粉末4.0ｇがすべて銅だとすると，燃やした後のおもさは，$4.0\times\frac{4.0}{3.2}=5.0$（ｇ）になるはずだが，燃えた後の物質はそれよりも，6.0－5.0＝1.0（ｇ）重い。銅１ｇがマグネシウム１ｇに置きかわると，燃焼後の重さは，$\frac{6.0}{3.6}-\frac{4.0}{3.2}=\frac{5}{12}$（ｇ）だけ増えるので，燃やす前の粉末にふくまれていたマグネシウムのおもさは，$1.0\div\frac{5}{12}=2.4$（ｇ）である。

⑹　水素，６－1.2＝4.8（Ｌ）と酸素2.4Ｌが過不足なく反応し，水が3.6ｇできる。水素と酸素が反応する体積の比は，4.8：2.4＝２：１なので，21.6Ｌの気体のうち水素が，$21.6\times\frac{2}{1+2}=14.4$（Ｌ）の

ときに，水がもっとも多く発生し，そのとき発生する水のおもさは，$3.6\times\frac{14.4}{4.8}=10.8$(g)である。また，水素が14.4Ｌまでは水素がふえると発生する水の量は増加するが，水素が14.4Ｌより多くなると酸素が不足して発生する水の量は減少する。よって，グラフは(ウ)のような形になる。

国　語　＜第１回試験＞（50分）＜満点：100点＞

解　答

一 **問１**　イ，ロ，ニ，ホ　下記を参照のこと。　ハ　かか(げて)　**問２**　Ⅰ　エ　Ⅱ　イ　Ⅲ　ア　**問３**　イ　**問４**　②　ウ　③　イ　**問５**　他人に押し付けるもの　**問６**　(例)　成功するか失敗するかがわからない　**問７**　Ｂ　**二** **問１**　イ，ニ，ホ　下記を参照のこと。　ロ　あこが(れて)　ハ　たましい　**問２**　本物のアイドルの帰還(だから。)　**問３**　ウ　**問４**　ア　**問５**　愛されていた　**問６**　少年の負担～びそうな物　**問７**　(例)　いつもひそかに百パーセントを超えるレベルと熱量の

●漢字の書き取り

一 **問１**　イ　圧勝　ロ　露骨　ニ　患者　ホ　達成　**三** **問１**　イ　民芸　ニ　告(げる)　ホ　鮮魚

解　説

一　**出典は広田照幸《ひろたてるゆき》の『学校はなぜ退屈《たいくつ》でなぜ大切なのか』による。**「教育とは，誰《だれ》かが意図的に，他者の学習を組織化しようとすることである」という定義に基《もと》づいて，教育とはどのようなものかを解説している。

問１　イ　相手に大きく差をつけて勝つこと。　ロ　感情などをかくさずに，むき出しにすること。　ハ　音読みは「ケイ」で，「掲示」などの熟語がある。　ニ　けがや病気などの治療《ちりょう》を受ける人。　ホ　目的を成しとげること。

問２　Ⅰ「何を学ばせるべきか，どう学ばせるべきか」に関する議論の例が，続く部分で取りあげられている。よって，具体的な例をあげるときに用いる「たとえば」が合う。　Ⅱ「教育とは，誰かが意図的に，他者の学習を組織化しようとすることである」というシンプルな定義では，「複数の考え方の間の対立は表面には見え」ないが，いざ，その「意図」の中身を議論し始めると「非常に複雑な対立の中でものを考えなければいけなくなる」というのだから，前のことがらを受けて，それに反する内容を述べるときに用いる「しかし」があてはまる。　Ⅲ「教師が何かを教えたいと思っていても，生徒がそれを学びたいと思っているとはかぎらない」という点についての具体例をあげたうえで，筆者は「いくら教育をしても，本人がその気にならないと，学習は進」まないと結論づけている。よって，“要するに”とまとめて言いかえるときに用いる「つまり」がよい。

問３　ヒマラヤ山脈を見て何かを感じ取ることは，自分自身の気づきであってほかからの働きかけではない。つまり，「教える側の意図が存在する」ことを「教育」の条件とするならば，ヒマラヤ山脈と自分の間に「教育」は存在しないことになる。よって，イが選べる。

問４　②「何かをやろうとする本人の側」に焦点《しょうてん》をあてるのだから，「個人中心主義」とするの

がよい。　③「子どもにこういうことを学んでほしいからこれを学ばせよう」というのは，全体から個人に焦点をあてていく考え方になる。よって，「社会中心主義」である。

問５　「他者を変えようとするお節介《せっかい》な営み」である「教育」では，とかく「これを覚えろ」，「これについて考えろ」，あるいは「おとなしく座《すわ》って，まずは俺《おれ》の話を聞け」となりがちである。つまり，「他人に押《お》し付けるもの」である点で，「教育には権力が作用している」のだといえる。

問６　病気やけがを治すために医療行為《いりょうこうい》をほどこす「治療」は，必ずしも「望ましい結果が得られるとは限ら」ず，「教育」もまた，教えることと「その成果が実現する」こととは別問題だと筆者は述べている。よって，「教育」と「治療」は「成功するか失敗するか」がわからないという点で共通しているといえる。

問７　もどす文に「そういう対立」とあることから，前では教育に関する議論の対立について説明されているものと推測できる。《Ｂ》に入れると，「『アクティブ・ラーニング』という教え方の是《ぜ》非《ひ》をめぐる最近の議論」も，「『ゆとり教育』改革をめぐる議論の対立」の一つだというつながりになり，文意が通る。

二　**出典は村山早紀《むらやまさき》の『百貨の魔法《まほう》』による。**星野百貨店でコンシェルジュをしている結子《ゆうこ》は，かつて百貨店のアイドルだった鷹城《たかしろ》夫妻を案内しながら，百貨店で働く人々もなじみのお客や印象の強いお客に対しては家族や友人のように大事に思い，愛情を注いでいることを実感する。

問１　**イ**　一般《いっぱん》の人々の生活の中から生まれた，実用的で素朴《そぼく》な美しさをもつ工芸。　**ロ**　音読みは「ショウ」で，「憧憬《しょうけい》」などの熟語がある。　**ハ**　音読みは「コン」で，「霊魂《れいこん》」などの熟語がある。　**ニ**　音読みは「コク」で，「告白」などの熟語がある。　**ホ**　漁獲《ぎょかく》後まもない新《しん》鮮《せん》な魚。

問２　どのフロアでも大歓迎《かんげい》を受けた鷹城夫妻について，結子が「素晴《すば》らしいお客様」と言っていることに注目する。かつて「『お利口くん』と『福の神ちゃん』」と呼ばれていたふたりは，百貨店の従業員から「アイドル」として「密かに愛されていた，年若いお客様」だった。そんなふたりが年齢《ねんれい》を重ね，久しぶりに星野百貨店を訪《おとず》れたため，「本物のアイドルの帰還《きかん》」として従業員たちから大歓迎されたのだから，この部分がぬき出せる。

問３　従業員たちからの歓待を受け，「百貨店そのものの魂みたいなものに，歓迎されているような気持ち」になったと涙《なみだ》ぐむ鷹城氏の言葉を聞いた結子は，「ただ微笑《ほほえ》んで，頭を下げ」ている。「お利口くん」，「福の神ちゃん」と呼び，幼かった頃《ころ》からふたりに愛情を持って接してきた従業員たちの心(魂)が，言葉にせずとも伝わっていたと知り，満たされた思いで結子は「頭を下げ」たのだから，ウがふさわしい。

問４　「美しい物語」とは，かつて「お利口くん」と親しみをこめて従業員から呼ばれていた少年の頃の鷹城氏が，死んだお父さんの代わりに弟や妹に渡《わた》すクリスマスのプレゼントを買いに来たときの話を指す。「何か自分の欲《ほ》しいものを買うために」貯《た》めておいたのであろう「お小遣《こづか》い」でプレゼントを買おうとする「お利口くん」に同情した従業員たちは，「少しでも少年の負担にならない方向で，小さな妹と弟が喜びそうな物」を「時間と頭を使っ」て選んであげたというのである。よって，アの「心温まる」が選べる。

問５　従業員たちの間で「癒《い》やされる子どもたち・学生さんとして，語られ，伝えられてきた」存在だった鷹城少年(お利口くん)は，「福の神ちゃん」とともに，従業員の中では「アイドル」に位置づけられ，「この店で働くひとびとに密かに愛されていた」と書かれている。

問６　亡《な》くしたお父さんの代わりに自分がサンタクロースとして弟と妹にプレゼントを渡さなければと，なけなしのお小遣いを手にしながら話す「お利口くん」に対し，おもちゃ売り場の販売《はんばい》員は「上司や取引先のおもちゃ会社のひとびとに相談した」うえ，「少年の負担にならない方向で，小さな妹と弟が喜びそうな物」を薦《すす》めている。

問７　「お利口くん」と家族に起きた「ラッキーなこと」とは，量り売りのお漬《つ》け物を少しだけ多めに袋《ふくろ》に詰《つ》めてもらえたり，タイムセールの時間ではないのにお総菜が安くなったりしたことを指す。そうしたほんのささやかな贈《おく》り物がいつも密かに用意されていたのは，彼《かれ》らを愛する星野百貨店の従業員たちの心に「百パーセントを超《こ》えるレベルと熱量」のサービスで迎《むか》えようという思いがあったからである。

Memo

2023年度 立教新座中学校

【算　数】〈第２回試験〉(50分)〈満点：100点〉

注意　１．答はできるだけ簡単にしなさい。また，円周率は，3.14を用いなさい。
　　　２．直定規，コンパスをかしたり，かりたりしてはいけません。
　　　３．三角定規，分度器，計算機の使用はいけません。

1　以下の問いに答えなさい。

(1)　次の計算をしなさい。

$$\left(0.5+\frac{1}{3}\div 0.25-0.2\times\frac{1}{6}\right)\times\left(2\frac{2}{3}+0.75-\frac{1}{12}\right)$$

(2)　太郎君と花子さんはビー玉を持っています。はじめに，太郎君は持っているビー玉の半分を花子さんにわたしました。次に，花子さんはそのときに持っているビー玉の $\frac{1}{7}$ を太郎君にわたしました。さらに，太郎君はそのときに持っているビー玉の $\frac{1}{10}$ を花子さんにわたしました。このとき，太郎君の持っているビー玉は126個，花子さんの持っているビー玉は254個になりました。はじめに２人は，それぞれ何個のビー玉を持っていましたか。

(3)　問題集の計算問題を解き，答え合わせをして得点を計算します。得点は，まず正解した問題数を数えて，１問につき５点を得点に加えます。次に，不正解だった問題数を数えて，１問につき２点を得点からひきます。得点は０点からはじまるものとして，次の問いに答えなさい。

①　100問解いて答え合わせをしたところ，得点は297点でした。何問正解しましたか。

②　たくさん問題を解いて答え合わせをしたところ，正解した問題数は不正解だった問題数の４倍で，得点は918点でした。何問正解しましたか。

(4)　図のように AB＝４cm，BC＝３cm，AC＝５cm の長方形 ABCD と１辺が７cm の正六角形があります。長方形 ABCD を矢印の方向に，正六角形の周(太線)に沿って，元の位置に戻るまで滑《すべ》ることなく転がします。このとき，点Aが動いたあとの線の長さを求めなさい。また，点Aが動いたあとの線と正六角形の周によって囲まれた部分の面積の和を求めなさい。

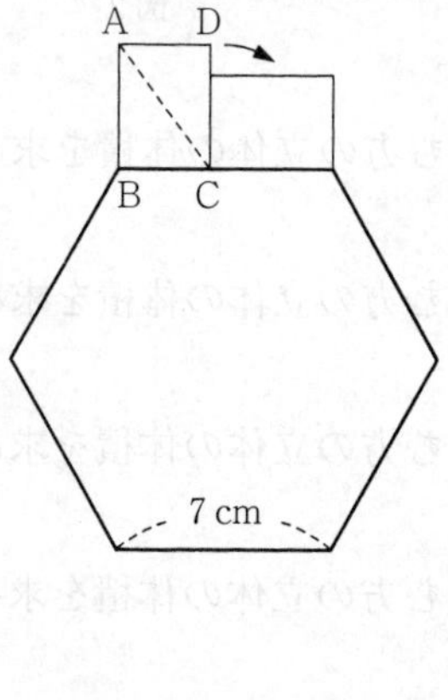

(5)　同じ大きさの立方体16個と36個を，図のように面と面がぴったりと合うように床《ゆか》から積み重ねて２つの立体を作りました。この２つの立体の表面に色を塗《ぬ》ります。ただし，どちらも立体の下の面には色を塗らないものとします。次の問いに答えなさい。

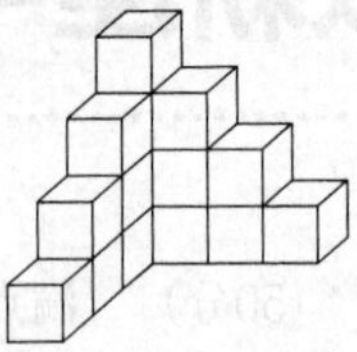

図１

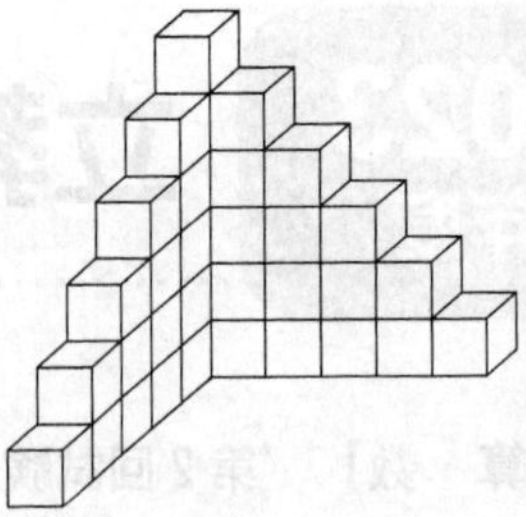

図２

①　図１の立体について，色が塗られている立方体の面はいくつありますか。

②　図２の立体について，この立体をもとの36個の立方体にばらばらにしたとき，色が塗られていない立方体の面はいくつありますか。

2　図の四角形ABCDは面積が240cm²の平行四辺形で，点E，Fはそれぞれ辺BC，CD上にあります。また，三角形ABEの面積は48cm²，CFとFDの長さの比は1：2です。ACとDE，EFの交点をそれぞれH，Gとするとき，次の問いに答えなさい。

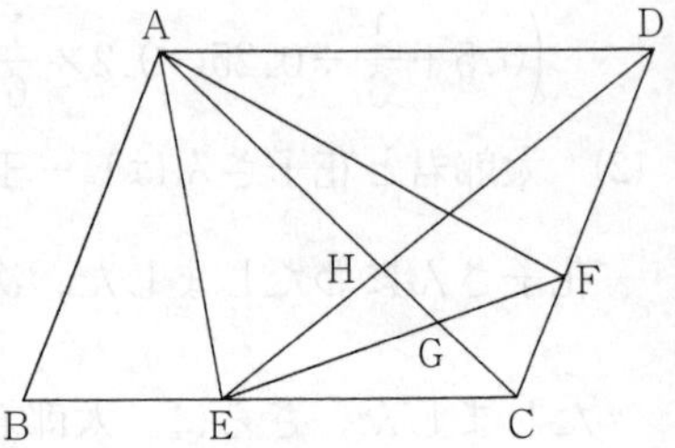

(1)　BEとECの長さの比を求めなさい。

(2)　三角形AEFの面積を求めなさい。

(3)　AGとGCの長さの比を求めなさい。

(4)　三角形HEGの面積を求めなさい。

3　図１のように，１辺の長さが６cmの立方体があります。図２は１辺の長さが６cmの正方形６個を組み合わせた１枚のシールで，点A，B，Cはそれぞれ正方形の頂点で，点D，E，Fはそれぞれ辺の真ん中の点です。この１枚のシールを，図３のように，立方体の面の正方形とシールの正方形がぴったりと重なるように図１の立方体のすべての面にはります。このシールをはった立方体について，次の問いに答えなさい。ただし，三角すいの体積は(底面積)×(高さ)÷3で求めるものとします。

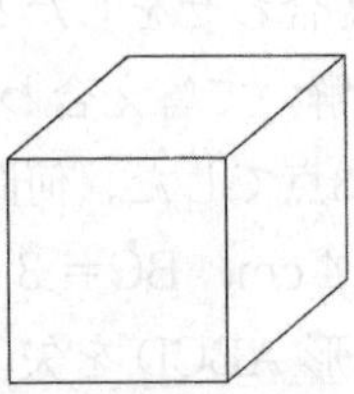

図１

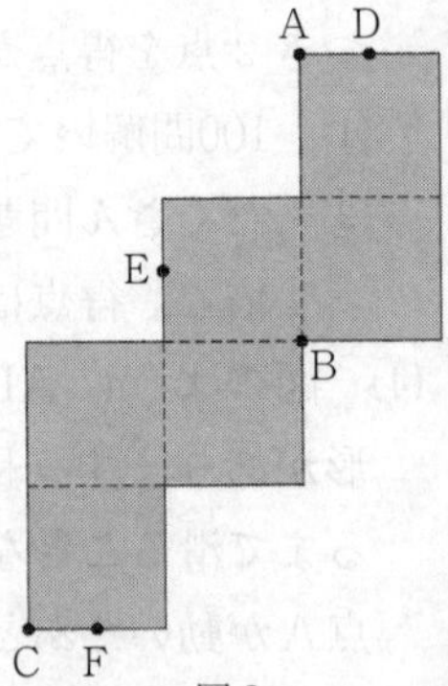

図２

(1)　３点A，C，Eを通る平面で立方体を切断するとき，点Bをふくむ方の立体の体積を求めなさい。

(2)　３点A，B，Cを通る平面で立方体を切断するとき，点Eをふくむ方の立体の体積を求めなさい。

(3)　３点D，E，Fを通る平面で立方体を切断するとき，点Bをふくむ方の立体の体積を求めなさい。

(4)　３点A，B，Fを通る平面で立方体を切断するとき，点Eをふくむ方の立体の体積を求めなさい。

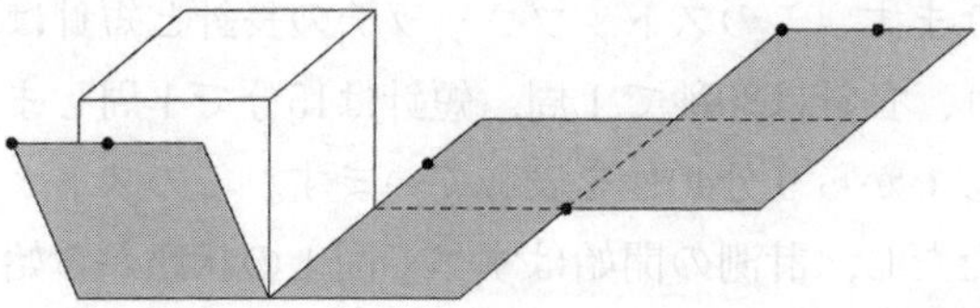

図３

4 図１のように6×6のマス目があり，アルファベットとひらがなでマスの位置を表すことにします。それぞれのマスには数が表示され，どのマスもはじめは０が表示されています。あるマスを選ぶと，選んだマスの周囲にあるそれぞれのマスについて，表示された数に１をたした数が表示されます。選んだマスによって，その周囲にあるマスは８マスか５マスか３マスの場合があります。例えば【Aう】【Aか】【Bえ】の順に３個のマスを選ぶと図２のようになります。下の問いに答えなさい。

	あ	い	う	え	お	か
A	0	0	0	0	0	0
B	0	0	0	0	0	0
C	0	0	0	0	0	0
D	0	0	0	0	0	0
E	0	0	0	0	0	0
F	0	0	0	0	0	0

図１

	あ	い	う	え	お	か
A	0	1	0	1	0	0
B	0	1	1	1	0	0
C	0	0	0	0	0	0
D	0	0	0	0	0	0
E	0	0	0	0	0	0
F	0	0	0	0	0	0

⇒

	あ	い	う	え	お	か
A	0	1	0	1	1	0
B	0	1	1	1	1	1
C	0	0	0	0	0	0
D	0	0	0	0	0	0
E	0	0	0	0	0	0
F	0	0	0	0	0	0

⇒

	あ	い	う	え	お	か
A	0	1	1	2	2	0
B	0	1	2	1	2	1
C	0	0	1	1	1	0
D	0	0	0	0	0	0
E	0	0	0	0	0	0
F	0	0	0	0	0	0

図２

(1) 【Bあ】【Cい】【Eい】【Eか】【Fあ】の５個のマスを選んだとき，36マスすべてに表示されている数の和はいくつですか。

(2) すべてのマスに１以上の数が表示される方法を考えます。選ぶマスの個数をできるだけ少なくするとき，何個のマスを選べばいいですか。

(3) 図３はいくつかのマスを選んだ結果です。何個のマスを選びましたか。

(4) 図４はいくつかのマスを選んだ結果です。ア，イ，ウのマスに表示される数をそれぞれ答えなさい。

	あ	い	う	え	お	か
A	0	0	1	1	2	0
B	0	1	2	1	2	1
C	0	2	3	4	2	0
D	0	2	2	2	1	0
E	0	1	2	2	1	0
F	0	0	0	0	0	0

図３

	あ	い	う	え	お	か
A	1	2	1	0	0	0
B	2	ア	2	1	1	0
C	2	3	3	1	イ	0
D	0	2	1	3	2	1
E	1	ウ	3	4	1	1
F	0	1	1	2	2	1

図４

5　長針と短針があるストップウォッチがあります。このストップウォッチの長針と短針は，図１のようにはじめはどちらも０を指しており，長針は30秒で１周，短針は15分で１周します。図２はこのストップウォッチで計測を開始してから９分40秒を表しています。このストップウォッチについて，下の問いに答えなさい。ただし，計測の開始はすべて図１の状態から始めるものとします。

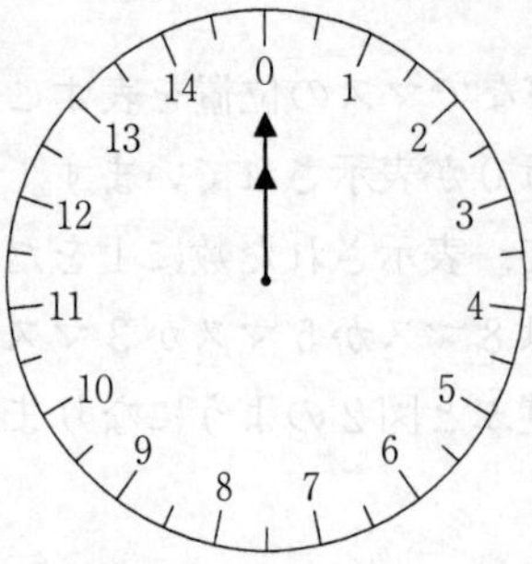

図１

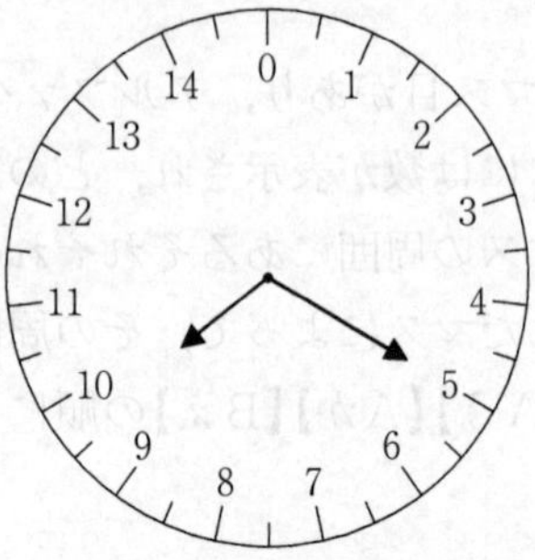

図２

(1)　図２において，長針と短針のつくる角のうち，小さい方の角は何度ですか。

(2)　計測を開始して３分から４分までの間に，長針と短針が重なるのは２回あります。３分何秒と３分何秒ですか。

(3)　計測を開始して10分30秒から11分までの間に，長針と短針のつくる角が20度となるのは２回あります。10分何秒と10分何秒ですか。

(4)　図３において，計測を開始して５分30秒から６分30秒までの間に，直線 l が長針と短針のつくる角を２等分するのは２回あります。何分何秒と何分何秒ですか。

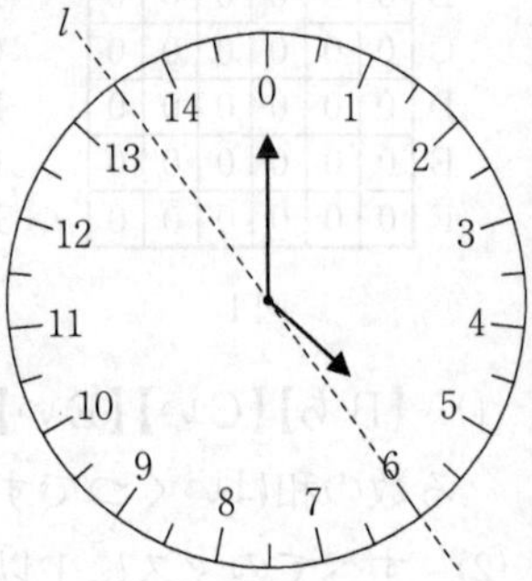

図３

【社　会】〈第２回試験〉（30分）〈満点：50点〉

Ⅰ　以下の文章と図を見て，問に答えなさい。

　東京都は，(1)日本で最大の人口をかかえている。図１から東京都の人口の推移をみると，人口は増加していたが，2020年７月～2022年１月には減少に転じ，最近はまた増加傾向に戻っている。

図１　東京都の人口の推移

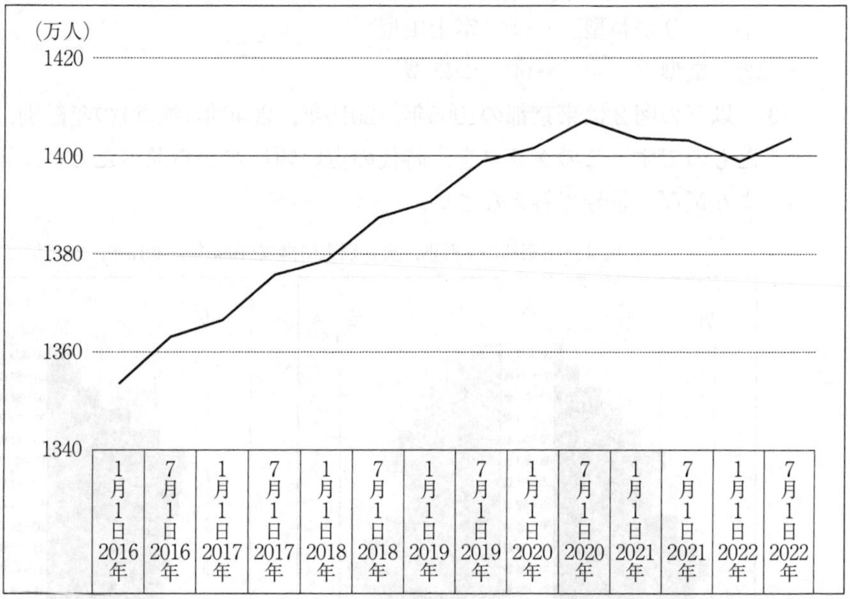

出典：東京都ホームページ（東京都の統計）より作成

　では，(2)日本で少子化や(3)高齢化が進行し，人口減少が大きな問題や課題となっているが，東京都の人口が増え続けたのはなぜだろう。東京都の(4)人口の変化をみていこう。

　近年，東京都でも，（　ア　）数が（　イ　）数を上回り，人口は(5)自然減に転じている。

　また，東京都では他の道府県への（　ウ　）数よりも他の道府県からの（　エ　）数が大きいため，(6)社会増が続いている。つまり，人口の自然減より社会増の方が常に大きかったため，人口の増加が続いたのである。

　2020年以降の人口減少は，一時的に（　ア　）数の増加による自然減の影響《えいきょう》も考えられるが，それよりも(7)（　ウ　）数の増加による社会減の影響が大きいと言われている。

問１　文章中の空欄に，それぞれ最も当てはまる語句を答えなさい。

問２　下線部(1)についてですが，日本で2020年に人口が最大の都道府県は東京都です。人口が最少の県はどこですか，以下より選び，番号で答えなさい。

①　鳥取県　　②　島根県　　③　高知県　　④　徳島県

問３　下線部(2)についてですが，日本の少子化の理由について適当でないものを以下より選び，番号で答えなさい。

①　結婚をしない未婚率が高くなったから　　②　結婚する年齢が上がったから

③　女性の平均寿命《じゅみょう》が男性より長くなったから　　④　子育ての費用が大きくなったから

問４　下線部(3)についてですが，高齢化の目安として65歳以上の老年人口の割合がよく利用されます。現在の日本の老年人口の割合として最も適した数字を，以下より選び，番号で答えなさい。

①　8.1%　　②　16.8%　　③　28.7%　　④　36.3%

問５　下線部(4)についてですが，以下の問に答えなさい。

⑴　人口の変化をみるためによく利用され，次の図２にしめされた年齢別，男女別の人口構成を表すグラフを何といいますか，答えなさい。

⑵　現在の日本の上記⑴の形は何と呼ばれるものですか，以下より選び，番号で答えなさい。

①　つりがね型　　②　富士山型

③　星型　　④　つぼ型

⑶　以下の図２は東京都の1965年，2015年，2040年(推計)の年齢別，男女別人口構成を表したものです。このグラフを，時代の古い順に左から並べたとき，正しい組み合わせを以下より選び，番号で答えなさい。

図２　東京都の年齢別，男女別人口構成(1965年，2015年，2040年)

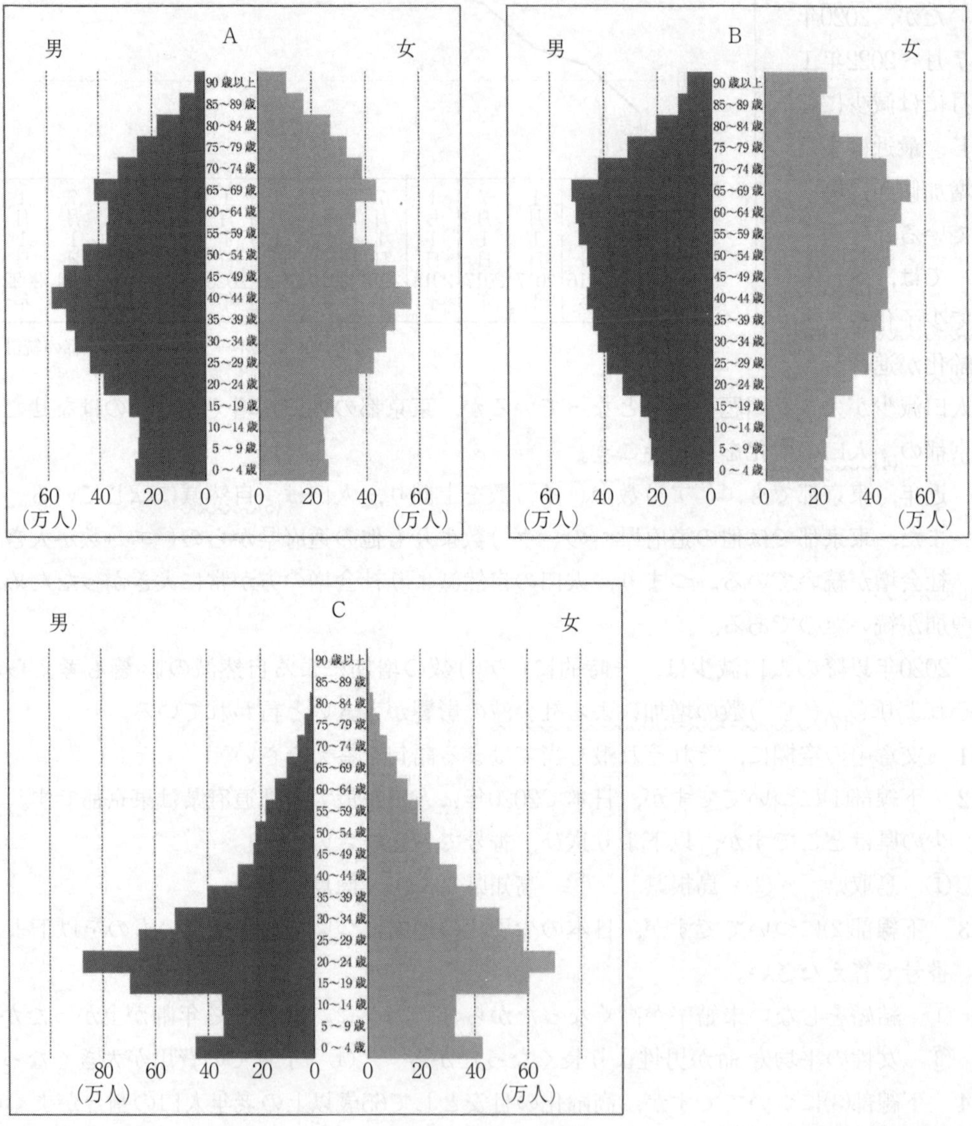

出典：東京都ホームページ(くらしの統計2021)より作成

①　A→B→C　　②　A→C→B

③　B→A→C　　④　B→C→A

⑤　C→A→B　　⑥　C→B→A

問６　下線部(5)についてですが，人口が自然減につながる理由として適当でないものを以下より選び，番号で答えなさい。

①　戦争により多くの犠牲《ぎせい》者が出たから

②　農産物の生産が大きく減少し多くの餓死《がし》者が出たから

③　大地震などの自然災害によって多くの犠牲者が出たから

④　多くの外国人がより良い収入を求めて働きに来たから

問７　下線部(6)についてですが，人口が社会増につながる理由として適当でないものを以下より選び，番号で答えなさい。

①　高度経済成長期に農村から都市部へ多くの人々が移動したから

②　豊富な就業機会や高い賃金を求め多くの人々が移動するから

③　より良い収入を求めて多くの人々が転職するから

④　大学・短大や専門学校などに入学するため多くの若者が移動するから

問８　下線部(7)についてですが，2020年以降の人口減少において，なぜ(ウ)数が増加し，社会減をもたらしたのですか，その理由を説明しなさい。

問９　以下の図３のＸ～Ｚは，日本の各都道府県別の人口密度(2021年)，老年人口率(2021年)，人口の増減率(2020年)をそれぞれ高位，中位，低位の３つの区分で表したものです。図３の地図がそれぞれ何を表すか，正しい組み合わせを以下より選び，番号で答えなさい。

図３

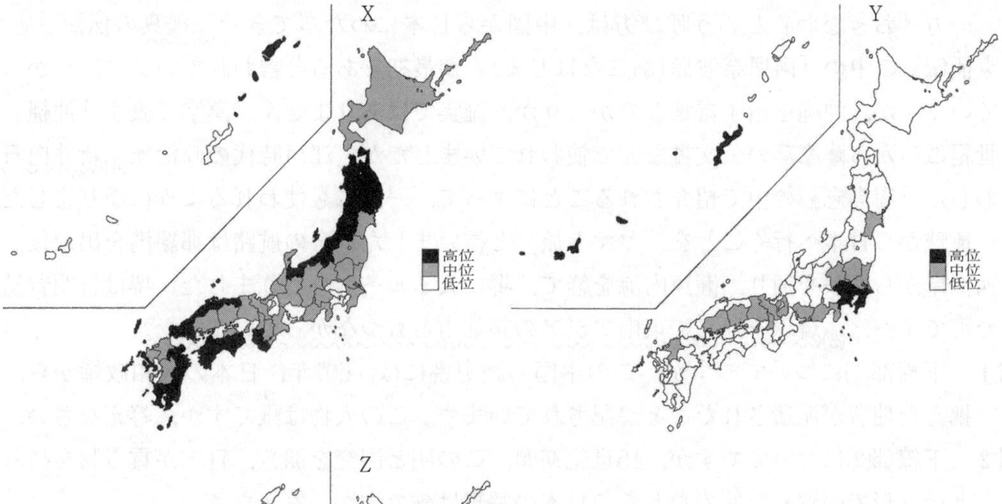

出典：『地理統計2022年版』(帝国書院)より作成

	X	Y	Z
①	都道府県別人口密度	都道府県別人口増減率	都道府県別老年人口率
②	都道府県別人口密度	都道府県別老年人口率	都道府県別人口増減率
③	都道府県別人口増減率	都道府県別人口密度	都道府県別老年人口率
④	都道府県別人口増減率	都道府県別老年人口率	都道府県別人口密度
⑤	都道府県別老年人口率	都道府県別人口密度	都道府県別人口増減率
⑥	都道府県別老年人口率	都道府県別人口増減率	都道府県別人口密度

Ⅱ　次の問に答えなさい。

A．立教新座高等学校在学中の立教健太君は，修学旅行で訪れた沖縄について調べたレポートの内容を，模造紙にまとめて文化祭で掲示しました。

沖縄を表す言葉で，「沖縄(おきなわ)」はもちろんですが，「琉球(りゅうきゅう)」があることを知る人は少なくはないでしょう。沖縄の歴史を学ぶ上で，「琉球」という名称は，重要な表記となります。音読みの「りゅうきゅう」は中国から見た呼び方で，訓読みの「おきなわ」は，日本からの呼び方とも言えるでしょう。「りゅうきゅう」という呼び名ですが，7世紀中ごろの(1)中国の歴史書『隋書』の中に「流求国」という漢語表記で登場しますが，この表記の「流求国」が現在の沖縄であるかどうかは諸説あります。(2)明の公的な歴史書『明実録』に「琉球」と記されて以降は，この「琉球」という表記は沖縄を表すようになりました。

一方「おきなわ」という呼び方は，中国から日本にわたってきた(3)鑑真の伝記『唐大《とうだい》和上《わじょう》東征伝《とうせいでん》』の中の「阿児奈波島(あこなはじま)」が最初であると言われています。しかし音は似ていますが，沖縄を指す言葉なのかどうか，確実ではありません。漢字で表す「沖縄」は，17世紀ごろから薩摩藩の公文書などで使われていましたが，江戸時代の政治家(4)新井白石のあらわした『南島志』の中で紹介されることによって，一般にも使われるようになりました。

琉球から日本へ行くことを「ヤマト旅」と言いました。その航路は那覇港を出た後，九州の西海岸から博多を通り，瀬戸内海を経て，堺に入るルートをとりました。堺は日明貿易で栄えた町ですが，(5)琉球を通じて東南アジアの諸都市ともつながっていました。

問1　下線部(1)についてですが，この中国の歴史書には，607年，日本の大和政権から，国書を携《たずさ》えた使者が派遣されたことが記されています。この人物は誰《だれ》ですか，答えなさい。

問2　下線部(2)についてですが，15世紀初頭，この明と国交を開き，日本が貢《みつ》ぎ物《もの》を持って行くという形での貿易を始めたときの日本の将軍は誰ですか，答えなさい。

問3　下線部(3)についてですが，この僧は，743年以来，5度の渡航に失敗し，失明しながら753年，来日を果たし，日本の僧の制度を整えました。この僧が平城京で開いた寺院を何と言いますか，答えなさい。

問4　下線部(4)についてですが，新井白石は，江戸幕府の6代・7代将軍に仕えた儒学者でしたかれの行った政治に当てはまるものを以下より選び，番号で答えなさい。

① 物価を下げるため，株仲間を解散させました。

② 長崎での貿易を積極的に行い，幕府の財政を安定させようとしました。

③ 貨幣の質を良くして，物価の安定につとめました。

④ ききんにそなえて，村に米をたくわえさせました。

問５　下線部(5)についてですが，16世紀後半に建設され，スペインの総督府が置かれていた，東南アジアの都市はどこですか，以下より選び，番号で答えなさい。

①　ハノイ　　②　バンコク
③　ホンコン　④　マカオ
⑤　マニラ

Ｂ．立教健太君は，修学旅行の行程表と旅行地図も文化祭で掲示しました。なお，【行程表】のａ～ｇは，【旅行地図】のａ～ｇに対応しています。

【行程表】

那覇空港
↓
a 那覇市内
↓
b 沖縄記念公園・美《ちゅ》ら海水族館
↓
c むら咲《さき》むら
↓
d 座喜味《ざきみ》城
↓
e 佐喜真美術館
↓
f 平和祈念《きねん》公園
↓
八重瀬町港川
↓
（　**g**　）
↓
那覇市内自主研修
↓
那覇・国際通り
↓
那覇空港

【旅行地図】

図４

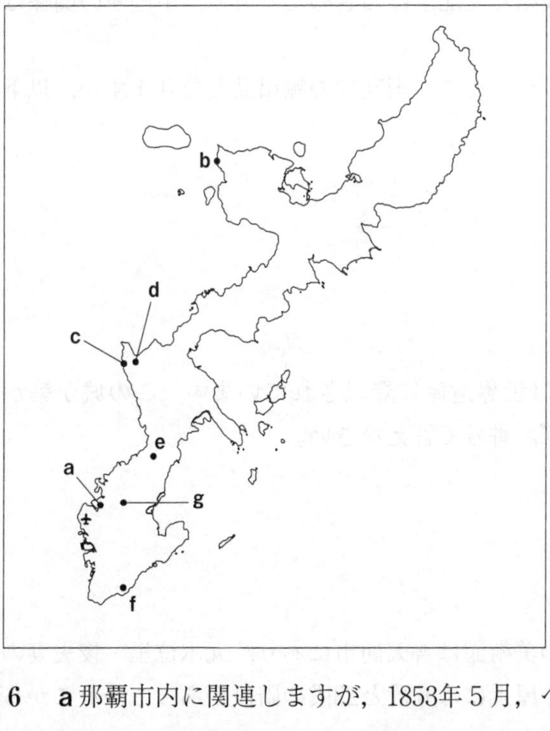

問６　**a** 那覇市内に関連しますが，1853年５月，ペリーは日本との交渉の前に，琉球に来航しま

した。アメリカは，琉球が日本の支配下にあることに気づいており，日本との交渉が失敗した場合は，琉球を占領する計画もあったようです。

(1) ペリーは，1853年６月に那覇を出航し，途中小笠原を経由して，７月には浦賀沖に到着しました。７月下旬に退去し，その半年後の1854年２月，琉球経由で再来航し，幕府との間に条約を結びます。この条約を何と言いますか，答えなさい。

(2) ペリーが来航したときに用いられたアメリカ国旗が，1945年９月２日，東京湾のミズーリ号上で，日本の降伏文書の調印式が行われた際，アメリカ本国より持ち込まれました。この降伏文書には，停戦と，日本軍の無条件降伏とともに，７月にベルリン郊外の町で連合国首脳が討議した宣言文書の内容がふくまれていました。この宣言文書を何と言いますか，答えなさい。

問７　**b**沖縄記念公園・美ら海水族館に関連しますが，この公園及び水族館は，1975年，沖縄本土復帰記念事業として本部町で開催された沖縄国際海洋博覧会の跡地に整備されました。沖縄が返還された年は，日本は国際的にも大きな外交上の成果をあげました。それは，どのような内容ですか，以下より選び，番号で答えなさい。

①　日中平和友好条約が調印される
②　日韓基本条約が調印される
③　日ソ共同宣言が発表される
④　日中共同声明が発表される

問８　**c**むら咲むらに関連しますが，この施設は，陳舜臣《ちんしゅんしん》原作の歴史小説『琉球の風』をドラマ化した際に使われた，オープンセットの跡地を活用した体験型のテーマパークです。『琉球の風』では，海の道を舞台に大交易時代を築いた琉球王国が侵略される場面なども描かれています。

(1) 17世紀初頭，薩摩藩は琉球王国を侵略し支配下におさめた一方で，中国との関係は続けさせました。その理由を答えなさい。

(2) 琉球王国の輸出品に砂糖がありますが，どこの国向けの輸出品となりますか，以下より選び，番号で答えなさい。

①　中国
②　朝鮮
③　日本
④　スペイン
⑤　オランダ

問９　**d**座喜味城に関連しますが，この城は世界遺産に登録されています。この城が築かれた1420年代に起きた出来事を以下より選び，番号で答えなさい。

①　応仁の乱
②　正長の土一揆
③　文禄・慶長の役
④　山城国一揆

問10　**e**佐喜真美術館に関連しますが，この美術館は普天間市にあり，丸木位里《まるきいり》・俊《とし》夫妻の描いた「沖縄戦の図」が展示されています。屋上には６段と23段の階段があって，そこから普天間基地が見渡せます。このように，沖縄に基地がある理由となった条約は何ですか，答えなさい。

問11　f平和祈念公園に関連しますが，この場所には，沖縄戦で亡くなったすべての人々の氏名を刻んだ「平和の礎《いしじ》」がたてられています。沖縄戦は，なぜ多くの犠牲者が出たのですか。その理由として誤ったものを以下より選び，番号で答えなさい。

①　民間人がさまざまな場面で戦場に動員されたから
②　10代の生徒たちも戦場に動員されたから
③　本土からの援軍《えんぐん》がおくれたから
④　住民を巻き込んだ国内唯一《ゆいいつ》の地上戦であったから

問12　(**g**)に関連して，次の問に答えなさい。

(1)　(**g**)は，1429年に統一をはたした琉球王国の国王が住んだ城です。(**g**)に当てはまるものを答えなさい。

(2)　(**g**)の久慶門《きゅうけいもん》を出て右手に行くと，琉球王国時代の大寺院であった円覚寺の跡があります。円覚寺は臨済宗の寺ですが，日本における臨済宗の開祖は誰ですか，答えなさい。

(3)　この琉球王国を築いたのは何氏ですか，以下より選び，番号で答えなさい。

①　宗氏
②　尚氏
③　楊氏
④　李氏
⑤　柳氏

Ⅲ　**チャニングさんは地方自治体の仕事を調べています。ムーアさんとの次の会話文を読んで，以下の問に答えなさい。**

チャニングさん：私が住んでいる地方自治体のホームページをみてみました。ホームページのトップに，(1)文字といっしょに大きなアイコンが並んでいたのが印象的でした。

ムーアさん　　：どんなアイコンが並んでいましたか？

チャニングさん：このようなアイコンです。見比べると，(2)地方自治体の仕事の様子がわかりますね。

妊娠・出産	子育て	教育	結婚・離婚	引っ越し・住まい	高齢者・介護	死亡・葬儀

ムーアさん　　：例えば，子育てにはどんな仕事がふくまれているのでしょうか。

チャニングさん：保育園の情報や，児童手当についてリンクがありました。(3)私の住んでいるところでは，子どもの習い事に補助が出たり，０～５歳の保育が無償《むしょう》化されているそうです。

ムーアさん　　：引っ越しには何がふくまれていますか？

チャニングさん：戸籍や住民票を移す手続きなどです。

ムーアさん　　：地方自治体の仕事は，私たちの生活に密着しているのですね。立教新座中学校がある，(4)埼玉県新座市はどうなっているのでしょう？

問１　下線部(1)のような表現をすることで，より多くの人がその意味を理解できるようになっています。アイコンを表示することで，どのような人が使いやすくなっていますか，説明しなさい。

問２　下線部(2)についてですが，以下の問に答えなさい。

(1)　地方自治体と国の機能を比べたときに，次のＡ～Ｄについて，地方自治体にはあって国にはない機能には(ア)を，国にあって地方自治体にはない機能には(イ)を，どちらにも当てはまる場合には(ウ)を書きなさい。

Ａ　行政の責任者は，議会の解散を命じることができます。

Ｂ　有権者が議員を直接選挙で選びます。

Ｃ　法律にもとづいて，罪の有無や刑の重さを決めます。

Ｄ　有権者が議会の解散を請求することができます。

(2)　地方自治体の仕事として不適切なものを以下より選び，番号で答えなさい。

①　消防署を配置し，火事や救急に対応します。

②　電線を整備し，家庭に電気を届けます。

③　水道管を整備し，家庭に水道水を届けます。

④　警察署を配置し，事件や事故に対応します。

問３　下線部(3)のようなことができるのは，地方自治体に団体自治が認められているからです。団体自治とはどのようなことですか，説明しなさい。

問４　下線部(4)についてですが，以下の問に答えなさい。

(1)　新座市に設置されている議会について，適切なものを以下より選び，番号で答えなさい当てはまるものがない場合は，⑤と答えなさい。

①　新座市議会は慎重《しんちょう》な審議をおこなうために，二院制です。

②　新座市議会議員選挙に投票できるのは，新座市の住民と，そこに通勤・通学する有権者です。

③　新座市議会議員に立候補できるのは，満30歳以上の有権者です。

④　新座市議会では，埼玉県に適用される条例を採択することができます。

(2)　以下の図５を参考にして，これらの地方自治体の予算について説明した文として，正しいものを以下より選び，番号で答えなさい。

①　歳入にしめる市税の割合が最も多いのが，さいたま市です。

②　新座市と夕張市の，歳入にしめる国庫支出金は同じ割合です。

③　歳入にしめる市債の割合が最も多いのが，秩父市です。

④　国からの財政的支援の割合が最も少ないのが，さいたま市です。

図５　2022年度予算(歳入)

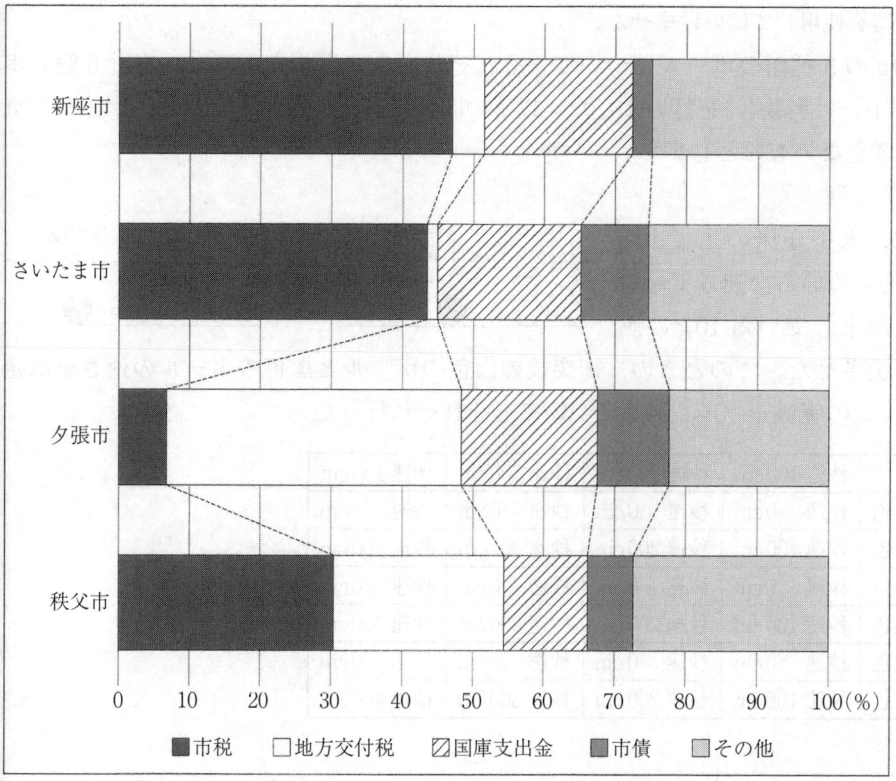

出典：各自治体ホームページより作成

【理　科】〈第２回試験〉（30分）〈満点：50点〉

注意　計算機，分度器を使用してはいけません。

1　10g，40g，90gの３種類のボールについて，それぞれ白色と黒色を用意し，合計６個のボールで次の〔実験１〕～〔実験３〕を行いました。以下の問いに答えなさい。ただし，摩擦《まさつ》や空気の抵抗《ていこう》の影響《えいきょう》は考えないものとします。

〔実験１〕

右図のように，水平な床《ゆか》の上で10gの白色のボールをいろいろな速さで発射台から発射し，静止している10gの黒色のボールに衝突《しょうとつ》させた。このときの，衝突後の白色のボールと黒色のボールの速さを測定し表にまとめた。この実験を40g，90gについてもそれぞれ行った。

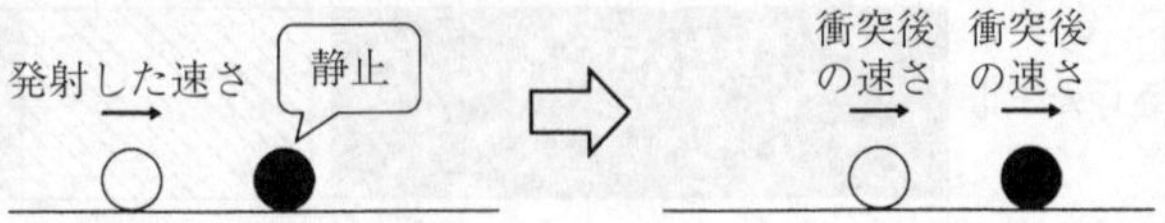

発射した速さ		秒速100cm	秒速200cm	秒速300cm	秒速400cm
10gどうしの衝突後の速さ	白色	秒速　0cm	秒速　0cm	秒速　0cm	秒速　0cm
	黒色	秒速100cm	秒速200cm	秒速300cm	秒速400cm
40gどうしの衝突後の速さ	白色	秒速　0cm	秒速　0cm	秒速　0cm	秒速　0cm
	黒色	秒速100cm	秒速200cm	秒速300cm	秒速400cm
90gどうしの衝突後の速さ	白色	秒速　0cm	秒速　0cm	秒速　0cm	秒速　0cm
	黒色	秒速100cm	秒速200cm	秒速300cm	秒速400cm

〔実験２〕

右図のように，水平な床においたばねに向かって10gのボールをいろいろな速さで発射台から発射した。ボールは，ばねがもっとも縮んだところで一瞬《いっしゅん》静止し，ばねが始めの長さに戻ったところで，ばねから離《はな》れた。このときの，ばねがもっとも縮んだ長さとボールがばねから離れたときの速さを測定し表にまとめた。この実験を40g，90gについてもそれぞれ行った。

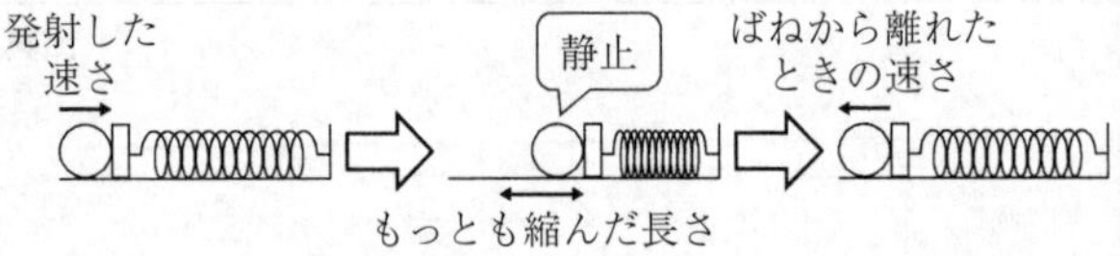

発射した速さ		秒速10cm	秒速20cm	秒速40cm
10g	もっとも縮んだ長さ	1cm	2cm	4cm
	ばねから離れたときの速さ	秒速10cm	秒速20cm	秒速40cm
40g	もっとも縮んだ長さ	2cm	4cm	8cm
	ばねから離れたときの速さ	秒速10cm	秒速20cm	秒速40cm
90g	もっとも縮んだ長さ	3cm	6cm	12cm
	ばねから離れたときの速さ	秒速10cm	秒速20cm	秒速40cm

〔実験３〕

右図のように，円の一部でできた曲線のレールを作成し，最下点から10gのボールをいろいろな速さで発射台から発射した。このときの，レールを上ったボールの最高点の高さを測定し表にまとめた。この実験を40g，90gについてもそれぞれ行った。

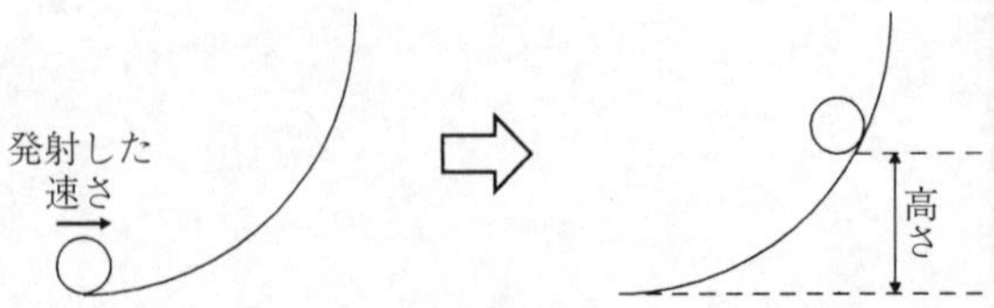

発射した速さ		秒速 100cm	秒速 200cm	秒速 400cm
高さ	10g	5cm	20cm	80cm
	40g	5cm	20cm	80cm
	90g	5cm	20cm	80cm

(1) 〔実験１〕において，衝突後の白色のボールの様子を説明した文として適切なものを，次の(ア)〜(エ)から選び，記号で答えなさい。

(ア) 衝突前と同じ速さで同じ方向に動いている

(イ) 衝突前と同じ速さで逆方向に動いている

(ウ) 止まっている

(エ) 消滅《しょうめつ》した

(2) 〔実験１〕と同様に，40gの白色のボールを秒速50cmの速さで発射し，静止している40gの黒色のボールに衝突させた場合，衝突後の黒色のボールの速さは秒速何cmになるか求めなさい。

(3) 〔実験２〕の結果から考えられることとして適切なものを，次の(ア)〜(オ)からすべて選び，記号で答えなさい。

(ア) 「発射した速さ」と「もっとも縮んだ長さ」は比例の関係にある

(イ) 「発射した速さ」と「ばねから離れたときの速さ」は同じになる

(ウ) 「もっとも縮んだ長さ」と「ばねから離れたときの速さ」は比例の関係にある

(エ) 「おもさ」と「もっとも縮んだ長さ」は比例の関係にある

(オ) 「おもさ」と「ばねから離れたときの速さ」は比例の関係にある

(4) 〔実験３〕の結果から考えられることとして適切なものを，次の(ア)〜(オ)からすべて選び，記号で答えなさい。

(ア) 「速さ」と「高さ」は比例の関係にある

(イ) 「速さ」と「高さ×高さ」は比例の関係にある

(ウ) 「速さ×速さ」と「高さ」は比例の関係にある

(エ) 「おもさ」と「高さ」は比例の関係にある

(オ) 「おもさ」は「高さ」に影響しない

〔実験１〕〜〔実験３〕の結果をもとに，速さや高さの関係を予測してみたい。ただし，白色のボールと黒色のボールのおもさは同じものとする。

(5) 右図のように，白色のボールを静止している黒色のボールに衝突させると，黒色のボールはレールを上る。このときのボールのおもさと，白色のボールの速さと，黒色のボールの最高点の高さの関係について，考えられることとして適切なものを，(4)の(ア)〜(オ)からすべて選び，記号で答えなさい。

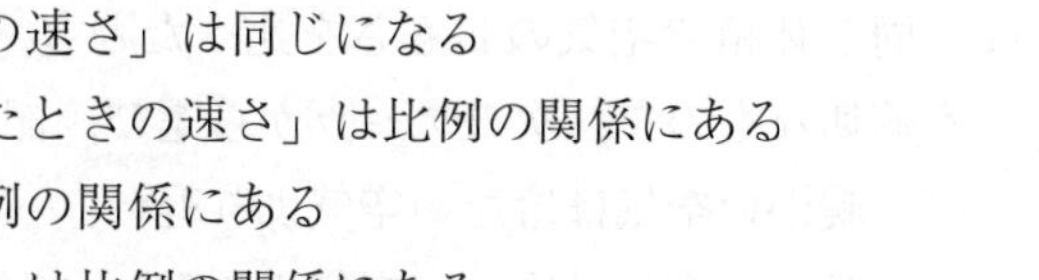

(6) 右図のように，白色のボールをばねに向けて発射すると，ばねではね返った後，静止している黒色のボールに衝突する。その後，黒色のボールはレールを上る。このときのボー

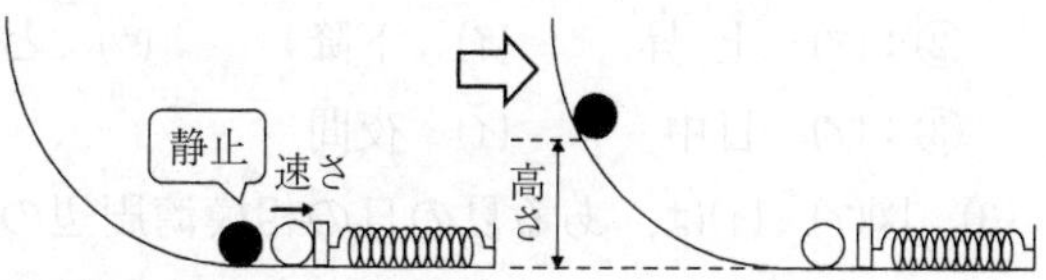

ルのおもさと，白色のボールを発射した速さと，黒色のボールの最高点の高さの関係について，考えられることとして適切なものを，(4)の(ア)～(オ)からすべて選び，記号で答えなさい。

(7)　右図のように，縮めたばねに触《ふ》れるようにおいた白色のボールから手を離すと，白色のボールはばねから離れ，静止している黒色のボールに衝突する。その後，黒色のボールはレールを上る。このときのボールのおもさと，ばねを縮めた長さと，黒色のボールの最高点の高さの関係について，考えられることとして適切なものを，次の(ア)～(オ)から選び，記号で答えなさい。

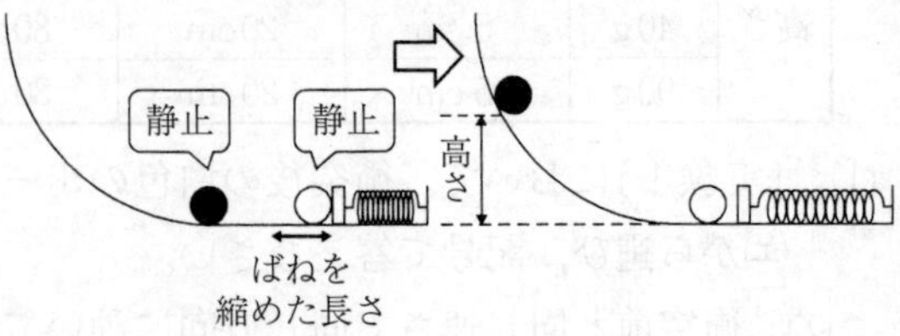

(ア)「ばねを縮めた長さ」と「高さ」は比例の関係にある

(イ)「ばねを縮めた長さ」と「高さ×高さ」は比例の関係にある

(ウ)「ばねを縮めた長さ×ばねを縮めた長さ」と「高さ」は比例の関係にある

(エ)「おもさ」と「高さ」は比例の関係にある

(オ)「おもさ」は「高さ」に影響しない

2　以下の問いに答えなさい。

(1)　同じ体積で空気のおもさを比べたとき，どのような特徴《とくちょう》があると考えられますか。もっとも適切なものを，次の(ア)～(ウ)から選び，記号で答えなさい。

(ア)　暖かい空気は冷たい空気より軽い

(イ)　暖かい空気は冷たい空気より重い

(ウ)　暖かい空気と冷たい空気のおもさはほぼ等しい

(2)　次の文章は，夏の海と陸の温度変化と風について調べてまとめたものです。文章中の①～③に適する語句を，以下の語群から選び，それぞれ記号で答えなさい。

右図から，日中と夜間において，陸地の地表面温度は海面水温に比べて日中と夜間の寒暖差が(　①　)ことがわかった。日中は，陸の方が海より気温が高く，夜間は逆転する。このため，日中，陸で空気が(　②　)する流れが生じたときは，まわりから空気を吸いこむ風が吹《ふ》く。一方，夜間の陸と海の空気の流れは日中と逆である。

北から南に向かって吹く風を北風というように，陸から海に向かって吹く風を陸風，海から陸に向かって吹く風を海風という。右図から，海風は(　③　)に吹くことが考えられる。

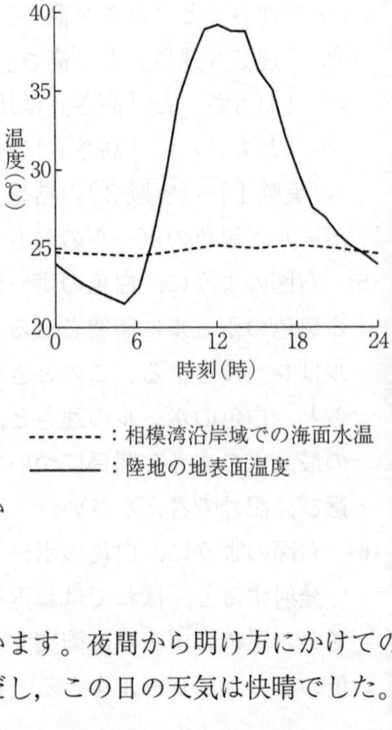

〈語群〉

①：(ア)　小さい　　(イ)　大きい　　(ウ)　ほとんど変わらない

②：(ア)　上昇《じょうしょう》　　(イ)　下降　　(ウ)　とどまろうと

③：(ア)　日中　　(イ)　夜間

(3)　図(ア)，(イ)は，ある夏の日の相模湾《さがみわん》周辺の風向きを示しています。夜間から明け方にかけての風向きを示しているのはどちらか，記号で答えなさい。ただし，この日の天気は快晴でした。

(ア)

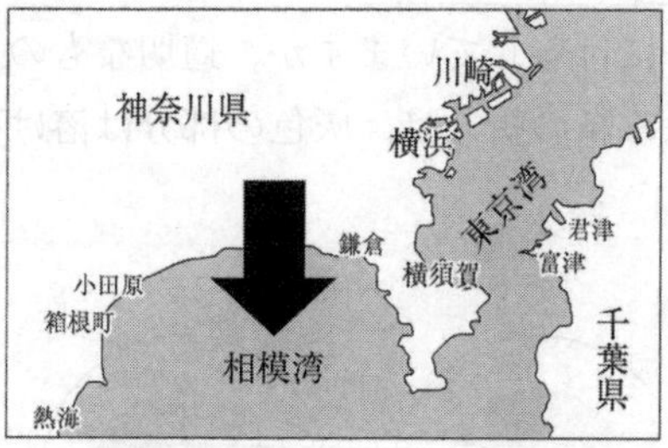

(イ)

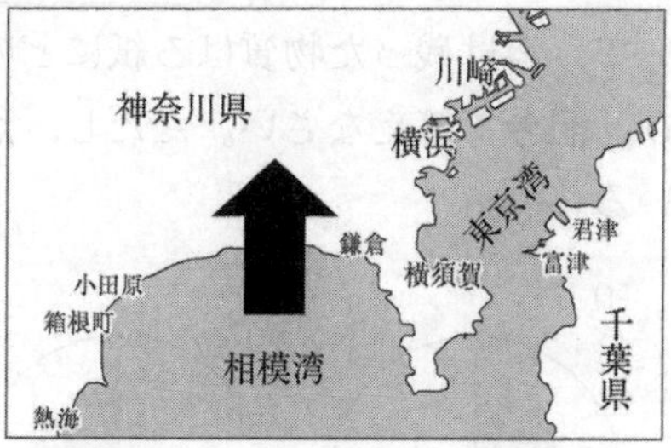

(4)　次の文章は，季節風についてまとめたものです。文章中の①～⑤に適する語句を，以下の語群から選び，それぞれ記号で答えなさい。

日本列島の西には日本海をはさんでユーラシア大陸があり，東には太平洋という海洋があるととらえることができる。夏の大陸の温度は，平均すると海洋と比べて(①)ため，大陸の空気が(②)する流れが生じる。このため，地球の表面付近では(③)から風が吹く。これは，いわゆる(④)が吹く仕組みと同じである。よって，日本の夏は(⑤)からの季節風が吹くと言われている。冬は，この仕組みの逆である。

〈語群〉

①：(ア)　低くなる　　(イ)　高くなる　　(ウ)　ほとんど変わらない

②：(ア)　上昇　　(イ)　下降　　(ウ)　とどまろうと

③：(ア)　大陸　　(イ)　海洋

④：(ア)　陸風　　(イ)　海風

⑤：(ア)　北東　　(イ)　北西　　(ウ)　南東　　(エ)　南西

3　次の文を読み，以下の問いに答えなさい。

太郎くんは，砂糖を水に溶《と》かすと，砂糖の粒《つぶ》が消えて見えなくなることについて疑問に思いました。そこで，次の〔実験１〕と〔実験２〕を行って，砂糖が水に溶けるときの様子を調べることにしました。

〔実験１〕

砂糖を40gはかりとり，60℃の水100gに入れてかき混ぜると，a砂糖はすべて溶けて見えなくなった。

〔実験２〕

〔実験１〕の砂糖水から砂糖のみを取り出そうとして(Ⅰ)を行った。しかし，砂糖水はすべてろ紙を通り抜《ぬ》けてしまった。

(1)　下線部aについて，40gの砂糖はなくなったのではなくすべて水の中に含《ふく》まれていることが考えられます。このことを，水を蒸発させずに確認する方法とその結果をそれぞれ答えなさい。

(2)　文中のⅠに適する語句を答えなさい。

太郎くんは，他の物質でも砂糖と同様の結果になるかどうか確かめるために，食塩を用いて次の〔実験３〕と〔実験４〕を行いました。

〔実験３〕

食塩を40gはかりとり，60℃の水100gに入れてかき混ぜた。すると，溶け残りが生じた。

〔実験４〕

実験3の食塩水を(　Ⅰ　)すると，$_{\text{b}}$溶け残りの物質がろ紙上に付着した。

(3)　下線部bについて，溶け残った物質はろ紙にどのように付着していますか。適切なものを次の(ア)～(オ)から選び，記号で答えなさい。ただし，点線はろ紙の折り目，灰色の部分は溶け残った物質を示している。

(ア)　(イ)　(ウ)　(エ)　(オ)

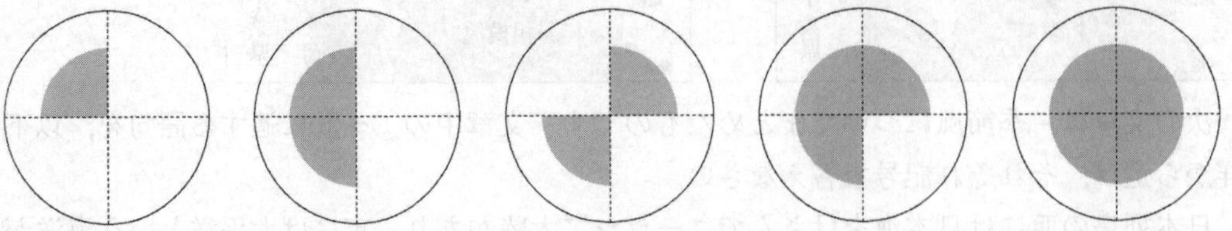

〔実験1〕～〔実験4〕の結果から，太郎くんは，物質ごとに溶けるおもさが違《ちが》うのではないかと考え，溶け方の違いを調べるために，次の〔実験5〕～〔実験7〕を行いました。

〔実験5〕

60℃の水100gに食塩を1回につき10gずつ入れてかき混ぜていき，溶け残りが生じるまでの回数を調べた。砂糖に関しても同様に実験を行った。その結果，食塩は4回目を加えたときに溶け残りが生じたが，砂糖は10回目まで加えてもすべて溶けた。

〔実験6〕

実験5の食塩水を(　Ⅰ　)すると，食塩は2.8g溶け残ったことがわかった。

〔実験7〕

〔実験6〕でろ紙を通り抜けた食塩水をしばらく放置して水をすべて蒸発させると，結晶《けっしょう》が生じた。生じた結晶のおもさをはかると37.2gであった。

〔実験5〕～〔実験7〕の結果から，太郎くんは，水100gに溶けることのできるおもさは物質ごとに異なると考えました。そこで，本で調べてみると，考えた通りでした。また，同じ物質でも温度によって溶けることのできるおもさは異なることがわかりました。なお，60℃の水100gに溶けることのできるおもさは，食塩水が37.2g，砂糖が287.3gとわかりました。

(4)　〔実験6〕でろ紙を通り抜けた食塩水について，次の①，②に答えなさい。ただし，割り切れない場合は，小数第2位を四捨五入して小数第1位まで求めなさい。

①　食塩水の濃度《のうど》は何％になるか求めなさい。

②　①の水溶液《すいようえき》をしばらく放置すると，水溶液の温度は27℃まで下がり，水が一部蒸発して全体のおもさは112.2gになりました。新たに生じた食塩の溶け残りのおもさを求めなさい。

ただし，27℃の水100gに溶けることのできる食塩のおもさは36.0gとします。

太郎くんは，学校の実験室に置いてある白色の硫酸銅《りゅうさんどう》を見つけ，砂糖や食塩と同様の結果になるかどうか確かめるために，次の〔実験8〕と〔実験9〕を行いました。

〔実験8〕

白色の硫酸銅を30gはかりとり，60℃の水100gに入れてかき混ぜると，溶け残りが生じた

〔実験9〕

〔実験8〕の硫酸銅水溶液を(　Ⅰ　)し，ろ紙を通り抜けた水溶液をしばらく放置して水をすべて蒸発させると，青色の結晶が生じた。生じた結晶のおもさをはかると44.5gであった。

〔実験8〕と〔実験9〕の結果から，太郎くんは「なぜ生じた結晶は色が変わったのか。また，

なぜ(Ⅱ)。」という２つの新しい疑問を持ちました。調べてみると，白色の硫酸銅は乾燥剤《かんそうざい》として用いられていることを知り，生じた疑問は解決しました。

(5)　文中のⅡに適する文を答えなさい。

4　以下の問いに答えなさい。

親の特徴が子の代や孫の代に伝わることを「遺伝」といいます。遺伝に法則があることを発見したのは，メンデル(グレゴール・ヨハン・メンデル，1822-1884)です。メンデルが実験材料として用いた植物はエンドウでした。エンドウの種子の形には丸い形(丸形)のものとしわがはいった形(しわ形)のものがあります(図１)。このような種子の形の特徴がどのように子や孫に遺伝していくかを調べる実験をしました。

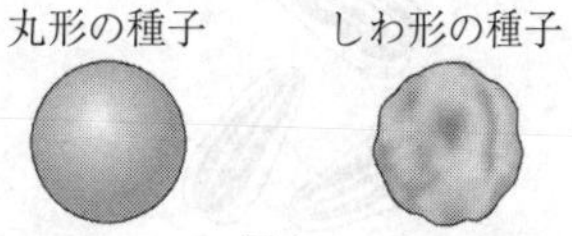

図１

〔実験〕

(1)　何世代も代をかさねても必ず丸形ができる種子を用意した。同じように，必ずしわ形ができる種子を用意した。

(2)　(1)で用意した丸形の種子から成長した花のめしべの先に，しわ形の種子から成長した花の花粉をつけて，できた種子(子の代)を観察した。すると種子は，すべて丸形であった。

(3)　(2)でできた種子から成長した花のめしべの先に，同じ花の花粉をつけて，できた種子(孫の代)を観察した。すると，丸形としわ形の両方の種子があり，丸形の種子は5474個，しわ形の種子は1850個であった。

(4)　(2)から(3)の実験を何度も繰《く》り返したが，孫の代でできた丸形としわ形の種子の比は，いつもほぼ３：１だった。

メンデルの仮説をもとに，この実験の結果を説明する遺伝の規則をまとめました(図２)。

・種子の形を決める遺伝の要素は，丸形を決める要素(A)，しわ型を決める要素(B)の２つある。

・どの種子も２つで１組の要素の型をもっている。

・親はそれぞれの要素を子に１つずつ与《あた》える。

・AとBで１組になると，種子は丸形になる。

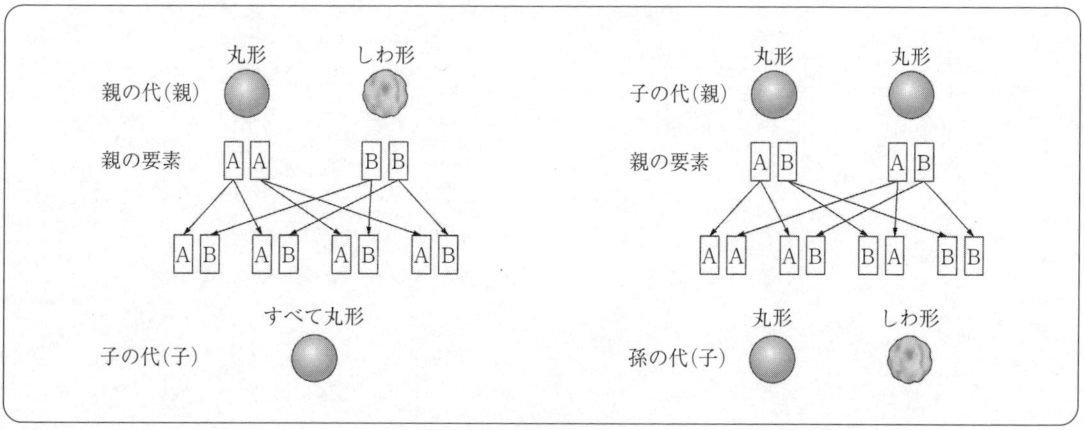

図２

(1)　エンドウの花を表した図として適切なものを，次の(ア)〜(エ)から選び，記号で答えなさい。

(ア)
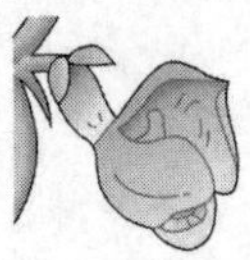
(イ)

(ウ)

(エ)

(2)　エンドウの実を表した図として適切なものを，次の(ア)～(エ)から選び，記号で答えなさい。

(ア)

(イ)

(ウ)

(エ)

(3)　めしべの先に花粉がつくことを何といいますか。漢字２文字で答えなさい。

(4)　孫の代で，BBの要素の型をもつ種子の数は，孫の代全体の何％になるか，求めなさい。

(5)　孫の代にできた丸形の種子の数は，孫の代全体の何％になるか，求めなさい。

(6)　孫の代における種子の要素の型の組み合わせには，AA，AB，BBの３種類があります。次の①，②に答えなさい。

①　種子を２つ選び，一方の種子から成長した花のめしべの先に，もう一方の種子から成長した花の花粉をつけてできた種子(ひ孫の代)を観察しました。できた丸形としわ形の種子の数の比は1：1でした。選んだ２つの種子の要素の型をそれぞれ答えなさい。

②　丸形の種子としわ形の種子を１つずつ選び，成長した丸形の花のめしべの先に，成長したしわ形の花の花粉をつけて，種子(ひ孫の代)をとりました。新たに丸形の種子としわ形の種子を１つずつ選び，成長した丸形の花のめしべの先に，成長したしわ形の花の花粉をつけて種子(ひ孫の代)をとりました。これらの種子を合計し，まとめて観察しました。すると，丸形としわ形の種子があり，種子の数の比は1：1になりませんでした。合計したひ孫の代における種子の形の比を求めなさい。

(7)　メンデルが「要素」と表したものは，現代では何と呼ばれていますか。漢字３文字で答えなさい。

と、琉生が首をすくませた。

「サンタのことは信じてるさ」

ぼくは堂々と胸を張った。

「琉生の言ったとおり、サンタはおじいちゃんだから」

二人がへんな顔でぼくを見る。

「おじいちゃん、三太って名前なんだよ」

「いかにも、わしがサンタじゃー。わっはっはー」

琉生と圭一郎は顔を見合わせて大きなため息をついたあと、あきれたように「うそつきめ」と言った。

ほらね、うそってほんとにむずかしい。サンタのことだって、ぼくはうそをついていないのに、勝手に二人がうそと決めつけた。

「来人、『とっておきの宝物』の作文、どうするんだよ。鏡割れちゃったじゃん」

「そうだなあ、うーん。どうしようかなあ」

「このお店のこと書けばいいよ。純喫茶パオーンのこと。どう？　だって宝物じゃない」

圭一郎が言う。

「そうだね、それいいね。それに決まり！」

「なんだよ、それもまた ⑦ がよさそうだなあ」

「ねえ、おじいちゃん。この店って、創業五十年でいいんだよね」

さっそく作文の出だしを考えようと、おじいちゃんに聞いてみた。

「いんやあ、実は創業四十年や。ばってんまあ、五十年にしといてくれ。そのほうがハクがつくけん」

ガクッとずっこけた。なぜサバを読む必要があるのか、まったくもって意味不明だ。とりあえず、間をとって創業四十五年にしておくか、と、ぼくは思った。

（椰月美智子『純喫茶パオーン』）

問一 傍線部**イ**～**ホ**のカタカナを漢字に直しなさい。

問二 傍線部①「神妙な顔」の説明として適当なものを次の中から選び、記号で答えなさい。

ア　唐突に申し出て、けわしい表情を見せていること。
イ　へりくだった態度で、おびえた表情を作っていること。
ウ　顔色をうかがい、緊張した表情を浮かべていること。
エ　普段と違い、かしこまった表情をしていること。

問三 空欄 ② に当てはまる語を次の中から選び、記号で答えなさい。

ア　おずおずと　　イ　おどおどと
ウ　びくびくと　　エ　さらさらと

問四 傍線部③「怪訝そうな顔」とはどのような顔ですか。適当なものを次の中から選び、記号で答えなさい。

ア　ばかばかしくあきれたという顔
イ　不思議で納得がいかないという顔
ウ　意味が分からず困惑しているという顔
エ　からかわれて不愉快だという顔

問五 傍線部④「ぼくが無視していると」について。なぜ「ぼく」は「無視」したのですか。文中の語句を用いて答えなさい。

問六 傍線部⑤「むずかしいな」について。何が「むずかしい」のですか。文中の表現を用いて答えなさい。

問七 傍線部⑥「自分の心がそう見せた」とはどういうことですか。わかりやすく説明しなさい。

問八 空欄 ⑦ に当てはまる語を文中から抜き出しなさい。

「違うって！　おれは大橋も西川も好きじゃない！　そんな鏡、インチキだ！」

圭一郎が立ち上がり、すばやい動きで鏡を奪い取った。

「おい！よせ、返せよ」

「ふん、こんなのうそっこだ」

「うそじゃないよ、本当にうそをつくと光るんだから！」

「光るわけないだろ！　気持ち悪いこと言うなよ」

そう言って、圭一郎がぼくに鏡を向けた。

「え？」

鏡が一瞬光ったのを、ぼくは見逃さなかった。どういうことだ？　ぼくがうそをついている、ということだろうか。いや、そんなはずはない。今、ぼくはうそなんて、ひとつもついていない。

もしかして、うそをつくと光るということ自体、うそということだろうか……。頭のなかが混乱して、なにがなんだかわからなくなる。

「な、なあ……、今、その鏡……、一瞬、ちょっとだけ光ったような気がするんだけど……」

圭一郎の向かいに座っていた琉生が、しぼり出すような声で言った。恐怖の顔だった。その顔を見た圭一郎の顔も、徐々に恐怖に歪《ゆが》んでゆく。

「うわああ、こわいっ！」

圭一郎が鏡を放った。ぼくはハアワてて手を伸ばしたけれど、間に合わなかった。

パリーンッ！

鏡は床に落ちて、粉々に割れた。

「あんたたち、なにやってんの！　ケガするからニサワるんじゃないよっ。下がっといで！」

地獄耳のおばあちゃんが、ほうきとちりとりを持ってすっ飛んで来た。

「割れてしもうたか……」

おじいちゃんも、いつの間にか近くに来ていた。

「ごめんなさい！」

我に返った圭一郎が頭を下げる。

「来人のおじいちゃん、おばあちゃん、お店のなかで騒いでごめんなさい！　来人もごめんっ！　とっておきの宝物だったんだよね。光ったって聞いて、怖くなって思わず手を放しちゃったんだ……」

いいんだ、とぼくは答えた。おじいちゃんが、ぼくの肩に手を置く。

「……ねえ、おじいちゃん。この鏡、本当にうそを見破る鏡だったのかな」

「来人はどう思った？」

「そんなような気がしただけかも……」

鏡が光ったのは、⑥自分の心がそう見せただけなのかもしれない。そんなふうに、ぼくは思った。だって、うそってむずかしい。当たり前のふつうの会話にだって、うそはたくさんひそんでいる。うそをつこうと思わなくたって、知らずについてるときだってある。

「サンタさんからのプレゼントだったんだよね。ほんと、ごめん」

圭一郎がうなだれる。

「気にせんとき。またなにかプレゼントしたるさかい」

おじいちゃんの言葉に、琉生と圭一郎が驚いた顔でおじいちゃんを見た。

「え？　サンタさんからのクリスマスプレゼントだったんじゃないの？」

圭一郎が言い、

「もしかして、来人のおじいちゃんがサンタ役だったんじゃない？　来人はサンタの存在を信じてたのに、ホユメ破れたり、だな」

た。

「怒るもなにも、そんなことどうでもいいよ」

はっきりと琉生が言う。確かにどうでもいい。

「でもさ、プレゼントの百科事典をおかあさんが用意したっていうのは、本当なんでしょ？」

ぼくは聞いてみた。

「うん、あれはおかあさんが犯人なんだけどさ。でもさ、サンタクロースっていうのはちゃんといると思うんだ。おれ、プレゼントとはべつに、もうひとつサンタさんにお願いしてたんだけど、そっちは叶《かな》ったんだよ」

「もうひとつのお願いって？」

「おばあちゃんの病気が治るようにお願いしたんだ。もう長くないって言われてたんだけどイキセキ的に回復して、今も元気なんだよ」

へえー、と、琉生と声がそろう。

「だから、おれはサンタさんのことを信じてるんだ。夏休みの宿題の、『とっておきの宝物』の作文だけど、おばあちゃんのことを書こうと思うんだ」

圭一郎が照れくさそうに首をぽりぽりとかく。

「すごくいいと思うよ」

ぼくは言った。

「おれのハワイ旅行の題材より、先生受けがよさそうじゃないかー」

琉生が続ける。

「来人の作文は、鏡だっけ？　サンタが置いていったっていう謎の鏡」

ぼくは大きくうなずいて、ポケットから手鏡を取り出した。

「この鏡は、うそを見破る鏡なんだ」

「はあ？」

琉生と圭一郎が声をそろえて、③怪訝《けげん》そうな顔でぼくを見る。

「じゃあ、試しにちょっと、なんかうそついてみてよ」

ぼくが言うと、琉生はそうだなあ、と腕を組んで、

「実はおれ、ロウチュウ人なんだ」

と言った。④ぼくが無視していると、今度は「実はおれ、八十六歳なんだ」と続けた。ぼくはこれもスルーした。

「あきらかなうそはやめてくれよ」

うんざりしながら言うと、

「うーん、⑤むずかしいな」

と、琉生は腕を組んで頭を傾《かし》げ、圭一郎もうなずいた。

「真実かもしれない微妙なうそって、案外むずかしいよ。だってさ、それを言った時点であきらかに真実っぽくなるもん。たとえばさ、圭一郎の好きな女子は二組の大橋彩音です、とか」

「ちょっ、ちょっと！　なんだよ、それ！　違うからな！　大橋なんて好きじゃない！」

ぼくは圭一郎に対して、ひそかに鏡を向けてみた。鏡は見事光った。

「大橋彩音、かわいいもんな」

「違うって！」

「じゃあ、西川はるかのことはどう思う？」

「好きじゃないよ！」

圭一郎が顔を真っ赤にして、首を振る。テーブルの下で、圭一郎に鏡を向けるとやっぱり光った。

「気が多いなあ」

ぼくが笑うと、「もしかして鏡が光ったの？」と、琉生が身を乗り出した。

「うん、見事ヒットした。きらりと光ったよ」

手鏡を掲《かか》げて、うなずいた。

とではない？「おたんこなす」っていうのもありますね。使ったことないけど。あれ、どういう意味なのでしょうね。……ともかく悪口のバリエーションもいっぱいあるはず。昔友人が何かに憤慨して、七回生まれ変わったって、許さない、って言うのを聞いたこともありました。それって、過激に聞こえるけど、八回目には許すかもしれないのね。

自分の気持ちにふさわしい言葉を、丁寧に選ぶという作業は、地味でパッとしないことですが、それを続けることによってしか、もう、私たちの母語の大地を再び豊かにする道はないように思うのです。

これは一見、群れのこととは関係ないようですが、群れのコミュニケーションの大きな柱は、やはり言葉なのです。もし自分の気持ちと違う言葉を言ってしまった、と思ったら、できるだけ早く、そのことを相手に伝えた方がいい。

（梨木香歩『ほんとうのリーダーのみつけかた』）

問一 傍線部**イ**～**ホ**のカタカナを漢字に直しなさい。

問二 空欄［A］～［C］に当てはまる語を次の中から選び、それぞれ記号で答えなさい。

ア　例えば　　イ　だから　　ウ　つまり　　エ　けれど

問三 傍線部①「こういう視座」とは何ですか。文中の表現を用いて答えなさい。

問四 傍線部②について。「マイナスの威力を発揮」するのはなぜですか。文中の表現を用いて三十五字以内で答えなさい。

問五 空欄［③］に当てはまる語を次の中から選び、記号で答えなさい。

ア　はしたない　　イ　心もとない
ウ　むなしい　　エ　腹立たしい

問六 空欄［④］に当てはまる四字熟語を次の中から選び、漢字に直して答えなさい。

イクドウオン　　オンコチシン　　ガデンインスイ
フワライドウ　　リンキオウヘン

問七 空欄［⑤］に当てはまる語句を文中から四字で抜き出しなさい。

問八 次のア～オそれぞれについて。本文の内容に当てはまるものには○、当てはまらないものには×をつけなさい。

ア　発せられる言葉が実態とかけ離れている場合、その言葉は持っている力を失ってしまう。

イ　現代の政治家は言葉の力を信じ、その力によって国を動かそうとしてきた。

ウ　お互いの違いを認め合うことによって、今の日本は成り立っているといえる。

エ　日本への愛国心を表す言葉は、ほんのささやかなものでも十分に伝わる。

オ　今の日本には、周囲の人と同じであると安心だという空気が広がっている。

二　次の文章を読んで、後の問に答えなさい。

「琉生《りゅうせい》、来人《らいと》。ちょっと話があるんだけど、いい？」

圭一郎だ。めずらしく①神妙な顔をしている。ぼくはエプロンを外して、自分の分のジンジャーエールをもらって席に着いた。

「朝さ、おれ、サンタクロースを信じてないって言ったでしょ？　あれさ、うそなんだ。ごめんっ」

圭一郎が、がばっと頭を下げる。

「そうだったんだ」

「へえ」

ぼくと琉生の返答に、圭一郎は［②］「怒ってない？」と聞いればならないけれど、使い方はシンプルです。
［C］形容する言葉は、じつに使い方が難しいです。②大きな容量のある言葉を大した覚悟もないときに使うと、マイナスの威力を発揮します。「今までに例のない」「いまだかつてない」「不退転の（決意で）」などなど、実際はそれほどのこともないのに大袈裟《おおげさ》な言葉を使うと、実態との間に隙間ができるのです。そこにヒューヒュー風が吹き荒《すさ》んで、虚《むな》しさを掻《か》き立てる。言葉が、張子の虎のように内実のないものになってしまう。だから、効果がないばかりか、じつに逆効果なのです。マイナスです。言ってみれば、言霊を殺しているような状況です。こういう言葉遣いをするのは現代の政治家に多い。インパクトの強い言葉で聴衆の気を惹《ひ》きつけないといけないという気持ちが強すぎるのでしょう。その結果、ほとんど真実でないことまで繰り出してくる羽目になってきた。私は、今の政権の大きな罪の一つは、こうやって、日本語の言霊の力を繰り返し繰り返し、削《そ》いできたことだと思っています。それが知らないうちに、国全体の「大地の力のようなもの」まで削いできた。母語の力が急速に失われてきた。この「大地の力のようなもの」こそ、ほんとうのその国固有の「底力」だと思うのです。

同じメカニズムで、国の底力を奪ってきたものに、ことさらに大袈裟な「日本すごい」連呼シリーズがあると思います。以前はなかった現象ですが、あるときから急に目立つようになりました。この大袈裟な言葉も、言葉の価値を虚しくさせます。

そんなこと、わざわざ言われなくても日本という国に誇りが持てた時代があったのです。外国へ行ってそこの治安の悪さや大都市のあちこちにゴミ屑《くず》が散らばっていることに慣れ、日本へ帰ってくると、なんてきれいなんだろう、夜も安心して歩けるって、なんてほっとするんだろう、と、嬉しくなったものです。国にプライドを持つ、というのはそういう小さなことが積み重なって、自分の背景の一部をなしていくようなもので、でもことさら声高に言うものでもない。だって、［③］じゃないですか、自分の家族自慢ばかりしているようなもので。自分というアイデンティティの一部、家族のようなものだから、だめなところも目につく。ついグチも言いたくなる。でも心のなかではこの国に生まれてよかった、と思っている。愛国心、ってそういう「ささやかだけれども堅固」なものだと思うのです。

なんだかんだ言ってもオリンピック中継を見れば、無意識に日本を応援しているし、勝ったら嬉しい。でも、そこで陶然として「だから日本は素晴らしい！」と叫んで回るのは変。その人の脳内で、選手は素晴らしい、選手は日本人である。自分も日本人である。だから自分は素晴らしい、と変換されていっているのが目に見えるようです。ちょっとおかしいでしょう？　素晴らしいのはそこまで努力した選手本人です。その選手を称《たた》え、同じ日本人として誇らしい、というならまだわかりますが。何かあるたびに、「日本はすごい」と無理な［④］で叫ばれるのは、大袈裟な形容詞で心が虚しくなるのと同じマイナスの効果があります。言ってる本人たちは国力を増すくらいのつもりでしょうが、それはかえって健やかな国力をねじ曲げ、国のほんとうの底力を低下させてしまうのです。［⑤］を大きくするだけ。

日本の美しさ、素晴らしさは、日本語の美しさ、素晴らしさに負うところが大きい。

どうか、一つひとつの言葉を蔑《ないがし》ろにせず、大切にしてください。

蔑ろにするというのは、例えば、知り合い程度でしかない相手に「シンユウ」と連発して呼んでみたり、ちょっと腹を立てたくらいで「シネ」と言い放ったりするようなことです。「バカやろう」で済むこ

2023年度

立教新座中学校

【国　語】〈第二回試験〉（五〇分）〈満点：一〇〇点〉

一　次の文章を読んで、後の問に答えなさい。

「私と小鳥と鈴と」という金子みすゞの有名な詩があって、そのなかに「みんなちがって、みんないい」という言葉があります。ここ数十年、教育の現場ではしょっちゅう出てくる言葉だと思うので、知らない方はいないかと思うのです。けれど、

みんなちがって、みんないい、ってほんと？　ほんと？

みんなちがって、みんないい、って、ほんとにそう思ってる？

みんなとちがっていたら、不安ではない？　みんなおなじで、みんなあんしん、っていうのが、今の日本の空気なんじゃないかと思います。なのに、いまだにこの言葉が生き残っているのは、やはり、この言葉が、真実の一面をついているからだと思います。ほんとうは、これはだれでも言える言葉ではない。うんと歳をとって、世界のすべてを愛《いと》しく思い、しみじみ感慨に耽《ふけ》ったときに出てくる祝福の言葉です。例えば祖父母が様ざまなタイプの元気な孫たちに目を細めて、かける言葉だと思うのです。リアルタイムで社会を駆け抜けようとしているときに①こういう視座を持ってこられると、そこですべてが**イ**ハンダン停止になってしまう。［A］「みんなちがって、みんないい」と言われたときに感じる、受容された感覚、社会的な**ロ**コウテイ感は、大切に自分のなかに保ちつつ、それはそれ、これはこれで現実に対処しなければならない。この言葉がいまだにあちこちで引き合いに出されるのは、「群れの長老に優しく微笑《ほほえ》まれ、受け入れてもらえた」ような、温《ぬく》もりがあるからだと思います。つまり、群れというのは、生きていくときに大切な、そういう温もりを**ハ**キョウキュウできるものでもあるのですね。

「みんな同じになるべき」という同調圧力や「優秀なほど偉い」という能力主義があまりにも強烈に現場を**ニ**シバり始めたときに初めて、「みんなちがって、みんないい」という一言が発せられることで、緊張感を**ホ**カンワする力を持つのです。

怖いのは、「みんな同じであるべき」「優秀なほど偉い」という考え方が当たり前のように場を支配しているのに、指導者が「みんなちがって、みんないい」と、その言葉のほんとうの意味も考えず、さして慈愛の気持ちも持たずに、型どおりにそれを繰り返していることです。そうすると、言葉が空疎になり、なんの力も持たなくなります。そんな言葉の形骸化が起きると、その言葉自体が陳腐なものになってしまうのです。空洞化し、無力になる。

言葉の力とはなんでしょう。

［B］SNSなどを使いこなすみなさんなら、だれかから書き込まれた一言で、死にたくなったり、嬉《うれ》しくて飛び上がりたくなるほどの力をもらったり、ということを経験されていると思います。それを書き込んだ本人は、軽い気持ちで書いたかもしれないのに、受け取ったほうは、心の真芯《ましん》で捉えてしまう。

太古の昔から、日本では言葉には言霊《ことだま》という、霊的な力があると信じられていました。言霊は、言葉のなかに満ちていて、呪術的な言葉を無造作に発してしまうと、それが現実のものになるとさえ思われていたのです。言葉も、じつは品詞によって力の発揮具合が違います。大きな力を発揮するのはやはり動きを表す言葉ですね。「頑張れ」「愛してるよ」「走れ」など。反対の言葉も想像できるでしょう？　「しね」とか言われればこたえますね。動きを表す言葉は、気をつけなけ

2023年度
立教新座中学校　▶解説と解答

算　数　＜第２回試験＞（50分）＜満点：100点＞

解　答

[1] (1)　6　(2)　**太郎君**…200個，**花子さん**…180個　(3)　①　71問　②　204問　(4)　**線の長さ**…78.5cm，**面積の和**…193cm^2　(5)　①　47面　②　121面　[2] (1)　2：3　(2)　88cm^2　(3)　11：3　(4)　$11\frac{4}{7}$cm^2　[3] (1)　108cm^3　(2)　180cm^3　(3)　108cm^3　(4)　153cm^3　[4] (1)　29　(2)　8個　(3)　5個　(4)　**ア**…1，**イ**…1，**ウ**…3　[5] (1)　112度　(2)　3分$6\frac{6}{29}$秒と3分$37\frac{7}{29}$秒　(3)　10分50秒と10分$53\frac{13}{29}$秒　(4)　5分$42\frac{18}{31}$秒と6分$11\frac{19}{31}$秒

解　説

[1] 四則計算，相当算，つるかめ算，図形の移動，長さ，面積，構成

(1)　$\left(0.5+\frac{1}{3}\div0.25-0.2\times\frac{1}{6}\right)\times\left(2\frac{2}{3}+0.75-\frac{1}{12}\right)=\left(\frac{1}{2}+\frac{1}{3}\div\frac{1}{4}-\frac{1}{5}\times\frac{1}{6}\right)\times\left(\frac{8}{3}+\frac{3}{4}-\frac{1}{12}\right)=\left(\frac{1}{2}+\frac{1}{3}\times\frac{4}{1}-\frac{1}{30}\right)\times\left(\frac{32}{12}+\frac{9}{12}-\frac{1}{12}\right)=\left(\frac{1}{2}+\frac{4}{3}-\frac{1}{30}\right)\times\frac{40}{12}=\left(\frac{15}{30}+\frac{40}{30}-\frac{1}{30}\right)\times\frac{10}{3}=\frac{54}{30}\times\frac{10}{3}=6$

(2)　条件をまとめると，右の図Ⅰのようになる。持っている個数の$\frac{b}{a}$をわたすと，残りの個数ははじめの個数の$\left(1-\frac{b}{a}\right)$になるから，オ×$\left(1-\frac{1}{10}\right)$＝126より，オ＝126÷$\frac{9}{10}$＝140とわかる。また，２人が持っているビー玉の合計は，126＋254＝380(個)なので，カ＝380－140＝240と求められる。よって，エ×$\left(1-\frac{1}{7}\right)$＝240より，エ＝240÷$\frac{6}{7}$＝280，ウ＝380－280＝100となり，ア×$\left(1-\frac{1}{2}\right)$＝100より，ア＝100÷$\frac{1}{2}$＝200，イ＝380－200＝180とわかる。したがって，はじめの個数は，太郎君が200個，花子さんが180個である。

図Ⅰ

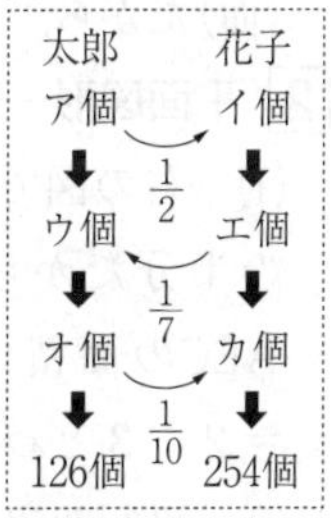

(3)　①　100問すべて正解したとすると，得点は，５×100＝500(点)となり，実際よりも，500－297＝203(点)多くなる。この状態から１問不正解になるごとに，得点は，５＋２＝７(点)少なくなるから，不正解の数は，203÷７＝29(問)とわかる。よって，正解した数は，100－29＝71(問)である。　②　正解の問題４題と不正解の問題１題を１組と考えると，１組の得点は，５×４－２×１＝18(点)になる。よって，組の数は，918÷18＝51(組)なので，正解した数は，４×51＝204(問)と求められる。

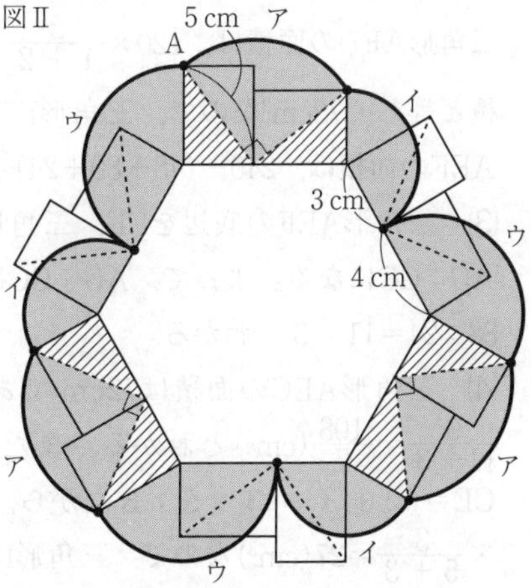

(4)　長方形は右の図Ⅱのように動き，それにともなって

点Aは太線のように動く。また，N角形の内角の和は，180×（N－２）で求められるから，六角形の内角の和は，180×（６－２）＝720（度）であり，正六角形の１つの内角は，720÷６＝120（度）とわかる。よって，イの部分とウの部分のおうぎ形の中心角はどちらも，360－(120＋90)＝150（度）になる。さらに，アの部分の半径は５cm，イの部分の半径は３cm，ウの部分の半径は４cmであり，それぞれ３か所ずつある。したがって，点Aが動いたあとの線の長さは，$\left(5\times 2\times 3.14\times\frac{90}{360}+3\times 2\times 3.14\times\frac{150}{360}+4\times 2\times 3.14\times\frac{150}{360}\right)\times 3=\left(\frac{5}{2}+\frac{5}{2}+\frac{10}{3}\right)\times 3.14\times 3=25\times 3.14=\underline{78.5(\text{cm})}$と求められる。次に，かげをつけたおうぎ形の面積の合計は，$\left(5\times 5\times 3.14\times\frac{90}{360}+3\times 3\times 3.14\times\frac{150}{360}+4\times 4\times 3.14\times\frac{150}{360}\right)\times 3=\left(\frac{25}{4}+\frac{15}{4}+\frac{20}{3}\right)\times 3.14\times 3=50\times 3.14=157(\text{cm}^2)$となる。また，斜《しゃ》線《せん》部分の三角形１個の面積は，３×４÷２＝６（cm^2）であり，これが全部で６個あるので，点Aが動いたあとの線と正六角形の周によって囲まれた部分の面積は，157＋６×６＝$\underline{193(\text{cm}^2)}$とわかる。

(5)　①　問題文中の図１の立体を真上から見ると右の図Ⅲのように見え，側面の４つの方向から見ると右の図Ⅳのように見える。図Ⅲの正方形の数は，４×２－１＝７（個），図Ⅳの正方形の数は，１＋２＋３＋４＝10（個）だから，色が塗《ぬ》られている面の数は，７＋10×４＝47（面）とわかる。

図Ⅲ

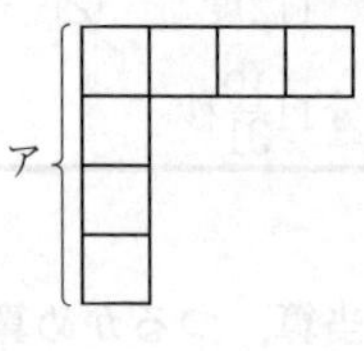

図Ⅳ

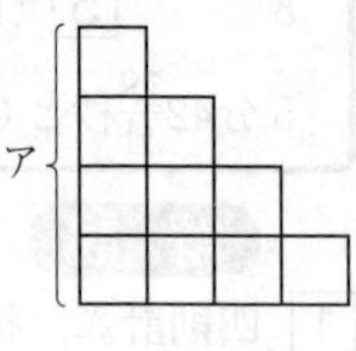

②　図Ⅲ，図Ⅳのアの部分の正方形の数が６個の場合なので，図Ⅲの正方形の数は，６×２－１＝11（個），図Ⅳの正方形の数は，１＋２＋３＋４＋５＋６＝21（個）になる。よって，色が塗られている面の数は，11＋21×４＝95（面）とわかる。また，36個の立方体の面の数の合計は，６×36＝216（面）だから，色が塗られていない面の数は，216－95＝121（面）と求められる。

2　平面図形―辺の比と面積の比，相似

(1)　右の図で，三角形ABCの面積は平行四辺形ABCDの面積の半分だから，240÷２＝120（cm^2）である。よって，三角形AECの面積は，120－48＝72（cm^2）なので，BE：EC＝48：72＝２：３とわかる。

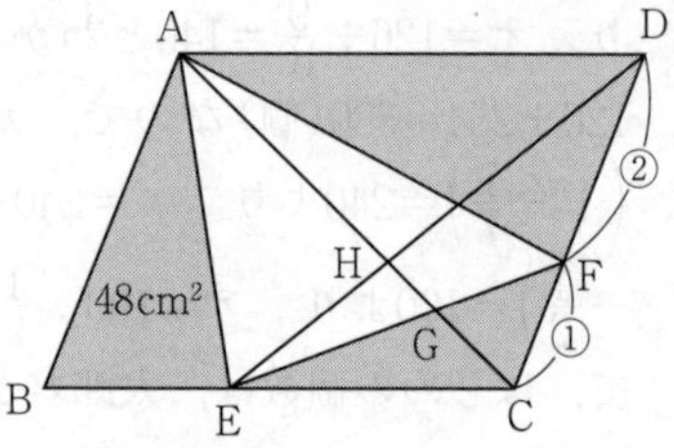

(2)　平行四辺形ABCDの面積から，かげをつけた３つの三角形の面積をひいて求める。三角形ACDの面積は120cm^2だから，三角形AFDの面積は，$120\times\frac{2}{1+2}=80(\text{cm}^2)$となる。また，三角形DECの面積は三角形AECの面積と等しく72cm^2なので，三角形FECの面積は，$72\times\frac{1}{1+2}=24(\text{cm}^2)$とわかる。よって，三角形AEFの面積は，240－(48＋80＋24)＝88（cm^2）と求められる。

(3)　三角形AEFの底辺をEF，三角形FECの底辺もEFと見ると，この２つの三角形の高さの比はAG：GCになる。よって，AG：GCはこの２つの三角形の面積の比と等しくなるから，AG：GC＝88：24＝11：３とわかる。

(4)　三角形AECの面積は72cm^2であり，AG：GC＝11：３なので，三角形GECの面積は，$72\times\frac{3}{11+3}=\frac{108}{7}(\text{cm}^2)$とわかる。また，三角形AHDと三角形CHEは相似であり，相似比は，AD：CE＝（２＋３）：３＝５：３だから，AH：HC＝５：３となる。よって，三角形HECの面積は，$72\times\frac{3}{5+3}=27(\text{cm}^2)$なので，三角形HEGの面積は，$27-\frac{108}{7}=\frac{81}{7}=11\frac{4}{7}(\text{cm}^2)$と求められる。

3 立体図形―展開図，分割，体積

⑴　右の図①のようにA，B，C以外の頂点に記号をつけ，これを見取り図に移すと右の図②のようになる。よって，３点A，C，Eを通る平面で切断したときの切り口は下の図③のような長方形になる。この長方形によって立方体は合同な２つの三角柱に分かれるから，点Bをふくむ方の立体の体積は，$6\times6\times6\div2=108$(cm^3)とわかる。

図①

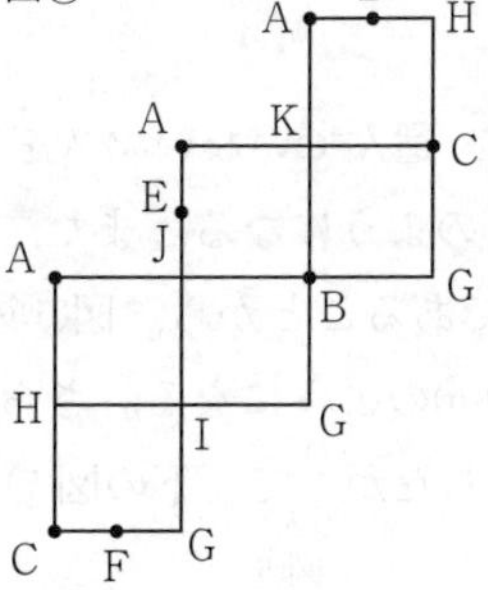

図②

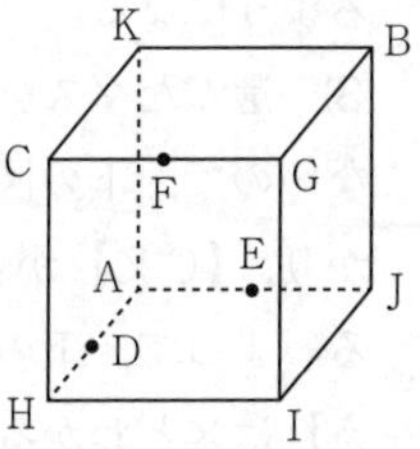

⑵　３点A，B，Cを通る平面で切断したときの切り口は下の図④のような正三角形になる。点Eをふくまない方の立体は三角すいA－KCBであり，この三角すいの体積は，$6\times6\div2\times6\div3=36$(cm^3)となる。また，立方体全体の体積は，$6\times6\times6=216$(cm^3)なので，点Eをふくむ方の立体の体積は，$216-36=180$(cm^3)と求められる。

図③

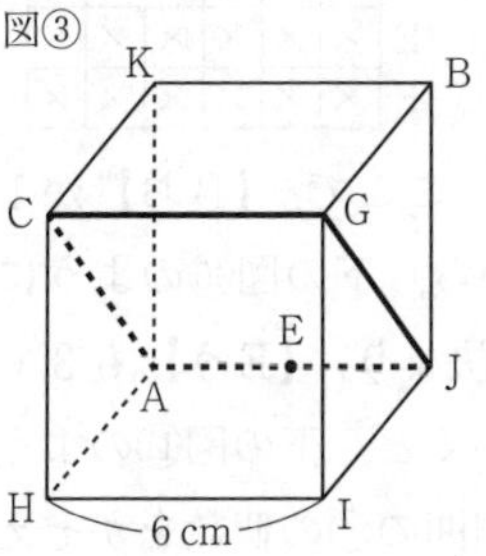

図④

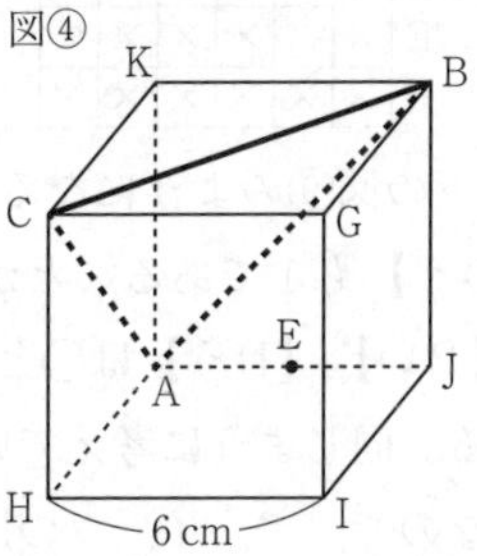

図⑤

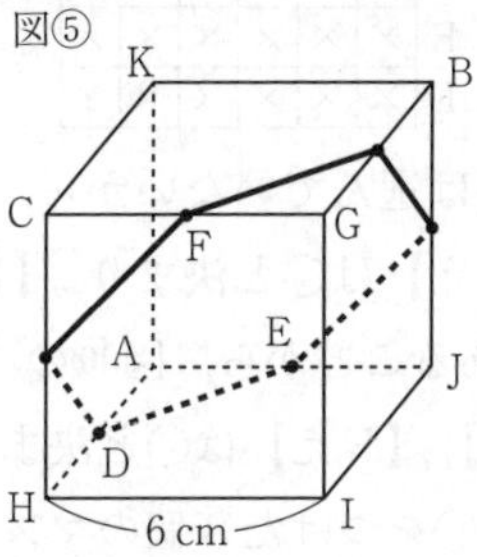

図⑥

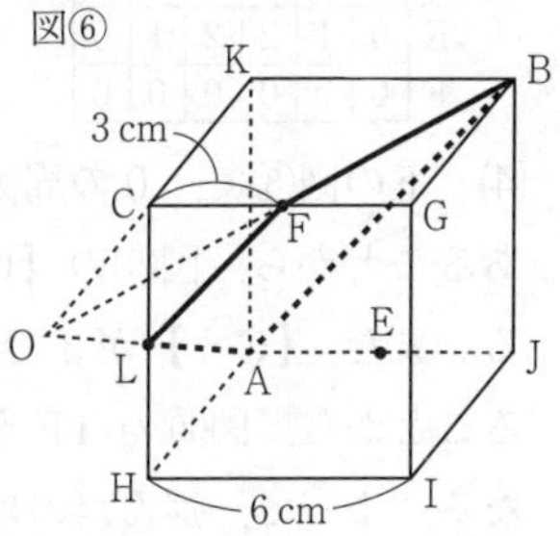

⑶　点D，E，Fはそれぞれ辺の真ん中の点だから，３点D，E，Fを通る平面で切断したときの切り口は上の図⑤のような正六角形になる。⑴と同様に，この正六角形によって立方体は合同な２つの立体に分かれるから，点Bをふくむ方の立体の体積は108cm^{3}になる。

⑷　３点A，B，Fを通る平面で切断したときの切り口は上の図⑥のような四角形になる（Lは辺CHの真ん中の点）。図⑥のように，KC，BF，ALを延長して交わる点をOとすると，点Eをふくまない方の立体は，三角すいO－KABから三角すいO－CLFを取り除いた形の立体になる。ここで，三角形OFCと三角形BFGは合同なので，OCの長さは６cmである。よって，三角すいO－KABの体積は，$6\times6\div2\times(6+6)\div3=72$(cm^3)，三角すいO－CLFの体積は，$3\times3\div2\times6\div3=9$(cm^3)だから，点Eをふくまない方の立体の体積は，$72-9=63$(cm^3)と求められる。したがって，点Eをふくむ方の立体の体積は，$216-63=153$(cm^3)である。

4 条件の整理

⑴　選んだマスの周囲にあるマスの数が１増えるから，逆に考えると，それぞれのマスにおいて，周囲にある選ばれたマスの個数と同じ数が表示されることになる。たとえば，右の図①の場合，＊印の８個のマスの中で選ばれたマスの個数が★に表示される。右上の図②で，選んだのはかげをつけた５個のマスだから，マスごとに調べると，表示される数は図②のようになることがわかる。よって，これらの和は，$1\times15+$

図①

＊	＊	＊
＊	★	＊
＊	＊	＊

図②

	あ	い	う	え	お	か
A	1	1	0	0	0	0
B	1	2	1	0	0	0
C	2	1	1	0	0	0
D	2	2	2	0	1	1
E	2	1	1	0	1	0
F	1	2	1	0	1	1

図③

	あ	い	う	え	お	か
A	1	1	1	1	1	1
B	2	1	2	2	1	2
C	2	1	2	2	1	2
D	1	2	2	3	2	2
E	1	2	2	3	1	1
F	1	1	3	2	2	1

２×７＝29と求められる。

⑵　たとえば上の図③のかげをつけた８個のマスを選ぶと，すべてのマスに１以上の数が表示されるようになる。

⑶　選んだマスを○，選んでいないマスを×で表すことにする。下の図④で，０の周囲は選んでいないので，下の図⑤のようになる。また，【Ｂか】が１であることから，図⑤の【Ａか】は○とわかり，【Ｃえ】が４であることから，図⑤の【Ｂえ】，【Ｃう】，【Ｄう】，【Ｄえ】はすべて○とわかる。よって，下の図⑥のようになる。さらに，【Ｂえ】が１であることから，図⑥の【Ａえ】，【Ｃえ】は×とわかる。したがって，下の図⑦のようになるので，選んだマスの個数は５個である。

図④

	あ	い	う	え	お	か
A	0	0	1	1	2	0
B	0	1	2	1	2	1
C	0	2	3	4	2	0
D	0	2	2	2	1	0
E	0	1	2	2	1	0
F	0	0	0	0	0	0

図⑤

	あ	い	う	え	お	か
A	×	×	×		×	
B	×	×	×		×	×
C	×	×			×	×
D	×	×			×	×
E	×	×	×	×	×	×
F	×	×	×	×	×	×

図⑥

	あ	い	う	え	お	か
A	×	×	×		×	○
B	×	×	×	○	×	×
C	×	×	○		×	×
D	×	×	○	○	×	×
E	×	×	×	×	×	×
F	×	×	×	×	×	×

図⑦

	あ	い	う	え	お	か
A	×	×	×	×	×	○
B	×	×	×	○	×	×
C	×	×	○	×	×	×
D	×	×	○	○	×	×
E	×	×	×	×	×	×
F	×	×	×	×	×	×

⑷　下の図⑧で，０の周囲は選んでいないから，下の図⑨のようになる。ここで，【Ｂお】が１であることから，図⑨の【Ｃえ】は○と決まり，【Ｄう】も１であることから，下の図⑩のようになる。また，【Ｃう】が３であることから，図⑩の【Ｂい】，【Ｄう】は○と決まり，【Ｅう】も３であることから，図⑩の【Ｆう】，【Ｆえ】は○と決まる。同じように考えていくと，下の図⑪のようになる。よって，選んだのは○をつけた８個のマスなので，ア，イ，ウの周囲の○の個数をかぞえると，アには１，イには１，ウには３が表示されることがわかる。

図⑧

	あ	い	う	え	お	か
A	1	2	1	0	0	0
B	2	ア	2	1	1	0
C	2	3	3	1	イ	0
D	0	2	1	3	2	1
E	1	ウ	3	4	1	1
F	0	1	1	2	2	1

図⑨

	あ	い	う	え	お	か
A			×	×	×	×
B			×	×	×	×
C	×	×			×	×
D		×			×	×
E	×	×				
F		×				

図⑩

	あ	い	う	え	お	か
A			×	×	×	×
B			×	×	×	×
C	×	×	×	○	×	×
D		×		×	×	×
E	×	×	×	×		
F		×				

図⑪

	あ	い	う	え	お	か
A	○	×	×	×	×	×
B	×	○	×	×	×	×
C	×	×	×	○	×	×
D	○	×	○	×	×	×
E	×	×	×	×	○	×
F	×	×	○	○	×	×

5　時計算

⑴　長針は１秒間に，360÷30＝12(度)，短針は１秒間に，360÷15÷60＝0.4(度)動く。また，文字ばんの数字と数字の間の角の大きさは，360÷15＝24(度)である。よって，右の図①の角アの大きさは，24×(９－５)＝96(度)とわかる。さらに，短針は９の目もりから40秒動いているから，角イの大きさは，0.4×40＝16(度)である。したがって，図①で長針と短針がつくる角の大きさは，96＋16＝112(度)となる。

図①

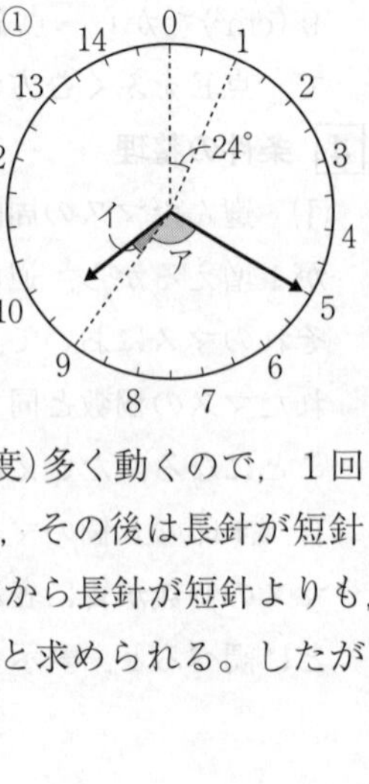

⑵　下の図②のように，３分ちょうどに長針と短針がつくる角の大きさは，24×３＝72(度)である。長針は短針よりも１秒間に，12－0.4＝11.6(度)多く動くので，１回目に長針と短針が重なるのは図②の，72÷11.6＝$6\frac{6}{29}$(秒後)とわかる。また，その後は長針が短針よりも360度多く動くごとに重なるから，２回目に重なるのは，図②の状態から長針が短針よりも，72＋360＝432(度)多く動いたときである。よって，432÷11.6＝$37\frac{7}{29}$(秒後)と求められる。したが

って，１回目は３分$6\frac{6}{29}$秒，２回目は３分$37\frac{7}{29}$秒である。

⑶　24×10.5＝252(度)より，10分30秒には下の図③のようになる。よって，長針と短針がつくる角の大きさが20度になるのは，１回目は長針が短針よりも，252−20＝232(度)多く動いたときであり，２回目は長針が短針よりも，252＋20＝272(度)多く動いたときとわかる。したがって，232÷11.6＝20(秒後)，272÷11.6＝$23\frac{13}{29}$(秒後)より，１回目は，10分30秒＋20秒＝10分50秒，２回目は，10分30秒＋$23\frac{13}{29}$秒＝10分$53\frac{13}{29}$秒と求められる。

図②
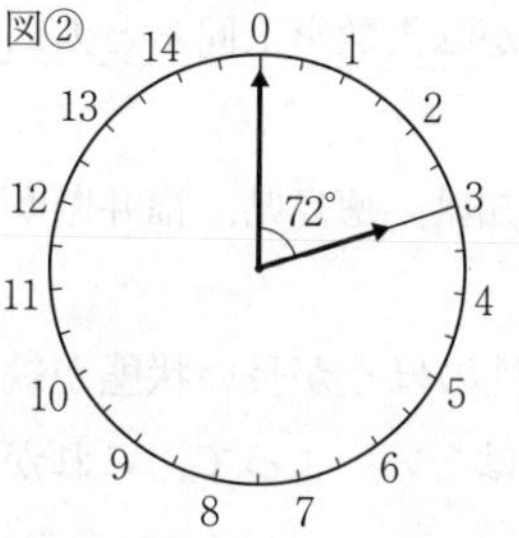

図③

図④
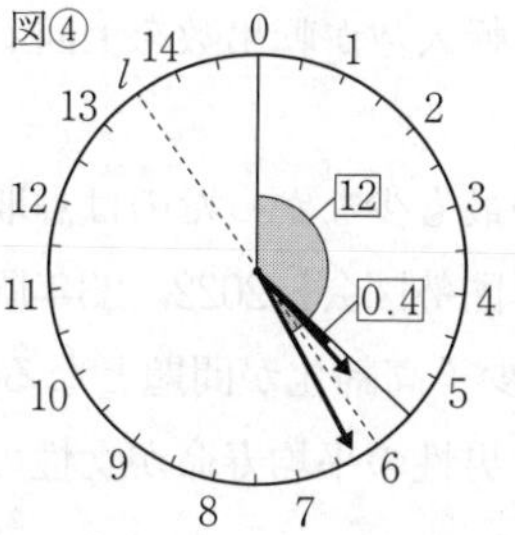

図⑤
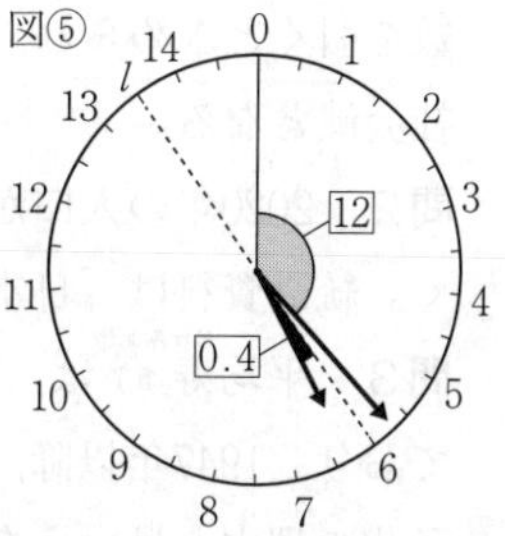

⑷　１回目は上の図④のように，短針が直線 l を越《こ》える前である。５分30秒から図④のようになるまでの時間を$\boxed{1}$秒とすると，５分30秒から図④のようになるまでに長針が動いた角(かげの部分の角)の大きさは$\boxed{12}$度，短針が動いた角(黒い部分の角)の大きさは$\boxed{0.4}$度となる。すると，長針と直線 l の間の角の大きさは，$\boxed{12}$−24×６＝$\boxed{12}$−144(度)，短針と直線 l の間の角の大きさは，24×0.5−$\boxed{0.4}$＝12−$\boxed{0.4}$(度)と表すことができる。これらが等しいので，$\boxed{12}$−144＝12−$\boxed{0.4}$より，$\boxed{12}$＋$\boxed{0.4}$＝12＋144，$\boxed{12.4}$＝156，$\boxed{1}$＝156÷12.4＝$12\frac{18}{31}$と求められる。また，２回目は上の図⑤のように，短針が直線 l を越えた後(６分よりも後)である。そこで，６分０秒から図⑤のようになるまでの時間を$\boxed{1}$秒とすると，６分０秒から図⑤のようになるまでに長針が動いた角の大きさは$\boxed{12}$度，短針が動いた角の大きさは$\boxed{0.4}$度となる。すると，長針と直線 l の間の角の大きさは，24×６−$\boxed{12}$＝144−$\boxed{12}$(度)，短針と直線 l の間の角の大きさは$\boxed{0.4}$度と表すことができる。これらが等しいから，144−$\boxed{12}$＝$\boxed{0.4}$より，$\boxed{0.4}$＋$\boxed{12}$＝144，$\boxed{12.4}$＝144，$\boxed{1}$＝144÷12.4＝$11\frac{19}{31}$と求められる。よって，１回目は，５分30秒＋$12\frac{18}{31}$秒＝５分$42\frac{18}{31}$秒，２回目は，６分＋$11\frac{19}{31}$秒＝６分$11\frac{19}{31}$秒となる。

社　会　＜第２回試験＞（30分）＜満点：50点＞

解　答

Ⅰ　**問１**　**ア**　死亡(者)　**イ**　出生(者)　**ウ**　転出(者)　**エ**　転入(者)　**問２**　①　**問３**　③　**問４**　③　**問５**　⑴　人口ピラミッド　⑵　④　⑶　⑤　**問６**　④　**問７**　③　**問８**　(例)　新型コロナウイルス感染症の拡大を受けて，人が多く住宅の価格も高い東京都をはなれた人がいたため。　**問９**　⑥　Ⅱ　**問１**　小野妹子　**問２**　足利義持　**問３**　唐招提寺　**問４**　③　**問５**　⑤　**問６**　⑴　日米和親条約　⑵　ポツダム宣言　**問７**　④　**問８**　⑴　(例)　琉球王国が中国との貿易で得た産物から，多くの利益が得られるため。　⑵　③　**問９**　②　**問10**　日米安全保障条約　**問11**　③　**問12**　⑴　首里城　⑵　栄西　⑶　②　Ⅲ　**問１**　(例)　日本語が理解できない外国人。　**問２**　⑴　A

(ウ)　**B** (ウ)　**C** (イ)　**D** (ア)　(2) ②　**問３** (例) 地方自治が国から独立した団体によって行われること。　**問４** (1) ⑤　(2) ④

解　説

Ⅰ 日本の人口についての問題

問１　人口の自然増減数は，出生数から死亡数を引くと求められ，出生数が死亡数を上回ると人口は自然増，死亡数が出生数を上回ると人口は自然減となる。人口の社会増減数は，転入数から転出数を引くと求められ，転入数が転出数を上回ると人口は社会増，転出数が転入数を上回ると人口は社会減となる。

問２　2020年の人口が最も少なかったのは鳥取県で，以下，島根県，高知県，徳島県，福井県が続く。統計資料は『日本国勢図会』2022／23年版による(以下同じ)。

問３　平均寿命《じゅみょう》は，少子高齢化が問題となる以前から，男性よりも女性のほうが長い状態が続いており，1947年以降，男性の平均寿命が女性の平均寿命を上回ったことはない。よって，これが少子化の理由とはいえない。

問４　65歳以上の老年人口の割合を高齢化率といい，これが７％を超《こ》える社会を高齢化社会，14％を超える社会を高齢社会，21％を超える社会を超高齢社会という。日本は1970年に高齢化社会，1994年に高齢社会，2007年に超高齢社会となり，2020年の高齢化率は28.7%であった。

問５　(1)，(2)　縦軸《じく》に年齢，横軸に各年齢層の男女の人数あるいは割合をとり，国や地域の人口構成を示したグラフは，人口ピラミッドとよばれる。人口ピラミッドはその形によって，中ほどから下部がふくらんでみえるつりがね型，子どもの数は多いが高齢者は少ないため下部が広がってみえる富士山型，中ほどと下部が広く，その間と上部が細くなる星型，子どもの数が少なく高齢者が多いため上がふくらんでみえるつぼ型などに分類される。少子高齢化の進んでいる現在の日本の人口ピラミッドは，つぼ型となっている。　(3)　人口が最も多い年齢層に注目すると，Ａは40～44歳，Ｂは65～69歳，Ｃは20～24歳である。一般的に，経済の発展にともなって人口ピラミッドは富士山型→つりがね型→つぼ型へと，人口の多かった世代がグラフの上へと移動していくように移り変わっていくので，Ｃ→Ａ→Ｂとなる。

問６　外国人が流入すると，人口は増えることになる。また，こうした事情による人口増は，自然増ではなく社会増にあたる。

問７　人口の社会増は，ほかの地域から人々が移動してくることによって起こるが，転職したからといってほかの地域へ移動するとは限らず，これが人口の社会増に直接つながるとはいえない。

問８　2020年に新型コロナウイルス感染症《しょう》が大流行すると，感染の危険を避《さ》けて人の多い東京都をはなれる，あるいは東京都へ引っ越すのを避ける人が出た。この原因としては，情報通信技術(ICT)を活用して会社以外のところで仕事をするテレワークの普及や，東京都の住宅の価格が高いことなどが考えられる。

問９　東京都・愛知県・大阪府と，大都市圏《けん》の中心となる都道府県が高位に分類されているＺは，人口密度だと判断できる。また，東京都周辺の各県とともに，沖縄県が高位に分類されているＹは人口増減率で，沖縄県は人口増減率でプラスが続いている数少ない県の一つである。残ったＸは老年人口率で，地方ほど高齢化や過疎《かそ》化が深刻な問題となっている。

Ⅱ 各時代の歴史的なことがらについての問題

問１　607年，推古天皇や聖徳太子を中心とする日本の朝廷は，小野妹子を遣隋使として隋(中国)に派遣した。中国の歴史書『隋書』倭国《わこく》伝には，隋の第２代皇帝煬帝《ようだい》は，小野妹子が持参した国書の内容に不快感をしめしたと記されている。

問２　室町幕府の第３代将軍を務めた足利義満は，明(中国)から倭寇《わこう》(日本の武装商人団・海賊《かいぞく》)の取り締《し》まりを求められたことをきっかけとして，明に使いを送り，15世紀初めの1401年に明と国交を開いた。そして，明の皇帝から日本国王と認められ，臣下として皇帝に貢《みつ》ぎ物を持って行き，それに対して返礼を受け取るという朝貢《ちょうこう》形式で，1404年から明との貿易を始めた。このとき，足利義満は将軍職をしりぞいており，子の足利義持が第４代将軍の座についていた。

問３　数々の苦難を乗り越《こ》えて753年に来日した鑑真《がんじん》は，東大寺で過ごしたのち，平城京内の土地を授《さず》かり，759年に戒律《かいりつ》(僧が守るべきいましめ)を学ぶ人々のための修行の道場を開いた。これが唐招提寺《とうしょうだいじ》とされ，金堂などが創建当時の姿で残されている。

問４　新井白石は江戸幕府の第６代将軍徳川家宣《いえのぶ》と第７代将軍徳川家継《いえつぐ》に仕え，正徳の治とよばれる政治改革を行った。このとき，第５代将軍徳川綱吉のときに下げられた貨幣《かへい》の質をもとにもどしたり，長崎貿易を制限して金銀の流出を防いだりして，財政の安定をめざした。なお，①は老中水野忠邦《ただくに》が行った天保の改革，②は老中田沼意次《おきつぐ》の政策，④は老中松平定信が行った寛政の改革にあてはまることがら。

問５　スペインは15世紀後半から船で世界各地に乗り出し，植民地を広げていった。16世紀後半の1571年には，東南アジアのフィリピンにマニラを建設し，総督府を置いてアジア交易の拠点《きょてん》とした。なお，ハノイはベトナムの都市，バンコクはタイの都市，ホンコンは中国の都市，マカオはポルトガル領だった中国の都市。

問６　(1)　アメリカの東インド艦隊《かんたい》司令長官ペリーは，1853年に浦賀(神奈川県)に来航し，開国を求める大統領の国書を幕府に渡した。幕府が回答を保留したため，ペリーはいったん日本をはなれたが，翌54年に再来航し，江戸幕府との間で日米和親条約を結んだ。　(2)　第二次世界大戦末期の1945年７月，連合国は日本の無条件降伏《こうふく》を勧告《かんこく》するポツダム宣言を出した。日本は当初これを無視していたが，二度の原子爆弾の投下などを受けて，同年８月14日にこれを受け入れることを連合国に伝えた。翌15日には天皇がラジオ放送で国民にこのことを伝え，９月２日には東京湾に浮かんだアメリカの軍艦ミズーリ号上で，降伏文書に署名した。

問７　1972年５月，その前年に佐藤栄作首相がアメリカと結んだ沖縄返還協定が発効し，沖縄が日本に返還された。同年９月には田中角栄首相が中国の首都北京《ペキン》を訪れて周恩来首相らと会談し，日中共同声明を発表して中国との国交を正常化した。なお，①は1978年，②は1965年，③は1956年のできごと。

問８　(1)　15世紀前半に沖縄島で成立した琉球《りゅうきゅう》王国は，17世紀初頭の1609年に薩摩藩(鹿児島県)の侵攻《しんこう》を受け，その支配下に入った。しかし，対外的には独立を維持させ，それまで通り中国との朝貢貿易を続けさせた。これは，琉球王国が中国との貿易で手に入れたものを大坂(大阪)などで売りさばくことにより，薩摩藩が利益を得られたためであった。　(2)　琉球王国を支配した薩摩藩の商人は，琉球王国から黒砂糖を仕入れて大坂で売り，代わりに北前船が蝦夷《えぞ》地(北海道)から運んできた昆布《こんぶ》などを琉球王国に持ちこむといった交易を行っていた。

問９　①は1467～77年，②は1428年，③は1592～93年(文禄の役)と1597～98年(慶長の役)，④は1485～93年のできごとである。

問10　1951年，日本はアメリカとの間で日米安全保障条約を結んだ。この条約にもとづいて，アメリカ軍は引き続き日本国内に駐留《ちゅうりゅう》し，軍事基地を使用することが認められた。

問11　1945年３月末からアメリカ軍は沖縄の島々に上陸し，国内で唯一《ゆいいつ》となる地上戦が行われた。住民はさまざまな場面で戦争協力を求められ，10代の生徒たちも兵士や看護師などとして動員された。組織的な地上戦は６月23日まで続き，沖縄県民や日米両軍に多くの犠牲《ぎせい》者が出た。

問12　(1)　1429年に琉球王国が成立すると，現在の那覇市に王城として首里城が建てられた。首里城は戦災などで何度も焼失したがそのたびに再建され，首里城跡は2000年には「琉球王国のグスク及《およ》び関連遺産群」(グスクとは城という意味)として，ユネスコ(国連教育科学文化機関)の世界文化遺産に登録された。しかし，2019年に火災で正殿などが焼失し，復元に向けた作業がすすめられている。　(2)　栄西は平安時代末に宋(中国)に渡って禅《ぜん》宗を学び，帰国後，日本における臨済宗の開祖となった。　(3)　1429年，北山・中山・南山に分かれていた沖縄島を尚《しょう》氏が統一し，琉球王国が成立した。15～16世紀には日本・中国・東南アジア諸国との中継貿易で栄えたが，江戸時代には薩摩藩の支配下に置かれた。明治時代初めの1872年に琉球藩とされ，1879年に沖縄県とされて完全に日本に組みこまれたことで，琉球王国は滅《ほろ》んだ。

Ⅲ　地方自治のしくみを中心とした問題

問１　文字が理解できない人でも理解できるようにデザインされた絵記号は，ピクトグラムとよばれる。特に，日本語が理解できない外国人が多く訪れる駅や空港などで多くみられ，さまざまな人が目にする地方自治体のホームページなどでも用いられている。

問２　(1)　**A**　地方自治体の行政の長は，都道府県が知事，市区町村が市区町村長，国の行政の長は内閣総理大臣で，どちらの長も議会の解散を命じる権限を持っている。なお，内閣総理大臣が解散できるのは衆議院のみである。　**B**　地方議会議員の任期は４年で，住民による直接選挙で選ばれる。国会議員である衆議院議員の任期は４年，参議院議員の任期は６年で，いずれも国民による直接選挙で選ばれる。　**C**　法律にもとづいて，罪の有無や刑の重さを決めることを司法(裁判)といい，裁判所がその役割を担《にな》っている。裁判所には，最高裁判所と下級裁判所(高等裁判所，地方裁判所，家庭裁判所，簡易裁判所)があり，いずれも国の機関である。　**D**　有権者が国会の解散を請求することはできないが，地方自治では，有権者の３分の１以上(有権者数40万人以下の場合)の署名を集めて選挙管理委員会に提出すれば，地方議会の解散を請求することができる。
(2)　地方自治体の仕事には，道路・上下水道の整備や管理，ごみの収集や処理，小中学校・図書館の運営，子育て支援，戸籍の登録・管理，警察，消防などがある。しかし，家庭に電気を届けるのは民間の電力会社の仕事となっている。

問３　地方自治は，団体自治と住民自治という２つの要素から成り立っている。このうち，団体自治とは，国から独立した団体(自治体)の権限と責任において政治を行うという原則，住民自治とは，その地域の住民の意思と責任にもとづいて政治を行うという原則のことをいう。

問４　(1)　①　市議会をふくむ地方議会では，一院制が採用されている。　②　その地方自治体で暮らし，住民基本台帳に３か月以上登録されている人が，有権者として選挙人名簿《めいぼ》に登録される。通勤・通学によって一時的にそこに移動してくる人は，これにふくまれない。　③　市議会議員に立候補する権利（被選挙権）は，満25歳以上の有権者に与えられる。　④　市議会で制定できるのは，その市に適用される条例だけである。　(2)　①　歳入に占《し》める市税の割合は，新座市（埼玉県）が最も多い。　②　歳入に占める国庫支出金の割合は，夕張市（北海道）よりも新座市のほうが多い。　③　歳入に占める市債の割合は，夕張市が最も多い。　④　地方交付税と国庫支出金を足した割合が，国からの財政的支援の割合にあたる。これは，さいたま市が最も少ない。なお，地方交付税（交付金）は地方自治体が自由に使いみちを決められるが，国庫支出金は使いみちが決められたうえで支給される。

理　科　＜第２回試験＞（30分）＜満点：50点＞

解　答

1　(1)　(ウ)　(2)　秒速50cm　(3)　(ア)，(イ)，(ウ)　(4)　(ウ)，(オ)　(5)　(ウ)，(オ)　(6)　(ウ)，(オ)　(7)　(ウ)　**2**　(1)　(ア)　(2)　①　(イ)　②　(ア)　③　(ア)　(3)　(ア)　(4)　①　(イ)　②　(ア)　③　(イ)　④　(イ)　⑤　(ウ)　**3**　(1)　**方法**…（例）　おもさをはかる。　**結果**…（例）　砂糖水と容器の合計のおもさになる。　(2)　ろ過　(3)　(イ)　(4)　①　27.1％　②　10.2ｇ　(5)　（例）　生じた結晶は溶かした白色の硫酸銅より重いのか　**4**　(1)　(ア)　(2)　(ウ)　(3)　受粉　(4)　25％　(5)　75％　(6)　①　ABとBB　②　３：１　(7)　遺伝子

解　説

1　ボールの運動についての問題

(1)　実験１の結果から，白色と黒色のボールのおもさや発射した白色のボールの速さにかかわらず，衝突《しょうとつ》後の白色のボールの速さはどれも秒速０cmなので，止まっていることになる。

(2)　実験１の結果から，白色のボールと黒色のボールのおもさが同じとき，白色のボールを発射した速さと，黒色のボールの衝突後の速さは等しい。したがって，秒速50cmで発射した白色のボールと衝突した後の黒色のボールの速さも秒速50cmである。

(3)　(ア)　ボールのおもさが同じとき，発射したボールの速さが２倍，４倍になると，ばねがもっとも縮んだときの長さも２倍，４倍になっているので正しい。　(イ)　ボールのおもさが同じとき，発射したときのボールの速さとばねから離《はな》れたときのボールの速さはどれも等しいので，適切である。　(ウ)　ボールのおもさが同じとき，もっとも縮んだ長さが２倍，４倍になると，ばねから離れたときの速さも２倍，４倍になっていることから適当である。　(エ)　ボールのおもさが４（＝２×２）倍，９（＝３×３）倍になると，ばねがもっとも縮んだ長さは２倍，３倍になっているので，比例の関係とはいえず，適切ではない。　(オ)　ボールのおもさが４倍，９倍になっても，ばねから離れたときのボールの速さは変わらないので，ま違《ちが》いである。

(4)　(ア)〜(ウ)　実験３の結果の表から，ボールのおもさにかかわらず，発射したボールの速さが２倍，４倍になると，ボールが最高点の高さは４（＝２×２）倍，16（＝４×４）倍になっているので，(ウ)が正しい。　(エ)，(オ)　発射したボールの速さが同じとき，ボールのおもさが４倍，９倍になっても，ボールが最高点になったときの高さは変わらないので，(オ)が適切である。

⑸　衝突後の黒色のボールの速さは，衝突前の白色のボールの速さと同じである。⑷から，衝突後の黒色のボールの最高点の高さは，黒色のボールの「速さ×速さ」に比例するので，(ウ)が正しい。また，白色のボールと黒色のボールのおもさが同じなら，黒色のボールの最高点の高さはボールのおもさに影響《えいきょう》しないので，(オ)も選べる。

⑹　実験２から，衝突前の白色のボールの速さは，発射した速さと同じで，衝突後の黒色のボールの速さもこれと同じになる。よって，⑸と同様に，(ウ)と(オ)が選べる。

⑺　実験２の結果から，ばねがもっとも縮んだ長さと，ばねから離れたときのボールの速さは比例する。衝突後の黒色のボールの速さは，ばねから離れたときの白色のボールの速さと同じで，黒色のボールの最高点の高さは，黒色のボールの「速さ×速さ」に比例するので，「ばねを縮めた長さ×ばねを縮めた長さ」とも比例するといえる。よって，(ウ)が適切である。一方，実験２の表で，ボールのおもさが４（＝２×２）倍になると，ばねが縮んだ長さが２倍になるが，ばねから離れたときの速さは発射したときの速さと同じになっている。このことから，ばねが縮んだ長さが同じなら，ボールのおもさが４（＝２×２）倍になると，ばねから白いボールが離れたときの速さは$\frac{1}{2}$倍になり，黒色のボールが最高点になったときの高さは，$\frac{1}{2}\times\frac{1}{2}=\frac{1}{4}$(倍)と考えられることから，「おもさ」と「高さ」は反比例する。

2　風の吹《ふ》きかたについての問題

⑴　空気をあたためるとぼう張して体積がふえることから，同じ体積で比べると，暖かい空気は冷たい空気より軽い。

⑵　①　海面水温と陸地の地表面温度のグラフから，海面水温の変化は１日を通して25℃前後でほとんど変化しないが，地表面温度は日中の12時ごろに約39℃で最高，夜間の５時ごろに約22℃で最低となる。よって，陸地の表面温度のほうが寒暖差が大きいといえる。　②，③　日中，地表面温度の方が海面の温度より高くなり，地表面であたためられた陸の空気が軽くなって上昇《しょう》して気圧が低くなると，海から陸に空気が吹きこむ。

⑶　海面水温と陸地の地表面温度のグラフで，夜間から明け方にかけて，海面水温のほうが陸地の地表面温度より高くなっている。このため，海で上昇気流が発生し，陸から海へ風が吹く。

⑷　夏の太平洋とユーラシア大陸を，日中の海と陸と同じように考え，海面水温と陸地の地表面温度のグラフにあてはめる。すると，大陸(陸)の温度は海洋(海)の温度より高いため，大陸の空気が軽くなって上昇し，海洋から風が吹きこむ。日本列島をはさんで，大陸が北西，海洋が南東にあたるので，この時期に吹く南東の風が夏の季節風である。なお，冬は，夜間の海と陸に置き換《か》えて考えればよいので，北西の季節風が吹くことになる。

3　固体の溶《と》け方についての問題

⑴　砂糖水のおもさが，砂糖(40ｇ)と水(100ｇ)の合計であれば，見えなくなった砂糖が水中に含《ふく》まれていると考えることができる。

⑵　実験４，実験６，実験９でも行っているように，ろ紙を使ってろ過すれば，水溶《よう》液と溶け残りの物質をわけることができる。

⑶　ろ紙を使うときは，ろ紙を図の点線の位置で２回折りたたみ，外側の１枚を広げて円すい形にしてろうとにのせ，液体を注ぐ。すると，溶け残りの物質は，(イ)のようにろ紙に付着する。

⑷　①　食塩水の濃《のう》度は，(溶けている食塩のおもさ)÷(食塩水のおもさ)×100で求められる。ここでは，ろ液に溶けている食塩は実験７で生じた結晶《しょう》のおもさと同じ37.2gなので，これを100gの水に溶かした食塩水の濃度は，37.2÷(100＋37.2)×100＝27.11…より，27.1％である。　②　蒸発するのは水だけなので，蒸発した水のおもさは，100＋37.2−112.2＝25(ｇ)である。よって，27℃の食塩水のうち，100−25＝75(ｇ)が水とわかる。27℃の水100gに溶けることのできる食塩のおもさは36.0gなので，27℃の水75gに溶けている食塩のおもさは，$36.0\times\frac{75}{100}$＝27(ｇ)となる。したがって，新たに生じた食塩の溶け残りのおもさは，37.2−27＝10.2(ｇ)と求められる。

⑸　問題文に「白色の硫《りゅう》酸銅は乾燥剤《かんそうざい》として用いられていることを知り，生じた疑問は解決しました」とあるので，白色の硫酸銅は水を吸収する性質があると考えられる。このことは，30ｇの白色の硫酸銅の水溶液を放置し，水を蒸発させて生じた青色の結晶のおもさが44.5ｇに増えていることからも確かめることができる。

4　エンドウの種子の形の遺伝についての問題

⑴　エンドウの花びらは５枚で，大きな花びらが１枚と，その下に形の違う２組の花びらが左右対称についている。

⑵，⑶　めしべの先におしべの花粉がつくことを受粉という。受粉すると，子房《ぼう》が成長して実(さや)に，胚珠《はいしゅ》は種子(マメ)になる。若い実と種子はサヤエンドウとよばれて，食用にされる。

⑷　図２の子の代の要素の型は，すべてABで，これらは丸形なので，AAだけでなく，ABも丸形の種子となるとわかる。図２の孫の代の要素の型は，AA，AB，BA，BBで，このうちBBだけがしわ形である。実験の⑷より，丸形としわ形の種子の比が３：１だったことから，BBの要素の型をもつ種子の数は全体の，１÷(３＋１)×100＝25(％)と考えられる。

⑸　図２の孫の代の要素の型は，AA，AB，BA，BBで，このうちAA，AB，BAが丸形の種子である。実験の⑷で丸形としわ形の種子の比が３：１だったことから，丸形の種子の数は全体の，３÷(３＋１)×100＝75(％)になる。

⑹　①　孫の代の要素の型は，AA，AB，BBの３種類で，選んだ種子の要素の型の組み合わせは，AAとAA，AAとAB，AAとBB，ABとAB，ABとBB，BBとBBの６通りが考えられる。AAとAAの組み合わせのひ孫はすべて丸形になり，BBとBBはすべてしわ形になるので不適当。図２から，AAとBB，ABとABの組み合わせもあてはまらない。また，右上の図ⅰから，AAとABの組み合わせもすべて丸形となるので適当でない。右の図ⅱのABとBBの組み合わせでは，丸形：しわ形＝１：１となり，この組み合わせが正しいとわかる。　②　丸形の種子の要素の型はAAかAB，しわ形の種子の要素の型はBBである。孫の代から選んだ種子の要素の型の組み合わせが，AAとBBである場合，ひ孫の代の要素の組み合わせは，図２の左の図のように，すべて丸形となる。また，孫の代から選んだ種子の要素の型の組み合わせが，ABとBBである場合，ひ孫の代の要素の組み合わせは，図ⅱのように，丸形：しわ形＝１：１である。１回目と２回目がどちらもAAとBBの組み合わせで

図ⅰ

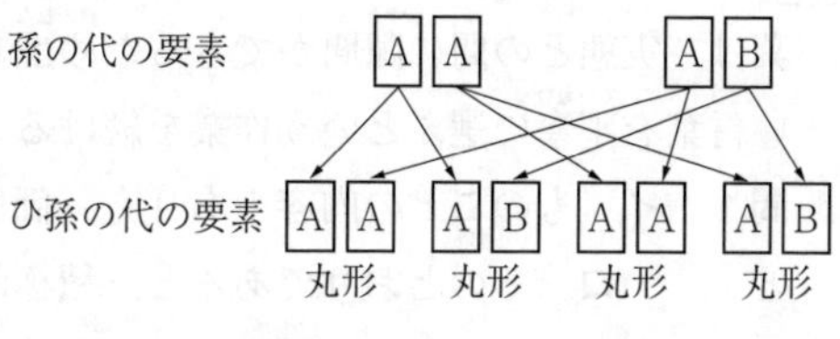

図ⅱ

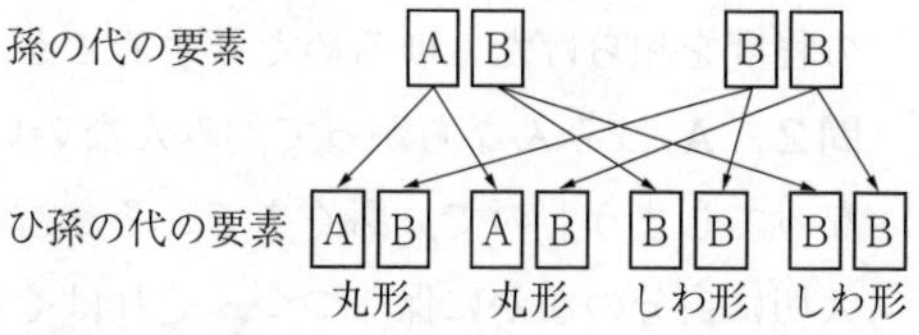

あれば，しわ形の種子ができないので不適当。２回ともABとBBの組み合わせであれば，種子の比は，丸形：しわ形＝１：１なので，これもあてはまらない。したがって，１回はAAとBB，もう１回はABとBBとわかり，ひ孫の代の合計の比は，丸形：しわ形＝(４＋２)：(０＋２)＝３：１となる。

⑺　エンドウの種子の形を決める遺伝の要素は，丸形(A)としわ形(B)の２つがあり，その組み合わせによって，丸形かしわ形のどちらかになる。このような遺伝の要素を遺伝子といい，親のもつ特徴《ちょう》が子に伝えられる。

国　語　＜第２回試験＞（50分）＜満点：100点＞

解　答

一　**問１**　下記を参照のこと。　**問２**　**A**　イ　**B**　ア　**C**　エ　**問３**　（例）　すべての差異を受容し，肯定する見方。　**問４**　（例）　言葉と実態との間に隙間ができ，言葉が内実のないものになるから。　**問５**　ア　**問６**　我田引水　**問７**　張子の虎　**問８**　ア　○　イ　×　ウ　×　エ　○　オ　○　二　**問１**　下記を参照のこと。　**問２**　エ　**問３**　ア　**問４**　イ　**問５**　（例）　琉生があきらかなうそをついているから。　**問６**　（例）　真実かもしれない微妙なうそをつくこと。　**問７**　（例）　自分がうそをついているかもしれないから，鏡が光ったように見えたということ。　**問８**　先生受け

●漢字の書き取り

一　**問１**　イ　判断　ロ　肯定　ハ　供給　ニ　縛(り)　ホ　緩和　三　**問１**　イ　奇跡　ロ　宇宙　ハ　慌(て)　ニ　触(る)　ホ　夢

解　説

一　**出典は梨木香歩《なしきかほ》の『ほんとうのリーダーのみつけかた』による。**筆者は，ことさらに大袈裟《おおげさ》な言葉は，実態との間に隙間《すきま》ができるため虚《むな》しさをかき立てることを指摘し，自分の気持ちにふさわしい言葉を丁寧《ていねい》に選ぶという作業を続けることの大切さを述べている。

問１　**イ**　ものごとの内容やあり方，価値などを見きわめ，それについての自分の考えを決めること。　**ロ**　そのとおりであると，積極的に意義を認めること。　**ハ**　求めに応じて物などを提供すること。　**ニ**　音読みは「バク」で，「束縛」などの熟語がある。　**ホ**　厳しさや激しさの程度を和らげたりゆるめたりすること。

問２　**A**　「みんなちがって，みんないい」という視座を持ってこられると「すべてが判断停止になってしまう」ので，あくまで，そう言われたときに感じる「受容された感覚，社会的な肯定感は，大切に自分のなかに保ちつつ，それはそれ，これはこれで現実に対処しなければならない」と筆者は述べている。よって，前のことがらを原因・理由として，後にその結果をつなげるときに用いる「だから」が入る。　**B**　「言葉の力」について，筆者はSNSなどに書きこまれた言葉を例に説明している。よって，具体的な例をあげるときに用いる「例えば」がよい。　**C**　「動きを表す言葉」の「使い方はシンプル」だが，「形容する言葉は，じつに使い方が難しい」と筆者は述べているので，前のことがらを受けて，それに反する内容を述べるときに用いる「けれど」がふさわしい。

問３　直接的な内容は「みんなちがって，みんないい」という考え方だが，こう言われたときに「受容された感覚，社会的な肯定感」を感じると，筆者は述べている。すべての差異を受容し，肯定する考え方が「みんなちがって，みんないい」という考え方である。

問４　「大きな容量のある言葉」とは，「大袈裟な言葉」のことである。筆者は「大袈裟な言葉を使うと，実態との間に隙間ができ～虚しさを掻《か》き立てる」と述べている。言葉が「張子の虎のように内実のないもの」になるから，「効果がないばかりか，じつに逆効果」，つまり，「マイナスの威力を発揮」すると考えられる。

問５　筆者は，「日本はすごい」は「自分の家族自慢《じまん》ばかりしているようなもの」と述べている。「はしたない」は，つつしみがなく，見苦しいようす。

問６　「日本はすごい」と言うとき，「その人の脳内で，選手は素晴《すば》らしい，選手は日本人である。自分も日本人である。だから自分は素晴らしい，と変換《へんかん》されて」いると筆者は述べている。これは，自分に都合がいいように考えたり行動したりしているということだから，「我田引水」があてはまる。

問７　同じ段落で，「『日本はすごい』と無理な我田引水で叫《さけ》ばれるのは，大袈裟な形容詞で心が虚しくなるのと同じマイナスの効果が」あることが指摘《してき》されている。「大袈裟な形容詞」については，空らんＣで始まる段落に，「実態との間に隙間ができ～言葉が，張子の虎のように内実のないものになってしまう」と述べられている。ここでも同様に，実態との間に隙間ができた「張子の虎を大きくするだけ」になってしまうというのである。

問８　**ア**　「大袈裟な言葉を使うと，実態との間に隙間ができ～効果がないばかりか，じつに逆効果」であり，「言霊《ことだま》を殺しているような状況《じょうきょう》」であると述べられている。よって，合う。　**イ**　大袈裟な言葉遣《づか》いをする現代の政治家について，「聴衆《ちょうしゅう》の気を惹《ひ》きつけないといけないという気持ちが強すぎ」て，「ほとんど真実でないことまで繰《く》り出してくる羽目《はめ》になってきた」と筆者は批判している。よって，誤り。　**ウ，オ**　筆者は「今の日本の空気」として，「みんなおなじで，みんなあんしん」なのではないかと指摘している。よって，ウは正しくないが，オは正しい。
エ　「愛国心」について，「ことさら声高《こわだか》に言うもので」はなく，「『ささやかだけれども堅固《けんご》』なもの」であると筆者は指摘している。よって，正しい。

二　**出典は椰月美智子《やづきみちこ》の『純喫茶《きっさ》パオーン』による。**「ぼく（来人《らいと》）」と琉生《りゅうせい》，圭一郎の三人が「うそを見破る鏡」を話題にして話している。

問１　**イ**　常識では考えられないような不思議なできごと。　**ロ**　すべての天体をふくむ空間。
ハ　音読みは「コウ」で，「恐慌」などの熟語がある。　**ニ**　音読みは「ショク」で，「感触」などの熟語がある。　**ホ**　音読みは「ム」で，「夢中」などの熟語がある。

問２　「神妙《しんみょう》」は，ふだんとは異なり，態度がおとなしく素直であること。圭一郎は，自分がうそをついていたことを告白しようとしたので，かしこまった表情をしたと考えられる。

問３　「おずおずと」は，ためらいながらおそるおそるものごとをするようす。

問４　「怪訝」は，わけがわからなくて納得《なっとく》がいかないこと，不思議に思うこと。

問５　直後で「ぼく」が「あきらかなうそはやめてくれよ」と言っているように，琉生が「あきらかなうそ」ばかりついていたから，「ぼく」は無視したのである。

問６　琉生が「真実かもしれない微妙《びみょう》なうそって，案外むずかしいよ」と話しているように，あきらかなうそではなく，真実かもしれないと思わせるような微妙なうそをつくのは，意外とむずかしいというのである。

問７　「ぼく」はおじいちゃんの質問に答えて「そんなような気がしただけかも……」と言っている。この鏡は「うそを見破る鏡」だとしたら，自分が何かうそをついているから鏡が光ったように見えたのではないか，と「ぼく」は考えたのである。

問８　最初の場面で作文のことを話題にして三人が話している。その中で「『とっておきの宝物』の作文だけど，おばあちゃんのことを書こうと思うんだ」と言った圭一郎に対して，「先生受けがよさそうじゃないか」と琉生が話している。「うそを見破る鏡」のことを書くよりも「純喫茶パオーン」のことを書いたほうが「先生受け」がよさそうだということである。

Memo

Memo

2022年度　立教新座中学校

〔電　話〕（048）471－２３２３
〔所在地〕〒352-8523　埼玉県新座市北野１－２－25
〔交　通〕東武東上線－「志木駅」より徒歩12分
JR武蔵野線－「新座駅」より徒歩25分

【算　数】〈第１回試験〉（50分）〈満点：100点〉

注意　１．答はできるだけ簡単にしなさい。また，円周率は，3.14を用いなさい。
２．直定規，コンパスをかしたり，かりたりしてはいけません。
３．三角定規，分度器，計算機の使用はいけません。

1　以下の問いに答えなさい。

(1)　次の計算をしなさい。

$$\left(1\frac{1}{8}+\frac{5}{6}\right)\div\left(1.625-1\frac{7}{12}\right)+4.5-3\frac{1}{3}\times0.8+1\frac{1}{6}$$

(2)　太郎君は，日本がＡオリンピックとＢオリンピックで獲得《かくとく》した金，銀，銅の３種類のメダルの個数を調べました。Ａオリンピックで獲得したメダルの合計の個数とＢオリンピックで獲得したメダルの合計の個数の比は８：５でした。そして，ＡオリンピックとＢオリンピックで獲得した金メダルの個数の比は５：３，銀メダルの個数の比は２：１でした。また，Ａオリンピックで獲得したメダルの中では，銅メダルの個数が最も多く14個でした。Ｂオリンピックで獲得した金メダルと銅メダルの個数をそれぞれ求めなさい。

(3)　３つの数294，449，728を，それぞれ同じ整数Aで割ったところ，あまりがすべて等しくなりました。整数Aと，これら３つの数を整数Aで割ったときのあまりを求めなさい。

(4)　１目盛りが１cmの方眼紙にコンパスと定規を使って図形をかきました。図の中の●はコンパスの針を置いた位置を表します。次の問いに答えなさい。

①　図１は，正方形と円をかいたもので，正方形の内部に円がぴったりと入っています。影《かげ》のついた部分の面積を求めなさい。

②　図２において，影のついた部分の面積を求めなさい。

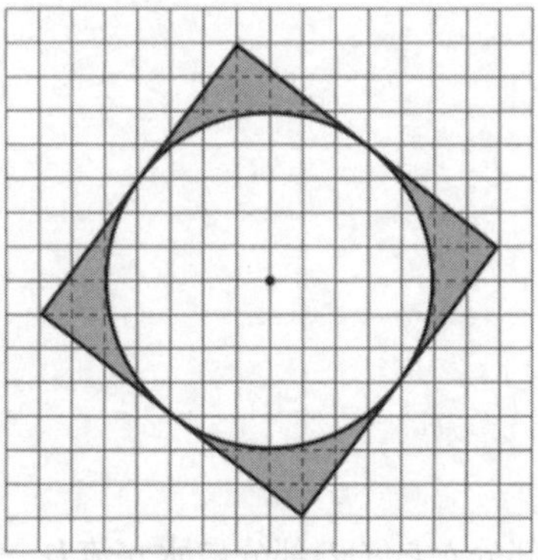

図１

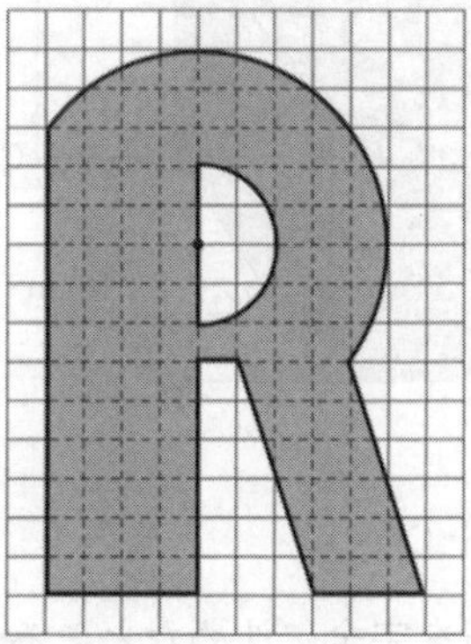

図２

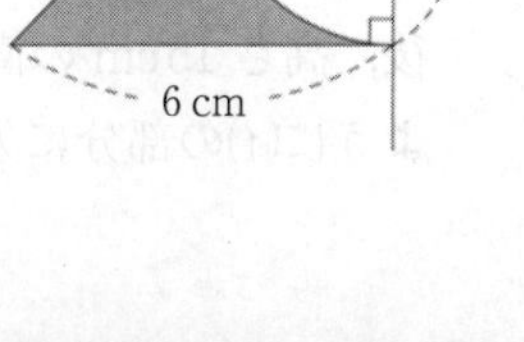

(5)　右の図は，半円と直角二等辺三角形を重ねた図形です。次の問いに答えなさい。

①　影《かげ》のついた部分の面積を求めなさい。

② 影のついた部分を，直線 l の周りに１回転させてできる立体の体積を求めなさい。ただし円すいの体積は，(底面積)×(高さ)÷3で求めるものとします。

2 三角形ABCは，AB＝15cm，AC＝15cm，BC＝18cmの二等辺三角形で，面積は108cm²です。４点D，E，F，Gは辺ABを５等分する点，２点H，Iは辺ACを３等分する点，点Mは辺BCの真ん中の点です。また，三角形ABCの底辺をBCとすると，AMはその高さとなります。次の問いに答えなさい。

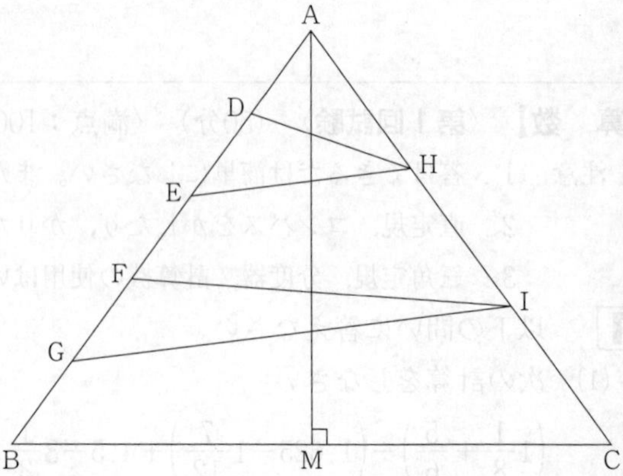

(1) 四角形EFIHの面積を求めなさい。

(2) 三角形DEHと三角形FGIの面積の和を求めなさい。

(3) 三角形FMIの面積を求めなさい。

(4) FHとAMが交わる点をPとするとき，PMの長さを求めなさい。

3 図のように，直方体の形をした水そうの中に，高さ10cmの仕切りを水そうの側面と平行になるようにつけ，仕切りで分けられた部分のうち，左側を(ア)，右側を(イ)とします。太郎君は，すべての部分が空《から》の状態の水そうを，面ABCDが平らな床《ゆか》にぴったりとつくように置き，(ア)の部分だけに水面の高さが９cmになるまで水を入れました。次の問いに答えなさい。ただし仕切りの厚みは考えないものとします。

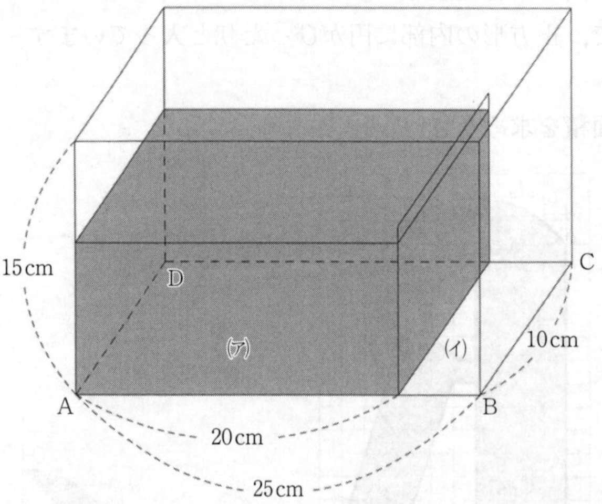

(1) 太郎君は，(ア)の部分に石を完全に沈《しず》めたところ，(ア)の部分から(イ)の部分に水が流れ，(イ)の部分の水面の高さが２cmになりました。石の体積を求めなさい。

(2) (1)の状態から，太郎君は，(イ)の部分の水面の高さが６cmになるまで水を入れました。その後，高さ15cmの直方体の形をしたおもりを，おもりの底面が水そうの底面にぴったりとつくように(イ)の部分に入れたところ，水面の高さは８cmになりました。おもりの体積を求めなさい。

(3)　(2)の状態から，太郎君が，この水そうに毎分一定の割合で水を入れたところ，25分で水そうが満水になりました。毎分何 cm^3 の水を入れましたか。

(4)　(3)の状態から，太郎君は，石とおもりを取り除き，再び水そうが満水になるまで水を入れました。その後，辺 AD を床につけたまま水そうを 45° 傾《かたむ》けたとき，水そうの中に残った水の体積を求めなさい。

4　R中学校の部活動で，ある作業をします。１年生２人，２年生２人，３年生２人がこの作業をすると60分かかります。１年生８人，２年生２人，３年生３人がこの作業をすると30分かかります。１年生12人と３年生７人がこの作業をすると20分かかります。次の問いに答えなさい。ただし，同じ学年の部員１人あたりの作業量は，それぞれ同じであるものとします。

(1)　１年生６人と３年生１人がこの作業をすると，何分かかりますか。

(2)　３年生全員がこの作業をすると，15分かかります。３年生は何人いますか。

(3)　２年生１人あたりの作業量と３年生１人あたりの作業量の比を求めなさい。

(4)　部員16人がこの作業をしたところ，20分かかりました。作業をした１年生の人数が奇数《きすう》のとき，作業をした３年生の人数は何人ですか。ただし，どの学年の部員も必ず１人以上は作業をしたものとします。

5　１から９までの異《こと》なる１桁《けた》の整数が書かれた計９枚の数字のカードが入った袋《ふくろ》Aと，＋，－，×，÷が書かれた計４枚の記号のカードが入った袋Bがあります。次の①から③の手順でカードを取り出し，取り出したカードを置いて計算式をつくります。

①　袋Aから１枚ずつ続けて２枚のカードを取り出します。１枚目に取り出したカードが十の位，２枚目に取り出したカードが一の位となるように２枚のカードを置き，２桁の整数をつくります。

②　袋Bから１枚のカードを取り出し，２桁の整数のカードの右側に置きます。

③　袋Aに入っている残り７枚のカードから１枚のカードを取り出し，記号のカードの右側に置きます。

例えば，以下のような計算式ができます。

3	8	−	9

7	3	×	6

これらを計算すると，29，438になります。

このようにしてできた計算式を計算した結果について，次の問いに答えなさい。

(1)　最も大きくなる数を答えなさい。

(2)　97になる計算式は全部で何通りありますか。

(3)　48になる計算式は全部で何通りありますか。

(4)　３桁で５の倍数になる計算式は全部で何通りありますか。

【社　会】〈第1回試験〉(30分)〈満点：50点〉

I　次の地図を見て，以下の問に答えなさい。

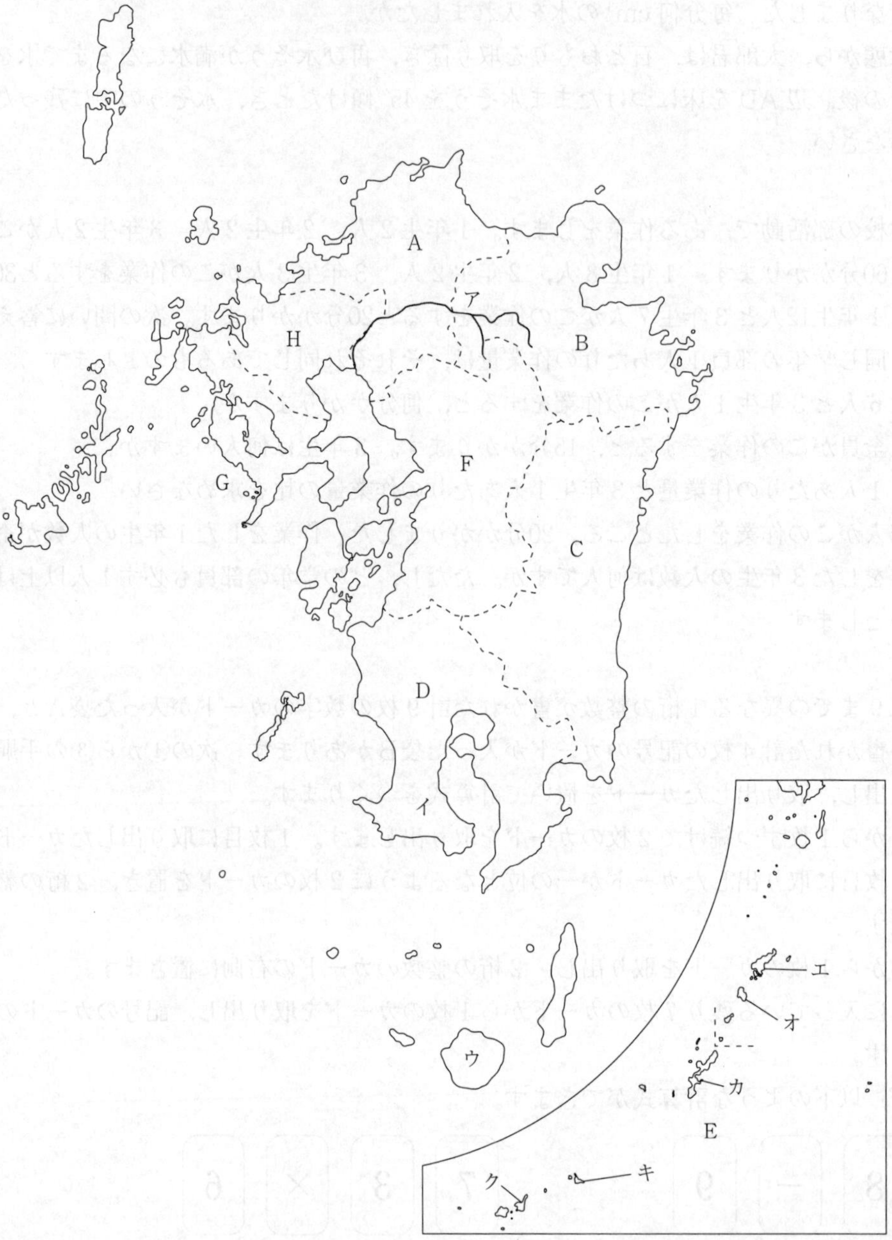

問1　次の文は，地図中のアの河川について説明したものです。文中の(　)にあてはまる語の組み合わせとして正しいものを，以下より選び，番号で答えなさい。

> この河川は，その源を，世界的にカルデラで有名な(あ)の外輪山に発し，けわしい山岳地帯を流れ下り，スギの美林でも有名な(い)市にいたります。途中，玖珠川《くすがわ》などの数々の支川と合流しながら，山間の盆地や豊かな筑紫平野を流れ，潮の干満の差が日本で一番大きいことで有名な(う)に注ぎます。

	(あ)	(い)	(う)
①	霧島山	大牟田	八代海
②	霧島山	日田	有明海
③	雲仙岳	大牟田	有明海
④	雲仙岳	日田	八代海
⑤	阿蘇山	大牟田	八代海
⑥	阿蘇山	日田	有明海

問2　地図中のイの半島について説明した文として，誤っているものを，以下より選び，番号で答えなさい。

①　この半島の南には，「薩摩富士」として名高い，開聞岳が位置している。
②　この半島は，大正時代の大噴火によって，桜島と陸続きになっている。
③　この半島の東側の湾に面した場所には，世界最大規模の石油備蓄基地がある。
④　この半島の南西部の東シナ海に面した海岸線には，リアス海岸がみられる。

問3　2021年7月，世界自然遺産に「奄美大島，徳之島，沖縄島北部および西表島」が登録されました。徳之島の位置を，地図中のウ～クより選び，記号で答えなさい。

問4　次の表1と表2は，都道府県別の海岸線の長さと，島の数の上位6都道府県をしめしたものです。表中の(え)～(か)にあてはまる九州・沖縄地方の県名の組み合わせとして正しいものを，以下より選び，番号で答えなさい。

表1　海岸線の長さ(上位6都道府県)

1位	北海道	4,402km
2位	(え)	4,196km
3位	(お)	2,643km
4位	(か)	2,027km
5位	愛媛県	1,633km
6位	山口県	1,503km

表2　＊島の数(上位6都道府県)

1位	(え)	971
2位	(お)	605
3位	北海道	508
4位	島根県	369
5位	(か)	363
6位	東京都	330

＊外周0.1km以上のもの。

出典：国立天文台編『理科年表　平成29年』(丸善出版，2016年)より作成

	(え)	(お)	(か)
①	沖縄県	長崎県	鹿児島県
②	沖縄県	鹿児島県	長崎県
③	長崎県	沖縄県	鹿児島県
④	長崎県	鹿児島県	沖縄県
⑤	鹿児島県	沖縄県	長崎県
⑥	鹿児島県	長崎県	沖縄県

問5　次のページの図1は，北海道，東北，北陸，関東・東山(山梨・長野)，東海，近畿，中国，四国，九州，沖縄の各地域別の農業産出額と，農業産出額の割合をしめしたものです。九州地方をしめすものを図中の①～⑦より選び，番号で答えなさい。

図1　地域別の農業産出額の割合(2019年)

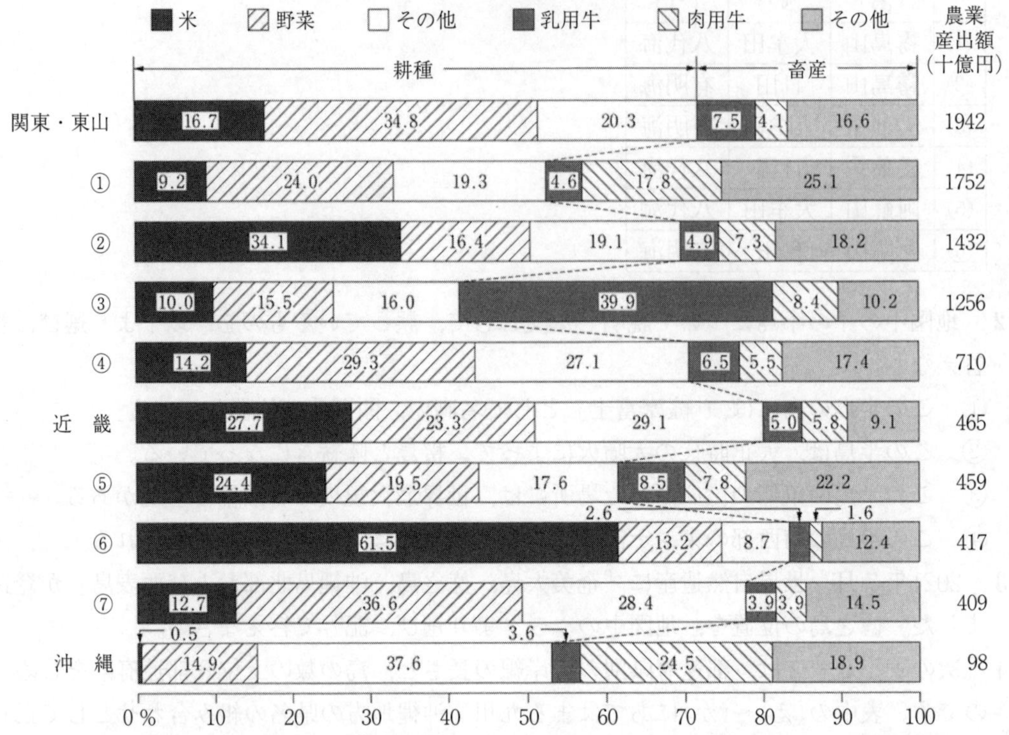

出典：矢野恒太記念会編『日本国勢図会 2021/22年版』(公益財団法人矢野恒太記念会，2021年)より作成

問6　次の表3は，2018年におけるきゅうり・茶(生葉)・メロンの収穫量と，肉用牛・豚の飼育頭数の上位5つの都道府県をしめしたものです。表中の(く)・(け)にあてはまる県を，地図中のA～Hよりそれぞれ選び，記号で答えなさい。

表3　きゅうり・茶(生葉)・メロンの収穫量と肉用牛・豚の飼育頭数

きゅうりの収穫量(2018)	茶(生葉)の収穫量(2019)	メロンの収穫量(2018)	肉用牛の飼育頭数(2019)	豚の飼育頭数(2019)
1位　(き)	1位　(く)	1位　茨城県	1位　北海道	1位　(く)
2位　群馬県	2位　静岡県	2位　(け)	2位　(く)	2位　(き)
3位　埼玉県	3位　三重県	3位　北海道	3位　(き)	3位　北海道
4位　福島県	4位　(き)	4位　山形県	4位　(け)	4位　群馬県
5位　千葉県	5位　京都府	5位　青森県	5位　岩手県	5位　千葉県

出典：『データブック オブ・ザ・ワールド 2021年版』(二宮書店，2021年)より作成

問7　次の歌詞は，九州・沖縄地方の(X)県の県民歌「南《みんなみ》の風」です。これを読んで，以下の問に答えなさい。

1．南の風と光に
とつくにの文化のうしお
花咲きし伝統ひめて
はて知らぬ希望に生くる
(　X　)県　わがふる里よ

2．青に冴《さ》ゆみ山　a雲仙
山脈《やまなみ》の重なるところ
殉教《じゅんきょう》の道も清らに
限りなき生命《いのち》は映《は》ゆる
(　X　)県　わがふる里よ

3．雲ながる海原《うなばら》ゆけば
壱岐　対馬　五島の彼方《かなた》
ゆたかなる海の幸あり

4．こだまする　b造船の業《わざ》
大いなる七つの海に
新らしき船を浮かべて

大漁の旗はかがやく
(　Ｘ　)県　わがふる里よ

美しく世界を結ぶ
(　Ｘ　)県　わがふる里よ

県の公式ホームページより作成

(1)　歌詞中の(Ｘ)県にあてはまる県を，地図中のＡ～Ｈより選び，記号で答えなさい。

(2)　歌詞中の下線部ａについてですが，現在も活動している雲仙岳は，過去にも火山活動が活発な時期がありました。江戸時代の1792年の噴火《ふんか》活動の中で，５月21日に東側にある眉《まゆ》山《やま》の山体がくずれたことにより，１万５千人もの犠牲者《ぎせいしゃ》を出しました。これは，日本の火山災害史上，最大の火山災害といわれ，「島原大変《しまばらたいへん》肥後《ひご》迷惑《めいわく》」と伝えられました。「島原大変」がなぜ肥後(現在の熊本県)にも多くの犠牲者(全体の犠牲者の約３分の１をしめる)を出したのか，その理由を簡潔に説明しなさい。

(3)　歌詞中の下線部ｂについてですが，以下の４つの地図は，セメント工場(2020年)，高炉一貫製鉄所(2020年７月)，おもな造船所(2017年４月)，おもなＩＣ工場(2020年)の分布を表したものです。おもな造船所の分布をしめすものを，以下より選び，番号で答えなさい。

①
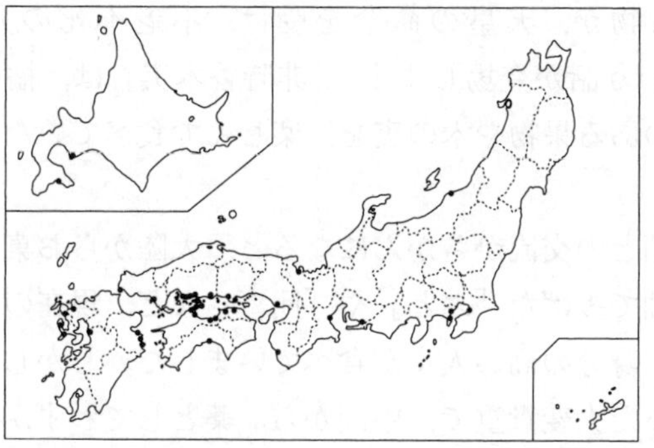

②
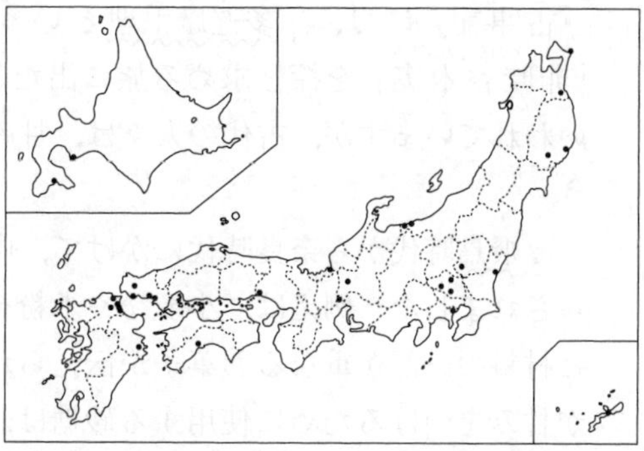

③
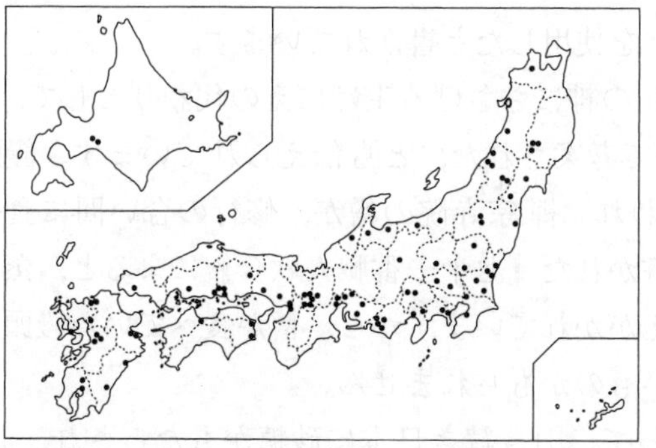

④
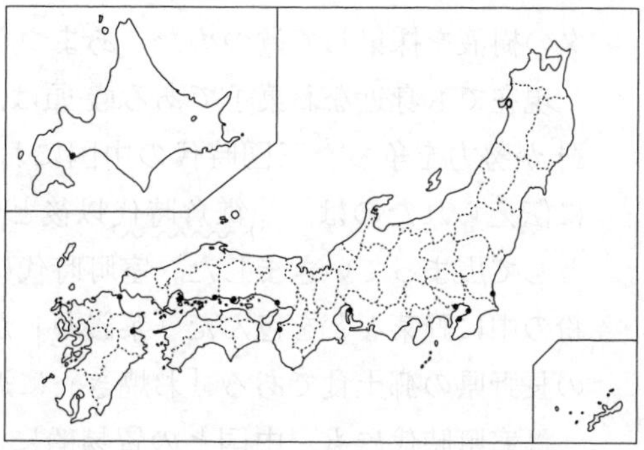

問８　次のページの表は，九州・沖縄地方の各県の2017年における製造品出荷額，業種別製造品出荷額，工業比率(重工業，化学工業，軽工業各分野の出荷額にしめる割合)をしめしたものです。表中の②，③にあてはまる県を，地図中のＡ～Ｈよりそれぞれ選び，記号で答えなさい。

	製造品出荷額(十億円)	業種別製造品出荷額(十億円)					工業比率(%)		
		食料品	化学工業	鉄鋼業	電子部品デバイス電子回路	輸送用機械器具	重工業	化学工業	軽工業
①	9,738	994	452	921	200	3,380	63.1	11.6	25.2
②	4,095	159	577	521	199	616	57.9	30.3	11.8
熊本県	2,839	366	162	56	363	416	58.5	16.6	24.3
鹿児島県	2,068	700	27	5	317	17	30.4	4.7	64.9
佐賀県	1,866	354	178	37	165	201	48.3	19.1	32.6
③	1,830	283	13	36	306	434	74.0	2.2	23.7
宮崎県	1,692	383	168	19	185	52	31.4	22.5	46.2
④	480	187	8	25	＊X	3	20.5	5.7	74.6

＊　Xは数値が公表されていないもの。

出典：『データブック オブ・ザ・ワールド 2021年版』(二宮書店，2021年)より作成

Ⅱ　次の文章を読んで，以下の問に答えなさい。

『古事記』には，(1)多遅摩毛理《たじまもり》という人物が，天皇の命令を受け，不老不死の力を持つ「非時香木実《ときじくのかくのきのみ》」を探し求める旅に出たという話が登場します。「非時香木実」は，橘《たちばな》の実ともいわれていますが，古代の人々は，甘みのある果物《くだもの》や木の実を，楽しんで食べていたのでしょう。

(2)飛鳥時代から奈良時代にかけて，中国との交流がさかんになると，大陸からお菓子がもたらされました。例えば，小麦粉や米粉を油で揚げた「ぶと」や「団喜《だんき》」など，現在のドーナツと材料の一部が重なるお菓子が伝えられ，身分の高い人々が食べていました。しかし，私たちが甘みをつけるために使用する砂糖《さとう》は，まだ大変貴重で，中国から(3)薬としてわずかに輸入されるだけでした。平安時代に書かれた『(4)枕草子』には，けずった氷にシロップをかけた，現在のかき氷とほぼ同じお菓子が登場します。ただしシロップの材料は砂糖ではなく，植物のツタの樹液を採集して煮つめた「あまづら」を使用したと書かれています。

現在でも身近なお菓子である饅頭《まんじゅう》は，川の神にささげる生けにえの代わりとして，魏《ぎ》・呉《ご》・蜀《しょく》が勢力を争った三国時代の中国において考案された，とも伝えられています。饅頭が日本に伝えられたのは，(5)鎌倉時代以後といわれ，禅宗《ぜんしゅう》寺院の僧が，修行の合い間に食べる軽食として広まっていきました。室町時代に書かれた『七十一番職人歌合』によると，蒸した小麦粉の中に野菜などを包んだ「菜饅頭」がえがかれていますから，僧が食べていた饅頭は，現在の長野県の郷土食である「お焼き」に近いものかもしれません。

(6)室町時代にも，中国との貿易船によって，引き続き日本に砂糖がもたらされ，(7)「附子《ぶす》」という演劇作品の中には，主人が留守の間に，家来たちが貴重な砂糖を平らげてしまったという話が登場します。続く戦国時代には，南蛮人がさまざまなお菓子をもたらしました。宣教師ルイス・フロイスが，(8)織田信長に「金平糖《こんぺいとう》」を献上していることから，布教や貿易の許可を得る交渉の場などで，お菓子が効果的に用いられた様子が伝わってきます。

江戸時代に入ると，中国とオランダから輸入する砂糖に加え，薩摩藩からも砂糖が供給されるようになりました。そして17世紀後半以降，公家や武家などからの注文に応じて，「上菓子」と呼ばれる高級なお菓子が，京都を中心に作られていくようになります。こうして，甘いお菓

子に対する人々の需要は拡大していき，18世紀初頭には，(9)江戸幕府の将軍が，サトウキビの苗《なえ》を取り寄せ，砂糖の国産をすすめるようになりました。国内における砂糖生産が拡大していくと，甘いお菓子は，身分の高い人々だけではなく，庶《しょ》民にとっても身近なものになっていきました。

明治時代に入ると，日本のお菓子に西洋の素材を取り入れた，新たなお菓子が登場します。例えば(10)洋食のパンに和菓子のあんを包んだアンパンは，1874(明治７)年に考案されました。パンをふくらませる酵母《こうぼ》には，饅頭をふくらませるために使われていた酒種が，使用されたのです。

第一次世界大戦が始まると，当時日本と敵対していた国の人々が捕虜《ほりょ》としてとらえられ，日本の収容所に連行されました。1919(大正８)年３月，捕虜の作った品物を展示・販《はん》売する催《もよお》しが，山陽地方の県の(11)物産陳《ちん》列館で開かれましたが，この催しがきっかけとなり，日本に紹介されたお菓子が(12)バウムクーヘンです。

昭和時代に，中国との戦争が始まると，(13)物資の不足から1940(昭和15)年以後，砂糖は切符制となりました。こうして1952(昭和27)年に統制が解除されるまで，甘いお菓子は，ぜいたくな食べ物になりました。

問１　下線部(1)についてですが，『古事記』によると，多遅摩毛理の祖先にあたる天之日矛《あめのひほこ》は，地図中のAの国からやって来たと伝えられています。４世紀末頃の朝鮮半島の様子をしめした右の地図のうち，Aの国名を答えなさい。

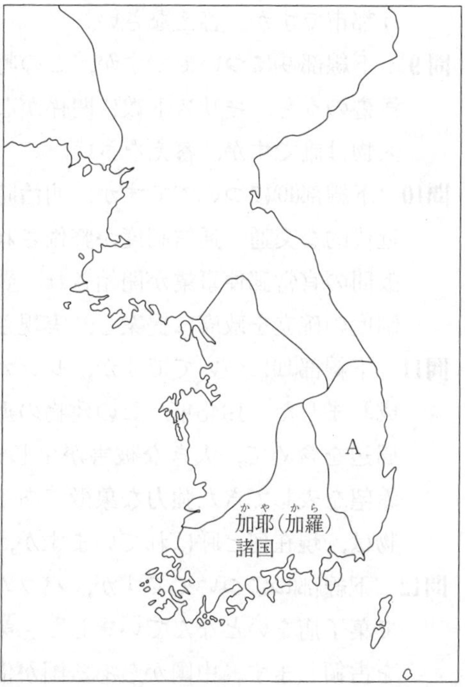

問２　下線部(2)についてですが，飛鳥地方に都がおかれた７世紀末から８世紀初め頃に築かれた古墳のうち，石室に人物図や星座などの壁画がえがかれている，奈良県明日香村にある古墳を何といいますか。以下より選び，番号で答えなさい。

①　大山古墳　　②　稲荷山古墳

③　五色塚古墳　　④　江田船山古墳

⑤　高松塚古墳

問３　下線部(3)についてですが，奈良県の正倉院には，薬として収められた品々をまとめた『種々《しゅじゅ》薬帳《やくちょう》』という文書が残されています。その中に砂糖が含まれていることから，当時の人々が，砂糖を薬の一種として考えていたことが分かります。正倉院は何という寺院の宝物庫ですか，答えなさい。

問４　下線部(4)についてですが，『枕草子』の作者は誰ですか，答えなさい。

問５　下線部(5)についてですが，鎌倉時代の1221年，朝廷から以下の命令書が出されました。後鳥羽上皇の命令で討伐《とうばつ》の対象とされた，命令書の空欄に当てはまる人物は誰ですか，答えなさい。

近ごろ「関東(幕府)の政務である」と称して，幕府が天下の政治を乱している。将軍と呼ばれる者はいるが，まだ幼《おさな》い。こうした中，(　　)は，好きかってに政治の決定をくだし，朝廷による法の秩序を忘れたかのようである。これは朝廷に対する謀反《むほん》というべきであろう。速やかに諸国に命令をくだし，(　　)を討つように。

問６　下線部⑹についてですが，室町時代の様子を伝える史料の内容として，適切でないものはどれですか。以下より選び，番号で答えなさい。

①　村の森で，かってに木を切った者は，村人ならば，村の寄合からはずすこと。

②　新たに田地を切り開いた場合は，三世代や一世代という期限に関係なく永久に私有を認める。

③　今日，山城国の国人たちが平等院で会合を行った。国のおきてを定めるためであるという。

④　正長元年以前の神戸四カ郷の負債については，いっさい無くなった。

問７　下線部⑺についてですが，室町時代に，能の合い間に演じられて発達した，こっけいな演劇を何といいますか，答えなさい。

問８　下線部⑻についてですが，織田信長は，日明貿易で栄えた都市に軍資金を要求し，要求をかなえることに成功しました。この都市は，鉄砲の産地としても知られていますが，何という都市ですか，答えなさい。

問９　下線部⑼についてですが，この将軍は，産業の発展をうながすため，中国語に翻訳《ほんやく》された洋書のうち，キリスト教に関係がない書物の輸入を許可したことでも知られています。この人物は誰ですか，答えなさい。

問10　下線部⑽についてですが，明治時代初期，洋食や洋装など，新たな風俗が取り入れられ，近代的な交通・通信制度が整備されるなど，文明開化が進みました。1871年には，東京・大阪間の官営郵便事業が開始され，翌72年には事業が全国に拡大されています。近代的な郵便制度の確立を政府に提案し，実現させた人物は誰ですか，答えなさい。

問11　下線部⑾についてですが，レンガと鉄筋コンクリートで作られたこの建物は，1915年に完成しました。1945年，この建物の近くで，アメリカが開発した新型兵器が使用され，建物の周辺を含めて，大きな被害が生じました。1996年，この建物は，世界恒久《こうきゅう》平和の実現への希望を表してきた強力な象徴であると評価され，世界文化遺産に登録されています。この建物は，現在何と呼ばれていますか，答えなさい。

問12　下線部⑿についてですが，バウムクーヘンを出品した人物は，捕虜になる前，中国の青島《チンタオ》で菓子店をいとなんでいました。第一次世界大戦が始まると，日本政府は参戦を決め，青島を占領します。中国からある国が借り受けていた都市が青島であり，青島を借り受けていた国が，日本の対戦国であったためです。第一次世界大戦当時，青島を借り受けていた国はどこですか。以下より選び，番号で答えなさい。

①　フランス　　②　ドイツ　　③　イギリス　　④　ロシア　　⑤　アメリカ

問13　下線部⒀についてですが，1941年に太平洋戦争が始まると，日本の砂糖不足は，さらに深刻になりました。日本が海外の植民地で作らせた砂糖を，国内に輸送することが難しくなったためです。日本が1895年の下関条約で得た，この植民地はどこですか，答えなさい。

Ⅲ　次の文章を読んで，以下の問に答えなさい。

中学生の健児君は，８月下旬になっても，社会科の自由研究のテーマをなかなか決められませんでした。なやみを抱えつつテレビ番組を見ていたところ，2021年９月でアメリカ同時多発テロから20年を迎えることを知りました。そこで健児君は，2021年から10年ずつさかのぼってその年の出来事を調べ，レポートを書くためのメモとして，以下の表を作成しました。

100年前(1921年)	［７月］	中国共産党成立	［11月］	(1)原敬首相暗殺事件
90年前(1931年)	［９月］	満州事変	［12月］	(2)金本位《きんほんい》制停止〔日本〕
80年前(1941年)	［４月］	日ソ中立条約調印	［10月］	(3)東条英機内閣成立
70年前(1951年)	［４月］	(4)マッカーサー解任	［９月］	日米安全保障条約調印
60年前(1961年)	［４月］	(5)世界初の有人宇宙飛行成功	［８月］	ベルリンの壁建造開始
50年前(1971年)	［３月］	(6)バングラデシュ独立を宣言	［６月］	沖縄返還協定調印
40年前(1981年)	［６月］	メジャーリーグベースボールで(7)ストライキ決行		
30年前(1991年)	［12月］	(8)ソビエト連邦崩壊		
20年前(2001年)	［９月］	アメリカ同時多発テロ		
10年前(2011年)	［３月］	(9)東日本大震災・福島第一原子力発電所事故		

問１　下線部(1)についてですが，原敬内閣は，1920年に衆議院議員選挙法を改正し，有権者になるための資格を拡大させました。その結果，それまで全人口の2.2％にすぎなかった有権者が，5.5％まで増えました。有権者の割合が増えたのはなぜですか，説明しなさい。

問２　下線部(2)についてですが，金本位制とは，国の通貨の価値を決める制度のひとつです。この制度を採用する国では，政府が金庫に保管している金《きん》の価値(すべての金を通貨に替えた場合の合計金額)と同じ額を上限として，通貨を発行することができます。この制度の特徴を説明した文として適切でないものを，以下より選び，番号で答えなさい。

①　日本が金本位制を採用していたとき，日本銀行が発行する紙幣は，銀行に持っていくと，いつでも同じ価値の金に交換することができました。

②　日本は，1931年に金本位制を停止してから現在にかけて，政府や日本銀行が円の価値をコントロールする管理通貨制度を採用しています。

③　金本位制を採用する国の間で貿易をするとき，どちらの国の通貨も急に価値が変わる心配がないので，いつでも安心して取引ができます。

④　金本位制を採用すると，不景気のため世の中が急に大量の通貨を必要とするとき，政府の判断で，景気がよくなるまで紙幣を発行し続けることができます。

問３　下線部(3)についてですが，内閣総理大臣の指名・任命方法やその権限は，大日本帝国憲法(旧憲法)の時代と現在を比べると，大きく異なります。旧憲法の時代と現在を比べたとき，その違いを説明した文として適切でないものを，以下より選び，番号で答えなさい。

①　旧憲法の時代，内閣総理大臣は，天皇に任命されれば誰でも就任することができました。一方，現在の内閣総理大臣は，必ず衆議院議員から指名しなければなりません。

② 旧憲法の時代，内閣総理大臣は，現役の軍人であっても就任することができました。一方，現在の内閣総理大臣は，必ず文民から指名しなければなりません。

③ 旧憲法の時代，内閣総理大臣の任命方法を定めた法令はありませんでした。一方，現在は，その方法を定める規定が，日本国憲法に設けられています。

④ 旧憲法の時代，内閣総理大臣に他の国務大臣をやめさせる権限はありませんでした。一方，現在は，理由を問わずその権限の行使を認める規定が，日本国憲法に設けられています。

問4 下線部(4)についてですが，当時のマッカーサーは，日本を占領する連合国軍最高司令官とある戦争の指揮官を兼任していました。しかし，この戦争の戦い方をめぐってトルーマン大統領と意見が対立し，最高司令官と指揮官を解任されました。その後，この戦争は，決着がつかないまま休戦状態になったため，戦いの現場となった地域は，現在も分断されたままとなっています。この戦争とは何ですか，答えなさい。

問5 下線部(5)についてですが，当時，アメリカとソ連との間で，宇宙開発競争が激しく行われました。その理由のひとつに，ロケットを飛ばす技術が，核兵器を運ぶミサイルを開発する技術に応用できることがあげられます。ミサイル開発と並行して，核兵器の開発競争も起こりましたが，それを批判する国際世論におされて，開発や使用などを制限する国際条約が，いくつか結ばれました。それらの条約のうち，署名・承認する国が少ないためにまだ発効していないものを，以下より選び，番号で答えなさい。

① 核兵器禁止条約〔TPNW〕　② 核拡散防止条約〔NPT〕
③ 部分的核実験禁止条約〔PTBT〕　④ 包括的核実験禁止条約〔CTBT〕

問6 下線部(6)についてですが，バングラデシュのとなりのある国では，ロヒンギャと呼ばれるイスラム系住民が，嫌がらせを受けたり住む場所を追われたりしています。ロヒンギャのなかには，難民となって，イスラム教徒が多いバングラデシュに流れ込む人々もいます。2021年2月，そのある国で軍事クーデターが起こったことにより，ロヒンギャをめぐる問題が，より悪化するのではないかと心配されています。ある国とはどこですか，その国名を答えなさい。

問7 下線部(7)についてですが，ストライキとは，労働者が，使用者(雇い主)に対して，自分たちの要求を受け入れさせる目的で，団結して仕事を拒否することをいいます。使用者よりも弱い立場に置かれやすい労働者の利益を守るため，日本国憲法も，ストライキをする権利を保障しています。この権利を何といいますか，答えなさい。

問8 下線部(8)についてですが，この約2年前，ソ連のゴルバチョフ書記長が，ある国の首脳と会談しました。これは，マルタ会談と呼ばれ，それ以降の国際社会を大きく変える内容が合意されました。どの国とどのような内容が合意されましたか，答えなさい。

問9 下線部(9)についてですが，東日本大震災からの一刻も早い回復，特に被災地の生活や経済を立て直すため，翌年，ある省庁が置かれました。この省庁は，2021年3月に廃止される予定でしたが，後に10年間の延長が決まっています。この省庁とは何ですか，答えなさい。

【理　科】〈第１回試験〉(30分)〈満点：50点〉

注意　計算機，分度器を使用してはいけません。

1　以下の問いに答えなさい。

気象庁は2021年から熱中《ねっちゅう》症《しょう》警戒《けいかい》アラートを発表しています。暑さ指数が33以上になることが予測される場合に発表し，熱中症への警戒を呼びかけます。暑さ指数とは，気温，湿度《しつど》，輻《ふく》射熱《しゃねつ》の３つを取り入れた温度の指標です。輻射熱とは，日射《ひざ》しを浴びたときに受ける熱や，地面，建物，人体などから出ている熱で，黒球温度計で測定します。暑さ指数を求めるには，図１のような暑さ指数測定装置を用いて，乾球《かんきゅう》温度(気温)，湿球温度，黒球温度を測定します。また，暑さ指数は次のように算出します。

屋外の暑さ指数＝0.7×湿球温度＋0.2×黒球温度＋0.1×乾球温度

屋内の暑さ指数＝0.7×湿球温度＋0.3×黒球温度

(1)　気温は乾球温度計で測定します。乾球温度計は，百葉箱と同じような条件で設置します。百葉箱の設置条件として当てはまるものを，次の(ア)～(エ)からすべて選び，記号で答えなさい。

(ア)　地上から1.5mに設置

(イ)　できるだけ建物の近くに設置

(ウ)　扉《とびら》は南向きに設置

(エ)　風通しのよい場所に設置

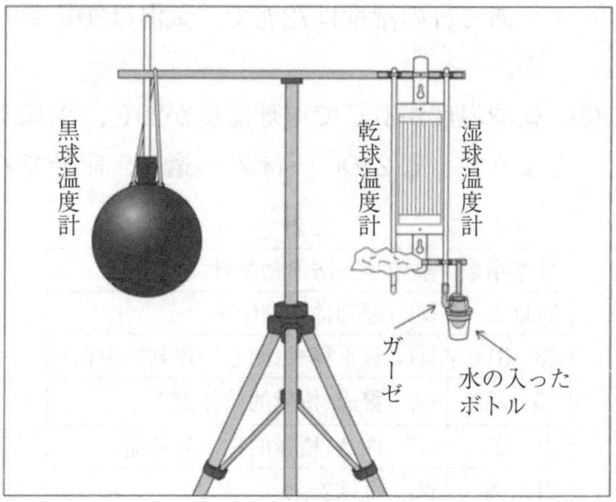

図１　暑さ指数測定装置

(2)　湿度は乾球温度と湿球温度から湿度表(表１)を用いて求めます。例えば，乾球温度が26℃，湿球温度が24℃の場合，湿度は84％となります。

表１　湿度表

乾球温度〔℃〕	乾球温度と湿球温度の差〔℃〕										
	0.0	0.5	1.0	1.5	2.0	2.5	3.0	3.5	4.0	4.5	5.0
35	100	97	93	90	87	83	80	77	74	71	68
34	100	96	93	90	86	83	80	77	74	71	68
33	100	96	93	89	86	83	80	76	73	70	67
32	100	96	93	89	86	82	79	76	73	70	66
31	100	96	93	89	86	82	79	75	72	69	66
30	100	96	92	89	85	82	78	75	72	68	65
29	100	96	92	89	85	81	78	74	71	68	64
28	100	96	92	88	85	81	77	74	70	67	64
27	100	96	92	88	84	81	77	73	70	66	63
26	100	96	92	88	84	80	76	73	69	65	62
25	100	96	92	88	84	80	76	72	68	65	61

①　次の文章は，乾球温度，湿球温度，黒球温度と暑さ指数の関係を説明しています。文章中のⅠ～Ⅳに適する語句を，以下の語群から選び，それぞれ記号で答えなさい。

図１のように，湿球温度計は水で湿《しめ》らせたガーゼを巻いています。湿らせたガーゼを巻い

ておくと，その水が蒸発するときに(　Ⅰ　)ので，乾球温度と湿球温度を比べると，湿球温度のほうが低くなります。空気中に含《ふく》むことができる水蒸気の量は気温によって決まっています。空気中の水蒸気の割合が高い場所では，湿球温度と乾球温度の差は(　Ⅱ　)。また，黒球には特殊《とくしゅ》な塗料《とりょう》が塗《ぬ》られており，外部からの熱をほとんど(Ⅲ)しません。

屋外の暑さ指数と屋内の暑さ指数の数式から，熱中症には(Ⅳ)の影響《えいきょう》が大きいと考えられます。

〈語群〉

Ⅰ：(ア)　熱がうばわれる　　(イ)　熱が均一になる　　(ウ)　熱が加わる

Ⅱ：(ア)　大きくなります　　(イ)　小さくなります

Ⅲ：(ア)　反射　　(イ)　吸収

Ⅳ：(ア)　気温　　(イ)　湿度　　(ウ)　輻射熱

②　ある日の湿度は72％で，気温は30℃でした。このとき湿球温度計は何℃を示していましたか。

(3)　乾球温度が31℃で湿球温度が29℃，黒球温度が36℃でした。このとき屋外で運動してよいでしょうか。表２の(ア)～(オ)から選び，記号で答えなさい。

表２

暑さ指数	熱中症予防運動指針
31以上	(ア)　運動は原則中止
28～31	(イ)　厳重警戒(激しい運動は中止)
25～28	(ウ)　警戒(積極的に休憩《きゅうけい》)
21～25	(エ)　注意(積極的に水分補給)
21未満	(オ)　ほぼ安全

2　次の会話文を読み，以下の問いに答えなさい。

父　　森の中のキャンプは日陰だから涼しいなあ。

太郎　学校で，植物が育つには光が必要と習ったけど，森の中のうす暗いところに生えている樹木もあるんだね。

父　　植物は種類によって成長するのに必要な光の強さが違うんだ。このグラフ(図１)を見てごらん。違う種類の樹ＸとＹについて，ある時間あたりに，あるおもさの樹木が吸収する二酸化炭素の量と光の強さの関係を表しているよ。

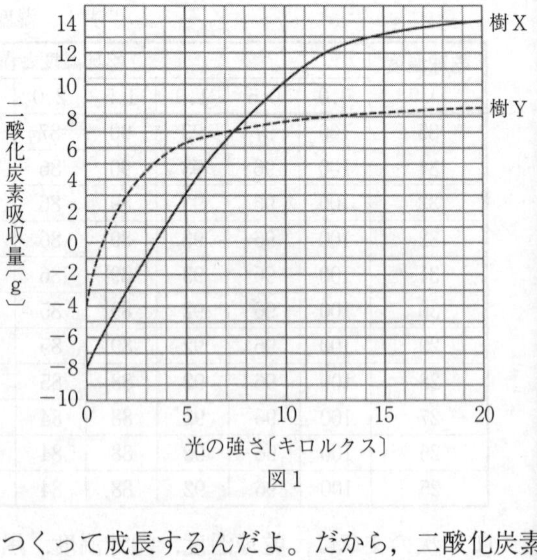

図１

太郎　二酸化炭素吸収量ってどういうこと？

父　　植物は吸収した二酸化炭素からデンプンをつくって成長するんだよ。だから，二酸化炭素吸収量は樹木の成長に影響するんだ。どちらの樹木も二酸化炭素吸収量が同じなら同じように成長するよ。

太郎　なるほどね。あれ，光の強さが３キロルクスのときは樹Ｘの二酸化炭素吸収量の値がマイナス(－)になっているよ。

父　　マイナスの部分は，樹木が二酸化炭素を吸収せず放出した場合なんだ。例えば，２ｇの二酸化炭素を放出すると二酸化炭素吸収量は－2ｇと表されるよ。これは植物の(　①　)のはたらきによるんだ。

太郎　光が当たっていてもある強さを超えないと成長できないってことか。そうしたら，樹ＸとＹが同じ場所で育つとどんな違いが出るのかな。

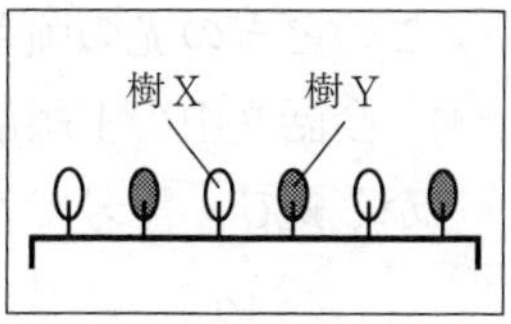

図２

父　　このグラフをもとに予想してみよう。日当たりのよい空き地に樹ＸとＹの苗木《なえぎ》を植えた絵(図２)を描《えが》いてみたよ。ここに20キロルクスの強さの光が当たり続けたとき，20年後にはどうなっているか描いてごらん？

太郎　a <u>こんな感じかな？</u>

父　　そうなりそうだね。じゃあさらにずっと時間がたって，500年後くらいだとどうなっているかな？　どちらの樹木も寿命《じゅみょう》は100年くらいで，寿命で倒《たお》れると下で育っていた次世代の樹木と入れ替《か》わっていくよ。葉が茂《しげ》った樹木の下の地面は３キロルクス未満の光の強さになるとして考えてみよう。あ，実際にはこの間に環境《かんきょう》が変わったり，台風なんかも起こりそうだけど，今は考えなくていいよ。

太郎　b <u>こうなりそうだね</u>。植物の生育には光の環境が大きく影響することがわかったよ。

父　　正解。光だけじゃないよ。他の環境も植物の成長に大きく関わっているから，環境の違いでそこで育つ植物の種類が変わって，生態系の様子も変わるんだ。例えばこの世界地図(図３)のＥの地点では，(　　②　　)ので，植物が大きく育ち，種類も増えるんだ。

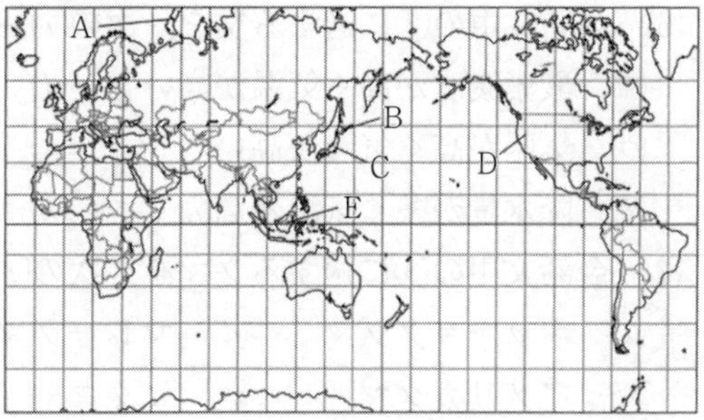

図３

太郎　世界にいろいろな景色があるのは環境の違いで存在する植物が変わるからなんだね。

父　　もっというと，環境の違いは植物だけじゃなくて生態系に生息する動物にも影響を与《あた》えるんだ。このクマたち(図４)はそれぞれ，Ａ～Ｅの違う地点に生息しているよ。どの地点にどのクマが生息しているかわかるかな？

図４

太郎　わかるよ。例えばＣには(　③　)でしょ。

父　　大丈夫《だいじょうぶ》そうだね。じゃあ，生息地の環境とクマの様子からは，何が言えそうかな？

太郎　もしかして，(　　④　　)のかな。

父　　その通り！　生物と環境との関係がわかったね。

(1)　会話文中の①に適する語句を答えなさい。

(2)　同じ大きさの樹ＸとＹに，ある強さの光を当て続けたとき，同じように成長しました。このときの光の強さとしてもっとも適切なものを，次の(ア)～(オ)から選び，記号で答えなさい。

(ア)　2.5キロルクス　(イ)　5.0キロルクス

(ウ)　7.5キロルクス　(エ)　12.0キロルクス

(オ)　20.0キロルクス

(3)　樹XとYを，ある同じ強さの光の下に12時間置き，その後，光が全く当たらない状態に12時間置いたところ，その間に樹XとYそれぞれが吸収した二酸化炭素の量は等しくなりました。このときの光の強さとしてもっとも適切なものを，(2)の(ア)～(オ)から選び，記号で答えなさい。

(4)　会話文中の下線部aについて，太郎君が描いた絵としてもっとも適切なものを，次の(ア)～(エ)から選び，記号で答えなさい。

(ア)

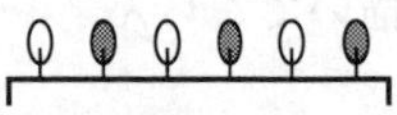

(イ)

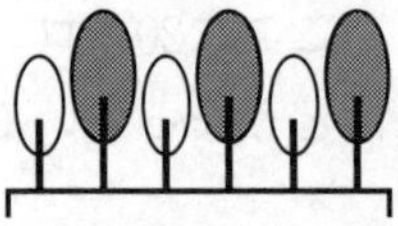

(ウ)

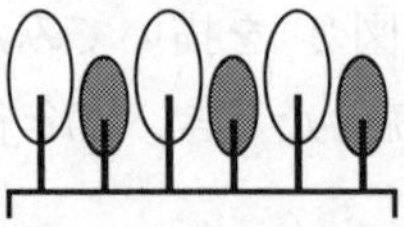

(エ)

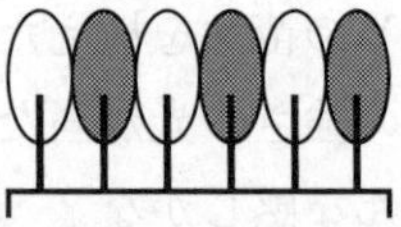

(5)　会話文中の下線部bについて，太郎君が描いた絵としてもっとも適切なものを，次の(ア)～(エ)から選び，記号で答えなさい。

(ア)

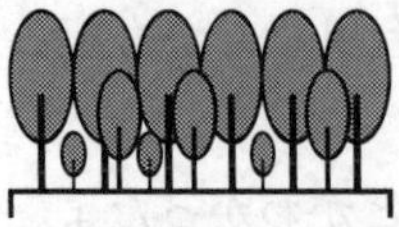

(イ)

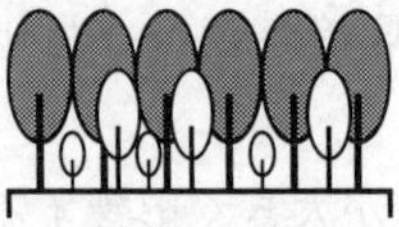

(ウ)

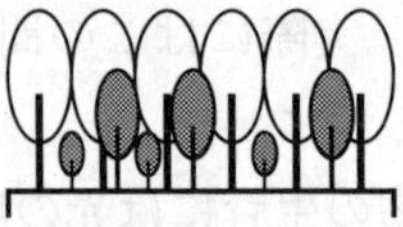

(エ)

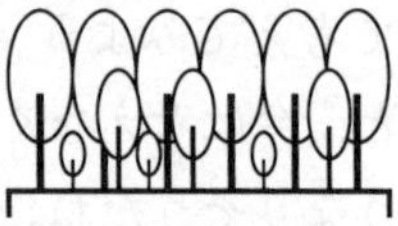

(6)　会話文中の②に適する文を，次の(ア)～(カ)から選び，記号で答えなさい。

(ア)　酸素濃度《のうど》が高く気温が高い　(イ)　酸素濃度が高く気圧が高い

(ウ)　気圧が高く気温が高い　(エ)　気圧が高く降水量が多い

(オ)　降水量が多く気温が高い　(カ)　降水量が多く酸素濃度が高い

(7)　会話文中の③に適するクマを，次の(ア)～(オ)から選び，記号で答えなさい。

(ア)　ホッキョクグマ　(イ)　マレーグマ

(ウ)　アメリカグマ　(エ)　ヒグマ

(オ)　ツキノワグマ

(8)　会話文中の④に適する文を，次の(ア)～(カ)から選び，記号で答えなさい。

(ア)　寒い地域ほど体が大きくなる　(イ)　暖かい地域ほど体が大きくなる

(ウ)　寒い地域ほど草食性が強くなる　(エ)　暖かい地域ほど肉食性が強くなる

(オ)　寒い地域ほど体毛が少なくなる　(カ)　暖かい地域ほど体毛が少なくなる

3　次の会話文を読み，以下の問いに答えなさい。

父　昨年は東京オリンピック・パラリンピックで盛り上がったね。太郎は何が印象に残ったかな？

太郎　いろいろな競技でどの選手も頑張《がんば》っていたから，決めきれないなあ。

そうだ，聖火リレーも印象に残っているよ。そういえば，なぜ聖火って傾《かたむ》けたり，風が吹《ふ》いたりしても消えないんだろう。

父　せっかくだから，調べてごらん。

太郎　こんな記事があったよ。

図１のような聖火のトーチは，２種類の炎《ほのお》を組み合わせることによって，簡単に炎が消えないよう工夫《くふう》されています。トーチの内部機器の構造は図２のようになっています。外から見えるａ赤い炎を消さないよう，トーチ内部でもう一つのｂ青い炎を燃焼《ねんしょう》させ，その燃焼により赤い炎をサポートするという仕組みになっています。中央にある白金(プラチナ)ドームの下で青い炎が発生し，白金を加熱しており，白金が常に輝《かがや》くようにしているのです。白金が輝いている間は，そう簡単に外から見える赤い炎が消えることはありません。この燃焼機構は，100以上の試作とテストを繰《く》り返し，完成した燃焼機構です。

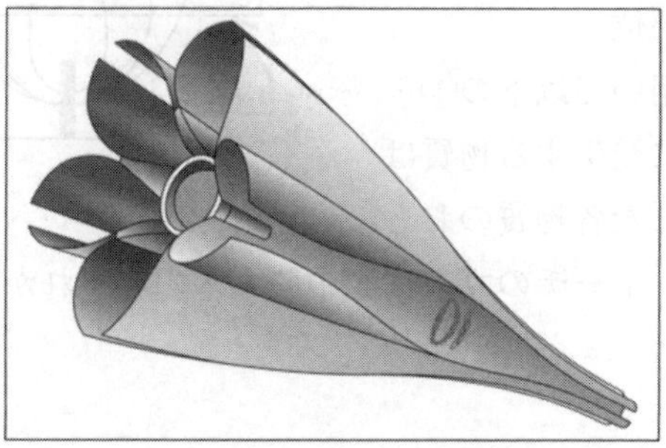

図１　聖火のトーチの外観

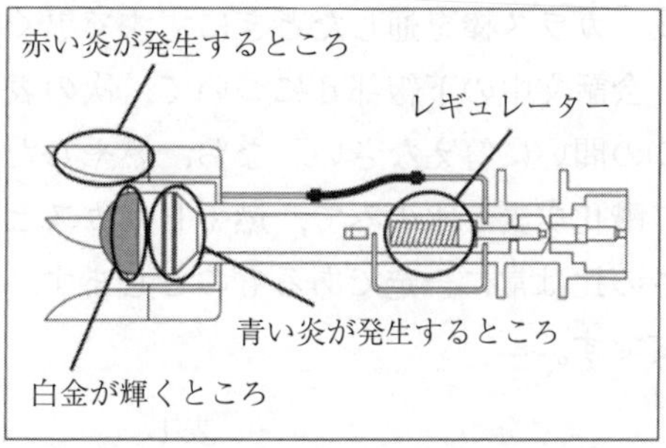

図２　トーチの内部機器の構造

(引用：「台風でも絶対消えない」桜の炎はどう実現したのか　聖火トーチに隠された秘密
毎日新聞　2020年３月５日　東京朝刊　一部改編)

太郎　炎にも，いろいろな種類があるんだね。
父　そうだ。身近なものだと，ｃろうそくの炎も，場所によって特徴《とくちょう》が異なるんだ。
太郎　トーチの聖火は，何を燃やして発生させているの？
父　実は，ガスを使っているんだ。トーチの下部に，ガスボンベをねじこみ，燃料を供給しているんだ。トーチ内部には，レギュレーターという装置が入っていて，どんな気温でも火力を一定にするために，ガスの量が自動で調節されるようになっているんだよ。
太郎　ガスバーナーで炎の大きさを調節できるのと似ているね。
父　トーチの燃料にはガスが使われているけれど，ｄ燃やしたガスのおもさと，ガスを燃やしたときに発生する物質のおもさの比を比べることで，ガスの種類を特定することができるんだ。
太郎　なるほどね。ところで，ｅトーチのおもさはどのくらいなの？
父　いい所に目をつけたね。片手で持てるように，軽量化する工夫が凝《こ》らしてあるんだ。
太郎　細かい所まで計算されているんだね。
父　ちなみに，ｆ開会式で点火された聖火台の燃料は，このトーチの燃料と違うって知っていたかい？
太郎　うん。ニュースで，燃やしても二酸化炭素が発生しないから環境にやさしいって言っていたよ。

(1)　会話文中の下線部ａ・ｂについて，「赤い炎」と「青い炎」を比べたときに，「赤い炎」の特徴としてもっとも適切なものを，次の(ア)〜(エ)から選び，記号で答えなさい。

(ア)　温度が高く，酸素の多い炎

(イ)　温度が高く，酸素の少ない炎

(ウ)　温度が低く，酸素の多い炎

(エ)　温度が低く，酸素の少ない炎

(2)　会話文中の下線部ｃについて，水で湿らせた木，またはガラス棒を右図のようにろうそくの炎に入れたとき，次の①・②にあてはまる部位として適切なものを，右図の(A)～(E)からすべて選び，それぞれ記号で答えなさい。

①　水で湿らせた木が焦《こ》げる部位

②　ガラス棒を通したときにすすで黒くなる部位

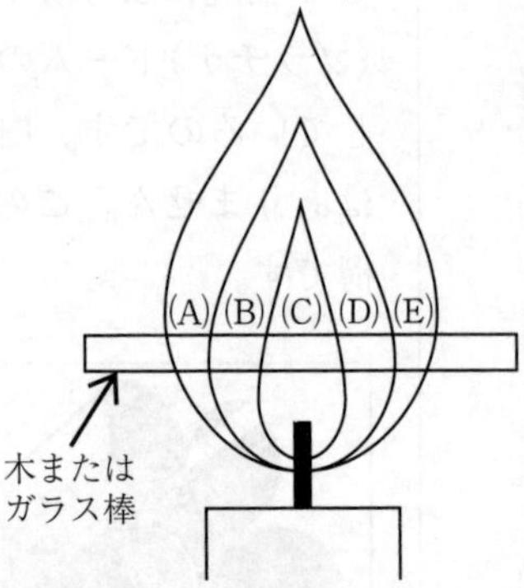

(3)　会話文中の下線部ｄについて，次の表１を用いて以下の①・②の問いに答えなさい。なお，燃やしたときに発生する物質は二酸化炭素と水のみで，燃やしたガスと発生した各物質のおもさの比は常に一定であるものとします。また，トーチのガスは表中のガスのいずれかと同じ物質です。

表１

	燃やしたガスのおもさ	発生した二酸化炭素のおもさ	発生した水のおもさ
都市ガス	16g	44g	36g
LP ガス	44g	132g	72g
アセチレンガス	26g	88g	18g

①　トーチのガス121gを燃やすと，198gの水が発生しました。トーチのガスと同じ物質を次の(ア)～(ウ)から選び，記号で答えなさい。

(ア)　都市ガス　　(イ)　LP ガス　　(ウ)　アセチレンガス

②　①のとき，発生した二酸化炭素のおもさを求めなさい。

(4)　会話文中の下線部ｅについて，トーチ全体のおもさを，次の資料を用いて求めなさい。

・トーチ全体は，アルミニウムの装飾《そうしょく》部分と，内部機器およびボンベから構成される
・内部機器およびボンベのおもさの合計は200gである
・アルミニウムの装飾部分を広げると，一辺60cmの正方形，厚さ1mmのアルミニウムに相当する
・アルミニウム1cm^3あたりのおもさは2.7gである

(5)　会話文中の下線部ｆについて，聖火台の燃料として使われた物質を答えなさい。

4　次の会話文を読み，以下の問いに答えなさい。ただし，水1cm^3あたりのおもさは1gとします。また，割り切れない場合は小数第３位を四捨五入して小数第２位まで求めなさい。

太郎　この前乗った船は大きかったね。あの大きくて重い船が浮《う》かんでいるって不思議だよ。

父　液体中の物体は，その物体がおしのけた液体のおもさと同じ大きさの浮力《ふりょく》を受けることは知ってるかい。

太郎　うん，知っているよ。わかってはいるけど，やっぱり不思議だなぁ。

父　　じゃあ，浮力の実験や計算をしてみよう。まずは氷を氷山に見立てて計算してみるよ。

図１のように，底面積20cm^{2}の円筒形《えんとうけい》のコップに150cm^{3}の水と55cm^{3}の氷を入れたところ，底からの水位は10cmであった。

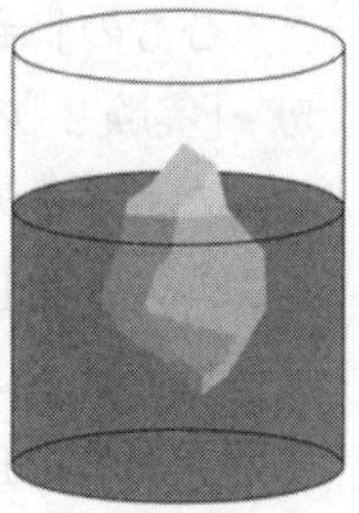

図１

(1)　水中に沈《しず》んでいる氷の体積を求めなさい。

(2)　氷１cm^{3}あたりのおもさを求めなさい。

太郎　氷山は見えている部分より，見えていない部分の方が大きいんだね。

父　　そうだね。これで「氷山の一角」という言葉の意味がわかったね。次は「ものの浮き沈み」を考えてみよう。鉄球とスイカを水に入れるとどうなるかな？

太郎　鉄球は重いから沈む。スイカも結構重いから沈むんじゃないかな。

父　　鉄球は沈むけど，スイカは浮かぶんだよ。「ものの浮き沈み」はもののおもさではなく，ものの１cm^{3}あたりのおもさが水よりも小さければ浮かぶんだ。じゃあ，鉄球とスイカの１cm^{3}あたりのおもさはどうやったら求められるかな？

太郎　そのためには体積を求めないといけないね。鉄球は簡単だよ。「王冠《おうかん》が純金かどうか」を調べるときにアルキメデスが考えた方法で，水が入った容器に鉄球を沈めて増えた体積をはかればいいんだ。でも浮かぶスイカはどうやって体積を求めればいいんだろう。

父　　[実験１]のようにすれば求められるよ。

[実験１]

１．台はかりに水入りバケツをのせ，おもさをはかると6000gであった。

２．１の水入りバケツにスイカを浮かべ，おもさをはかると8000gであった。

３．２のスイカを手で押し，すべて水中に沈めておもさをはかると8100gであった。

(3)　[実験１]の結果から，スイカ１cm^{3}あたりのおもさを求めなさい。

太郎　浮かんでいるものも，この方法なら１cm^{3}あたりのおもさを求められるね。

父　　そうだね。次は「水に沈むもの」を使って実験してみよう。

[実験２]

図２のように，ばねはかりにつるした直方体の金属Ａを水の入ったビーカーの中にゆっくりと沈めた。表１はそのときのばねはかりの値，表２はいろいろな金属の１cm^{3}あたりのおもさの表である。

表１

水中に沈めた深さ〔cm〕	0	1	2	3	4	5	6
ばねはかりの値〔g〕	480	468	456	444	432	420	420

表２

金属の種類	銅	鉛《なまり》	鉄	亜鉛《あえん》	アルミニウム
１cm^{3}あたりのおもさ〔g〕	9	11.3	7.9	7.1	2.7

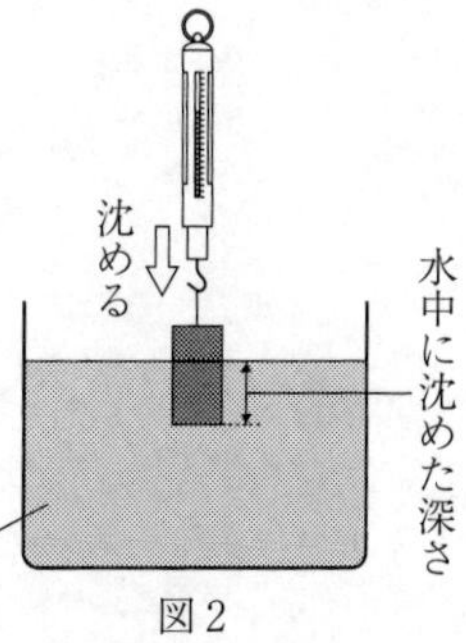

図２

(4)　[実験２]で用いた金属Ａの種類としてもっとも適切なものを，次の(ア)〜(オ)から選び，記号で答えなさい。

(ア)　銅　　(イ)　鉛　　(ウ)　鉄

(エ)　亜鉛　　(オ)　アルミニウム

太郎　1 cm^3 あたりのおもさでどんな金属かわかるんだ。

父　　そうだよ。ちなみに 1 cm^3 あたりのおもさによって「浮き沈み」が決まるけど，「水に沈むもの」も形を変えれば水に浮かぶようになるんだよ。試《ため》してみよう。

(5)　[実験２]の金属Ａを加工して，図３のような入れ物Ｂをつくりました。この入れ物Ｂのおもさは金属Ａと等しく，厚さは均一でした。

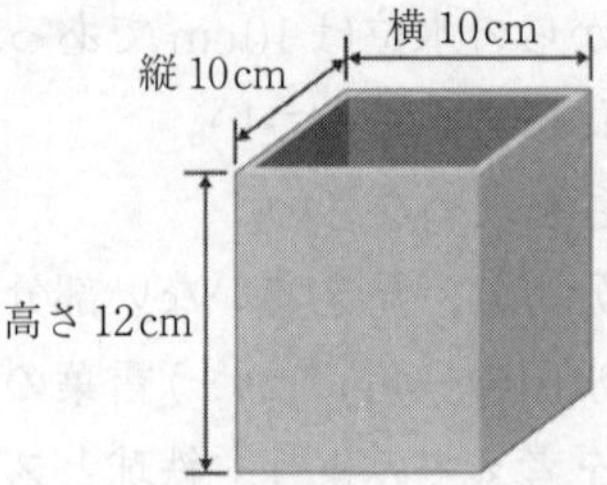

図３

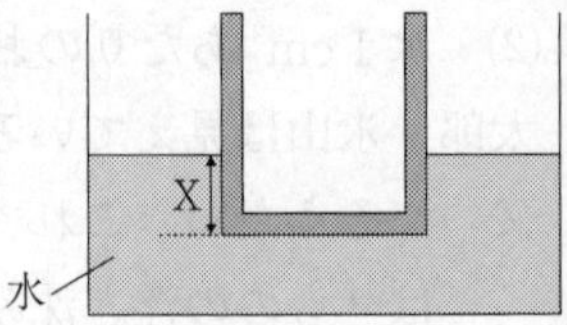

図４

①　入れ物Ｂの厚さとしてもっとも近いものを，次の(ア)〜(オ)から選び，記号で答えなさい。

(ア)　0.1 mm　　(イ)　1 mm　　(ウ)　2 mm

(エ)　5 mm　　(オ)　1 cm

②　入れ物Ｂを水に静かに置くと図４のように浮かびました。図４中のＸの長さを求めなさい

太郎　そっかぁ。だから大きくて重い船であっても水に浮かぶことができるんだ。

父　　そうだね。縦 250 m，横 30 m，高さ 8 m の入れ物を船として考えてみるよ。この入れ物全体がおしのける水の体積は(　①　) m^3 となり，その体積分の水のおもさは(　②　) t(トン)になるんだ。実はこれが船の大きさの指標になるんだよ。

太郎　へぇ，そうなんだ。浮力って船と大きく関わっているんだね。

(6)　会話文中の①・②に適切な数値を答えなさい。

今は仕事を辞めない。しばらく、ここでがんばる。だって、こんなにうれしいもの。萌香ちゃんがきれいな手になりたいと思ってくれたことも、萌香ちゃんのお母さんがあんなに安らいだ顔で笑ったことも、そして、泰子先生を近くに感じられることも。

私のやりたいことは、まだこの幼稚園にたくさんある。それが私の、ここにいる「理由」だ。

泰子先生と並んで、帰っていく親子たちを見送る。また明日ね、元気で会おうね。萌香ちゃんが門でくるりと向きを変え、私たちに大きく手を振ってくれた。

（青山美智子「のびゆくわれら」）

（注）＊マコちゃん…「私」の従姉《いとこ》で、小さいころから憧れの存在だった。

問一 傍線部**イ**〜**ホ**について。カタカナは漢字に直し、漢字は読みをひらがなで記しなさい。

問二 傍線部①「翌日も、その次の日も、私はネイルをつけたまま出勤した」のはなぜですか。その理由がわかる一文を文中から探し、最初の五字を抜き出しなさい。

問三 傍線部②「私はぎゅうっと拳を握った」とありますが、このときの「私」の気持ちとして適当なものを次の中から選び、記号で答えなさい。

ア　自分の行いが理解されず、一方的に否定されたことを悔しく思う気持ち。

イ　正解だという自信のないままに、ネイルを取らなかったことを後悔する気持ち。

ウ　ネイルを取ることで、瑠々ちゃんをがっかりさせてしまうことが申し訳ない気持ち。

エ　反感をおぼえながらも、正論に対して反論できないことがふがいない気持ち。

問四 空欄 ③ に当てはまる語を次の中から選び、記号で答えなさい。

ア　せばめる　　イ　すくめる　　ウ　ひそめる
エ　ほそめる　　オ　くるめる

問五 傍線部④「泰子先生は、なんだかきまり悪そうにそっぽを向き」とありますが、それはなぜですか。適当なものを次の中から選び、記号で答えなさい。

ア　えな先生に驚かれたことで、思わず言い訳のように聞こえる言葉を発してしまったから。

イ　えな先生に対して申し訳ないと思いつつも、素直に謝ることができないと思ったから。

ウ　えな先生を叱った後で、彼女をかばうような行動をしていたことが本人に知られたから。

エ　理不尽にえな先生を叱ったことが、保護者との話で明らかになってしまったから。

問六 空欄 ⑤ に当てはまる言葉を次の中から選び、記号で答えなさい。

ア　オシャレしたい気持ちも、時には大切ね

イ　がんばってるっていうのは、本当でしょ

ウ　萌香ちゃんは成長したから、安心したわ

エ　私も言い過ぎたなと思って、反省したの

問七 「私」は、幼稚園教諭の仕事をどのようなものと考えるようになりましたか。解答欄の形式に合うように、文中の表現を用いて説明しなさい。

「そんなに驚かなくても。挨拶しようと思ってさっきからそばにいたけど、出て行ける雰囲気じゃなかったから」

④泰子先生は、なんだかきまり悪そうにそっぽを向き、門に向かって歩き出した萌香ちゃん親子に目をやった。

私は「あの……」と切り出したが、かぶせるように泰子先生は言う。

「べつに、あなたのことかばったわけじゃないから。まあ、でも……」

泰子先生はやっと、私の顔を見た。

「⑤」

泰子先生がいつになく穏やかな口調で言うので、私は面食らってしまった。もしかしたら、私のことを意外とわかってくれているのかもしれない。そう思ったら、なんだかジンときた。そんな私をちらりと見ると、泰子先生は強い口調で言った。

「だいたいねぇ、ちゃんと説明してくれれば私だって頭ごなしに注意したりしなかったのよ。ふてくされた顔で黙ってないで、ちゃんと話してくれたらよかったのに」

いつものようにきつく言われているのに、威圧的には感じなかった。泰子先生自身じゃなくて、私の受け止め方が変わったからだと気づく。

「どう説明すればいいのか、よくわからなかったんです。瑠々ちゃんのお母さんが怒るのも無理ないって思うし」

私が答えると、泰子先生はふと真剣な表情を浮かべた。

「わからなくても、話してほしい。私も経験があるの。あなたぐらいのころ、色付きのリップクリームを塗っててね。口紅ってほどじゃなかったんだけど、子どもを抱っこした拍子に、シャツについてしまって。男の子だったの。その子のお母さんからいかがわしいって非難されたわ」

「そんな……」

「ううん、私が悪い。だからなるべく体に色をつけないようにしてきたの。一方で、ちょっとはお化粧するのが大人の身だしなみだって言うお母さんもいる。いろんな考え方があるからね。あなたのネイルにしたって、萌香ちゃんの爪噛み治しにひと役買ったのは間違いないと思う。でも、必ずしもいい方向に行くとは限らないし、すべての保護者さんが受け入れてくれるかはわからない。かんじんの子どもたちにとって何がいいかは、私たちがそのつど肌で感じるしかないのよ」

私はうなずいた。不思議なくらい心が落ち着いていた。

ひとつひとつがライブなんだ。試行錯誤で、体当たりで、合っているかどうかわからない正解を探し続ける。毎日毎日、音を立てるように大きくなっていく子どもたち。ひとりひとりと向き合いながら、きっと私も、伸びていく。

「難しいですね。すごく大変だけど……でも、やりがいってこういうことを言うんだなって、わかった気がします」

私が言うと、泰子先生は「あら、生意気」とちょっとおどけた。

「私、ずっとえな先生のこと気になっちゃって、つい厳しすぎること言ってたかもしれないわ。あなた、私の若いころに似てるのよね」

「え」

反射的に体がのけぞる。

「なに嫌がってるのよ！」

「嫌がってませんよ！」

私たちは笑い合った。そんなことは初めてだったけど、ほんとうは私も、もうずいぶん前から泰子先生とこんなふうに話したかったような気がする。

ああ、見つけた、と私は思った。

ほんの少し間があって、何か言わなくてはと思ったところでお母さんが口を開いた。

「えな先生。萌香ね、爪噛《か》みが治ったんですよ」

お母さんが静かな笑みをたたえて言う。

「あの子、前は指の爪ぜんぶ噛んでしまって、ひどいときは血が出るくらいで……。悩みました。育児書を読むと、やめなさいと叱ってはいけないとか、愛情不足が原因だとかって書いてあるし。こんなに大事に想ってるつもりなのにどうしてって、まるで自分が責められているようにも思いました」

「……」

「一ヵ月ぐらい前、えな先生の爪はきれいなピンクなんだよって、うれしそうに話してました。萌香もあんなきれいな手になりたいって。だから爪はもう噛まないって、自分から。ギザギザで伸びる間もなかった爪が、今ではちゃんと揃《そろ》ってます」

萌香ちゃんのお母さんは声を震わせる。私も胸がいっぱいになって、涙がこぼれそうだった。ああ、よかった。私の願いは通じていた。私が＊マコちゃんに憧れたように、萌香ちゃんが私のピンクのネイルを素敵だと感じてくれたなら、爪噛みしなくなるかもしれないと思ったのだ。

「ありがとうございます」

深々とお辞儀をするお母さんに、私はしどろもどろになって言った。

「でも、私、すぐにネイル取っちゃったから、萌香ちゃんガッカリしたんじゃないかと思います」

お母さんは身体を起こす。

「いいえ。萌香がきれいだと言ってたのは、ネイルを取ったあとの爪のことです」

「え？」

「泰子先生から、聞いてません？」

聞いていない、何も。泰子先生の名前が出てくること自体、予想外だった。

「最初はネイルをかわいいと思ったみたいで、それがきっかけだったのはたしかです。でも、えな先生がネイルを取ったあと、泰子先生がみんなに言ったんですって。えな先生の手は、働き者の手だよねって。たくさん笑って、たくさん食べて、なんでも楽しくがんばっていると、えな先生みたいにきれいな爪になるよ。大人になってから、爪に色を塗ってオシャレしたいなと思ったとき、元気な爪だったら素敵だよって」

……泰子先生が、そんなこと？

びっくりして、何も言えなかった。萌香ちゃんのお母さんは、自分の手をじっと見る。

「爪って健康のバロメーターですもんね。私、しばらく自分の爪なんか見てなかった。夫は仕事が忙しくてほとんど家にいなくて、ひとりで育児を背負ってる気がして……キリキリしてたなあって気づきました。転勤先では、もっと家族一緒にいられると思うんです。私も萌香ときれいなピンクの爪になれるように、元気で、笑顔でいたいと思います」

お母さんが笑ったときの目元は、萌香ちゃんとよく似ている。

おかあさーん、と萌香ちゃんの明るい声がして、こちらに向かって走ってくるのが見えた。

「さびしいわねぇ、お別れなんて」

振り返るといつのまにか泰子先生がいて、私は「ひっ！」と飛び上がった。道端で突然ヘビに出くわしたみたいな私に、泰子先生が眉を ③ 。

①翌日も、その次の日も、私はネイルをつけたまま出勤した。

「事務室に来て」

閉園のあと、片づけをしていたら泰子《やすこ》先生が私の耳元でぼそりと言った。金曜日の夕方のことだ。同僚数人から心配と好奇の混ざった視線で見送られつつ、私は泰子先生の後についていった。

泰子先生は勤続15年のベテランで、「化粧をしない先生」だ。眉毛さえ描《か》かない。顔立ちは整っているから、メイクしたらけっこう美人なのにと思う。だけど彼女にしてみれば大きなお世話だろう。いつも高圧的で、私は最初からなんとなく彼女に好かれていないだろうなと感じていた。事務室でふたりになり、ドアを閉めると泰子先生は言った。

「あなたねぇ、手、見せてごらんなさいよ」

前置きもなく、第一声、それだった。言われるまま右手を差し出すと、泰子先生は乱暴に私の指をつかんだ。

「何考えてるの、ネイルなんかして！」

そう言い放つと、今度は汚いものを捨てるように私の手をはらう。

「添島瑠々ちゃんのお母さんから苦情がきてるのよ。あなたのせいで、瑠々ちゃんが爪にマジックを塗って困るって。あなた、子どもたちに、お店に行かなくても自分で簡単にできるって言ったらしいわね。どうしてそんなけしかけるようなことするの」

そういえばさっき、瑠々ちゃんのお母さんとすれ違った。私が挨拶《あいさつ》したら、ふいっと顔をそむけられたっけ。彼女がよく着ているボーダーシャツの後ろ姿を私は思い出す。

「けしかけたわけじゃ……」

「言い訳しないで。他のお母さんたちだって気づいてるわよ。あなただけじゃなくて園全体の印象が悪くなるのよ？」

私は奥歯をかみしめた。そんなふうに頭ごなしで私が悪いと断定されたら何も言えない。黙っていると、泰子先生は勝手に話を進めていく。

「仕事が終わったら彼氏とデートとかでオシャレしたいんだろうけど、仕事は仕事、プライベートはプライベートできっちり分けないとだめよ」

違う。ぜんぜん違う、違います。否定しようとして、やめた。泰子先生は常に自分が正解なんだろう。話しても無駄な気がした。私だって、自分なりに一生懸命仕事に取り組んでいる。でも、私がどうしてネイルを取らなかったか、その「理由」をどう説明すればいいのかわからなかったし、私にはそれが正解なのかも自信がなかった。

「とにかく、ネイルは取りなさい」

「……わかりました」

やっとのことでそれだけ言い、②私はぎゅうっと拳《こぶし》を握った。ピンクの爪を隠すみたいに。

〈中略〉

萌香ちゃんが退園すると園長から聞かされたのは、10月も半ばに差しかかったころだ。

お父さんの急な転勤で、来週には引っ越しするという。

「えな先生」

お迎えのとき、萌香ちゃんのお母さんから呼び止められた。普段口数が少なくて控えめな彼女から、声をかけられたのは初めてだった。

「萌香がお世話になりました」

「……萌香ちゃん、お引っ越ししちゃうんですね」

「ええ」

「おてて、ね。はい」
私がぱっと手を広げると、萌香ちゃんの顔にも落胆した表情が広がった。
「ピンク、もうぬらないの？」
私はほほえんでみせる。
「うん、もうぬらないの」
「なんで？」
ダメって言われたから。
その言葉を飲み込んで、私は萌香ちゃんと手をつなぐ。
「あっちで絵本読もうか」
萌香ちゃんはうなずいたけど、きっと納得していない。イチュウに浮かんだままの「なんで？」が、ふわふわとロ漂いながら私にまとわりついていた。
先週の火曜日のことだ。
9月の三連休に中学の同窓会があって、私は久しぶりに塗ったネイルをオフするのを忘れて出勤してしまった。短大ハソツギョウ後、幼稚園教諭の仕事にニ就いて一年半になる。ちょっと気がゆるんでいたのかもしれない。
一応、ネイル禁止という規則はない。でもそれはなんとなく暗黙のルールになっていて、ネイルはおろか化粧もしてこない先生もいる。ネイルの色はピンクだった。そんなに派手な色ではない。爪は短く切りそろえてあるし、ストーンやラメもつけていないから、はがれて食事に入ったり園児をひっかいたりすることもない。安全だ。今日だけ、ごまかして過ごそう。先生や園児の視界に手がなるべく入らないよう心がけながら、私は午前中を乗り切った。
お弁当の時間だった。私が牛乳の入ったコップを配っているとき、萌香ちゃんが「わあ」と声をあげた。
「えな先生、おててキレイ」
はっと手をひっこめようとしたがそうもいかない。配らなければならない牛乳のコップがまだトレイに載っていた。他の先生に聞こえていないのを確認すると私は、「ありがとう」と小さく言って笑いかけ、急いでコップをテーブルに置いた。
萌香ちゃんのホ隣に座っていた、きのこ頭の拓海くんが得意気に言う。
「僕のおかあさんもやってるよ。爪にお絵かきしてくれるお店があるんでしょ」
それを受けて、向かいにいた瑠々ちゃんも食いつくように身を乗り出し、私の指に見入った。瑠々ちゃんのきつく結んだおさげの先が牛乳に入りそうになって、私はコップをよけた。
「えな先生もお店でやってもらったの？」
瑠々ちゃんは私の指をつかむ。こうなるともう逃げられなかった。
「ううん、お店じゃなくておうちで、自分でやったよ」
「自分でできるの？」
「できるよ、簡単だよ」
私はコップを配り終え、ひきつった笑顔だけ残して退散した。
帰り際、萌香ちゃんがおずおずとやってきて、ささやくように言った。
「えな先生、また明日もおてて見せてね」
はにかみながら私を見上げる萌香ちゃんの手を見て、私は「あっ」と声をあげそうになった。すんでのところで、それをこらえる。
「……うん、明日ね」

（注）＊ハリファックス…アメリカの人類学者。
＊アタリ…フランスの経済学者。
＊アナキズム…無政府主義。
＊レベッカ・ソルニット…アメリカの作家、評論家。

問一 傍線部**イ～ホ**について。カタカナは漢字に直し、漢字は読みをひらがなで記しなさい。

問二 空欄①に当てはまる語を文中から抜き出しなさい。

問三 空欄②に当てはまることわざを答えなさい。

問四 傍線部③「このようなこと」が指す内容として適当なものを次の中から選び、記号で答えなさい。

ア 平常時ならば個人情報を出すことにはためらいがあるが、混乱した状況ではやむを得ないと考える人が多いということ。
イ 平常時より混乱した状況の時の方が、かえって他の人のためにできることをしようと考える人が多いということ。
ウ 平常時にはアナキズムを支持していた人が、混乱した状況では相互扶助のために立ち上がるということ。
エ 平常時よりも混乱した状況の方がユートピアへの憧れを強く持ち、その実現に向けて努力するということ。

問五 傍線部④「『思い』が『支配』になりやすい」について。〔Ⅰ〕「思い」〔Ⅱ〕「支配」に当たるものを次の中から選び、それぞれ記号で答えなさい。

ア 相手は喜ぶか　　　イ 相手は喜ぶべきだ
ウ 相手は喜ぶだろう　エ 相手は喜ぶはずだ

問六 傍線部⑤「他者をケアすること」とありますが、その内容として**当てはまらない**ものを次の中から一つ選び、記号で答えなさい。

ア 相手の生活のために、「介助」や「介護」を十分に行うこと。
イ 相手の意外な行動に隠されている積極的な可能性を引き出すこと。
ウ 相手の見えていない部分に対して、距離と敬意を持って気づかうこと。
エ 相手の言葉や反応に対してしっかり耳を傾け、「聞く」ということ。

問七 傍線部⑥「『計画倒れをどこか喜ぶ』態度」とはどういうことですか。それをわかりやすく述べた一文を文中から探し、最初の五字を抜き出しなさい。

問八 空欄⑦に当てはまる語を文中から抜き出しなさい。

問九 次のア～エそれぞれについて。本文の内容に当てはまるものには○、当てはまらないものには×をつけなさい。

ア 自分の行為に対して相手の感情を予測できないことが、他者を支配しないための想像力につながっているともいえる。
イ 相手のことを知ったつもりにならないように、相手の言葉を熱心に聞き、さらに話し合いを重ねていくことが重要だ。
ウ よき利他とは聞くことを通じて相手の隠れた可能性に気づき、同時に自分に変化をもたらすことである。
エ 相手のために何かをしようとする時には、目的や必要性を明らかにして、余裕をもって実行することが大切である。

二 次の文章を読んで、後の問に答えなさい。

「えなせんせい、おててみせて」
萌香《もえか》ちゃんにせがまれて、私はちょっとだけ躊躇《ちゅうちょ》した。くりくりした瞳が私を見上げている。朝、幼稚園に来てからお母さんの姿が見えなくなったとたん、萌香ちゃんは待ちきれなかったというように私めがけて飛んできたのだ。

なる。お年寄りは、そんなビジネスの世界には生きていません。計画を立てないわけではないけれど、計画どおりにいかないことにヒントがあるのだと村瀬さんは言います。

とくに「ぼけ」のあるお年寄りはこちらの計画に全く乗ってくださらないし、それを真面目に乗せようとすればするほど、非常に強い抗《あらが》いを受けます。その抗いが、僕たち支援する側と対等な形で決着すればいいのですが、最終的には僕らが勝ってしまう。下手をするとお年寄りの人格が崩壊するようなことになります。だから計画倒れをどこか喜ぶところがないと。計画が倒れたときに本人が一番イキイキしていることがあるんです。（伊藤亜紗、村瀬孝生「ぼけと利他（1）」、「みんなのミシマガジン」二〇二〇年八月一三日）

あるいは村瀬さんは、「車に乗ってください」と言っても乗ってくれないお爺《じい》さんのことを語っています。家に帰りたいのに、あるいは施設に行きたいのに、車に乗ってくれないお爺さん。

ところがそのお爺さんは、「そろそろ船が出ますよ」と言うと乗ってくれることが分かったのだそうです。お爺さんは太平洋戦争の敗北を北朝鮮で迎えた方だそうです。すでにソ連軍の支配下にあった港には、日本の船が邦人救出のために寄港することができませんでした。当時、若かりしお爺さんは同朋と闇舟を手配して命からがら脱出してきたのだそうです。

利他についてこのように考えていくと、ひとつのイメージがうかびます。それは、利他とは「　⑦　」のようなものではないか、ということです。相手のために何かをしているときであっても、自分で立てた計画に固執《こしつ》せず、常に相手が入り込めるような余白を持っていること。それは同時に、自分が変わる可能性としての余白でもあるでしょう。この何もない余白が利他であるとするならば、それはまさにさまざまな料理や品物をうけとめ、その可能性を引き出すうつわのようです。

哲学者の鷲《わし》田《だ》清一《きよかず》は、患者の話をただ聞くだけで、解釈を行わない治療法を例にあげて、ケアというのは、「なんのために？」という問いが失効するところでなされるものだ、と主張しています。他者を意味の外につれだして、目的も必要もないところで、ただ相手を「享《う》ける」ことがケアなのだ、と言うのです。

他人へのケアといういとなみは、まさにこのように意味の外でおこなわれるものであるはずだ。ある効果を求めてなされるのではなく、「なんのために？」という問いが失効するところで、ケアはなされる。こういうひとだから、あるいはこういう目的や必要があって、といった条件つきで世話をしてもらうのではなくて、条件なしに、あなたがいるからという、ただそれだけの理由で享ける世話、それがケアなのではないだろうか。

（『「聴く」ことの力』）

つくり手の思いが過剰にあらわれているうつわほど、まずいものはありません。特定の目的や必要があらかじめ決められているケアが「押しつけの利他」でしかないように、条件にあったものしか「享けない」ものは、うつわではない。「いる」が肯定されるためには、その条件から外れるものを否定しない、意味から自由な余白が、スペースが必要です。

（伊藤亜紗『「うつわ」的利他―ケアの現場から』）

ア的な状況を指した言葉です。

③このようなことが起こるひとつのポイントは、非常時の混乱した状況のなかで、平常時のシステムが機能不全になり、さらに状況が刻々と変化するなかで、自分の行為の結果が予測できなくなることにあるのではないかと思います。どうなるか分からないけど、それでもやってみる。混乱のなかでこそホジュンスイな利他が生まれるようにみえる背景には、この「読めなさ」がありそうです。

他方で平常時は、こうした災害時に比べると、行為の結果が予測しやすいものになります。少なくとも、平時の私たちは、自分の行為の結果は予測できるという前提で生きています。

でも、だからこそ「こうだろう」が「こうであるはずだ」に変わりやすい。実際には相手は別のことを思っているかもしれないし、いまは相手のためになっていても、一〇年後、二〇年後にはそうではないかもしれない。

にもかかわらず、どうしても私たちは「予測できる」という前提で相手と関わってしまいがちです。④「思い」が「支配」になりやすいのです。利他的な行動をとるときには、とくにそのことに気をつける必要があります。

そのためにできることは、相手の言葉や反応に対して、真摯《しんし》に耳を傾け、「聞く」こと以外にないでしょう。知ったつもりにならないこと。自分との違いを意識すること。利他とは、私たちが思うよりも、もっとずっと受け身なことなのかもしれません。

さきほど、信頼は、相手が想定外の行動をとるかもしれないという前提に立っている、と指摘しました。「聞く」とは、この想定できていなかった相手の行動が秘めている、積極的な可能性を引き出すことでもあります。「思っていたのと違った」ではなく「そんなやり方もあるのか」と、むしろこちらの評価軸がずれるような経験。

他者の潜在的な可能性に耳を傾けることである、という意味で、利他の本質は⑤他者をケアすることなのではないか、と私は考えています。

ただし、この場合のケアとは、必ずしも「介助」や「介護」のような特殊な行為である必要はありません。むしろ、「こちらには見えていない部分がこの人にはあるんだ」という距離と敬意を持って他者を気づかうこと、という意味でのケアです。耳を傾け、そして拾うことです。

ケアが他者への気づかいであるかぎり、そこは必ず、意外性があります。自分の計画どおりに進む利他は押しつけに傾きがちですが、ケアとしての利他は、大小さまざまなよき計画外の出来事へと開かれている。この意味で、よき利他には、必ずこの「他者の発見」があります。

さらに考えを進めてみるならば、よき利他には必ず「自分が変わること」が含まれている、ということになるでしょう。相手と関わる前と関わった後で自分がまったく変わっていなければ、その利他は一方的である可能性が高い。「他者の発見」は「自分の変化」の裏返しにほかなりません。

他者の潜在的可能性に耳を傾け、そして想定外の反応に出会ったときの、「他者を発見した」という感触。「宅老所よりあい」の村瀬孝生さんは、お年寄りたちと関わるなかで、⑥「計画倒れをどこか喜ぶ」態度が重要だと言います。

たとえば「一〇時までに全員入浴」という計画を立てたとします。けれども、それを実行することを優先してしまうと、それがまるで「納期」のようになってしまって、お年寄りを物のように扱うことに

二〇二二年度 立教新座中学校

【国語】〈第一回試験〉（五〇分）〈満点：一〇〇点〉

一 次の文章を読んで、後の問に答えなさい。

利他的な行動には、本質的に、「これをしてあげたら相手にとって利になるだろう」という、「私の思い」が含まれています。

重要なのは、それが「私の思い」でしかないことです。思いは思い込みです。そう願うことは自由ですが、相手が実際に同じように思っているかどうかは分からない。「これをしてあげたら相手にとって利になるだろう」が「これをしてあげるんだから相手は喜ぶはずだ」に変わり、さらには「相手は喜ぶべきだ」になるとき、利他の心は、容易に相手を支配することにつながってしまいます。

つまり、利他の大原則は、「自分の行為の結果はコントロールできない」ということなのではないかと思います。やってみて、相手が実際にどう思うかは分からない。分からないけど、それでもやってみる。この不確実性を意識していない利他は、押しつけであり、ひどい場合には暴力になります。

「自分の行為の結果はコントロールできない」とは、別の言い方をすれば、「［ ① ］は期待できない」ということです。「自分がこれをしてあげるんだから相手は喜ぶはずだ」という押しつけが始まるとき、人は利他を自己犠牲ととらえており、その見返りを相手に求めていることになります。

私たちのなかにもつい芽生えてしまいがちな、見返りを求める心。＊ハリファックスは、警鐘《けいしょう》を鳴らします。「自分自身を、他者を助け問題を解決する救済者と見なすと、気づかぬうちに権力志向、うぬぼれ、自己イ陶酔へと傾きかねません」（『Compassion』）。

＊アタリの言う合理的利他主義や、「［ ② ］」の発想は、他人に利することがめぐりめぐって自分にかえってくると考える点で、他者の支配につながる危険をはらんでいます。ポイントはおそらく、「めぐりめぐって」というところでしょう。めぐりめぐっていく過程で、私の「思い」が「予測できなさ」にロキュウシュウされるならば、むしろそれは他者を支配しないための想像力を用意してくれているようにも思います。

どうなるか分からないけど、それでもやってみる。ブレイディみかこは、コロナ禍の英国ブライトンで彼女が目にした光景について語っています。

ブレイディによれば、町がロックダウンしているさなか、一人暮らしのお年寄りや自主ハ隔離に入った人に食料品を届けるネットワークをつくるために、自分の連絡先を書いた手づくりのチラシを自宅のニカベに貼ったり、隣人のポストに入れて回ったりしていた人がいたそうです。普通ならば「個人情報が悪用されるのではないか」などと警戒するところですが、そうではなく、とりあえずできることをやろうと動き出した人がいた。

ブレイディは、これは一種の＊アナキズムだと言います。アナキズムというと一切合切破壊するというイメージがありますが、政府などの上からのコントロールが働いていない状況下で、相互扶助のために立ち上がるという側面もある。コロナ禍において、とりあえず自分にできることをしようと立ち上がった人は、日本においても多かったように思います。

＊レベッカ・ソルニットの「災害ユートピア」という言葉があります。これは、地震や洪水など危機に見舞われた状況のなかで、人々が利己的になるどころか、むしろ見知らぬ人のために行動するユートピ

2022年度

立教新座中学校　▶解説と解答

算　数　＜第１回試験＞（50分）＜満点：100点＞

解　答

[1] (1)　50　(2)　**金メダル**…６個，**銅メダル**…10個　(3)　**整数*A***…31，**あまり**…15　(4)　①　$21.5cm^2$　②　$98.97cm^2$　(5)　①　$9\ cm^2$　②　$169.56cm^3$　[2] (1)　$28.8cm^2$　(2)　$21.6cm^2$　(3)　$25.2cm^2$　(4)　$6\frac{6}{7}$cm　[3] (1)　$300cm^3$　(2)　$187.5cm^3$　(3)　毎分$50.5cm^3$　(4)　$1500cm^3$　[4] (1)　60分　(2)　20人　(3)　５：６　(4)　11人　[5] (1)　783　(2)　９通り　(3)　17通り　(4)　99通り

解　説

[1] 四則計算，条件の整理，整数の性質，面積，体積

(1)　$\left(1\frac{1}{8}+\frac{5}{6}\right)\div\left(1.625-1\frac{7}{12}\right)+4.5-3\frac{1}{3}\times0.8+1\frac{1}{6}=\left(\frac{9}{8}+\frac{5}{6}\right)\div\left(1\frac{5}{8}-1\frac{7}{12}\right)+\frac{9}{2}-\frac{10}{3}\times\frac{4}{5}+\frac{7}{6}=\left(\frac{27}{24}+\frac{20}{24}\right)\div\left(1\frac{15}{24}-1\frac{14}{24}\right)+\frac{9}{2}-\frac{8}{3}+\frac{7}{6}=\frac{47}{24}\div\frac{1}{24}+\frac{27}{6}-\frac{16}{6}+\frac{7}{6}=\frac{47}{24}\times\frac{24}{1}+\frac{18}{6}=47+3=50$

(2)　ＡとＢの金メダルの個数の比は５：３だから，Ａの金メダルの個数は５の倍数である。また，Ａで最も多かったのは銅メダルの14個なので，Ａの金メダルの個数は14個未満である。よって，Ａの金メダルの個数は５個か10個だから，右の図Ⅰと図Ⅱの場合が考えられる。図Ⅰの場合，Ａに注目すると，金と銅の個数の和は奇数《きすう》であり，銀の個数は偶数《ぐうすう》なので，合計は奇数になるはずである。ところが，合計は８の倍数であり，これは偶数だから，条件に合わない。一方，図Ⅱの場合，Ａに注目すると，金と銅の個数の和の，10＋14＝24(個)は８の倍数であり，合計も８の倍数なので，銀の個数も８の倍数になる。さらに，銀の個数は，14個未満だから，８個と決まる。したがって，Ｂの銀メダルは，$8\times\frac{1}{2}=4$(個)，Ｂの合計は，$(10+8+14)\times\frac{5}{8}=20$(個)，Ｂの銅メダルは，20－６－４＝10(個)より，右上の図Ⅲのようになるので，Ｂの金メダルは６個，銅メダルは10個とわかる。

図Ⅰ

	金	銀	銅	合計
Ａ	５個	②	14個	[8]
Ｂ	３個	①		[5]

図Ⅱ

	金	銀	銅	合計
Ａ	10個	②	14個	[8]
Ｂ	６個	①		[5]

図Ⅲ

	金	銀	銅	合計
Ａ	10個	８個	14個	32個
Ｂ	６個	４個	10個	20個

(3)　３つの数をAで割ったときのあまりをBとすると，右の図Ⅳの太線部分はすべてAの倍数になるから，アとイの部分もAの倍数になる。また，ア＝449－294＝155＝５×31，イ＝728－449＝279＝３×３×31より，アとイの最大公約数は31とわかる。よって，Aは31の約数なので，１または31である。ただし，$A=1$とするとあまりは出ないから，$A=31$と決まる。したがって，294÷31＝９あまり15より，Bは15とわかる。

図Ⅳ

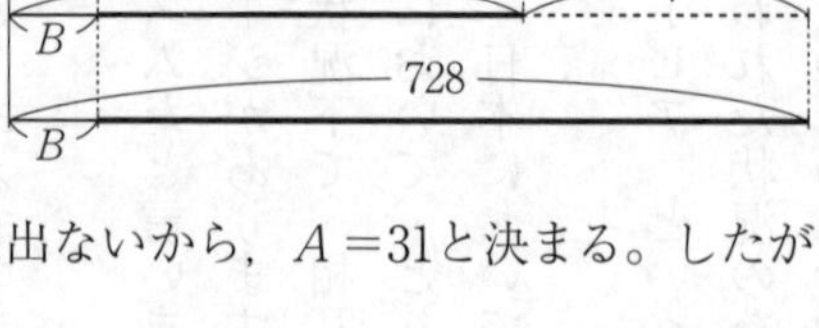

(4)　①　下の図Ⅴで，円の半径は５cmだから，OAの長さも５cmであり，正方形の１辺の長さは，

5×2＝10(cm)とわかる。よって，影《かげ》のついた部分の面積は，10×10－5×5×3.14＝21.5(cm^2)と求められる。　②　右の図Ⅵで，★印の半円を含《ふく》めると，長方形，平行四辺形，直角三角形，半円の４つの図形に分けることができる。そして，長方形の面積は，6×4＝24(cm^2)，平行四辺形の面積は，3×6＝18(cm^2)，直角三角形の面積は，8×6÷2＝24(cm^2)，半円の面積は，5×5×3.14÷2＝12.5×3.14(cm^2)，★印の半円の面積は，2×2×3.14÷2＝2×3.14(cm^2)となる。よって，影のついた部分の面積は，24＋18＋24＋12.5×3.14－2×3.14＝66＋(12.5－2)×3.14＝66＋10.5×3.14＝66＋32.97＝98.97(cm^2)と求められる。

図Ⅴ

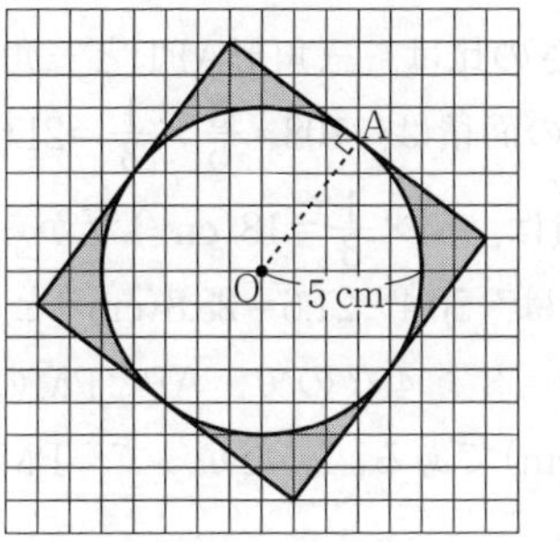

図Ⅵ

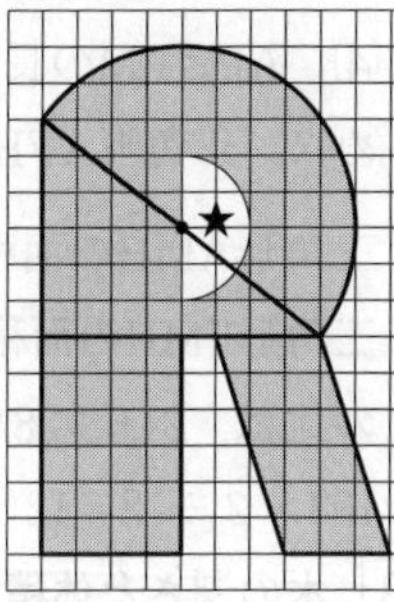

(5)　①　右の図Ⅶの矢印のように移動すると，影のついた部分は底辺が6 cm，高さが3 cmの三角形ABCになる。よって，その面積は，6×3÷2＝9(cm^2)とわかる。

図Ⅶ

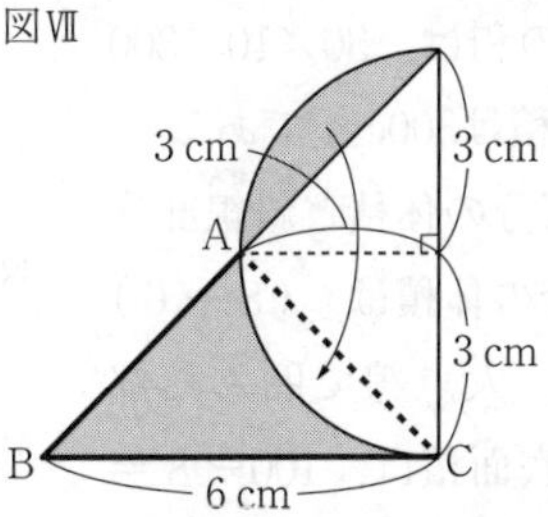

図Ⅷ

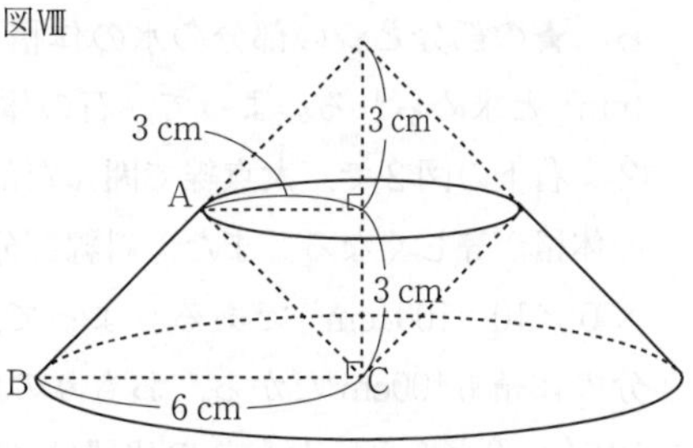

②　図Ⅶのように移動してから１回転させても体積は変わらないので，図Ⅶの三角形ABCを１回転させてできる立体の体積を求めればよい。すると，右上の図Ⅷのように，大きな円すいから小さな円すいを２個取り除いた形の立体になる。そして，大きな円すいの体積は，6×6×3.14×(3＋3)÷3＝72×3.14(cm^3)，小さな円すい１個の体積は，3×3×3.14×3÷3＝9×3.14(cm^3)なので，図Ⅷの立体の体積は，72×3.14－9×3.14×2＝(72－18)×3.14＝54×3.14＝169.56(cm^3)と求められる。

2　平面図形―辺の比と面積の比

(1)　右の図で，三角形AFIの面積は，$108\times\frac{3}{5}\times\frac{2}{3}=$43.2(cm^2)，三角形AEHの面積は，$108\times\frac{2}{5}\times\frac{1}{3}=14.4$(cm^2)だから，四角形EFIHの面積は，43.2－14.4＝28.8(cm^2)と求められる。

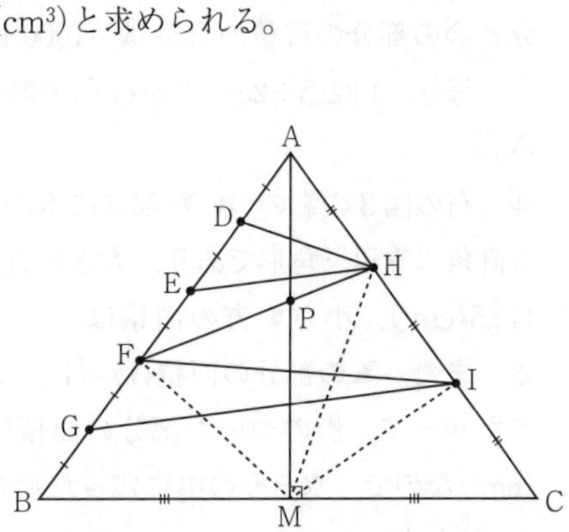

(2)　三角形ADHの面積は，$108\times\frac{1}{5}\times\frac{1}{3}=7.2$(cm^2)であり，三角形ADHと三角形DEHの面積は等しいので，三角形DEHの面積も7.2cm^{2}となる。次に，三角形ADHの底辺をAD，三角形FGIの底辺をFGとすると，この２つの三角形の底辺は等しくなる。このとき，高さの比はHAとIAの比と等しく１：２だから，面積の比も１：２とわかる。よって，三角形FGIの面積は，$7.2\times\frac{2}{1}=14.4$(cm^2)なので，三角形DEHと三角形FGIの面積の和は，7.2＋14.4＝21.6(cm^2)とわかる。

(3)　三角形ABMと三角形ACMの面積はどちらも，108÷2＝54(cm^2)だから，三角形AFMの面積は，$54\times\frac{3}{5}=32.4$(cm^2)，三角形AMIの面積は，$54\times\frac{2}{3}=36$(cm^2)となる。また，(1)より三角形AFI

の面積は43.2cm^{2}なので，三角形FMIの面積は，32.4＋36－43.2＝25.2(cm^2)と求められる。

⑷　APとPMの長さの比は，三角形AFHと三角形FMHの面積の比と等しいことを利用する。はじめに，三角形AFHの面積は，$108\times\frac{3}{5}\times\frac{1}{3}$＝21.6(cm^2)である。また，三角形AFMの面積は32.4cm^2，三角形AMHの面積は，$54\times\frac{1}{3}$＝18(cm^2)だから，四角形AFMHの面積は，32.4＋18＝50.4(cm^2)，三角形FMHの面積は，50.4－21.6＝28.8(cm^2)とわかる。よって，三角形AFHと三角形FMHの面積の比は，21.6：28.8＝３：４なので，APとPMの長さの比も３：４となる。さらに，AMの長さは，108×２÷18＝12(cm)である。したがって，PMの長さは，$12\times\frac{4}{3+4}=6\frac{6}{7}$(cm)となる。

３　水の深さと体積

⑴　右の図１で，石の体積は★の部分と☆の部分の水の体積の和と等しくなる。正面から見たときの★の部分と☆の部分の面積の和は，(10－９)×20＋２×５＝30(cm^2)だから，★の部分と☆の部分の水の体積の和は，30×10＝300(cm^3)と求められる。よって，石の体積は300cm^{3}である。

図１
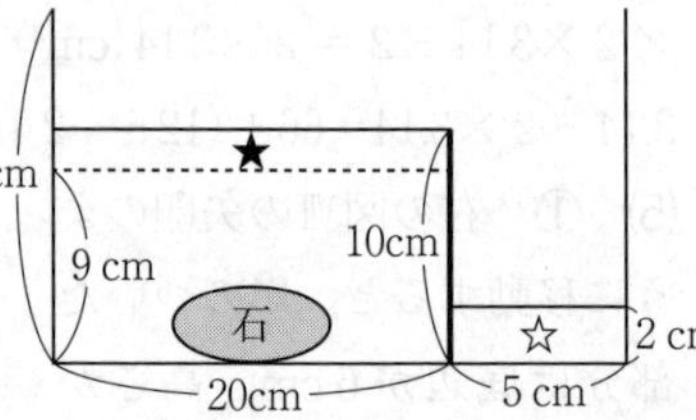

⑵　右下の図２で，太点線で囲んだ部分の体積と斜線《しゃせん》部分の体積が等しくなる。また，斜線部分の体積は，(８－６)×５×10＝100(cm^3)である。よって，太点線で囲んだ部分の体積も100cm^{3}だから，おもりの底面積は，100÷８＝12.5(cm^2)となり，おもりの体積は，12.5×15＝187.5(cm^3)と求められる。

図２
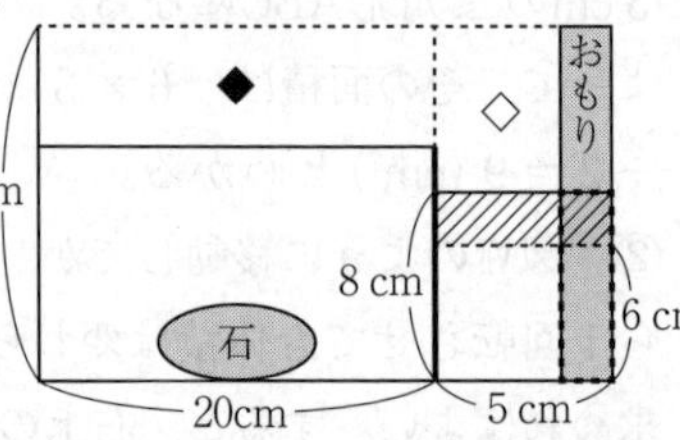

⑶　図２の◆の部分と◇の部分に，25分で水を入れたことになる。◆の部分の容積は，(15－10)×20×10＝1000(cm^3)である。また，◇の部分は，底面積が，10×５－12.5＝37.5(cm^2)なので，容積は，37.5×(15－８)＝262.5(cm^3)とわかる。よって，◆の部分と◇の部分の容積の合計は，1000＋262.5＝1262.5(cm^3)だから，毎分，1262.5÷25＝50.5(cm^3)の割合で水を入れたことになる。

⑷　右の図３の影のついた部分に水が残る。斜線部分はどちらも直角二等辺三角形であり，大きい方の面積は，15×15÷２＝112.5(cm^2)，小さい方の面積は，５×５÷２＝12.5(cm^2)となる。また，▲の部分の面積は，(10－５)×５＝25(cm^2)である。したがって，影のついた部分の面積は，112.5＋12.5＋25＝150(cm^2)なので，水そうの中に残った水の体積は，150×10＝1500(cm^3)と求められる。

図３
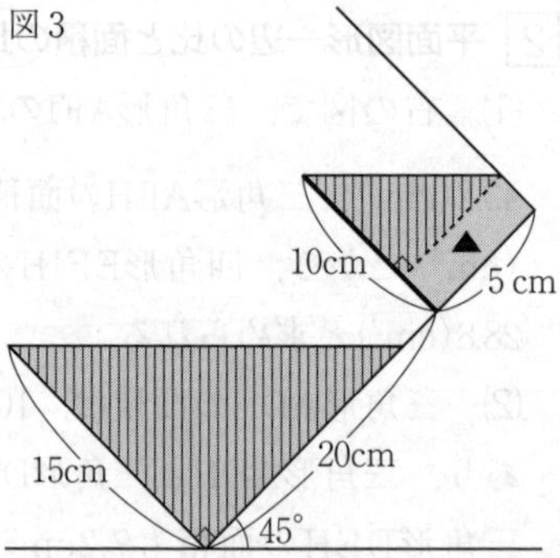

４　仕事算，消去算，つるかめ算

⑴　全体の作業量を60と30と20の最小公倍数の60として，１年生，２年生，３年生の１人あたりが１分間にする作業量をそれぞれ①，Ⅱ，Ⅲとすると，下の図１のア～ウのような式をつくることができる。イの式からアの式をひくとエのようになり，１年生６人と３年生１人が１分間にする作業量の合計は１とわかるので，この人たちがこの作業をすると，60÷１＝60(分)かかる。

⑵　エの式の等号の両側を２倍すると，オのようになる。次に，ウの式からオの式をひくとカのようになるので，(Ⅲ)$=1\div5=\frac{1}{5}$と求められる。また，この作業を３年生全員ですると15分で終わるから，３年生全員で１分間にする作業量は，60÷15＝４である。よって，３年生の人数は，$4\div\frac{1}{5}=20$(人)とわかる。

図１

(Ⅰ)×２＋(Ⅱ)×２＋(Ⅲ)×２＝60÷60＝１…ア
(Ⅰ)×８＋(Ⅱ)×２＋(Ⅲ)×３＝60÷30＝２…イ
(Ⅰ)×12　　　　＋(Ⅲ)×７＝60÷20＝３…ウ
⬇
(Ⅰ)×６　　　　＋(Ⅲ)×１＝２－１＝１…エ
(Ⅰ)×12　　　　＋(Ⅲ)×２＝１×２＝２…オ
(Ⅲ)×５＝３－２＝１…カ
(Ⅰ)×１＋(Ⅱ)×１＋(Ⅲ)×１＝１÷２＝$\frac{1}{2}$…キ

⑶　(Ⅲ)$=\frac{1}{5}$をエの式にあてはめると，(Ⅰ)$=\left(1-\frac{1}{5}\right)\div6=\frac{2}{15}$となる。また，アの式の等号の両側を２で割るとキのようになるので，これに，(Ⅲ)$=\frac{1}{5}$，(Ⅰ)$=\frac{2}{15}$をあてはめると，(Ⅱ)$=\frac{1}{2}-\frac{1}{5}-\frac{2}{15}=\frac{1}{6}$と求められる。よって，(Ⅰ)：(Ⅱ)：(Ⅲ)$=\frac{2}{15}:\frac{1}{6}:\frac{1}{5}=4:5:6$だから，２年生と３年生の１人あたりの作業量の比は５：６である。

⑷　あらためて，(Ⅰ)＝４，(Ⅱ)＝５，(Ⅲ)＝６とすると，全体の作業量は，（４×２＋５×２＋６×２）×60＝1800となる。また，16人が20分で1800の作業をしたので，16人が１分間にした作業量の合計は，1800÷20＝90となる。よって，右の図２で，図形全体の面積が90であり，影のついた部分の面積が，４×16＝64だから，斜線部分の面積は，90－64＝26となる。そこで，２年生の人数を□人，３年生の人数を△人とすると，（５－４）×□＋（６－４）×△＝26と表すことができるから，１×□＋２×△＝26となる。したがって，考えられる人数の組み合わせは右の図３のようになり，「１年生の人数が奇数」「どの学年の部員も必ず１人以上は作業をした」という条件に合うのは太線で囲んだ部分なので，３年生の人数は11人とわかる。

図２

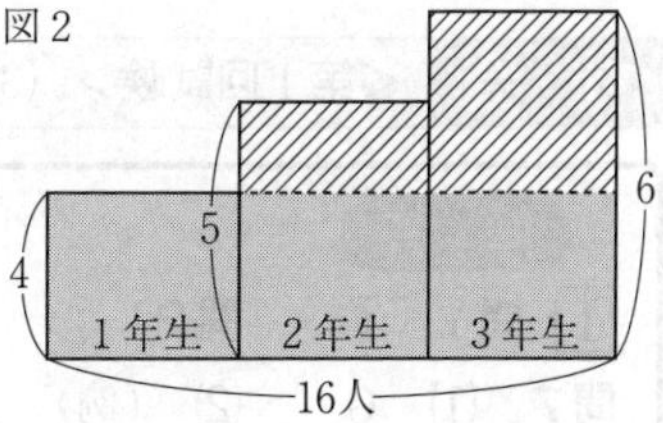

図３

１年生	3	2	1	0
２年生(□)	0	2	4	6
３年生(△)	13	12	11	10

5　条件の整理，場合の数

⑴　最も大きくなる可能性があるのは，袋《ふくろ》Ａから「７，８，９」，袋Ｂから「×」を取り出して，①の２桁《けた》の整数の十の位が一の位よりも大きくなっている場合である。かける数を変えて調べると，87×９＝783，97×８＝776，98×７＝686となるので，最も大きい数は783とわかる。

⑵　右の図１のようになればよい。(a)の場合，[ウ]＝１とすると，[ア][イ]＝97－１＝96となるので，条件に合う。ところが，[ウ]＝７とすると，[ア][イ]＝97－７＝90となるから，条件に合わない。同様に考えて調べると，[ウ]にあてはまる数は{１，２，３，４，５，６}の６通りあることがわかる。また，(b)，(c)，(d)の場合，条件に合うのは[ウ]を１にする場合だけである。よって，全部で，６＋１＋１＋１＝９(通り)となる。

図１

(a)　[ア][イ]＋[ウ]＝97
(b)　[ア][イ]－[ウ]＝97
(c)　[ア][イ]×[ウ]＝97
(d)　[ア][イ]÷[ウ]＝97

⑶　右の図２のようになればよい。⑵と同様にして[ウ]にあてはまる数を調べると，(e)の場合は{１，２，３，５，６，７}の６通り，(f)の場合は{１，３，４，６，８，９}の６通り，(g)の場合は{１，３，４}の３通り，(h)の場合は{１，２}の２通りあることがわかる。よって，全部で，６＋６＋３＋２＝17(通り)と求められる。

図２

(e)　[ア][イ]＋[ウ]＝48
(f)　[ア][イ]－[ウ]＝48
(g)　[ア][イ]×[ウ]＝48
(h)　[ア][イ]÷[ウ]＝48

⑷　２桁の数から１桁の数をひいたり，２桁の数を１桁の数で割ったりして３桁になることはないので，「＋」と「×」の場合を調べればよい。「＋」の場合は右の図３の(i)のようになるから，98＋２，97＋３，96＋４，94＋６，93＋７，92＋８，98＋７，97＋８の８通りある。また，「×」の場合は，さらに(j)と(k)に分けて求める。(j)の場合，[ア]には８通り，[イ]には７通りの数が入るから，全部で，８×７＝56(通り)の式ができる。ただし，積が３桁にならないものが，12×５，13×５，14×５，16×５，17×５，18×５，19×５の７通り含まれているから，56－７＝49(通り)となる。同様に，(k)の場合も全部で56通りの式ができるが，積が３桁にならないものが，15×２，15×３，15×４，15×６，25×１，25×３，35×１，35×２，45×１，45×２，65×１，75×１，85×１，95×１の14通り含まれているから，56－14＝42(通り)となる。よって，全部で，８＋49＋42＝99(通り)と求められる。

図３

(i)　[ア][イ]＋[ウ]＝□□０
　　[ア][イ]＋[ウ]＝□□５
(j)　[ア][イ]×[５]＝□□０
　　[ア][イ]×[５]＝□□５
(k)　[ア][５]×[ウ]＝□□０
　　[ア][５]×[ウ]＝□□５

社　会　＜第１回試験＞（30分）＜満点：50点＞

解　答

[Ⅰ] **問１**　⑥　**問２**　②　**問３**　オ　**問４**　④　**問５**　①　**問６**　(く)　D　(け)　F　**問７**　⑴　G　⑵　(例)　土砂が海に流れこんで津波が発生し，対岸の肥後に押し寄せたから。⑶　①　**問８**　②　B　③　G　[Ⅱ] **問１**　新羅　**問２**　⑤　**問３**　東大寺　**問４**　清少納言　**問５**　北条義時　**問６**　②　**問７**　狂言　**問８**　堺　**問９**　徳川吉宗　**問10**　前島密　**問11**　原爆ドーム　**問12**　②　**問13**　台湾　[Ⅲ] **問１**　(例)　有権者の資格である納税額の条件を引き下げたから。　**問２**　④　**問３**　①　**問４**　朝鮮戦争　**問５**　④　**問６**　ミャンマー　**問７**　団体行動権　**問８**　(例)　アメリカと冷戦の終結が合意された。　**問９**　復興庁

解　説

[Ⅰ] 九州・沖縄地方の産業や特色についての問題

問１　アは筑後《ちくご》川である。筑後川は，大分県の九重山を水源とする玖珠《くす》川と熊本県の阿蘇《あそ》外輪山を水源とする大山川が大分県日田市で合流し，筑紫《つくし》平野を流れ，潮の干満差が大きいことやのりの養《よう》殖《しょく》で知られる有明海に注ぐ。九州で最も長く，洪水やはんらんの多い暴れ川であることから，「筑紫次郎」ともよばれる。

問２　桜島(鹿児島県)と陸続きになっているのは，イの薩摩《さつま》半島ではなく対岸の大隅《おおすみ》半島なので，②が誤っている。

問３　徳之島《とくのしま》はオで，南西諸島の奄美《あまみ》群島(鹿児島県)に属し，エの奄美大島の南西に位置している。なお，ウは屋久島(鹿児島県)で，種子島《たねがしま》(鹿児島県)の南西に位置している。カは沖縄島，キは宮古島，クは石垣《いしがき》島で，その西に西表《いりおもて》島が位置している(いずれも沖縄県)。

問４　海岸線の総延長の長さ全国第１位～第３位は北海道，長崎県，鹿児島県の順で，島の数全国第１位～第３位は長崎県，鹿児島県，北海道の順なので，④が選べる。長崎県は，面積は小さいが島が多く，また，海岸線の入り組んだリアス海岸が発達しているため海岸線距離が長い。

問５　九州地方は，農業産出額が多く，畜産のうちの肉類の占《し》める割合が大きく，米の占める割合が小さいので，①と判断できる。なお，②は東北地方，③は北海道地方，④は東海地方，⑤は中国地方，⑥は北陸地方，⑦は四国地方。

問６　地図中のＡは福岡県，Ｂは大分県，Ｃは宮崎県，Ｄは鹿児島県，Ｅは沖縄県，Ｆは熊本県，Ｇは長崎県，Ｈは佐賀県である。表３の(き)は宮崎県で，同県は温暖な気候をいかしたきゅうりの促《そく》成《せい》栽培で知られ，肉類(肉用牛・豚・肉用若鶏《わかどり》)の供給量も多い。(く)は鹿児島県で，同県は茶の収穫量が多く，宮崎県と同様に肉類の供給量が多い。(け)は熊本県で，メロンの収穫量は全国第２位となっている。

問７　**(1)**「雲仙《うんぜん》」「壱岐《いき》」「対馬《つしま》」「五島」などの地名を表す言葉から，長崎県とわかる。　**(2)**　江戸時代，島原半島(長崎県)の中央部にある雲仙普賢《ふげん》岳の噴火活動により，東側にあった眉山《まゆやま》がくずれ落ちて島原の村々をおそった(島原大変)。さらに，大きな岩などが有明海になだれこんで津波が発生し，対岸の肥後《ひご》(熊本県)をおそって被害が拡大した(肥後迷惑《めいわく》)。　**(3)**　造船所のドック(船舶《せんぱく》を組み立てる場所)は沿岸部にあるので，造船所は①か④と判断できる。また，「南《みんなみ》の風」の４番にあるように，長崎県の長崎市や佐世保《させぼ》市などでは造船業がさかんである。よって，①が選べる。なお，山口県・埼玉県に分布している②はセメント工場，全国に数多く分布している③はIC工場，北九州市(福岡県)・大分市・千葉市・君津《きみつ》市(千葉県)に位置している④は高炉《こうろ》一貫製鉄所。

問８　①～④にあてはまるのは，福岡県，大分県，沖縄県，長崎県のいずれかである。①は，製造品出荷額が最も多く，輸送用機械器具と鉄鋼業の出荷額が最も多いことから，福岡県とわかる。同県は，自動車工業が発達しているため輸送用機械器具の出荷額が多く，北九州市に製鉄所があるため鉄鋼業の出荷額が多い。②は，化学工業と鉄鋼業の出荷額が多いことから，大分県とわかる。大分市には，九州地方で唯一《ゆいいつ》の石油化学コンビナートと，国内有数の製鉄所がある。③は，重工業の割合が大きいことから，造船業がさかんな長崎県と判断できる。④は，製造品出荷額が最も少ないことから，沖縄県となる。

Ⅱ　砂糖を題材とした歴史についての問題

問１　Ａは新羅《しらぎ》で，４世紀半ばに建国され，西に位置する百済《くだら》と北に位置する高句麗《こうくり》を滅《ほろ》ぼして，７世紀後半に朝鮮半島を統一した。日本からは二十数回にわたって遣新羅使が送られ，新羅からもたびたび使いがやってきたほか，民間の商人たちも活発に行き来していたが，８～９世紀に両国の関係は悪くなった。

問２　奈良県明日香《あすか》村にある高松塚古墳は，古墳としては最もおそい７世紀末～８世紀初めに築かれた二段構造の円墳で，その石室の壁《かべ》にえがかれた極彩色《ごくさいしき》の壁画《へきが》で知られる。なお，①の大山《だいせん》(大仙)古墳(大阪府)は日本最大の前方後円墳，②の稲荷山《いなりやま》古墳(埼玉県)は「ワカタケル大王」と刻まれた鉄剣《てっけん》が出土したことで知られる古墳，③の五色塚《ごしきづか》古墳(兵庫県)は４世紀末～５世紀初めにつくられた前方後円墳，④の江田船山古墳(熊本県)は「ワカタケル大王」と刻まれた鉄刀が出土したことで知られる古墳。

問３　東大寺(奈良県)の正倉院は聖武天皇の愛用品などが収められていたことで知られる宝庫で，遣唐使や留学生が唐(中国)から持ち帰ったものが多い。中には，ペルシア(現在のイラン)などの西アジアのものがシルクロードを通って中国に伝わり，日本にもたらされたものもある。

問４　藤原氏による摂関《せっかん》政治が全盛期を迎《むか》えた平安時代中期には国風文化が栄え，かな文字(カタカナ，ひらがな)が広まって国文学が発達した。一条天皇のきさきの定子《ていし》に仕えた清少納言《せいしょうなごん》は，宮廷のようすや自然のようすをするどい観察眼でつづった『枕草子《まくらのそうし》』という随筆を著した。

問５　源実朝《さねとも》が暗殺されて源氏の将軍が３代で絶えたのをきっかけに，政権を朝廷に取りもどそうと考えた後鳥羽《ごとば》上皇は，1221年，鎌倉幕府の第２代執権《しっけん》北条義時《よしとき》を討《う》つ命令を全国の武士に出した。しかし，よびかけに応じて集まった武士は少なく，幕府の大軍にわずか１か月で敗れ，上皇は隠岐《おき》(島根県)に流された。これを承久《じょうきゅう》の乱という。

問６　②は，奈良時代のようすを伝える史料の内容なので，適切でない。奈良時代の743年，聖武天皇は口分田の不足を補うため，三世一身《さんぜいっしん》の法に代わる法律として墾田《こんでん》永年私財法を出し，開墾した土地の永久私有を認めた。なお，①は惣《そう》(惣村)や寄合《よりあい》，③は山城国一揆《いっき》(1485～93年)，④は正《しょう》長《ちょう》の土一揆(1428年)についての内容として正しい。

問７　狂言《きょうげん》は，中世の庶民《しょみん》の日常や説話などを題材に人間の姿をこっけいにえがく対話劇で，能と交互に同じ舞台《ぶたい》で演じられた。能と合わせてユネスコ(国連教育科学文化機関)の無形文化遺産に登録されている。

問８　堺(大阪府)は，日明貿易や南蛮《なんばん》貿易の拠点《きょてん》として栄え，裕福な商工業者によって政治が行われていた自治都市の代表として知られる。1543年に鉄砲が種子島に伝わると，国友(滋賀県)や根来《ねごろ》(和歌山県)とともに鉄砲の産地になり，織田信長には軍資金を要求された。

問９　18世紀前半に江戸幕府の第８代将軍徳川吉宗によって行われた享保《きょうほう》の改革では，キリスト教に関係のない漢訳洋書(中国語に翻訳《ほんやく》したヨーロッパの書物)の輸入の制限が緩《ゆる》められ，蘭学《らんがく》の発展のもととなった。

問10　明治時代初め，日本の郵便制度をつくり上げた前島密《ひそか》は，「郵便制度の父」とよばれ，現在も１円切手の肖像《しょうぞう》となっている。

問11　広島市の平和記念公園のわきに立つ原爆ドームは，1945年８月６日にアメリカ軍が投下した原爆(原子爆弾)によって破壊された広島県産業奨励《しょうれい》館のあとで，「戦争のおそろしさと平和の尊さ」を人類に訴《うった》える人類の負の遺産としてユネスコの世界文化遺産に登録されている。

問12　第一次世界大戦(1914～18年)が始まると，日本は日英同盟を理由に連合国側に立って参戦し，中国におけるドイツの根拠地であった山東《シャントン》半島に出兵して青島《チンタオ》などを占領した。

問13　下関条約は日清戦争(1894～95年)の講和条約で，日本は清(中国)から多額の賠償《ばいしょう》金や台湾などの領土を手に入れた。台湾は日本の植民地となり，1945年までその支配が続いた。

Ⅲ　2021年から10年ずつさかのぼった年のできごとについての問題

問１　1890年に行われた第１回衆議院議員選挙で投票することのできた人は直接国税15円以上を納める満25歳以上の男子(約1.1％)のみで，納税額の条件は，1902年の選挙から10円以上(約2.2％)，1920年の選挙から３円以上(約5.5％)に引き下げられた。選挙権はその後，1925年の普通選挙法の成立で満25歳以上のすべての男子(約20.0％)に与《あた》えられ，1945年の改正で満20歳以上のすべての男女(約48.7％)に与えられた。カッコ内は全国民に占める有権者数の割合。

問２　「政府が金庫に保管している金の価値～と同じ額を上限として，通貨を発行することができます」と述べられているように，金本位制では発行できる通貨の上限額が定められているので，④のように「政府の判断で～紙幣《しへい》を発行し続けること」はできない。

問３　日本国憲法第67条には「内閣総理大臣は，国会議員の中から国会の議決で，これを指名する」と定められているので，必ず衆議院議員から指名しなければならないわけではない。よって，①が適切でない。なお，規定はこのようになっているが，これまでに実際に参議院議員から指名された例はない。②は第66条，③は第67条，④は第68条に関連することがら。

問４　マッカーサーはアメリカ陸軍の軍人で，対日戦を指《し》揮《き》し，日本の敗戦後はGHQ(連合国軍最高司令官総司令部)の最高司令官として日本の占領《せんりょう》政策を行った。また，朝鮮戦争(1950～53年)のさいに国連軍総司令官となったが，核兵器の使用をほのめかしたことから解任された。

問５　包括《ほうかつ》的核実験禁止条約(CTBT)は，核を保有しているかどうかにかかわらず，爆発をともなうすべての核実験(地下実験もふくむ)を禁止する条約で，1996年の国連総会で採択《さいたく》された。しかし，アメリカや中国が批准《ひじゅん》していないため，発効の見通しはたっていない。なお，①の核兵器禁止条約(TPNW)は2021年，②の核拡散防止(核兵器不拡散)条約(NPT)は1970年，③の部分的核実験禁止(停止)条約(PTBT)は1963年に発効した。

問６　ロヒンギャはおもにミャンマー西部に住むイスラム系の少数民族で，はげしい迫害《はくがい》に苦しめられ，多くの人が国外に難民として逃《のが》れた。ミャンマーでは2021年に軍事クーデターが起こったため，ロヒンギャをめぐる問題がより悪化するのではないかと心配されている。

問７　勤労者(労働者)が労働組合をつくる権利(団結権)，労働組合が労働条件などについて会社側と交渉《こうしょう》する権利(団体交渉権)，交渉が決裂《けつれつ》した場合にストライキなどの労働争議を行う権利(団体行動権)の３つは労働三権(労働基本権)とよばれ，勤労者の基本的な権利として日本国憲法第28条や労働組合法で保障されている。

問８　第二次世界大戦(1939～45年)後，アメリカを中心とする資本主義諸国とソビエト連邦(ソ連)を中心とする社会主義諸国の対立が長く続いた。この対立は，米ソが直接戦火を交えることのない争いだったことから，「冷たい戦争(冷戦)」とよばれた。1980年代後半，ソ連国内や東ヨーロッパ諸国の民主化が進んだことから融和《ゆうわ》への動きが進み，1989年，アメリカのブッシュ(父)大統領とソ連のゴルバチョフ書記長が地中海の国マルタで会談し，冷戦の終結を宣言。1991年，ソ連が解体されたことで完全に終結した。

問９　東日本大震災からの復興を目的として設置された復興庁は，発生から10年後の2020年度で廃止される予定であったが，2030年度まで延長されることとなった。

理　科　＜第１回試験＞（30分）＜満点：50点＞

解　答

1　(1)　(ア)，(エ)　(2)　①　Ⅰ　(ア)　Ⅱ　(イ)　Ⅲ　(ア)　Ⅳ　(イ)　②　26℃　(3)　(イ)

2　(1)　呼吸　(2)　(ウ)　(3)　(エ)　(4)　(ウ)　(5)　(ア)　(6)　(オ)　(7)　(オ)　(8)　(ア)

3　(1)　(エ)　(2)　①　(A)，(E)　②　(B)，(D)　(3)　①　(イ)　②　363 g　(4)　1172 g　(5)　水素

4　(1)　50cm^3　(2)　0.91 g　(3)　0.95 g　(4)　(ウ)　(5)　①　(イ)　②　4.8cm　(6)　①　60000　②　60000

解　説

1 暑さ指数についての問題

⑴　百葉箱は気温や湿度《しつど》などをはかるための装置で，温度計などを，球部が1.2～1.5mの高さになるように中に設置できる。箱は太陽の熱を伝えにくくするため木でつくられていて，外側も内側も日光をよく反射する白色にぬられている。側面は日光や雨などが入らず風通しがいいよろい戸というつくりになっていて，中に熱がこもらないようになっている。百葉箱は建物からはなれた風通しのよい場所に設置し，扉《とびら》を開けたときに観測器具に直射日光が当たらないようにするため北向きに設置する。また，地面からの照り返しによって箱の内部の温度が上がりすぎるのを防ぐため，下の地面に芝を植えることが多い。

⑵　①　Ⅰ　水などの液体が蒸発するときには熱が必要で，蒸発するのに必要な熱を気化熱という。湿球温度計の球部に巻いてあるガーゼはいつも水を含《ふく》んでおり，その水が蒸発するときにまわりから熱をうばうため，乾球《かんきゅう》温度と湿球温度を比べると，湿球温度のほうが低くなる。　Ⅱ　空気中の水蒸気の割合が高い場所，つまり，湿度が高い場所では，湿球温度計の球部に巻いてあるガーゼから水が蒸発しにくく，熱がうばわれにくくなるため，湿球温度と乾球温度の差は小さくなる。　Ⅲ　黒球温度計は，輻射《ふくしゃ》熱(日射《ひざ》しを浴びたときに受ける熱など)を測定するものであると説明されているので，外部からの熱をほとんど反射せずに吸収すると考えられる。なお，黒球温度計は銅板でできた球の中に温度計が入っているもので，その表面には黒い塗料《とりょう》が塗《ぬ》られている。　Ⅳ　屋外の暑さ指数と屋内の暑さ指数の数式のどちらでも，湿球温度による影響《えいきょう》が７割を占《し》めている。このことから，熱中症《しょう》には湿度の影響が大きいと考えられる。　②　表１で，乾球温度(気温)が30℃の行を横に見ていき，湿度が72％になるときの乾球温度と湿球温度の差を読み取ると，4.0℃となる。よって，湿球温度計は，30－4.0＝26(℃)を示していたことがわかる。

⑶　屋外の暑さ指数の数式を用いると，0.7×29＋0.2×36＋0.1×31＝30.6となるので，(イ)が選べる。

2 生物と環境《かんきょう》についての問題

⑴　植物は，体内にある葉緑体で光のエネルギーを利用して，二酸化炭素と水を材料に，養分(デンプン)をつくり出している。このはたらきを光合成といい，このとき酸素もつくり出されて放出される。また，植物は，養分と酸素を体内の細胞《さいぼう》で反応させて，活動のエネルギーをつくり出している。このはたらきを呼吸といい，呼吸によって二酸化炭素と水が放出される。光合成は日光が当たる日中だけ行われているが，呼吸は昼夜を問わず行われている。二酸化炭素吸収量の値がマイナスになるのは，光合成で吸収する二酸化炭素よりも，呼吸で放出する二酸化炭素の方が多い場合である。

⑵　樹Ｘと樹Ｙが同じように成長するのは，図１で二酸化炭素吸収量が同じときなので，光の強さが約7.5キロルクスと読み取れる。

⑶　図１で，光が全く当たらない状態(０キロルクス)のときの，樹Ｘと樹Ｙのある時間あたりの二酸化炭素放出量の差は，－８ｇと－４ｇの差にあたる４ｇである。また，光の強さが12.0キロルクスのときの，樹Ｘと樹Ｙのある時間あたりの二酸化炭素吸収量の差は，12－８＝４(ｇ)である。したがって，樹Ｘと樹Ｙを12.0キロルクスの光の下に12時間置き，その後，同じ12時間，光が全く当たらない状態に置くと，12＋12＝24(時間)に樹Ｘと樹Ｙのそれぞれが吸収した二酸化炭素の量が等しくなる。

⑷　昼と夜の時間は，季節によって変化するが，ここでは，１年間の平均では12時間ずつで等しくなると考える。図１より，昼の光の強さが20キロルクスのときの，樹Ｘと樹Ｙのある時間あたりの二酸化炭素吸収量の差は，14－8.5＝5.5(ｇ)であり，夜の樹Ｘと樹Ｙのある時間あたりの二酸化炭素放出量の差(４ｇ)よりも大きい。よって，昼の光の強さが20キロルクスのときには，樹Ｘのほうが樹Ｙよりも１日あたりの二酸化炭素吸収量が大きくなるので，20キロルクスの光が昼に当たり続ける土地では，20年後には図２の苗木《なえぎ》のうち樹Ｘのほうが樹Ｙよりも大きく成長し，㈦のようになると考えられる。

⑸　図１より，昼の光の強さが３キロルクスのとき，樹Ｘと樹Ｙのある時間あたりの二酸化炭素吸収量の値は，それぞれ－１ｇ，4.5ｇとなる。また，樹Ｘと樹Ｙの夜のある時間あたりの二酸化炭素放出量の値は，それぞれ－８ｇ，－４ｇである。したがって，葉が茂《しげ》った樹木の下の地面が３キロルクスの光の強さになるとき，樹Ｘは成長できないが樹Ｙは成長できるので，500年後くらいには㈠のように樹Ｙだけの森になる。なお，樹Ｘのような樹を陽樹，樹Ｙのような樹を陰《いん》樹といい，㈠の状態は極相《きょくそう》(林)とよばれる。

⑹　Ｅの地点は赤道付近にあり，降水量が多く気温が高いため，熱帯雨林の植物が大きく育ち，種類も多い。

⑺　日本にはツキノワグマとヒグマの２種類のクマが生息しており，どちらのクマも，日本と大陸が地続きであった30～50万年前の氷河期に，大陸から渡ってきたと考えられている。現在，日本の本州(Ｃの地点)にはツキノワグマが，北海道(Ｂの地点)にはヒグマが生息している。ヒグマは本州にも生息していた時期があったが，氷河期が終わるなどの環境の変化によって本州では絶滅《ぜつめつ》した。なお，㈠のホッキョクグマは北極圏《けん》に，㈡のマレーグマは中国南部からマレー半島など東南アジアにかけての熱帯・亜《あ》熱帯地域の森林に，㈦のアメリカグマはアメリカ合衆国やカナダ・メキシコに生息している。

⑻　図３のＡの地点にはホッキョクグマ(オスの体重は約600kg)，Ｂの地点にはヒグマ(約500kg)，Ｃの地点にはツキノワグマ(約130kg)，Ｄの地点にはアメリカグマ(約400kg)，Ｅの地点にはマレーグマ(約65kg)が生息している。生息地の環境と図４のクマの大きさから，寒い地域ほど体が大きくなると考えられる。

3　聖火のトーチやろうそく，ガスの燃焼についての問題

⑴　聖火のトーチについて，ガスバーナーで炎《ほのお》の大きさを調節できるのと似ていると述べられていることに注意する。ガスが燃えるとき，酸素が多く完全燃焼している場合には，温度が高い青い炎となる。一方，酸素が少なく不完全燃焼している場合には，温度が低い赤い炎となる。

⑵　ろうそくの炎は，(A)と(E)の外炎《がいえん》，(B)と(D)の内炎，(C)の炎心の３つの部分からできている。外炎は，空気中の酸素と十分にふれているため完全燃焼している部分で，温度がもっとも高く，水で湿《しめ》らせた木が焦《こ》げる。内炎は，不完全燃焼している部分で，発生したすす(炭素のつぶ)が熱せられてかがやくため，もっとも明るい。また，この部分にガラス棒を通すと，すすで黒くなる。炎心は，気体のろうがある部分で，青みがかっていて暗く見える。

⑶　①　トーチのガス121ｇを燃やしたとき，発生する水のおもさはガスのおもさの，198÷121＝$\frac{18}{11}$(倍)である。表１より，都市ガス，LPガス，アセチレンガスを燃やしたときに発生する水のお

もさは，ガスのおもさのそれぞれ，$36\div16=\frac{9}{4}$(倍)，$72\div44=\frac{18}{11}$(倍)，$18\div26=\frac{9}{13}$(倍)となるので，トーチのガスと同じ物質はLPガスとわかる。 ② LPガス44ｇを燃やしたときに発生する二酸化炭素は132ｇなので，トーチのガス121ｇを燃やしたときに発生する二酸化炭素は，$132\times\frac{121}{44}=363$(ｇ)である。

⑷　アルミニウムの装飾《そうしょく》部分のおもさは，2.7×60×60×0.1＝972(ｇ)，内部機器およびボンベのおもさの合計は200ｇなので，トーチ全体のおもさは，972＋200＝1172(ｇ)と求められる。

⑸　水素を燃やしたときに発生するのは水(水蒸気)だけで，二酸化炭素は発生しない。開会式で点火された聖火台の燃料は，燃やしても二酸化炭素が発生しないとあることから，水素とわかる。

4　浮力《ふりょく》についての問題

⑴　氷を入れる前のコップの水位は，150÷20＝7.5(cm)で，氷を入れたことで水位が，10−7.5＝2.5(cm)上がったので，水中に沈《しず》んでいる氷の体積は，20×2.5＝50(cm^3)とわかる。

⑵　氷にはたらいている浮力は，１×50＝50(ｇ)で，これと氷のおもさがつり合うことで氷が浮《う》いているので，氷のおもさは50ｇである。また，氷の体積は55cm^3だから，50÷55＝0.909…より，氷１cm^3あたりのおもさは0.91ｇと求められる。

⑶　実験１の２より，スイカのおもさは，8000−6000＝2000(ｇ)である。また，実験１の３でスイカにはたらく浮力は，8100−6000＝2100(ｇ)なので，スイカの体積は，2100÷１＝2100(cm^3)とわかる。したがって，2000÷2100＝0.952…より，スイカ１cm^3あたりのおもさは0.95ｇと求められる。

⑷　表１で，水中に沈めた深さが５cmより深くなると，ばねはかりの値が変化しなくなっている。これは，金属Ａが完全に水中に沈んだためなので，金属Ａの体積は，(480−420)÷１＝60(cm^3)とわかる。また，金属Ａのおもさは480ｇである。よって，金属Ａの１cm^3あたりのおもさは，480÷60＝８(ｇ)なので，表２より，鉄が選べる。

⑸　①　入れ物Ｂの側面積は，12×10×４＝480(cm^2)，底面積は，10×10＝100(cm^2)なので，厚さを考えないとき，入れ物Ｂの展開図の面積は，480＋100＝580(cm^2)となる。また，⑷より，加工する前の金属Ａの体積は60cm^3である。したがって，入れ物Ｂの厚さは，60÷580＝0.10…より，約0.1cm(＝約１mm)なので，(イ)がふさわしい。 ②　図４で，入れ物Ｂがうける浮力の大きさは480ｇなので，入れ物Ｂがおしのけている水の体積は，480÷１＝480(cm^3)となる。入れ物Ｂの底面積は100cm^2だから，Xは，480÷100＝4.8(cm)である。

⑹　①　入れ物の体積は，250×30×８＝60000(m^3)なので，この入れ物全体がおしのける水の体積も60000m^3である。 ②　１m^3は１辺が１m(＝100cm)の立方体の体積だから，１m^3＝１m×１m×１m＝100cm×100cm×100cm＝1000000cm^3となる。また，１ｔ＝1000kg，１kg＝1000ｇである。よって，水１m^3あたりのおもさは，$\frac{1\times1000000}{1000\times1000}=1$(ｔ)なので，入れ物の体積分の水の重さは，１×60000＝60000(ｔ)と求められる。

国　語　＜第１回試験＞（50分）＜満点：100点＞

解　答

一　問１　イ　とうすい　　ロ，ニ，ホ　下記を参照のこと。　　ハ　かくり　　問２　見返り

問３ 情けは人のためならず　**問４** イ　**問５** Ⅰ ウ　Ⅱ イ　**問６** ア　**問７** 相手のため　**問８** うつわ　**問９** ア ×　イ ×　ウ ○　エ ×　**二** **問１** イ，ハ 下記を参照のこと。　ロ ただよ(い)　ニ つ(いて)　ホ となり　**問２** 私がマコち　**問３** ア　**問４** ウ　**問５** ウ　**問６** イ　**問７** （例） 試行錯誤しながら，子どもたちひとりひとりと向き合うことで，自分自身も成長することができるやりがいのあるうれしい仕事(と考えるようになった。)

●漢字の書き取り

一 **問１** ロ 吸収　ニ 壁　ホ 純粋　**二** **問１** イ 宙　ハ 卒業

解　説

一 **出典は伊藤亜紗《いとうあさ》の「『うつわ』的利他―ケアの現場から」による。** 相手をうけとめる余白を持った，「うつわ」のような利他が必要ではないかと提言している。

問１ イ うっとりとしてその気分にひたること。　ロ 取り入れて自分のものとすること。　ハ 感染症《かんせんしょう》の患者《かんじゃ》などを通常の社会生活から離《はな》して，一定の場所に移すこと。　ニ 音読みは「ヘキ」で，「壁面」などの熟語がある。　ホ 雑多なものがまじっていないこと。

問２ 空欄《くうらん》①を含《ふく》む一文と直後の一文の内容は対照的なので，空欄①に「見返り」を入れると，「見返りは期待できない」(＝見返りを相手に求めていない)と「見返りを相手に求めている」が対照的になり，文意が通る。

問３ 直後に「他人に利することがめぐりめぐって自分にかえってくる」とあるので，“人に情けをかけておけばめぐりめぐって自分によい報《むく》いがある”という意味の「情けは人のためならず」がよい。なお，このことわざを“人に情けをかけて助けてやることは，結局はその人のためにならない”という意味で用いるのは誤りなので，注意する。

問４ 傍線《ぼうせん》部③は，直接的には直前の段落の「地震《じしん》や洪水《こうずい》など危機に見舞《みま》われた状況《じょうきょう》のなかで〜むしろ見知らぬ人のために行動するユートピア的な状況」を指している。よって，これとほぼ同じ内容のイが選べる。

問５ Ⅰ，Ⅱ 本文の最初の部分に「利他的な行動には〜『これをしてあげたら相手にとって利になるだろう』という，『私の思い』が含まれています」とあるので，「思い」には「相手は喜ぶだろう」があてはまる。また，その思いが「相手は喜ぶはずだ」に変わり，「さらには『相手は喜ぶべきだ』になるとき，利他の心は，容易に相手を支配することにつながってしまいます」と述べられているので，「支配」には「相手は喜ぶべきだ」がふさわしい。

問６ 直後の段落に「ただし，この場合のケアとは，必ずしも『介助《かいじょ》』や『介護』のような特殊《とくしゅ》な行為《こうい》である必要はありません」とあるので，アがあてはまらない。

問７ 傍線部⑥は，筆者が「村瀬さん」の「計画倒《だお》れをどこか喜ぶところがないと。計画が倒れたときに本人が一番イキイキしていることがあるんです」という発言をまとめた表現である。少し後で，筆者はこのような態度について「相手のために何かをしているときであっても，自分で立てた計画に固執《こしつ》せず，常に相手が入り込《こ》めるような余白を持っていること」と言い表したうえで自らの「利他」における主張へとつなげている。

問８ 同じ段落の最後に「うつわのようです」とあることに注目する。空欄⑦に「うつわ」を入れると，「利他とは『うつわ』のようなものではないか」という筆者の主張を続く部分で説明したうえで，あらためて「それはまさに」「うつわのようです」とまとめる流れになり，文意が通る。

問9 **ア** 「他者を支配しないための想像力」につながっているのは，「自分の行為に対して相手の感情を予測できないこと」ではなく，「めぐりめぐっていく過程で，私の『思い』が『予測できなさ』に吸収される」ことである。 **イ** 「相手のことを知ったつもりにならない」ことについては，「相手の言葉や反応に対して，真摯《しんし》に耳を傾《かたむ》け，『聞く』こと以外にない」と述べられているが，「さらに話し合いを重ねていくことが重要だ」とは述べられていない。 **ウ** 筆者は「利他」について，「相手の言葉や反応に対して，真摯に耳を傾け，『聞く』こと以外にない」，「他者の潜在《せんざい》的な可能性に耳を傾ける」と述べたうえで，「よき利他には必ず『自分が変わること』が含まれている」と述べているので，あてはまる。 **エ** 筆者は「特定の目的や必要があらかじめ決められているケア」は「『押《お》しつけの利他』でしかない」と述べているので，「目的や必要性を明らかにして」は合わない。

二 **出典は青山美智子《あおやまみちこ》の『木曜日にはココアを』所収の「のびゆくわれら」による。**幼稚《ようち》園で働く「私」（えな先生）は，ネイルを落とし忘れたことがきっかけになって，あらためて仕事の難しさと面白《おもしろ》さに気づき，意欲を取り戻《もど》していく。

問1 **イ** 空中。 **ロ** 音読みは「ヒョウ」で，「漂流」などの熟語がある。 **ハ** 学校において定められた教育課程のすべてを修了すること。 **ニ** 音読みは「シュウ」「ジュ」で，「就職」「成就《じょうじゅ》」などの熟語がある。 **ホ** 音読みは「リン」で，「隣人」などの熟語がある。

問2 傍線部①は，「私」が「萌香《もえか》ちゃんの手を見て」，「爪噛《つめか》み」に気づいたことがきっかけである。よって，傍線部①の理由がわかる一文としては，「私がマコちゃんに憧《あこが》れたように，萌香ちゃんが私のピンクのネイルを素敵《すてき》だと感じてくれたなら，爪噛みしなくなるかもしれないと思ったのだ」がふさわしい。

問3 「私」は泰子《やすこ》先生に「頭ごなしで私が悪いと断定され」，「違《ちが》う。ぜんぜん違う，違います」と思いながらも黙《だま》っているのだから，「一方的に否定されたことを悔《くや》しく思う」とあるアが選べる。

問4 「眉《まゆ》をひそめる」は，不快なことや心配ごとがあったりして，眉のあたりにしわを寄せること。

問5 「きまり悪い」は，何となく恥《は》ずかしそうにするようす。すぐ後で泰子先生が「べつに，あなたのことかばったわけじゃないから」と言っているので，「えな先生を～かばうような行動をしていた」とあるウがよい。「私」をかばおうとしていたことが，萌香ちゃんのお母さんの言葉から「私」に知られてしまったため，泰子先生は気恥ずかしく感じているのである。

問6 泰子先生は，「なんでも楽しくがんばっていると，えな先生みたいにきれいな爪になるよ」と言い，「私」を「がんばっている」と評価している。したがって，「がんばってるっていうのは，本当でしょ」と，自分が園児たちに言った言葉を空欄⑤で受けるのが合う。

問7 「今は仕事を辞めない。しばらく，ここでがんばる」とあることから，それまで「私」が仕事を辞めたいと思っていたことがわかる。しかし，ネイルにまつわるできごとを通して，「ひとつひとつがライブなんだ。試行錯誤《さくご》で，体当たりで，合っているかどうかわからない正解を探し続ける。毎日毎日，音を立てるように大きくなっていく子どもたち。ひとりひとりと向き合いながら，きっと私も，伸《の》びていく」と感じられるようになり，「やりがい」を見つけたのだと考えられる。

2022年度　立教新座中学校

〔電　話〕 (048) 471－２３２３
〔所在地〕 〒352-8523　埼玉県新座市北野１－２－25
〔交　通〕 東武東上線－「志木駅」より徒歩12分
JR 武蔵野線－「新座駅」より徒歩25分

【算　数】〈第２回試験〉 (50分) 〈満点：100点〉

注意　１．答はできるだけ簡単にしなさい。また，円周率は，3.14を用いなさい。
２．直定規，コンパスをかしたり，かりたりしてはいけません。
３．三角定規，分度器，計算機の使用はいけません。

1　以下の問いに答えなさい。

(1)　次の計算をしなさい。

$$\left(0.375+2\frac{7}{20}\right)\div0.25-\left(2\frac{4}{5}\div0.7-3\times\frac{9}{10}\right)\div\frac{1}{3}$$

(2)　次の問いに答えなさい。

①　８で割ると３余り，９で割ると４余る数のうち，最も小さい数はいくつですか。

②　６で割ると２余り，７で割ると３余る数のうち，５番目に小さい数はいくつですか。

(3)　６年生のＡ組34人，Ｂ組30人の全員が受けた算数のテストについて，Ａ組の平均点，Ｂ組の平均点，64人全員の平均点をそれぞれ求めます。平均点は小数第２位を四捨五入して小数第１位まで求めるものとします。平均点を求めた結果，Ａ組の平均点は70.3点，64人全員の平均点は75.9点でした。次の問いに答えなさい。

①　Ａ組の合計点として考えられる点数のうち，最も高い点数と最も低い点数を答えなさい。

②　Ｂ組の合計点として考えられる点数のうち，最も高い点数を答えなさい。

(4)　図のように，AD＝４cm，BC＝６cm，CD＝６cm の台形 ABCD と，EF＝10cm，EG＝10cm の直角二等辺三角形 EFG があります。台形 ABCD が直線に沿って矢印の方向へ毎秒１cm の速さで動きます。以下の問いに答えなさい。

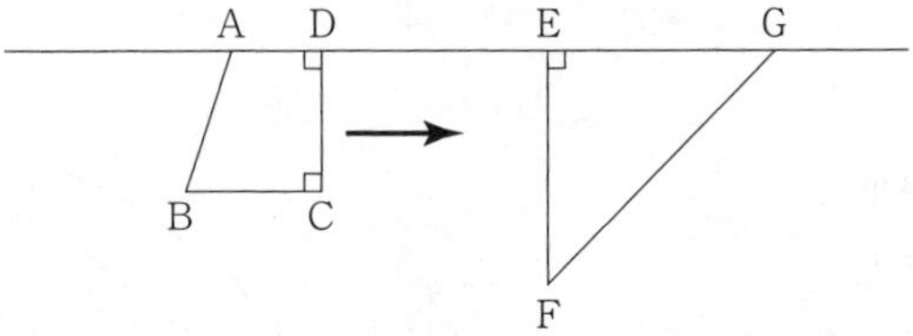

①　点Ｄと点Ｅが重なってから５秒後に，台形 ABCD が直角二等辺三角形 EFG と重なる部分の面積を求めなさい。

②　点Ｄと点Ｅが重なってから11秒後に，台形 ABCD が直角二等辺三角形 EFG と重なる部分の面積を求めなさい。

(5)　１辺の長さが６cm の白い立方体３個と同じ大きさの黒い立方体１個を，図のようにすき間なくはりあわせて作った立体について，次の問いに答えなさい。ただし，三角すいの体積は，(底面積)×(高さ)÷３で求めるものとします。

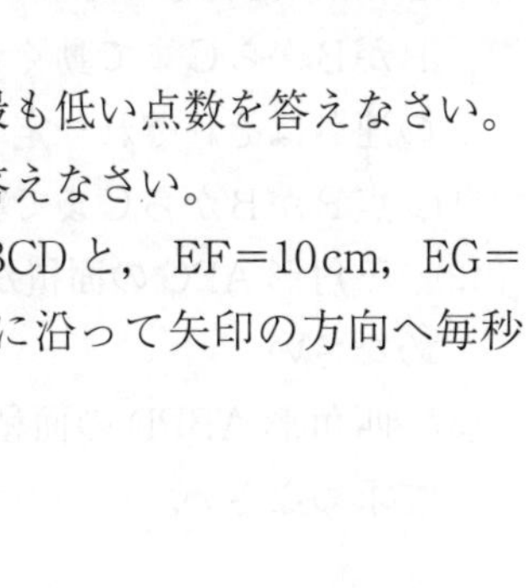

①　この立体を３点Ａ，Ｂ，Ｃを通る平面で切断するとき，点Ｄ

をふくむ立体の体積を求めなさい。

②　この立体から黒い立方体を取り除き，３点Ａ，Ｂ，Ｃを通る平面で切断するとき，点Ｄをふくむ立体の体積を求めなさい。

2　整数が，ある決まりによって以下のように並んでいます。

１，２，３，２，４，６，３，６，９，４，８，12，５，10，15，…

次の問いに答えなさい。

⑴　１回しか出てこない１桁《けた》の数は何個ありますか。

⑵　最後に出てくる１桁の数は，はじめの数から数えて何番目ですか。また，はじめの数からその数までの和を求めなさい。

⑶　２回目に出てくる2022は，はじめの数から数えて何番目ですか。

⑷　はじめの数から順番にたしていき，ある数までたすと2022を超《こ》えたのでたすのをやめました。最後にたした数を答えなさい。

3　図はAB＝12cm，AD＝16cmの長方形です。点ＰはＢを出発して長方形の辺上をＣ，Ｄの順にＤまで動き，Ｂを出発してから８秒後にＤに到着《とうちゃく》して止まります。また，点ＰがＣからＤまで動くときの速さは，ＢからＣまで動くときの速さの1.5倍になります。次の問いに答えなさい。ただし，点ＰがＢからＣまで動くときの速さと，ＣからＤまで動くときの速さはそれぞれ一定であるものとします。

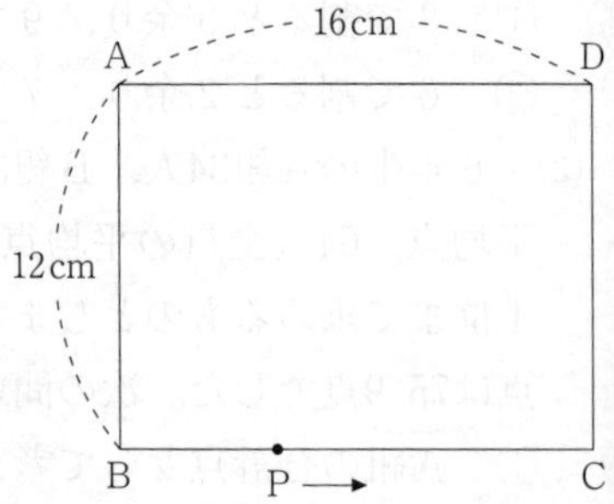

⑴　点ＰがＢからＣまで動くときの速さは毎秒何cmですか。

⑵　三角形APCの面積が$42cm^2$になるのは，点ＰがＢを出発してから何秒後ですか。すべて求めなさい。

⑶　四角形ABPDの面積が$123cm^2$になるのは，点ＰがＢを出発してから何秒後ですか。すべて求めなさい。

4　底面の半径が３cmである円柱を，１つの平面で切断し，図のように立体Ａと立体Ｂに分けました。それぞれの図形に書きこまれている長さは，２つの立体の底面から最も低い位置の高さと，最も高い位置の高さを表しています。次の問いに答えなさい。

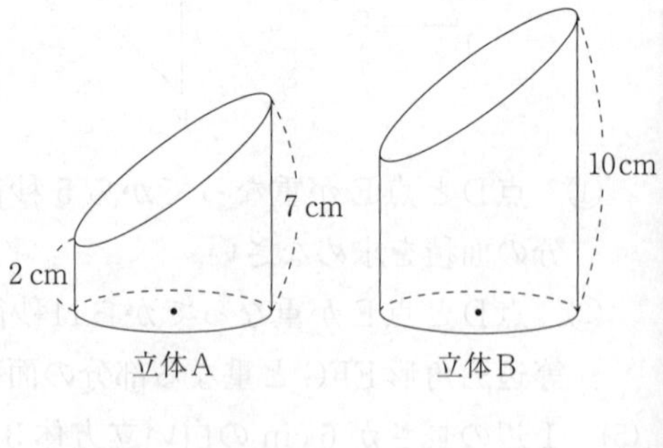

⑴　もとの円柱の表面積を求めなさい。

⑵　立体Ｂの体積を求めなさい。

⑶　立体Ａと立体Ｂの体積の比を求めなさい。

⑷　立体Ｂを，切り口と平行な平面で切断し，体積の等しい２つの立体に分けました。もとの円柱の底面をふくむ立体において，底面から最も高い位置の高さを求めなさい。

5　３つの容器Ａ，Ｂ，Ｃの中にそれぞれ食塩水が入っています。太郎君と次郎君はこれらの食塩水を使って３つの実験を順番に行っていきます。次の問いに答えなさい。

【実験１】　容器Ａ，容器Ｂに入っている食塩水をよく混ぜ合わせよう。

太郎「容器Ａに入っている食塩水300ｇと容器Ｂに入っている食塩水200ｇを，空の容器Ｐに入れてよく混ぜ合わせたら，食塩水の濃《こ》さは９％になったよ。」

次郎「容器Ａに入っている食塩水100ｇと容器Ｂに入っている食塩水200ｇを，空の容器Ｑに入れてよく混ぜ合わせたら，食塩水の濃さは13％になったよ。」

(1)　容器Ａ，容器Ｂに入っていた食塩水の濃さをそれぞれ求めなさい。

【実験２】　容器Ｐ，容器Ｑに入っている食塩水と，容器Ｃに入っている濃さが５％の食塩水をよく混ぜ合わせよう。

太郎「容器Ｐに入っている食塩水200ｇと容器Ｑに入っている食塩水150ｇと容器Ｃに入っている食塩水の半分の量を，空の容器Ｘに入れてよく混ぜ合わせたら，食塩水の濃さは10％になったよ。」

次郎「その後に，３つの容器Ｐ，Ｑ，Ｃに残っているすべての食塩水を，空の容器Ｙに入れてよく混ぜ合わせたよ。」

(2)　はじめに容器Ｃには何ｇの食塩水が入っていましたか。また，容器Ｙに入っている食塩水の濃さを求めなさい。

【実験３】　容器Ｘ，容器Ｙに入っている食塩水の濃さを同じにしよう。

太郎「容器Ｘに入っている食塩水に91ｇの水を加えた後に，食塩を加えてよく混ぜ合わせたら，容器Ｙに入っている食塩水の濃さと同じにできるよ。」

次郎「別の方法だと，容器Ｙに入っている食塩水から水を蒸発《じょうはつ》させてよく混ぜたら，容器Ｘに入っている食塩水の濃さ10％と同じにできるよ。」

(3)　太郎君は容器Ｘに入っている食塩水に何ｇの食塩を加えようとしましたか。また，次郎君は容器Ｙに入っている食塩水から何ｇの水を蒸発させようとしましたか。

【社　会】〈第２回試験〉（30分）〈満点：50点〉

Ⅰ　「日本100名城」および「続日本100名城」に指定されている城に関して，以下の問に答えなさい。

問１　敵が攻《せ》め込《こ》むのを防ぐために造られた施設《しせつ》を城だと考えると，日本列島における城の始まりは，弥生時代の環濠集落にあると考えられ，吉野ヶ里（遺跡）も「日本100名城」に入っています。この時期の様子を「倭の国内で争いが起こり，長年の間，たがいに攻撃《こうげき》しあっていた。そこで相談して１人の女王をたてることになった。」と記している中国の書物は何ですか。以下より選び，番号で答えなさい。

①　『宋書』倭国伝　　②　『魏志』倭人伝

③　『後漢書』東夷伝　　④　『漢書』地理志

問２　飛鳥時代になると，大陸からの攻撃を想定して城が築かれました。白村江の戦いの後に築かれた水城や大野城・金田城は代表的なものです。

(1)　白村江の戦いで，ヤマト政権軍が敗れた相手は次のうちどれですか。当てはまるものを全て選び，番号で答えなさい。

①　隋　　②　唐　　③　高句麗

④　新羅　　⑤　百済

(2)　水城や大野城は，大宰府を守るために築かれました。しかし，大宰府は平安時代中頃《ころ》に起きた反乱により，攻め落とされました。この反乱を起こした人物はだれですか，答えなさい。

(3)　金田城は，九州よりも朝鮮半島に近い島に築かれた城ですが，この島を何といいますか答えなさい。

問３　鎌倉時代になると，武士などが戦いに使う施設を城，ふだん生活する施設を館《やかた》と呼ぶようになります。この館の代表的なものが栃木県の足利氏館で，室町幕府将軍となる足利氏の先祖が住んだ館になります。足利氏の説明として誤っているものを以下より選び，番号で答えなさい。

①　足利尊氏は，最初は後醍醐天皇に協力したが，のちに対立した。

②　足利義満は，明だけでなく，朝鮮とも貿易を行った。

③　足利義政は，世阿弥を保護して，能をさかんにした。

④　足利義昭は，織田信長によって京都から追放された。

問４　南北朝時代には，国内で多く戦いが行われたので，城も多く築かれます。その中でも代表的なものが，大阪府の千早城です。

(1)　この城を拠点《きょてん》として鎌倉幕府軍と戦い，建武の新政では重要な役割を果たした人物はだれですか，答えなさい。

(2)　この時代の城は，敵から攻められにくいように，周囲より高くなった部分に築かれたものが多いです。このような谷と谷にはさまれて周囲より高くなった地形で，等高線が低い方に向かって張り出しているところを何といいますか，答えなさい。

問５　戦国時代になると，戦いの時だけでなく，ふだん生活する場としても城が使われるようになります。そして，城の大きさが城主の力をしめすことにもなりました。次の人物と住んだ城の組み合わせとして誤っているものはどれですか。以下より選び，番号で答えなさい。

① 上杉謙信－春日山城(新潟県上越市)
② 徳川家康－岡崎城(愛知県岡崎市)
③ 毛利元就－郡山城(広島県安芸高田市)
④ 北条氏康－小田原城(神奈川県小田原市)
⑤ 島津義久－高知城(高知県高知市)

問６ 各地で特徴《とくちょう》のあった戦国時代の城は，天下統一によって，石垣の上にしっくいで固められた白壁が築かれるような，統一した形のものになっていきます。この頃の日本と，同じような特徴を持つ石垣が，16世紀終わり頃の朝鮮半島でも造られました。それはなぜですか，20字程度で説明しなさい。

問７ 戦国時代から江戸時代にかけては，「築城の名手」と呼ばれる人物が多く現れました。

⑴ 藤堂高虎は，多くの名城を築いたことで知られており，中でも，今治城は瀬戸内海をおさえる重要な役割を果たしました。今治城のある今治市は，四国の各県庁所在地に次いで第５位の人口を有する重要な都市です。次の表は，四国の各県庁所在地と今治市の，工業生産額をしめしたものです。今治市はどれですか。以下より選び，番号で答えなさい。なお，資料がととのっていない部分は表中で空欄になっています。

表 四国人口上位５市の製造品出荷《しゅっか》額《がく》等(2019年，単位：万円)

	化学工業	繊維《せんい》工業	輸送用機械器具製造業	電気機械器具製造業
①	8,911,420	560,769	620,577	994,603
②	27,955,002	620,655		38,748
③	442,090	4,577,252	31,563,480	
④	630,901	187,183	1,834,911	135,982
⑤	1,072,511	745,919	3,575,444	7,129,227

出典：経済産業省『2020年工業統計表』地域別統計表データより作成

⑵ 加藤清正は，熊本城を築いたことで知られます。熊本城は1877年に，鹿児島の士族によって攻められますが，落城しなかったことから，改めてその名城ぶりがたたえられました。南九州一帯が戦場になったこの戦争を何といいますか，答えなさい。

⑶ 黒田孝高《よしたか》(官兵衛)は，堀《ほり》が海とつながった中津城を築いたことで知られます。次のうち，堀が海とつながっている城(海城)はどれですか。以下より選び，番号で答えなさい。

① 高松城(香川県高松市) ② 山形城(山形県山形市)
③ 岐阜城(岐阜県岐阜市) ④ 会津若松城(福島県会津若松市)
⑤ 伊賀上野城(三重県伊賀市)

問８ 江戸時代になると，城は大名の住むところだけでなく，役所としての役割を担《にな》うようになっていきます。そのため，大名の居城があった地が，現在も県庁所在地として受け継《つ》がれている場所も多くあります。

⑴ 徳島城の城下町で行われている盆踊《おど》りの一種で，現在では新座市の大江戸新座祭りでも行われるものは何ですか，答えなさい。

⑵ 県庁所在地となっている城下町では，現在は伝統的工芸品として認定《にんてい》されているものも生産されました。次の伝統的工芸品のうち，盛岡城・金沢城・福岡城・鹿児島城の位置する各都市の産物として誤っているものはどれですか。以下より選び，番号で答えなさい。

① 薩摩焼　② 加賀友禅　③ 津軽塗　④ 南部鉄器　⑤ 博多人形

(3) 次の県庁所在地のうち，港町からではなく城下町から発達した都市はどこですか。以下より選び，番号で答えなさい。

① 青森市　② 横浜市　③ 神戸市　④ 佐賀市　⑤ 長崎市

問９ 幕末になると，外国船の接近に備えるため，大砲を置いた台場が築かれるようになりました。品川台場が代表的なものですが，この台場はペリーの来航に際して築かれたものです。この時に結ばれた条約によって開港した港のうち，最も西にあるのはどこですか，答えなさい。

問10 江戸時代から明治時代へと移るとき，北海道の五稜郭で最後の戦いが行われた，旧《きゅう》江戸幕府軍と明治新政府軍の戦いを何といいますか，答えなさい。

問11 明治時代になると，多くの城が取り壊《こわ》されました。それは，かつての藩主《はんしゅ》が東京へ移住することが定められ，保存が難しくなったことも原因としてあります。旧藩主が東京へ移され新しく県令が任命されたできごとを何といいますか，答えなさい。

問12 取り壊されずに残った城も，名古屋城のように，太平洋戦争でのアメリカ軍空襲《くうしゅう》で天守が焼失《しょうしつ》したところもありました。日本各地への空襲の拠点となった，1944年にアメリカ軍が占領《せんりょう》した太平洋の島はどこですか。以下より選び，番号で答えなさい。

① ハワイ諸島　② 沖縄島　③ ソロモン諸島　④ サイパン島　⑤ アッツ島

問13 現在，天守が国宝に指定されている城は，姫路城・犬山城・彦根城・松本城・松江城の５つです。

(1) 次の文は，５つの城の所在地のうち，ある都市の気候を説明したものです。ある都市とはどこですか，都市名で答えなさい。

他の都市に比べて標高が高いため，年間の気温差や一日の気温差が大きく，年間降水量が少ない。

(2) ５つの城の天守のうち，しじみの産地で有名な宍道湖が見える城はどこですか，答えなさい。

問14 「古都京都の文化財」の一部として世界文化遺産に認定されている城で，大政奉還が発表された場所としても知られるのはどこですか。以下より選び，番号で答えなさい。

① 安土城　② 二条城　③ 名護屋城　④ 原城　⑤ 多賀城

問15 城は敵の攻撃を防ぐために，あらゆる地形を活用しています。

(1) 群馬県の沼田城は，この地域を流れる利根川とその支流沿いに発達した，階段状の地形の最上段部に位置しています。このような地形を何といいますか，答えなさい。

(2) 長野県の上田城や小諸《こもろ》城は，川によってつくられた地形をうまく利用して防御《ぼうぎょ》に役立てています。下流では信濃川と呼ばれるこの川を何といいますか，答えなさい。

(3) 鹿児島県の志布志《しぶし》城など南九州の城は，非常に深い堀で城が区切られている特徴があります。南九州の城の堀が深いのは，地面が柔《やわ》らかくて削《けず》りやすいためですが，この地域の柔らかい土壌《どじょう》を何といいますか，答えなさい。

問16 大阪城は，上町台地と呼ばれる台地の先端《せんたん》に築かれた城です。

(1) 上町台地のような地形は，水はけが良い特徴があります。上町台地と同じような特徴を持つ地形として誤っているものはどこですか。以下より選び，番号で答えなさい。

① 秋吉台　② 武蔵野　③ 牧ノ原　④ 三方原

(2) 大阪城が豊臣秀吉によって築かれる前に，この地には織田信長と10年以上にわたって戦った一向一揆の中心地となる寺院がありました。この寺院を何といいますか，答えなさい。

問17 城のあるところは，桜の名所としても知られることが多いです。次の城のうち，例年，５月の大型連休の頃に桜が見頃をむかえるのはどこですか。以下より選び，番号で答えなさい。

① 高遠城(長野県伊那市)　② 岡城(大分県竹田市)　③ 松前城(北海道松前町)

④ 高岡城(富山県高岡市)　⑤ 津山城(岡山県津山市)

問18 城のあるところには庭園があることも多いです。日本三名園と呼ばれる庭も，いずれも城の近くにつくられたものです。日本三名園のうち，降雪の被害《ひがい》を防ぐための「雪吊《づ》り」で知られる旧前田家の庭園を何といいますか，答えなさい。

Ⅱ 世界のリーダーに関連する，以下の問に答えなさい。

問１ 李登輝《りとうき》は，1923年に生まれ，2020年に亡くなった台湾の政治家です。*台湾の行政院政務委員であるオードリー・タンは，李登輝について，次のように語っています。文章を読んで，以下の問に答えなさい。

＊ インタビュー時

…私は14歳で中学生でした。当然，彼が総統だと知っていましたが，(1)選挙で直接選ばれた総統ではなかったので，前総統の後継者，と認識していました。ところが素晴らしいことが起きたのです。彼は台湾を(2)独裁主義から民主主義へと移行させました。そして総統を，自由選挙で直接選べるようにしました。

私の父は，別の候補だった陳履安《ちんりあん》氏の広報担当者でした。私はインターネットの擁護《ようご》者として対立候補の側から初の自由な総統選挙に参加したこと，そして李登輝氏が移行を非常にうまくやり遂げたことをとても誇らしく思いました。民主主義への移行は，間違いなく大成功でした。私より若い世代の中には戒厳《かいげん》令を知らず，(3)言論の自由や，集会の自由，総統選挙を当たり前のこととして捉えている人もいるでしょう。しかし，15歳の時に李登輝氏が初めて総統選挙に立候補したのを見た私にとっては違います。李登輝総統がいなければ，我々は全く違う運命をたどっていて，今も独裁主義だったであろうことは明らかです。彼はミスター・デモクラシーと呼ばれていますが，本当にその通りだと思います。

出典：HUFFPOST NEWS　オードリー・タン【インタビュー全文：その①】より抜粋

(1) 下線部(1)についてですが，日本において，人々が直接投票をして選んでいる役職は何ですか。以下より選び，番号で答えなさい。

① 衆議院議長　② 都道府県知事　③ 国務大臣　④ 内閣総理大臣補佐官

(2) 下線部(2)についてですが，独裁主義から民主主義に移行していく時の変化として，当てはまらないものを以下より選び，番号で答えなさい。

① 選挙では，複数の政党から立候補者が出るようになる。

② 政府が，出版物や放送の内容をチェックし，その内容に関し，介入するようになる。

③ 政権を批判するような言論を発表しても，罰せられることはなくなる。

④ 政府は，デモなど，政策に反対する世論形成の動きを，認めるようになる。

⑤ 選挙の結果に基づいて政権が交代していくようになる。

(3) 下線部(3)についてですが，日本国憲法第21条第１項には，次のように定められています文中の〔Ｘ〕に当てはまる語を答えなさい。

> 第21条
> ① 集会，結社及び言論，出版その他一切の〔 Ｘ 〕は，これを保障する。

問２ アンゲラ・メルケルは，1954年に生まれたドイツの政治家で，2005年から首相をつとめました。彼女は，ドイツで初めての女性の首相です。これに関連し，以下の問に答えなさい。

(1) ドイツは，日本と同じ議院内閣制の国です。なぜ，メルケルは16年間，首相をつとめることができたのですか。その可能性として，考えられるものを以下より選び，番号で答えなさい。

① メルケルが首相選挙に立候補し，国民の過半数の支持を得続けたため。

② ヨーロッパ議会の議員が，メルケルを首相として指名し続けたため。

③ メルケルの所属政党が他の政党と連立を組み，議会の多数派であり続けたため。

④ 州議会の議員が，メルケルを首相として選び続けたため。

(2) 日本において，女性の社会進出は発展途上にあります。現在，以下の分野において，日本における女性の比率はどれくらいでしょうか。女性の比率が最も低いものから，高いものへ，順番に並べ替え，番号で答えなさい。

① 小学校教員　　② 衆議院議員　　③ 医師

問３ マハティール・ビン・モハマドは，1925年に生まれた，東南アジアのある国の政治家です1981年から2003年まで首相をつとめ，2018年には議会選挙を経て，92歳で首相に就任しました。これは，民主的な選挙によって選ばれたリーダーとしては，世界最高齢でした。これに関連し，以下の問に答えなさい。

(1) 日本では，60歳未満の定年は，2021年４月から施行された高年齢者雇用安定法という法律で禁止されています。この法律を制定した目的として，明らかに誤っているものを以下より選び，番号で答えなさい。

① 高年齢者が継続して働けるようにすることで，高年齢者の職業を安定させる。

② 高年齢者が継続して働けるようにすることで，高年齢者の福祉を増進させる。

③ 働く意欲のある人が年齢に関係なく，能力を発揮していくことで，社会や経済を発展させていく。

④ 70歳以上の定年を義務づけることで，社会保障費の支出を抑制していく。

(2) 日本において，少子・高齢社会への対策や，労働者の雇用の安定などに関わる仕事を行っているのは，何という省ですか，答えなさい。

(3) この国は，戦後イギリスの植民地支配から独立しました。さらに1965年に，この国からシンガポールが分離・独立しています。古くから海上交通の要衝《ようしょう》であり，ASEANの原加盟国でもあるこの国はどこですか。以下より選び，番号で答えなさい。

① インド　② アフガニスタン　③ マレーシア
④ オーストラリア　⑤ ホンコン

問４　アレクサンダー・ハミルトンは，1755年に生まれ，1804年に亡くなったアメリカの政治家です。アメリカ合衆国憲法の起草や，中央銀行にあたる機関を創設する際，中心的な役割を果たしました。ハミルトンが執筆した，以下の文章を読んで，問に答えなさい。なお，文中の語は，一部やさしい言葉に置き換えています。

> 裁判所の独立は，権力を制限する憲法にとって，欠かせないものです。…権力を制限する憲法とは，立法権に特定の例外を認めないことを定めた憲法です。特定の例外とは，例えば，立法府が，財産権など人々の私的な生活に関する権利を奪ってしまうような法を定めてしまうことを指しています。こうした例外を認めないために，立法府の権力を制限することは，現実的には，裁判所を仲介《ちゅうかい》しなければできません。つまり，(4)憲法の明白な趣旨《しゅし》に反するあらゆる立法行為を無効であると宣言することは，裁判所の義務なのです。

出典：A.ハミルトン，J.ジェイ，J.マディソン『ザ・フェデラリスト』(岩波文庫，1999年)より

(1)　下線部(4)についてですが，裁判所に与えられ，日本にも導入されているこの権限を何といいますか，漢字７字で答えなさい。

(2)　筆者がこの文章で述べようとしているのはどんなことですか。最も当てはまるものを以下より選び，番号で答えなさい。

① 権力の分立は，立憲主義に欠かせない要素の一つである。
② 立法府に特別な権限を与えることは，民主主義にとって欠かせない要素の一つである。
③ 立法府が司法府を監視することは，基本的人権の尊重のために欠かせない要素の一つである。
④ 国民主権は，民主的な憲法には欠かせない要素の一つである。

【理　科】〈第２回試験〉（30分）〈満点：50点〉

注意　計算機，分度器を使用してはいけません。

1　以下の問いに答えなさい。

植物の水の通り道を調べるために，ホウセンカを根がついたままほり上げて，図のように食紅を溶《と》かした色水に入れました。しばらく置いてから，くきや葉を切って観察したところ赤く染まっている部分がありました。

(1)　くきを横や縦に切った断面を観察した模式図として適切なものを，次の(ア)～(ク)から選び，それぞれ記号で答えなさい。ただし，色水で赤く染まった部分はぬりつぶして表しています。

【横に切った断面図】

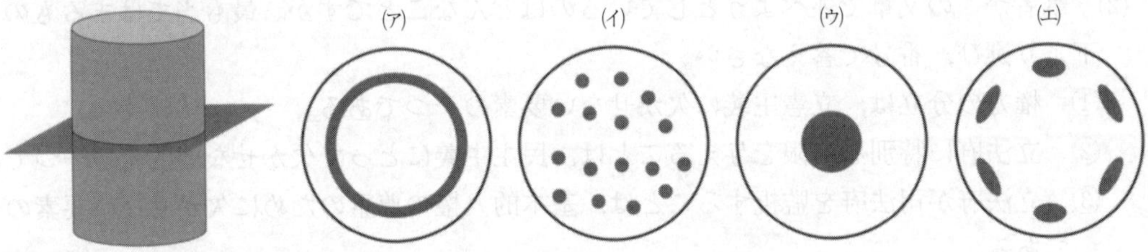

【縦に切った断面図】

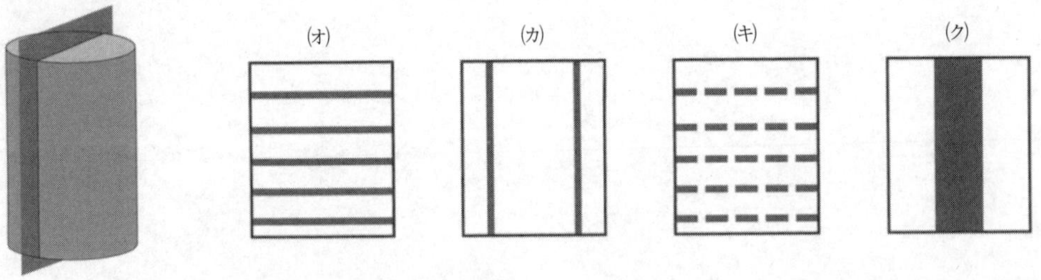

(2)　ホウセンカの葉を観察すると葉脈と呼ばれるすじ模様が見られました。ホウセンカの葉の特《と》徴《ちょう》がわかるように，解答用紙の葉の図に葉脈をかきなさい。

図のように葉がついたままのホウセンカと，葉をとったホウセンカにポリエチレンのふくろをかぶせてしばらく放置すると，葉がついたままのホウセンカにかぶせたふくろにだけ水滴《すいてき》がついていました。

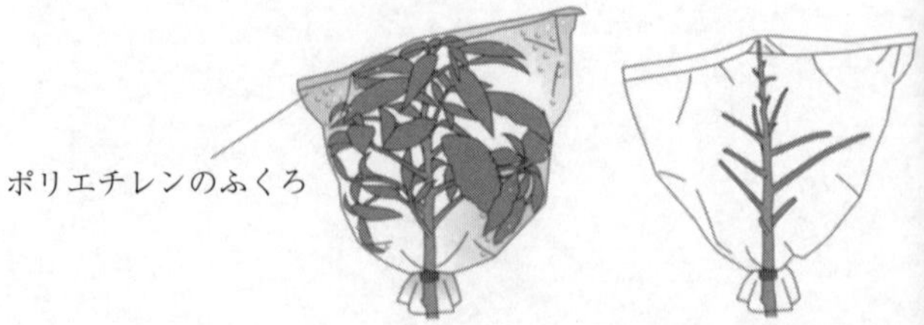

(3)　次の文章は，植物の水の通り道についてまとめたものです。文章中の①～④に適する語句を

答えなさい。

これまでの観察から，植物は(①)で水を吸収し，吸収された水は(②)を通って(③)に伝わり，(③)から体の外に出ていくことがわかりました。このように植物の体の中の水が，水蒸気となって出ていくことを(④)といいます。

また植物の(③)の裏側を顕微鏡《けんびきょう》で観察すると，右図のような水蒸気が出ていくあながあり，これを気孔《きこう》といいます。気孔はつねに開いているわけではなく，植物の体の中の水の量や明るさによって，気孔をつくる部分に水が出入りすることで開いたり閉じたりします。

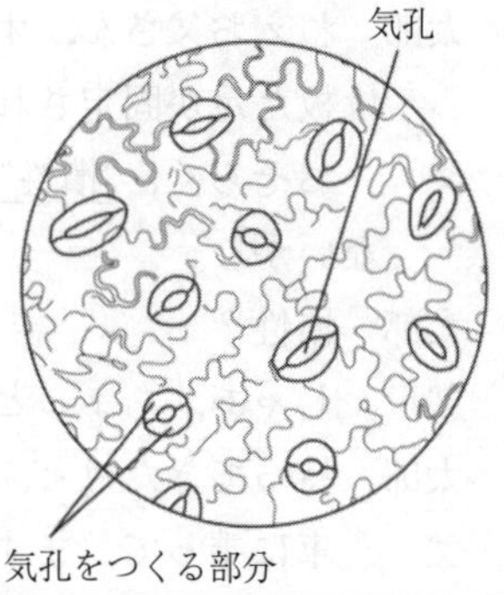

(4) 気孔が開く様子を再現するために，細長くふくらむ風船を使って実験を行いました。まず，同じ大きさにふくらませた2つの風船①・②のある部分にセロハンテープをはりつけてから，図1のように並べました。さらに風船をふくらませると，風船は変形しながらふくらみ，図2のように2つの風船の間が開きました。このとき図1において風船①・②にセロハンテープをはった部分を，以下の(ア)～(エ)から選び，それぞれ記号で答えなさい。

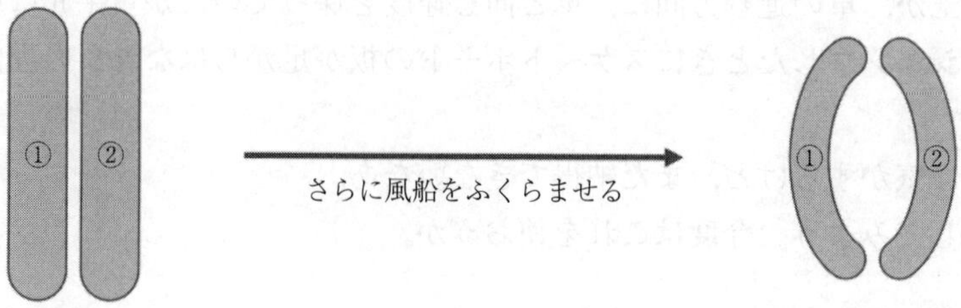

図1　　図2

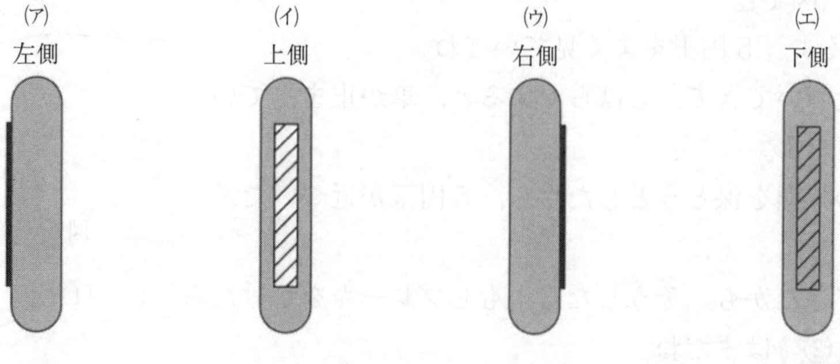

(5) 気孔について説明した文として適切なものを，次の(ア)～(オ)からすべて選び，記号で答えなさい。

(ア) 気孔をつくる部分は，気孔に面する側がのびにくい

(イ) 気孔をつくる部分は，気孔に面する側と反対側がのびにくい

(ウ) 気孔をつくる部分は，どの部分ものびやすさに違《ちが》いはない

(エ) 気孔が開くときは，気孔をつくる部分に水が入って開く

(オ) 気孔が閉じるときは，気孔をつくる部分に水が入って閉じる

2 次の会話文を読み，以下の問いに答えなさい。

太郎　ねえお父さん，オリンピック競技を見ていて不思議に思ったんだけど…。スケートボードは板と足が固定されていないのに，なんでジャンプしたときに板が足からはなれないのかな。

父　おそらく，“慣性”という，物体が速度を一定に保とうとする性質が関係しているんじゃないかな。

太郎　慣性？

父　じゃあ，ちょっとドライブをしながら確かめてみようか。５円玉を持って行こう。

太郎　持ってきたけど，どうするの？

父　車に乗って，まずは車が止まっているときに５円玉を真上に投げてみようか。

太郎　投げたよ。

父　ちゃんと手元に戻《もど》ってきたね。次に，一定の速度で走っているときに，同じように５円玉を真上に投げてみようか。どうなると思う？

太郎　５円玉だけ取り残されて，後ろに行っちゃうかな。

父　じゃあ，やってみよう。さあ今だ。真上に投げて。

太郎　あれ，車が止まっているときと同じように手元に戻ってきちゃったよ。

父　手元からはなれた５円玉が，車の進む方向に，車と同じ速度を保っていたから手元に戻ってきたんだよ。これが，ジャンプしたときにスケートボードの板が足からはなれない理由の１つだよ。

太郎　何となくわかったような気がするけど，まだ納得できないなあ。

父　そうしたら，他にも試してみよう。今度はこれを使おうか。

太郎　それは何？

父　５円玉にひもをくくりつけたんだ。手を伸《の》ばした状態で，これを持ってくれるかな。

太郎　こんな感じでいいかな(図１)。

父　OK。じゃあ，発進するよ。５円玉をよく見ていてね。

太郎　あれ，５円玉が僕《ぼく》に近づいてきて，しばらくすると，車が止まっていたときと同じ状態に戻ったよ。

父　はじめは速度がゼロの状態を保とうとしたから，５円玉が近づいたんだよ。

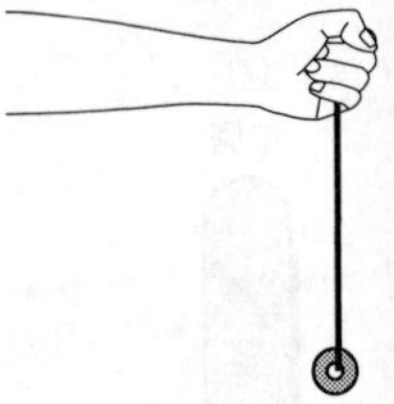

図１

太郎　ちょっとずつわかってきたかも。そうしたら，もしブレーキをかけたら，(　①　)を保とうとして，５円玉は(　②　)はずだね。

父　その通り！　わかってきたようだね。

(1)　会話文中の下線部が関係している現象として適切なものを，次の(ア)～(オ)からすべて選び，記号で答えなさい。

(ア)　スピードを出しすぎた車がカーブで横転する

(イ)　伸ばしたゴムがもとの長さに戻る

(ウ)　容器に残ったわずかなケチャップを，容器を振《ふ》って出す

(エ)　ふりこが一定の時間で往復する

(オ)　ダルマ落としで，下の積み木をたたき出してもダルマが倒《たお》れない

(2)　会話文中の①・②に適する語句を，次の語群から選び，それぞれ記号で答えなさい。

〈語群〉

①：(ア)　速度がゼロの状態　　(イ)　減速直前の車の速度　　(ウ)　減速途中《とちゅう》の車の速度

②：(ア)　僕に近づいてくる　　(イ)　動かない　　(ウ)　僕から遠ざかる

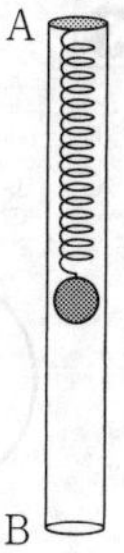

図2

慣性に興味をもった太郎君は，慣性を測定する実験装置をつくることにしました。図2はその装置で，透明《とうめい》なパイプの中でおもりのついたばねの一端《いったん》が固定されており，ばねの伸び縮み(変形)によって慣性の程度が測定できるようになっています。なお，装置のばねが固定されている面をA，逆の面をBとします。

(3)　図2の装置を，Aが上になるように持って展望台のあるビルのエレベーターに乗りました。このとき，ばねがよく縮む場面として適切なものを，下図の(ア)〜(カ)からすべて選び，記号で答えなさい。

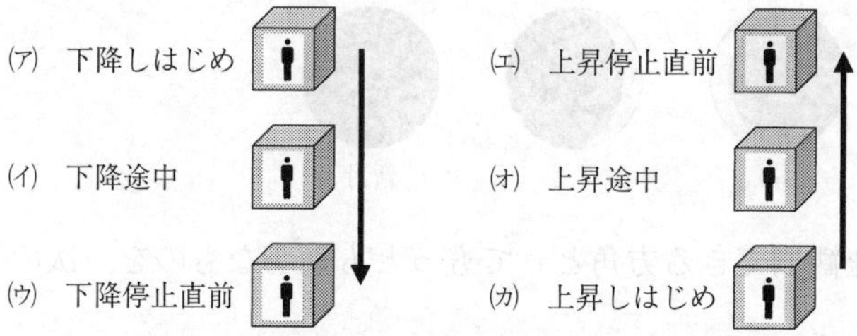

次に，図2の装置を2つ用意し，車内で図3のように置いて運転中のばねの様子を記録したところ，表1のようになりました。なお表1は，ばねの様子をそれが起きた順に表しており，ばねがよく伸びたときを「＋」，よく縮んだときを「－」，変形が見られなかったときを「0」にしてあります。

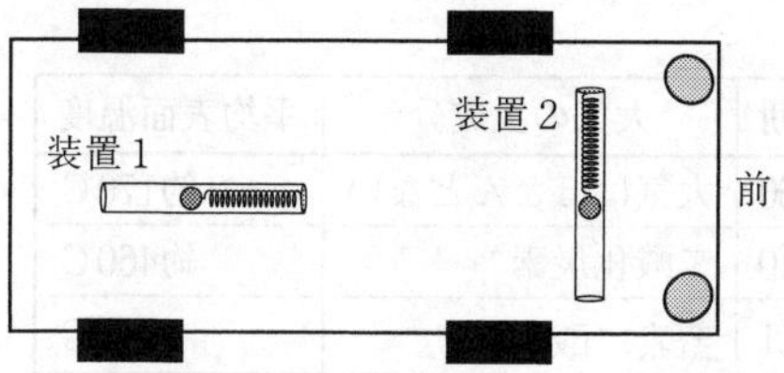

図3

表1

順番	1	2	3	4	5	6	7
装置1	－	0	＋	0	＋	0	＋
装置2	0	－	0	0	0	＋	0

(4)　前方に進んでいた車がブレーキをかけたとき，ばねがよく変形するのはどちらの装置ですか。また，ブレーキをかけた直後のばねの変形の様子を説明しなさい。

(5)　表1から想定される車の進み方としてもっとも適切なものを，次の(ア)〜(エ)から選び，記号で答えなさい。ただし，車は図の位置から動き出したものとします。

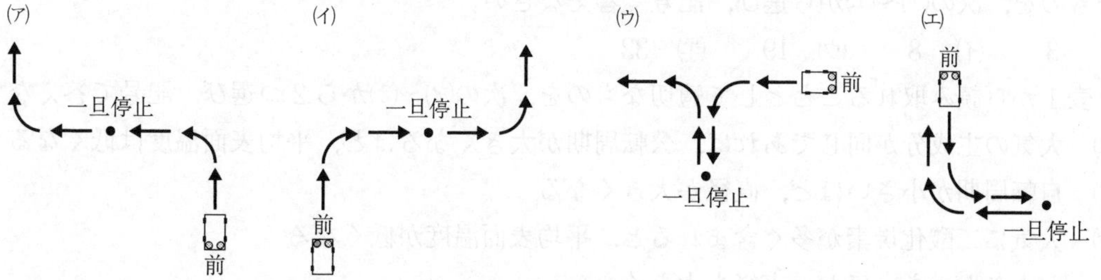

3 以下の問いに答えなさい。

図１はある日の太陽と地球，月の位置関係を，地球の北極側から見た図です。ただし，大きさの比は実際とは異なります。

図１

(1)　この日の夜，新座市から見える月の形としてもっとも適切なものを，次の(ア)〜(カ)から選び，記号で答えなさい。

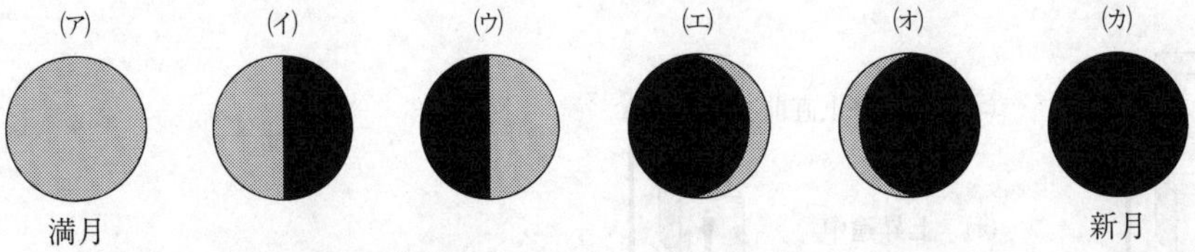

(2)　この日の真夜中に，新座市から月を観測できる方角としてもっとも適切なものを，次の(ア)〜(エ)から選び，記号で答えなさい。

(ア)　東　　(イ)　西　　(ウ)　南　　(エ)　北

表１は太陽の周りを回転している惑星《わくせい》について，太陽からの距離《きょり》，直径，おもさ，公転周期，自転周期，大気の主成分，平均表面温度をまとめた表です。表中の平均表面温度以外の値は，地球の値を１とした場合の値で示しています。

表１

名称《めいしょう》	太陽からの距離	直径	おもさ	公転周期	自転周期	大気の主成分	平均表面温度
水星	0.4	0.38	0.06	0.2	60	大気はほとんどない	約170℃
金星	0.7	0.95	0.8	0.6	240	二酸化炭素	約460℃
地球	1	1	1	1	1	窒素《ちっそ》，酸素	約15℃
火星	1.5	0.5	0.1	2	1	二酸化炭素	約－50℃
木星	5.2	11	320	12	0.4	水素，ヘリウム	約－145℃
土星	9.6	9.5	95	30	0.4	水素，ヘリウム	約－195℃
海王星	30	4	17	165	0.7	水素，ヘリウム	約－220℃

(3)　太陽から地球までの距離を１としたときの，太陽から天王星までの距離としてもっとも適切なものを，次の(ア)〜(エ)から選び，記号で答えなさい。

(ア)　3　　(イ)　8　　(ウ)　19　　(エ)　32

(4)　表１から読み取れることとして適切なものを，次の(ア)〜(オ)から２つ選び，記号で答えなさい

(ア)　大気の主成分が同じであれば，公転周期が大きくなるほど，平均表面温度は低くなる

(イ)　自転周期が小さいほど，直径が大きくなる

(ウ)　大気に二酸化炭素が多く含《ふく》まれると，平均表面温度が低くなる

(エ)　おもさが大きいほど，直径も大きくなる

(オ)　太陽からの距離が小さいほど，地球から観測した際に明るく見える

火星は地球と同じように太陽の周りを回転している惑星で，図２はある日の太陽と地球，火星の位置を地球の北極側から見た図です。ただし，大きさの比は実際とは異なります。

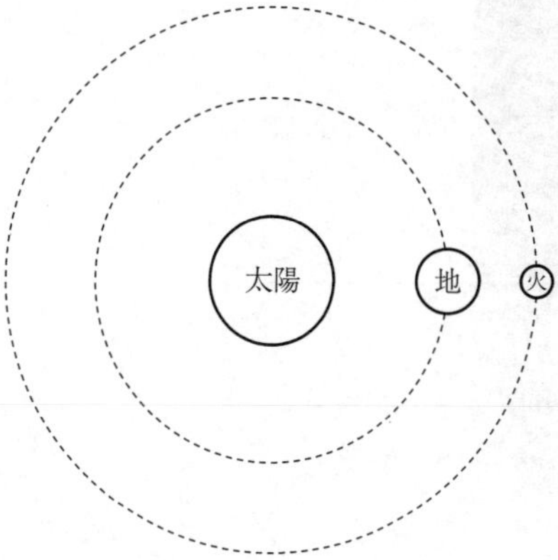

図２

(5) この日の真夜中に，新座市から火星を観測できる方角としてもっとも適切なものを，次の(ア)～(エ)から選び，記号で答えなさい。

(ア) 東　(イ) 西　(ウ) 南　(エ) 北

(6) 図２の日から２か月後の真夜中に，新座市から火星を観測できる方角としてもっとも適切なものを，次の(ア)～(エ)から選び，記号で答えなさい。

(ア) 東　(イ) 西　(ウ) 南　(エ) 北

(7) (6)の日から１年間かけて毎日，真夜中に新座市の同じ地点から夜空を観測しました。この観測結果として適切なものを，次の(ア)～(オ)から選び，記号で答えなさい。

(ア) 火星は星座の中を西向きに動いていき，あるときから観測できなくなる

(イ) 火星は星座の中を東向きに動いていき，あるときから観測できなくなる

(ウ) 火星は星座の中を西向きに動いていき，あるときから観測できなくなるが，しばらくすると再び観測できる

(エ) 火星は星座の中を東向きに動いていき，あるときから観測できなくなるが，しばらくすると再び観測できる

(オ) 火星は１年を通して同じ位置に観測できる

4 次の文章を読み，以下の問いに答えなさい。

アルミニウムの粉末と赤色の酸化鉄(鉄と酸素が結びついた物質)の粉末を混ぜ合わせた物質に点火すると多量の熱が発生します。これは，テルミット反応と呼ばれ，鉄道のレール溶接《ようせつ》などに利用されます。

太郎君は，テルミット反応で生じる熱の大きさを求めるために，反応で生じた熱によって水がどれくらい温度上昇《じょうしょう》するかを慎重《しんちょう》に実験をして調べることにしました。

次ページの図１はその実験装置であり，容積3.0Lの耐熱《たいねつ》容器に水が1.0L入っています。ろ紙の中にはアルミニウムの粉末2.7gと赤色の酸化鉄の粉末8.0gを混ぜ合わせた物質が入っています。混ぜ合わせた物質に点火すると，図２のように炎《ほのお》をあげて反応し，ろ紙ごと耐熱容器内の水の中に落ちました。その後，耐熱容器内の水をかき混ぜながら30秒ごとに水温を測

定しました。

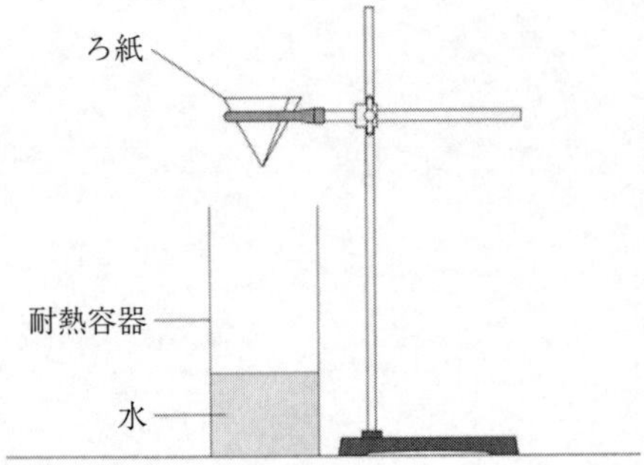

図１

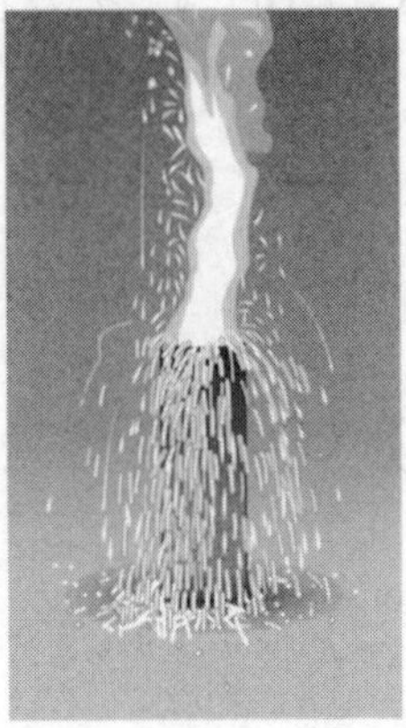
図２

(1)　アルミニウムの性質について述べた文として適切なものを，次の(ア)～(オ)から選び，記号で答えなさい。

(ア)　塩酸にも水酸化ナトリウム水溶液《すいようえき》にも反応しない

(イ)　塩酸に反応して気体が発生するが，水酸化ナトリウム水溶液には反応しない

(ウ)　塩酸に反応しないが，水酸化ナトリウム水溶液には反応して気体が発生する

(エ)　塩酸にも水酸化ナトリウム水溶液にも反応するが，発生する気体の種類は異なる

(オ)　塩酸にも水酸化ナトリウム水溶液にも反応し，発生する気体の種類は同じである

(2)　次の会話文は，太郎君が先生に実験結果の報告をしたときの内容です。以下の①～③の問いに答えなさい。

太郎　先生，実験結果を表にしてみました。表１を見ると，かき混ぜ始めてからの水温は（　Ⅰ　）秒までは上がっているのに，（　Ⅰ　）秒以降は下がっています。

表１　水温の時間変化

時間〔秒〕	0	30	60	90	120	150	180	210	240
水温〔℃〕	21.0	24.9	27.1	28.2	28.0	27.8	27.6	27.4	27.2

先生　そうだね。（　Ⅰ　）秒以降の水温の下がり方には特徴があるね。

太郎　あっ。（　Ⅱ　）秒ごとに0.2℃ずつ下がっています。

先生　熱が（　　A　　）から，（　　B　　）に移動したためだね。かき混ぜ始めてから（　Ⅰ　）秒後までも同じ割合で水温が下がっていると考えられるね。したがって，その影響《えいきょう》がなかったと仮定すると，かき混ぜ始めてから（　Ⅰ　）秒後の水温は何℃になるかな？

太郎　（　Ⅲ　）℃です。

先生　そうだね。では，この値を用いて生じた熱の大きさを求めてみよう。水１gの温度を１℃上げるのに必要な熱の大きさを１カロリーとし，水１cm^3あたりのおもさは１gとして考えてごらん。

太郎　えーと…できました。（　Ⅳ　）カロリーです。

先生　その通り。さて，実はテルミット反応で生じる熱の大きさは，実験をしなくても計算によって求めることができるんだ。計算によって求めた値と実験をして求めた値を比較《ひかく》してみよう。

太郎　あれ，実験をして求めた値の方が(　C　)なっています。おかしいな。ろ紙の中の物質はすべて反応したし，水温の測定もちゃんとできたはずなんだけど…。

先生　実験装置を見ると，改善の余地があるね。図２を見て何か気づかないかな？

太郎　うーん…わかりました。反応によって火花が広範《こうはん》囲《い》に散っています。

先生　そうだね。これが計算によって求めた値より(　C　)なった要因の１つかな。あとは，反応によって生じた熱がすぐに水に伝わるように改善できると良いね。

太郎　ということは，使用する水の量を今回の実験と同じにして行う場合は，耐熱容器の底面積や高さを変えて，実験装置をこんな感じに変えれば良いということですか。

先生　良いと思います。

太郎　わかりました。再度実験してみます。

①　会話文中のⅠ～Ⅳに適する数値を答えなさい。

②　会話文中のＡ～Ｃに入る語句の組み合わせとして適切なものを，次の(ア)～(エ)から選び，記号で答えなさい。

	Ａ	Ｂ	Ｃ
(ア)	容器内の水	容器や空気中	大きく
(イ)	容器内の水	容器や空気中	小さく
(ウ)	容器や空気中	容器内の水	大きく
(エ)	容器や空気中	容器内の水	小さく

③　会話文中の下線部について，太郎君が考えた実験装置としてもっとも適切な図を，次の(ア)～(エ)から選び，記号で答えなさい。ただし，耐熱容器の底面積は図１と比べて，(ア)と(イ)は小さく，(ウ)と(エ)は大きいものとします。

(ア)

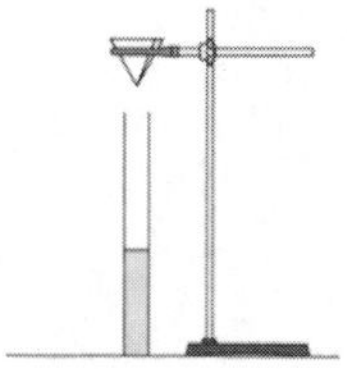

(イ)

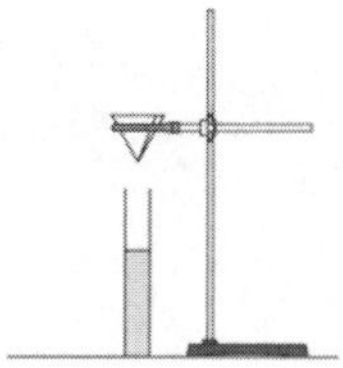

(ウ)

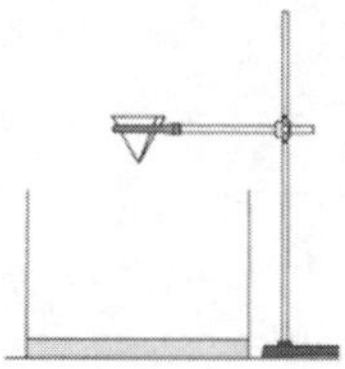

(エ)

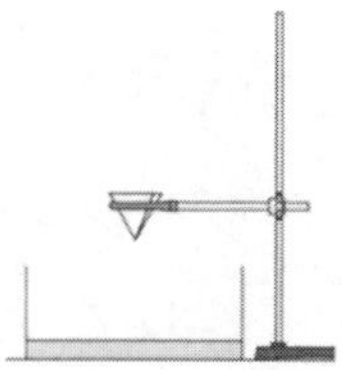

なさい。

問七　校長が「コーシローの世話をする会」の生徒たちに伝えたかったことはどういうことですか。適当なものを次の中から選び、記号で答えなさい。

ア　犬を保健所に引き渡すことは必ずしも無責任な行動ではない、ということ。

イ　校長としては、前例がないことを許可するのは責任が持てない、ということ。

ウ　課題を解決する具体策を見つけ、責任を持って解決してほしい、ということ。

エ　責任や命を預かることについて、身をもって考えてほしい、ということ。

いる。愛着はないと言うわりに、優しくその**ホ**セを撫《な》でると、④早瀬が校長にコーシローを差し出した。

　意外にも手慣れた様子で校長が受け取り、小さなため息をもらす。

「早瀬君、保健所に引き渡したらすぐに殺処分になるわけではないよ。無事に里親が見つかるケースもある」

　そうかもしれませんが、と早瀬が校長の前に立つ。

「公立の小学校でうさぎや鶏を飼っているのに、どうして公立の高校で犬を飼ってはいけないんですか？」

「それはそうだな」

　五十嵐が何度もうなずき、校長に顔を向けた。

「小学生でもちゃんと飼育してますからね。八高の生徒なら、それはきちんとやれるでしょう。ハチコウに犬。しゃれもきいてる、なあ、コーシロー」

「僕に言ってるんですか、それとも犬？」

　両方だ、と五十嵐が手を伸ばし、校長からコーシローを受け取った。

「いかがでしょう、生徒が責任持って面倒を見るなら、しばらくの間、美術部の部室の一角を提供してもいい。顧問の私はそんなふうにも考えるんですが」

「前例がない」

　五十嵐に抱かれたコーシローが、校長のもとに戻ろうとしている。その様子を見ながら、校長が言葉を続けた。

「しかし……いいでしょう。飼い主が現れるまで飼育を許可する。ただし、他の生徒や学校側に迷惑をかけるようなことがあれば、即座に新たな対応を検討するが」

　先生、と藤原が手を挙げた。

「つまり、それってOKってことですか。……言い直しますね。コーシローに居場所を提供していただけるということですか」

「そういうことだ。至急、世話人の窓口を決めて私に報告するように」

　校長が立ち上がり、全員を見回した。

「責任とは何か。命を預かるというのはどういうことか。各自、身をもって、それを考えていきなさい」

（伊吹有喜『犬がいた季節』）

問一　傍線部**イ**～**ホ**のカタカナを漢字に直しなさい。

問二　傍線部①「校長がためらいがちに口を開いた」のはなぜですか。説明しなさい。

問三　空欄 ② に当てはまるものを次の中から選び、記号で答えなさい。

ア　学校では飼えないから、里親を探そう

イ　犬が人を信頼するように大切に育てよう

ウ　自分たちでは飼えないから、学校で飼おう

エ　私立でやっていることを公立でもやろう

問四　空欄 ③ に当てはまる語を文中から抜き出しなさい。

問五　傍線部④「早瀬が校長にコーシローを差し出した」のはなぜですか。適当なものを次の中から選び、記号で答えなさい。

ア　自分の作業に集中したいので、早く校長に決断してほしかったから。

イ　校長にコーシローの命の重みを実感してほしかったから。

ウ　コーシローを保護する義務と責任を校長に理解してほしかったから。

エ　校長に捨て犬にしてはおとなしいことを知ってほしかったから。

問六　コーシローを家で飼えない理由について、〔Ⅰ〕五十嵐、〔Ⅱ〕藤原、〔Ⅲ〕優花の三人はそれぞれどのように述べていますか。答え

トフードやトイレグッズを持ってきてくれる人もいます」

「藤原君の家では飼えないのか？」

校長の問いかけに、藤原が一瞬、言葉に詰まった。

「妹にアレルギーがあって。それ以前にうちの親、犬が大嫌いなんです」

「生徒のなかにもアレルギーを持っている人がいる。そこへの配慮は？　それから仮にこの犬が誰かを嚙《か》んだら、その責任は誰が負うんだ？」

用務員の蔵橋が「おとなしいコです」とコーシローを見た。

「無駄吠えもしないし。ずっと大切にされてきたんでしょう。人を信頼しています」

うちで飼うことも考えたんですが、と五十嵐が校長に語りかける。

「ペット禁止の住まいでしてね。管理組合にもかけあったんですが、駄目でした。引き続き我々も里親を探しますから、それまで学校に置いてやるってのは無理ですかね？」

「私立ならそれもできるだろうが、うちは公立だからね。前例がない」

校長がスーツのポケットをさぐって煙草《たばこ》を出した。すぐに思い直したような顔で再びポケットに戻す。

「それに今回の一件で、八高に捨てたら面倒を見てもらえると、犬や猫をどんどん捨てていかれたらどうするんだ？　そもそも［②］という発想がおかしくないか。安易でしょう」

安易という言葉に、優花はケージのなかのコーシローを眺める。

生後間もない可愛い子犬だったら、引き取ってもらえたのだろうか。

外に目をやると、窓ガラスに自分の姿が映っていた。

子どもではないが、大人でもない。飛び抜けて優秀ではないが、まったくできないわけでもない。

［③］な存在。コーシローは自分とよく似ている。

言葉が口をついて出た。

「安易かもしれませんが」

全員の視線が集まり、優花は言葉に詰まる。深く息を吸い、もう一度同じ言葉を**イ**クり返した。

「安易かもしれませんが、では、学校に迷い込んできた犬を見て見ぬふりをして、見殺しにすればよかったんでしょうか。私たちは、どうするべきだったんでしょう？　どうすることが、安易ではないやり方なんでしょうか」

「**ロ**ムズカしい質問だ」

そう言ったきり、校長が考えこむ。それから皆が黙った。

沈黙に**ハ**タえきれず、優花はうつむく。

言いすぎた気がする。しかも何の解決にもならないことを言ってしまった。

突然、部屋の隅から拍手のような音がした。

その音に勇気づけられ、優花は顔を上げる。

イーゼルの前にいる早瀬と目が合った。まっすぐな眼差しでこちらを見ている。

小気味よい音を響かせ、彼は指で紙を**ニ**ハジいていた。

指先を布で拭きながら、「ちょっといいですか」と早瀬が立ち上がった。

「三年生の早瀬光司郎です。僕はその犬とはまったく関係ないんですけど……」

早瀬がケージに近づき、眠っているコーシローを抱き上げた。

「正直、それほど愛着もない。でも勝手に僕の名前をつけられたあげくに保健所で殺処分。それは非常に気分が悪い」

目覚めたコーシローが早瀬の肩に前脚を置き、首筋の匂いを嗅いで

二 次の文章を読んで、後の問に答えなさい。

コーシローの里親になってくれる人は週末になっても現れなかった。月曜日の放課後、顧問の五十嵐と用務員の蔵橋に案内され、校長がコーシローを見がてら部室に来た。生徒会長の藤原が起《た》ち上げた「コーシローの世話をする会」のメンバー十六人とともに、部室の椅子を集め、優花は話し合いの席を設ける。

部室の隅では、早瀬が制服の上着を脱ぎ、カーキ色の作業服に腕を通していた。着替え終わると席に座り、今度はゴミ箱を引き寄せ、その上で黒い棒をナイフで熱心に削っている。

早瀬の邪魔をしないように声をひそめ、ここ二週間、犬の里親を探したが見つからないと、藤原が校長に説明をした。

藤原の話を補足するように、犬の飼育に詳しい蔵橋が、コーシローは捨て犬の可能性が高いという話を続けた。

ケージのなかで眠っているコーシローに蔵橋が目をやった。

「あのコはここに来たときは砂まみれでした。もしかしたら海に捨てられて、そこから歩いてきたのかもしれません」

鈴鹿山麓にある中学出身の女子が不思議そうに聞いた。

「あれ？ 海って、ここから近いんですか」

「近くはないがな」

五十嵐が駅の方角を指さした。

「まっすぐに行ったらそのうち出てくる。校歌にもあるだろう、『めぐる潮の音』って。ただその間に近鉄とJRの線路が走っているし幹線道路もある。この犬にとっては、かなりの距離だな」

席の後方から男子の声がした。

「そんな距離を必死になって、こいつは八高まで歩いてきたってことですよね」

校長が、声がした方に語りかけた。

「しかし君、捨て犬だとしたら、いくら待っても飼い主は現れないぞ」

藤原が校長に向かって手を挙げながら、周囲を見回した。

「みんな、発言するときはちゃんと手を挙げて。先生にまず自分の名前を名乗ろうや。僕は生徒会長の藤原、藤原貴史です」

よく通る声で堂々と名乗ると、藤原がなめらかに話し出した。

「実は近所で何人か里親に名乗りを上げてくれた人もいたんです。でも実際にコーシローを見ると、みんなやめてしまう。子犬ならいいんだけど、こいつ、ほとんど成犬になりかけてるから。中途半端に大きくなった犬って、いまいち情がわかないらしいんです」

「それもあって捨てられたのかもな」

五十嵐が腕を組む。①校長がためらいがちに口を開いた。

「では、引き取り手がないとなると、最終的には保健所のほうに連絡を」

待ってください、と優花は手を挙げる。

「三年生の塩見優花です。まだ、これから引き取り手が現れるかもしれません」

塩見さん、と校長がおだやかな目をこちらに向けた。

「この犬はこれからさらに大きくなっていく。成犬になったら、いよいよ里親は出てこないだろう。たとえば、塩見さんの家では飼えないの？」

「うちは家で食べものを扱っているので、動物は飼えないって言われて」

藤原が再び手を挙げた。

「すみません、藤原です。校長先生、よろしいですか。僕ら『コーシローの世話をする会』では、このまま八高で飼えないかって意見が出ています。餌代や予防注射代などのカンパを集めました。家からペッ教育、性愛、スポーツ、看取りなど、人生の重要な局面で、私たちが出会うことになる人間関係です。そこで経験する人間関係、つまりさわり方／ふれ方は、その人の幸福感にダイレクトに影響を与えるでしょう。

「よき生き方」ならぬ「よきさわり方／ふれ方」とは何なのか。触覚の最大のポイントは、それが親密さにも、暴力にも通じているということです。人が人の体にさわる／ふれるとき、そこにはどのような緊張や信頼、あるいは交渉や譲歩が交わされているのか。つまり触覚の倫理とは何なのか。

触覚を担うのは手だけではありませんが、人間関係という意味で主要な役割を果たすのはやはり手です。さまざまな場面における手の働きに注目しながら、そこにある触覚ならではの関わりのかたちを明らかにすること。これが本書のテーマです。

（伊藤亜紗『手の倫理』）

問一 傍線部**イ**〜**ニ**のカタカナを漢字に直しなさい。

問二 空欄［A］〜［D］に当てはまる語を次の中から選び、それぞれ記号で答えなさい。

ア あるいは　イ たとえば　ウ つまり
エ ところが　オ なぜなら

問三 傍線部①「傷口に『さわる』というと、何だか痛そうな感じがします」とありますが、その理由が述べられている一文を探し、最初と最後の五字を句読点を含めて抜き出しなさい。

問四 空欄［②］に当てはまる語を文中から漢字二字で抜き出しなさい。

問五 空欄［③］に当てはまる語句を次の中から選び、記号で答えなさい。

ア 感覚の根源　イ 科学の対象　ウ 救済の目標
エ 医療の消費者　オ 人間的な存在

問六 傍線部④「暴力性を感じる」のはなぜですか。その理由として適当なものを次の中から選び、記号で答えなさい。

ア ケアする側の気持ちが善意であっても一方的な接触であり、ケアされる側にとっては苦痛な接触でしかないから。
イ ケアされる側はいつくしむような接触の仕方を求めているのに、ケアする側が相手に対して配慮なく接触してくるから。
ウ ケアされる側は自然に接触してほしいと思っているのに、ケアする側は専門的な観点で接触してくるから。
エ ケアされる側は人間らしい接触を願っている一方で、ケアする側は責任感に満ちた態度で厳しく接触してくるから。

問七 傍線部⑤について。ここでの「人間関係」は、どのようなことで成立しますか。解答欄の形式に合うように、文中から五十字以内で探し、最初と最後の五字を抜き出しなさい。

問八 次のア〜オそれぞれについて、本文の内容に当てはまるものには○、当てはまらないものには×をつけなさい。

ア スライムや布地の質感を確かめるときには、「ふれる」を使う。
イ 「ふれる」という言葉は、他者をいつくしむような人間的なかかわりを持つときに使う。
ウ 空気に「ふれる」というときには、気体側の流れ込んでくるというアプローチが不可欠である。
エ 「さわる」という接触は、人の幸福感に影響し、常に不快感を与える。
オ 手を中心とした触覚は、人間関係に大きな役割を果たすため、五感のうち最も重要である。

ひとことで言えば、これが坂部の主張です。

言い換えれば、「ふれる」は人間的なかかわり、「さわる」は物的なかかわり、ということになるでしょう。そこにいのちをいつくしむような人間的なかかわりがある場合には、それは「ふれる」であり、おのずと「ふれ合い」に通じていきます。逆に、物としての特徴や性質を確認したり、味わったりするときには、そこには相互性は生まれず、ただの「さわる」にとどまります。

重要なのは、相手が人間だからといって、必ずしもかかわりが人間的であるとは限らない、ということです。坂部があげている痴漢の例のように、相手の同意がないにもかかわらず、つまり相手を物として扱って、ただ自分の欲望を満足させるために一方的に行為におよぶのは、「さわる」であると言わなければなりません。傷口に「さわる」のが痛そうなのは、それが一方的で、さわられる側の心情を無視しているように感じられるからです。そこには「ふれる」のような相互性、［Ｃ］相手の痛みをおもんぱかるような配慮はありません。

もっとも、人間の体を「さわる」こと、つまり物のように扱うことが、必ずしも「悪」とも限りません。たとえば医師が患者の体を触診する場合。お腹の張り具合を調べたり、しこりの状態を確認したりする場合には、「さわる」と言うほうが自然です。触診は、医師の専門的な知識を前提とした触覚です。ある意味で、医師は患者の体を［③］として見ている。この態度表明が「さわる」であると考えられます。

同じように、相手が人間でないからといって、必ずしもかかわりが非人間的であるとは限りません。物であったとしても、それが一点物のうつわで、作り手に思いを馳《は》せながら、あるいはイコワれないように気をつけながら、いつくしむようにかかわるのは「ふれる」です。

では「外の空気にふれる」はどうでしょう。対象が気体である場合には、ふれようとするこちらの意志だけでなく、実際に流れ込んでくるという気体側のアプローチが必要です。この出会いの相互性が「ふれる」という言葉の使用を引き寄せていると考えられます。

人間を物のように「さわる」こともできるし、物に人間のように「ふれる」こともできる。このことが示しているのは、「ふれる」は容易に「さわる」に転じうるし、逆に「さわる」のつもりだったものが「ふれる」になることもある、ということです。

相手が人間である場合には、この違いは非常に大きな意味を持ちます。たとえば、障害や病気とともに生きる人、あるいはお年寄りの体にかかわるとき。ロボウトウに出した傷に「ふれる」はよいが「さわる」は痛い、という例は、より一般的な言い方をすれば「ケアとは何か」という問題に直結します。

ケアの場面で、「ふれて」ほしいときに「さわら」れたら、勝手に自分のハリョウイキに入られたような④暴力性を感じるでしょう。逆に触診のように「さわる」が想定される場面でニカジョウに「ふれる」が入ってきたら、その感情的な湿度のようなものに不快感を覚えるかもしれません。ケアの場面において、「ふれる」と「さわる」を混同することは、相手に大きな苦痛を与えることになりかねないのです。

あらためて気づかされるのは、私たちがいかに、接触面のほんのわずかな力加減、波打ち、リズム等のうちに、相手の自分に対する「態度」を読み取っているか、ということです。相手は自分のことをどう思っているのか。［Ｄ］、どうしようとしているのか。「さわる」「ふれる」はあくまで入り口であって、そこから「つかむ」「なでる」「ひっぱる」「もちあげる」など、さまざまな接触的動作に移行することもあるでしょう。こうしたことすべてをひっくるめて、⑤接触面には「人間関係」があります。

この接触面の人間関係は、ケアの場面はもちろんのこと、子育て、

二〇二二年度　立教新座中学校

【国　語】〈第二回試験〉（五〇分）〈満点：一〇〇点〉

一　次の文章を読んで、後の問に答えなさい。

日本語には、触覚に関する二つの動詞があります。

① さわる
② ふれる

英語にするとどちらも「touch」ですが、それぞれ微妙にニュアンスが異なっています。

［Ａ］、怪我をした場面を考えてみましょう。①傷口に「さわる」というと、何だか痛そうな感じがします。さわってほしくなくて、思わず患部を引っ込めたくなる。

では、「ふれる」だとどうでしょうか。傷口に「ふれる」というと、状態をみたり、薬をつけたり、さすったり、そっと手当てをしてもらえそうなイメージを持ちます。痛いかもしれないけど、ちょっと我慢してみようかなという気になる。

虫や動物を前にした場合はどうでしょうか。「怖くてさわれない」とは言いますが、「怖くてふれられない」とは言いません。物に対する触覚も同じです。スライムや布地の質感を確かめてほしいとき、私たちは「さわってごらん」と言うのであって、「ふれてごらん」とは言いません。

不可解なのは、気体の場合です。部屋の中の目に見えない空気を、「さわる」ことは基本的にできません。［Ｂ］窓をあけて空気を入れ替えると、冷たい外の空気に「ふれる」ことはできるのです。

抽象的な触覚もあります。会議などで特定の話題に言及することは「ふれる」ですが、じっくり話すわけではない場合には、「ほんのさわりだけ」になります。あるいは怒りの感情はどうでしょう。「逆鱗《げきりん》にふれる」というと怒りを爆発させるイメージがありますが、「神経にさわる」というと必ずしも怒りを外に出さず、イライラと腹立たしく思っている状態を指します。

つまり私たちは、「さわる」と「ふれる」という二つの触覚に関する動詞を、状況に応じて、無意識に使い分けているのです。もちろん曖昧《あいまい》な部分もたくさんあります。「さわる」と「ふれる」の両方が使える場合もあるでしょう。けれども、そこに私たちは微妙な意味の違いを感じとっている。同じ触覚なのに、いくつかの種類があるのです。

哲学の立場からこの違いに注目したのが、坂部恵です。坂部は、その違いをこんなふうに論じています。

> 愛する人の体にふれることと、単にたとえば電車のなかで痴漢が見ず知らずの異性の体にさわることとは、いうまでもなく同じ位相における体験ないし行動ではない。
>
> 一言でいえば、ふれるという体験にある相互嵌入《かんにゅう》の契機、ふれることは直ちにふれ合うことに通じるという相互性の契機、あるいはまたふれるということが、いわば自己を超えてあふれ出て、他者のいのちにふれ合い、参入するという契機が、さわるということの場合には抜け落ちて、ここでは内－外、自－他、受動－能動、一言でいってさわるものとさわられるものの区別がはっきりしてくるのである。

「ふれる」が［②］的であるのに対し、「さわる」は一方的である。

2022年度

立教新座中学校　▶解説と解答

算　数　＜第２回試験＞（50分）＜満点：100点＞

解　答

[1] (1)　7　　(2)　①　67　　②　206　　(3)　①　**最も高い点数**…2391点，**最も低い点数**…2389点　　②　2471点　　(4)　①　28cm^2　　②　6.75cm^2　　(5)　①　252cm^3　　②　216cm^3

[2] (1)　3個　　(2)　25番目，**和**…225　　(3)　3032番目　　(4)　52

[3] (1)　毎秒3cm　　(2)　3秒後，6.5秒後　　(3)　1.5秒後，7.25秒後

[4] (1)　282.6cm^2　　(2)　211.95cm^3　　(3)　3：5　　(4)　6.25cm

[5] (1)　**容器A**…3％，**容器B**…18％　　(2)　100g，9.8％　　(3)　**太郎君**…9g，**次郎君**…10g

解　説

[1] 四則計算，整数の性質，平均とのべ，図形の移動，面積，分割，体積

(1)　$\left(0.375+2\frac{7}{20}\right)\div0.25-\left(2\frac{4}{5}\div0.7-3\times\frac{9}{10}\right)\div\frac{1}{3}=\left(\frac{3}{8}+\frac{47}{20}\right)\div0.25-\left(\frac{14}{5}\div\frac{7}{10}-\frac{27}{10}\right)\div\frac{1}{3}=\left(\frac{15}{40}+\frac{94}{40}\right)\div\frac{1}{4}-\left(\frac{14}{5}\times\frac{10}{7}-\frac{27}{10}\right)\div\frac{1}{3}=\frac{109}{40}\times\frac{4}{1}-\left(4-\frac{27}{10}\right)\div\frac{1}{3}=\frac{109}{10}-\left(\frac{40}{10}-\frac{27}{10}\right)\div\frac{1}{3}=\frac{109}{10}-\frac{13}{10}\times\frac{3}{1}=\frac{109}{10}-\frac{39}{10}=\frac{70}{10}=7$

(2)　①　8で割ると3余る数は{3，11，19，…}であり，これらは8の倍数よりも，8－3＝5小さい数と考えることができる。同様に，9で割ると4余る数は{4，13，22，…}であり，これらは9の倍数よりも，9－4＝5小さい数と考えることができる。よって，両方に共通する数は，8と9の公倍数(最小公倍数である72の倍数)よりも5小さい数だから，最も小さい数は，72－5＝67とわかる。　②　6で割ると2余り，7で割ると3余る数は，6－2＝4，7－3＝4より，①と同様に考えると，6×7＝42の倍数よりも4小さい数になる。よって，5番目に小さい数は，42×5－4＝206と求められる。

(3)　①　(平均点)＝(合計点)÷(人数)より，(合計点)＝(平均点)×(人数)となる。ここで，A組の平均点は70.25点以上70.35点未満だから，A組の合計点は，70.25×34＝2388.5(点)以上，70.35×34＝2391.9(点)未満とわかる。よって，点数を整数と考えると，A組の合計点として考えられる最も高い点数は2391点，最も低い点数は2389点になる。　②　64人全員の平均点は75.85点以上75.95点未満なので，64人全員の合計点は，75.85×64＝4854.4(点)以上，75.95×64＝4860.8(点)未満となり，考えられる最も高い点数は4860点，最も低い点数は4855点となる。よって，①と合わせると右上の図1のように表すことができ，B組の合計点は，64人全員の合計点とA組の合計点の差にあたるから，最も低い場合でア，最も高い場合でイになる。したがって，B組の合計点として考えられる最も高い点数は，4860－2389＝2471(点)である。

図1

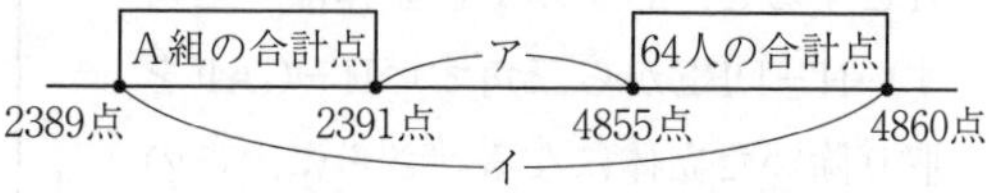

⑷　①　台形ABCDは５秒間で，１×５＝５(cm)動くので，点Dと点Eが重なってから５秒後には下の図２のようになる。EA＝５－４＝１(cm)，BH＝６－４＝２(cm)なので，BI＝２－１＝１(cm)となり，三角形EJAと三角形IJBは合同とわかる。よって，JI＝６÷２＝３(cm)だから，三角形IJBの面積は，１×３÷２＝1.5(cm^2)となる。また，三角形KLCは直角二等辺三角形であり，DK＝DG＝10－５＝５(cm)，CK＝６－５＝１(cm)なので，三角形KLCの面積は，１×１÷２＝0.5(cm^2)とわかる。さらに，台形ABCDの面積は，(４＋６)×６÷２＝30(cm^2)である。したがって，重なる部分の面積は，30－(1.5＋0.5)＝28(cm^2)と求められる。　②　台形ABCDは11秒間で，１×11＝11(cm)動くから，点Dと点Eが重なってから11秒後には下の図３のようになる。NC＝GD＝11－10＝１(cm)なので，BN＝６－１＝５(cm)となる。また，三角形GONは直角二等辺三角形だから，ON＝GN＝６cmであり，OB＝６－５＝１(cm)とわかる。次に，三角形AMGと三角形BMOは相似であり，相似比は，AG：BO＝(４－１)：１＝３：１なので，MPの長さは，$6\times\frac{3}{3+1}$＝4.5(cm)となる。よって，重なる部分の面積は，３×4.5÷２＝6.75(cm^2)と求められる。

図２

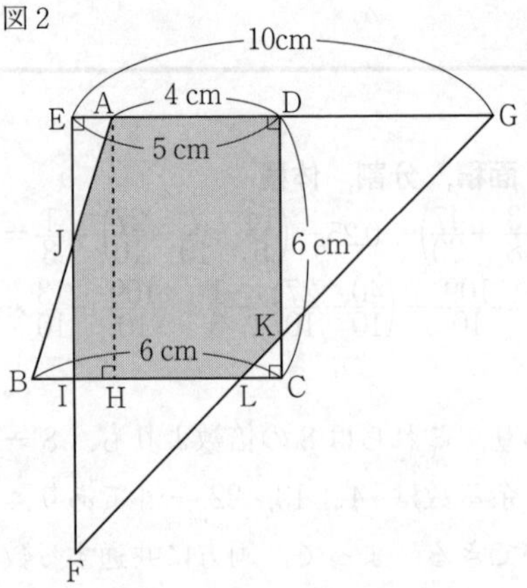

図３

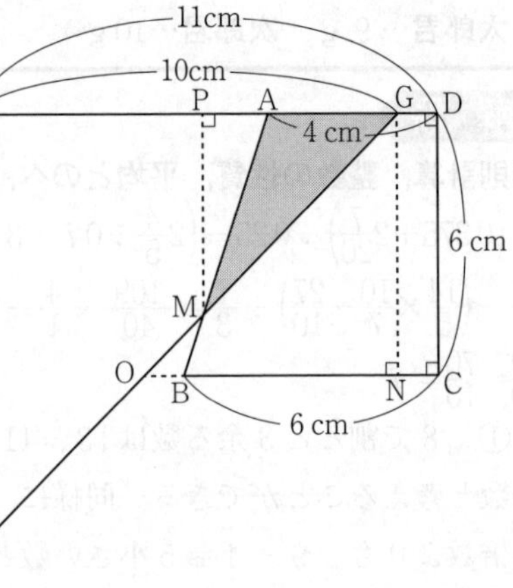

⑸　①　問題文中の立体を３点A，B，Cを通る平面で切断すると，切り口は右の図４の四角形ABEFになる。また，BA，DG，EFを延長して交わる点をHとすると，Dをふくむ立体は，三角すいH－DBEから三角すいH－GAFを取り除いた立体になる。さらに，この２つの三角すいは相似であり，相似比は２：１なので，体積の比は，(２×２×２)：(１×１×１)＝８：１となる。よって，Dをふくむ立体の体積は，三角すいH－GAFの体積の，(８－１)÷１＝７(倍)だから，(６×６÷２×６÷３)×７＝252(cm^3)と求められる。　②　問題文中の立体から黒い立方体を取り除き，３点A，B，Cを通る平面で切断すると，切り口は右上の図５の四角形ABCFになる。このとき，立方体２個がそれぞれ同じ形の立体に分かれるので，Dをふくむ立体の体積は立方体１個の体積と等しく，６×６×６＝216(cm^3)となる。

図４

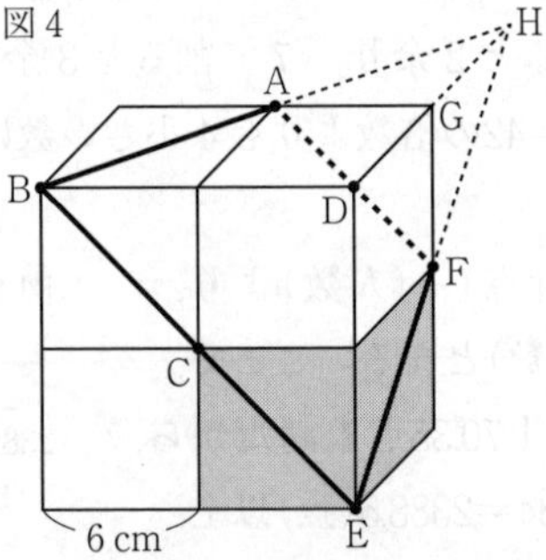

図５

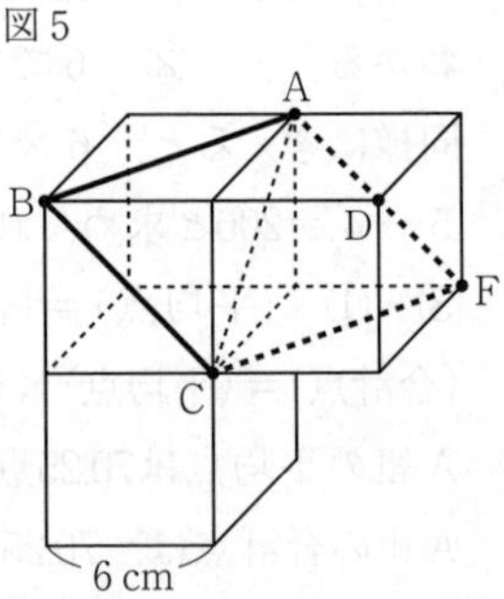

2　数列

⑴　右の図のように組に分けて考える。各組の１番目には１の倍数が，２番目には２の倍数が，３番目には３の倍数が並ぶから，１回しか出てこないのは，２の倍数でも３の倍数でもない数である。よって，１桁《けた》では{1，5，7}の３個ある。

（１組）	1，	2 ，	3	➡ 和	6
（２組）	2，	4 ，	6	➡ 和	12
（３組）	3，	6 ，	9	➡ 和	18
⋮	⋮	⋮	⋮		⋮
（N組）	N，	$2\times N$，	$3\times N$	➡ 和	$6\times N$

⑵　最後に出てくる１桁の数は，９組の１番目に出てくる９なので，はじめの数から数えて，３×（９－１）＋１＝25(番目)とわかる。また，N組の和は（６×N）と表すことができるので，６×８＝48より，１組から８組までの和は，６＋12＋18＋…＋48＝（６＋48）×８÷２＝216と求められる。よって，はじめの数から最後に出てくる１桁の数までの和は，216＋９＝225となる。

⑶　2022÷３＝674，2022÷２＝1011，2022÷１＝2022より，2022は674組の３番目に１回目が，1011組の２番目に２回目が，2022組の１番目に３回目が出てくる。よって，２回目に出てくる2022は，はじめの数から数えて，３×（1011－１）＋２＝3032(番目)である。

⑷　まず，６＋12＋18＋…＋６×N＝（６＋６×N）×N÷２＝６×（１＋N）×N÷２＝３×（１＋N）×N≦2022のNにあてはまる最も大きい整数を求める。2022÷３＝674より，＿の式を３で割ると，（１＋N）×N≦674となる。ここで，N＝25とすると，（１＋N）×N＝（１＋25）×25＝650となり，N＝26とすると，（１＋N）×N＝（１＋26）×26＝702となるから，＿の式のNにあてはまる最も大きい整数は25であり，１組から25組までの和は，３×650＝1950と求められる。さらに，26組の１番目は26，２番目は，２×26＝52，３番目は，３×26＝78である。よって，1950＋26＝1976，1976＋52＝2028より，最後にたした数は52とわかる。

3　平面図形―図形上の点の移動，速さと比，面積

⑴　問題文中の図で，点ＰがBC上を動く時間とCD上を動く時間の比は，$\frac{16}{1}:\frac{12}{1.5}=2:1$であり，この比の和が８秒にあたるから，点ＰがBC上を動く時間は，$8\times\frac{2}{2+1}=\frac{16}{3}$(秒)である。よって，点ＰがBC上を動くときの速さは毎秒，$16\div\frac{16}{3}=3$(cm)と求められる。

⑵　三角形APCの面積が42cm²になるのは２回あり，１回目は右の図１，２回目は右の図２のようになる。図１で，PCの長さは，42×２÷12＝７(cm)だから，１回目は点ＰがＢを出発してから，（16－７）÷３＝３(秒後)とわかる。次に，図２で，CPの長さは，42×２÷16＝5.25(cm)であり，点ＰがCD上を動くときの速さは毎秒，３×1.5＝4.5(cm)だから，点Ｐが図２のCP上を動く時間は，5.25÷4.5＝$\frac{7}{6}$(秒)とわかる。よって，２回目は点ＰがＢを出発してから，$\frac{16}{3}+\frac{7}{6}$＝6.5(秒後)と求められる。

図１（１回目）

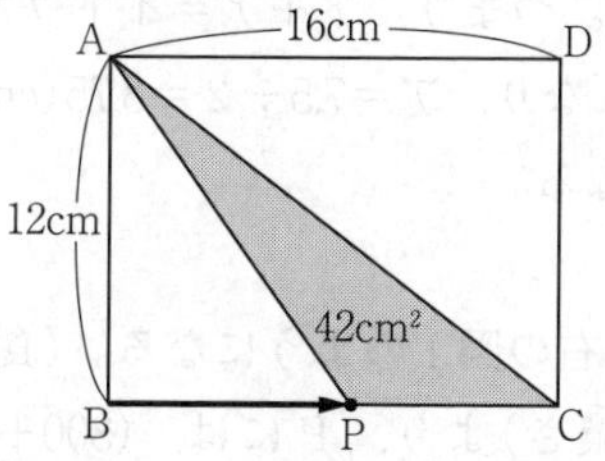

図２（２回目）

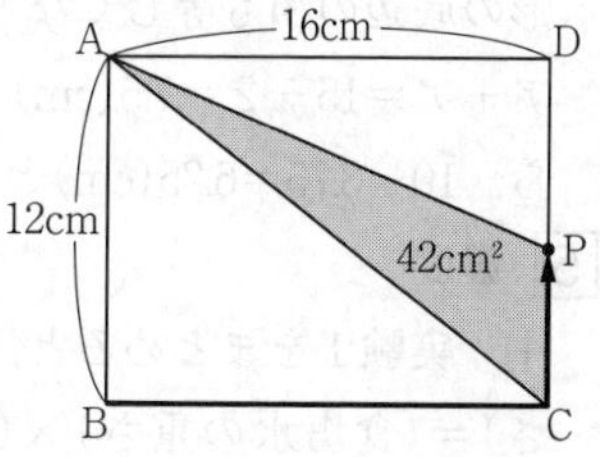

⑶　四角形ABPDの面積が123cm²になるのは２回あり，１回目は右の図３，

図３（１回目）

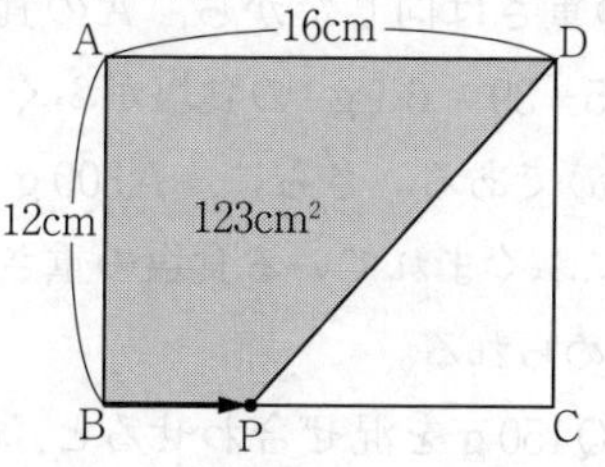

図４（２回目）

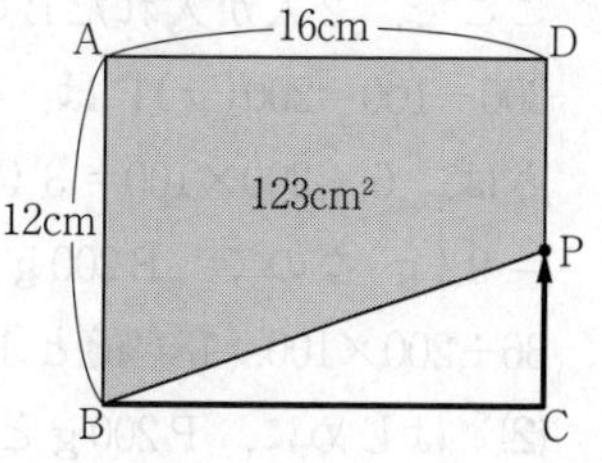

２回目は上の図４のようになる。図３で，三角形DPCの面積は，12×16－123＝192－123＝69(cm²)，PCの長さは，69×２÷12＝11.5(cm)だから，１回目は点ＰがＢを出発してから，(16－11.5)÷３＝1.5(秒後)とわかる。また，図４で，三角形PBCの面積は69cm²，CPの長さは，69×２÷16＝8.625(cm)だから，２回目は点ＰがＢを出発してから，$\frac{16}{3}$＋8.625÷4.5＝7.25(秒後)と求められる。

4 立体図形―分割，表面積，体積

図１

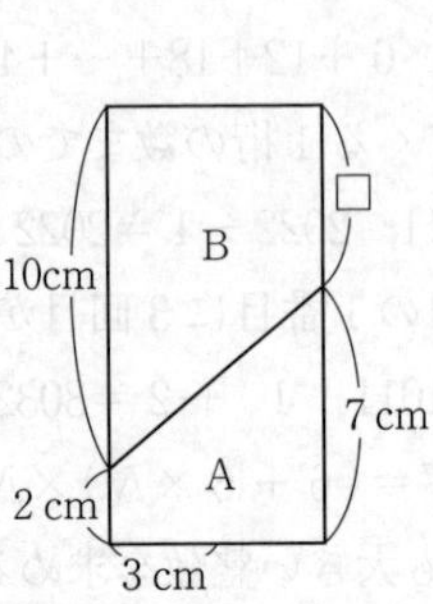

図２

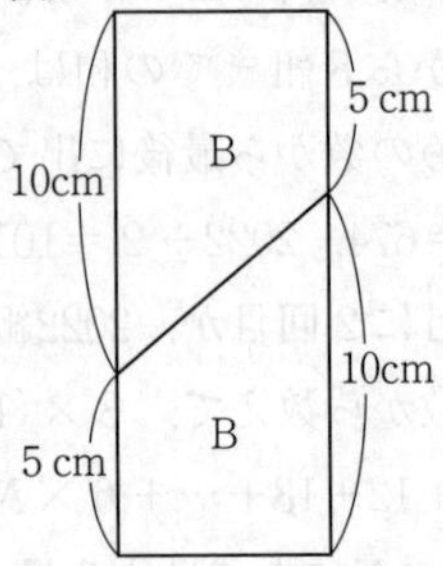

図３

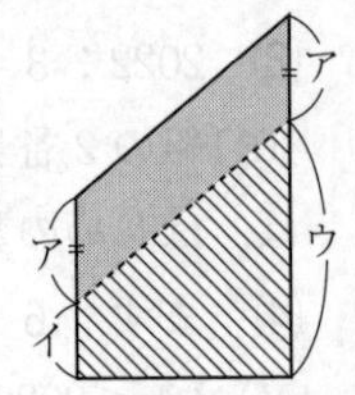

(1)　ＡとＢを組み合わせると右の図１のようになるので，もとの円柱の高さは，２＋10＝12(cm)とわかる。この円柱の底面積は，３×３×3.14＝９×3.14(cm²)である。また，底面のまわりの長さは，３×２×3.14＝６×3.14(cm)だから，側面積は，６×3.14×12＝72×3.14(cm²)となる。よって，もとの円柱の表面積は，９×3.14×２＋72×3.14＝18×3.14＋72×3.14＝(18＋72)×3.14＝90×3.14＝282.6(cm²)と求められる。

(2)　図１の□の長さは，12－７＝５(cm)なので，Ｂだけを向きを変えて２個組み合わせると，左上の図２のように，高さが，10＋５＝15(cm)の円柱になる。Ｂの体積は，この円柱の体積の半分だから，３×３×3.14×15÷２＝67.5×3.14＝211.95(cm³)とわかる。

(3)　Ａだけを２個組み合わせると，高さが，２＋７＝９(cm)の円柱になるので，Ａの体積は，３×３×3.14×９÷２＝40.5×3.14(cm³)とわかる。よって，ＡとＢの体積の比は，(40.5×3.14)：(67.5×3.14)＝40.5：67.5＝３：５と求められる。

(4)　右上の図３で，点線で分けられた２つの立体の体積が等しいとき，斜線《しゃせん》部分の台形とかげの部分の平行四辺形の面積も等しくなる。さらに，これらの四角形の高さは等しいから，これらの四角形の底辺の和も等しくなる。つまり，ア＋ア＝イ＋ウとなる。また，これらの和が15cmなので，ア＋ア＝15÷２＝7.5(cm)となり，ア＝7.5÷２＝3.75(cm)と求められる。求めるのはウの長さだから，10－3.75＝6.25(cm)となる。

5 濃度《のうど》

(1)　実験１をまとめると，右の図１のようになる。(食塩の重さ)＝(食塩水の重さ)×(濃《こ》さ)より，Ｐには，(300＋200)×0.09＝500×0.09＝45(ｇ)の食塩がふくまれていて，Ｑには，(100＋200)×0.13＝300×0.13＝39(ｇ)の食塩がふくまれている。

図１

(太郎君) Ａ300ｇ
Ｂ200ｇ　➡　Ｐ(濃さ９％)
(次郎君) Ａ100ｇ
Ｂ200ｇ　➡　Ｑ(濃さ13％)

ここで，２人が入れたＢの重さは同じだから，Ａの食塩水，300－100＝200(ｇ)には，45－39＝６(ｇ)の食塩がふくまれていることがわかる。よって，Ａの濃さは，６÷200×100＝３(％)である。さらに，Ａ300ｇにふくまれている食塩の重さは，300×0.03＝９(ｇ)なので，Ｂ200ｇにふくまれている食塩の重さは，45－９＝36(ｇ)となり，Ｂの濃さは，36÷200×100＝18(％)と求められる。

(2)　はじめに，Ｐ200ｇとＱ150ｇを混ぜ合わせると，食塩の重さは，200×0.09＋150×0.13＝37.5

（g），食塩水の重さは，200＋150＝350（g）になるから，この食塩水の濃さは，$37.5 \div 350 \times 100 = \frac{75}{7} = 10\frac{5}{7}$（%）とわかる。よって，はじめのCの半分の重さを□gとして図に表すと，右の図２のようになる。図２で，ア：イ＝(10－５)：$\left(10\frac{5}{7}-10\right)$＝７：１なので，

図２

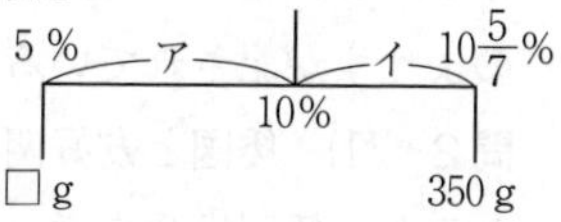

□：350＝$\frac{1}{7}$：$\frac{1}{1}$＝１：７となり，□＝350×$\frac{1}{7}$＝50（g）と求められる。これは，はじめのCの半分の重さだから，はじめのCの重さは，50×２＝100（g）である。次に，Xに入れた後に残っているのは，Pが，500－200＝300（g），Qが，300－150＝150（g），Cが50gである。これらをすべて混ぜ合わせると，食塩の重さは，300×0.09＋150×0.13＋50×0.05＝49（g），食塩水の重さは，300＋150＋50＝500（g）になるので，Yの濃さは，49÷500×100＝9.8（%）と求められる。

(3)　Xには濃さが10%の食塩水が，350＋50＝400（g），Yには濃さが9.8%の食塩水が500g入っているから，右の図３のようになる。はじめにXにふくまれている水の重さは，400－40＝360（g）なので，91gの水を加えると，水の重さは，360＋91＝451（g）になる。また，Yにふくまれている水の重さも，500－49＝451（g）だから，Xに水を91g加えると，XとYにふくまれている水の重さは等しくなる。よって，XとYの濃さを等しくするには食塩の重さを等しくすればよいので，太郎君が加えようとした食塩の重さは，49－40＝９（g）とわかる。次に，水を蒸発させても食塩の重さは変わらないので，Yから水を蒸発させて濃さが10%になった後の食塩水の重さを△gとすると，△×0.1＝49（g）と表すことができる。したがって，△＝49÷0.1＝490（g）と求められるので，次郎君が蒸発させようとした水の重さは，500－490＝10（g）である。

図３

（容器X）10%400g（食塩40g）
（容器Y）9.8%500g（食塩49g）

社　会　＜第２回試験＞（30分）＜満点：50点＞

解　答

Ⅰ　**問１**　②　**問２**　(1)　②，④　(2)　藤原純友　(3)　対馬　**問３**　③　**問４**　(1)　楠木正成　(2)　尾根　**問５**　⑤　**問６**　（例）　豊臣秀吉が朝鮮出兵のときに日本式の城を築いたから。　**問７**　(1)　③　(2)　西南戦争　(3)　①　**問８**　(1)　阿波踊り　(2)　③　(3)　④　**問９**　下田　**問10**　戊辰戦争　**問11**　廃藩置県　**問12**　④　**問13**　(1)　松本市　(2)　松江城　**問14**　②　**問15**　(1)　河岸段丘　(2)　千曲川　(3)　シラス　**問16**　(1)　①　(2)　石山本願寺　**問17**　③　**問18**　兼六園　Ⅱ　**問１**　(1)　②　(2)　②　(3)　表現の自由　**問２**　(1)　③　(2)　②→③→①　**問３**　(1)　④　(2)　厚生労働省　(3)　③　**問４**　(1)　違憲立法審査権　(2)　①

解　説

Ⅰ　日本の名城を題材にした問題

問１　中国の歴史書『魏志《ぎし》』倭人伝《わじんでん》には，３世紀ごろ(弥生時代後期)の倭(日本)に邪馬台国《やまたいこく》という強い国があり，30あまりの小国を従えた女王の卑弥呼《ひみこ》が呪術《じゅじゅつ》(まじない)によって国を治めたことなどが記されている。なお，①の『宋書《そうじょ》』倭国伝は５世紀ごろ(古墳時代)，③の『後漢書《ごかんじょ》』東夷《とうい》伝

は１～２世紀ごろ（弥生時代後期），④の『漢書』地理志は紀元前１世紀ごろ（弥生時代前期）の日本のようすが記されている中国の歴史書。

問２　(1)　倭国と友好関係を築いていた朝鮮半島の百済《くだら》が，唐（中国）と結んだ新羅《しらぎ》によって滅《ほろ》ぼされると，倭国は兵を送ったが，663年に唐・新羅の連合軍に敗れた（白村江《はくすきのえ》の戦い）。　(2)　平安時代中ごろ，地方の豪族がみずからの土地を守るため武装するようになった。これが武士のおこりで，こうした武士のうち，関東地方で平将門《まさかど》が，瀬戸内海で藤原純友《すみとも》が反乱を起こし，中央の貴族たちをあわてさせた。純友はもとは伊予国（愛媛県）の国司で，瀬戸内海の海賊《かいぞく》を取りしまるよう命じられていたが，みずから海賊を率いて，瀬戸内海沿岸にある国府（役所）や大宰府《だざいふ》（福岡県）を襲撃《しゅうげき》した。　(3)　白村江の戦いのあと，唐・新羅の侵攻《しんこう》に備えるため，西日本各地に朝鮮式山城が築かれた。対馬《つしま》（長崎県）は九州よりも朝鮮半島に近い島で，金田城が築かれた。

問３　観阿弥《かんあみ》・世阿弥《ぜあみ》父子を保護したのは室町幕府の第３代将軍足利義満なので，③が誤っている。なお，①の足利尊氏《たかうじ》は初代，③の足利義政は第８代，④の足利義昭《よしあき》は第15代将軍。

問４　(1)　後醍醐《ごだいご》天皇に味方して建武の新政に参加した楠木正成《くすのきまさしげ》は，足利尊氏が挙兵するとこれと戦って敗死した。　(2)　山の斜面《しゃめん》のうち，周囲より高く，馬の背のようになった部分を尾根といい，尾根と尾根の間の，周囲より低くなった部分を谷という。等高線を比べると，尾根では線が頂上から突《つ》き出すように並び，谷では線が頂上に向かって食いこむように並ぶ。

問５　島津氏は薩摩《さつま》（鹿児島県）の戦国大名なので，⑤が誤っている。なお，現在の高知城を築いたのは山内一豊《やまのうちかずとよ》で，戦国時代に土佐（高知県）を支配していたのは長宗我部《ちょうそかべ》氏である。

問６　16世紀末，豊臣秀吉は明（中国）を征服《せいふく》しようと二度にわたって朝鮮に出兵したが，朝鮮水軍の活躍《かつやく》や明の援軍などにより失敗に終わった（文禄《ぶんろく》の役・慶長《けいちょう》の役）。このとき，日本軍が朝鮮半島南部に日本式の城を築いたといわれる。

問７　(1)　今治《いまばり》市は愛媛県北部の瀬戸内海に面した都市で，古くから海運業が発達し，造船業がさかんである。また，明治時代に始まったタオル生産が地場産業として発展し，現在では日本一の生産量をほこっている。このことから，輸送用機械器具製造業と繊維《せんい》工業の出荷額が多い③と判断できる。なお，①は松山市（愛媛県），②は徳島市，④は高知市，⑤は高松市（香川県）の工業生産額。
(2)　明治政府内での争いに敗れ，政府を去って故郷の鹿児島県に帰っていた西郷隆盛《さいごうたかもり》は，1877年，武士の特権を次々とうばわれた士族たちの中心となって西南戦争を起こした。このとき，隆盛たちは明治政府軍が守る熊本城に進軍したが，城を落とすことはできなかった。　(3)　①の高松市は海に面しているが，ほかの都市はいずれも内陸部に位置しているので，①が選べる。なお，高松城は，海や川に面し，水の力を最大限にいかして守りを固めることができる水城（海城）の代表格とされる。かつては城壁が瀬戸内海に面し，城内に軍船が出入りしていたと伝えられている。

問８　(1)　徳島城の城下町である徳島市は，徳島県の旧国名をとった阿波踊《あわおど》りという盆踊りで知られる。なお，大江戸新座祭りには例年，立教大学野球部の部員も参加して，阿波踊りを披露《ひろう》する。
(2)　盛岡城は岩手県盛岡市，金沢城は石川県金沢市，福岡城は福岡市，鹿児島城は鹿児島市にあった城である。津軽塗《つがるぬり》は，青森県の津軽地方でつくられる，青森県を代表する伝統的工芸品なので，誤っている。なお，①の薩摩焼は鹿児島県，②の加賀友禅《ゆうぜん》は金沢市周辺，④の南部鉄器は盛岡市や奥州市（岩手県）など，⑤の博多人形は福岡市の博多地区周辺でつくられる伝統的工芸品。　(3)　④の佐賀市は内陸部に位置しているが，ほかの都市はいずれも海に面しているので，④が選べる。

なお佐賀市は，戦国時代に龍造寺《りゅうぞうじ》氏が，江戸時代に外様《とざま》大名の鍋島《なべしま》氏が城を整備・拡張したことから発展した。

問９　1853年，アメリカの東インド艦隊《かんたい》司令長官ペリーが４隻《せき》の軍艦(黒船)を率いて浦賀《うらが》(神奈川県)に来航すると，江戸幕府は翌54年に日米和親条約を結んだ。これにより，下田(静岡県)と蝦夷《えぞ》地(北海道)の箱館(函館)の２港を開くこと，アメリカ船に水や食料・燃料などを供給することが約束された。

問10　1868年１月から１年半近くにわたり，旧幕府軍と新政府軍との間で行われた一連の戦いを戊《ぼ》辰《しん》戦争という。鳥羽《とば》・伏見《ふしみ》の戦い(京都府)に始まり，江戸城の無血開城，会津《あいづ》戦争(福島県)などを経て，旧幕府軍が箱館の五稜郭《ごりょうかく》の戦いで降伏《こうふく》したことにより，終わりをむかえた。

問11　1871年，明治政府は中央集権化をはかるため，藩を廃して全国に３府(東京・大阪・京都)と302県を置く廃藩置県を行った。そして，知藩事(もとの大名)の代わりに，政府の任命した役人に各府県の政治を行わせ，政府の命令が全国に行きわたるようにした。

問12　太平洋戦争(1941～45年)は，1942年６月のミッドウェー海戦での敗北以降，日本軍の不利な戦局が続いた。1944年６月，アメリカ軍がサイパン島に上陸し，日本守備隊が敗北すると，アメリカ軍はこの島を占領し，日本への空襲の拠点《きょてん》とした。なお，①のハワイ諸島にあるオアフ島の真珠《しんじゅ》湾は，日本が太平洋戦争に突入《とつにゅう》するとき(1941年12月８日)に奇襲攻撃した。②の沖縄島では，太平洋戦争末期，日本国内唯一《ゆいいつ》の地上戦が行われた。③のソロモン諸島は1942年に付近で海戦が行われたこと，⑤のアッツ島は1943年に日本守備隊が玉砕《ぎょくさい》(ほぼ全員が戦死)したことで知られる。

問13　(1)　松本城のある長野県松本市は，中央高地(内陸性)の気候に属し，周りを山々に囲まれた盆地にあるため，夏と冬や昼と夜の気温差が大きく，年間を通して降水量が少ない。　(2)　宍道《しんじ》湖は島根県の北東部にある海跡《かいせき》湖で，その東側に位置する中海《なかうみ》(島根県・鳥取県)とつながっている。塩分をわずかにふくんだ汽水湖で，しじみの産地として知られる。松江城は宍道湖の東側のほとりにあり，その天守からは宍道湖が見える。なお，姫路城は兵庫県姫路市，犬山城は愛知県犬山市，彦根城は滋賀県彦根市に位置する。

問14　二条城(京都府)は，江戸幕府の初代将軍徳川家康が京都に行ったときの住まいとして建てたもので，1867年に第15代将軍徳川慶喜《よしのぶ》が大政奉還(政権を朝廷に返上すること)を諸大名に伝えた場所としても知られている。「古都京都の文化財」の構成資産として，ユネスコ(国連教育科学文化機関)の世界文化遺産に登録されている。なお，①の安土城(滋賀県)は織田信長の拠点，③の名護屋《なごや》城(佐賀県)は豊臣秀吉の朝鮮出兵の拠点である。④の原城(長崎県)は，その跡に島原・天草一揆《いっき》の軍勢が立てこもったことで知られ，原城跡は世界文化遺産「長崎と天草地方の潜伏《せんぷく》キリシタン関連遺産」の構成資産となっている。⑤の多賀《たが》城(宮城県)は，奈良時代の前半，東北地方に住む蝦夷《えみし》に対して築かれた軍事拠点。

問15　(1)　川の流域や川底をふくむ一帯が隆起《りゅうき》し，それまでの川底があらたに平らな川岸となり，さらに川がもとの川原をほり下げるという大地の変化がくり返されると，流域が階段状になる。このような地形を河岸段丘《だんきゅう》という。　(2)　千曲《ちくま》川は，関東山地の甲武信《こぶし》ケ岳(山梨県・埼玉県・長野県)を水源として北西に流れ，長野市で最大の支流犀《さい》川と合流して北東へ向かい，長野県から新潟県に入ると信濃《しなの》川と名前を変え，越後平野を流れて新潟市で日本海に注ぐ。　(3)　鹿児島県から宮崎県にかけての地域には，古代の火山活動によって噴出《ふんしゅつ》した，シラスとよばれる火山灰の積もった層が広がっている。シラス台地とよばれるそうした地域は，水持ちが悪く稲作には不向きであることから，おもに畑作や畜産を中心に農業が行われている。

問16　(1)　日本の台地の多くは，更新《こうしん》世(洪積《こうせき》世)に形成された三角州や扇状地《せんじょうち》などが隆起《りゅうき》し，やや浸食《しんしょく》されてできた，洪積台地とよばれる台地である。①の秋吉台(山口県)は，カルスト地形で知られる石灰岩台地なので，誤っている。カルスト地形は，二酸化炭素をふくんだ雨水によって，石灰岩が溶《と》かされることで浸食されてできた地形である。なお，②の武蔵野《むさしの》は関東平野の荒川と多摩川にはさまれた地域一帯に形成された洪積台地，③の牧ノ原《まきのはら》と④の三方原《みかたはら》は静岡県にある洪積台地で，上町《うえまち》台地(大阪府)と同じように水はけがよい。　(2)　石山本願寺(大阪府)は浄土《じょうど》真宗(一向宗)の総本山で，各地の一向一揆の根拠地でもあった。10年間におよぶ織田信長との戦いののちに門徒(信者)が退去させられ，その跡地に豊臣秀吉が大阪城を築いた。

問17　桜は季節の推移につれて南から北へ，低地から高地へと咲《さ》いていく。本校がある新座市では例年３月下旬《げじゅん》～４月上旬に桜の見ごろをむかえるので，５月の大型連休のころに見ごろをむかえるのは③の松前城(北海道松前町)と判断できる。

問18　日本三名園は兼六《けんろく》園(金沢市)，偕楽《かいらく》園(茨城県水戸市)，後楽園(岡山市)で，「前田家」は加賀藩(石川県・富山県)の藩主なので，兼六園とわかる。日本海側の気候に属する地域は「雪」が多いことも参考になる。なお，偕楽園は水戸藩主徳川斉昭《なりあき》が，後楽園は備前《びぜん》岡山藩主池田綱政《つなまさ》が造営させた。

Ⅱ　世界のリーダーを題材にした問題

問１　(1)　都道府県の首長である知事は，満30歳以上で立候補することができ，住民の直接選挙によって選ばれる。なお，①の衆議院議長は衆議院議員による選挙で選ばれ，③の国務大臣と④の内閣総理大臣補佐官は内閣総理大臣に任命される。　(2)　独裁は，ある個人，ある党などが絶対的な権力を持って政治を行うことである。一方，民主主義は，国民が主権を持ち，国民が自由に表明する意思にもとづいて政治を行うことである。よって，②は民主主義の特徴《とくちょう》ではないといえる。
(3)　自分の考えを伝えたり発表したりすることができる権利を表現の自由といい，日本国憲法第21条１項で，「集会，結社及《およ》び言論，出版その他一切の表現の自由は，これを保障する」と定められている。

問２　(1)「ドイツは，日本と同じ議院内閣制の国です」とあることに注意する。大統領制がとられている国(アメリカ合衆国など)では，大統領が直接選挙で選ばれるが，議院内閣制がとられている国では，首相(内閣総理大臣)が国会議員の中から国会の指名で選ばれる。したがって，国会議員でない人が首相を選んでいる①，②，④は，いずれも誤りと判断できる。なお，③で述べられているように，アンゲラ・メルケルが所属する与党CDU(キリスト教民主同盟)は，ほかの政党と連立を組み，政権を維持してきた。　(2)　日本における女性の比率は，①の小学校教員が約60%，②の衆議院議員が約10%，③の医師が約20%となっている。

問３　(1)　高年齢者雇用《こよう》安定法は，定年制で働いている人を65歳まで雇用することなどを義務づけた法律で，70歳以上の定年を義務づけてはいない(努力義務としている)ので，④が誤っている。
(2)　厚生労働省は，国民生活を保障し向上させるため，社会保障の実施や労働者の働く環境の整備などをおもに担当している。　(3)「この国からシンガポールが分離・独立」とあることから，マレーシアとわかる。東南アジアのマレー半島南部はマレーシアの領土で，その南端の島がシンガポールの領土である。なお，ASEAN《アセアン》(東南アジア諸国連合)は，東南アジアの10か国が参加する地域的経済協力機構である。①のインドは南アジア中央部，②のアフガニスタンは西南アジア，④のオーストラリアは南太平洋，⑤のホンコン(香港)は中国本土の南に位置する。

問４ ⑴　司法府である裁判所は，立法府である国会の制定した法律などが憲法に違反していないかどうかを，具体的な裁判を通して判断する権限を持つ。これを違憲立法審査権といい，裁判所が違憲と判断した法律や行為《こうい》などは無効とされる。　⑵　憲法によって権力の行使を制限し，国民の人権の保障を確保しようとする考え方を立憲主義という。示されている文章の最初の「裁判所の独立は，権力を制限する憲法にとって，欠かせないものです」は，三権(立法権・行政権・司法権)の分立と立憲主義の関係について述べた一文なので，①が選べる。

理　科　＜第２回試験＞（30分）＜満点：50点＞

解　答

1 ⑴ **横** ㈡　**縦** ㈥　⑵ (例) 右の図　⑶ ① 根　② くき(道管)　③ 葉　④ 蒸散　⑷ ① ㈢　② ㈠　⑸ ㈠，㈡

2 ⑴ ㈠，㈢，㈤　⑵ ① ㈡　② ㈢　⑶ ㈠，㈡　⑷ 装置1／**説明**…(例) 縮む。　⑸ ㈢　3 ⑴ ㈢　⑵ ㈡　⑶ ㈢　⑷ ㈠，㈡　⑸ ㈢　⑹ ㈡　⑺ ㈠　4 ⑴ ㈤　⑵ ① Ⅰ 90　Ⅱ 30　Ⅲ 28.8　Ⅳ 7800　② ㈡　③ ㈡

解　説

1　植物の蒸散についての問題

⑴　種子をつくる種子植物のうち，胚珠《はいしゅ》が子房《しぼう》に包まれているものを被子植物という。被子植物は，発芽のときに１枚の子葉が出る単子葉植物と，２枚の子葉が出る双《そう》子葉植物に分類される。イネなどは単子葉植物，ホウセンカなどは双子葉植物である。また，植物の根・くき・葉には，根から吸い上げた水などの通り道である道管と，葉でつくられた養分の通り道である師管が通っていて，道管の集まりと師管の集まりが束《たば》になっているものを維管束《いかんそく》という。葉脈は葉を通る維管束がすじのように見えるものである。単子葉植物は，葉に平行脈(およそ平行な葉脈)が見られ，根はくきのつけねから細い根が多数出ているひげ根というつくりになっており，くきの断面では㈡のように維管束が不規則に散らばっている。一方，双子葉植物は，葉に網《もう》状脈(網目《あみめ》状の葉脈)が見られ，根は主根と呼ばれる太い根と，主根から分かれてのびる側根とでできている。双子葉植物のくきを横に切った断面では，維管束が形成層(新しい細胞《さいぼう》をつくる部分)に沿って輪状に並んでいるため，色水で赤く染まった部分は㈡のようになる。また，くきを縦に切った断面では，㈥のようになる。

⑵　網状脈は，葉の中央を通る太い葉脈(主脈)から細い葉脈(側脈)がいくつも枝分かれするつくりとなっている。

⑶　ホウセンカを使った２つの実験から，ホウセンカは根から水を吸収し，その水はくきの道管を通って葉に伝わり，葉から空気中に水蒸気となって出ていくことがわかる。植物のこのようなはたらきを蒸散という。植物のからだの表皮のところどころには，気孔《きこう》とよばれるあながあいており，

気孔の周りには気孔を開けたり閉めたりする孔辺細胞がある。気孔はふつう葉の裏側に多くあり，植物は体内の水分や温度の調節，地中からの水や養分の吸い上げなどのために，水蒸気を気孔から空気中に放出している。なお，光合成や呼吸にともなう酸素や二酸化炭素などの気体の出入りも，気孔を通して行われる。

⑷　風船をふくらませるとき，セロハンテープをはった部分はほとんどのびず，はっていない部分はのびる。したがって，風船①に㈦，風船②に㈠のようにセロハンテープをはってから風船をふくらませると，図２のように変形しながらふくらむ。

⑸　⑷でふくらませた風船と同様に，孔辺細胞（気孔をつくる部分）は，気孔に面する側がのびにくくなっていて，その反対側がのびやすくなっている。また，蒸散するときに気孔が開くことから，孔辺細胞に水が入って体積が大きくなると，気孔が開くと考えられる。

2　慣性についての問題

⑴　㈠　直進している車は慣性によって直進を続けようとするので，スピードを出しすぎると，曲がるときに横転することがある。　㈡　伸《の》ばしたゴムがもとの長さに戻《もど》るのは，伸びたゴムにはもとに戻ろうとする力（弾性《だんせい》力）がはたらくためである。　㈦　ケチャップがわずかに残っている容器を振《ふ》ると，容器は動くがケチャップは慣性によってその位置にとどまろうとするため，ケチャップが端《はし》に寄る。　㈤　ふりこが一定の時間で往復するのは，重力（地球が物体を引く力）がふりこにはたらくためである。　㈥　ダルマ落としで下の積み木をたたき出すときには，上の積み木やダルマが慣性によってその場にとどまろうとするため，倒《たお》れずに真下に落ちる。

⑵　ブレーキをかけても，５円玉は慣性によって，減速直前の車の速度で動こうとする。そのため，５円玉は前方（太郎君から遠ざかる向き）に動く。

⑶　㈠　エレベーターが下降しはじめたとき，おもりは慣性によってその位置にとどまろうとするため，ばねは縮む。　㈡，㈥　エレベーターが下降している途中《とちゅう》や上昇《じょうしょう》している途中は，エレベーターが一定の速さで動き続けているので，慣性による力ははたらかず，ばねの伸びは静止時と等しくなる。　㈦　エレベーターが下降を停止する直前のとき，おもりは慣性によって下降し続けようとするため，ばねは伸びる。　㈤　エレベーターが上昇を停止する直前のとき，おもりは慣性によって上昇し続けようとするため，ばねは縮む。　㈩　エレベーターが上昇しはじめたとき，おもりは慣性によってその位置にとどまろうとするため，ばねは伸びる。

⑷　図３で，装置１のばねは前後方向，装置２のばねは左右方向に車が動くことによってよく変形する。前方に進んでいた車がブレーキをかけたとき，慣性によっておもりは前方に動き続けようとするので，装置１のばねが縮む。

⑸　装置１のばねは，車が前方に加速するときと，後方に進んでいる車が減速するときに伸び，前方に進んでいる車が減速するときと，車が後方に加速するときに縮む。また，装置２のばねは，左前方に曲がるときと，左後方に曲がるときに伸び，右前方に曲がるときと，右後方へ曲がるときに縮む。したがって，表１より，はじめ停止していた車は，順番１ではまっすぐ後方に加速し，順番２では右後方に曲がりながら一定の速さで進み，順番３ではハンドルをまっすぐに戻した状態で減速し，順番４では一旦停止する。順番５ではまっすぐ前方に加速し，順番６では左前方に曲がりながら一定の速さで進み，順番７ではハンドルをまっすぐに戻した状態で前方に加速している。よって，㈦が選べる。

3 月や惑星《わくせい》についての問題

⑴　図１で，地球から見て太陽は月の西に90度ほどの位置にある。よって，北半球に位置する新座市から見える月は，向かって右（西）側の半分が太陽に照らされている㋒のような半月（上弦《じょうげん》の月）となる。

⑵　図１で，新座市が真夜中をむかえるとき，新座市では，太陽と反対の方向が南にあたるので，月が観測できる方角は西になる。

⑶　太陽の周りを回転している惑星は８個あり，太陽から近い順に水星，金星，地球，火星，木星，土星，天王《てんのう》星，海王星となる。太陽から天王星までの距離《きょり》は，土星より大きく，海王星より小さいので，㋒が選べる。

⑷　㋐　金星と火星を比較《ひかく》したり，木星と土星と海王星を比較したりすると，正しいといえる。㋑　水星は，金星より自転周期が小さいが，直径が小さい。このことから，間違《まちが》っているといえる。　㋒　大気の主成分が二酸化炭素である惑星は，大気の主成分が水素とヘリウムである惑星よりも平均表面温度が高いので，ふさわしくない。　㋓　おもさが大きい順に並べると木星，土星，海王星，地球，金星，火星，水星となり，この順番は直径が大きい順と同じなので，適切である。　㋔　表１には地球から観測したときの明るさが記されていないので，判断できない。

⑸　図２で，新座市が真夜中をむかえるとき，新座市では，太陽と反対の方向が南にあたるので，火星が観測できる方角は南になる。

⑹　地球も火星も，太陽の周りを反時計回りに公転する。地球は，太陽の周りを１年（12か月）で１回公転するので，図２の位置から２か月で，$360\times\frac{2}{12}=60$（度）反時計回りに公転する。また，火星は，太陽の周りを２年（24か月）で１回公転するので，図２の位置から２か月で，$360\times\frac{2}{24}=30$（度）反時計回りに公転する。したがって，図２の日から２か月後の真夜中に新座市から火星を観測すると，西の方角に見える。

⑺　⑹で述べたように，真夜中に新座市から見える火星の位置は，しだいに西にずれていく。また，１年後には，地球は図２の位置に戻ってくるが，火星は，$360\times\frac{12}{24}=180$（度）反時計回りに公転して，図２の火星の位置から太陽の反対側に移動するので，真夜中に新座市から見ることはできなくなる。よって，㋐が選べる。

4 アルミニウムと酸化鉄の反応と発生する熱についての問題

⑴　アルミニウムは塩酸にも水酸化ナトリウム水溶液《すいようえき》にも溶《と》けて水素を発生する。

⑵　①　Ⅰ，Ⅱ　表１より，０～90秒の間，水温は上がっているが，90秒以降は，30秒ごとに，$28.2-28.0=0.2$（℃）ずつ下がっている。　Ⅲ　０～90秒の間に$0.2\times\frac{90}{30}=0.6$（℃）下がったと考えられるので，その影響《えいきょう》がなかったとすると，かき混ぜ始めてから90秒後の水温は，$28.2+0.6=28.8$（℃）と求められる。　Ⅳ　1.0Ｌの水の重さは，$1\times1000=1000$（ｇ）で，その水の温度が，$28.8-21.0=7.8$（℃）上がったので，生じた熱は，$1000\times7.8=7800$（カロリー）である。　②　容器内の水がもっている熱が容器や空気中に移動するため，水の温度は少しずつ低くなっていく。また，図２のように，反応によって発生した火花の一部が容器の外に出るので，発生した熱の一部が水に伝わらず，水温の上がり方がそのぶん小さくなる。そのため，実験をして求めた値は，計算によって求めた値よりも小さくなる。　③　火花が容器の外に散らないようにするため，容器の底面積を

大きくして，発生した火花がすべて容器の中に入るようにすればよい。また，反応によって生じた熱がすぐに伝わるように，ろ紙と水面は近づけるとよいので，(エ)が選べる。

国　語　＜第２回試験＞（50分）＜満点：100点＞

解　答

一 問１　下記を参照のこと。　問２　A　イ　B　エ　C　ウ　D　ア　問３　傷口に「さ～からです。　問４　相互　問５　イ　問６　イ　問７　接触面のほ～取っている(こと。)　問８　ア　×　イ　○　ウ　○　エ　×　オ　×　二 問１　下記を参照のこと。　問２　(例)　保健所に連絡すれば殺処分がほぼ確実なので，コーシローを救うために活動する生徒たちの気持ちが傷つくと思ったから。　問３　ウ　問４　中途半端　問５　イ　問６　Ⅰ　(例)　住まいがペット禁止で，管理組合の許可が取れなかったため。　Ⅱ　(例)　親が大の犬嫌いで，妹にもアレルギーがあるため。　Ⅲ　(例)　家業が食品関連の仕事であるため。　問７　エ

●漢字の書き取り

一 問１　イ　壊(れ)　ロ　冒頭　ハ　領域　ニ　過剰　二 問１　イ　繰(り)　ロ　難(しい)　ハ　耐(え)　ニ　弾(いて)　ホ　背

解　説

一　**出典は伊藤亜紗《いとうあさ》の『手の倫理《りんり》』による。**「ふれる」と「さわる」のニュアンスのちがいを具体例を出して説明し，触覚《しょっかく》は人間関係にかかわると述べている。

問１　**イ**　音読みは「カイ」で，「破壊」などの熟語がある。　**ロ**　文章などの最初。　**ハ**　関係している範囲《はんい》。　**ニ**　多すぎるようす。

問２　**A**　前の部分で取り上げた「さわる」と「ふれる」の微妙《びみょう》なニュアンスのちがいについて，続く部分で「怪我《けが》をした場面」を例にあげながら説明する文脈なので，具体的な例をあげるときに用いる「たとえば」が合う。　**B**　部屋の中の空気を「さわる」ことはできないと前にある。後には，空気を入れ替《か》えると，冷たい外気に「ふれる」ことはできると続く。不可能なことと可能なことが前後で述べられているので，前後で相反する内容が置かれるときに使う「ところが」がよい。　**C**　傷口に「ふれる」ことの持つ「相互《そうご》性」が，後で「相手の痛みをおもんぱかるような配慮《はいりょ》」と言いかえられている。よって，前の内容を後で言いかえるときに使う「つまり」がふさわしい。　**D**　「相手の自分に対する『態度』を読み取っている」ことの具体例として，「相手は自分のことをどう思っているのか」と「どうしようとしているのか」が前後に並べられているので，同類のことがらのうちのいずれかであることを表す「あるいは」が入る。

問３　傍線《ぼうせん》部①の理由は，空欄《くうらん》Cの直前の「傷口に『さわる』のが痛そうなのは，それが一方的で，さわられる側の心情を無視しているように感じられるからです」という一文で述べられている。

問４　続く部分に「『さわる』は一方的」とあるので，直前の引用部分の「相互」を入れると，空欄②をふくむ一文で「ふれる」(相互的)と「さわる」(一方的)は対照的だとまとめる流れになり，文意が通る。二つ後の段落に，「『ふれる』のような相互性」とあることも参考になる。

問５　同じ段落に「物のように扱《あつか》う」とあるので，人間的な感情や利害などから離《はな》れて「科学の対象として見ている」とするのが合う。

問６　「暴力性を感じる」のは，「ケアの場面で，『ふれて』ほしいときに『さわら』れた」ときである。また，六つ前の段落に，「いのちをいつくしむような人間的なかかわりがある場合には，それは『ふれる』であり」とあり，五つ前の段落に，「さわる」には「配慮はありません」とある。よって，これらをまとめているイが選べる。

問７　ここでの「人間関係」は，「相手」と「自分」の「接触面」で成立するものであり，同じ段落で，「接触面のほんのわずかな力加減，波打ち，リズム等のうちに，相手の自分に対する『態度』を読み取っている」ことで成立すると説明されている。

問８　**ア**　空欄Ｂをふくむ段落の直前に，「スライムや布地の質感を確かめてほしいとき～『ふれてごらん』とは言いません」とあるので，合わない。　**イ**　問６で見たように，「いのちをいつくしむような人間的なかかわりがある場合には，それは『ふれる』」なのだから，ふさわしい。

ウ　本文の後半で，「外の空気にふれる」について，「実際に流れ込《こ》んでくるという気体側のアプローチが必要です」と述べられているので，あてはまる。　**エ**　空欄③をふくむ段落で，「医師が患者《かんじゃ》の体を触診する場合」などに「さわる」ことは「必ずしも『悪』とも限りません」と述べられているので，合わない。　**オ**　最後の段落で，「触覚を担《にな》うのは手だけではありませんが，人間関係という意味で主要な役割を果たすのはやはり手です」と説明されているが，触覚が「五感のうち最も重要」だとまでは述べられていない。

二　**出典は伊吹有喜《いぶきゆき》の『犬がいた季節』による。**学校に迷いこんできた犬の里親がなかなか見つからないため校長は苦慮《くりょ》するが，生徒たちの熱意に動かされ，飼い主が現れるまで学校での飼育を許可する。

問１　**イ**　「繰り返す」は，“反復する”という意味。　**ロ**　音読みは「ナン」で，「難解」などの熟語がある。訓読みにはほかに「かた(い)」などがある。　**ハ**　音読みは「タイ」で，「耐久」などの熟語がある。　**ニ**　音読みは「ダン」で，「弾力」などの熟語がある。訓読みにはほかに「たま」「ひ(く)」「はず(む)」などがある。　**ホ**　音読みは「ハイ」で，「背筋」などの熟語がある。訓読みにはほかに「せい」「そむ(く)」などがある。

問２　「ためらいがち」は，“はっきりと思いきることができずに，おそるおそるものごとをする”という意味。すぐ後で校長は，「最終的には保健所のほうに連絡《れんらく》を」と提案しているが，後のほうで早瀬が「保健所で殺処分」と言っているように，それがほぼ確実に殺処分につながることも理解している。そのため，コーシローの里親探しなどをしている生徒が傷つくだろうと思い，はっきりと言い出せなかったのである。

問３　前の部分では，生徒たちや美術部の顧問《こもん》(五十嵐)らが，コーシローを自宅で飼えない事情を説明している。また，藤原が「このまま八高で飼えないかって意見が出ています」と言っている。したがって，「自分たちでは飼えないから，学校で飼おう」がふさわしい。

問４　優花は，「コーシローは自分とよく似ている」，「子どもではないが，大人でもない。飛び抜《ぬ》けて優秀《ゆうしゅう》ではないが，まったくできないわけでもない」と感じている。前のほうで，コーシローが「中途半端《ちゅうとはんぱ》に大きくなった犬」であることが描《えが》かれているので，「中途半端」が抜き出せる。「中途半端」は，ものごとが完成にまでは達していないこと。どっちつかずで徹底《てってい》しないこと。

問5　早瀬は，「殺処分」の話をしながらコーシローを手渡《てわた》すことで，コーシローの命に対する責任を校長に感じさせようとしているので，イが選べる。このようにすることで早瀬は，「前例がない」と言って消極的な校長を丸め込もうとしているのである。

問6　Ⅰ　五十嵐は校長に，「うちで飼うことも考えたんですが」，「ペット禁止の住まいでしてね。管理組合にもかけあったんですが，駄目《だめ》でした」と語りかけている。　Ⅱ　校長に「藤原君の家では飼えないのか？」と聞かれた藤原は，「妹にアレルギーがあって。それ以前にうちの親，犬が大嫌《だいきら》いなんです」と答えている。　Ⅲ　校長に「塩見さんの家では飼えないの？」と聞かれた優花は，「うちは家で食べものを扱っているので，動物は飼えないって言われて」と答えている。

問7　最後で校長が，「責任とは何か。命を預かるというのはどういうことか。各自，身をもって，それを考えていきなさい」と言っているので，エがよい。

Memo

Memo

2021年度　立教新座中学校

〔電　話〕(048) 471－２３２３
〔所在地〕〒352-8523　埼玉県新座市北野１－２－25
〔交　通〕東武東上線－「志木駅」より徒歩12分
JR武蔵野線－「新座駅」より徒歩25分

【算　数】〈第１回試験〉(50分)〈満点：100点〉

注意　１．答はできるだけ簡単にしなさい。また，円周率は，3.14を用いなさい。
　　　２．直定規，コンパスをかしたり，かりたりしてはいけません。
　　　３．三角定規，分度器，計算機の使用はいけません。

1　以下の問いに答えなさい。

(1)　次の計算をしなさい。

$$1\div\left(\frac{2}{3}-\frac{1}{2}\right)\div0.375-2\div\frac{2}{15}\times\left(1\frac{1}{5}-\frac{3}{4}\right)\times1\frac{1}{3}$$

(2)　まっすぐな道路の片側に木を植えます。最初にＡ地点とＢ地点に木を植えて，すべての木と木の間かくが等しくなるように，Ａ地点とＢ地点の間に木を植えることにします。木の本数は，10ｍおきに植えるときのほうが，14ｍおきに植えるときより22本多く植えられます。次の問いに答えなさい。

①　Ａ地点とＢ地点は何ｍ離《はな》れていますか。

②　10ｍおきに植えるときと，14ｍおきに植えるときに，同じ位置に木を植えられるのは，Ａ地点とＢ地点を除いて何か所ありますか。

(3)　太郎君は３種類のお菓子《かし》Ａ，Ｂ，Ｃを合計2021個もらいました。それぞれのお菓子の個数の比は，ＡとＢは１：6，ＢとＣは８：５です。次の問いに答えなさい。

①　太郎君はお菓子Ａとお菓子Ｃをそれぞれ何個もらいましたか。

②　お菓子をもらった日，太郎君はお菓子Ａを20個とお菓子Ｃを180個家族にあげました。その翌日から，太郎君は１人で毎日お菓子Ａを２個とお菓子Ｃを３個食べ続けました。何日間か食べたところ，お菓子Ａの残りとお菓子Ｃの残りの個数の比が１：５になりました。太郎君はお菓子を何日間食べましたか。

(4)　図１のように直角三角形ABCと直線 l が２点D，Eで交わっています。直角三角形ABCを直線 l の周りに１回転させてできる立体の体積を求めなさい。ただし，円すいの体積は(底面積)×(高さ)÷3で求めるものとします。

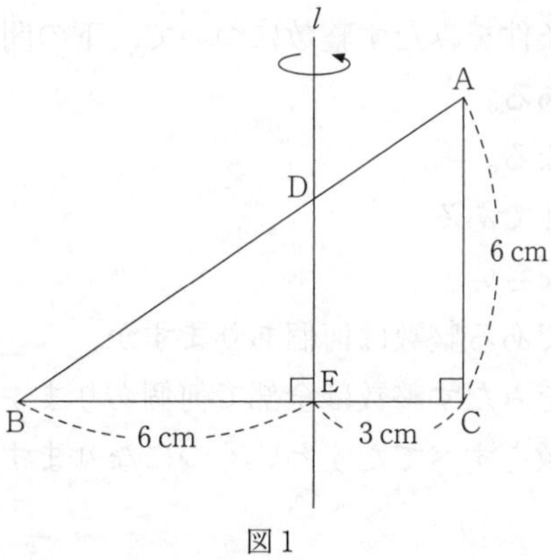

図１

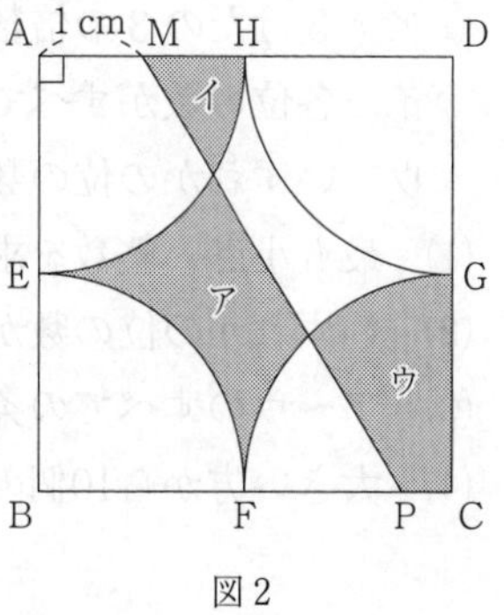

図２

(5)　図２は１辺４cmの正方形と，半径２cmで中心角90°のおうぎ形を４つ組み合わせた図形で，辺AD上にAM＝１cmとなるような点Mをとります。また，辺BC上のＦとＣの間に点Ｐをとり，２点M，Ｐを結び，図のように影《かげ》のついた部分をそれぞれア，イ，ウとします。次の問いに答えなさい。

① CP＝1cmのとき，ア，イ，ウの面積の和を求めなさい。

② アの面積と，イとウを合わせた面積が等しいとき，CPの長さを求めなさい。

2 図のような直角三角形ABCがあります。辺ABの真ん中の点をD，ADの真ん中の点をEとします。点Eを通り辺BCに平行な直線と，辺ACとの交わる点をFとし，FCの真ん中の点をGとします。また，2点EとC，DとGをそれぞれ結び，ECとDGの交わる点をHとします。次の問いに答えなさい。

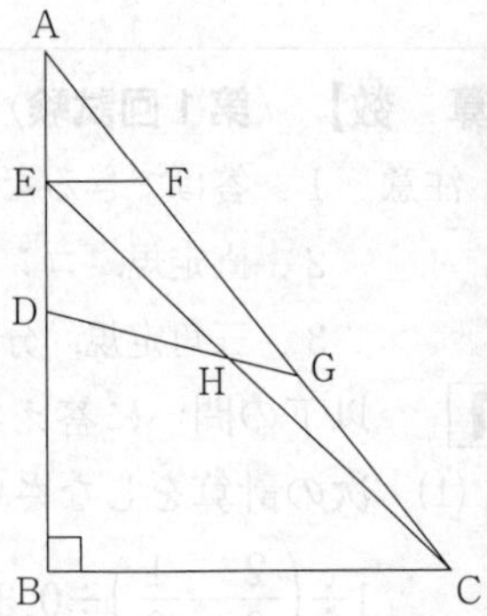

(1) AFとFGの長さの比を求めなさい。

(2) EHとHCの長さの比を求めなさい。

(3) DHとHGの長さの比を求めなさい。

3 図のように，AB＝6cm，AD＝8cm，AE＝12cmの直方体ABCD-EFGHから，1辺の長さが4cmである正方形を底面とする直方体でまっすぐ奥《おく》までくりぬいた立体があります。次の問いに答えなさい。

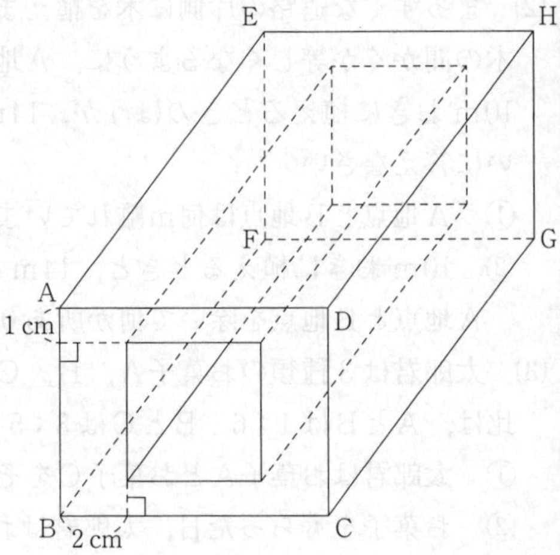

(1) この立体の体積と表面積をそれぞれ求めなさい。

(2) 辺AD，BC，EHの真ん中の点をそれぞれP，Q，Rとします。この立体を3点P，Q，Rを通る平面で切断したとき，点Aをふくむ方の立体をKとします。立体Kの表面積を求めなさい。

(3) (2)の立体Kにおいて，辺AE，PRの真ん中の点をそれぞれS，Tとし，辺BF上にBU＝4cmとなる点Uをとります。立体Kを3点S，T，Uを通る平面で切断したとき，点Aをふくむ方の立体の体積を求めなさい。

4 次のア～ウのすべての条件をみたす整数について，下の問いに答えなさい。

ア 3けたの3の倍数である。

イ 各位の数がすべて異なる。

ウ いずれかの位の数が4である。

(1) 最も小さい整数を求めなさい。

(2) いずれかの位の数が0である整数は何個ありますか。

(3) ア～ウのすべての条件をみたす整数は全部で何個ありますか。

(4) 大きい方から10個の整数をすべてたすといくつになりますか。

5 太郎君は，人が床《ゆか》の上に乗っているときに，その人が床に乗っていて感じた時間と，実際に経過した時間が異なる床，「時間床」を開発しました。時間床には変えることのできる「設定」があります。長さが200ｍの時間床の上を秒速４ｍで移動すると，乗っていて感じた時間は50秒間でしたが，設定が $\frac{1}{2}$ のときは実際の時間を表す時計ではその $\frac{1}{2}$ 倍である25秒が経過して，設定が $\frac{3}{2}$ のときは実際の時間を表す時計ではその $\frac{3}{2}$ 倍である75秒が経過していました。

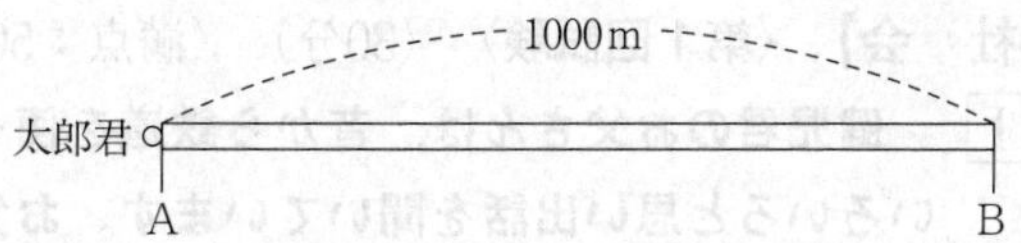

太郎君が12時ちょうどに秒速４ｍでＡ地点を出発し，1000ｍ離《はな》れたＢ地点まで移動するとき，次の問いに答えなさい。ただし，ここでの時刻は，実際の時間を表す時計の時刻とします。

(1) 設定が $\frac{1}{2}$，長さが600ｍの時間床がＡ地点からＢ地点の間にしかれています。このとき，太郎君がＢ地点に到着《とうちゃく》したのは12時何分何秒ですか。

(2) 設定が $\frac{1}{2}$ の時間床がＡ地点からＢ地点の間の一部にしかれていて，太郎君がＢ地点に到着したのは12時３分20秒でした。このとき，時間床の長さを求めなさい。

(3) 設定が $\frac{1}{2}$，長さが500ｍの時間床がＡ地点からＢ地点の間にしかれています。太郎君が時間床に乗ってから440ｍ移動したところで設定を変えたら，Ｂ地点に到着したのは12時３分６秒でした。時間床の設定は $\frac{1}{2}$ からいくつに変えましたか。

(4) Ａ地点とＢ地点の間で，Ａ地点から400ｍ離れた地点をＣ地点とします。設定が $\frac{1}{3}$ の時間床がＣ地点からある場所までしかれています。12時１分57秒に設定を $\frac{5}{3}$ に変えたら，太郎君がＢ地点に到着したのは12時４分28秒でした。このとき，時間床の長さを求めなさい。

【社　会】〈第１回試験〉(30分)〈満点：50点〉

Ⅰ　健児君のお父さんは，昔から鉄道を使った旅行が好きでした。健児君は，そのお父さんからいろいろと思い出話を聞いています。お父さんの話を記したＡ～Ｃの文章を読み，以下の問に答えなさい。

Ａ．(1)北海道の路線は，とにかく景色が雄大《ゆうだい》だったなあ。湧網《ゆうもう》線は，中湧別《なかゆうべつ》駅から網走駅までを結んでいた路線で，1987年に廃止《はいし》になった路線だよ。車窓からは，(2)サロマ湖・能取《のとろ》湖・網走湖といった湖や，オホーツク海が見えて，景色がすごくきれいだったんだ。

網走駅で釧網《せんもう》本線に乗《の》り換《か》えて，釧路に向かったんだ。この路線の沿線には，道東を代表する観光地がたくさんあるんだ。まず，斜里《しゃり》駅(現知床《しれとこ》斜里駅)は，(3)知床半島を訪《おとず》れる人の玄関《げんかん》口《ぐち》だけど，あの頃《ころ》はまだ知床半島に行こうとする人は少なかったな。弟子屈《てしかが》駅(現摩周《ましゅう》駅)は，(4)摩周湖，さらには屈斜路湖への玄関口だよ。さらに，茅沼《かやぬま》駅あたりからは(5)釧路湿原《しつげん》の中を走るんだ。釧網本線は，厳密に言えば東釧路駅までだけど，列車は(6)釧路駅まで直通するのでそこまで乗り通したよ。

問１　下線部(1)についてですが，北海道は，弥生時代に入ってから本州とは異なった文化が栄えました。この時期の北海道の文化の説明として正しいものを以下より選び，番号で答えなさい。

①　古墳が造られるようになり，巨大《きょだい》な前方後円墳が数多く造られた。

②　大陸から稲作文化が伝わり，水稲《すいとう》耕作がさかんに行われた。

③　サケやマスなどの魚をとり，食料としていた。

④　本州とは交易や人の交流はなく，独自性が強かった。

問２　下線部(2)についてですが，以下の問に答えなさい。

(1)　サロマ湖は，日本で３番目の広さをもつ湖です。では，日本で２番目の広さをもつ湖は何ですか，答えなさい。

(2)　サロマ湖は，海岸沿いの砂州によって隔《へだ》てられた湖です。このような湖を何といいますか。以下より選び，番号で答えなさい。

①　三日月湖　　②　カルデラ湖　　③　断層湖　　④　潟湖

(3)　サロマ湖は，あるものの養殖《ようしょく》で知られています。右の表１は，それの養殖収獲《しゅうかく》量の上位３都道府県をしめしたものです。あるものとは何ですか，答えなさい。

表１

順位	都道府県名	養殖収獲量(単位：トン)
1	北海道	84,893
2	青森県	84,279
3	宮城県	2,759

(農林水産省『海面漁業生産統計調査』2018より作成)

問３　下線部(3)についてですが，知床半島は世界自然遺産に指定されています。次のうち，知床半島について説明したものを選び，番号で答えなさい。

①　「東洋のガラパゴス」と呼ばれ，カタツムリの仲間に指定地域特有の固有種が多い。

②　指定地域に高い山があり，日本列島に存在するさまざまな植物が標高に応じて分布して固有種も多い。

③　人の影響《えいきょう》をほとんど受けていない原生的なブナ天然林が，世界最大級の規模で分布している。

④　栄養豊富な海があり，山にまで続く自然界での食物連鎖《れんさ》が独特の生態系を形作っている

問4　下線部(4)についてですが，摩周湖と屈斜路湖の位置を以下の地図1から選び，それぞれ記号で答えなさい。

地図1

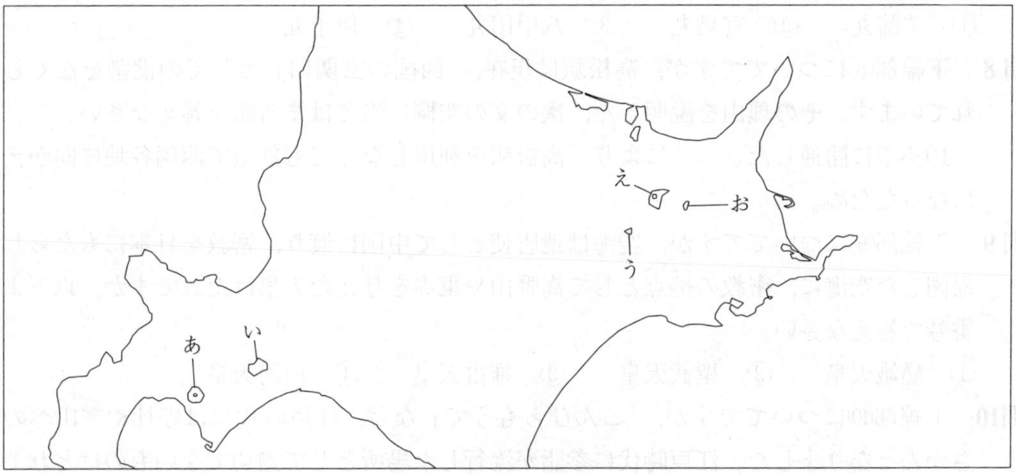

問5　下線部(5)についてですが，釧路湿原はその豊富な自然から，タンチョウの生息地として知られています。この自然を守るため，市民から資金を集めて，湿原を「自然保護地」として購入《こうにゅう》する運動が行われています。このような運動を何といいますか，答えなさい。

問6　下線部(6)についてですが，次の表2は，北海道の釧路市・帯広市・苫小牧市・室蘭市の製造品出荷額《がく》等(2017年)をしめしたものです。釧路市をしめすものはどれですか。以下より選び，番号で答えなさい。なお，資料がととのっていない部分は表中で空欄になっています。

表2　2017年釧路市・帯広市・苫小牧市・室蘭市の製造品出荷額等(単位：万円)

	食料品製造業	パルプ・紙・紙加工品製造業	化学工業	石油製品・石炭製品製造業	鉄鋼業
①	6,931,245	7,309,283	3,675,888		295,053
②	893,803	13,318,226	2,142,716	58,437,946	2,322,799
③	6,676,248				
④	352,138	ー	1,471,013		28,090,191

(経済産業省『平成30(2018)年工業統計表』地域別統計表データより作成)

註　「ー」は該当数値なし。

B．四国の土讃《どさん》本線(現土讃線)も味わい深い路線だったね。かつて，四国へは，岡山県の宇野駅から香川県の高松駅まで，(7)宇高連絡船《うこうれんらくせん》で行ったんだ。だから，(8)その頃の高松駅は四国の玄関口としてにぎわっていたんだ。

高松駅からは特急「南風《なんぷう》」で高知駅まで向かった。高松駅から多度津《たどつ》駅までは，土讃本線ではなく，予讃《よさん》本線(現予讃線)なんだけどね。多度津駅からは讃岐《さぬき》山脈に向かって南下していくのだけど，(9)空海が生まれたとされる善通寺や，(10)「こんぴらもうで」で知られる金刀比羅宮《ことひらぐう》などが沿線にあるので，途中《とちゅう》下車したい気もしたね。讃岐山脈を抜《ぬ》けると今度は【 11 】が流れる谷が現れて，その谷を越《こ》えるために大きく迂回《うかい》するのが印象的だった。【 11 】の上流に当たる渓谷《けいこく》，大歩危《おおぼけ》・小歩危《こぼけ》を眺《なが》めていると，四国山地の険しい山並みが車窓から見られた。四国山地を抜けた土佐山田《とさやまだ》駅では，(12)高知平野が一気に視界に開けてくるんだ。すると間もなく(13)高知駅に到着《とうちゃく》だ。

問7　下線部(7)についてですが，宇高連絡船で運航されていた船には，四国ゆかりの名前が付けられていました。宇高連絡船で運航されていた船はどれですか。以下より選び，番号で答えなさい。

①　羊蹄丸　　②　宮島丸　　③　八甲田丸　　④　伊予丸

問8　下線部(8)についてですが，高松駅は現在，「四国の玄関口」としての役割をなくしたとされています。その理由を説明した，次の文の空欄に当てはまる語を答えなさい。

1988年に開通した(　　)により，高松駅を利用しなくても鉄道で四国各地に向かえるようになったため。

問9　下線部(9)についてですが，空海は遣唐使として中国に渡《わた》り，密教を日本にもたらしました。帰国した空海に，密教の拠点《きょてん》として高野山や東寺を与《あた》えた天皇はだれですか。以下より選び，番号で答えなさい。

①　嵯峨天皇　　②　聖武天皇　　③　推古天皇　　④　白河天皇

問10　下線部(10)についてですが，「こんぴらもうで」など，江戸時代には寺社や霊山《れいざん》への参詣《さんけい》がさかんとなりました。江戸時代に参詣が流行した場所として適切でないものはどれですか。以下より選び，番号で答えなさい。

①　富士山　②　明治神宮　③　成田山新勝寺　④　伊勢神宮

問11　空欄【11】についてですが，この空欄に当てはまる川の名前を答えなさい。

問12　下線部(12)についてですが，高知平野は野菜の栽培《さいばい》がさかんです。次の表3は，高知県で栽培がさかんな野菜の収穫量の上位7都道府県をしめしたものです。a・bに当てはまる都道府県名をそれぞれ答えなさい。

表3　2018年きゅうり・なす・ピーマンの収穫量(単位：トン)

きゅうり

1	a	62,400
2	群馬県	54,900
3	埼玉県	45,700
4	福島県	38,900
5	千葉県	35,300
6	高知県	25,100
7	b	24,200

なす

1	高知県	39,300
2	熊本県	31,700
3	群馬県	25,800
4	福岡県	20,900
5	b	16,600
6	栃木県	14,800
7	愛知県	11,900

ピーマン

1	b	33,400
2	a	26,500
3	高知県	13,500
4	鹿児島県	12,600
5	岩手県	7,530
6	大分県	5,970
7	北海道	4,920

(農林水産省『作況調査(野菜)』より作成)

問13　下線部(13)についてですが，高知県はかつて土佐国と呼ばれていました。土佐国から京都へ帰る際の記録をかな文字でつづった『土佐日記』を記したのはだれですか，答えなさい。

C．かつては，(14)東京駅から西日本各地に向かって，寝台《しんだい》列車がたくさん運行されていたんだ。その中でも，お父さんは，東京駅から西鹿児島駅(現鹿児島中央駅)を結んでいた寝台特急「はやぶさ」が好きだった。東京駅を午後4時45分に出発すると，夜中になるまでの停車駅は(15)横浜・静岡・名古屋・岐阜・京都・大阪・三ノ宮(神戸市)と非常に少ないんだ。その後，まだ陽《ひ》ものぼらない時間帯になって，(16)広島駅に停車する。広い駅でも，まだひとけが全然ない風景は，不思議な感じだった。小郡《おごおり》駅(現新山口駅)までは，(17)瀬戸内海に沿って走るところが多く，海に浮《う》かぶ多くの島々が見られて，非常に景色がよかったのを覚えているよ。下関駅と門司駅では，それぞれ機関車を交換《こうかん》するんだ。それは，(18)関門海峡《かいきょう》の下を通る関門トンネルでは，専用の機関車が必要だったからなんだ。九州に入ると，もう午前８時を回っているので，停車駅も増える。博多・鳥栖《とす》・(ａ)・大牟田《おおむた》・熊本・(ｂ)・(ｃ)・出水《いずみ》・阿久根《あくね》・川内《せんだい》と停車し，終点の西鹿児島駅には午後２時過ぎに到着。東京から実に22時間の旅だった。

問14　下線部(14)についてですが，日本の歴代総理大臣で，東京駅で暴漢に襲撃《しゅうげき》されて命を落とすことになった人物が２人います。そのうち，立憲政友会を率いて政党内閣を結成した人物はだれですか，答えなさい。

問15　下線部(15)についてですが，以下の問に答えなさい。

(1)　これらの都市のうち，４番目に人口が多い都市(2018年１月１日現在)はどこですか，答えなさい。

(2)　これらの都市のうち，もともと稲葉山城の城下町であった地を，織田信長が改名して名付けた都市はどこですか，答えなさい。

(3)　これらの都市のうち，江戸時代に井原西鶴や緒方洪庵が活動した都市はどこですか，答えなさい。

(4)　京都市にあるものとして適切ではないものはどれですか。以下より選び，番号で答えなさい。

①　伏見城跡　　②　建仁寺　　③　琵琶湖疏水　　④　平等院鳳凰堂

問16　下線部(16)についてですが，以下の問に答えなさい。

(1)　広島市は，戦前，東京以外で唯一《ゆいいつ》，帝国議会が開かれた都市です。ある戦争のときに首都機能が一時的に移ったためです。台湾を植民地として獲得《かくとく》することになった，ある戦争とは何ですか。以下より選び，番号で答えなさい。

①　西南戦争　②　台湾出兵　③　日清戦争　④　日露戦争

(2)　広島市は，原子爆弾が投下された都市として，世界的に知られています。そのため，1955年には第１回原水爆禁止世界大会が開催《かいさい》されました。この大会が開催されるきっかけとなった，1954年に太平洋で起きた被ばく事件は何ですか，答えなさい。

問17　下線部(17)についてですが，次の文は瀬戸内海のある島について述べたものです。ある島とはどこですか，答えなさい。

瀬戸内海では２番目の面積をもつ島で，オリーブやごま油，そうめんの生産がさかんです。

問18　下線部(18)についてですが，1185年に関門海峡で行われた，源氏と平氏の戦いは何ですか。以下より選び，番号で答えなさい。

①　下関戦争　②　壇の浦の戦い

③　屋島の戦い　④　平治の乱

問19　空欄(ａ)～(ｃ)に当てはまる駅名は，それぞれ所在する市と同名の駅です。次の説明文はそれぞれ，そのいずれかの市を説明したものです。ａ～ｃに当てはまる組み合わせとして正しいものを以下より選び，番号で答えなさい。

(ア)　1950年代に，不知火《しらぬい》海に流入した有機水銀をふくむ魚介《かい》類を食べたことが原因で，大きな公害病が発生した。

(イ)　球磨川の下流に広がる平野で「い草」の栽培がさかんだったが，近年は減少している。

(ウ)　筑後川の下流域に位置する都市で，タイヤ・ゴム産業がさかんであり，伝統工芸品の「かすり」が知られる。

組み合わせ　①　a－(ア)　b－(イ)　c－(ウ)
②　a－(イ)　b－(ア)　c－(ウ)
③　a－(ウ)　b－(ア)　c－(イ)
④　a－(ア)　b－(ウ)　c－(イ)
⑤　a－(イ)　b－(ウ)　c－(ア)
⑥　a－(ウ)　b－(イ)　c－(ア)

問20　寝台特急「はやぶさ」の運行経路は，東海道・山陽・九州各新幹線とおおよそ重なりますそれをふまえて，以下の問に答えなさい。

(1)　寝台特急「はやぶさ」の車窓から見えるものとして，適切なものを以下より選び，番号で答えなさい。ただし，「夜の時間に走行するので，見られない」ことは考えなくてかまいません。

①　諏訪湖　②　法隆寺　③　駿河湾　④　別府温泉

(2)　寝台特急「はやぶさ」は，全部でいくつの都道府県を走りますか。以下より選び，番号で答えなさい。

①　8　②　11　③　13　④　16

Ⅱ　「副」という語のつく事柄《ことがら》に関する，以下の問に答えなさい。

問1　2020年11月3日，アメリカでは大統領選挙が行われました。この選挙戦では，有色人種の女性として初めて，カマラ・ハリス上院議員が副大統領候補に指名され，注目を集めましたカマラ・ハリスが所属している政党の名前を答えなさい。

問2　日本の内閣総理大臣臨時代理は，副総理と呼ばれることがあります。これは内閣総理大臣が事故にあったり，欠けたりした時に，臨時に内閣総理大臣の職務を行う，あらかじめ指定されている国務大臣のことをいいます。これに関する，以下の問に答えなさい。

(1)　2000年4月には，小渕恵三《おぶちけいぞう》首相が病気で職務不能となり，臨時代理が首相の代行をしました。この年の7月には第26回主要国首脳会議(九州・沖縄サミット)が控《ひか》えていました。このサミットを記念して二千円札が発行されましたが，日本の紙幣《しへい》を発行しているのはどこですか，その名称《めいしょう》を答えなさい。

(2)　1980年6月12日に急死した大平正芳《おおひらまさよし》首相の葬儀《そうぎ》は，立教学院諸聖徒礼拝堂でも行われましたが，当時は内閣官房長官が臨時代理となりました。首相が急死したのは選挙期間中で10日後には衆議院議員総選挙と参議院議員通常選挙の投票日が控えていました。この選挙の投票率は約75%で，参議院議員通常選挙としては過去最高の投票率でした。では，2017年に行われた衆議院議員総選挙の投票率として，最も適当なものはどれですか。以下より選び，番号で答えなさい。

①　約34%　②　約54%　③　約74%　④　約94%

問3　副知事は，知事が指名し，都道府県議会の同意を経て選出されます。これに関する，以下の問に答えなさい。

(1)　副知事は選挙で選ばれるわけではありませんが，住民は副知事の解職を求めることができます。住民が，任期満了《まんりょう》前に公職にある人の罷免《ひめん》を求めることを何といいますか，カタカナで答えなさい。

(2) 副知事は知事の指名制ですが，知事は選挙によって選ばれます。次の文章は，知事の選挙について定めた日本国憲法第93条の一部です。空欄に当てはまる語を答えなさい。

> 第93条
> ② 地方公共団体の長…は，その地方公共団体の〔　　〕が，直接これを選挙する。

問４ 国際連合には，事務総長を補佐する副事務総長という役職があります。これに関する，以下の問に答えなさい。

(1) 副事務総長は，1997年に設置されましたが，当時の国連事務総長は当初，緒方貞子《おがたさだこ》に就任を求めました。緒方は，当時国連難民高等弁務官という役職にありましたが，難民を支《し》援《えん》している国連難民高等弁務官事務所を，アルファベットの略称《りゃくしょう》で何といいますか。以下より選び，番号で答えなさい。

① UNICEF　② UNHCR　③ UNESCO　④ UNWTO

(2) 現在の副事務総長アミーナ・モハメッドは，気候変動対策を指導してきたなどの経歴から，SDGsを促進《そくしん》する役割を果たしてきました。SDGsを日本語で何といいますか，９字で答えなさい。

【理　科】〈第１回試験〉(30分)〈満点：50点〉

注意　計算機，分度器を使用してはいけません。

1　ある日の夕方，太郎さんは夕食作りの手伝いをし，野菜の塩もみを作りました。きざんだ野菜に塩を振《ふ》りかけてしばらく置いておくと，野菜から水分がにじみ出てきました。この現象に興味を持った太郎さんは，キュウリを使って次のような手順で【実験Ａ】～【実験Ｄ】を行いました。

太さが同じくらいのまっすぐなキュウリを用意し，厚さを決めて輪切りにしました。キュウリのおもさを量った後，食塩水や砂糖水などの水溶液《すいようえき》の中に入れ，ときおりかき混ぜました。一定の時間がたった後に，水溶液からキュウリを取り出し，ペーパータオルでまわりの水分を取り除いてからおもさを量りました。その後水溶液に入れる前のおもさを１としたときの比を求めたり，水溶液から取り出したときに減ったおもさを求めたりしてグラフにまとめました

【実験Ａ】

厚さ５mmのキュウリを，異なる濃《こ》さの食塩水にそれぞれ20分間入れた。

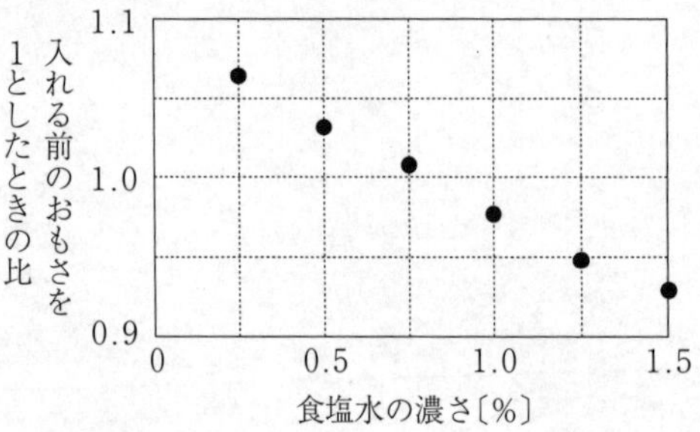

【実験Ｂ】

厚さ５mmのキュウリを，異なる濃さの砂糖水にそれぞれ20分間入れた。

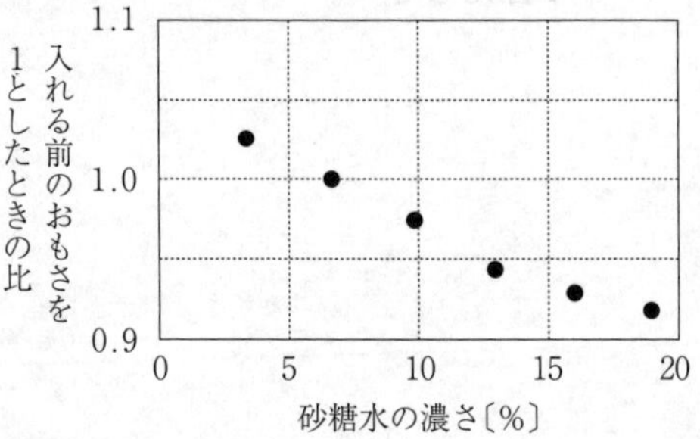

【実験Ｃ】

異なる厚さのキュウリを，異なる濃さの食塩水にそれぞれ20分間入れた。

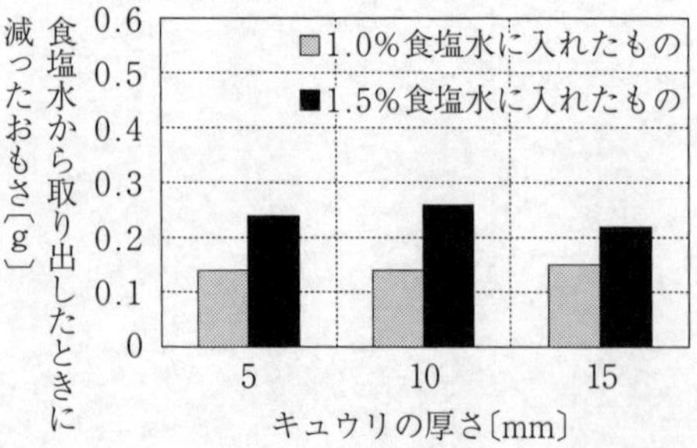

【実験Ｄ】

皮をつけたままの厚さ15mmのキュウリと，皮を取り除いた厚さ15mmのキュウリを，1.5%の食塩水の中に入れ，２分ごとにそれぞれのキュウリのおもさを量った。

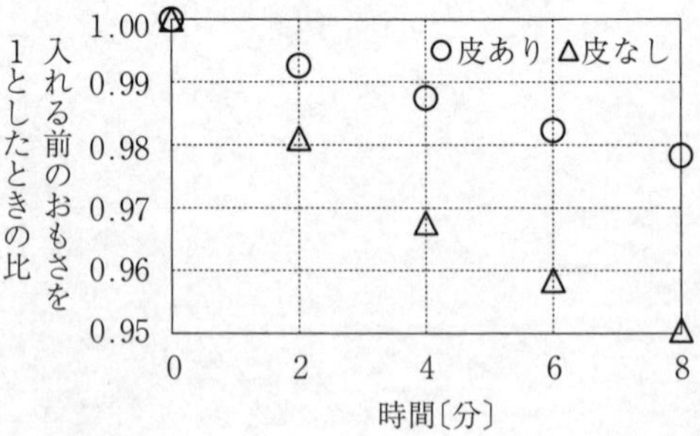

(1)　【実験Ａ】～【実験Ｄ】の結果からわかることとして適切なものを，次の(ア)～(キ)からすべて選び記号で答えなさい。

(ア)　キュウリから水分が出ることはあっても入ることはない

(イ)　キュウリに出入りする水分量は，水溶液の濃さによって変化する

(ウ)　キュウリに出入りする水分量は，キュウリの厚さが厚くなるほど増える

(エ)　食塩水に入れたときだけ，キュウリから水分が出入りする

(オ)　キュウリの皮は内部に比べて水分が出入りしやすい

(カ)　キュウリの皮は内部に比べて水分が出入りしにくい

(キ)　キュウリの皮と内部では水分の出入りのしやすさに違《ちが》いはない

(2)　次の①～③を確かめるために必要な実験を，【実験Ａ】～【実験Ｄ】からすべて選び，それぞれ記号で答えなさい。

①　水溶液に溶《と》けている物質による，キュウリへの水分の出入りの違い

②　キュウリに出入りする水分量に影響《えいきょう》を与《あた》える要因

③　キュウリの厚さによる，キュウリに出入りする水分量への影響

(3)　太郎さんはキュウリから水が出入りする現象について調べたことを次のようにまとめました。文章中の①～④に適する語句の組み合わせを，以下の(ア)～(エ)から選び，記号で答えなさい。

　キュウリは，水分が入った小さな粒《つぶ》が集まってできており，この粒を細胞《さいぼう》といいます。細胞には水などが出入りできる膜《まく》があり，キュウリから出てくる水は，この膜を通って出てきます。また，細胞の中は様々な物質が溶けた水溶液とみることができ，膜をはさんで細胞の中の水溶液と細胞の外の水溶液のどちらが濃いかによって，水が移動する方向が決まります。

　実験結果から考察すると，細胞の中の水溶液に比べて細胞の外の水溶液が（ ① ）ときは，水は（　 ②　 ）ので実験後のキュウリのおもさが減ります。また，細胞の中の水溶液に比べて細胞の外の水溶液が（ ③ ）ときは，水は（　 ④　 ）ので実験後のキュウリのおもさが増えます。

	①	②	③	④
(ア)	濃い	細胞の内側に多く移動する	うすい	細胞の外側に多く移動する
(イ)	うすい	細胞の内側に多く移動する	濃い	細胞の外側に多く移動する
(ウ)	濃い	細胞の外側に多く移動する	うすい	細胞の内側に多く移動する
(エ)	うすい	細胞の外側に多く移動する	濃い	細胞の内側に多く移動する

(4)　キュウリの細胞の中を満たす水溶液が食塩水だとしたとき，その食塩水の濃さとしてもっとも近いものを，次の(ア)～(オ)から選び，記号で答えなさい。

(ア)　0.2％　　(イ)　0.4％　　(ウ)　0.8％　　(エ)　1.0％　　(オ)　1.2％

2　次の会話文を読み，以下の問いに答えなさい。

父　　太郎，何をしているの？

太郎　10％の食塩水を作ろうと思って，１の位まで量れるはかりで食塩を５ｇ量っているよ。よし，表示が５ｇになったよ。

父　　それ，本当に５ｇなの？

太郎　えっ，どういうこと？　表示が５ｇなのだから，５ｇに決まっているじゃん！

父　　試しに，小数第１位まで量れるはかりを使ってごらん。

太郎　あれ，4.8ｇだ……。５ｇにならないよ。おかしいな……。

父　　気になるなら，１の位まで量れるはかりで５ｇ量った後，小数第１位まで量れるはかりで量ることを何回かやってみると良いよ。

太郎　わかった。やってみて，表にまとめてみるよ。

	１回目	２回目	３回目
１の位まで量れるはかり	５ｇ	５ｇ	５ｇ
小数第１位まで量れるはかり	4.8ｇ	5.1ｇ	4.7ｇ

太郎　お父さん，表にまとめてみたよ。やっぱり，値が違うなあ。なんでだろう？

父　　もう少し考えてみようか。はかりで表示された値が，表示される桁《けた》より１つ下の桁を四捨五入することによって得られた値だとしよう。１の位まで量れるはかりで食塩のおもさが５ｇと表示されたなら，実際の食塩のおもさがどのような範囲《はんい》に含《ふく》まれるかわかるかな？

太郎　［　Ⅰ　］。

父　　その通り。では，小数第１位まで量れるはかりで食塩のおもさが5.0ｇと表示されたなら実際の食塩のおもさがどのような範囲に含まれるかわかるかな？

太郎　［　Ⅱ　］。

父　　その通り。したがって，１の位まで量れるはかりと小数第１位まで量れるはかりを比べると，実際の食塩のおもさの範囲について［　Ⅲ　］ことがわかるね。

太郎　なるほど。お父さん，ありがとう。

(1)　食塩の結晶《けっしょう》の形として適切なものを，次の(ア)～(エ)から選び，記号で答えなさい。

(ア)　(イ)　(ウ)　(エ)

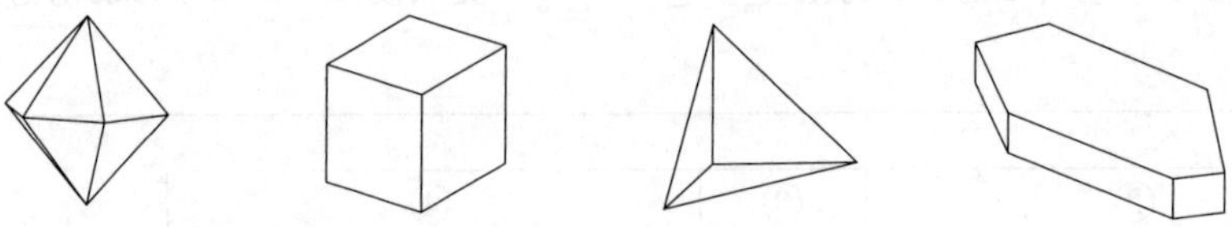

(2)　太郎さんの会話ⅠとⅡに入る文は次の通りです。ⅠとⅡそれぞれについて文を完成させなさい。ただし，(Ａ)と(Ｂ)には適する数値を答え，(ⅰ)と(ⅱ)には適する語句の組み合わせを以下の(ア)～(エ)から選び，記号で答えなさい。また，同じ記号を複数回使用してもかまいません。

会話ⅠとⅡに入る文：［範囲は(　Ａ　)ｇ(　ⅰ　)，(　Ｂ　)ｇ(　ⅱ　)］

(ⅰ)と(ⅱ)の語句の組み合わせ：
(ア)　(ⅰ)　以上で　(ⅱ)　以下だよ
(イ)　(ⅰ)　以上で　(ⅱ)　より小さいよ
(ウ)　(ⅰ)　より大きくて　(ⅱ)　以下だよ
(エ)　(ⅰ)　より大きくて　(ⅱ)　より小さいよ

(3)　文中のⅢに入る文として適切なものを，次の(ア)～(エ)から選び，記号で答えなさい。

(ア)　小数第１位まで量れるはかりの方が狭《せま》い

(イ)　小数第１位まで量れるはかりの方が広い

(ウ)　１の位まで量れるはかりと小数第１位まで量れるはかりで変わらない

(エ)　１の位まで量れるはかりの方が広いときもあれば，小数第１位まで量れるはかりの方が広いときもある

(4)　太郎さんはお父さんの話をもとに，次のようなことを考えました。

もし，正確に食塩５ｇと水（　Ｃ　）ｇを別々に量れるのであれば，正確に10％の食塩水を作ることができる。しかし，１の位まで量れるはかりを用いて，食塩５ｇと水を別々に量って10％の食塩水を作ろうとしても，作った食塩水の実際の濃度範囲は，［　Ⅳ　］。また，１の位まで量れるはかりを用いても，より正確に10％の食塩水を作るには，［　Ｖ　］。

①　文中の（Ｃ）に適する数値を答えなさい。

②　文中のⅣに入る文は次の通りです。文を完成させなさい。ただし，（Ｄ）と（Ｅ）には適する数値を答え，（ⅲ）と（ⅳ）には適する語句の組み合わせを以下の(ア)〜(エ)から選び，記号で答えなさい。また，数値を答える際，割りきれない場合は小数第２位を四捨五入して小数第１位まで求めなさい。

文中のⅣに入る文：（　Ｄ　）％（　ⅲ　），（　Ｅ　）％（　ⅳ　）

（ⅲ）と（ⅳ）の語句の組み合わせ：
(ア)　（ⅲ）　以上で　（ⅳ）　以下である
(イ)　（ⅲ）　以上で　（ⅳ）　より小さい
(ウ)　（ⅲ）　より大きくて　（ⅳ）　以下である
(エ)　（ⅲ）　より大きくて　（ⅳ）　より小さい

③　文中のＶに適する文を「食塩」という語句を用いて答えなさい。

3　以下の問いに答えなさい。

スコップで雪かきをしていた太郎さんは，お父さんからスコップの持ち方について教えてもらいました。

(1)　スコップのどこを持つと雪かきがしやすいですか。右図の(ア)〜(エ)から２つ選び，記号で答えなさい。

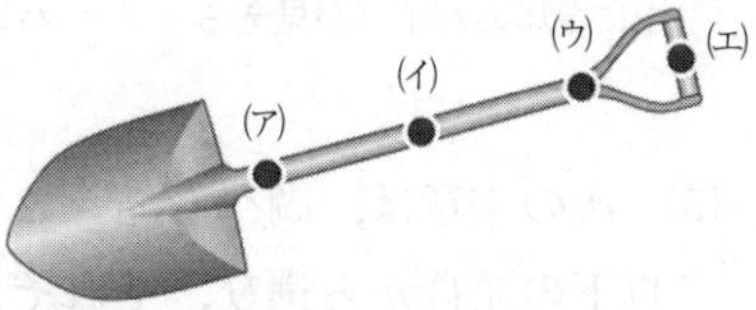

お父さんからスコップの持ち方がてこに関係していると聞いた太郎さんは，さっそくてこについて調べてみました。すると，表１のように３種類あることがわかりました。

表１　てこの種類

てこ１	てこ２	てこ３
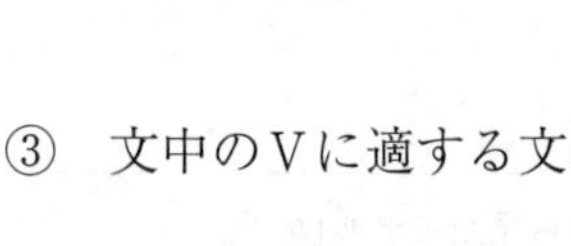	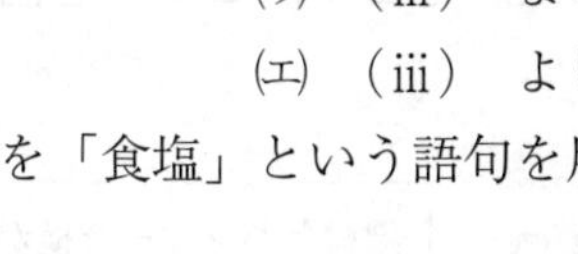	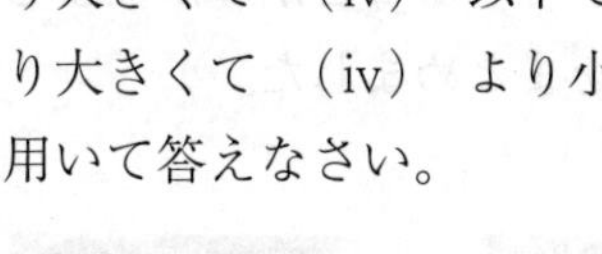

(2)　直接持ち上げることのできないような重たいものでも，小さな力で持ち上げることのできるてこの種類を，表１からすべて選び，てこの番号で答えなさい。

(3)　次の①〜④の道具では，どのようなてこが利用されていますか。当てはまるてこを，表１から選び，それぞれてこの番号で答えなさい。ただし，同じ番号を複数回使用してもかまいません。

①

〈はさみ〉

②

〈穴開けパンチ〉

③
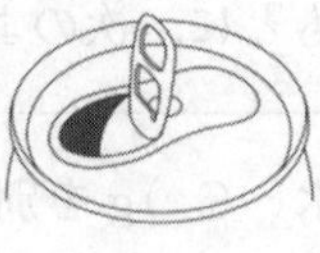
〈プルタブ〉

④

〈糸切りばさみ〉

(4)　爪《つめ》切りでもてこが使われています。下図のように爪切りを机の上に置いて，持ち手のAにゆっくり力を加えると，Eの部分ではたらく力は加えた力のおよそ何倍になりますか。もっとも適切なものを，下の(ア)～(キ)から選び，記号で答えなさい。ただし，各区間の距離《きょり》は表２のようでした。

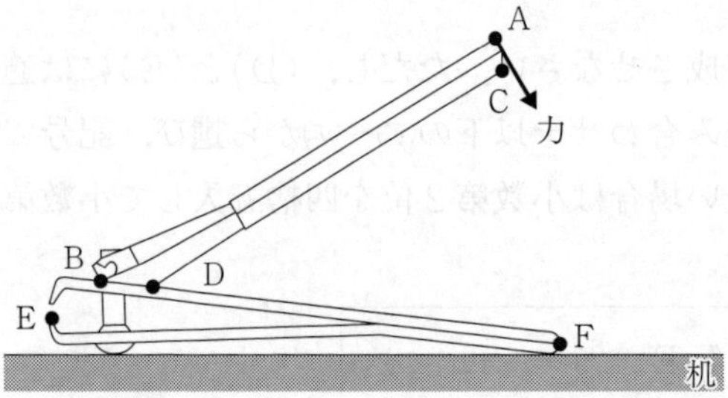

表２　各区間の距離

区間	距離
AB	9 cm
BD	1 cm
CD	8 cm
DF	8 cm
EF	10 cm

(ア)　0.2倍　(イ)　0.5倍　(ウ)　0.7倍　(エ)　2倍　(オ)　5倍　(カ)　7倍　(キ)　10倍

太郎さんはてこと関係したものがないか，さらに調べてみたところ，家にあったおもちゃのピアノも関係していることがわかりました。そこで，ピアノを図のように分解して，その構造を調べ，結果をまとめました。

中に金属のパイプが見える

分解

ハンマーが見える

鍵盤《けんばん》とハンマーを横から見たモデル図

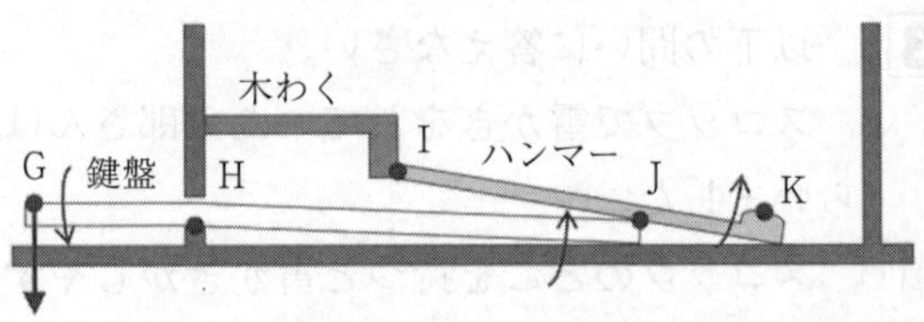

(5)　次の文章は，調べた結果とてこの関係をまとめたものです。文章中の①～⑦に適する語句を以下の語群から選び，それぞれ記号で答えなさい。

> ピアノの中には金属のパイプが入っており，鍵盤を押《お》すと中のハンマーが動き，そのハンマーが金属のパイプを叩《たた》く構造だった。鍵盤とハンマーの動きから，表１の（　①　）が組み合わさっていることがわかる。なお，各区間の距離の比をGH：HJ＝KJ：JI＝1：2として，ハンマー先端《せんたん》のKを指で押さえることを考えると，鍵盤のGを押す力の（ ② ）の力がKを押さえた指にはたらく。
>
> また，金属のパイプは，鍵盤をゆっくり押したときにはハンマーが届かない高い位置に設置されていた。これは，金属のパイプをハンマーで叩いたときに（　③　）ようにするためである。なお，鍵盤を押す力を変えずに，鍵盤やハンマーの長さを変えて，一番大きな音を出せるようにするには，GHの長さを（ ④ ），HJの長さを（ ⑤ ），KJの長さを（ ⑥ ），JIの長さを（ ⑦ ）ことを一度に行えばよい。

〈語群〉

①：(ア)　てこ１ と てこ１　　(イ)　てこ１ と てこ２　　(ウ)　てこ１ と てこ３
　　(エ)　てこ２ と てこ２　　(オ)　てこ２ と てこ３　　(カ)　てこ３ と てこ３

②：(ア)　約0.3倍　(イ)　約0.5倍　(ウ)　約1.5倍　(エ)　約２倍　(オ)　約３倍

③：(ア)　力が伝わりやすい　　(イ)　力が大きくなりすぎない
　　(ウ)　音がすぐに消えない　(エ)　音量が変わらない
　　(オ)　音の高さが変わらない

④：(ア)　少し長くし　　(イ)　変えないで　　(ウ)　少し短くし

⑤：(ア)　少し長くし　　(イ)　変えないで　　(ウ)　少し短くし

⑥：(ア)　少し長くし　　(イ)　変えないで　　(ウ)　少し短くし

⑦：(ア)　少し長くする　(イ)　変えない　　(ウ)　少し短くする

4　次の会話文を読み，以下の問いに答えなさい。

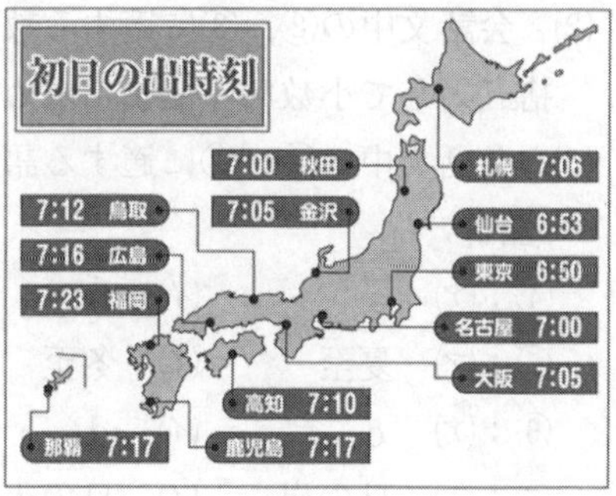

太郎　明日からは新年だ。初日の出は見られるかな。

父　日本全国晴れの予報なので初日の出が見られそうだ。ニュースで日の出情報が出ているぞ。

太郎　あれ？　札幌《さっぽろ》と大阪《おおさか》の日の出の時刻がほとんど一緒《いっしょ》だ。東の方が日の出の時刻は早いんじゃないの？

父　そうとも限らないんだ。東京と，ほぼ緯度《いど》が同じである鳥取，ほぼ経度が同じである秋田の３地点を選んで日の出や日の入りと昼の長さを表にまとめてみたよ。

表１　３地点の日の出・日の入り時刻

			春分	夏至	秋分	冬至
秋田	緯度：　39.7°	出	5:43	4:12	5:27	6:57
	経度：140.1°	入り	17:52	19:11	17:37	16:18
東京	緯度：　35.7°	出	5:45	4:26	5:29	6:47
	経度：139.7°	入り	17:53	19:00	17:38	16:32
鳥取	緯度：　35.5°	出	6:07	4:48	5:51	7:08
	経度：(　　)°	入り	18:15	19:22	18:00	16:54

表２　３地点の昼の長さ

	春分	夏至	秋分	冬至
秋田	12時間９分	14時間59分	12時間10分	９時間21分
東京	12時間８分	①	12時間９分	９時間45分
鳥取	12時間８分	14時間34分	12時間９分	９時間46分

太郎　本当だ。日の出の時刻は東の方がかならず早いと決まっている訳ではないんだね。あれ？　鳥取の経度が空欄《くうらん》になっているよ。

父　じゃあ，計算で求めてみようか。地球は24時間で360°回転するので，(　②　)分で1°回転するね。東京と鳥取の春分の日の出時刻の差から２地点の経度差を求めてごらん。

太郎　わかった。鳥取の経度は(　③　)°だね。

父　その通り。じゃあ，日の出と日の入りがどのように起きるのかを考えてみよう。日の出や日の入りは，もちろん地球の自転によるものなんだけれど，実は地球の公転にも関係しているんだ。図1は地球の公転を表していて，公転の向きは(④)，Xの位置は(⑤)になるね
Xの地球を図2のように拡大してみると，Xの地球は(⑥)の方向に自転をしているため，地球上の地点Pは(⑦)になるんだよ。

太郎　そっかぁ。場所や時期によって日の出・日の入りの時刻が異なっているのがわかったよ。

図1

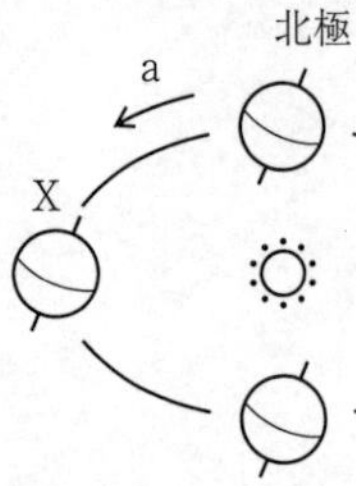

図2

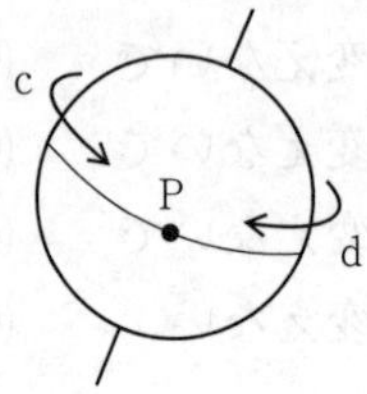

(1)　表2の①に適する昼の長さを答えなさい。

(2)　会話文中の②，③に適する数値を答えなさい。ただし，割りきれない場合は小数第2位を四捨五入して小数第1位まで求めなさい。

(3)　会話文中の④～⑦に適する語句を，次の語群から選び，それぞれ記号で答えなさい。

〈語群〉

④：(ア)　a　　　(イ)　b

⑤：(ア)　夏至　　(イ)　冬至

⑥：(ア)　c　　　(イ)　d

⑦：(ア)　日の出　(イ)　日の入り

(4)　太郎さんは，冬至の日の出や日の入りの時刻が同じ地点を点線でむすんだ図を作成しました
冬至の日の出や日の入りを表す図とその時間経過の方向として適する組み合わせを，以下の(ア
～(ク)から選び，それぞれ記号で答えなさい。ただし，図中の矢印eとfは時間経過の方向を示しています。

図A

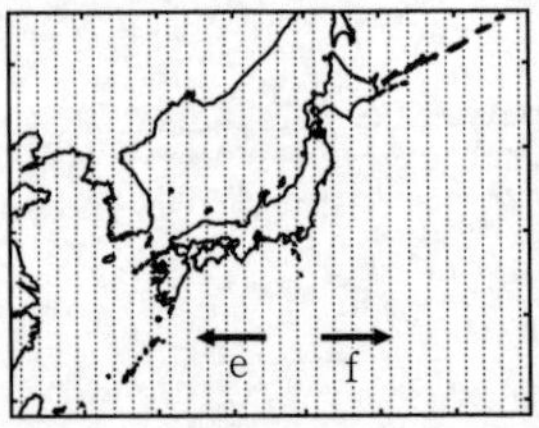

図B

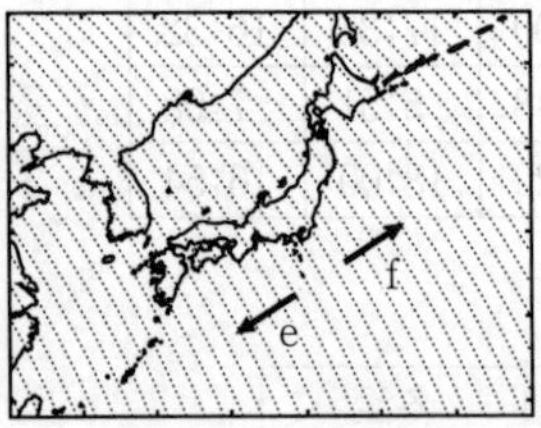

図C

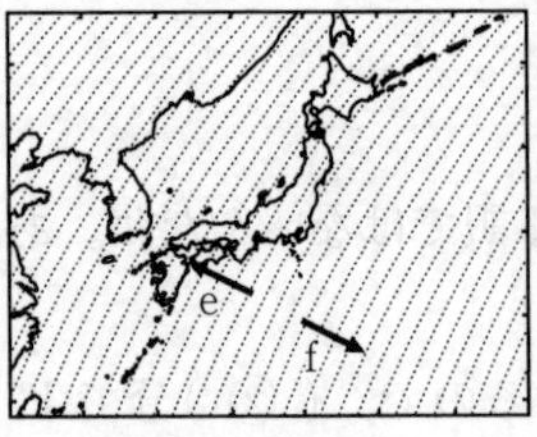

図D

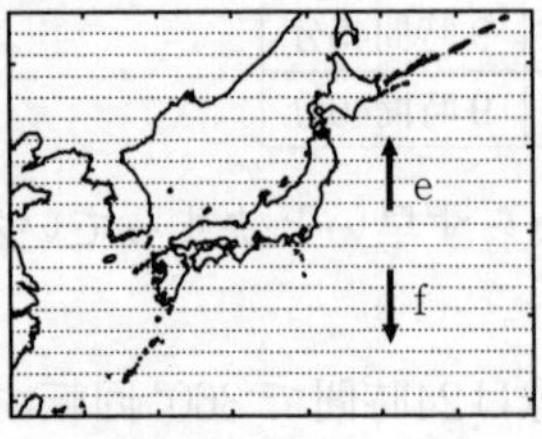

(ア)　図A・方向e　(イ)　図A・方向f　(ウ)　図B・方向e　(エ)　図B・方向f

(オ)　図C・方向e　(カ)　図C・方向f　(キ)　図D・方向e　(ク)　図D・方向f

(5) 北半球を説明する文として適切なものを，次の(ア)〜(ク)から３つ選び，記号で答えなさい。

(ア) 夏は低緯度の地点ほど，昼が長い

(イ) 冬は高緯度の地点ほど，昼が長い

(ウ) 同緯度の地点では，昼の長さはほぼ同じである

(エ) 夏は同緯度において，東の地点の方が日の出が早い

(オ) 冬は同緯度において，東の地点の方が日の入りが遅《おそ》い

(カ) 夏は同経度において，北の地点の方が日の入りが早い

(キ) 冬は同経度において，北の地点の方が日の出が遅い

(ク) 同経度では，北の地点の方がかならず日の出が早い

のように言っていますか。**当てはまらない**ものを次の中から一つ選び、記号で答えなさい。

ア　女子である理子に男子である自分が勝てないことが悔しかったから。

イ　自分の将来について思いをめぐらし、進路を考えるようになったから。

ウ　理子を恋愛対象として見る人間が近くにいるのは迷惑だと思ったから。

エ　反感を抱いていた遠藤コーチにこれ以上教えられるのが嫌だったから。

問五　空欄④に当てはまる漢字一字を答えなさい。

問六　傍線部⑤「岡目八目、っていうんだったっけ、こういうの」とありますが、「こういうの」が指す内容を解答欄の形式に合うように文中の表現を用いて具体的に答えなさい。

問七　傍線部⑥「会心のタイミング」の説明として適当なものを次の中から選び、記号で答えなさい。

ア　実力以上の力を発揮させるタイミング。

イ　期待した通りの満足できるタイミング。

ウ　十分に注意してつかんだ最高のタイミング。

エ　周囲の期待に応えられるタイミング。

問八　空欄⑦に当てはまる語を文中から抜き出しなさい。

半身のスタイルだ。

「あ、理子理子！」

給食室まで食器を下げに行っていた、給食当番のさつきが、教室に入ってくるなり名前を呼んだ。「ねえ、体育館に行かない？　トスバレーやるみたいだよ」

体育館が使える日の昼休み、クラスの一部の女子は、丸い輪を作りバレーボールを回しあうゲームを好んでやるのだった。小学校時代からの名残《なごり》みたいなものだ。男子はもう半分のスペースでミニバスケをしていることが多い。

バレーをして遊んでいるとき、頻繁に男子からの視線を感じる。

「……私は今日はいい」

「え、どうして？　具合でも悪いの？」

「ううん、違うけど」理子は少し声を小さくした。「次の時間の予習、済ませてなくて」

「そんなの、私もだよ。理子だったら予習なんてなくても平気だよ。社会、得意でしょ？」

でも、理子が体育館に行かないと知るや、さつきも教室に居残ると決めたようだ。居残り組のクラスメイトは、本を読んだり、こっそりマンガを読んだり、もっとこっそり携帯電話のゲームをしたりしている。そんな中を縫って、さつきは自分の机から社会の教科書を持ってきて、体育館へ行ったらしい前の子の席に座り、ページを繰った。一緒に予習しようというように。

「ねえ、さつき。今、身長どのくらいあるの？」

「うーんっとね」さつきは視線を斜め上に向けて、少しの間考える顔をした。

「百六十四センチ？」

（もう私と、一センチしか違わないんだ）

体重は訊かなかった。理子はさつきの胸をさりげなく見た。ベストの前とブラウスの間には、緩い空間ができていた。盛り上がりに欠けて、男の子みたいだった。

理子はそれが羨ましかった。

相別町のプラスチック台で飛んだとき、理子はアプローチのときからバランスを取るのに神経をすり減らした。そんなことは初めてだった。冬場の台とは違い、条件が変わらない夏の台なのに、滑り降りていくにつれて加速していく体と、体が感じる重力や抵抗力などが、なんとなくしっくりこなくて、理子は助走しながら細かく体勢を調整しなくてはいけなかった。

踏み切りも、⑥会心のタイミングは取れなかった。

それでもなんとか体面を保てるくらいに飛べたのは、必死で空中姿勢を整え、低空を飛びながらぎりぎりまで接地を我慢したからだ。

（私のジャンプはこんなのじゃなかった）

心が揺れる。胸の中に静かに白くふんわり積もっていた雪が、白煙の目隠しとなって理子を惑わせる。理子は、初めて味わう［⑦］感を気取られまいと、なんでもないように振る舞った。

（乾　ルカ『向かい風で飛べ！』）

（注）＊シャンツェ…スキーのジャンプ台。
＊カンテ…踏み切り台の先端。

問一　傍線部**イ**～**ホ**のカタカナを漢字に直しなさい。

問二　傍線部①「今できるベストのジャンプをした」とありますが、理子がこの時のジャンプに抱いた思いを文中から二十字以内で抜き出しなさい。

問三　空欄［②］に当てはまる語を文中から抜き出しなさい。

問四　傍線部③について。圭介は理子に「少年団をやめた」理由をど遠藤コーチは、当時から神童の誉れ高かった──ドーケン先生の再来と、その秀才振りを称えられてきた圭介を、特別扱いしなかった。小学三年生の他の子が圭介と同じ質問をぶつけるとは思えないが、もしそんなことがあったとしても、遠藤コーチは同じように応対しただろう。どんな子にも平等に接するコーチなのだ。理屈から入るより、まずは飛んで、ジャンプを好きになってほしいのだろうと、理子は見た。

しかし、抜群に頭の良い圭介は、軽《かろ》んじられたとむくれた。結局圭介は自分で本を読んで、滑走から踏み切り、飛翔時、着地に至るまでの運動エネルギーの変化を勉強した。そして、自分への遠藤コーチの対応を「教えなかった」のではなく、「教えられなかった」のだと子どもながらに軽蔑したらしいのだ。

永井コーチの入院で、一時的とはいえ遠藤コーチが先頭に立ち、舵《かじ》を取ることとなったジャンプ少年団は、圭介にとって居心地のいいものではなかったに違いない。

だが。

──でも、本当はコーチだけじゃないんだ。

ここにきて、圭介には退団を後押しする理由が、いくつもできてしまっていたのだ。

──ドーケン先生が町に来てから、ずっと考えてた。俺もドーケン先生みたいに中学を卒業したら家を出て、ちゃんと進学校に行きたい。俺さ、大学で航空工学と航空力学の勉強してさ、将来は航空機の設計に携わりたいんだ。それにはジャンプ選手の成績って別に関係ないんだよな。遅かれ早かれ、いつかはジャンプをやめるんだ、俺。

──ジャンプは好きだけど、俺にとっては一生やることじゃない。ジャンプよりも、そろそろ優先すべきことがあるんじゃないかと思う。両立できれば一番いいけれど、もしも結果が伴わなかったら、俺、自分の心にずるをして、ジャンプを逆恨みするかもしれない。

それから、もう一つ。

──あとさ。俺、おまえのこと、好きだ。

黙って聞く理子の前で、圭介は真顔で告白したのだった。

──でもこういうの、今のおまえに迷惑だろ? 俺でなくてもそういう目で見られるの、嫌だろ? 俺、おまえのこと好きだから、おまえにジャンプ全力でやってほしいから、俺がジャンプから離れる。

圭介は黙って右手を差し出してきた。圭介なりの決着のつけ方なのだろうと、理子は思った。理子も右手を差し出して、二人は握手をした。

──理子、サンキューな。おまえ、頑張れよ。

理子は頷《うなず》いた。圭介はさばさばしたみたいに、教室を後にした。

そんな圭介なのだが、退団後も理子のことを、なにくれとなく気にかけてくれる。理子が嫌に思わない程度にさりげなく。しかも一歩離れたところから見ているせいか、もともとの慧眼《けいがん》にさらに磨きがかかったようだ。

(⑤岡目八目、っていうんだったっけ、こういうの)

理子はいつか父親と話していて教えてもらった四字熟語を、ふと思い出した。

(悩んでいる……か)

圭介のように退団していく団員もいれば、春に新しく入団してきた子もいる。その中で小学二年生の女の子は、無邪気にこう言ってくれた。

──理子ちゃんみたいに飛びたいから、入ったの。

(あの子の名前はなんていったろう)

リボンを整えるふりをして、胸元をそっと押さえる。制服は夏服に変わって、ブレザーは着ていない。白のブラウスに紺のベストが、上理子は少しも想像していなかった。

それから、自分のジャンプに違和感を覚える日が来ることも。

「なんか悩んでんのかよ？」

月曜日の昼休みに話しかけてきたのは、③冬に少年団をやめた圭介だった。圭介は理子の机に右手を置いて、顔を傾けながら目を合わせてきた。

「相別町の＊シャンツェで、上手くいかなかったわけじゃねえよな？　おまえが失敗なんかしたら、すぐ俺の耳にだって入ってくるしさ」

そう言いつつも、悩んでいるのかと訊《き》いてきた圭介の観察眼に、理子は内心④を巻く。

でも、理子の心の中に芽生えつつある不安を、男子の圭介に話すわけにはいかない。いや、男子だからじゃない。誰にも話したくないし、知られたくない。

別になんでもないとかわした理子に、「ならいいけどよ」と受け流しつつも、圭介が理子の言葉を本気に受け取った様子はなかった。

「俺は少年団やめたけど、でもおまえの味方だからな」

圭介は早口でそう言うと、照れ隠しのように肩を竦《すく》めて離れていった。

ジャンプをやめたことを、圭介は後悔していないようだった。

「どうせ続けたって、女の理子に勝てねえし」

退団直後にそんな言葉を漏らした圭介を、さつきは本気で怒った。

「理子のせいみたいに言うの、やめてよ。圭介が勝手にやめるんでしょ」

圭介の退団理由を知る者はあまり多くない。圭介も表だって言わない。だから中には、本当に理子に勝てないのがつまらないからやめたのだ、と思っている団員もいる雰囲気だ。圭介は頭が抜群によくて下級生の面倒見もよかったので、そういった圭介を慕う一部の団員から、理子は少し嫌われてしまったかもしれないと感じる。

（別に構いはしないけれど）

――遠藤コーチに教えられるのが嫌だってのもあるけどさ。

冬休みが終わったある日の放課後、圭介は理子だけに退団の理由を話した。教室には誰もいなかった。

少年団をやめていく理由は、その子によってさまざまだが、一番多いのは入団直後で、「やっぱりあんまり面白くない」というようなことだ。小学三年生の授業で、校庭でやらされるジャンプの真似ごとと、八メートルとはいえ＊カンテを使うジャンプはやはり違う。授業で興味を持ったはいいものの、実際のジャンプとの相違に、「こんなのだとは思わなかった」と帰ってしまう子もいた。理子やさつきは、飛んだときの感覚にすぐ魅せられ、楽しみを見いだしたが、それが一般的な反応というわけでは決してない。人によっては「だからどうなの？」「これのどこがそんなに楽しいの？」という思いを抱いても全然不思議ではないのだ。誰もが同じではないのだから。

ジャンプそのものを好きになれなかった子が、続くはずはない。

言い方を変えれば、それなりに続けている団員は、ジャンプ競技そのものが好きなのだ。そういった子がジャンプを見限るのは、ジャンプを好きだという気持ち以上に、ジャンプに関するなにかが嫌になってしまったり、ジャンプよりも大事なものや好きなものができたりしたときだ。

もともと圭介は遠藤コーチに反発していた。きっかけは本当に些細《ささい》な出来事だった。入団当初、小学三年生だった圭介は、ジャンプでアプローチを滑り降りる際にかかる重力や抵抗力、遠心力など物理学的な解説を、遠藤コーチに求めたのだが、コーチは圭介の年齢を考えたのか、詳しい説明をしなかったのである。

二　次の文章を読んで、後の問に答えなさい。

まだ一度たりとも理子は、さつきが自分を追い抜くのをイユルしてはいない。ジャンプに関してはずっと、才能があると称賛されることにロナれていた。自分でも普通の子とは違うと思っていた。普通の子と同じ練習をしても、理子は一番になれたのだ。ただし、一度称えられたら満足し、鼻を高くしていたわけではもちろんなかった。褒められれば、その期待を裏切りたくなくて、理子はさらなる努力をしたのだ。

周囲はどんどん変わっていった。

彼らは理子のジャンプを見て、何年か後を語るようになった。日本代表、オリンピックという言葉とセットにして。

「理子、楽しみだね。今年の夏」

さつきは天真爛漫《らんまん》に言う。「いいなあ。フィンランドのチームと合同合宿かあ。どんな練習をするんだろうね？」

ゴールデンウィーク前に、永井コーチから知らされた一件は、瞬《また》く間に沢北町に広がり、周囲のハヒョウカを確定的なものにした。

――やっぱりそうなったか。

――理子ちゃんには才能があるから。

「どんなふうだったか、帰ってきたら詳しく教えてね」

私も次は理子と一緒に行きたいなあと、さつきは天をニアオぎ、スタートゲートまでの階段をまた登りだした。

理子は才能を生まれ持ったものだと考えていた。自分の才能のみならず、広い意味合いとしてである。望むと望まざるとに関わらず、人はそれを抱えて生を受ける。

自分はジャンプの才能を持って生まれたと、ちょっと前までは信じていた。

けれど今は、理子の中でその確信が揺らぎつつある。

（才能って、もしかしたら消えてしまうものなの？）

（それとも、そんなものはもともと私には……）

プラスチックのジャンプ台で、少年団の先陣を切って理子は飛んだ。

感覚を確かめるために流すのではなく、これは本番なんだと気を引き締めて、①今できるベストのジャンプをした。

記録は悪くなかった。他の団員は男女を問わず、

「さすがだね」

「今シーズンも調子良さそう」

と言ってくれた。遠藤コーチも「なかなか良かったぞ」とコーチングボックスから声を張り上げた。

ブレーキングトラックでスキー板をはずし、理子は次に飛んでくるはずのさつきを見つめる。

「はいっ」と元気のいい声をあげ、遠藤コーチの手の合図で、さつきはアプローチを滑り出す。

向かい風を味方につけて、スキー板と体の間で浮力を閉じ込めるように飛翔する姿。さつきは理子のジャンプはぴっとしてきれいだと言ってくれるけれど、理子はスキー板と体がホヒカク的近い自分のフォームよりも、さつきの空中姿勢のほうが理にかなっているのを知っている。気をつけても近くなってしまうのだ。それでも勝ってきたが、内心ではもっとさつきみたいにすべきだと思う。

とにかく誰がどう見ても、さつきは上手くなった。一本飛ぶごとに、上手くなるのだ。

だから、これでまた、さつきは一歩自分に近づいた――理子は自分が降りたほんのちょっと手前まで飛んできたさつきの笑顔に、目をくっと細めた。

（ ② って、なんだろう）

入団しないかと誘ったとき、さつきがこんなに上手くなるなんて、

ア　士農工商の区分がなくなったことで、人々は階層的な秩序から解放され自由に生きることができるようになったということ。
イ　職業に応じた身分集団が解体されたことで、人々は競争社会の中で自活していかなければならなくなったということ。
ウ　社会体制が急激に変わったことで混乱が生じ、人々は貧困や病気といった問題に苦しむようになったということ。
エ　明治維新によって新しい秩序が作り出されたことで、人々は現代に通じる社会制度を生み出すことになったということ。

問四　空欄[②]に当てはまる語を文中から漢字二字で抜き出しなさい。

問五　傍線部③について説明した以下の文章の空欄に当てはまる内容を答えなさい。ただし、[A]・[B]は文中の語句を用いて十五字以内で答えなさい。[C]は五字以内、[D]は十字以内で文中から抜き出しなさい。

> 通俗道徳が多くの人に信じられたのは、[　A　]と考えられたからである。ただし、この考え方は、貧困に陥るのは[　B　]からだという考え方にもつながる。ひとことで言えば[　C　]ということである。
> また、勤勉かつ倹約を心がけても貧困に陥ってしまうことがあるが、その場合も[　B　]と受け止められてしまう。この状況を、筆者は[　D　]と表現している。

問六　空欄[④]に当てはまる漢字一字を答えなさい。

問七　傍線部⑤の説明として適当なものを次の中から選び、記号で答えなさい。

ア　一人ひとりの経済状況は、国全体の経済状況の調査のみでは分からないということ。
イ　一人ひとりの経済状況は、国全体の経済成長率と一致するかどうかは分からないということ。
ウ　一人ひとりの経済活動は、国全体の経済政策の分析・調査からは分からないということ。
エ　一人ひとりの経済活動は、国全体の経済に影響するかどうか分からないということ。

問八　次のア～オそれぞれについて、本文の内容に当てはまるものには○、当てはまらないものには×をつけなさい。

ア　江戸時代の身分制度には、身分に応じた仕事をしていれば生存保障が与えられる側面もあった。
イ　明治時代の「恤救規則」は、選挙で選ばれた議員が集まった衆議院で否決され成立しなかった。
ウ　国家と市場経済を両輪として成立した近代社会は、両者の相反する性質のためにその姿を大きく変えた。
エ　新型コロナウイルスによって社会は大きく変わり、国家の力は弱体化することになった。
オ　人間の生き方を考察する材料として明治時代の生きづらさを取り上げることは有益である。

徳を信じたことで、弱者が直面する貧困などの問題は全て当人のせいにされました。勤勉に働いていても病気になることもあれば、いくら倹約しても貯蓄するほどの収入が得られないこともあったにもかかわらずです。通俗道徳を守れば必ず成功するわけではありませんが、守っていた人の中に成功者も多く、この規範は強い支持を得たのです。

歴史学は社会の動きと無縁ではありません。新型コロナウイルスの世界的大流行を見ても思います。

明治初期、町村合併によって境界を引き直したことと市場経済を導入したことで、社会が大きく姿を変えました。境界を引いて成り立つ国家と、境界を飛び越えて商品が飛び交う市場経済は相反するようにも見えますが、両者が併存しながら近代以降の社会は成り立ったと考えています。

近年、グローバル経済の発展により、国と国との境界は実質的に消滅し、国家の力は弱体化しているとの言説が強まりました。ところが今回、国籍のない無境界的な新型コロナウイルスが猛威を振るい、うろたえた人々からは、「ロックダウン（都市封鎖）」に代表される強い国家権力の行使を望む声も上がりました。危機に対処するには、国家権力に**イ**タヨらざるを得ないという考え方です。

争いや**ロ**ワザワいが繰り返された歴史を踏まえれば、人々の希望の根底には「なるべく平穏無事に過ごしたい」という思いがあります。近代社会が達成した人権という**ハ**ガイネンは、それぞれの人が望む平穏の形を妨げられることなく生きていく、ということに集約されるのだと思います。

コロナウイルスが引き金となり、社会は様々な面で大きく変わるでしょう。その時、明治時代のように、生きづらさで苦しむ人たちを作り出さないか、私たちは[④]を凝らさなくてはならないのです。

現在、私は恤救規則を巡り、1880～90年代、老齢で夫や子供のいない一人暮らしの女性がどんな仕事をして生計を立て、生活が苦しくなった時にはどのような手続きを経て公的な扶助を受けていたのかを調べています。⑤当時の行政記録を通じたミクロな視点からのアプローチで、明治の経済成長率をマクロに分析するだけでは分からないものです。

この作業を通じ、明治の経済が当時の人々をどのように生かしていたのかを明らかにしたいと考えています。そして、特に近代において女性やジェンダー（社会的な性差）がどのように扱われてきたかも浮かび上がらせられると思っています。

世の中を良くするため、歴史を知ることは不可欠だと思います。歴史には一定のパターンが存在するからです。自分自身で解決できないつらさを感じたとき、過去の抑圧の歴史を知っていれば乗り越える力になるはずです。

江戸から明治は、後戻りできない大きな変化を遂げた時代でした。私自身は現代政治や経済の**ニ**センモン家ではありませんが、あの時代に漂っていた漠然とした不安やストレスについて考えることが、現代の人が自らを取り巻く社会について考察する補助線になれば**ホ**サイワいです。

（松沢裕作「生きづらさの正体」）

問一　傍線部**イ**～**ホ**のカタカナを漢字に直しなさい。

問二　空欄[A]～[C]に当てはまる語を次の中から選び、それぞれ記号で答えなさい。

ア　しかし　イ　いわば　ウ　さらに　エ　さて

問三　傍線部①「『袋』は破られました」とはどういうことですか。適当なものを次の中から選び、記号で答えなさい。

二〇二一年度　立教新座中学校

【国　語】〈第一回試験〉（五〇分）〈満点：一〇〇点〉

一　次の文章を読んで、後の問に答えなさい。

歴史学は様々なアプローチが存在する学問ですが、私自身は、史料を基に過去の出来事を筋道立てて説明することで、人間の生き方について深く考える材料も提供したいと考えています。江戸、明治時代の地方制度を主に研究していますが、一貫してテーマにしているのは、人々が受けてきた「抑圧」です。

江戸時代の身分制度と言えば「士農工商」という階層的な秩序を思い浮かべる人が多いと思いますが、私は少し違った形で捉えています。農業を営む「百姓」は「村」という集団に属し、都市部に住む「町人」は「町」に所属するなど、職業に応じた身分集団を作っていました。身分に応じた仕事をしていれば、生存保障が与えられる構造です。

［Ａ］単純な上下関係というより、一人ひとりが村とか町とかの「袋」に分けて入れられているイメージです。その表れとして、領主への年貢は、現在の市町村より小さな規模の集まりだった村単位で納入されていました。「村請制」と言われる仕組みです。

明治維新を機に、この秩序が大きく変わります。身分制はなくなり、①「袋」は破られました。1873年に始まった地租改正によって、村単位で納めていた年貢は、［②］に納入責任がある税金へと姿を変えました。さらに、政治権力によって新たな境界線が引かれ、職業とは関係ない新たな町や村などの自治体が生まれました。

市場経済の原理も導入され、自分で何かを生み出したり、商品として売ったりして生計を立てる必要が出たことで、それまでになかった社会の混乱と抑圧が現れたのです。

江戸後期から明治時代前期に現れた抑圧、言い換えれば「生きづらさ」について、私は「通俗道徳」という歴史学の用語を使って説明しています。人が貧困に陥るのは、その人の努力が足りないから、というような考え方です。

身分制と引き換えに競争社会となった明治時代には、「恤救《じゅっきゅう》規則」という現在の生活保護制度と似た仕組みが存在しました。大日本帝国憲法の制定より15年前の1874年にできた法令です。ただ、「恤」は「あわれみ恵むこと」を意味し、相当な「上から目線」の法令で、現在の生活保護法と根本的に異なりました。

救済対象は①障害者②70歳以上の高齢者③病人④13歳以下の児童――のいずれかで、［Ｂ］働くことができず、極めて貧しく、独り身であるという厳しい条件を満たした人に限って、一定の食費を支給することとしていました。

厳しい運用を問題視した政府は1890年、恤救規則に代わる法令として、市町村に貧困者を助ける義務を負わせる「窮民救助法案」を帝国議会に提出しました。ところが、選挙で選ばれた議員が集まった衆議院で法案は否決されます。議員の多くが「貧困に陥ったのは、働き、貯蓄するという努力を怠った結果だ」と考えたのです。当人が怠けた結果を税金で解決するのはおかしい、貧困は自己責任であり社会の責任ではない、との主張でした。

江戸時代まで、社会は「通俗道徳のわな」にはまりきってはいませんでした。社会の基礎が個人ではなく、集団で成り立っていたからです。村請制では、村単位で納めていた年貢は農民が連帯責任を負ったため、足りない分を豊かな人が肩代わりして助け合いました。

［Ｃ］、明治になって③多くの人が勤勉や倹約を是とする通俗道

2021年度
立教新座中学校 ▶解説と解答

算　数　＜第１回試験＞（50分）＜満点：100点＞

解　答

$\boxed{1}$ ⑴　７　⑵　①　770m　②　10か所　⑶　①　**お菓子Ａ**…188個，**お菓子Ｃ**…705個　②　45日間　⑷　226.08cm^3　⑸　①　4.86cm^2　②　0.29cm　$\boxed{2}$ ⑴　２：３　⑵　５：６　⑶　８：３　$\boxed{3}$ ⑴　**体積**…384cm^3，**表面積**…592cm^2　⑵　320cm^2　⑶　80cm^3　$\boxed{4}$ ⑴　147　⑵　12個　⑶　72個　⑷　9150　$\boxed{5}$ ⑴　12時２分55秒　⑵　400m　⑶　$\frac{2}{5}$　⑷　516m

解　説

$\boxed{1}$ **四則計算，植木算，周期算，比の性質，倍数算，体積，面積**

⑴　$1\div\left(\frac{2}{3}-\frac{1}{2}\right)\div0.375-2\div\frac{2}{15}\times\left(1\frac{1}{5}-\frac{3}{4}\right)\times1\frac{1}{3}=1\div\left(\frac{4}{6}-\frac{3}{6}\right)\div\frac{3}{8}-2\times\frac{15}{2}\times\left(\frac{6}{5}-\frac{3}{4}\right)\times\frac{4}{3}$ $=1\div\frac{1}{6}\div\frac{3}{8}-15\times\left(\frac{24}{20}-\frac{15}{20}\right)\times\frac{4}{3}=1\times\frac{6}{1}\times\frac{8}{3}-15\times\frac{9}{20}\times\frac{4}{3}=16-9=7$

⑵　①　10と14の最小公倍数は70だから，右の図１のように，70mごとに同じ位置に植えることになる。この70mを周期と考えると，１つの周期の中で植える本数(ただし，右端《みぎはし》は除く)は，10mおきの場合は，70÷10＝７(本)，14mおきの場合は，70÷14＝５(本)となる。よって，１つの周期の中の差は，７－５＝２(本)なので，差が22本になるのは，周期の数が，22÷２＝11のときとわかる。したがって，AB間の距離《きょり》は，70×11＝770(m)である。　②　①より，同じ位置に木を植えられるのは，Ａ地点とＢ地点を除いて，11－１＝10(か所)ある。

図１

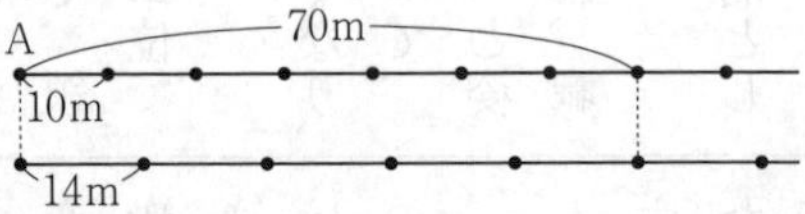

⑶　①　右の図２のように比をそろえると，Ａ：Ｂ：Ｃ＝４：24：15となる。よって，そろえた比の，４＋24＋15＝43にあたる個数が2021個だから，１にあたる個数は，2021÷43＝47(個)となり，Ａの個数は，47×４＝188(個)，Ｃの個数は，47×15＝705(個)とわかる。　②　家族にあげた後の残りは，Ａが，188－20＝168(個)，Ｃが，705－180＝525(個)である。よって，食べた日数を$\boxed{1}$日間とすると，その間にＡを，２×$\boxed{1}$＝$\boxed{2}$(個)，Ｃを，３×$\boxed{1}$＝$\boxed{3}$(個)食べるので，(168－$\boxed{2}$)：(525－$\boxed{3}$)＝１：５となる。また，$P:Q=R:S$のとき，$Q\times R=P\times S$となる。したがって，(525－$\boxed{3}$)×１＝(168－$\boxed{2}$)×５，525×１－$\boxed{3}$×１＝168×５－$\boxed{2}$×５，525－$\boxed{3}$＝840－$\boxed{10}$，$\boxed{10}$－$\boxed{3}$＝840－525，$\boxed{7}$＝315，$\boxed{1}$＝315÷７＝45(日間)と求められる。

図２

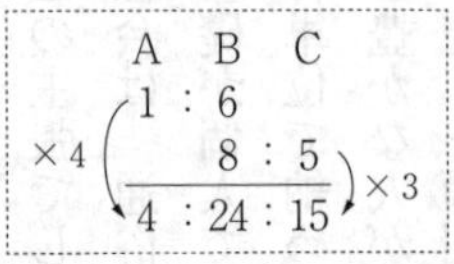

⑷　直角三角形ABCを直線lで折り返すと，下の図３のようになる。直角三角形ABCを直線lの周りに１回転させてできる立体は，図３の直角三角形DBEを１回転させてできる円すい(…㋐)と，三角形FGDを１回転させてできる立体(…㋑)を組み合わせたものである。ここで，HE＝CE＝３

cm，BH＝６－３＝３(cm)であり，三角形GBHと三角形ABCの相似より，GH＝$6\times\frac{3}{6+3}$＝２(cm)となる。また，三角形GBH，三角形DGI，三角形DFJは合同とわかり，DI＝DJ＝GH＝２cmとなる。すると，④は，長方形FGIJを１回転させてできる円柱から，三角形DGIを１回転させてできる円すいを２つとり除いた立体とわかる。よって，④の体積は，３×３×3.14×(２＋２)－３×３×3.14×２÷３×２＝36×3.14－12×3.14＝(36－12)×3.14＝24×3.14(cm³)となる。そして，㋐の体積は，６×６×3.14×(２＋２)÷３＝48×3.14(cm³)である。したがって，㋐と④を組み合わせた立体の体積は，48×3.14＋24×3.14＝(48＋24)×3.14＝72×3.14＝226.08(cm³)と求められる。

図３

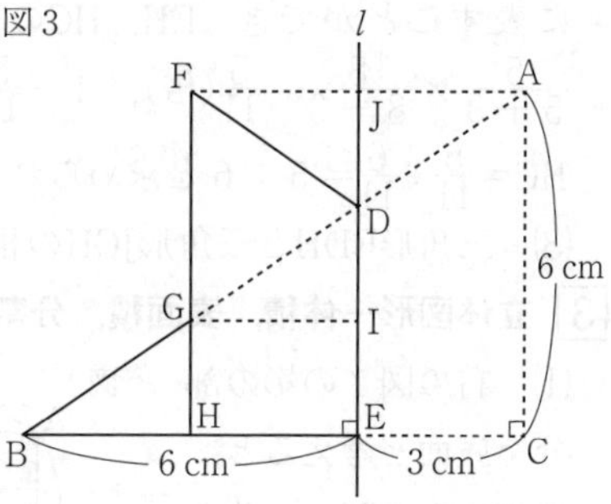

⑸　①　右の図４で，CP＝１cmのとき，この図形は点対称《てんたいしょう》な図形になるから，アの部分とア′の部分は合同になる。よって，ア，イ，ウの面積の和は，ア′，イ，ウの面積の和と等しくなるので，台形MPCDの面積から四分円DHGの面積をひいて求めることができる。ここで，台形MPCDの面積は，(４－１＋１)×４÷２＝８(cm²)，四分円DHGの面積は，２×２×3.14÷４＝3.14(cm²)である。よって，ア，イ，ウの面積の和は，８－3.14＝4.86(cm²)とわかる。　②　アの面積と，イとウを合わせた面積が等しいとき，それぞれの面積に★，☆の面積を加えた和，つまり，ア，★，☆の面積の和(…Ⅰ)と，イ，ウ，★，☆の面積の和(…Ⅱ)も等しくなる。そして，Ⅱは，四分円AHE，四分円CGFの面積の和と等しく，3.14×２＝6.28(cm²)である。よって，Ⅰは6.28cm²であり，四分円BFEの面積は3.14cm²だから，台形ABPMの面積は，6.28＋3.14＝9.42(cm²)となる。したがって，AMとBPの長さの和は，9.42×２÷４＝4.71(cm)なので，BPの長さは，4.71－１＝3.71(cm)となり，CPの長さは，４－3.71＝0.29(cm)と求められる。

図４

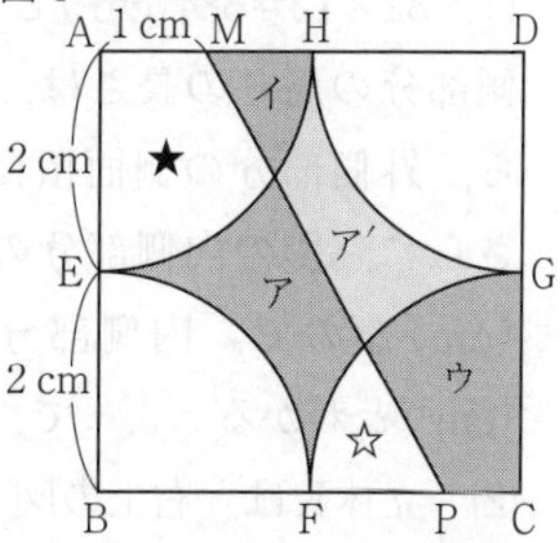

2　平面図形─相似

⑴　右の図１で，AEとEDの長さを１とすると，DBの長さは２になる。また，EFとBCは平行だから，角AEFは直角であり，AFとFCの比は，AEとEBの比に等しくなる。よって，AF：FC＝１：(１＋２)＝１：３なので，AF：FG＝１：(３÷２)＝１：1.5＝２：３とわかる。

⑵　図１で，GからBCと直角に交わる線GIを引き，ECとの交点をJとすると，三角形AECと三角形GJCは相似になる。このとき，相似比は，AC：GC＝(２＋３＋３)：３＝８：３なので，GJ＝$1\times\frac{3}{8}=\frac{3}{8}$とわかる。また，三角形EDHと三角形JGHも相似であり，相似比は，DE：GJ＝$1:\frac{3}{8}$＝８：３だから，EH：HJ＝８：３となる。さらに，ABとGIは平行なので，EJ：JC＝AG：GC＝(２＋３)：３＝５：３である。よって，下の図２のよう

図１

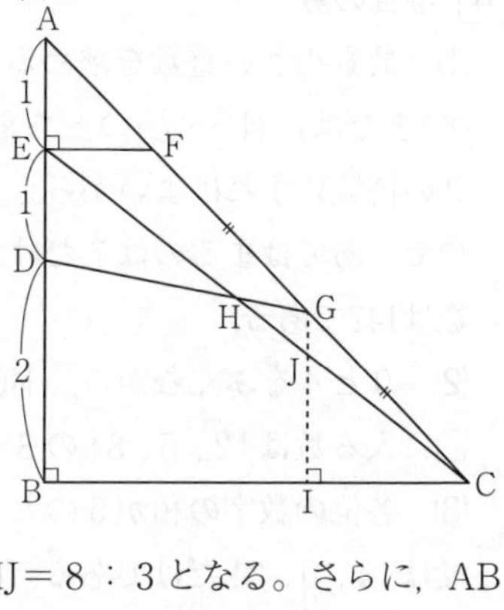

図２
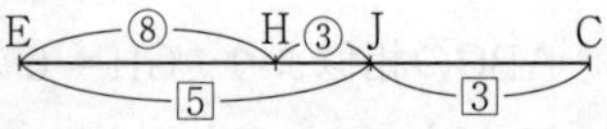

に表すことができ，EH，HCの長さはECの長さのそれぞれ，$\frac{5}{5+3}\times\frac{8}{8+3}=\frac{5}{11}$(倍)，$1-\frac{5}{11}=\frac{6}{11}$(倍)とわかるから，EH：HC＝$\frac{5}{11}$：$\frac{6}{11}$＝５：６と求められる。

⑶　三角形EDHと三角形JGHの相似より，DH：HG＝８：３とわかる。

3　立体図形―体積，表面積，分割

図１
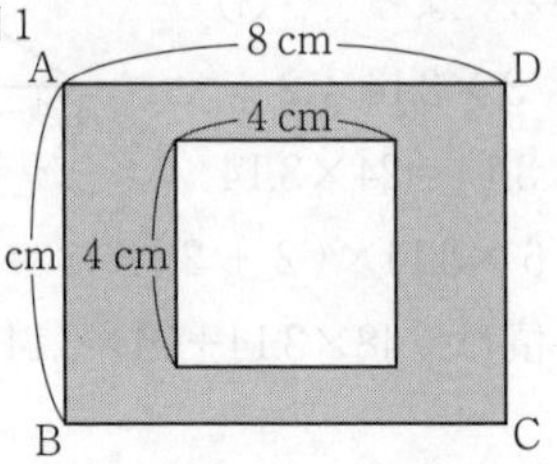

図２
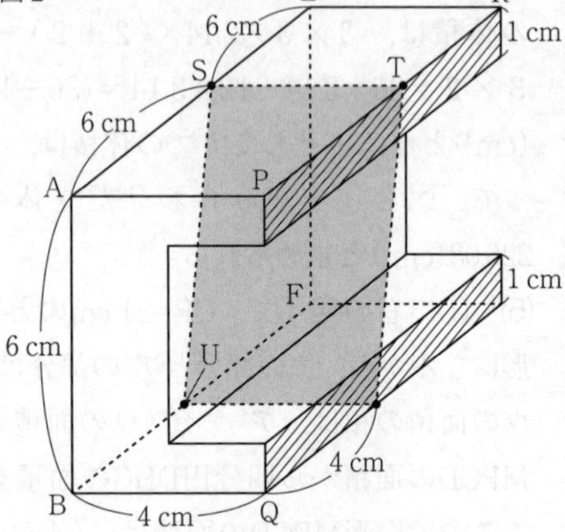

⑴　右の図１の影《かげ》の部分を底面と考えると，問題文中の図の立体の底面積は，$6\times8-4\times4=32$(cm^2)，高さは12cmなので，体積は，$32\times12=$384(cm^3)と求められる。次に，影の外側部分の周りの長さは，$(6+8)\times2=28$(cm)だから，外側部分の側面積は，$28\times12=336$(cm^2)となる。さらに，影の内側部分の周りの長さは，$4\times4=16$(cm)なので，内側部分の側面積は，$16\times12=192$(cm^2)とわかる。よって，問題文中の図の立体の表面積は，$32\times2+336+192=$592(cm^2)である。

⑵　立体Kは，右上の図２のような，問題文中の図の立体をたてに半分に切断した立体である。また，切断した面(斜線《しゃせん》部分)の面積は，$1\times12\times2=24$(cm^2)である。よって，立体Kの表面積は，$592\div2+24=320$(cm^2)と求められる。

図３
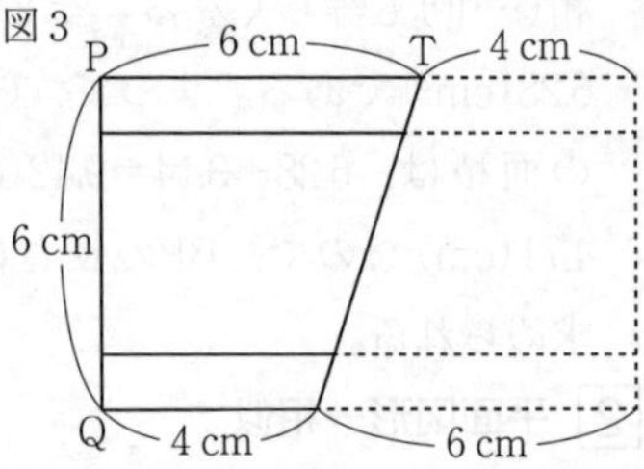

⑶　立体KをS，T，Uを通る平面(図２の影の面)で切断し，点Aをふくむ方の立体と同じ形をした立体を２つ組み合わせると，右の図３のように，高さが，$6+4=10$(cm)の角柱になる。そして，図３の角柱の体積は，$32\div2\times10=160$(cm^3)である。よって，点Aをふくむ方の立体の体積は，$160\div2=80$(cm^3)と求められる。

4　場合の数

⑴　最も小さい整数を求めるから，百の位が１の場合を考えると，４を必ずふくむので，14□(…㋐)または1□4(…㋑)のどちらかになる。また，㋐や㋑を３の倍数にするには，各位の数字の和を３の倍数にすればよいから，□に入る数は{1，4，7}となる。ただし，１と４はすでに使っているので，あてはまるのは７だけであり，㋐の場合は147，㋑の場合は174となる。よって，最も小さい数は147である。

⑵　０と４をふくむから，{40□，4□0，□04，□40}の４つの場合が考えられる。いずれの場合も，□に入る数は{2，5，8}の３通りあるので，全部で，$3\times4=12$(個)と求められる。

⑶　各位の数字の和が６のとき，４以外の数字の和は，$6-4=2$だから，３つの数字の組み合わせは{4，0，2}だけである。ほかの場合についても同様に調べると，３の倍数になる３つの数字の組み合わせは下の図のようになる。これらを並べてできる整数は，０をふくむ３通りについては，

２×２×１＝４(個)ずつ，０をふくまない10通りについては，３×２×１＝６(個)ずつあるので，全部で，４×３＋６×10＝72(個)と求められる。

(4)　９をふくむ組み合わせが３通りあり，どの場合も百の位が９の整数が２個ずつできるから，百の位が９の整数は924，942，945，954，948，984の６個ある。次に，８をふくむ組み合わせに注目すると，百の位が８の整数は大きい順に，894，864，849，846，…となることがわかる。よって，大きい方から10個の整数をすべてたすと，924＋942＋945＋954＋948＋984＋894＋864＋849＋846＝9150となる。

・和が６(４以外の和は２)
　｛4，0，2｝
・和が９(４以外の和は５)
　｛4，0，5｝，｛4，2，3｝
・和が12(４以外の和は８)
　｛4，0，8｝，｛4，1，7｝，｛4，2，6｝，｛4，3，5｝
・和が15(４以外の和は11)
　｛4，2，9｝，｛4，3，8｝，｛4，5，6｝
・和が18(４以外の和は14)
　｛4，5，9｝，｛4，6，8｝
・和が21(４以外の和は17)
　｛4，8，9｝

5　速さ，正比例と反比例，つるかめ算

(1)　設定と時間は比例しており，距離が一定のとき時間と速さは反比例するので，設定と速さは反比例する。つまり，設定を$\frac{Q}{P}$にすると，速さは$\frac{P}{Q}$倍になるから，設定が$\frac{1}{2}$のときの速さは秒速，４×$\frac{2}{1}$＝８(m)と考えることができる。よって，太郎君は秒速４mで，1000－600＝400(m)進み，秒速８mで600m進んだから，かかった時間は，400÷４＋600÷８＝175(秒)となる。これは，175÷60＝２余り55より，２分55秒なので，太郎君がB地点に到着《とうちゃく》した時刻は，12時＋２分55秒＝12時２分55秒と求められる。

(2)　かかった時間は，12時３分20秒－12時＝３分20秒，つまり，60×３＋20＝200(秒)なので，右の図１のようにまとめることができる。秒速４mで200秒移動したとすると，４×200＝800(m)しか進まないから，実際よりも，1000－800＝200(m)短くなる。秒速４mのかわりに秒速８mで移動すると，１秒あたり，８－４＝４(m)多く進むことができるので，秒速８mで移動した時間は，200÷４＝50(秒)と求められる。よって，時間床《ゆか》の長さは，８×50＝400(m)である。

図１

通　常(秒速４m)｝合わせて
設定$\frac{1}{2}$(秒速８m)｝200秒で1000m

(3)　設定を変えた部分の長さは，500－440＝60(m)であり，時間床がしかれていない部分の長さは，1000－500＝500(m)だから，たとえば右の図２のようになる(太線部分が時間床)。よって，秒速８mと秒速４mで移動した時間の合計は，440÷８＋500÷４＝180(秒)とわかる。また，かかった時間の合計は，12時３分６秒－12時＝３分６秒，つまり，60×３＋６＝186(秒)なので，設定を変えて移動した時間は，186－180＝６(秒)と求められる。したがって，このときの速さは秒速，60÷６＝10(m)であり，これは通常の速さの，10÷４＝$\frac{5}{2}$(倍)だから，このときの設定は$\frac{2}{5}$とわかる。

図２

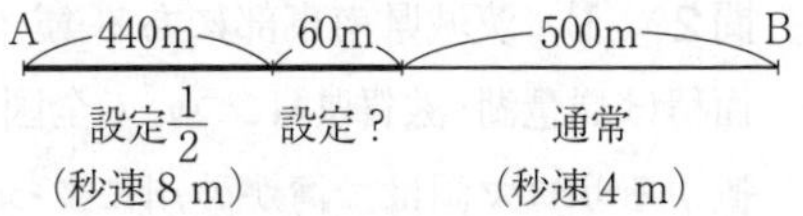

(4)　設定が$\frac{1}{3}$，$\frac{5}{3}$のときの速さはそれぞれ秒速，４×$\frac{3}{1}$＝12(m)，４×$\frac{3}{5}$＝2.4(m)なので，設定を変えた地点をDとすると，右の図３のようになる。

図３

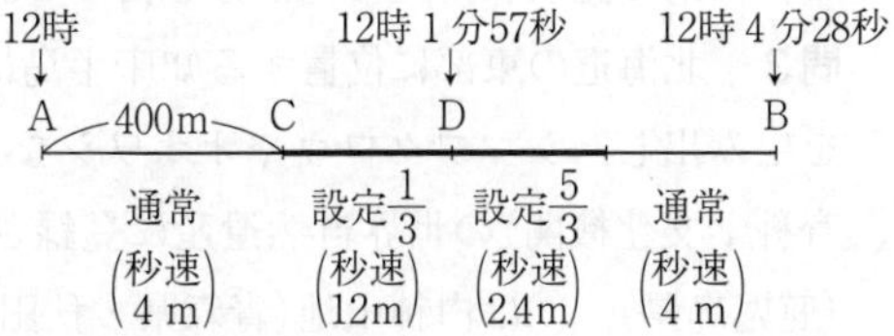

AC間にかかった時間は，400÷４＝100(秒)であり，AD間にかかった時間は，12時１分57秒－12時＝１分57秒，つまり，60＋57＝117(秒)だから，CD間にかかった時間は，117－100＝17(秒)とわかる。よって，CD間の長さは，12×17＝204(m)なので，DB間の長さは，1000－(400＋204)＝396(m)と求められる。また，DB間にかかった時間は，12時４分28秒－12時１分57秒＝２分31秒，つまり，60×２＋31＝151(秒)だから，DB間についてまとめると右の図４のようになる。(2)と同様に考えると，秒速2.4mで移動した時間は，（４×151－396）÷（４－2.4）＝130(秒)と求められるので，秒速2.4mで移動した長さは，2.4×130＝312(m)となり，時間床の長さは，204＋312＝516(m)と求められる。

図４

設定$\frac{5}{3}$(秒速2.4m)　}　合わせて
通　常(秒速４m)　}　151秒で396m

社　会　＜第１回試験＞（30分）＜満点：50点＞

解　答

Ⅰ **問１**　③　**問２**　(1)　霞ケ浦　(2)　④　(3)　ホタテ貝　**問３**　④　**問４**　**摩周湖**…お　**屈斜路湖**…え　**問５**　ナショナルトラスト運動　**問６**　①　**問７**　④　**問８**　瀬戸大橋　**問９**　①　**問10**　②　**問11**　吉野(川)　**問12**　**a**　宮崎県　**b**　茨城県　**問13**　紀貫之　**問14**　原敬　**問15**　(1)　神戸(市)　(2)　岐阜(市)　(3)　大阪(市)　(4)　④　**問16**　(1)　③　(2)　第五福竜丸事件　**問17**　小豆島　**問18**　②　**問19**　⑥　**問20**　(1)　③　(2)　④　Ⅱ **問１**　民主党　**問２**　(1)　日本銀行　(2)　②　**問３**　(1)　リコール　(2)　住民　**問４**　(1)　②　(2)　持続可能な開発目標

解　説

Ⅰ **鉄道を使った旅行を題材にした問題**

問１　弥生時代には，本州では稲作を中心とする文化が栄えたが，北海道では稲作は行われず，狩《しゅ》猟《りょう》と漁，採集を中心とする縄文時代の文化が続いた。一方，産地が限定される黒曜石などの分布から，縄文時代には本州との交易が行われていたと考えられている。

問２　(1)　茨城県南東部にある霞《かすみ》ケ《が》浦《うら》は，かつて海であったところが湖となった海跡湖《かいせきこ》で，湖水面積は琵琶湖(滋賀県)についで全国第２位である。　(2)　北海道北東部のオホーツク海沿岸に位置するサロマ湖は，湾が砂州によって外海から切り離されてできた潟湖《せきこ》である。なお，①の三日月湖は，河川の蛇行《だこう》が著しくなり，川の氾濫《はんらん》などで流路が変わって本流から取り残されて形成された湖で，石狩《いしかり》川(北海道)の下流域によく見られる。②のカルデラ湖は火山の噴火後にできたくぼ地に水がたまってできた湖，③の断層湖は地震などの地殻《ちかく》変動で生じたくぼ地に水がたまってできた湖である。　(3)　サロマ湖では，冷たい海を好むホタテ貝の養殖《ようしょく》がさかんで，ホタテ貝は北海道と青森県で養殖収獲量の大部分を占《し》める。

問３　北海道の東部に位置する知床《しれとこ》半島は，流氷の育む海と山にまで続く陸の連鎖が独特の生態系を生み出し，シマフクロウやオオワシなど貴重な動物が多く見られることから，ユネスコ(国連教育科学文化機関)の世界自然遺産に登録されている。なお，①は小笠原《おがさわら》諸島(東京都)，②は屋久島(鹿児島県)，③は白神山地(青森県・秋田県)で，いずれも世界自然遺産に指定されている。

問４　北海道東部に位置する「お」の摩周《ましゅう》湖は，世界有数の透明度をほこる。霧に包まれている時間が多いことや，霧がはれたときに現れる湖の青さで知られる。また，摩周湖の西に位置する「え」の屈斜路《くっしゃろ》湖は，千島火山帯の活動により形成された日本最大のカルデラ湖で，日本最大の湖中島を持つことで知られる。なお，「あ」は洞爺《とうや》湖，「い」は支笏《しこつ》湖，「う」は阿寒《あかん》湖。

問５　貴重な自然や歴史的な街並みなどを守るため広く国民から資金を集め，その資金で土地を買い取ることで地域の保存をはかろうとする運動を，ナショナルトラスト運動という。

問６　北海道の苫小牧《とまこまい》市や釧路《くしろ》市では，製紙・パルプ工業がさかんである。また，苫小牧市では重化学工業(石油化学)が，釧路市では水産加工業がさかんである。よって，①が釧路市，②が苫小牧市と判断できる。なお，③は帯広市で，日本有数の畑作地帯である十勝平野の中心都市となっている。④は室蘭《むろらん》市で，鉄鋼業がさかんなことで知られる。

問７　「四国ゆかりの名前」とあるので，伊予国(愛媛県)からつけられたと考えられる④が選べる。なお，羊蹄《ようてい》山は北海道に，宮島(厳島《いつくしま》神社)は広島県に，八甲田山は青森県にある。

問８　本州と四国の間には連絡橋(本州四国連絡橋)で結ばれた３つのルートがあり，東から順に，兵庫県と徳島県を結ぶ「神戸―鳴門《なると》ルート」(明石海峡《かいきょう》大橋・大鳴門橋)，岡山県と香川県を結ぶ「児島《こじま》―坂出《さかいで》ルート」(瀬戸大橋)，広島県と愛媛県を結ぶ「尾道《おのみち》―今治《いまばり》ルート」(瀬戸内しまなみ海道)となっている。このうち，自動車道に加えて鉄道も通っているのは児島―坂出ルートだけで，ほかの２つのルートは自動車道のみである。

問９　平安時代初期，唐(中国)で学んだ空海は帰国後，嵯峨《さが》天皇から与《あた》えられた高野山(和歌山県)に金剛峰寺《こんごうぶじ》を開いて密教の真言宗を伝えた。また，平安京の二大官寺の一つである東寺(京都府)も嵯峨天皇から託《たく》され，真言密教の道場となった。なお，②の聖武天皇は奈良時代，③の推古天皇は飛鳥時代，④の白河天皇は平安時代後期の天皇。

問10　明治神宮(東京都渋谷区)は，明治天皇と皇后をまつるために大正時代につくられたので，江戸時代には存在しない。

問11　吉野川は，瓶ヶ森《かめがもり》(高知県・愛媛県)を水源として四国地方をおおむね東へ向かって流れ，讃《さぬ》岐《き》山脈の南を通って徳島市で紀伊水道に注いでいる。徳島県西部の流域には，吉野川の流れの速さによって形成された大歩危《おおぼけ》・小《こ》歩危とよばれる高く切り立った渓谷《けいこく》があり，観光名所となっている。

問12　**a**　宮崎県の平野部では，冬でも温暖な気候やビニールハウス・温室などの施設を利用したきゅうりやピーマンなどの夏野菜の促成《そくせい》栽培がさかんで，宮崎県はきゅうりの収穫量が全国第１位，ピーマンの収穫量が全国第２位となっている。統計資料は『日本国勢図会』2020／21年版による(以下同じ)。　**b**　茨城県は，新鮮な作物を安く大都市に出荷できるという長所をいかした近郊農業がさかんで，ピーマン，はくさい，メロンの収穫量が全国第１位，レタス，日本なしの収穫量が全国第２位となっている。

問13　『土佐日記』は，平安時代に紀貫之《きのつらゆき》が，当時，女性がおもに使っていたひらがなを用いて，作者が女性であるかのように記した紀行文(旅日記)である。

問14　原敬《はらたかし》は岩手県出身の政治家で，米騒動《そうどう》の責任を取って総辞職した寺内正毅《てらうちまさたけ》内閣のあとを受け，立憲政友会総裁として初の本格的な政党内閣を組織した。平民出身者として初の首相となり，「平民宰相《さいしょう》」とよばれて多くの国民の支持を受けたが，1921年に東京駅で暗殺された。なお，東京駅で暴漢に襲撃《しゅうげき》されて命を落とすことになったもう１人の総理大臣は，立憲民政党を率いた浜口雄幸《おさち》である。

問15 (1) 全国の人口が多い都市(東京23区をのぞく)を10番目まで順にあげると，横浜市(374.6万人)，大阪市(271.4万人)，名古屋市(229.4万人)，札幌市(195.5万人)，福岡市(154.1万人)，神戸市(153.8万人)，川崎市(150.0万人)，京都市(141.3万人)，さいたま市(130.2万人)，広島市(119.6万人)である。 (2) 織田信長は，1560年に桶狭間《おけはざま》の戦いで今川義元を破り，1567年に稲葉山城の城下町であった現在の岐阜に入って地名を「井ノ口」から「岐阜」と改め，10年にわたって岐阜を本拠《ほんきょ》地として天下統一を目指した。 (3) 井原西鶴《さいかく》は，江戸幕府の第５代将軍徳川綱吉《つなよし》が政治を行った元禄《げんろく》時代に，町人のいきいきとした生活を浮世草子《うきよぞうし》とよばれる小説に書き，『世間胸算用《むなざんよう》』『日本永代蔵《えいたいぐら》』『好色一代男』などの作品を残した。緒方洪庵《おがたこうあん》は，天然痘《てんねんとう》に対する免疫《めんえき》をつけさせる種痘を日本に広めた蘭学者《らんがくしゃ》で，世界に通用する人材を育てるため，19世紀に大阪に適塾《てきじゅく》(適々斎塾)を開いた。 (4) 平等院鳳凰《ほうおう》堂は，藤原頼通《よりみち》が11世紀の中ごろに現在の京都府宇治市にある別荘を平等院とし，この世に極楽浄土《じょうど》を再現して阿弥陀《あみだ》仏をまつるために建てたお堂で，伝説上の鳳凰という鳥が羽を広げたような形をしていることから，鳳凰堂とよばれるようになった。

問16 (1) 日清戦争(1894〜95年)の大本営(陸海軍の最高統帥《とうすい》機関)が広島に置かれたことから，1894年に帝国議会が広島で開かれ，軍事費拡大の予算が可決された。この戦争の講和会議が翌95年，山口県下関で開催され，下関条約が結ばれた結果，朝鮮に対する宗主権(他国を支配・管理する権力)を主張していた清(中国)は朝鮮の独立を認め，日本に多額の賠償《ばいしょう》金と台湾，遼東《リャオトン》半島，澎湖《ポンフー》諸島をゆずり渡すことになった(ただし，遼東半島は三国干渉《かんしょう》により清に返還)。 (2) 1954年，アメリカがビキニ環礁《かんしょう》で行った水爆実験によって，太平洋上で操業していた日本のマグロ漁船「第五福竜《ふくりゅう》丸」が放射能灰を浴びて被ばくし，乗組員１人が亡くなった(第五福竜丸事件)。この事件をきっかけとして翌55年，広島市で初の原水爆禁止世界大会が開かれた。

問17 小豆《しょうど》島は，香川県の北東に位置する島で，瀬戸内海の島々の中では淡路《あわじ》島(兵庫県)についで面積が大きい。年間を通して雨が少なく温暖な気候であるため，ヨーロッパの地中海沿岸から伝わったオリーブの栽培がさかんで，しょうゆやごま油，そうめんも特産品となっている。

問18 1185年に九州の北端と本州の西端の間にある関門海峡で行われた壇《だん》の浦《うら》の戦いは，1180年に後白河天皇の皇子や源頼政《よりまさ》が挙兵して始まった源平合戦の最後の戦いで，この戦いに負けた平氏が滅亡した。

問19 (ア)は四大公害病の一つに数えられる水俣《みなまた》病の説明なので，熊本県南部に位置し，鹿児島県と接している水俣市で，ｃ(水俣)となる。(イ)は球磨《くま》川の下流に広がる八代平野の説明なので，熊本県中部に位置する八代市で，ｂ(八代)となる。(ウ)は福岡県南部に位置する久留米《くるめ》市の説明なので，ａ(久留米)となる。

問20 (1) 駿河《するが》湾は静岡県東部にあるので，東京から鹿児島に向かう寝台特急「はやぶさ」が静岡県を通るときに，左の車窓から見ることができる。なお，①は長野県，②は奈良県，④は大分県にある。 (2) 寝台特急「はやぶさ」が通る都道府県は，東京都，神奈川県，静岡県，愛知県，岐阜県，滋賀県，京都府，大阪府，兵庫県，岡山県，広島県，山口県，福岡県，佐賀県，熊本県，鹿児島県の16である。

Ⅱ 「副」という語のつくことがらについての問題

問１ 2020年に行われたアメリカ大統領選挙では，民主党のジョー・バイデンが前大統領である共和党のドナルド・トランプに勝利した。この選挙戦中の８月，ジャマイカ人とインド人の移民の両親を持つ民主党のカマラ・ハリスが，有色人種の女性として初めて副大統領候補に指名され，注目を集めた。

問２ (1) 日本銀行は，日本の中央銀行として通貨量を調節し，物価の安定や景気の調整をはかる役割を担い，日本の紙幣《しへい》(日本銀行券)を発行する，国のお金を預かり貸し出す，一般の銀行のお金を預かり貸し出すという仕事をおもにしている。 (2) 2017年，第48回衆議院議員総選挙(衆院選)が行われ，自民党と公明党の与党が全議席の３分の２を上回る313議席を獲得して大勝した。投票率は53.68％で，戦後の衆院選では２番目に低く，1993年以降の衆院選では70％を下回る投票率が続いている。

問３ (1) 地方自治において，首長(都道府県知事・市町村長)や議員などの解職を請求することをリコールといい，副知事の場合には原則として有権者の３分の１以上の署名を首長に提出すると，議会の採決にかけられ，３分の２以上の議員が出席して４分の３以上の賛成があれば解職となる。 (2) 都道府県知事は，任期４年で，満30歳以上で立候補でき，満18歳以上の住民の直接選挙によって選ばれる。これについて，日本国憲法第93条２項では，「地方公共団体の長，その議会の議員及《およ》び法律の定めるその他の吏員《りいん》は，その地方公共団体の住民が，直接これを選挙する」と定められている。

問４ (1) UNHCR(国連難民高等弁務官事務所)は，紛争や迫害によって故郷を追われた難民を保護し，自由な帰国や他国への定住を助ける国際連合(国連)の機関で，1991年から2000年まで緒方貞《おがたさだ》子《こ》が国連難民高等弁務官を務めた。 (2) SDGsは，2015年に国連で採択《さいたく》された持続可能な開発目標のことで，「貧困をなくそう」「人や国の不平等をなくそう」など，2030年までに達成すべき17の目標がかかげられている。その一つとして，気候変動や気候関連の災害に影響をおよぼす地球温暖化に対して具体的な対策を講じ，地球の平均気温の上昇をおさえることが目指されている。

理 科 ＜第１回試験＞（30分）＜満点：50点＞

解 答

[1] (1) (イ)，(カ) (2) ① A，B ② A，C，D ③ C (3) (ウ) (4) (ウ)
[2] (1) (イ) (2) Ⅰ **A** 4.5 **B** 5.5 **語句の組み合わせ** (イ) Ⅱ **A** 4.95 **B** 5.05 **語句の組み合わせ** (イ) (3) (ア) (4) ① 45 ② **D** 9 **E** 11 **語句の組み合わせ** (エ) ③ (例) 食塩と水の量を増やして誤差を小さくすればよい。 [3] (1) (ア)，(エ) (2) 1，2 (3) ① 1 ② 2 ③ 1 ④ 3 (4) (カ) (5) ① (ウ) ② (ア) ③ (ウ) ④ (ウ) ⑤ (ア) ⑥ (ア) ⑦ (ウ) [4] (1) 14時間34分 (2) ② 4 ③ 134.2 (3) ④ (ア) ⑤ (ア) ⑥ (ア) ⑦ (ア) (4) **日の出**…(オ) **日の入り**…(ウ) (5) (ウ)，(エ)，(キ)

解 説

[1] **浸透《しんとう》圧についての問題**

(1) 濃《こ》さが異なる２つの溶液《ようえき》を，うすい膜《まく》(小さな粒《つぶ》は通すが大きな粒は通さない)をへだててとなりあわせにすると，濃《こ》い方をうすめようとする液体の圧力(浸透圧)が発生する。 (ア)，(イ) 実験A，実験Bより，食塩水や砂糖水の濃さがうすいときには，それぞれの水溶液に入れる前よりおもさが増え，食塩水や砂糖水の濃さが濃いときには，それぞれの液に入れる前よりおもさが減っている。したがって，キュウリに出入りする水分量について，(ア)は誤っており，(イ)は適切である。 (ウ) 実験Cより，キュウリから出る水分量は，1.0％の食塩水に入れたときには，わずかだがキュウリの厚さが厚くなるほど増えている。一方，1.5％の食塩水に入れたときには，キュウリの厚さが10mmのものが，厚さ５mmや15mmのものより多く出ている。よって，誤っている。 (エ) 実験A，実験Bより，水分が出入りする現象は食塩水のときにも砂糖水のときにも見られるので，誤っている。 (オ)～(キ) 実験Dより，皮をつけたままのキュウリは，皮を取り除いたものより，1.5％の食塩水に入れたときに水分が出ていく量が少ない。したがって，(カ)は適切で，(オ)と(キ)は誤っている。

(2) ① 水に溶《と》かしている物質を食塩と砂糖にしている実験Aと実験Bを比べればよい。 ② 実験Aでは，食塩水の濃さがキュウリに出入りする水分量に与《あた》える影響を調べることができる。また，実験Cでは，キュウリの厚さと食塩水の濃さがキュウリに出入りする水分量に与える影響を調べることができる。さらに，実験Dでは，キュウリに皮をつけたままの場合と皮を取り除いた場合について，時間の経過とキュウリに出入りする水分量に与える影響を調べることができる。 ③ キュウリの厚さと，キュウリに出入りする水分量の関係を調べているのは，実験Cである。

(3)，(4) 実験Aで，厚さ５mmのキュウリを食塩水に入れる前と，入れて20分経過した後でおもさの比を調べると，食塩水の濃さが約0.8％のときには水分の出入りがなくなり，入れた後のおもさと入れる前のおもさの比が1.0となる。実験結果より，キュウリの細胞《さいぼう》の中の水溶液に比べて細胞の外の水溶液が濃いときには，水が細胞の外側に多く移動して，実験後のキュウリのおもさが減る。また，キュウリの細胞の中の水溶液に比べて細胞の外の水溶液がうすいときには，水が細胞の内側に多く移動して，実験後のキュウリのおもさが増える。

2 食塩水の濃度《のうど》と四捨五入の考え方についての問題

(1) 食塩の結晶《けっしょう》は(イ)のように立方体に近い形をしており，色は無色透明《とうめい》である。

(2) 表示される桁《けた》より１つ下の桁を四捨五入するので，１の位まで量れるはかりでおもさが５ｇと表示された場合，実際のおもさは4.5ｇ以上5.5ｇ未満となる。また，0.1の位まで量れるはかりでおもさが5.0ｇと表示された場合，実際のおもさは4.95ｇ以上5.05ｇ未満となる。

(3) (2)より，小数第１位まで量れるはかりで5.0ｇの場合の方が，１の位まで量れるはかりで５ｇの場合よりも，実際のおもさの範囲《はんい》が狭《せま》いといえる。

(4) ① 濃度は，(溶けている物質のおもさ)÷(溶液のおもさ)×100で求めることができる。５ｇの食塩を用いて10％の食塩水を作ると，５÷0.1＝50(ｇ)できるので，必要な水のおもさは，50－５＝45(ｇ)とわかる。 ② １の位まで量れるはかりを用いた場合，量り取った食塩は4.5ｇ以上5.5ｇ未満，水は44.5ｇ以上45.5ｇ未満である。また，作った食塩水の濃度は，食塩が少なくて水が多い場合に最も小さく，食塩が多くて水が少ない場合に最も大きくなる。よって，濃度範囲は，4.5÷(4.5＋45.5)×100＝９(％)より大きく，5.5÷(5.5＋44.5)×100＝11(％)未満となる。 ③ たとえば，５ｇの食塩と45ｇの水のおもさを10倍するとそれぞれ，５×10＝50(ｇ)，45×10＝450(ｇ)となり，１の位まで量れるはかりを用いた場合，実際のおもさの範囲《はんい》は，食塩が49.5ｇ以上

50.5ｇ未満，水が449.5ｇ以上450.5ｇ未満となる。このとき，濃度範囲は，49.5÷(49.5＋450.5)×100＝9.9(％)より大きく，50.5÷(50.5＋449.5)×100＝10.1(％)未満となる。このように，より正確に10％の食塩水を作るには，食塩と水の量を増やして誤差を小さくすればよい。

3　てこの原理とてこを利用した道具についての問題

⑴　スコップを使って雪かきをするとき，一方の手で㈤，もう一方の手で㈠を持つ。雪にスコップを突《つ》き刺《さ》すときは，両手を使う。また，雪を持ち上げて投げるときは，㈤がてこの支点，㈠が力点，雪をのせたスコップの面が作用点となり，力が有効に伝わる。

⑵　てこでは，(作用点にはたらく力)×(支点―作用点間の長さ)＝(力点に加える力)×(支点―力点間の長さ)が成り立っている。てこ１は，図のように支点―作用点間の長さが支点―力点間の長さよりも短い場合は，力点にかける力よりも作用点にはたらく力が大きくなる。逆に，支点―作用点間の長さが支点―力点間の長さよりも長い場合は，力点にかける力よりも作用点にはたらく力が小さくなる。てこ２は，支点―作用点間の長さが支点―力点間の長さよりも短いため，力点にかける力よりも作用点にはたらく力が必ず大きくなる。てこ３は，支点―作用点間の長さが支点―力点間の長さよりも長いため，力点にかける力よりも作用点にはたらく力が必ず小さくなる。

⑶　てこは，支点，作用点，力点の位置関係(これら３つを並べたときにどれがまん中になるか)によって３種類に分類される。下の図より，①のはさみと③のプルタブは支点がまん中になっているてこ(てこ１)，②の穴開けパンチは作用点がまん中になっているてこ(てこ２)，④の糸切りばさみは力点がまん中になっているてこ(てこ３)となる。

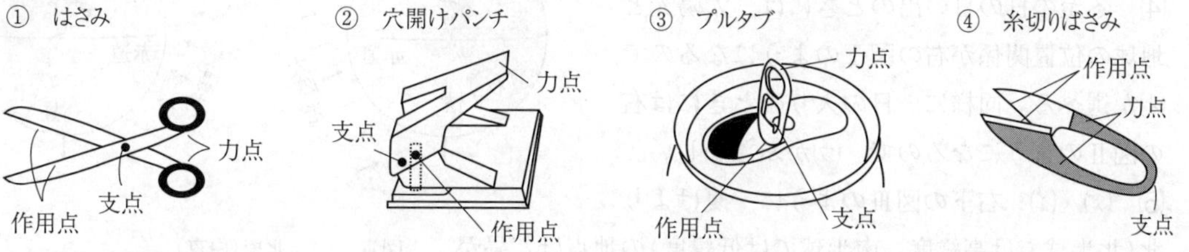

⑷　図の爪《つめ》切りは，２つのてこが組み合わさっている。１つ目のてこはＡが力点，Ｂが支点，Ｄが作用点となっており，２つ目のてこはＤが力点，Ｆが支点，Ｅが作用点となっている。１つ目のてこで，Ａに加えた力を１，Ｄにはたらく力を□とすると，１×９＝□×１が成り立ち，□＝９÷１＝９となる。次に，２つ目のてこで，Ｅにはたらく力を△とすると，９×８＝△×10が成り立ち，△＝72÷10＝7.2となる。したがって，Ｅの部分ではたらく力はＡに加えた力のおよそ７倍となる。

⑸　①　このピアノは，２つのてこが組み合わさっている。「鍵盤《けんばん》とハンマーを横から見たモデル図」で，鍵盤(１つ目のてこ)はＧが力点，Ｈが支点，Ｊが作用点となっている「てこ１」で，ハンマー(２つ目のてこ)はＪが力点，Ｉが支点，Ｋが作用点となっている「てこ３」である。　②　鍵盤で，Ｇに加えた力を１，Ｊにはたらく力を□とすると，１×１＝□×２が成り立ち，□＝１÷２＝0.5となる。次に，ハンマーで，Ｋにはたらく力を△とすると，0.5×２＝△×(２＋１)が成り立ち，△＝１÷３＝0.3…となる。よって，鍵盤Ｇを押《お》す力の約0.3倍の力がＫにはたらく。　③　金属のパイプは，鍵盤を下げきったときにハンマーが届かないような高い位置にある。鍵盤(Ｇ)をすばやく押すと，ハンマーがＪではね上げられ，Ｋでパイプを叩《たた》いたあと，すぐに下がるので，音がすぐには消えず，しばらく鳴り続ける。なお，金属のパイプが，鍵盤を下げきったとき，ハンマ

ーがちょうど当たる位置にあると，ハンマーがパイプを叩くと同時に，パイプをおさえるため，すぐに音が消えてしまう。　④〜⑦　鍵盤を押す力を変えずに一番大きな音が出るようにするには，Ｋがパイプを叩く速さを速くする必要がある。したがって，鍵盤のＪの動きを大きくするために，GHの長さを少し短くし，HJの長さを少し長くする。また，ハンマーのＫの動きを大きくするために，KJの長さを少し長くし，JIの長さを少し短くする。

4　緯度・経度と日の出・日の入りの関係についての問題

(1)　表１で，夏至《げし》の日の東京の日の出の時刻は４時26分，日の入りの時刻は19時00分なので，表２の①には，19時00分－４時26分＝14時間34分が入る。

(2)　②　地球は24時間で360度自転するので，１度回転するのにかかる時間は，24×60÷360＝４(分)である。　③　鳥取の春分の日の日の出の時刻は，緯度がほぼ同じ東京より，６時７分－５時45分＝22分遅《おく》れている。よって，鳥取は東京より，22÷４＝5.5(度)西にあるので，鳥取の経度は東経，139.7－5.5＝134.2度と求められる。

(3)　④　図１で，地球の公転の向きは，北極上空から見て反時計回りのａである。　⑤　Ｘの位置は，地軸《ちじく》の北極側が太陽の向きに傾《かたむ》いて北半球が夏になることから，夏至である。　⑥　地球の自転の向きは，北極上空から見て反時計回りのｃである。　⑦　地球は，太陽に向いている側は昼になり，太陽と反対を向いている側は夜になる。図２の地点Ｐは，夜から昼に変わるところなので，日の出になる。

(4)　冬至《とうじ》の日の日の出のときには，太陽光と地球の位置関係が右の図Ⅰのようになるので，(オ)が選べる。同様に，日の入りのときには右の図Ⅱのようになるので，(ウ)がふさわしい。

図Ⅰ

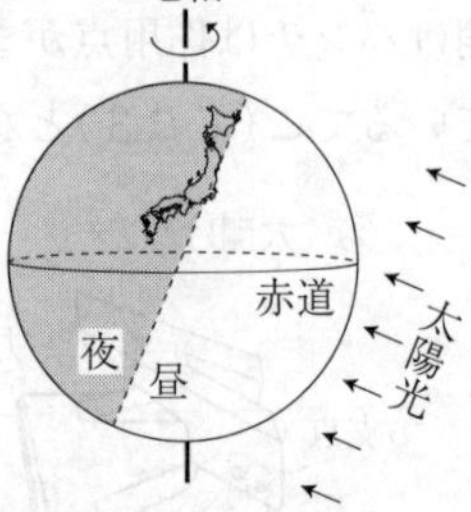

図Ⅱ

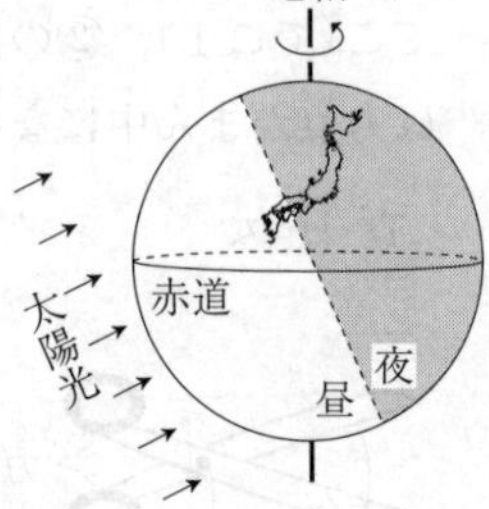

(5)　(ア)，(イ)　右下の図Ⅲのように，夏はより北(北半球では高緯度，南半球では低緯度)の地点ほど昼が長い。逆に，冬はより南の地点ほど昼が長い。　(ウ)〜(オ)　緯度がほぼ同じである東京と鳥取をもとに考える。表１より，(エ)は正しく，(オ)は誤っている。また，表２より，(ウ)は正しい。　(カ)〜(ク)　経度がほぼ同じである秋田と東京をもとに考える。表１より，(カ)は誤っており，(キ)は正しい。また，夏至の日の出は秋田の方が早く，冬至の日の出は東京の方が早いので，(ク)は誤っている。

図Ⅲ

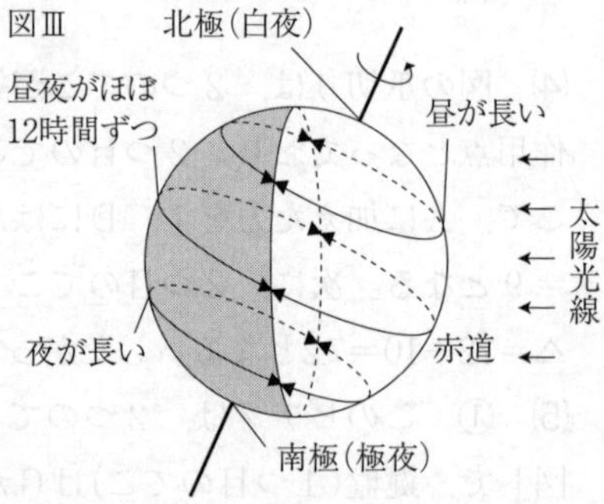

国　語　＜第１回試験＞（50分）＜満点：100点＞

解　答

一　**問１**　下記を参照のこと。　**問２**　Ａ　イ　Ｂ　ウ　Ｃ　ア　**問３**　イ　**問４**　個人　**問５**　Ａ　(例)　通俗道徳を守れば成功者になれる　Ｂ　(例)　働き，貯蓄する努力

を怠った　**C**　自己責任　**D**「通俗道徳のわな」　**問６**　目　**問７**　ア　**問８**　ア　○　イ　×　ウ　×　エ　×　オ　○　**二**　**問１**　下記を参照のこと。　**問２**　私のジャンプはこんなのじゃなかった　**問３**　才能　**問４**　ア　**問５**　舌　**問６**　（例）（圭介が）一歩離れたところから見ているために，理子が悩んでいることにすぐに気がついた（こと。）　**問７**　イ　**問８**　不安

●漢字の書き取り

一　**問１**　イ　頼（ら）　ロ　災（い）　ハ　概念　ニ　専門　ホ　幸（い）
二　**問１**　イ　許（し）　ロ　慣（れ）　ハ　評価　ニ　仰（ぎ）　ホ　比較

解　説

一　**出典は2020年５月10日付「読売新聞」朝刊掲載《けいさい》の「〈生きづらさの正体〉社会の変化　現れる抑《よく》圧《あつ》（松沢裕作《まつざわゆうさく》著）」による。**歴史学者である筆者が，明治時代の「通俗《つうぞく》道徳」を例にあげながら，世の中をよくするためには歴史を知ることが不可欠であり，現代の人が自らを取り巻く社会について考察する補助線になると述べている。

問１　**イ**　音読みは「ライ」で，「信頼」などの熟語がある。訓読みにはほかに「たの（む）」がある。　**ロ**　音読みは「サイ」で，「災害」などの熟語がある。　**ハ**　あることがらについての大まかな考え方。　**ニ**　研究・担当する特定の分野。　**ホ**　音読みは「コウ」で，「幸福」などの熟語がある。訓読みにはほかに「さち」「しあわ（せ）」がある。

問２　**A**　直前の「職業に応じた身分集団」を，直後の「一人ひとりが村とか町とかの『袋《ふくろ》』に分けて入れられているイメージ」にたとえているので，“たとえて言うなら”という意味の「いわば」がふさわしい。　**B**　直前では救済対象になる人の条件をあげたうえで，直後ではそのうえに課せられる「厳しい条件」について述べているので，前の内容に後のことがらをつけ加える働きの「さらに」があてはまる。　**C**　直前の段落では「江戸時代まで」の社会について，直後の段落では「明治になって」からの社会について，対照的な内容が説明されている。よって，前後で逆の内容が置かれるときに使う「しかし」がよい。

問３　「袋」は「職業に応じた身分集団」のたとえであり，その「袋」が「破られ」たというのだから，「職業に応じた身分集団が解体された」とあるイが選べる。

問４　二つ目の大段落の後ろから二つ目の形式段落に，江戸時代まで「社会の基礎《きそ》が個人ではなく，集団で成り立っていた」とあるように，江戸時代から明治時代になると，社会の基礎が「村単位」から「個人」に移っていったのである。よって，空欄《くうらん》②には，「村単位」と対比される言葉が入る。

問５　**A**　「勤勉や倹約《けんやく》を是《ぜ》とする通俗道徳」が多くの人に信じられたのは，「通俗道徳を守れば必ず成功するわけではありませんが，守っていた人の中に成功者も多」かったからである。よって，「通俗道徳を守れば成功者になれる」のようにまとめられる。　**B**　「窮民《きゅうみん》救助法案」が否決されたのは，衆議院議員たちが「貧困に陥《おちい》ったのは，働き，貯蓄《ちょちく》するという努力を怠《おこた》った結果だ」と考えたからである。よって，「働き，貯蓄する努力を怠った」などがふさわしい。　**C**　Bの衆議院議員たちの考え方は，「貧困は自己責任」という主張にもとづいている。　**D**　「勤勉に働いていても病気になることもあれば，いくら倹約しても貯蓄するほどの収入が得られないこともあった」という，当人の努力ではどうにもできない事情までもが「全て当人のせいにされ」たのは，

「通俗道徳」が強い支持を得ていたからである。筆者はこれを，「『通俗道徳のわな』にはまりきって」いる状況《じょうきょう》と表現している。

問６　「目を凝《こ》らす」は，“じっと見つめる”という意味。

問７　「ミクロ」は“最も小さな範囲《はんい》”，「マクロ」は“最も大きな範囲”で，たがいに対照的な意味を表す。傍線《ぼうせん》部⑤には「マクロに分析するだけでは分からない」とあるので，これを「国全体の経済状況の調査のみでは分からない」と言い換《か》えているアが選べる。

問８　**ア**　最初から二つ目の形式段落の内容と合う。　**イ**　衆議院で否決されたのは，「恤救《じゅっきゅう》規則」ではなく「窮民救助法案」である。　**ウ**　三つ目の大段落の二つ目の形式段落で，国家と市場経済は「相反するようにも」見えるが，「両者が併存《へいぞん》しながら近代以降の社会は成り立った」と述べられている。ただし，近代社会がそれ以前の社会と比べて「姿を大きく変えた」のは，「両者の相反する性質のため」ではなく，市場経済およびそれに伴《ともな》う「通俗道徳」のためだと考えられるので，合わない。　**エ**　三つ目の大段落の三つ目の形式段落に，「新型コロナウイルスが猛《もう》威《い》を振《ふ》るい，うろたえた人々からは～強い国家権力の行使を望む声も上がり」とあるので，「国家の力は弱体化することになった」はふさわしくない。　**オ**　最初の形式段落と，二つ目の大段落の最初の形式段落の内容と合う。

二　**出典は乾《いぬい》ルカの『向かい風で飛べ！』による。**ジャンプの才能があって将来を有望視されている理子は，友人のさつきがどんどん上達するにつれて，自分のジャンプに違和《いわ》感を覚えるようになり，不安を感じ始めている。

問１　**イ**　音読みは「キョ」で，「許可」などの熟語がある。　**ロ**　音読みは「カン」で，「慣例」などの熟語がある。　**ハ**　ものごとのよしあしや値打ちを決めること。　**ニ**　音読みは「ギョウ」，「コウ」で，「仰天」，「信仰」などの熟語がある。　**ホ**　おたがいに比べること。

問２　続く部分に「もっとさつきみたいにすべきだ」，「自分のジャンプに違和感を覚える」とあるので，理子が自分のジャンプに納得《なっとく》していないことがわかる。この思いは，最後の回想の場面の「私のジャンプはこんなのじゃなかった」という言葉からも読み取れる。

問３　理子は，ジャンプの前に「才能って，もしかしたら消えてしまうものなの？」と考えているので，ジャンプの後も「才能って，なんだろう」と疑問を持ち続けていたのだと考えられる。

問４　少し後に「本当に理子に勝てないのがつまらないからやめたのだ，と思っている団員もいる雰囲気《ふんいき》だ」とあるので，圭介の「どうせ続けたって，女の理子に勝てねえし」という言葉は本心でないことがわかる。よって，アがあてはまらない。

問５　「舌を巻く」は，“技量などがあまりにすぐれていて驚《おどろ》き感心する”という意味。

問６　「岡目八目」は，“はたから見ているほうがかえってものごとがよくわかる”という意味。直前に「しかも一歩離《はな》れたところから見ているせいか，もともとの慧眼《けいがん》にさらに磨《みが》きがかかったようだ」とあることに着目する。「慧眼」は，ものごとの本質をするどく見ぬく力のことであり，具体的には「悩《なや》んでいるのかと訊《き》いてきた圭介の観察眼」のことである。

問７　「会心」は，ものごとが期待通りに行って，十分に満足できること。「相別町のプラスチック台で飛んだとき」のジャンプは，「バランスを取るのに神経をすり減らした」，「なんとなくしっくりこなくて」など，あまりよいジャンプではなかったことにも着目する。

問８　直前の「胸の中に静かに白くふんわり積もっていた雪が，白煙《はくえん》の目《め》隠《かく》しとなって理子を惑《まど》わせる」という，理子の心象風景をえがいた一文に着目する。これは，圭介に見透《みす》かされた「心の中に芽生えつつある不安」を暗示した表現である。

Dr.福井の
入試に勝つ！ 脳とからだのウルトラ科学

記憶に残る“ウロ覚え勉強法”とは？

人間の脳には，ミスしたところが記憶に残りやすい性質がある。順調にいっているときの記憶はあまり残らないが，まちがえて「しまった！」と思うと，その部分がよく記憶されるんだ（これは，脳のヘントウタイという部分の働きによる）。その証拠に，おそらくキミたちも「あの問題を解けたから点数がよかった」ことよりも，「あの問題をまちがえたから点数が悪かった」ことのほうをよく覚えているんじゃないかな？

この脳のしくみを利用したのが“ウロ覚え勉強法”だ。もっと細かく紹介すると，テキストの内容を一生懸命覚え，知識を万全にしてから問題に取り組むのではなく，テキストにざっと目を通した程度（つまりウロ覚えの状態）で問題に取りかかる。もちろんかなりまちがえると思うが，それを気にすることはない。まちがえた部分はよく記憶に残るのだから……。言いかえると，まちがえながら知識量を増やしていくのが“ウロ覚え勉強法”なのである。

ここで，ポイントが２つある。１つは，ヘントウタイを働かせて記憶力を上げるために，まちがえたときは「あ～っ！」とわざとらしく驚くこと。オーバーすぎるかな……と思うぐらいでちょうどよい。

もう１つのポイントは，まちがえたところをそのままにせず，ここできちんと見直すこと（残念ながら，驚くだけでは覚えられない）。問題の解説を読んで理解するのはもちろんだが，必ずテキストから見直すようにする。そうすれば，記憶力が上がったところで足りない知識をしっかり身につけられるし，さらにその部分がどのように出題されるかもわかってくる。頭の中の知識を実戦で役立てられるようにするわけだ。

Dr.福井（福井《ふくい》一成《かずしげ》）…医学博士。開成中・高から東大・文Ⅱに入学後，再受験して翌年東大・理Ⅲに合格。同大医学部卒。さまざまな勉強法や脳科学に関する著書多数。

2021年度　立教新座中学校

〔電　話〕　(048) 471－２３２３
〔所在地〕　〒352-8523　埼玉県新座市北野１－２－25
〔交　通〕　東武東上線－「志木駅」より徒歩12分
JR武蔵野線－「新座駅」より徒歩25分

【算　数】〈第２回試験〉　(50分)　〈満点：100点〉

注意　１．答はできるだけ簡単にしなさい。また，円周率は，3.14を用いなさい。
　　　２．直定規，コンパスをかしたり，かりたりしてはいけません。
　　　３．三角定規，分度器，計算機の使用はいけません。

1　以下の問いに答えなさい。

(1)　次の計算をしなさい。

$$0.5-\frac{1}{3}+0.25\times0.2-\frac{1}{6}+\frac{1}{6}\div10$$

(2)　約分すると $\frac{7}{13}$ になる分数のうち，分母と分子の差が102になる分数を答えなさい。

(3)　２種類の商品Ａ，Ｂがあり，定価でそれぞれ１個ずつ買うと代金の合計は6400円です。商品Ａを定価の２割引き，商品Ｂを定価の３割引きでそれぞれ１個ずつ買ったところ，代金の合計は4860円でした。商品Ａの定価を求めなさい。

(4)　図のような１辺の長さが12cmの正方形の折り紙を，点線で折って立体をつくると三角すいになりました。次の問いに答えなさい。ただし，三角すいの体積は(底面積)×(高さ)÷3で求めるものとします。

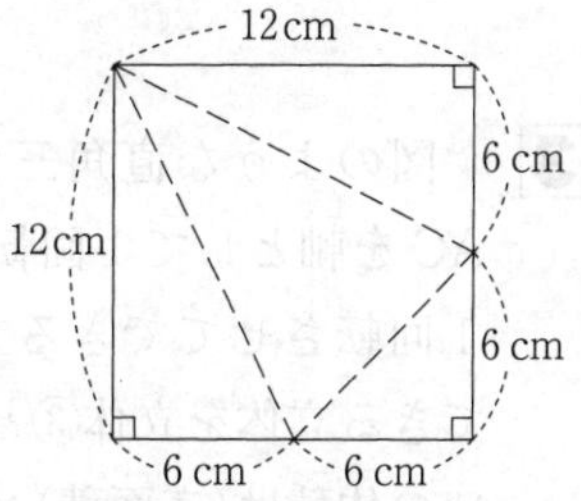

①　この三角すいの体積を求めなさい。

②　この三角すいを，高さが最も低くなるように平らな台の上に置くとき，三角すいの高さは何cmになりますか。

(5)　２けたの整数 AB どうしをかけたときの筆算は次のようになりました。２けたの整数 AB はいくつですか。ただし，A，B，C，D，E，F は異なる１けたの整数を表すものとします。

$$\begin{array}{r} AB \\ \times\ \ AB \\ \hline CD \\ EC \\ \hline FAD \end{array}$$

(6)　図のように，三角形ABCの辺上に点Ｄ，Ｅ，Ｆがあり，ADとDBの長さの比，BEとECの長さの比，CFとFAの長さの比はそれぞれ2：1です。また，三角形DEFの辺上に点Ｇ，Ｈ，Ｉがあり，DGとGEの長さの比，EHとHFの長さの比，FIとIDの長さの比はそれぞれ2：1です。次の問いに答えなさい。

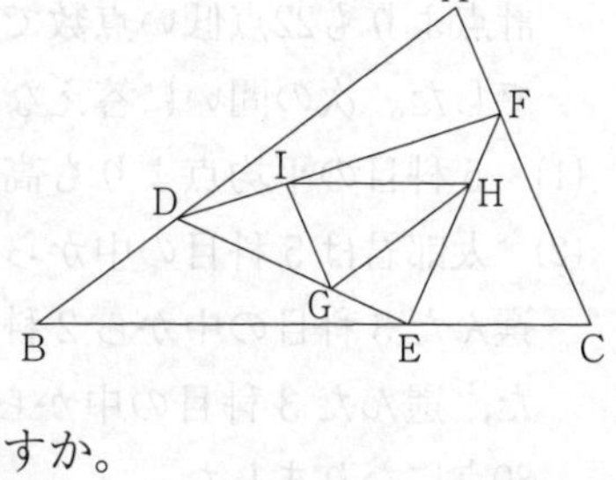

①　三角形GHIの面積は，三角形ABCの面積の何倍になりますか。

②　２点ＡとＨ，ＢとＧをそれぞれ結び，四角形ABGHをつくります。このとき，四角形

ABGHの面積は，三角形ABCの面積の何倍になりますか。

2　半径１cmの円が，次のような(ア)と(イ)のそれぞれの図形の外側を図形から離《はな》れないようにして，図形の周りを１周します。この円の中心が動いたあとの線の長さと，円が動いたあとの面積をそれぞれ求めなさい。

(ア)　図１のような平行四辺形

(イ)　半径４cm，中心角90°のおうぎ形を，図２のように２個並べた図形

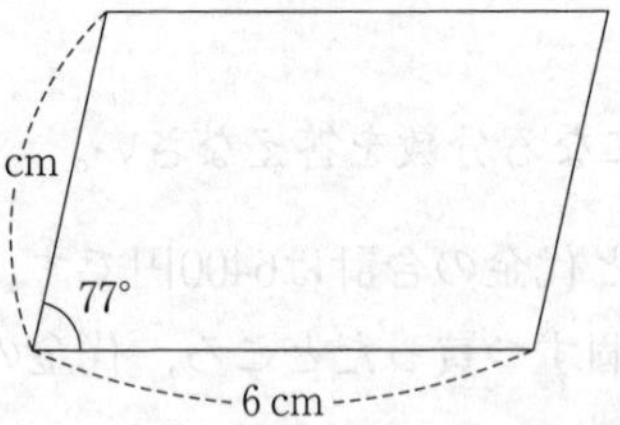

図１

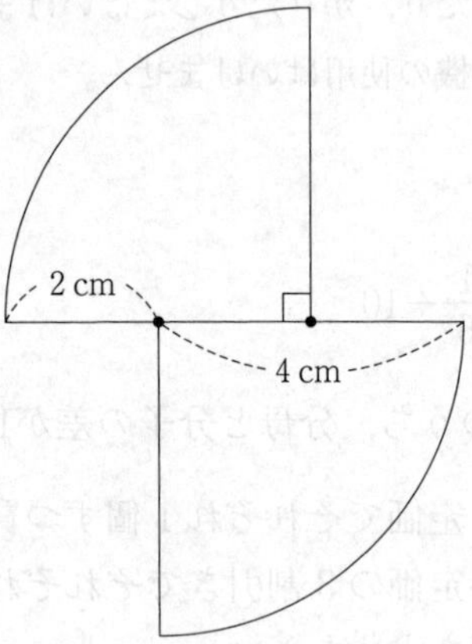

図２

3　図のような直角三角形ABCがあります。この直角三角形を，辺ACを軸《じく》として１回転させてできる立体を立体①，辺BCを軸として１回転させてできる立体を立体②，辺ABを軸として１回転させてできる立体を立体③とします。次の問いに答えなさい。ただし，円すいの体積は(底面積)×(高さ)÷3で求めるものとします。

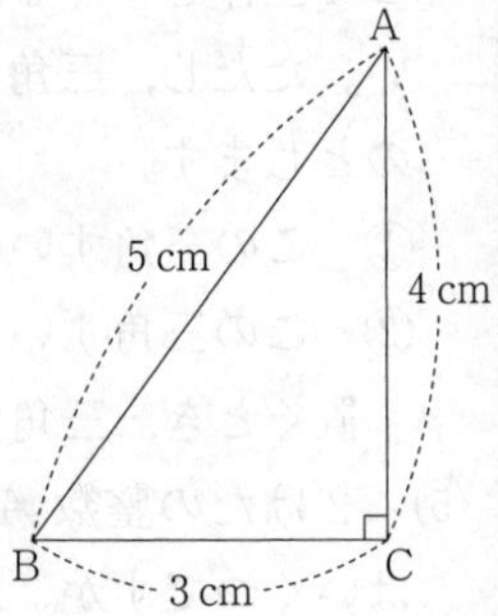

(1)　立体①の体積は，立体②の体積の何倍になりますか。

(2)　立体①の表面積は，立体②の表面積の何倍になりますか。

(3)　立体①の体積は，立体③の体積の何倍になりますか。

(4)　立体①の表面積は，立体③の表面積の何倍になりますか。

4　太郎君は国語，社会，数学，理科，英語の５科目の試験を受けた結果，その平均点は72.4点でした。この平均点よりも高い点数の科目は２科目あり，その合計点はそれ以外の３科目の合計点よりも22点低い点数でした。また，理科は社会よりも10点高く，国語と英語の点数は同じでした。次の問いに答えなさい。

(1)　５科目の平均点よりも高い点数の２科目の合計点を求めなさい。

(2)　太郎君は５科目の中から３科目を選んで平均点を計算したところ，74点になりました。この選んだ３科目の中から２科目を選んで，その平均点を計算したところ，65点になりました。また，選んだ３科目の中から２科目の選び方を変えて選んで，その平均点を計算したところ，80点になりました。

①　選んだ３科目の点数の中で，最も高い点数を求めなさい。

② 国語と社会の点数をそれぞれ求めなさい。

5 1000から9999までの４けたのすべての整数において，千の位の数と百の位の数の積と，十の位の数と一の位の数の積をたした数を作ります。例えば，1234から作られる数は1×2＋3×4で14になり，2021から作られる数は2×0＋2×1で２になります。1000から順番にこのような数を作っていき，作られた順にこれらの数を左から１列に並べました。並べられた数について，次の問いに答えなさい。

(1) 最も大きい数はいくつですか。

(2) はじめて10が出てくるのは，左から何番目ですか。

(3) １は全部で何個ありますか。

(4) 100は全部で何個ありますか。

【社　会】〈第２回試験〉（30分）〈満点：50点〉

Ⅰ　和洋君は，毎年家族で旅行していましたが，昨年は旅行することができませんでした。そのため，今まで家族と訪れた場所を，お兄さんと地図中の①～⑮にしめしました。以下は，その地図を見た和洋君とお兄さんとの会話文です。地図と会話文について，以下の問に答えなさい

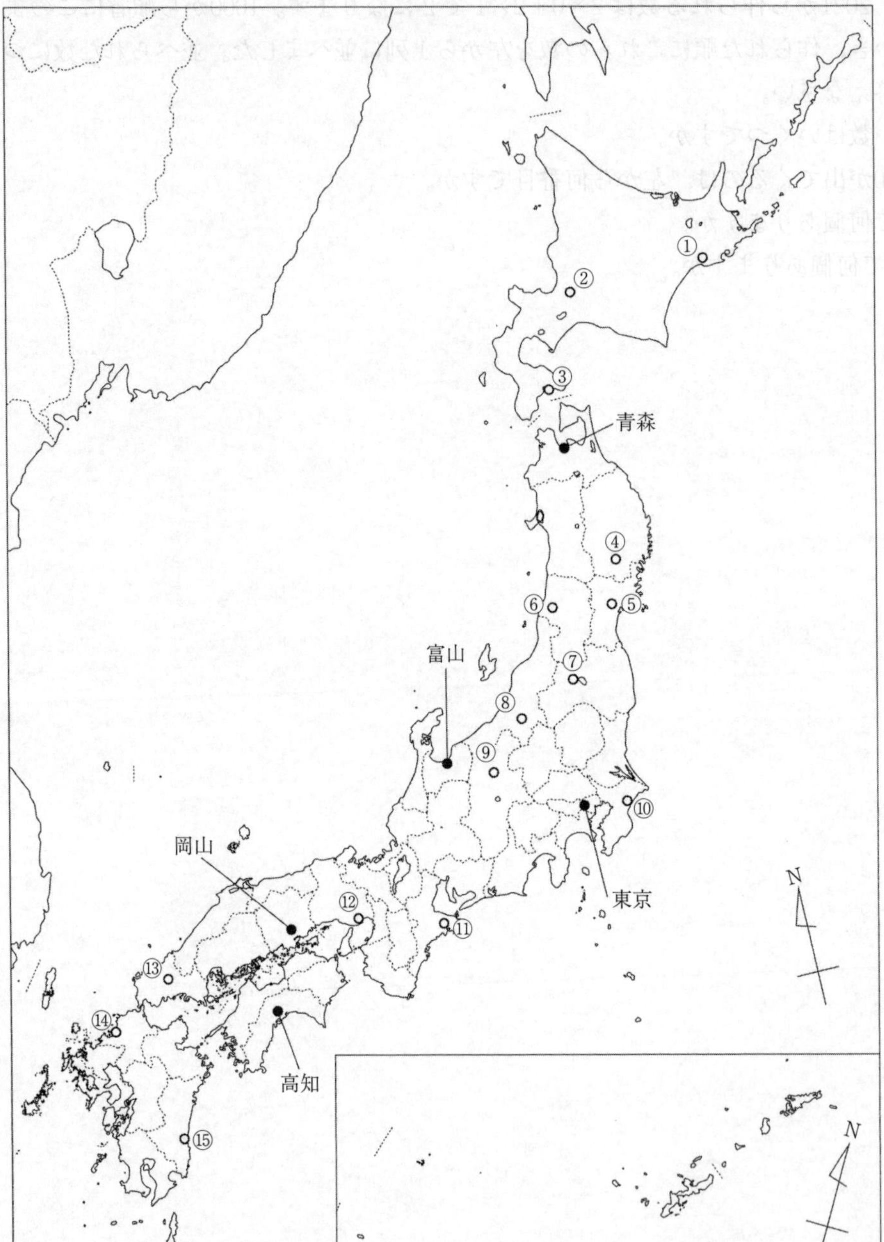

和洋　最初に家族で行ったのは，海水浴だよね。砂浜が広がり，遠浅の海だったよね。泳ぎに来た人たち以外にも，サーフィンをやっていた人もいたことを覚えている。

兄　それは，（ ア ）に行った時だよね。ここは，地理の授業で習ったけど，浅い海底が上昇して陸地となった海岸平野という地形なんだ。この平野の北で，日本最大の流域面積を持つ河川が太平洋に注ぎ，その河口には，日本有数の漁獲《ぎょかく》量をほこる漁港があるんだ。

和洋　冬はスキーに湯沢へ行ったよね。本当に小説に書かれていた通りに，(1)トンネルを抜けると雪国だったよね。あんなに雪が積もっているのは初めてだったから，あの雪景色はよく覚えているよ。

兄　雪ばかりで寒かったよね。でも，一日だけ晴れた日があって，スキー場の下の方に大きな川が流れていたのを覚えている。お父さんが，その川は信濃川の支流であることと，このあたり一帯が，日本を代表する(2)おいしいお米の産地だと教えてくれたよね。宿で出されたご飯，本当においしかったよね。

和洋　景色で印象に残っているのは，さまざまな大きさのクレーターみたいなのがたくさんあった(　イ　)だよね。そうだ，地下の鍾乳洞《しょうにゅうどう》もおもしろかったよね。

兄　それは，(3)石灰岩が雨水に溶けてつくられる【　A　】地形で有名な場所だよね。ぼくは，その後に行った，隣の県にある石見銀山の方が印象に残っているな。最盛期には世界の約３分の１の銀を産出したといわれ，世界遺産にも登録されているんだよね。

兄　ぼくが印象に残っているのは，山の上から見た(　ウ　)の夜景だよね。ロープウェイで登った展望台から見た夜景は本当にきれいだったな。中央に市街地の明かりが見え，その両側が海で黒かったことを覚えている。両側の海が暗くて，その分，街の明かりがきれいだったな。

和洋　お父さんが教えてくれたけど，市街地の左側が湾に面し，右側が日本海と太平洋を結ぶ【　B　】海峡だったよね。

和洋　それから，杜《もり》の都として，七夕祭りが有名な城下町の(　エ　)にも行ったよね。この都市は政令指定都市としても有名だよね。そうだ，翌日，ここから行った日本三景の一つで食べたカキがおいしかったよね。

兄　そこから，海岸沿いを北に行くと複雑な海岸線をしめす【　C　】という地形が見られるよね。この海岸地形の影響で，海沿いではたびたび大きな津波の被害を受けたんだ。特に2011年３月の東日本大震災《しんさい》では多くの犠牲《ぎせい》者を出したんだ。

和洋　2019年のラグビーワールドカップでは震災復興のシンボルとして釜石で試合が行われたよね。もともと釜石は明治時代に官営の製鉄所がつくられ，日本の近代製鉄業の発祥《はっしょう》の地として有名なんだ。その企業チームを中心にラグビーがさかんになったと，お父さんが教えてくれたよね。

兄　ぼくは，一昨年の春休みに和洋と二人で行った高知のおじいちゃん家への旅行も思い出に残っているな。行きは，新幹線と在来線・バスを乗り継ぎ，(4)四国を半周したって感じだよね。

和洋　あれは，長かったよ。朝６時に家を出て，岡山で乗り換え，瀬戸大橋を渡り高松へ，途中の徳島でお昼ご飯を食べて，ひたすら鉄道とバスに乗る旅だったよね。(5)高知駅に着いたのが夜８時過ぎだったもん。本当につかれたよ。でも，台風の中継でよくテレビに出てくる【　D　】岬を夕暮れに通ったのを覚えているよ。

兄　【　D　】岬は，地理の授業で習ったけど，海岸段丘という地形の代表的な例で，世界ジオパークにも認定されるほど有名だったんだ。ただ通過するだけでなく，今度はゆっくり見に行きたいね。

和洋　まだ行っていないところも多いし，早く安心して旅行に行けるといいね。

問1　文章中の(ア)～(エ)に最も当てはまる場所を，地図中より選び，それぞれ番号で答えなさい。

問2　文章中の【A】～【D】に最も当てはまる語を答えなさい。

問3　文章中の下線部に関して，以下の問に答えなさい。

(1)　下線部(1)についてですが，このトンネルは県境に位置しています。新幹線で県境を通過した際に，県境がトンネルである例として，適切でないものを以下より選び，番号で答えなさい。

①　山口県と福岡県
②　滋賀県と京都府
③　群馬県と長野県
④　静岡県と愛知県

(2)　下線部(2)についてですが，このおいしいお米は，コシヒカリのことです。コシヒカリはスキーに行った湯沢のある県で一番多く植えられている品種です。以下にしめす県とそこで最も多く植えられている米の品種の組み合わせとして，適切でないものを以下より選び番号で答えなさい。

①　茨城県・コシヒカリ
②　宮城県・ひとめぼれ
③　山形県・つや姫
④　秋田県・あきたこまち

(3)　下線部(3)についてですが，この石灰岩を原料とする建築などで利用される工業製品があります。この工業製品の生産と関係の深い都市として，適切でないものを以下より選び，番号で答えなさい。

①　宇部市　②　周南市　③　倉敷市　④　北九州市

(4)　下線部(4)についてですが，右の表1は，四国各県の農業産出額にしめる米・野菜・果実・畜産の割合をしめしたものです。表中の(あ)～(う)に当てはまる県名の正しい組み合わせを，以下より選び，番号で答えなさい。

表1

2017年	米(%)	野菜(%)	果実(%)	畜産(%)
徳島県	13.2	39.5	9.9	25.8
(あ)	10.5	62.9	9.9	7.1
(い)	14.6	29.9	7.4	41.3
(う)	13.0	16.4	42.7	20.7

出典：『2020 データブック オブ・ザ・ワールド』(二宮書店)より作成

	(あ)	(い)	(う)
①	愛媛県	香川県	高知県
②	愛媛県	高知県	香川県
③	高知県	香川県	愛媛県
④	高知県	愛媛県	香川県
⑤	香川県	高知県	愛媛県
⑥	香川県	愛媛県	高知県

(5)　下線部(5)についてですが，次の表2は，地図中の青森，富山，東京，岡山，高知の月別の気温(上段：℃)と降水量(下段：mm)をしめしたものです。高知をしめすものを，表中より選び，番号で答えなさい。

表２

	1月	2月	3月	4月	5月	6月	7月	8月	9月	10月	11月	12月	年
①	4.9	5.5	8.8	14.5	19.3	23.3	27.2	28.3	24.4	18.1	12.3	7.3	16.2
	34.2	50.5	86.7	92.3	125.0	171.5	160.9	87.4	134.4	81.1	51.2	31.0	1105.9
②	5.2	5.7	8.7	13.9	18.2	21.4	25.0	26.4	22.8	17.5	12.1	7.6	15.4
	52.3	56.1	117.5	124.5	137.8	167.7	153.5	168.2	209.9	197.8	92.5	51.0	1528.8
③	−1.2	−0.7	2.4	8.3	13.3	17.2	21.1	23.3	19.3	13.1	6.8	1.5	10.4
	144.9	111.0	69.9	63.4	80.6	75.6	117.0	122.7	122.7	103.9	137.7	150.8	1300.1
④	6.3	7.5	10.8	15.6	19.7	22.9	26.7	27.5	24.7	19.3	13.8	8.5	17.0
	58.6	106.3	190.0	244.3	292.0	346.4	328.3	282.5	350.0	165.7	125.1	58.4	2547.5
⑤	2.7	3.0	6.3	12.1	17.0	20.9	24.9	26.6	22.3	16.4	10.8	5.7	14.1
	259.5	172.1	158.5	122.2	134.2	182.6	240.4	168.3	220.2	160.7	234.4	247.0	2300.0

出典：『理科年表2020』より作成

Ⅱ　建物や敷地の入り口は，単に出入りするだけではなく，その建物を象徴する建築物が造られたり，飾られたりすることがあります。歴史上観察されるさまざまな入り口について，以下の問に答えなさい。

問１　古墳の石室への入り口を羨道《せんどう》といいます。石室には副葬品《ふくそうひん》もおさめられていました。副葬品をみると，どのような人がその古墳に葬《ほうむ》られていたかがわかります。以下の文章【A】は，副葬品について説明したメモです。【A】をふまえて，古墳に葬られた豪族の特徴の変化をまとめたものが，文章【B】です。【B】中の空欄(あ)，(い)に当てはまる語として，正しい組み合わせを以下の①～④より選び，番号で答えなさい。

【A】

4世紀ごろの古墳を調べました。副葬品として，鏡や勾玉《まがたま》などの神様とつながる祭りの道具がおさめられていました。	5世紀の終わりごろの古墳を調べました。副葬品として，鉄の剣などの武具がおさめられていました。

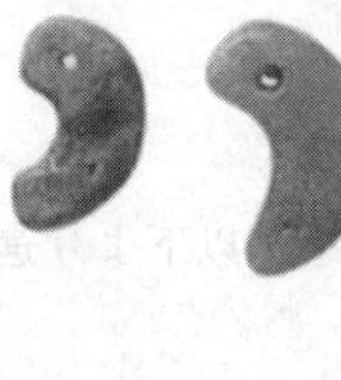

【B】

４世紀ごろの古墳には，(あ)のような性格をもった豪族が，５世紀の終わりごろの古墳には，(い)のような性格をもった豪族が，それぞれ葬られていた。

① あ：商人　い：武人　② あ：神官　い：商人
③ あ：神官　い：武人　④ あ：武人　い：神官

問２　羅城《らじょう》門は都の出入り口としてつくられた門です。都の周囲の壁《かべ》を羅城といったので，その羅城に設置された門，という意味です。

(1)　元明天皇が710年に遷都《せんと》した都の位置を，地図中より選び，番号で答えなさい。

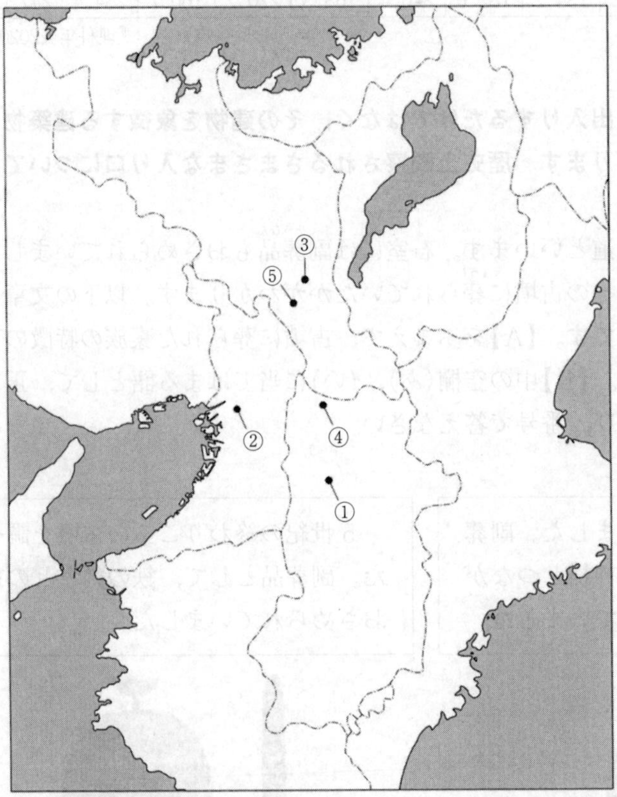

(2)　(1)が都だった時代を説明する文章として適切なものを，以下より選び，番号で答えなさい。

①　中臣鎌足らが，大宝律令を制定して，律令にもとづく政治の仕組みを整えた。
②　開墾した土地が，永久に自分の土地にしてよいことになった。
③　藤原氏が台頭し，藤原良房が皇族以外で初めて摂政になった。
④　中大兄皇子らが政治権力をにぎって，改新の詔を発表した。

問３　ある点とある点をつなぐ出発点を，象徴的に窓口と表現する場合もあります。

(1)　かつて九州は，中国や朝鮮半島への窓口であり，交流拠点《きょてん》でした。九州に置かれた「遠の朝廷《みかど》」とよばれた機関を答えなさい。

(2)　平安時代の朝鮮半島や中国との交流について説明した文として，適切でないものを以下より選び，番号で答えなさい。

① 鑑真が渡来し，日本に「僧が守るべき決まり」を伝えた。

② 菅原道真の進言によって，遣唐使が廃止された。

③ 平清盛が，大輪田泊を整備した。

④ 最澄は唐で学び，帰国して天台宗を広めた。

問４ 次の図は，武士の館を示しています。この館の入り口は，門の上にやぐらを置いた矢倉門になっており，守りを固めていた様子がうかがえます。

(1) 武士の活躍を説明する文として，適切でないものを以下より選び，番号で答えなさい。

① 平将門は反乱をおこし，瀬戸内海沿岸を勢力下におさめた。

② 平治の乱では，平清盛が源義朝と戦った。

③ 前九年合戦，後三年合戦を経て，奥州藤原氏が勢力を拡大した。

④ 保元の乱では，天皇家の対立に，源氏と平氏がそれぞれ一族を分けて参加した。

(2) この図に描かれている僧は，一遍です。一遍が始めた時宗の説明として適切なものを，以下より選び，番号で答えなさい。

① ひたすら南《な》無妙法蓮《むみょうほうれん》華経《げきょう》という題目をとなえることをすすめた。

② 阿弥陀如来を信じて念仏をとなえれば，極楽往生ができるとした。

③ ひたすら座禅を組むことで，悟りを開くことができるとした。

④ 踊《おど》りながら念仏をとなえることで，すぐに極楽往生ができるとした。

問５ 戦国末期から，日本各地には天守を持つ城が建築されました。たとえば織田信長は，琵琶湖のほとりに安土城を築城しました。1577年に安土城下に出した楽市令の説明として，適切でないものを以下より選び，番号で答えなさい。

① 街道を通る者は，必ず安土城下に立ち寄ることが求められた。

② 営業税を廃止して，商人・職人が自由に営業できるようにした。
③ 関所で通行税を課すことで，城下に不審な人物が入らないようにした。
④ 同業者の組合に入らなくても，城下で商売ができるようにした。

問６ 江戸時代には，海外とつながる窓口がいくつかあったことが知られています。そのなかで朝鮮王朝とつながる窓口を管理していた藩を何といいますか，答えなさい。

問７ 1860年３月に江戸城の桜田門で，大老の井伊直弼が殺害されました。井伊直弼が行ったこととして適切なものを，以下より選び，番号で答えなさい。
① 株仲間を公認して，特権を与える代わりに税金を確保した。
② 日米修好通商条約の調印を命じた。
③ 外国の船に薪や水を与えて返すことを命じた。
④ 大岡忠相を中心にして，裁判の基準などを編集させた。

問８ 2020年３月に，山手線に高輪ゲートウェイ駅が誕生しました。
(1) これは，江戸時代に高輪大木戸《おおきど》が近くにあったことから名付けられました。大木戸とは江戸時代の主要街道と江戸との境目に設置されていた門のことです。高輪大木戸が設置された，この街道を何といいますか，答えなさい。
(2) 山手線が環状運転を始めた1925年は，普通選挙法が定められた年でもあります。普通選挙法によって，選挙権はどのような人に与えられましたか，答えなさい。

問９ 高速道路には料金所というゲートがあります。東京には首都高速道路があり，各地に向かう高速道路とつながっています。この首都高速道路を管理していたのが，首都高速道路公団でした。次の出来事のうち，首都高速道路公団ができた1959年以前のものを選び，番号で答えなさい。
① 大阪で万国博覧会が開かれた。
② 所得倍増計画が発表された。
③ 日韓基本条約が締結された。
④ 日ソ共同宣言が発表された。

Ⅲ 次の文章は，2010年から2014年までウルグアイ大統領をつとめた，ホセ・ムヒカへのインタビューをまとめたものです。これを読んで，以下の問に答えなさい。

そう，わたしは世界の人から「世界で一番貧しい大統領」といわれている。見ての通り，三部屋しかないうちに住んでいるし，仕事にも友だちからもらったフォルクスワーゲンを運転していく。どこへ行くにも，同じチェックの上着だし。まあ，おかげでわたしのトレードマークになっているよ。

わたしは，自分を貧しいとは思っていない。いまあるもので満足しているだけなんだ。わたしが質素でいるのは，自由でいたいからなんだ。(1)お金のかかる生活を維持するために働くより，自由を楽しむ時間がほしいんだ。

(2)自由とは好き勝手ってことじゃない。責任や制限がある。わたしはいつも，自分に回ってきた仕事はすべて責任を持ってやってきた。制限とは，人に迷惑をかけないってことだ。節度を持って暮らし，他人のものを奪わず，自分で努力して，いろんなことを成しとげる。まあこのことは，ゆっくり話そう。

子どものころはエンジニアになりたかった。でも，最初の夢は神父だったかな。

ずっと戦争だったよ。(3)第二次世界大戦だ。戦争中，この国ではすごく仕事があったんだ。持っているものはすべてヨーロッパに売った。農作物に畜産物。ウルグアイは世界でもっとも豊かな国の一つになった。いっぽうヨーロッパは，わたしたちに何も売ることができなかった。

人が死んでいるときに，ウルグアイではビジネスをしていたんだ。悲しいことだ。

1940年代のウルグアイは，こんなふうに豊かだった。南米のスイスと呼ばれるほど福祉はよかったし，安定した(4)民主主義の国だった。でも，だんだん経済が立ち行かなくなっていったんだ。(5)戦争の後，立ち直ったヨーロッパが，われわれから安く買い，われわれに高く売りつけたからね。ウルグアイは経済的に不安定になって，政権はしだいに強権的になっていった。わたしは４度投獄《とうごく》されているんだ。ゲリラ活動をしていたんだよ。武力で政権を倒すことも辞さないと考えていた。

1985年の３月の終わり，わたしは出獄した。(6)軍事政権が終わったんだ。自由の身になったわたしには，痛みや苦しみを嘆《なげ》く気持ちは消えていた。獄中での孤立無援《こりつむえん》の状態を経験したからこそ，いかにわずかなもので幸せになれるかを学んだんだ。わたしたちをひどく扱《あつか》った人間を憎《にく》む気には，なれなかった。

人生は未来だ，過去じゃない。

むかしは，崇高《すうこう》な目的を達成するための正義の戦争と，悪い戦争があると思っていた。しかし(7)武力による犠牲と苦しみを肌身《はだみ》で知って，どんな戦争であれ，社会でもっとも弱い人の犠牲で終わることを知ったんだ。最低な話し合いは，最高の戦争に勝るんだ。

共和国は，多数決なんだ。共和制とは，そもそも誰《だれ》も人の上に立たないということだ。共和国では誰もが平等で，すべて国民によって決められるんだ。私たち政治家は，その国民に対して全身全霊《ぜんれい》で責任を負っている。そして，自分に投票してくれた多数の国民と同じように，節度を持って生きないといけないんだ。

よく考えてほしい。(8)きみが何かを買うとき，お金で買っているんじゃないってことを。そのお金を得るために費やした時間で，買っているんだよ。過ぎた時間とは，きみの人生だ。過ぎ去ったら取り返しがつかない。だから，大切にしないといけないんだよ，人生という時間を。

なかでも子ども時代はもっとも幸福な時期だ。大人は子どもをせかさないでほしい。子どもは遊んで，遊んで，遊んで，幸せにならないといけない。知識，知識，知識，情報，情報，情報，と急いで与《あた》えないでほしい。子どもはゆっくり育つべきなんだ。いまは物をたくさん作らないといけないから，経済的に価値ある人材をつくろうとしている。早く稼《かせ》げるようになる勉強ばかりさせて，子ども時代を台無しにしている。そして，(9)８歳や９歳で小さい大人のような子どもを期待している。しかし，子どものときをたっぷり生きてこそ，知恵と人格のある大人になれるんだ。

大統領だった５年間，わたしのいちばんの課題は(10)貧富の差をへらすことだった。人びとは多少暮らしやすくなったと思うけれど，まだまだだ。最も大事なのは教育だ。それは，この国の20年後を考えることなんだ。大統領でいたときの最大の後悔《こうかい》は，教育にもっとお金を使えなかったことだ。社会の不公平をへらし，正義を下支えするものが教育だったのに。(11)教育と民主主義は切り離せない。これらは，多くの人びとの生活をよくするものだからね。

〈くさばよしみ編『世界でいちばん貧しい大統領からきみへ』(汐文社)より作成〉

問1　下線部(1)についてですが，ホセ・ムヒカのような考え方の人たちがいる一方で，住宅や車などの高価なものを買うために，ローンを組んで多額のお金を借りる人たちもいます。お金を借りたい人との間に，ローン契約《けいやく》を結ぶことを本来的な業務としている機関として適切でないものを，以下より選び，番号で答えなさい。

①　銀行　②　証券会社　③　信用金庫　④　労働金庫

問2　下線部(2)についてですが，日本国憲法にも，これと同じような考え方に沿って定められた規定があります。たとえば，憲法が国民に保障する自由および権利を「濫用《らんよう》してはならないのであつて，常に〔　　　　〕のためにこれを利用する責任を負ふ」（第12条）というものです。この空欄に当てはまる言葉を答えなさい。

問3　下線部(3)についてですが，敗戦によって占領を受けていた日本は，1951年に行われたサンフランシスコ講和会議の結果，独立を回復しました。この戦争で日本と戦い，講和会議に参加した国として適切でないものを，以下より選び，番号で答えなさい。

①　大韓民国　②　フィリピン　③　カンボジア　④　インドネシア

問4　下線部(4)についてですが，民主主義の基本的な考え方をしめす有名な言葉として，「人民の，人民による，人民のための政治」というものがあります。この言葉は，1863年，当時のアメリカ大統領が演説を行った際に使ったとされますが，この大統領とはだれですか，答えなさい。

問5　下線部(5)についてですが，戦後の西ヨーロッパでは，貿易をさかんに行うため，経済的な連携《れんけい》をはかるようになりました。1967年，西ヨーロッパ6か国によって発足したある機関はその後1993年に発足したヨーロッパ連合の前身にあたります。ある機関とは何ですか，アルファベットの略称《りゃくしょう》で答えなさい。

問6　下線部(6)についてですが，ある国で軍事政権が終わり，民主化されるときには，公正なやり方で選挙を行う必要があります。この選挙で不正が行われると，民主化がうまくいかないこともあるため，国際連合が選挙監視団の派遣を決定することがあります。また，内戦が起きている国において，交戦している当事者同士を引き離すため，武装部隊などの派遣を加盟国に依頼《いらい》することもあります。このように，国際連合が世界の紛争《ふんそう》を解決するために行っているさまざまな活動を，まとめて何とよびますか，漢字で答えなさい。

問7　下線部(7)についてですが，日本国憲法も，前文や第9条において，戦争への反省から平和主義（戦争の放棄）を定めています。平和主義について説明した文のうち，下線部の内容が適切でないものを，以下より選び，番号で答えなさい。

①「政府の行為によつて再び戦争の惨禍《さんか》が起ることのないやうにすることを決意し」（前文）と定めており，戦争を起こした原因や責任が当時の日本政府にあったことを明確にするとともに，戦争という災いを二度と起こさないという強い決意がしめされている。

②「全世界の国民が，ひとしく恐怖と欠乏《けつぼう》から免《まぬ》かれ，平和のうちに生存する権利を有することを確認する」（前文）と定めており，国内の問題だけにとどまらず，広く国際社会に対しても平和を主張していこうとする強い決意がしめされている。

③「日本国民は，正義と秩序を基調とする国際平和を誠実に希求し」（第9条第1項），こうした「前項の目的を達成するため，陸海空軍その他の戦力は，これを保持しない」（第9条第2項）と明言しており，侵略《しんりゃく》だけでなく自衛のための戦力も，国際平和を乱すおそ

れがある点では変わらないから保持してはならないと考えるのが，現在の政府方針である。

④ 「国権の発動たる戦争と，武力による威嚇《いかく》又は武力の行使は，国際紛争を解決する手段としては，永久にこれを放棄《ほうき》する」（第９条第１項）と定めており，国際紛争を解決する手段としての戦争とは，他国への侵略戦争（侵略行為）を指すといえるため，第９条第１項はこれを放棄したものと考えるのが，現在の政府方針である。

問８　下線部(8)についてですが，日本では，労働基準法の規定により，労働時間は１日につき８時間までと定められています。しかし，企業では，法定労働時間を超《こ》える長時間の残業（時間外労働）が行われていることも多くみられます。そのため，時間外労働の上限時間を定める法改正が行われました。この改正によって，時間外労働の上限時間は，原則として１か月当たり何時間となりましたか。以下より選び，番号で答えなさい。

①　45時間　　②　60時間　　③　75時間　　④　90時間　　⑤　105時間

問９　下線部(9)についてですが，子どもらしさを失わせてしまうような育て方を，ホセ・ムヒカは批判しています。1989年，18歳未満の者の人権を保障する条約が，国際連合で採択《さいたく》されました。この条約とは何ですか，答えなさい。

問10　下線部(10)についてですが，貧富の差を減らす方法の一つとして，累進《るいしん》課税制度があります。この制度を採用している日本の租税を，以下より選び，番号で答えなさい。

①　固定資産税　　②　消費税　　③　所得税　　④　酒税

問11　下線部(11)についてですが，1947年に制定されたある法律には，日本が民主主義にもとづく教育を行うことが明記されています。この他にも，教育の機会均等や義務教育の無償化《むしょうか》などといった，日本における教育の原則を定めているこの法律とは何ですか。以下より選び，番号で答えなさい。

①　教育基本法　　②　学校教育法　　③　社会教育法　　④　教育委員会法

【理　科】〈第２回試験〉(30分)〈満点：50点〉

注意　計算機，分度器を使用してはいけません。

1　次の文章を読み，以下の問いに答えなさい。

南極の氷を調べることで，図１のように過去数十万年にわたる気温の変化が推定されています。グラフの横軸《よこじく》は現在からさかのぼった年数，縦軸《たてじく》は現在の平均気温との温度差を示しています。例えば，4℃は現在の平均気温より4℃高いことを表し，−4℃とは現在の平均気温より4℃低いことを表しています。

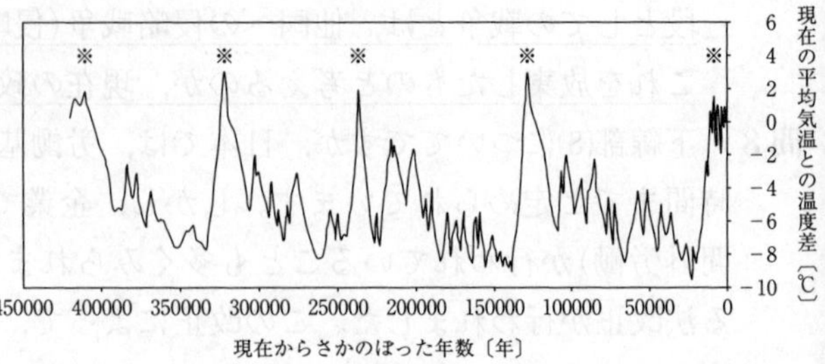

図１　過去から現在までの気温変化

グラフをみると，気温が低い氷期《ひょうき》と，気温が高い間氷期《かんぴょうき》(グラフ中の※印)を繰《く》り返していることがわかります。

(1)　最後の氷期の中でもっとも気温が低いときは，現在と比べて何℃低いですか。もっとも適切なものを，次の(ア)〜(オ)から選び，記号で答えなさい。

(ア)　2℃　　(イ)　4℃　　(ウ)　6℃　　(エ)　8℃　　(オ)　10℃

(2)　現在を含めた５回の間氷期は，平均すると何年ごとに現れていますか。もっとも適切なものを，次の(ア)〜(オ)から選び，記号で答えなさい。

(ア)　1000年　　(イ)　１万年　　(ウ)　５万年　　(エ)　10万年　　(オ)　20万年

現在より１つ前の間氷期には，気温が高くなり，関東平野のほぼ全域が浅い海となりましたその後，少しずつ寒冷化し，約(　①　)万年前には最後の氷期の最盛期となり，海面は100〜120ｍくらい(　②　)したと推測されています。この頃《ころ》，関東山地などを水源とする河川が固い地面の地層を削《けず》り，深い谷を作りました。

約１万年前に温暖化が始まり，(　　③　　)。そして，9000〜7300年前には，徐々《じょじょ》に海面が上昇《じょうしょう》しました。その後，4400〜3700年前にかけて，急激に海が陸地から後退しました。それに伴《ともな》い，利根川や渡良瀬川《わたらせがわ》が運んだ土砂がゆっくりと当時の東京湾《とうきょうわん》を埋《う》めていき，低地に地層が形成されました。現在，埼玉県を流れる荒川や利根川は，関東平野を下って海へと流れ込んでおり，図２のような地形が形成されています。

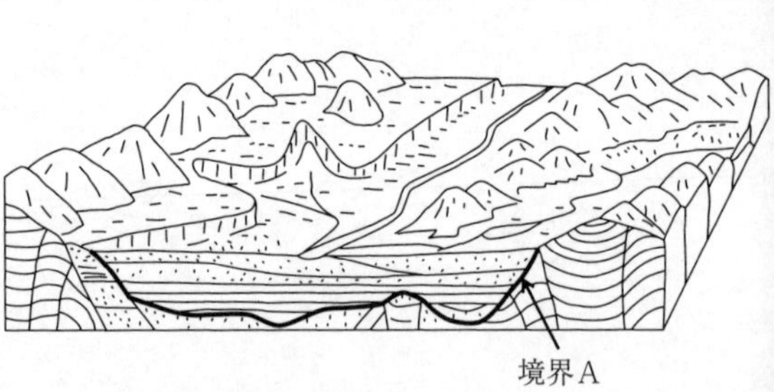

図２　現在の関東平野にみられる地形

(3)　文中の①〜③に適する語句を，次の語群から選び，それぞれ記号で答えなさい。

〈語群〉　①：(ア)　2　　(イ)　7　　(ウ)　10　　(エ)　20

②：(ア)　上昇　　(イ)　下降

③：(ア)　海が陸地に侵入《しんにゅう》しました　　(イ)　海が陸地から後退しました

(ウ)　海岸線が停滞《ていたい》しました

(4)　図２の境界Aでみられるような地層の重なり方を，何というか答えなさい。

2 以下の問いに答えなさい。

健児さんは，理科室で飼育していたキンギョが死んでしまったので，その体のつくりを調べるために解剖《かいぼう》しました。右の図は，解剖したキンギョの様子をスケッチしたものです。

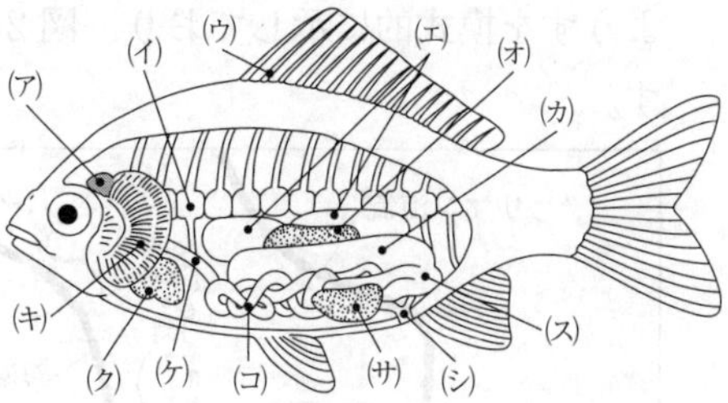

(1) 次のヒトの器官①～④と同じはたらきをもつ器官を，図中の(ア)～(ス)から選び，それぞれ記号で答えなさい。

① 脳　　② 肺

③ 小腸　④ 背骨

(2) 次の図Aはキンギョ，図B～Dはイモリ・ヤモリ・ハツカネズミのいずれかの血液が流れる道すじを模式的に示しています。また，図B～Dの心臓は，進化の順番に沿って，効率よく酸素を運べるようなつくりになります。

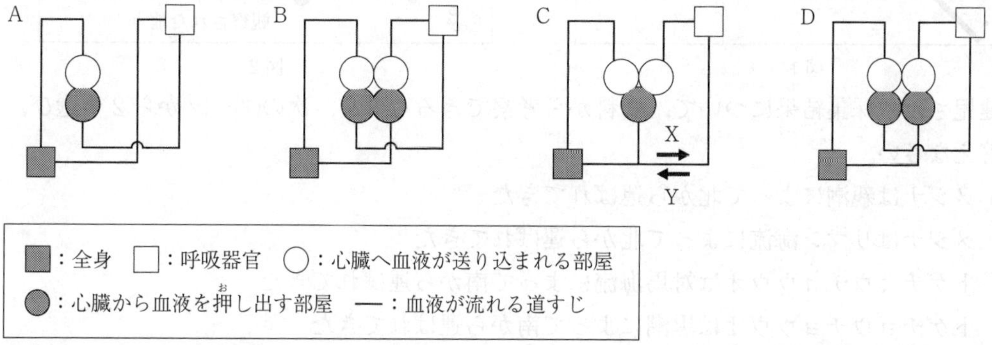

① 図Cを流れる血液の向きとして正しいものを，図中のX・Yから選び，記号で答えなさい。

② イモリ・ヤモリの血液が流れる道すじを示す図としてもっとも適切なものを，図B～Dから選び，それぞれ記号で答えなさい。

キンギョがいた水槽《すいそう》が空いてしまったので，健児さんは９月に，新たに飼育する魚を採集しに千葉県の磯《いそ》へ出かけました。タモ網《あみ》や釣《つ》り道具を使って生物を採集したところ，メジナとトゲチョウチョウウオを採集することができました。

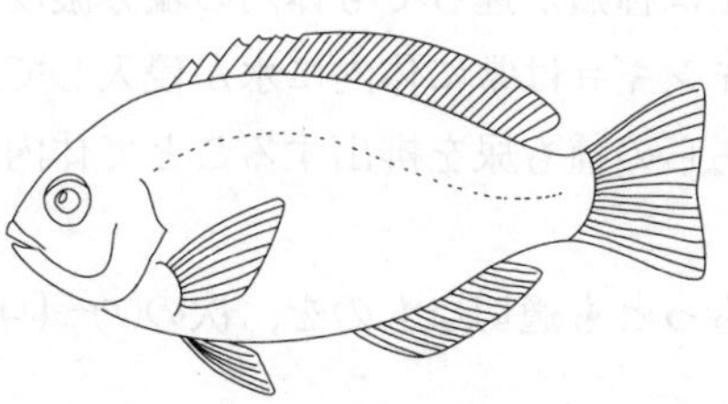
メジナ

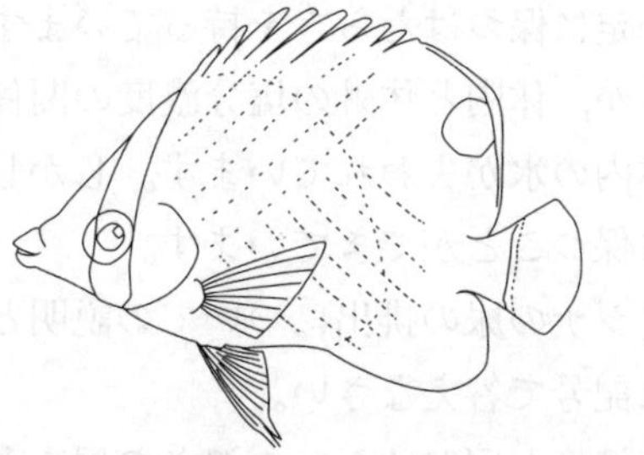
トゲチョウチョウウオ

採れた魚の大きさを比べたところ，メジナは体長３cm～40cm 程度まで様々な大きさの個体を採集することができましたが，トゲチョウチョウウオは最大で20cm 程度に成長するにもかかわらず，５cm 未満の個体しか採集することができませんでした。また，翌年の２月に同じ磯で採集を行ったところ，トゲチョウチョウウオは一匹《いっぴき》も採れず，海中にも全く見られませんでした。

健児さんは次の資料(図１，２)から，この理由を考えてみました。図１は日本近海の海流のようすを模式的に示しており，図２はこれまでにそれぞれの魚が観察された地点を示しています。

図１

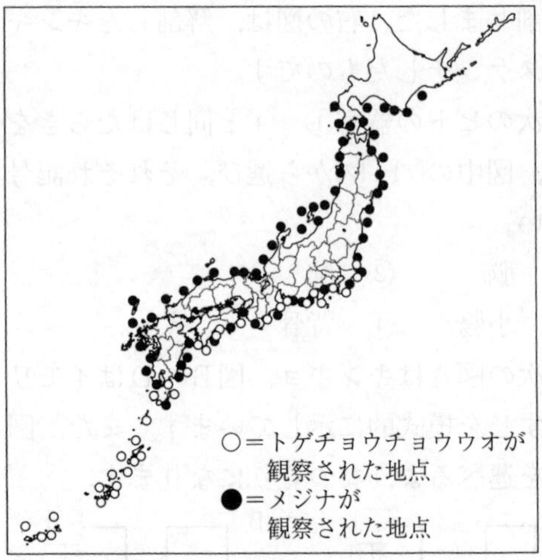

図２

(3)　健児さんの採集結果について，資料から考察できるものを，次の(ア)～(ク)から２つ選び，記号で答えなさい。

(ア)　メジナは親潮によって北から運ばれてきた
(イ)　メジナはリマン海流によって北から運ばれてきた
(ウ)　トゲチョウチョウウオは対馬海流によって南から運ばれてきた
(エ)　トゲチョウチョウウオは黒潮によって南から運ばれてきた
(オ)　メジナは低い水温に耐《た》えられず，冬を越《こ》えて生き残ることができない
(カ)　メジナは高い水温に耐えられず，夏を越えて生き残ることができない
(キ)　トゲチョウチョウウオは低い水温に耐えられず，冬を越えて生き残ることができない
(ク)　トゲチョウチョウウオは高い水温に耐えられず，夏を越えて生き残ることができない

健児さんは，キンギョのように淡水《たんすい》にすむ魚と，メジナのように海水にすむ魚との違《ちが》いを調べました。すると，排出《はいしゅつ》する尿《にょう》に違いがあることが分かりました。尿をつくる器官は，体内の塩分濃度《えんぶんのうど》を一定に保つはたらきを持っています。魚類は種類が違っても体内の塩分濃度はおおむね同じですが，体内と体外の塩分濃度の関係で，キンギョは常に体内に水が侵入しており，メジナは常に体内の水が失われています。しかし，どちらの種も尿を排出することで体内の塩分濃度を一定に保つことができています。

(4)　キンギョとメジナの尿の排出についての説明としてもっとも適切なものを，次の(ア)～(エ)から選び，それぞれ記号で答えなさい。

(ア)　体内の塩分濃度と同じくらいの濃《こ》さの尿を多く排出する
(イ)　体内の塩分濃度よりうすい尿を多く排出する
(ウ)　体内の塩分濃度と同じくらいの濃さの尿を少し排出する
(エ)　体内の塩分濃度よりうすい尿を少し排出する

3 次の会話文を読み，以下の問いに答えなさい。

先生　授業が始まる前に，手を洗いましょうね。ちゃんとせっけんを使いましょう。

健児　そういえば，なぜ水洗いだけでなくせっけんを使う方がよいのですか？

先生　せっけんを使うと，水洗いだけでは落ちにくい油や油を含《ふく》む汚《よご》れを水と一緒に流せるようになるからだよ。

健児　そうなのですね。

先生　実は，せっけんは右図のような「水になじむ部分」と，「油になじむ部分」がくっついた成分がたくさん集まってできているんだ。油汚れを落とすとき，図のようなせっけんの成分は，油汚れに対してどのように並んでいるかな。

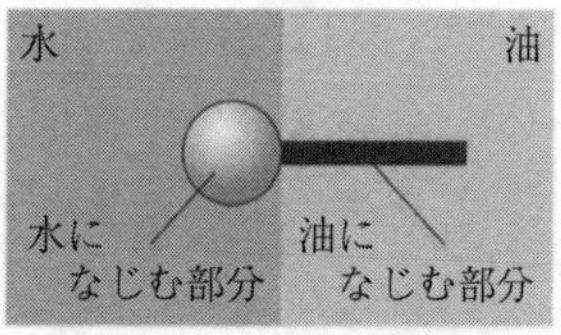

図　せっけんの成分のようす

健児　aこのような感じですか。

先生　さすが健児さん，その通り。

健児　せっけんを発明した人はすごいですね。

先生　世界で最初のせっけんは，今から5000年くらい前にb動物の肉を焼いたときに落ちてきた油と灰が混ざり，自然に反応してできたといわれているんだ。現在，せっけんは油に水酸化ナトリウム水溶液《すいようえき》を加えて作っているんだよ。

健児　せっけんはそんなに昔から使われていたのですね。驚《おどろ》きました。

先生　c今度，せっけんを使って実験してみましょう。

健児　やったあ。楽しみです。

先生　ところで，せっけんが油汚れを落とすのと同じ原理で作られる調味料があるんだけど，知っているかな？

健児　……ちょっと思いつかないです。

先生　（　X　）だよ。

健児　意外です！

先生　（　X　）は酢《す》と油，そして卵黄を原料に作られるんだ。d酢と油は普通《ふつう》は混ざり合わないけれど，卵黄に含まれるレシチンという物質が「水になじむ部分」と「油になじむ部分」をもっているため，酢と油が混ざるようになって，（　X　）ができるんだ。

健児　なるほど，納得しました。

先生　そろそろチャイムが鳴るから，しっかり手を洗って来ましょうね。

健児　はい。行ってきます。

(1)　会話文中の下線部aについて，油汚れと，それに対するせっけんの成分のようすを示したものとしてもっとも適切なものを，次の(ア)～(オ)から選び，記号で答えなさい。

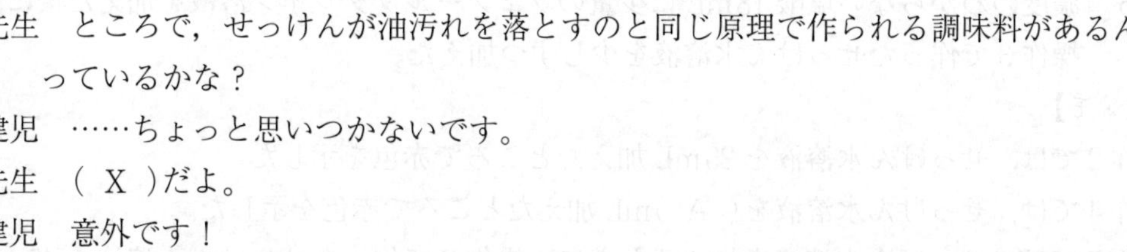

(2)　会話文中の下線部bについて，灰を水に溶《と》かした水溶液が示す性質として適切なものを，次

の(ア)〜(カ)からすべて選び，記号で答えなさい。

(ア)　青色リトマス紙を赤色に変色させる

(イ)　赤色リトマス紙を青色に変色させる

(ウ)　青色リトマス紙，赤色リトマス紙のどちらも変色させない

(エ)　BTB溶液を加えると，黄色を示す

(オ)　BTB溶液を加えると，緑色を示す

(カ)　BTB溶液を加えると，青色を示す

(3)　会話文中の下線部cについて，先生と健児さんはせっけんを使った実験を行い，その結果などを次のようにまとめました。このとき，実験メモ中の(A)および(B)に適する数値をそれぞれ答えなさい。ただし，割り切れない場合は小数第2位を四捨五入して，小数第1位まで求めなさい。

【実験操作】

操作1　せっけんを水に溶かし，せっけん水溶液を作った。

操作2　塩酸10mLに少量のフェノールフタレイン溶液を加えた後に，操作1で作ったせっけん水溶液を少しずつ加えた。

操作3　操作1で作ったせっけん水溶液を水で2倍に薄《うす》めた。

操作4　操作2と同じ濃度の塩酸7mLに少量のフェノールフタレイン溶液を加えた後に，操作3で作ったせっけん水溶液を少しずつ加えた。

操作5　濃度のわからない塩酸18mLに少量のフェノールフタレイン溶液を加えた後に，操作3で作ったせっけん水溶液を少しずつ加えた。

【実験メモ】

・操作2では，せっけん水溶液を25mL加えたところで赤色を示した。

・操作4では，せっけん水溶液を(　A　)mL加えたところで赤色を示した。

・操作5では，せっけん水溶液を加えるときに，操作3で作ったせっけん水溶液を45mL加えたところで使い切ってしまったため，続けて操作1で作ったせっけん水溶液を15mL加えたところで赤色を示した。このことから，この操作で用いた塩酸の濃度は，操作2で用いた塩酸を水で(　B　)倍に薄めたものと同じ濃度であると考えられる。

(4)　会話文中の(X)に適する調味料を答えなさい。

(5)　次の文は，会話文中の下線部dについて述べたものです。文中の①〜④に適する語句の組み合わせを，以下の(ア)〜(エ)から選び，記号で答えなさい。

酢と油は混ざり合わず，しばらく放置しておくと(　①　)が上側，(　②　)が下側になるように分離《ぶんり》する。これは，(　①　)の方が(　②　)に比べて同じ(　③　)当たりの(　④　)が小さいためである。

(ア)　①：油　②：酢　③：体積　④：おもさ

(イ)　①：酢　②：油　③：体積　④：おもさ

(ウ)　①：油　②：酢　③：おもさ　④：体積

(エ)　①：酢　②：油　③：おもさ　④：体積

4 次の会話文を読み，以下の問いに答えなさい。ただし，実験で使う発射台は全て同じものとします。

父　健児，廊下《ろうか》で何をしているんだい。

健児　この前テレビでやっていた**ホバークラフト**(図１)を作ってみたんだ。

父　懐《なつ》かしいな，お父さんも昔作ったことがあるよ。風船をふくらませて床《ゆか》に置くと，ペットボトルキャップに空けた小さな穴から空気が送り出されてCDが少し浮《う》くんだよな。

健児　そうそう。発射台を使って押《お》し出すと，風船やペットボトルキャップのない**ただのCD**と違った動きをするんだ。これらの動きを詳《くわ》しく調べてみたいんだ。

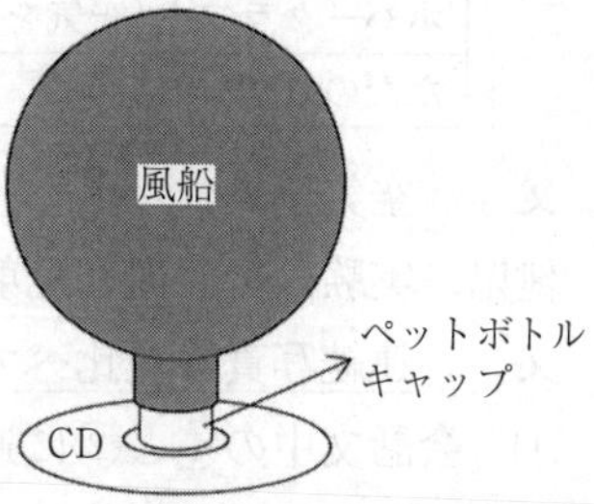

図１　ホバークラフトのつくり

父　まずはホバークラフトの動きをスマホの連写機能を使って連続写真を撮影《さつえい》してみようか。

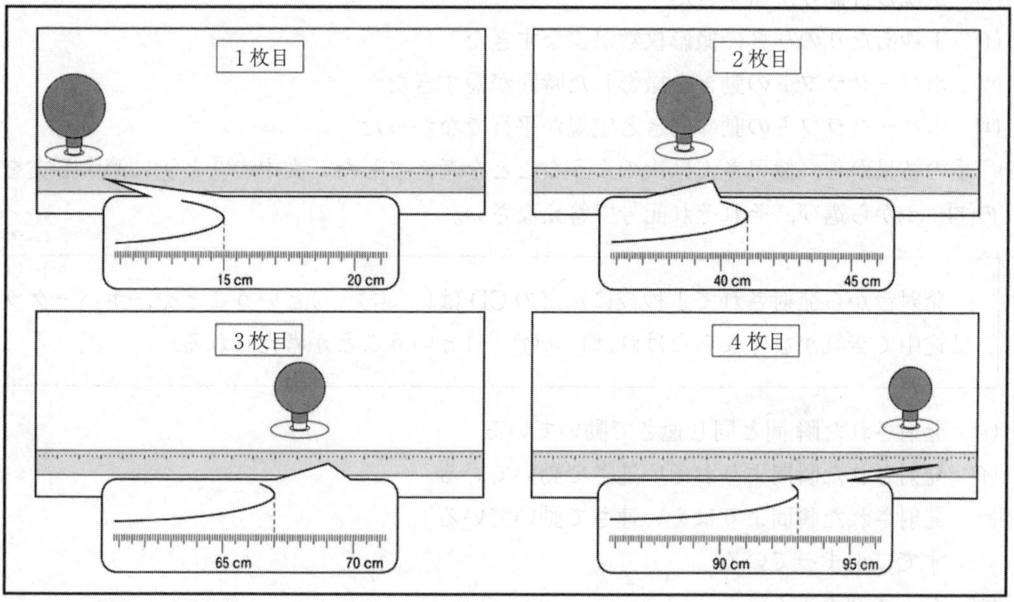

健児　このスマホは１秒あたりに５枚の写真を撮影しているから，写真は(①)秒ごとに撮《と》れているね。

父　その通り。それが分かればこの写真中のCD先端《せんたん》の位置を示す目盛りから，ホバークラフトの速さが秒速(②)mと求まるね。でも，ホバークラフトの風船内の空気がなくなると動きの様子が変わるね。この動きも調べてみようか。

健児　お父さん，ものの速さを調べるのに便利なアプリを見つけたよ。

父　このアプリは0.1秒ごとに画面内で動いているものの速さを表示してくれるんだね。これを使って，今度は真上から撮影してみようか。

健児　そうしてみるよ。空気を入れていないホバークラフトとただのCDの動きも調べて表にまとめてみたよ。

条件	発射されてからの時間			
	0.2秒	0.3秒	0.4秒	0.5秒
ホバークラフト(空気を入れた)	秒速1.4m	秒速1.4m	秒速1.4m	秒速1.4m
ホバークラフト(空気を入れない)	秒速1.0m	秒速0.8m	秒速0.6m	秒速0.4m
ただのCD	秒速1.6m	秒速1.4m	秒速1.2m	秒速1.0m

父　空気を入れたホバークラフトの速さは連続写真から求めたものと違っているね。

健児　実験は全て同じ発射台を使って押し出したよ。なぜ違うのかな。

父　<u>連続写真を見比べてみると原因がわかるよ。</u>

(1) 会話文中の①と②に適する数値を求めなさい。ただし，割り切れない場合は小数第2位を四捨五入し，小数第1位まで求めなさい。

(2) 会話文中の下線部について，連続写真で求めた速さと表の速さが違った原因として，もっとも影響《えいきょう》が大きいものを，次の(ア)〜(エ)から選び，記号で答えなさい。

(ア) 定規の目盛りが粗《あら》すぎた

(イ) 1秒あたりの写真の撮影枚数が少なすぎた

(ウ) ホバークラフトの動きを撮影した時間が短すぎた

(エ) ホバークラフトの動く向きと定規が平行でなかった

(3) 表の結果から，健児さんは次のようなことを考えました。文中の③と④に適する文を，以下の(ア)〜(オ)から選び，それぞれ記号で答えなさい。

> 発射台から発射されて1秒後にただのCDは(　③　)ということや，ホバークラフトは途中《とちゅう》で空気がなくならなければ(　④　)ということが考えられる。

(ア) 発射された瞬間《しゅんかん》と同じ速さで動いている

(イ) 発射された瞬間よりおそい速さで動いている

(ウ) 発射された瞬間よりはやい速さで動いている

(エ) すでに止まっている

(オ) ちょうど止まる

(4) 風船に空気を入れてホバークラフトを発射しました。このとき，発射されてから止まるまでにかかった時間を求めなさい。ただし，発射された瞬間の風船内には1Lの空気が入っておりその後，空気は毎秒100mLずつ放出され，最終的に風船内の空気は全て放出されたものとします。また，計算に必要な値は表の値を用い，割り切れない場合は小数第2位を四捨五入し，小数第1位まで求めなさい。

(5) 健児さんは，CDを2枚重ねてはり合わせたホバークラフトを作り，空気を入れずに発射しました。そして，その運動の様子をアプリで調べ，次のような実験メモを作成しました。実験メモ中の⑤〜⑦に適する語句を，以下の語群から選び，それぞれ記号で答えなさい。

> 【実験メモ】
> CDが1枚のホバークラフトと比較《ひかく》して，発射台から発射された瞬間の速さは(⑤)，その後の速さがおそくなる割合は(⑥)。同量の空気を入れてCDが1枚のホバークラフ

トと2枚のホバークラフトを同時に発射台から発射すると(　⑦　)と予測することができる。

〈語群〉 ⑤：(ア) はやくなり　(イ) 変わらず　(ウ) おそくなり

⑥：(ア) 大きくなった　(イ) 変わらなかった　(ウ) 小さくなった

⑦：(ア) CDが1枚の方が先に止まる

(イ) CDが2枚の方が先に止まる

(ウ) CDが1枚のものと2枚のものが同時に止まる

ア　今使っているフルートが、五年生のレパートリーにはちょうどよいということ。

イ　曲を表現するときには、失敗することを恐れておびえることがないようにすること。

ウ　テクニックを習得してはじめて、曲を自分なりに解釈して表現できるようになるということ。

エ　大きな音量を出すためには、少しずつ息を吹き込んでていねいに音量を上げていくということ。

音を楽しめ。そして客も楽しませろ。

そうだ。それが音楽だ。

テクニックは必要だ。音が客席に届かないなんて話にならない。表現するためにはテクニックが必要なんだ。そしてテクニックを習得した者こそ、そのガチガチの殻《から》を突きやぶり、曲を自分なりに解釈して表現することができるんだ。

フルートを拭《ふ》いていると、次の順番の女の人がライネッケの『フルートソナタ一六七番』を吹きはじめた。ローマ・サンタ・チェチリア音楽院の七年生で、十八歳といっていたけど、テクニックも、表現力も、とても成熟している。たしかなテクニックに支えられた表現力。ぼくのようにぎりぎりのところで吹いているんじゃなくて、息にも指使いにも余裕がある。こんなすごい演奏でも、まだ直すところがあるんだろうか。

もう一度吹けと指示されて吹きはじめた彼女に、マエストロは全身でジェスチャーをまじえながら、大声で指導しはじめた。あわてるな。ドバーッと息を吹きこむな。そこは愛《いと》しい人に優しく息を吹きかけるようにして、次第にボリュームを上げろ。ていねいに！　そこはもっと抑えろ。クライマックス！

彼女は、マエストロにいわれたとおりに最初から吹きなおした。直される前も完璧だったと思っていたのに、今はさっきの演奏がどうしてダメだったのか、ぼくにもわかった。あきらかに、二倍も三倍もよくなっているのだ。

頭がくらくらしていた。ワクワクしていた。疲れ果ててはいたけれど、今すぐにでもまた吹きたい衝動にかられていた。

（佐藤まどか『アドリブ』）

（注）＊マスタークラス…有名な音楽家や指導者による公開レッスン。

問一　傍線部**イ**～**ホ**のカタカナを漢字に直しなさい。

問二　傍線部①「マウロ・ビーニがサンドロのことを知っているなんて」とありますが、「マウロ・ビーニ」は「サンドロ」についてどのように評価していますか。それがわかる一文を探し、最初の五字を抜き出しなさい。

問三　傍線部②「ここ」が指し示す内容を文中から十字以上二十字以内で抜き出しなさい。

問四　傍線部③「そういうことだ」とはどういうことですか。解答欄の形式に合うように文中の語句を用いて十字以内で答えなさい。

問五　空欄［④］に当てはまる語を文中から抜き出しなさい。

問六　傍線部⑤「いわんとすること」とはどういうことですか。文中の語句を用いて説明しなさい。

問七　空欄［⑥］に当てはまる言葉を次の中から選び、記号で答えなさい。

ア　雲泥の差　　イ　団栗《どんぐり》の背くらべ

ウ　千差万別　　エ　大同小異

問八　傍線部⑦「楽譜は閉じろ！」とマエストロが指示したのはなぜですか。適当なものを次の中から選び、記号で答えなさい。

ア　ひっそりと息つぎをするのに、楽譜を見ることがさまたげになるから。

イ　音符を目で追ってしまい、曲全体をとらえることができないから。

ウ　楽譜を見ていると、遠くに音を飛ばすことを意識できないから。

エ　音の高さばかりが気になり、音楽を楽しむことができなくなるから。

問九　「ぼく」がマエストロから学んだことについて、当てはまるものには○、当てはまらないものには×をつけなさい。

「やっぱり、買いかえなきゃいけないんでしょうか？」
　おそるおそる聞くと、先生は首をかしげた。
「このフルートは悪くないし、故障もなさそうだ。しかし、決定的に高音と低音がイケてないなぁ」
　ああ、やっぱりそうか。ぼくがあんまりがっかりした表情をしていたからだろう。マエストロはぼくにフルートを返してくれながら、
「おいおい、そんなに落ちこむなよ」
といってくれた。
「なにも、今すぐ買いかえなくてもいいさ。ただ、きみは秋から五年生だろう？　五年生のレパートリーだと、ちょっときついかもなぁ。オレも若いころ、買いかえるのに困ったさ。あっちこっちでバイトして、それでも金が足りなくて、親に頼みこんで、必ず返すって約束してさ。で、プロになってからちゃんと返したんだけど」
「けど……？」
「うちの親はちゃっかりしててな、利子の分まで請求しやがった。はっはっは！」
　ぼくも思わず笑ってしまった。
「ユージ、今はこのフルートで最大限の効果を出すことを考えろ。きみには、曲を自分の内側に取りこみ解釈する音楽性がある。ただ、表現するときに、どこかおっかなびっくりなんだな。ミスをするんじゃないか、息つぎ《ブレス》は一小節先だからそれまでがまんだ、あとちょっとだ、みたいな感じでさ」
　図星だ。自分の顔が赤くなっていくのがわかる。
「心配するな。たぶんきみはもうこの曲ではミスはしないだろう。このマスタークラスはコンクールじゃない。びくびくしながら吹くな。どうしても息が続かないなら、ひっそりとどこかで息つぎしろ。たとえば、ここだ」
　マエストロは息つぎをしてもいい箇所を吹いてくれた。マエストロの頭の中には、いったい何十曲の楽譜が記憶されているんだろう。ぼくはあわてて楽譜を広げ、記号を書きこむ。
「そのかわり息をケチるなよ。ケチるからボリュームが出ないんだ。さあ、もう一回！　⑦楽譜は閉じろ！」
　マエストロはスタスタと歩いて、会場の一番後ろに立った。
　ぼくが吹きはじめたとたん、先生はどなった。「吹け！」「もっと！」「腹から！」「オレの言葉でいちいち停まるな、続けろ！」「吹け！」「届かないぞ！」
　ぼくは精いっぱいのどを開放し、会場の奥にいる先生に音を届けようと必死になる。
「よし、今の調子！」「吹け！」「もっと吹けーっ！」
　先生は飛んだり跳ねたり、両手をぶるんぶるん振りまわしたりして、すごい運動量だ。見ているほうが苦しくなってくる。
　吹きおわり、ぼくは長距離を泳いだあとのように、ヘトヘトになっていた。一年分の息を使い果たした感じだ。
　マエストロがつかつかと歩いてきて、親指を立てた。
「最後のほうはよかったぞ。音が会場の奥まで伸びてきていた。あの調子でいけ。それとな、『楽しい』って漢字は、もともと音楽って意味なんだろ？　なんかそういうようなことを、知り合いの日本人に聞いたことがある。とにかく、音楽ってのは、楽しむもんだ」
「は、はい」
「音を楽しめ。そして客も楽しませろ。まあ、飯でも食って、休め。午後は午後できついからな」
「はい！」
　ぼくは会場の奥の席にすわって、しばらくぼーっとしていた。息は切れていたけれど、体中にエネルギーがみなぎっている。

日の本番にしてくれ。本番の緊張は必要だからな。ま、適度なやつなら、だけどね！」

お茶目なマエストロに、ぼくは思わず笑う。

「そう、その調子。じゃ、聴こうじゃないか」

深く息を吸ってから吹きはじめる。マエストロは黙って体を揺らしながら聴いている。

吹きおわったとたん、「よし、じゃ」と、マエストロがいって、楽譜を閉じてしまった。

「ずいぶん吹きこんできたな。きみはこの曲をなかなかよく表現している。ただ、欠点がある。それには……もう見なくても吹けるだろ？」

「あ、はい、たぶん」

「暗譜をしたほうがいいのは知ってるだろう？　見ると、どうしても音符を目で追うからだ。それぞれの音の意味だけじゃない。曲として、音楽としてとらえるんだ。ところできみは、だれに向かって吹いてる？」

「は？　えーっと、先生に……」

「ちがうちがう。ここは舞台だ。一番後ろの客には聴かせないつもりかよ？」

ドキッとした。

「せまいトイレの中で自分のために吹くのか？　ちがうだろ？　あした、お客さんが、あそこの一番後ろの席までぎっしり入るんだ。なにしろ無料のコンサートだからな、立ち見だっているかもしれないぞ。そういう人たちみんなに届けなきゃ」

「はい」

「そのためには、もっとのどを開いて。そして、遠くに音を飛ばすことを意識しながら吹くんだ。とくにここは、こんなふうに」

マエストロは楽譜を見もしないで、客席を見ながらさらっと吹きはじめる。

うわっ。出だしからもうぜんぜんちがう！

音の響き方がすごい。なんというボリュームだろう。なんという抑揚だろう。音がつやつやだ。その迫力に、よろめきそうだ。

マエストロは途中でやめて、にんまり笑った。

「圧倒されたか？　同じ音を出せとはいわん。まあ、オレはプロなんだからあたりまえだし、この腹という名アンプがあるし、年季もちがう。が、⑤いわんとすることはわかっただろ？」

ぼくはうなずいた。

「それと、フルートも格段にちがうしなぁ」

マエストロは、ぼくのフルートを見ながらいった。

「あの、テクニックがないのはもちろんなんですけど、このフルートじゃ、もうだめなんでしょうか？」

不安に思っていたことをストレートに聞いてみた。

「ま、楽器の質も重要だけど、それだけじゃないからな。ただ、それはちょっと……見せてみて」

マエストロは、ぼくのフルートを受けとると、「吹いてみてもいいよな？」と聞いた。

「あ、ちゃんと消毒します」とあわてていったら、先生は「いらないよ。きみはへんな病気もってないだろ？」と笑って、おもむろに吹いた。

ぼくとはぜんぜん音がちがうけど、さっきの先生のゴールドのフルートに比べると、［　⑥　］だ。

「うーん……」

マエストロが吹くのをやめて、フルートのキーをあれこれ押さえながら、うなった。

現存する音質の悪い*ロクオンでさえ、ぼくの心にぐっとくるマルセル・モイーズの演奏。

「ほう。渋いね。じゃ、モイーズとランパルなら、どっちのほうが上手だと思うかい？」

「えっ」

そんな比較したことがない。モイーズは、伝説のフルーティストだ。ジャン・ピエール・ランパルは、フルートでもっとも権威あるコンクールが「ランパル国際コンクール」というぐらい有名なフルーティストだ。

「そ、それは……どっちがうまいっていうのはわからないけど、ぼくはモイーズのほうが好きですが、曲によってはランパルのほうが好きだし……ええと、比較ができないというか……」

ぼそぼそと返事をすると、マエストロは大きくうなずいた。

「③そういうことだ。焦るな。きみはきみのフルートの道をみつければいい。だろ、みんな？」

マエストロが振りむくと、七人がうなずいて笑った。

先生にうながされて、それぞれが簡単な自己紹介をした。自分の名前と、音楽院の名前と、何年生か。どうやら、ぼくのためだけにやってくれているようだ。みんなは去年も一昨年も、この*マスタークラスに来ていて、たがいにもう顔見知りのようだった。

秋から五年生だといって頭を下げると、みんなに「若い！」といわれた。

「その年齢でもうマエストロ・ビーニのマスタークラスなんて、うらやましい」

たしかに、ちょっと場違いだったかもしれない……。

「よし、じゃ集まって」

八時半きっかりだ。時間に正確なのは、イタリアでも北部の人だからなのかな、なんて感心しながら、フルートをかまえた。

まず最初は音階《スケール》の練習だろうと思っていたら、ひとつの音を長く吹くロングトーンの練習から始まった。ロングトーンのあとは、音階。

九時からはおのおのが持ってきた曲を吹き、マエストロが指導する。

個人レッスンはひとり四十五分。

自分のレッスンが終わった生徒は、別室で翌日のレッスンと発表会のための練習に励む。プロの伴奏ピアニストが伴奏をしてくれるというから、楽しみだ。

そして夕方四時から七時はフルート・アンサンブルの練習。たったの二日でいきなりフルート・アンサンブルを仕上げて、音楽ホールで発表会だなんて！

ぼくみたいな、ど素人がそんな離れ業をできるのか？

みんなの演奏を聴いて、青ざめた。全員が［④］と同じか、それ以上のレベルだ。もっとも、名門音楽院の七年生や大学院の生徒たちだから、当然かもしれない。ぼく以外の平均年齢は二十歳ぐらいだろう。

苗字のアルファベット順で、十二時から、ぼくの番になった。

おそるおそる、楽譜を譜面台にのせる。夏休み前にサンティーニ先生から渡されたチュルーの『グラン・ソロ』だ。この一か月半、毎日三時間以上練習してきたから、それなりに仕上がっていると思う。でも、初めて有名なフルーティストを前にして、ぼくは異常に緊張していた。

「あれれ、緊張してるのか？」

と、マエストロがぼくをからかうようにいった。

「は、はい」

「オレ相手に緊張しても意味ないぞ。どうしても緊張したいなら、明は〇、当てはまらないものには×をつけなさい。

ア　脳の観点から言えば、トリの記憶力の方が人間よりもはるかに正確で、風景を写真に撮ったように覚える。

イ　「ヘッケルの反復説」のように、トリの記憶力と人間の記憶力は大局的に見るとよく似ている。

ウ　子どもは記憶力が優れていると言われるが、実際は人間の脳としては未熟であるということである。

エ　人間の子どもは、活字体の「あ」と手書きの「あ」を、同一のものとして読むことができない。

二

次の文章を読んで、後の問に答えなさい。

ついにその日がやってきた。ぼくは朝五時半に起きて、まだ寝ている母を起こさないようにそーっとキッチンに行った。

日本製の炊飯器で炊いたご飯を確認すると、つやつやに仕上がっていた。鰹節にしょうゆを**イ**タらして、大きめのおにぎりを三つ作った。ふたつはランチ用。もうひとつは、夜、帰りのバスで食べるやつ。たぶん遅くなるから。

朝食を済ませ、ミネラルウオーターの空のボトルに水道水を**ロ**ツめ、楽譜とフルート、折りたたみ式の譜面台、板チョコを大きなリュックに入れ、バスを乗り**ハ**ツいでフィレンツェの中心地から少しはずれた音楽ホールに向かう。

気合を入れ過ぎて、八時には着いてしまった。当然一番乗りだと思っていたのに、ほかの生徒たちはみんなもう中にいた。どう見ても音楽院の上級生ばかりだ。秋から五年生になるぼくは、まちがいなく最年少だ。みんながちらっと振りむいたけど、すぐに視線をもどした。

マエストロ(師匠)・ビーニも、すでに来ていた。

スカラ座のオーケストラのビデオでなんども見たフルート首席奏者が、ほんの数メートル先にいるのが、ぼくには信じられなかった。

本当にこの人に教えてもらえるのだろうか？　どれだけきびしい人なんだろう。サンティーニ先生以上にきびしいのだろうか。

そんなことを考えながらちょっとびびっていると、マエストロが振りむいた。白いポロシャツにチノパン。お腹がぽっこり出ていて、目がまん丸で、狸《たぬき》みたいだ。

マエストロが「チャオ！」と気さくに声をかけてくれた。

「きみがユージか！　ルイジ・サンティーニの愛弟子《まなでし》の吹きっぷりを、楽しみにしているんだよ。きみのクラスには、サンドロ・デッラ・コルテがいるだろ？」

びっくりした。①マウロ・ビーニがサンドロのことを知っているなんて。

「は、はい」

そのとき、七人がいっせいにぼくを見た。みんなもサンドロのことは知っているらしい。本当に有名人だな、あいつ。

「同じクラスの同学年です。といっても、ぼくは二段階ぐらいレベル低いですけど」

最初に断っておいた。サンドロのレベルを期待されちゃ困るから。

「はっはっは」と、マエストロが**ニ**ゴウカイに笑った。

「オレは毎年いくつかのフルートコンクールの審査員をしているから、なんどかサンドロの演奏を聴いたよ。彼の技術レベルは、年齢を考えればおそろしく高いね」

ああ、また②ここでもサンドロと比較されちゃうのか。レッスンが始まる前から落ちこみそうだ。

マエストロは、ぼくの肩に大きな手をドスン、とのせた。

「きみの好きなフルーティストはだれだ？」

「えーっと、モイーズです」

もトリもヒトも、受精した直後は、だいたい似たような外見をしています。しかし、その後、ヒトは成長していくと、サカナとは似なくなりますが、まだカメには似ています。さらに将来はトリのような姿になり……と、以下同様。つまり、あたかも胎児《たいじ》は、長い進化の歴史をなぞって成長するように見えるという学説です。これを専門家は「個体発生は系統発生を**イ**モホウする」と言います。実際には、多くの例外があるため、一時はこの「ヘッケルの反復説」を否定する声も強かったのですが、最近は、やはり「大局的には正しい」として支持されています。

「ヘッケルの反復説」は、記憶力についても当てはまります。[③]幼い子どもほど記憶力が優れているように見えるのは、誤解を恐れずに言えば「まだ進化的に初期の動物みたいなもの」だと解釈することができます。子どもは「正確な記憶」が得意。だから、まだ充分に有用性を**ロ**ハッキしきれない。それが成長によって、大人らしい「曖昧な記憶」に成熟していくわけです。

ときおり「子どもは何でもすぐに覚えられてうらやましい」と言う方がおられますが、これは間違った考えです。残念ながら脳が未熟なために、正確な記憶しかできないだけのことなのです。

ヒトの脳はサルとは違い、成長とともに「曖昧な記憶」をする部分が発達していきます。ひらがななどの文字の認識も、ゆるやかな記憶の賜物《たまもの》です。記憶が正確だと、活字体の「あ」と、手書きの「あ」を、同じ「あ」として読むことができません。特定の１種類の「あ」しか読めなかったら、困ります。そういった点からも、ヒトの適当な記憶力は私たちの認知の**ハ**カクとなっていることがわかります。

（池谷裕二『パパは脳研究者　子どもを育てる脳科学』）

問一　傍線部**イ**〜**ハ**のカタカナを漢字に直しなさい。

問二　空欄[A]〜[C]に当てはまる語を次の中から選び、それぞれ記号で答えなさい。

ア　しかし　　イ　また　　ウ　つまり
エ　なぜなら　　オ　例えば

問三　傍線部①「百舌の速贄」とありますが、モズはどのようにみなされてきましたか。それがわかる一文を探し、最初の五字を抜き出しなさい。

問四　傍線部②「ゆっくりと曖昧に覚える」とはどのようなことですか。適当なものを次の中から選び、記号で答えなさい。

ア　複数の機会に様々な角度から見た顔の共通点をとらえて、同一人物と判断していくこと。
イ　複数の角度から見た顔を同一人物とすぐにみなさずに、常に疑いを持ちつつ認識していくこと。
ウ　時間をかけていくことによって、記憶が曖昧になっていくのを利用して顔を覚えていくこと。
エ　別人として認識された顔を、時間をかけて修正をかけていくことによって同一人物とみなしていくこと。

問五　空欄[③]に当てはまる一文を次の中から選び、記号で答えなさい。

ア　かつては否定されていた記憶力が現在は見直されているからです。
イ　記憶スタイルも進化の過程をなぞるように変わっているからです。
ウ　最初は個体差がある記憶の仕方も次第に統一されていくからです。
エ　成長していくにつれて記憶も少しずつ正確になっていくからです。

問六　次のア〜エそれぞれについて、本文の内容に当てはまるものに

二〇二一年度　立教新座中学校

【国　語】〈第二回試験〉（五〇分）〈満点：一〇〇点〉

一　次の文章を読んで、後の問に答えなさい。

「①百舌《モズ》の速贄《はやにえ》」という言葉があります。モズが捕らえた獲物を枝などに刺して保存しておく行為のことです。ところが、その獲物は放置されて忘れ去られてしまうことがよくあります。晩秋の風物詩です。こうしたことからモズは古来、自分が取っておいたエサを忘れてしまうほど記憶力が悪いとされてきました。［Ａ］、「鶏《にわとり》は三歩歩くと忘れる」などとも言われています。総じて「トリ頭」は「物事をすぐに忘れてしまう」ことを指します。

脳の観点から言えば、実は、そんな事実はなく、トリの記憶力はびっくりするほど正確です。

例えば、ヒトにほんの少し歪《ゆが》んだ正三角形を眺めてもらい、1ヶ月後に「あのとき見た図形」を思い出して描いてもらうと、歪みのないきれいな正三角形を描きます。多少の歪みの誤差は、ヒトにとってはどうでもいいレベルで気にも留めないのです。

しかし、トリは、その微妙な差異を厳密に区別します。差があれば、別物として扱います。トリは写真に撮ったかのように風景を正確に覚えます。

実は、記憶が正確だからこそ「百舌の速贄」は忘れられてしまうのです。この意味がわかるでしょうか。モズになったつもりで考えてみれば瞭然《りょうぜん》です。今、獲物を刺した枝とその周囲の風景を、写真を撮るように「パシャッ」と正確に覚えたとします。でも、枯れ葉や枯れ枝は風が吹けば飛んでいってしまいます。すると、それだけで写真の記憶とは照合できません。「このエサは自分が刺した獲物ではない」と判断してしまう。［Ｂ］、いい加減で曖昧《あいまい》な記憶のほうが役に立つのです。

記憶は、正確すぎると実用性が低下します。

［Ｃ］、ある人物を覚えたいとき、「写真」のように記憶すると、ほかの角度から眺めたら別人となります。記憶には適度な「ゆるさ」がないと、他人すら認識できません。記憶は、単に正確なだけであっては役に立ちません。②ゆっくりと曖昧に覚える必要があります。

この「ゆっくり」というのも、「曖昧」に加えて、もう1つの重要な記憶の要素です。最初にある角度から見た顔を「これがＡさんだ」と覚えてしまうと、ほかの角度から見たときは別人になってしまいます。そこで、「これこそがＡさんだったのか」と新たな角度からの顔を即座に上書き保存してしまうと、今度は初めの顔が別人になってしまいます。

これを解決する唯一の方法は「保留」です。すぐに結論に飛びつくのでなく、特定の角度から見た顔を、「これはＡさんのようだ」と保留しておいて、また別の角度から見た顔も「これもＡさんなのか」と認知し、保留を重ねていく。その上で、時間をかけて「両者の共通点は何か？」と、ゆっくり認知していかなければ「使える記憶」は形成されません。

一般に、記憶力のいい人ほど、想像力がない傾向があります。なぜなら、記憶力に優れた人は、隅々までをよく思い出せるため、覚えていない部分を想像で埋める必要がないから。普段から「よくわからない部分を空想で補填《ほてん》する」という訓練をしていないと、想像力が育たないのです。記憶力の曖昧さは、想像力の源泉です。

「ヘッケルの反復説」という学説をご存知でしょうか。サカナもカメ

2021年度

立教新座中学校 ▶解説と解答

算 数 ＜第２回試験＞（50分）＜満点：100点＞

解 答

［1］ (1) $\frac{1}{15}$ (2) $\frac{119}{221}$ (3) 3800円 (4) ① 72cm³ ② 4 cm (5) 23 (6) ① $\frac{1}{9}$倍 ② $\frac{16}{27}$倍 ［2］ (ア) **線の長さ**…26.28cm, **面積**…52.56cm² (イ) **線の長さ**…29.98cm, **面積**…59.53cm² ［3］ (1) $\frac{3}{4}$倍 (2) $\frac{2}{3}$倍 (3) $1\frac{1}{4}$倍 (4) $1\frac{3}{7}$倍 ［4］ (1) 170点 (2) ① 92点 ② **国語**…62点, **社会**…68点 ［5］ (1) 162 (2) 26番目 (3) 28個 (4) 14個

解 説

［1］ 四則計算，分数の性質，消去算，展開図，体積，条件の整理，辺の比と面積の比

(1) $0.5-\frac{1}{3}+0.25\times0.2-\frac{1}{6}+\frac{1}{6}\div10=\frac{1}{2}-\frac{1}{3}+\frac{1}{4}\times\frac{1}{5}-\frac{1}{6}+\frac{1}{6}\times\frac{1}{10}=\frac{1}{2}-\frac{1}{3}+\frac{1}{20}-\frac{1}{6}+\frac{1}{60}=\frac{30}{60}-\frac{20}{60}+\frac{3}{60}-\frac{10}{60}+\frac{1}{60}=\frac{4}{60}=\frac{1}{15}$

(2) 約分する前の分母と分子の差が102で，約分した後の分母と分子の差が，13－７＝６だから，約分するときに分母と分子を，102÷６＝17で割っている。よって，約分する前の分数は，$\frac{7\times17}{13\times17}=\frac{119}{221}$とわかる。

(3) 定価の２割引きは定価の，１－0.2＝0.8(倍)であり，定価の３割引きは定価の，１－0.3＝0.7(倍)である。よって，A，Bの定価をそれぞれⒶ円，Ⓑ円として式に表すと，右の図１のア，イのようになる。次に，アの式の等号の両側を0.7倍してイの式との差を求めると，Ⓐ×0.8－Ⓐ×0.7＝Ⓐ×(0.8－0.7)＝Ⓐ×0.1(円)が，4860－4480＝380(円)とわかる。したがって，Ⓐ＝380÷0.1＝3800(円)と求められる。

図１

{Ⓐ×１＋Ⓑ×１＝6400(円)…ア
 Ⓐ×0.8＋Ⓑ×0.7＝4860(円)…イ

↓

{Ⓐ×0.7＋Ⓑ×0.7＝4480(円)…ア×0.7
 Ⓐ×0.8＋Ⓑ×0.7＝4860(円)…イ

(4) ① 右の図２の正方形の折り紙を，点線で折って組み立てると，右の図３のような三角すいができる。図３で，三角形BCDを底面とすると，底面積は，６×６÷２＝18(cm²)，高さは12cmだから，体積は，18×12÷３＝72(cm³)となる。 ② (三角すいの体積)＝(底面積)×(高さ)÷３より，72＝(底面積)×(高さ)÷３，72×３＝(底面積)×(高さ)，(高さ)＝216÷(底面積)となるので，高さが最も低くなるのは底面積が最も大きくなるときとわかる。また，図２のア，イ，ウの面積はそれぞれ，18cm²，６×12÷２＝36(cm²)，12×12－(18＋36×２)＝54(cm²)である。よって，最も低いとき(ウを底面としたとき)の高さは，216÷54＝４(cm)と求められる。

図２

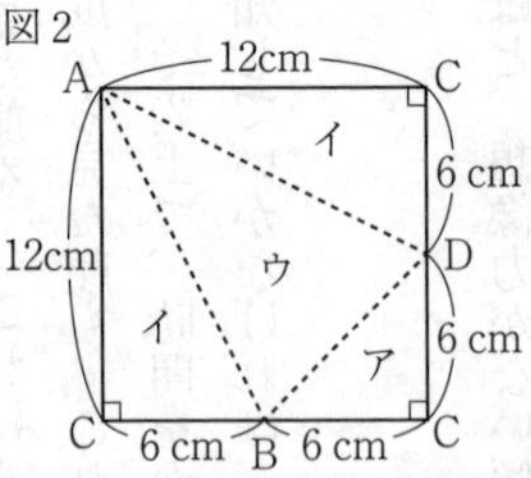

図３

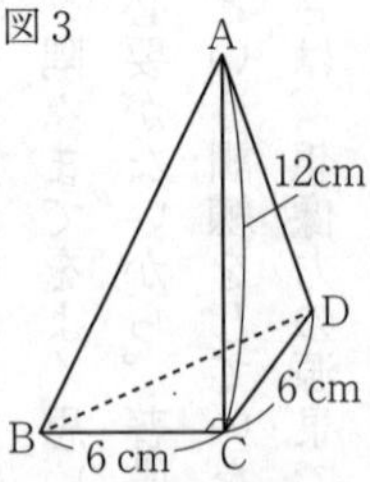

(5)　右の図４で，十の位の和に注目すると，$C+C$の一の位がAになっている。また，EとFが異なっていることから，十の位から百の位に１くり上がり，$F=E+1$となる。よって，図４のCに１～９を入れて，条件を満たすAがあるかどうかを調べると，上の図５～図８のようになる。次に，図５～図８のそれぞれの場合について，Bに０～９を入れて，条件を満たすD，E，Fがあるかどうかを調べると，図５で$B=3$としたとき，$D=9$，$E=4$，$F=5$となってあてはまる。したがって，２けたの整数ABは23である。

図4	図5	図6	図7	図8
AB	$2B$	$4B$	$6B$	$8B$
$\times\ AB$	$\times\ 2B$	$\times\ 4B$	$\times\ 6B$	$\times\ 8B$
CD	$6D$	$7D$	$8D$	$9D$
EC	$E6$	$E7$	$E8$	$E9$
FAD	$F2D$	$F4D$	$F6D$	$F8D$

(6)　①　右の図９で，●はそれぞれの辺を３等分する点である。三角形ABCの面積を１とすると，三角形ADF，三角形BED，三角形CFEの面積はどれも，$1\times\frac{1}{3}\times\frac{2}{3}=\frac{2}{9}$になるから，三角形DEFの面積は，$1-\frac{2}{9}\times3=\frac{1}{3}$とわかる。よって，三角形DEFの面積は三角形ABCの面積の，$\frac{1}{3}\div1=\frac{1}{3}$(倍)である。同様に，三角形GHIの面積は三角形DEFの面積の$\frac{1}{3}$倍である。したがって，三角形GHIの面積は，$\frac{1}{3}\times\frac{1}{3}=\frac{1}{9}$なので，三角形ABCの面積の，$\frac{1}{9}\div1=\frac{1}{9}$(倍)になる。　②　四角形ABGHの面積は，三角形ABCの面積から，三角形GBE，三角形EHG，三角形CFE，三角形FAHの面積をひいて求めることができる。三角形GBEの面積は，三角形BEDの面積の$\frac{1}{3}$倍なので，$\frac{2}{9}\times\frac{1}{3}=\frac{2}{27}$となり，三角形EHGの面積は三角形DEFの面積の$\frac{2}{9}$倍だから，$\frac{1}{3}\times\frac{2}{9}=\frac{2}{27}$となる。また，①より，三角形CFEの面積は$\frac{2}{9}$とわかる。さらに，三角形FAHと三角形CFEを比べると，底辺の比は，FA：CF＝１：２，高さの比は，HF：EF＝１：３なので，面積の比は，（１×１）：（２×３）＝１：６となり，三角形FAHの面積は，$\frac{2}{9}\times\frac{1}{6}=\frac{1}{27}$と求められる。よって，四角形ABGHの面積は，$1-\left(\frac{2}{27}+\frac{2}{27}+\frac{2}{9}+\frac{1}{27}\right)=\frac{16}{27}$だから，三角形ABCの面積の，$\frac{16}{27}\div1=\frac{16}{27}$(倍)である。

図9

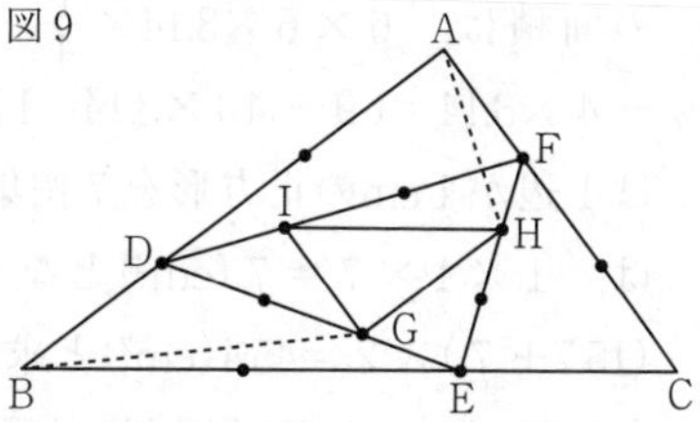

２　平面図形―図形の移動，長さ，面積

(ア)　円の中心が動いたあとの線は，右の図１の太線の部分になる。このうち，直線の部分の長さの合計は，（６＋４）×２＝20(cm)である。また，弧《こ》の部分を集めると半径が１cmの円周になるから，弧の長さの合計は，１×２×3.14＝6.28(cm)とわかる。よって，円の中心が動いたあとの線の長さは，20＋6.28＝26.28(cm)と求められる。次に，円が動いたあとの図形は，かげの部分と斜《しゃ》線《せん》の部分になる。かげの部分を集めると，縦が，１×２＝２(cm)，横が20cmの長方形になるので，その面積は，２×20＝40(cm²)となる。また，斜線の部分を集めると，半径が２cmの円になるから，その面積は，２×２×3.14＝12.56(cm²)とわかる。したがって，円が動いたあとの面積は，40＋12.56＝52.56(cm²)と求められる。

図1

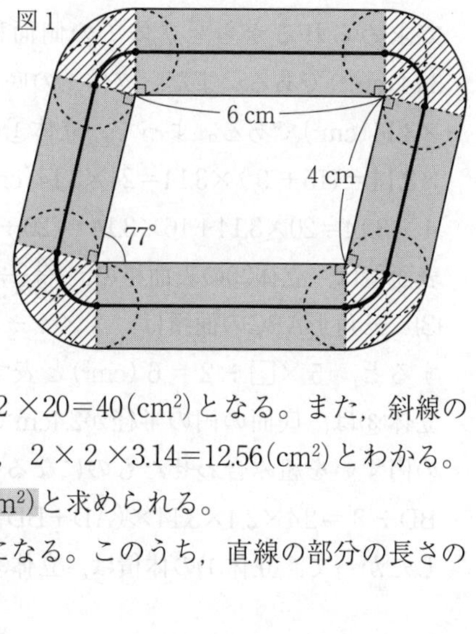

(イ)　円の中心が動いたあとの線は，下の図２の太線の部分になる。このうち，直線の部分の長さの

図２

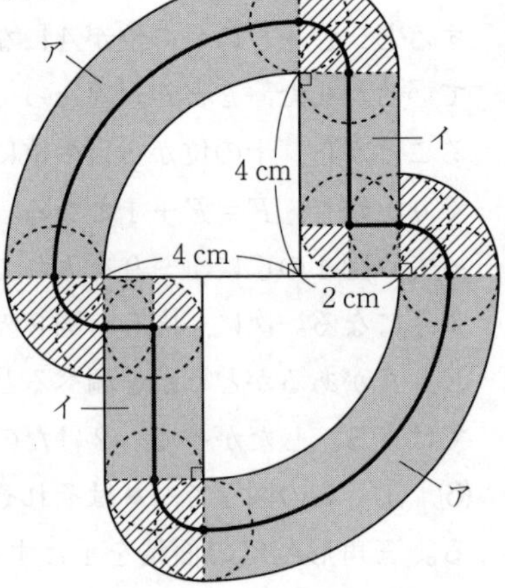

合計は，（４－１＋１）×２＝８(cm)である。また，曲線の部分は，半径が１cmの四分円の弧が４か所と，半径が，４＋１＝５(cm)の四分円の弧が２か所あるから，全部で，$1\times2\times3.14\times\frac{1}{4}\times4+5\times2\times3.14\times\frac{1}{4}\times2=2\times3.14+5\times3.14=(2+5)\times3.14=21.98$(cm)とわかる。よって，円の中心が動いたあとの線の長さは，８＋21.98＝29.98(cm)と求められる。次に，円が動いたあとの図形は，かげの部分と斜線の部分になる。このうち，アは半径が，４＋２＝６(cm)の四分円から半径が４cmの四分円を除いたものなので，その面積は，$6\times6\times3.14\times\frac{1}{4}-4\times4\times3.14\times\frac{1}{4}=9\times3.14-4\times3.14=(9-4)\times3.14=15.7$($cm^2$)とわかる。また，イは１辺が１cmの正方形を７個集めたものだから，その面積は，１×１×７＝７(cm^2)となる。これらが２か所ずつあるので，かげの部分の面積の合計は，(15.7＋７)×２＝45.4(cm^2)と求められる。さらに，斜線の部分は，半径が２cmの四分円が４か所と半径が１cmの四分円が２か所あるから，その面積は，$2\times2\times3.14\times\frac{1}{4}\times4+1\times1\times3.14\times\frac{1}{4}\times2=4\times3.14+0.5\times3.14=(4+0.5)\times3.14=14.13$($cm^2$)となる。したがって，円が動いたあとの図形の面積は，45.4＋14.13＝59.53(cm^2)である。

3 立体図形―体積，表面積

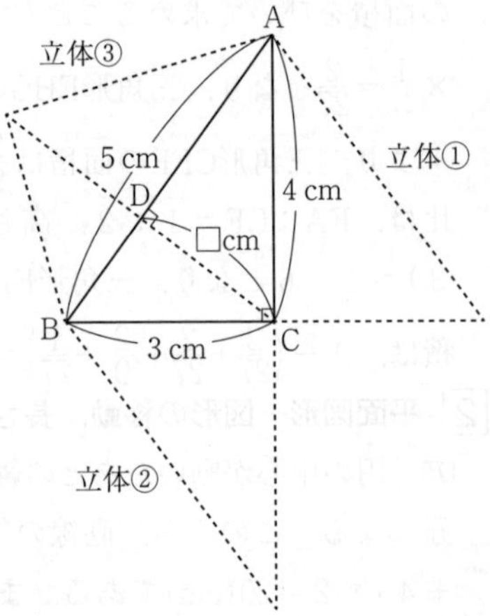

(1)　立体①，②，③は，それぞれ右の図の位置にある。立体①は，底面の円の半径が３cmで高さが４cmの円すいだから，その体積は，３×３×3.14×４÷３＝12×3.14(cm^3)となる。また，立体②は，底面の円の半径が４cmで高さが３cmの円すいなので，その体積は，４×４×3.14×３÷３＝16×3.14(cm^3)とわかる。よって，立体①の体積は，立体②の体積の，$\frac{12\times3.14}{16\times3.14}=\frac{3}{4}$(倍)である。

(2)　円すいの側面積は，(母線)×(底面の円の半径)×(円周率)で求められるから，立体①の側面積は，５×３×3.14＝15×3.14(cm^2)である。また，立体①の底面積は，３×３×3.14＝９×3.14(cm^2)である。よって，立体①の表面積は，15×3.14＋９×3.14＝(15＋９)×3.14＝24×3.14(cm^2)となる。同様に，立体②の表面積は，５×４×3.14＋４×４×3.14＝20×3.14＋16×3.14＝(20＋16)×3.14＝36×3.14(cm^2)と求められる。よって，立体①の表面積は，立体②の表面積の，$\frac{24\times3.14}{36\times3.14}=\frac{2}{3}$(倍)とわかる。

(3)　三角形ABCの面積は，３×４÷２＝６(cm^2)だから，ABを底辺と考えたときの高さを□cmとすると，５×□÷２＝６(cm^2)と表すことができ，□＝６×２÷５＝2.4(cm)とわかる。よって，立体③は，底面の円の半径が2.4cmで高さがADの円すいと，底面の円の半径が2.4cmで高さがBDの円すいを組み合わせたものになるので，その体積は，2.4×2.4×3.14×AD÷３＋2.4×2.4×3.14×BD÷３＝2.4×2.4×3.14×(AD＋BD)÷３＝2.4×2.4×3.14×５÷３＝9.6×3.14(cm^3)と求められる。したがって，立体①の体積は，立体③の体積の，$\frac{12\times3.14}{9.6\times3.14}=1\frac{1}{4}$(倍)である。

⑷　立体③の表面積は，２つの円すいの側面積の和になるから，$4\times2.4\times3.14+3\times2.4\times3.14=(4+3)\times2.4\times3.14=16.8\times3.14$(cm²)とわかる。よって，立体①の表面積は，立体③の表面積の，$\frac{24\times3.14}{16.8\times3.14}=1\frac{3}{7}$(倍)と求められる。

4　平均とのべ，和差算，条件の整理

⑴　(平均点)＝(合計点)÷(科目数)より，(合計点)＝(平均点)×(科目数)となるから，５科目の合計点は，72.4×５＝362(点)とわかる。よって，右上の図のように表すことができるので，平均点よりも高い２科目の合計点は，(362－22)÷２＝170(点)となる。

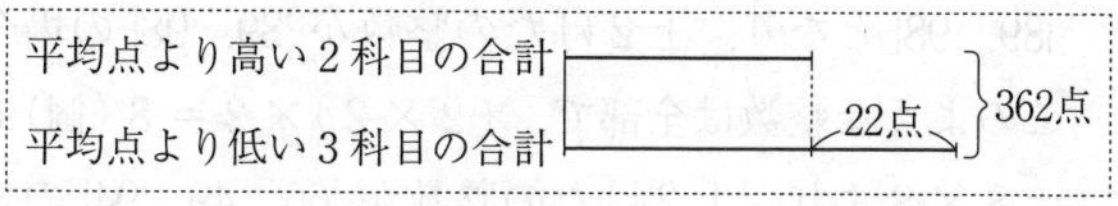

⑵　①　選んだ３科目の点数を{□点，○点，△点}とすると，□＋○＋△＝74×３＝222(点)となる。また，そのうちの２科目の合計点が，65×２＝130(点)だから，３科目の中の１科目の点数は，222－130＝92(点)とわかる。同様に，別の２科目の合計点が，80×２＝160(点)なので，３科目の中の１科目の点数は，222－160＝62(点)と求められる。すると，残りの１科目の点数は，222－(92＋62)＝68(点)になるから，選んだ３科目の点数は{62点，68点，92点}と決まる。よって，選んだ３科目の中で最も高い点数は92点である。　②　①で求めた92点は５科目の平均点よりも高いので，平均点よりも高い２科目のうちの１つであり，もう一方の点数は，170－92＝78(点)とわかる。よって，これまでにわかった４科目の合計点は，62＋68＋92＋78＝300(点)だから，残りの１科目の点数は，362－300＝62(点)と求められる。つまり，５科目の点数は{62点，62点，68点，78点，92点}である。さらに，国語と英語の点数は同じなので国語の点数は62点，理科は社会よりも10点高いから社会の点数は68点(理科の点数は78点)と決まる。

5　条件の整理，場合の数

⑴　右の図１のように，各位の数をA，B，C，Dとすると，$(A\times B)$と$(C\times D)$の値はどちらも九九の答え(または０)になる。よって，最も大きい数は，$(A\times B)$と$(C\times D)$がどちらも，９×９＝81の場合であり，81＋81＝162となる(このとき，もとの４けたの整数は9999である)。

図１

⑵　はじめて10が出てくる場合を求めるから，右の図２のように，上２けたの整数が10の場合を考える。このとき，$A\times B=1\times0=0$なので，$C\times D=10-0=10$となる。これは，下２けたの整数が25と52の場合だから，はじめて10が出てくるのは，もとの４けたの整数が1025の場合とわかる。これは1000からかぞえると，1025－1000＋１＝26(番目)になる。

図２
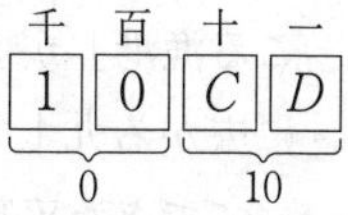

⑶　１になるのは，右の図３のように，$A\times B=0$，$C\times D=1$の場合と，右の図４のように，$A\times B=1$，$C\times D=0$の場合がある。図３の場合，$A\times B=0$となるためにはBが０である必要があり，Aは１～９の９通り考えられる。また，$C\times D=1$となるのは，$C=D=1$の場合だけである。よって，図３の場合は，９×１＝９(個)ある。次に，図４の場合，$A\times B=1$となるのは，$A=B=1$の場合だけである。さらに，$C\times D=0$となるためには，CとDの少なくとも一方が０になる必要がある。ここで，下２けたの整数は00～99の100通りあり，そのうち１～９だけを使う整数は，９×９＝81(通り)あるから，０を少なくとも１個は使う整数は，100－81＝19

図３
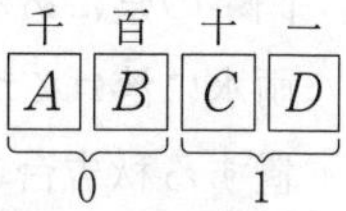

図４
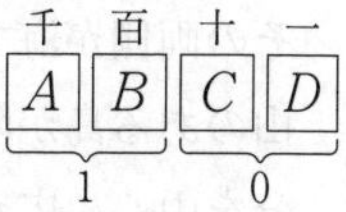

(通り)ある。したがって，図４の場合は，１×19＝19(個)ある。以上より，１は全部で，９＋19＝28(個)と求められる。

(4)　九九の答えを２つたして100になる組み合わせは，28＋72(…㋐)，36＋64(…㋑)の２通りある。㋐の場合，28＝４×７，72＝８×９より，上２けたの整数が{47，74}の場合は下２けたの整数が{89，98}となり，上２けたの整数が{89，98}の場合は下２けたの整数が{47，74}となる。よって，このような整数は全部で，（２×２）×２＝８(個)ある。また，㋑の場合，36＝６×６＝４×９，64＝８×８より，上２けたの整数が{66，49，94}の場合は下２けたの整数が{88}となり，上２けたの整数が{88}の場合は下２けたの整数が{66，49，94}となる。したがって，このような整数は全部で，（３×１）×２＝６(個)ある。以上より，㋐，㋑の場合を合わせると，100は全部で，８＋６＝14(個)と求められる。

社　会　＜第２回試験＞（30分）＜満点：50点＞

解　答

Ⅰ　問１　ア　⑩　　イ　⑬　　ウ　③　　エ　⑤　　問２　A　カルスト　　B　津軽　　C　リアス海岸　　D　室戸　　問３　(1)　④　　(2)　③　　(3)　③　　(4)　③　　(5)　④

Ⅱ　問１　③　　問２　(1)　④　　(2)　②　　問３　(1)　大宰府　　(2)　①　　問４　(1)　①　　(2)　④　　問５　③　　問６　対馬藩　　問７　②　　問８　(1)　東海道　　(2)　(例)　25歳以上のすべての男子　　問９　④

Ⅲ　問１　②　　問２　公共の福祉　　問３　①　　問４　リンカーン　　問５　EC　　問６　国連平和維持活動　　問７　③　　問８　①　　問９　子どもの権利条約　　問10　③　　問11　①

解　説

Ⅰ　各都道府県の特色や産業，気候などについての問題

問１　**ア**　「日本最大の流域面積を持つ河川」が利根川，その河口にある「日本有数の漁獲《ぎょかく》量をほこる漁港」が銚子《ちょうし》市(千葉県)の銚子港を指していると考えられることから，「この平野」は千葉県に広がる九十九里平野(⑩)とわかる。なお，海岸平野は浅い海底の隆起《りゅうき》または海水面の下降によってできた平野で，九十九里平野のほかに越後(新潟)平野や宮崎平野などが知られている。　**イ**　「隣《となり》の県にある石見《いわみ》銀山」から，島根県の隣の県であることがわかる。「鍾乳洞《しょうにゅうどう》」や，「石灰岩が雨水に溶《と》けてつくられ」た「クレーターみたいなの」が見られることから，山口県のほぼ中央に位置する秋吉台(⑬)とわかる。ここには独特のカルスト地形が形成されており，地下にある約420の洞窟《どうくつ》のうち，秋芳《あきよし》洞は最大の鍾乳洞として知られている。　**ウ**　「中央に市街地の明かりが見え，その両側が海で黒かった」という「夜景」は，函館市(③，北海道)で見られる。函館市には，函館山のある島が陸地側とつながった陸繋島《りくけいとう》の地形が見られ，現在の函館市の市街地は，その砂州の部分を中心に広がっている。函館山の山頂展望台からは，北東に函館市の市街地が見え，その左(西)側に函館湾，右(東)側に津軽《つがる》海峡が見える。　**エ**　「杜《もり》の都」「七夕祭り」「城下町」「政令指定都市」から，仙台市(⑤，宮城県)とわかる。仙台市は，戦国大名の伊達政宗《だてまさむね》によって青葉山に築かれた仙台城の城下町として栄えてきた歴史を持ち，市内や周辺の丘陵《きゅうりょう》地に木々が多いことから「杜の都」ともよばれる。また，毎年８月上旬に仙台市で行われる仙台七夕まつりは，青森市の青森ねぶた祭，秋田市の竿燈《かんとう》まつりとともに東北三大祭りに数えられる。なお，日本三景とよばれるのは松島(宮城県)，天橋立《あまのはしだて》(京都府)，宮島(厳島《いつくしま》神社，広島県)なので，「ここから行った日本三景の一つ」は松島である。

問２　**A**　問１のイの解説を参照のこと。　**B**　問１のウの解説を参照のこと。　**C**　山地が沈《しず》みこんだところに海水が入りこんでできた，岬《みさき》と入り江が複雑に入り組んだ海岸をリアス海岸という。三陸海岸(青森県・岩手県・宮城県)のほか，志摩《しま》半島(三重県)，若狭《わかさ》湾沿岸(福井県・京都府)，宇和海・豊後《ぶんご》水道沿岸(愛媛県・大分県)などでも発達している。　**D**　室戸岬《むろとざき》は高知県南東部に突《つ》き出た岬で，南西部の足摺岬《あしずりみさき》とともに台風による被害を受けやすい。海岸段丘は，沿岸部の海底の隆起と波による侵食《しんしょく》がくり返されることによってできた階段状の地形で，高知市から室戸岬にかけての土佐湾北東部の海岸で見られる。また，ジオパークは科学的に貴重な地層や地形，火山などをふくむ自然公園のことである。

問３　(1)　①　山口県の下関と福岡県の門司《もじ》(現在の北九州市門司区)の間にある海峡は，両岸の地名をとって関門海峡とよばれる。この海峡の下には，山陽新幹線の新関門トンネルがある。②　滋賀県と京都府の県境にある音羽《おとわ》山は，東海道新幹線の音羽山トンネルによってつらぬかれている。③　群馬県と長野県の県境にある碓氷峠《うすいとうげ》の下には，北陸新幹線の碓氷峠トンネルが通っている。④　東海道新幹線の浜松駅(静岡県)と豊橋駅(愛知県)の間には，浜名湖(静岡県)や豊橋平野のような平坦な地形が広がっており，トンネルはない。　(2)　「つや姫」は山形県のブランド米(銘柄《めいがら》米)で，山形県で最も多く植えられている「はえぬき」に代わる新しいブランド米として開発されたが，2018年の品種別生産割合では「はえぬき」が67％，「つや姫」が17％となっており，大きく差をつけられている。　(3)　石灰石(原料として採掘《さいくつ》される石灰岩)を利用する工業には，セメント工業などがある。資源に恵まれない日本にとって，石灰石は100％自給できる数少ない資源で，近くで石灰石がとれる山口県(周南市・宇部市・美祢《みね》市)，福岡県(苅田《かんだ》町・田川市・北九州市)，埼玉県(熊谷《くまがや》市・日高市・横瀬《よこぜ》町)などではセメント工業が発達している。なお，倉敷《くらしき》市(岡山県)では石油化学工業，鉄鋼業，せんい工業がさかんである。　(4)　(あ)は，野菜の占《し》める割合が大きいことから，高知県と判断できる。高知県では，沖合を暖流の日本海流(黒潮)が流れているため冬でも比較《ひかく》的暖かい気候を利用し，ビニールハウスや温室などの施設を使って，ピーマン・キュウリなどの夏野菜を，ほかの産地の露地《ろじ》ものの出荷量が減って価格が高くなる秋から春ごろにかけて栽培・出荷する促成《そくせい》栽培がさかんである。(う)は，果実の占める割合が大きいことから，愛媛県とわかる。愛媛県では温暖な気候をいかした果物栽培がさかんで，キウイフルーツの生産量が全国第１位，ミカンの生産量が全国第２位となっている。(い)は，残った香川県となる。統計資料は『データでみる県勢』2021年版による。　(5)　高知は，夏は海から南東の季節風が吹《ふ》いて蒸《む》し暑く，冬は(4)で述べたように比較的暖かい。また，梅雨や台風の影響で６～９月に雨が多い。よって，④が選べる。なお，①は岡山，②は東京，③は青森，⑤は富山。

Ⅱ　各時代の歴史的なことがらについての問題

問１　【A】の「４世紀ごろの古墳」の説明には「神様とつながる祭り」とあり，「５世紀の終わりごろの古墳」の説明には「武具」とあるので，「あ」には神官，「い」には武人があてはまる。

問２　(1)　710年，元明天皇は奈良盆地南部にあった藤原京(①)から北部の平城京(④)に都を移した。平城京は唐(中国)の長安を手本につくられた中国式の本格的な都で，ここを中心に栄えたおよそ80年間を奈良時代という。なお，②は難波《なにわ》宮(大阪府)，③は平安京(京都府)，⑤は長岡京(京都府)の位置。　⑵　奈良時代，農民の逃亡《とうぼう》によって口分田が荒廃《こうはい》したり，人口の増加によって口分田が不足したりした。そこで，朝廷は723年，新たにかんがい用の溝《みぞ》や池をつくって開墾した土地については三代，もとからある溝や池を使って開墾した土地については一代に限り私有を認める三世一身《さんぜいっしん》の法を定めた。しかし，あまり効果がなかったため，743年には墾田永年私財法を定めて土地の永久私有を認めた。なお，①と④は飛鳥時代，③は平安時代を説明する文章。

問３　⑴　大宰府《だざいふ》は，律令制度のもとで福岡県に置かれた朝廷の出先機関である。交流や防備上の拠点《きょてん》として重要視されたことから「遠《とお》の朝廷《みかど》」とよばれ，外国の使節のもてなしや九州の支配・防衛などを行った。　⑵　唐の高僧だった鑑真《がんじん》が来日したのは，奈良時代のことである。鑑真は，都の平城京に唐招提寺《とうしょうだいじ》を建てるとともに，東大寺に戒壇《かいだん》を設け，日本の僧たちに戒律《かいりつ》(僧が守るべき決まり)をさずけるなど，日本の仏教発展のために力をつくした。

問４　⑴　平安時代中ごろ，地方の豪族がみずからの土地を守るため武装するようになった。これが武士のおこりで，こうした武士のうち，関東地方で平将門《まさかど》が，瀬戸内海で藤原純友《すみとも》が反乱を起こし，中央の貴族たちをあわてさせた。よって，①が適切でない。　⑵　時宗は鎌倉時代に一遍《いっぺん》が始めた宗派で，踊《おど》りながら念仏をとなえることですべての人が平等に極楽浄土《じょうど》に往生できると説き，南無阿弥陀仏《なむあみだぶつ》と書かれたふだを人々に配るため，諸国を踊り歩いた。なお，①は日蓮《にちれん》が始めた日蓮宗(法華《ほっけ》宗)，②は法然《ほうねん》が始めた浄土宗，③は道元が始めた曹洞《そうとう》宗の説明。

問５　織田信長は，安土城(滋賀県)の城下の商工業を発展させるために楽市令を発布し，関所を廃止してさまざまな税を免除し，特定業者の独占権を取り上げ，商人や職人が城下で自由に営業できるようにした。

問６　江戸時代に鎖国体制をとったあとも，オランダ・清(中国)との貿易が続けられた長崎，朝鮮と交易していた対馬《つしま》藩(長崎県)，琉球《りゅうきゅう》を支配下に置いていた薩摩《さつま》藩(鹿児島県)，蝦夷《えぞ》地(北海道)のアイヌを支配下に置いていた松前藩(北海道松前)は，四つの窓口として開かれていた。

問７　井伊直弼《なおすけ》は，1858年に江戸幕府の大老に就任し，朝廷の許しを得ずにアメリカ総領事ハリスとの間で日米修好通商条約を調印した。その後，自分の対応に反対する吉田松陰《しょういん》らを処分し(安政の大獄《たいごく》)，1860年に江戸城の桜田門で暗殺された(桜田門外の変)。なお，①は老中田沼意次《おきつぐ》，③は老中水野忠邦《ただくに》，④は第８代将軍徳川吉宗が行ったこと。

問８　⑴　東海道は江戸時代に整備された五街道の一つで，江戸の日本橋と京都の三条大橋を結び，道中には品川宿・川崎宿など53の宿場が置かれていた。JR山手線の高輪ゲートウェイ駅は品川駅から一つ北側の駅で，高輪大木戸跡はその付近に位置している。　⑵　日本が近代国家へと生まれ変わり，急速に産業の発展をとげると，民主主義を求める声が高まった。これにより，25歳以上のすべての男子に選挙権を与える普通選挙法が1925年に制定され，1928年に初の普通選挙が実施された。

問９　日ソ共同宣言が発表されたのは1956年のことである。これによってソ連との国交が回復し，ソ連が日本の加盟に賛成したことにより，日本の国連加盟が実現した。なお，①は1970年，②は1960年，③は1965年のできごと。

Ⅲ　ウルグアイ大統領のインタビューを題材とした問題

問１　証券会社の本来的な業務は，株券などの証券の売買を仲立ちすることである。

問２　社会全体の共通の利益のことを公共の福祉《ふくし》といい，日本国憲法第12条で，権利は常に公共の福祉のために利用することが定められていることから，他人の人権を侵害しない場合に個人の人権は保障される(他人の人権を侵害する場合には制限される)と理解されている。

問３　第二次世界大戦当時，朝鮮半島は日本に併合《へいごう》されて植民地となっていた。そのため，大韓民国(韓国)は日本と戦争状態にあった国と認定されず，サンフランシスコで開かれた講和会議に招かれなかった。なお，中華民国と中華人民共和国も招待されず，インド・ビルマ(現在のミャンマー)・ユーゴスラビアは招かれたが出席しなかった。

問４　アメリカ合衆国の内乱である南北戦争中の1863年，大統領リンカーンが激戦地のゲティスバーグで演説を行った。その中の「人民の，人民による，人民のための政治」という言葉は，民主主義の基本的な考え方を示すものとして，現代に受け継《つ》がれている。

問５　EC(ヨーロッパ共同体)は，ヨーロッパに統一市場をつくることを目指して1967年に成立した組織で，原加盟国はフランス・イタリア・ルクセンブルク・オランダ・ベルギー・ドイツ(西ドイツ)の６か国である。現在のEU(ヨーロッパ連合)は，ECが発展する形で1993年に成立した。

問６　国際連合の安全保障理事会が冷戦によって機能しなかったために生まれた活動を国連平和維持活動(PKO)といい，紛争地域での兵力引き離しや，休戦後の人権保護・治安維持・選挙監視などを行っている。

問７　現在の日本政府は，主権国家として固有の自衛権は認められているものであり，自衛のための必要最小限度の実力を保持することは憲法上認められると解釈しているため，自衛のための必要最小限度の実力(自衛力)は戦力にあたらず，保持してもよいとしている。

問８　改正された労働基準法では，時間外労働の上限時間は，原則として１か月あたり45時間，１年で360時間と定められ，大企業には2019年４月１日から，中小企業には2020年４月１日から適用されている。

問９　1989年，国連総会で「子どもの権利条約」が採択《さいたく》された。18歳未満の児童(子ども)を人権の主体として認め，その保障を実現することを各国が約束した条約で，日本は1994年に批准《ひじゅん》している。

問10　累進《るいしん》課税制度は収入(所得)が多い人ほど税率が高くなる制度で，日本では所得税・相続税・贈与《ぞうよ》税などに取り入れられている。

問11　1947年，民主主義的な人間形成を教育の目的とすることなどを定めた教育基本法が制定された。同法では，教育の機会均等や義務教育の無償《むしょう》化などが定められている。

理　科　＜第２回試験＞（30分）＜満点：50点＞

解　答

[1] (1) (オ)　(2) (エ)　(3) ① (ア)　② (イ)　③ (ア)　(4) 不整合　[2] (1) ① (ア)　② (キ)　③ (コ)　④ (イ)　(2) ① X　② **イモリ**…C　**ヤモリ**…B　(3) (エ), (キ)　(4) **キンギョ**…(イ)　**メジナ**…(ウ)　[3] (1) (ウ)　(2) (イ), (カ)　(3) **A**　35

B　1.2　(4)　マヨネーズ　(5)　(ア)　4　(1)　①　0.2　②　1.3　(2)　(エ)　(3)　③　(オ)　④　(ア)　(4)　10.7秒　(5)　⑤　(ウ)　⑥　(イ)　⑦　(イ)

解説

1　氷期，間氷期の地形の変化についての問題

(1)　図１で，最後の氷期の中でもっとも気温が低いときは，現在と比べて約9.5℃低くなっている。

(2)　間氷期から次の間氷期が現れるまでの期間を１周期とすると，約40万年間で４周期となっているので，１周期は，40万÷４＝10万(年)である。

(3)　図１で，最後の氷期は約２万年前である。氷期になると，極地方の氷の量が増えたり，海水の温度が低くなって体積が小さくなったりするので，海面が下降し，海が陸地から後退する。逆に，温暖化が始まると，極地方の氷の量が減ったり，海水の温度が高くなって体積が大きくなったりするので，海面が上昇《じょうしょう》し，海が陸地に侵入《しんにゅう》する。

(4)　２つ以上の地層が連続的に堆積《たいせき》している状態を整合といい，地層どうしの境目はまっすぐになる。一方，地層が隆起《りゅうき》して地上に出て風化や侵食を受け，再び沈降《ちんこう》して海底などになった上に新しい地層が堆積すると，その境目はでこぼこになる。このような地層の重なり方を不整合といい，図２の境界Ａは不整合である。

2　動物の体のつくり，生態についての問題

(1)　キンギョの図において，脳は(ア)，小腸は(コ)，背骨は(イ)である。また，ヒトの呼吸器官である肺と同じはたらきを持つ器官は，(キ)のえらである。

(2)　イモリの血液が流れる道すじを示す図はＣである。イモリなどの両生類の心臓は２心房《しんぼう》１心室で，血液は右の図の矢印の向きに流れるので，Ｘが選べる。なお，両生類の心臓は，酸素が多く含《ふく》まれている動脈血と，酸素が少ししか含まれていない静脈血が，心室で混ざってしまう。また，ヤモリの血液が流れる道すじを示す図はＢである。ヤモリなどの爬虫《はちゅう》類の心臓は不完全な２心房２心室で，心室に完全なしきりがない。そのため，心室で動脈血と静脈血が混ざってしまうが，両生類に比べると混ざりにくくなっている。なお，図Ｄはハツカネズミ(哺《ほ》乳《にゅう》類)の血液が流れる道すじで，心臓は２心房２心室となっている。

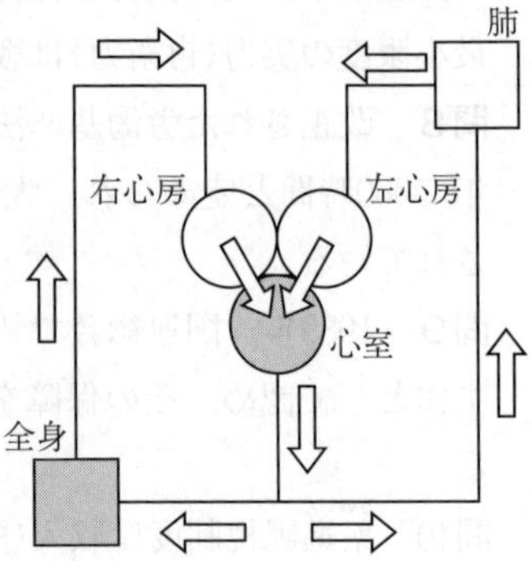

(3)　図２のトゲチョウチョウウオの分布は，図１の黒潮の流れに沿っているので，(エ)が正しい。また，「トゲチョウチョウウオは最大で20cm程度に成長するにもかかわらず，５cm未満の個体しか採集することができませんでした。また，翌年の２月に同じ磯《いそ》で採集を行ったところ，トゲチョウチョウウオは一匹《いっぴき》も採れず，海中にも全く見られませんでした」と述べられているので，(キ)も正しい。

(4)　淡水《たんすい》魚(キンギョなど)は，つねに体内に水が侵入し，体内の水が増えて体内の塩分濃度《のうど》が低くなるので，体内の水分を減らすために，体内の塩分濃度よりうすい尿《にょう》を多く排出《はいしゅつ》する。一方，海水魚(メジナなど)は，つねに体内の水が失われて体内の塩分濃度が高くなるので，体内の水分をできるだけ減らさないように，体内の塩分濃度と同じくらいの濃《こ》さの尿を少し排出する。

3 水と油の性質についての問題

(1)　油汚《よご》れとせっけんの成分のようすは，(ウ)のようになっている。「油になじむ部分」が油汚れを包みこんで塊《かたまり》を作り，その塊が「水になじむ部分」によって水に運ばれるため，油汚れが落ちる。

(2)　下線部ｂの直後の一文に「現在，せっけんは油に水酸化ナトリウム水溶液《すいようえき》を加えて作っている」とあるので，灰を水に溶《と》かした水溶液は，水酸化ナトリウム水溶液と同様にアルカリ性を示すと考えられる。また，リトマス紙やBTB溶液の反応は，上の表のようになる。したがって，(イ)と(カ)が正しい。

	酸性	中性	アルカリ性
赤色リトマス紙	変化なし	変化なし	青色に変化
青色リトマス紙	赤色に変化	変化なし	変化なし
BTB溶液	黄色を示す	緑色を示す	青色を示す

(3)　**A**　操作２についての実験メモより，塩酸10mLとせっけん水溶液25mLが完全に中和する。よって，塩酸10mLと完全に中和する，操作３で作ったせっけん水溶液の体積は，25×２＝50(mL)となる。したがって，Ａには，$50\times\frac{7}{10}=35$(mL)が入る。　**B**　操作５についての実験メモより，操作５で用いた塩酸18mLは，操作３で作ったせっけん水溶液が十分にある場合，この水溶液を，45＋15×２＝75(mL)加えると完全に中和するので，操作２で用いた塩酸，$10\times\frac{75}{50}=15$(mL)と同じはたらきをする。よって，Ｂには，18÷15＝1.2(倍)が入る。

(4)　卵黄に含まれているレシチンという成分は，本来なら混ざり合わない水と油が混じり合うようにする作用(乳化という)をもっている。普通は混ざり合わない酢《す》と油に卵黄を加えて乳化した調味料をマヨネーズという。

(5)　酢よりも油の方が密度《みつど》(同じ体積当たりのおもさ)が小さいので，酢と油を混ぜ合わせると，油が上側，酢が下側になるように分離《ぶんり》する。

4 ホバークラフトの運動についての問題

(1)　①　１秒あたりに５枚の写真を撮影《さつえい》しているので，写真は，１÷５＝0.2(秒)ごとに撮《と》れている。　②　連続写真で，ホバークラフトが動いた距離《きょり》は，１枚目から２枚目までが，41－15＝26(cm)，２枚目から３枚目までが，67－41＝26(cm)，３枚目から４枚目までが，93－67＝26(cm)で，すべて等しくなっている。したがって，ホバークラフトの速さは秒速，26÷100÷0.2＝1.3(m)と求められる。

(2)　１枚目から４枚目の写真を見ると，ホバークラフトが定規から少しずつ離《はな》れていっている。つまり，ホバークラフトが動く向きと定規の向きが平行になっていない。そのため，連続写真から求めたホバークラフトが動いた距離は，実際に動いた距離より小さくなる。

(3)　③　表で，「ただのCD」の速さは，0.2秒後に秒速1.6mで，その後0.1秒ごとに秒速0.2mずつおそくなっている。よって，１秒後の「ただのCD」の速さは秒速，$1.6-0.2\times\frac{1-0.2}{0.1}=0$(m)となり，ちょうど止まる。　④　表で，「ホバークラフト(空気を入れた)」は，つねに秒速1.4mで動き続けているので，ホバークラフトは途中《とちゅう》で空気がなくならなければ，発射された瞬間《しゅんかん》と同じ速さで動いていると考えられる。

(4)　このホバークラフトは，空気が全て放出されるまでの，１×1000÷100＝10(秒間)はつねに秒速1.4mで動き続け，その後，$0.1\times\frac{1.4}{0.2}=0.7$(秒)かかって止まる。したがって，発射されてから止まるまでにかかった時間は，10＋0.7＝10.7(秒)である。

(5)　⑤　発射台から発射される物体の速さは，物体がおもいほどおそくなる。　⑥　表で，「ホバークラフト(空気を入れない)」と「ただのCD」の速さはどちらも秒速0.2mずつ減っているので，速さがおそくなる割合はおもさに関係がないことがわかる。　⑦　⑤，⑥より，同量の空気を入れてCDが１枚のホバークラフトと２枚のホバークラフトを同時に発射台から発射すると，発射台から発射された瞬間の速さがおそいCDが２枚の方が先に止まる。

国　語　＜第２回試験＞（50分）＜満点：100点＞

解　答

一　問１　下記を参照のこと。　問２　A　イ　B　ウ　C　オ　問３　こうしたこ　問４　ア　問５　イ　問６　ア　○　イ　×　ウ　○　エ　×　二　問１　下記を参照のこと。　問２　彼の技術レ　問３　マエストロ・ビーニのマスタークラス　問４　(例)　うまさは比較できない(ということ。)　問５　サンドロ　問６　(例)　一番後ろの席にも届くように，のどを開いて，遠くに音を飛ばすことを意識しながら吹けということ。　問７　ア　問８　イ　問９　ア　×　イ　○　ウ　○　エ　×

●漢字の書き取り

一　問１　イ　模倣　ロ　発揮　ハ　核　二　問１　イ　垂(らして)　ロ　詰(め)　ハ　継(いで)　ニ　豪快　ホ　録音

解　説

一　**出典は池谷裕二《いけがやゆうじ》の『パパは脳研究者―子どもを育てる脳科学』による。**幼い子どもの記憶《きおく》力はトリと同様に非常に正確だが，成長するにつれ実用性の高い曖昧《あいまい》な記憶に成熟すると述べられている。

問１　イ　まねをすること。似せること。　ロ　持っている力を出すこと。　ハ　ものごとの重要な部分。

問２　A　前の部分では「モズ」の「記憶力が悪い」ことが，後の部分では「鶏《にわとり》は三歩歩くと忘れる」ことが述べられている。前後どちらもトリの仲間は「物事をすぐに忘れてしまう」という内容なので，ことがらを並べ立てるときに用いる「また」がよい。　B　直前の「写真の記憶とは照合できません」を，直後で「『このエサは自分が刺《さ》した獲物《えもの》ではない』と判断してしまう」と言いかえているので，まとめて言いかえるはたらきの「つまり」が入る。　C　直前の段落の「いい加減で曖昧な記憶のほうが役に立つ」ことの具体例が，続く部分ではあげられている。よって，例をあげるときに使う「例えば」が合う。

問３　同じ段落にあるように，モズは「捕《と》らえた獲物を枝などに刺《さ》して保存しておく」が，その「獲物は放置されて，忘れ去られてしまうこと」がよくある。こうしたことから，モズは「自分が取っておいたエサを忘れてしまうほど記憶力が悪い」とみなされてきたのである。

問４　二つ後の段落で，いろいろな角度から見た顔について，「時間をかけて『両者の共通点は何か？』と，ゆっくり認知《にんち》してい」くことが必要だと述べられている。よって，「複数の機会に様々な角度から見た顔の共通点をとらえ」ることにふれているアがあてはまる。

問５　「ヘッケルの反復説」とは，「あたかも胎児《たいじ》は，長い進化の歴史をなぞって成長するように見えるという学説」だと直前の段落に書かれている。このような考え方が「記憶力についても当てはま」るのだから，「進化の過程をなぞるように変わっている」とあるイが選べる。

問６　**ア**　最初から二つ目～四つ目の段落に，「トリの記憶力はびっくりするほど正確」とか「トリは写真に撮《と》ったかのように風景を正確に覚え」ると書かれている。　**イ**　「ヘッケルの反復説」にもとづくと，子どものときの「人間の記憶力」は「トリの記憶力」に近いといえる。　**ウ**　最後から二つ目の段落に，子どもは「脳が未熟なために，正確な記憶しかできない」と述べられている。　**エ**　最後の段落の活字体の「あ」と手書きの「あ」の話題は，「ヒトの脳」の「ゆるやかな記憶の賜物《たまもの》」の例であり，「子ども」とは関係がない。

二　**出典は佐藤《さとう》まどかの『アドリブ』による。**マエストロ・ビーニのマスタークラスに参加したユージの初日のようすについて，マエストロとのやり取りを中心に描《えが》かれている。

問１　**イ**　音読みは「スイ」で，「垂直」などの熟語がある。　**ロ**　音読みは「キツ」で，「詰問」などの熟語がある。　**ハ**　音読みは「ケイ」で，「継続」などの熟語がある。　**ニ**　力強く，気持ちがいいようす。　**ホ**　音声をメモリやディスクなどに記録すること。

問２　マウロ・ビーニはこの文章の中で「マエストロ」ともよばれている。この後，マエストロはサンドロを評して，「彼《かれ》の技術レベルは，年齢《ねんれい》を考えればおそろしく高いね」と言っている。

問３　「ここ」とは，マエストロがこれからユージに「レッスン」をつける「マエストロ・ビーニのマスタークラス」である。

問４　この場面でマエストロは，ユージが「比較《ひかく》ができない」と答えるだろうと予想しつつ，「モイーズとランパルなら，どっちのほうが上手だと思うかい？」とあえて聞いている。そして，ユージの返答を「そういうことだ」と言って認め，自分らしく吹《ふ》けばいいとユージをはげましている。

問５　続く部分に「レベル」とあるので，空欄《くうらん》④にはユージがその「技術レベル」の高さを知っている「サンドロ」が入る。ユージはほかの参加者のレベルをサンドロと比較して，その高さに驚《おどろ》いているのである。

問６　「いわんとする」は，“言おうとする”という意味。ユージの演奏を聞いたマエストロは，「一番後ろの客」にまで音を届けるため，「もっとのどを開いて。そして，遠くに音を飛ばすことを意識しながら吹くんだ」と指導している。

問７　ユージのフルートは，先生のゴールドのフルートに比べて格段に劣《おと》るのだから，“二つのものの間のちがいが非常に大きいようす”を表すアの「雲泥《うんでい》の差」が選べる。なお，イの「団栗《どんぐり》の背《せ》くらべ」は，みんなが同じ程度で，とびぬけてすぐれたものがないこと。ウの「千差万別《ばんべつ》」は，たくさんの種類があって，それぞれがちがっていること。エの「大同小異」は，少しのちがいはあるけれども，だいたいは同じで，似たりよったりであること。

問８　前のほうでマエストロは，「暗譜《あんぷ》をしたほうがいいのは知ってるだろう？　見ると，どうしても音符を目で追うからだ。それぞれの音の意味だけじゃない。曲として，音楽としてとらえるんだ」と言っているので，イが合う。

問９　**ア**　ユージが今使っているフルートは，「五年生のレパートリーだと，ちょっときついかもなぁ」とマエストロは言っているので，ふさわしくない。　**イ**　マエストロはユージの演奏に対し，曲を表現するときにミスを恐《おそ》れて「どこかおっかなびっくり」だと指摘《してき》し，「びくびくしながら吹くな」と指導しているので，あてはまる。　**ウ**　ユージは「テクニックを習得した者こそ～曲を自分なりに解釈《かいしゃく》して表現することができるんだ」と思っているので，合う。　**エ**　「少しずつ息を吹き込《こ》んでていねいに音量を上げていく」という指導内容は，ユージの次の順番の女の人に対するものなので，あてはまらない。

出題ベスト10シリーズ

①国語読解ベスト10
②漢字合格の2790題
③計算合格の820題
④図形問題ベスト10

■過去の入試問題から出題例の多い問題を選んで編集・構成。受験関係者の間でも好評です！

有名中学入試問題集

●男子校編

●女子校編

■中学入試の全容をさぐる!!
■首都圏の中学を中心に、全国有名中学の最新入試問題を収録!!

※表紙は昨年度のものです。

算数の過去問25年分

筑波大学附属駒場
麻布
開成

名門３校に絶対合格したいという気持ちに応えるため過去問実績No.1の声の教育社が出した答えです。

都立中高一貫校 適性検査問題集

■都立一貫校と同じ検査形式で学べる！

●自己採点のしにくい作文には「採点ガイド」を掲載。

●保護者向けのページも充実。

●私立中学の適性検査型・思考力試験対策にもおすすめ！

当社発行物の無断使用は固くお断りいたします。御使用の前はまずご相談ください。

当社発行物には500点余の首都圏中・高過去問をはじめ、６点の学校案内、そのほかいくつかの情報誌などがございます。その多くが年度版で、限られたスタッフが来るべき受験シーズン前に余裕を持って受験生へ届けられるよう、日夜作業にあたり出版を重ねております。

その中で、最近、多くの印刷物やネット上において当社発行物からの無断使用が見受けられ、一部で係争化しているところもございます。事例といたしましては、当社の新刊発行を待ち、それを流用して毎年ネット上に新改訂として掲載していたＡ社、当社過去問から三百箇所をはぎ合わせ「自社制作につき無断転載禁止」とし、集客材としてホームページに掲載していたＢ社、当社版誌面を無断スキャンし、記述式解答は一部殆ど丸取りして動画を制作していた家庭教師グループＣ社、当社発行物の表紙を差し替え、内容を複製し配布していた塾のＤ社などほか数件がございます。

当社発行物の全部もしくは一部を無断使用することは固くお断りいたします。

当社コンテンツの中にはリーズナブルな設定でご提供している事例もたくさんございますので、ご利用されたい方はまずは、お気軽にご相談くださいますようお願いします。同時に、当社発行物を無断で使用している媒体などにつきましての情報もお寄せいただければ幸いです（呈薄謝）。

株式会社 声の教育社

過去問の **解説執筆・解答作成スタッフ（在宅）募集！**

※募集要項の詳細は、10月に弊社ホームページ上に掲載します。

2025年度用
中学スーパー過去問

■編集人 声の教育社・編集部
■発行所 株式会社 声の教育社
〒162-0814 東京都新宿区新小川町8-15
☎03-5261-5061(代) FAX03-5261-5062
https://www.koenokyoikusha.co.jp

本書の内容についての一切の責任は当社にあります。内容・解説・解答・その他は当社ホームページよりお問い合わせ下さい。

東京都／神奈川県／千葉県／埼玉県／茨城県／栃木県ほか

2025年度用
声の教育社版

中学受験案内

■全校を見開き2ページでワイドに紹介！

■中学～高校までの授業内容をはじめ部活や行事など、6年間の学校生活を凝縮！

■偏差値・併願校から学費・卒業後の進路まで、知っておきたい情報が満載！

私立・国公立353校掲載

Ⅰ 首都圏（東京・神奈川・千葉・埼玉・その他）の私立・国公立中学校の受験情報を掲載。

合格情報
近年の倍率推移・偏差値による合格分布予想グラフ・入試ホット情報ほか

学校情報
授業、施設、特色、ICT機器の活用、併設大学への内部進学状況と併設高校からの主な大学進学実績ほか

入試ガイド
募集人員、試験科目、試験日、願書受付期間、合格発表日、学費ほか

Ⅱ 資　料
(1)私立・国公立中学の合格基準一覧表（四谷大塚、首都圏模試、サピックス）
(2)主要中学早わかりマップ
(3)各校の制服カラー写真
(4)奨学金・特待生制度，帰国生受け入れ校，部活動一覧

Ⅲ 大学進学資料
(1)併設高校の主要大学合格状況一覧
(2)併設・系列大学への内部進学状況と条件

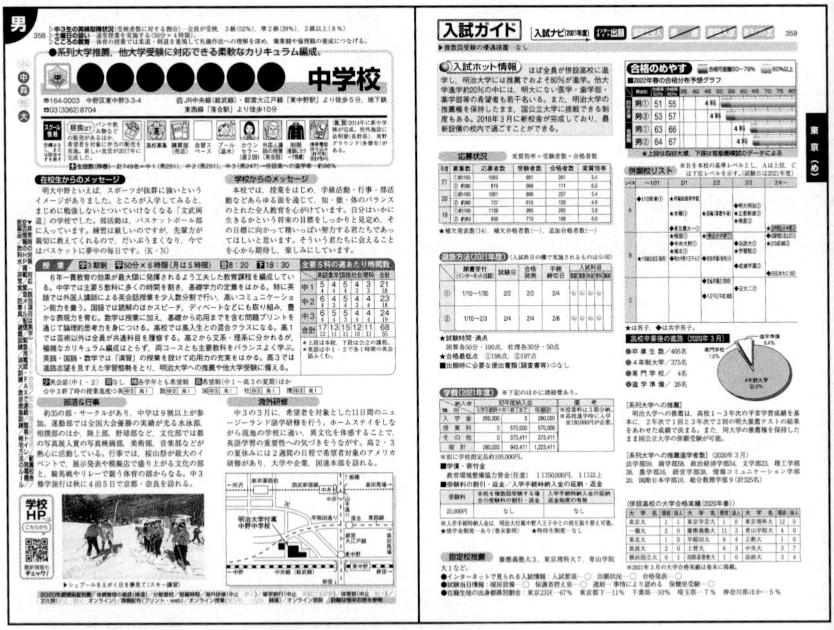
男
358
▷中3生の英検取得状況（受検者数に対する割合）…全員が受検。3級(52%)，準2級(39%)，2級以上(8%)
▷土曜日の扱い…通常授業を実施する(50分×4時限)。
▷こころの教育…体育の授業では柔道・剣道を重視して礼儀作法への理解を深め，職業観や倫理観の養成につなげる。
●系列大学推薦，他大学受験に対応できる柔軟なカリキュラム編成。

●●●●●●● 中学校

〒164-0003　中野区東中野3-3-4
☎03(3362)8704
JR中央線(総武線)・都営大江戸線「東中野駅」より徒歩5分，地下鉄東西線「落合駅」より徒歩10分

在校生からのメッセージ
明大中野といえば，スポーツが抜群に強いというイメージがありました。ところが入学してみると，まじめに勉強しないとついていけなくなる「文武両道」の学校でした。部活動は，バスケットボール部に入っています。練習は厳しいのですが，先輩方が親切に教えてくれるので，だいぶうまくなり，今ではバスケットに夢中の毎日です。(K・N)

学校からのメッセージ
本校では，授業をはじめ，学級活動・行事・部活動などあらゆる面を通じて，知・徳・体のバランスのとれた全人教育を心がけています。自分はいかに生きるかという将来の目標をしっかりと見定め，その目標に向かって精いっぱい努力する君たちであってほしいと思います。そういう君たちに会えることを心から期待し，楽しみにしています。

授業　3期制　50分×6時限(月は5時限)　登8：20　下18：30
6年一貫教育の効果が最大限に発揮されるよう工夫した教育課程を編成している。中学では主要5教科に多くの時間を割き，基礎学力の定着をはかる。特に英語では外国人講師による英会話授業を少人数分割で行い，高いコミュニケーション能力を養う。国語では読解のほかスピーチ，ディベートなどにも取り組み，豊かな表現力を育む。数学は授業に加え，基礎から応用までを含む問題プリントを通じて論理的思考力を身につける。高校では高入生との混合クラスになる。高1では芸術以外は全員が共通科目を履修する。高2から文系・理系に分かれるが，極端なカリキュラム編成はとらず，両コースとも主要教科をバランスよく学ぶ。英語・国語・数学では「演習」の授業を設けて応用力の充実をはかる。高3では進路志望を見すえた学習態勢をとり，明治大学への推薦や他大学受験に備える。

主要5科の週あたり時間数

	英語	数学	国語	社会	理科	合計
中1	5 / 4	4 / 4	5 / 4	4 / 3	3 / 3	21 / 18
中2	6 / 4	4 / 3	5 / 4	4 / 3	4 / 4	23 / 18
中3	6 / 4	5 / 4	5 / 3	4 / 4	4 / 4	24 / 19
合計	17 / 12	13 / 11	15 / 11	12 / 10	11 / 11	68 / 55

＊上段は本校，下段は公立の課程。
＊英語は中1・2で各1時間の英会話ふくむ。

部活＆行事
約35の部・サークルがあり，中学は9割以上が参加。

海外研修
中3の3月に，希望者を対象とした11日間のニュージーランド語学研修を行う。

入試ガイド　359

志望校・併願校を この1冊で選ぶ！決める!!

過去問で君の夢を応援します
声の教育社

〒162-0814　東京都新宿区新小川町8-15
TEL.03-5261-5061　FAX.03-5261-5062
https://www.koenokyoikusha.co.jp

カコを追いかけ
ミライをつかめ
「今の説明、もう一回」を何度でも
web過去問
ストリーミング配信による入試問題の解説動画
もっと古いカコモンないの?
カコ過去問
「さらにカコの」過去問をHPに掲載(DL)
声の教育社
詳しくはこちらから

よくある解答用紙のご質問

01

実物のサイズにできない

拡大率にしたがってコピーすると，「解答欄」が実物大になります。配点などを含むため，用紙は実物よりも大きくなることがあります。

02

A3用紙に収まらない

拡大率164％以上の解答用紙は実物のサイズ(「出題傾向＆対策」をご覧ください)が大きいために，A 3に収まらない場合があります。

03

拡大率が書かれていない

複数ページにわたる解答用紙は，いずれかのページに拡大率を記載しています。どこにも表記がない場合は，正確な拡大率が不明です。

04

1ページに2つある

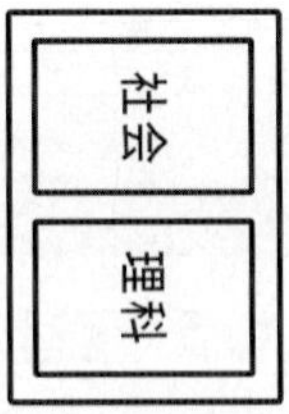

1ページに2つ解答用紙が掲載されている場合は，正確な拡大率が不明です。ほかの試験回の同じ教科をご参考になさってください。

立教新座中学校

【別冊】入試問題解答用紙編

禁無断転載

解答用紙は本体からていねいに抜きとり、別冊としてご使用ください。

実際の解答欄の大きさで練習するには、指定の倍率で拡大コピーしてください。なお、ページの上下に小社作成の見出しや配点を記載しているため、コピー後の用紙サイズが実物の解答用紙と異なる場合があります。

入試結果表

— は非公表

年度	回	項目	国語	算数	社会	理科	4科合計	合格者
2024	第1回	配点(満点)	100	100	50	50	300	最高点
		合格者平均点	—	—	—	—	—	272
		受験者平均点	70.0	48.2	28.1	26.6	172.9	最低点
		キミの得点						183
	第2回	配点(満点)	100	100	50	50	300	最高点
		合格者平均点	—	—	—	—	—	234
		受験者平均点	62.0	52.8	27.4	28.6	170.8	最低点
		キミの得点						196
2023	第1回	配点(満点)	100	100	50	50	300	最高点
		合格者平均点	—	—	—	—	—	243
		受験者平均点	64.5	39.4	27.0	27.6	158.5	最低点
		キミの得点						161
	第2回	配点(満点)	100	100	50	50	300	最高点
		合格者平均点	—	—	—	—	—	200
		受験者平均点	46.5	34.8	27.9	29.5	138.7	最低点
		キミの得点						158
2022	第1回	配点(満点)	100	100	50	50	300	最高点
		合格者平均点	—	—	—	—	—	251
		受験者平均点	60.3	38.8	28.5	32.6	160.2	最低点
		キミの得点						164
	第2回	配点(満点)	100	100	50	50	300	最高点
		合格者平均点	—	—	—	—	—	231
		受験者平均点	63.6	36.9	24.9	27.8	153.2	最低点
		キミの得点						178
2021	第1回	配点(満点)	100	100	50	50	300	最高点
		合格者平均点	—	—	—	—	—	244
		受験者平均点	56.4	41.9	29.4	25.8	153.5	最低点
		キミの得点						159
	第2回	配点(満点)	100	100	50	50	300	最高点
		合格者平均点	—	—	—	—	—	245
		受験者平均点	65.0	47.5	28.0	28.9	169.4	最低点
		キミの得点						199

表中のデータは学校公表のものです。ただし、4科合計は各教科の平均点を合計したものなので、目安としてご覧ください。

声の教育社

２０２４年度　　立教新座中学校

算数解答用紙　第１回

番号		氏名		評点	／100

1

(1)	(2)	(3)
	円	

(4)	(5)
cm^3	cm

(6)	
① 倍	② 人

2

(1)	(2)	(3)	(4)
cm^2	：	：	cm^2

3

(1)	(2)	(3)	(4)
円	：	：	g

4

(1)	(2)	(3)	(4)

5

(1)	
体積 cm^3	表面積 cm^2

(2)	
体積 cm^3	表面積 cm^2

(注)　この解答用紙は実物を縮小してあります。Ｂ５→Ｂ４(141%)に拡大コピーすると、ほぼ実物大の解答欄になります。

〔算　数〕100点(推定配点)

1〜3　各４点×15　4, 5　各５点×8

２０２４年度　　立教新座中学校

社会解答用紙　第１回

番号		氏名		評点	／50

I

問１　海峡

問２

問３

問４

問５

問６

問７　(1)　県　(2)　(3)　県　(4)

(5)　(ア)　県　(ウ)　県

問８

II

問１

問２　(1)　(2)

問３　(1)　(2)

問４

問５　(1)　(2)

問６　(1)　(2)

問７

問８　(1)　(2)

問９　(1)　(2)

III

問１

問２

問３　(1)　(2)

問４　(1)

(2)　X　Y　Z

問５

（注）この解答用紙は実物を縮小してあります。167％拡大コピーをすると、ほぼ実物大の解答欄になります。

〔社　会〕50点(推定配点)

I　問１～問５　各１点×５　問６　２点　問７　(1)　１点　(2)　２点　(3)　１点　(4)　２点　(5)　各１点×２　問８　２点　II　問１　２点　問２～問４　各１点×５　問５　(1)　２点　(2)　１点　問６　各１点×２　問７　２点　問８，問９　各１点×４　III　問１　１点　問２　２点　問３　各１点×２　問４，問５　各２点×５

理科解答用紙　第１回

番号		氏名		評点	／50

1

(1)	(2)	
	変化の名称	呼吸の変化 呼吸 →　　　　呼吸

(3)				
①		②	③	④
Ⅰ	Ⅱ	気体	グラフ	

(4)	(5)

2

(1)	(2)	(3)
	g	%

(4)		(5)	
①	②	①	②
		mm	

3

(1)	(2)	(3)	(4)
		図	km

(5)	(6)	(7)
km	秒速　　km	km

4

(1)	(2)			(3)	(4)
	①	②	③		
cm					

（注）この解答用紙は実物を縮小してあります。Ｂ５→Ａ３（163%）に拡大コピーすると、ほぼ実物大の解答欄になります。

〔理　科〕50点（推定配点）

1 (1)　２点＜完答＞　(2)　各１点×２＜呼吸の変化は完答＞　(3)　①　各２点×２　②，③　各１点×２　④　２点　(4)，(5)　各２点×２＜(5)は完答＞　2 (1)～(3)　各２点×３＜(1)は完答＞　(4)　各１点×２　(5)　各２点×２　3 (1)　２点＜完答＞　(2)　１点　(3)～(7)　各２点×５　4 (1)　２点　(2)　各１点×３　(3)，(4)　各２点×２＜(4)は完答＞

2024年度　立教新座中学校

国語解答用紙　第一回

番号　　氏名　　評点　／100

一

問一　イ　ロ

問二　A　B　C

問三

問四　〜　問い。

問五

問六

問七　ア　イ　ウ　エ

二

問一　イ　ロ　い　ハ　み　ニ　き　ホ　らし

問二

問三

問四　ツネは　ということ。

問五

問六　Ⅰ　Ⅱ

問七

問八

（注）この解答用紙は実物を縮小してあります。Ｂ５→Ａ３（163%）に拡大コピーすると、ほぼ実物大の解答欄になります。

〔国　語〕100点（推定配点）

一　問１　各２点×２　問２　各３点×３　問３　５点　問４　６点　問５　５点　問６　８点　問７　各３点×４　二　問１　各２点×５　問２～問７　各５点×７　問８　６点

２０２４年度　　立教新座中学校

算数解答用紙　第２回

番号		氏名		評点	／100

1

(1)	(2)	(3) ①	(3) ②
	個	度	m^2

(4)	(5) ①	(5) ②
回	cm	cm^3

(6) ①	(6) ②
日目	ページ

2

(1)	(2)	(3)
cm^2	cm^2	cm^2

3

(1)	cm^2
(2) ①	cm^3
(2) ②	cm^2

(2) ③

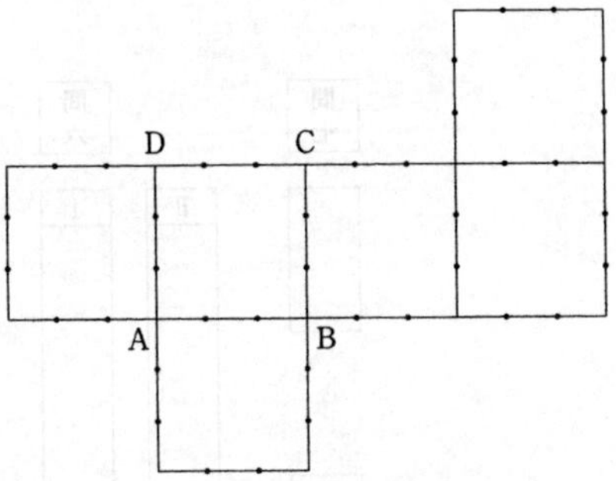

4

(1)	(2)	(3)	(4)
秒間	秒間	秒間	秒間

5

(1)	(2)	(3) ①	(3) ②
秒速　　m	秒	m	秒後

（注）この解答用紙は実物を縮小してあります。Ｂ５→Ｂ４（141%）に拡大コピーすると、ほぼ実物大の解答欄になります。

〔算　数〕100点（推定配点）

1～4　各４点×20　5　各５点×４

2024年度　立教新座中学校

社会解答用紙　第2回

番号		氏名	

評点	／50

I

問1	(1)	(2)(ア)	(エ)	(3)

問2	(1)(ウ) 千人	(オ) 千人	(2)	(3)

問3	(1)	(2)

問4	(1)	(2)	問5	(1)	(2)

II

問1	(1)	(2)	問2	(1)	(2)

問3		問4	(1)	(2)	問5	

問6	(1)	(2)	問7	(1)	(2)

問8	(1)	(2) %	問9	(1)	(2)

III

問1		問2	

問3	という役割を果たす政党のこと。

問4		問5		問6	

問7		問8	

（注）この解答用紙は実物を縮小してあります。Ｂ５→Ａ３（163％）に拡大コピーすると、ほぼ実物大の解答欄になります。

〔社　会〕50点(推定配点)

I　問1　各1点×4　問2　(1)　各2点×2　(2), (3)　各1点×2　問3　(1)　2点　(2)　1点　問4　各1点×2　問5　(1)　1点　(2)　2点　II　問1～問6　各1点×10　問7, 問8　各2点×4　問9　各1点×2　III　問1, 問2　各1点×2　問3　2点　問4, 問5　各1点×2　問6～問8　各2点×3

２０２４年度　立教新座中学校

理科解答用紙　第２回

番号		氏名		評点	／50

1

(1)	(2)	(3)	(4) ①	(4) ②	(5) ①	(5) ②

2

(1)	(2)	(3)	(4) ①	(4) ②	(5)

(6) ①	(6) ②
秒速　　mm	秒後

3

(1)	(2) ①	(2) ②	(3)	(4)	(5) ④	(5) ⑤

(6)

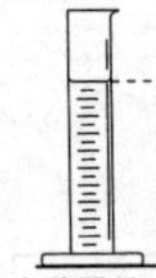

50 cm³ の
めもりの高さ

実験器具Ａ

実験台

理由

4

(1) 記号	(1) 断層の種類	(2)	(3) ①	(3) ②	(3) ③	(3) ④

(4)	(5)	(6)
極		

（注）この解答用紙は実物を縮小してあります。Ｂ５→Ａ３（163％）に拡大コピーすると、ほぼ実物大の解答欄になります。

〔理　科〕50点（推定配点）

1 (1)，(2)　各１点×２　(3)～(5)　各２点×４＜(3)，(5)は完答＞　**2** (1)，(2)　各１点×２　(3)～(6)　各２点×６＜(3)は完答＞　**3** (1)　１点　(2)～(6)　各２点×６＜(2)，(5)は完答＞　**4** (1)，(2)　各２点×２＜(1)は完答＞　(3)，(4)　各１点×５　(5)，(6)　各２点×２

２０２４年度　　立教新座中学校

国語解答用紙　第二回

番号		氏名		評点	／100

一

問一　イ　ロ　ハ　ニ

問二　A　B　C　D

問三

問四

問五

問六

二

問一　イ　ロ　ハ　ニ　き

問二

問三

問四

問五

問六

問七

（注）この解答用紙は実物を縮小してあります。Ｂ５→Ａ３（163%）に拡大コピーすると、ほぼ実物大の解答欄になります。

〔国　語〕100点（推定配点）

一　問１　各２点×４　問２　各４点×４　問３～問５　各６点×３　問６　８点　二　問１　各２点×４　問２　５点　問３　６点　問４～問６　各７点×３　問７　10点

2023年度　　立教新座中学校

算数解答用紙　第1回

番号		氏名		評点	／100

1

(1)	(2)	
	① 分 秒	② 分 秒

(3)		(4)
① 個	② 個	度

(5)	
体積 cm^3	表面積 cm^2

(6)	
① 個	② 通り

2

(1)	(2)	(3)
個	個	個分

3

(1)	(2)	(3)
cm^2	cm^2	cm^2

4

(1)	(2)	(3)	(4)
cm^3	cm^2	cm	cm^2

5

(1)	(2)	(3)
個		

(4)	(5)
	個

（注）この解答用紙は実物を縮小してあります。Ｂ５→Ｂ４(141%)に拡大コピーすると、ほぼ実物大の解答欄になります。

〔算　数〕100点(推定配点)

1～5　各４点×25

２０２３年度　　立教新座中学校

社会解答用紙　第１回

番号		氏名		評点	／50

Ⅰ

問1　問2　問3　問4

問5　問6　問7　問8

問9

問10　問11　問12　問13

問14　→　1980年　→　→

Ⅱ

問1　問2　問3　問4

問5　問6 (1) (2)

問7 (1) (2) (3)

問8 (1)　→　→　→　(2) (3)

問9 (1) (2)　問10

Ⅲ

問1　問2　問3 (1) (2)

問4　問5 (1) (2)

問6 (1) (2)

問7 (1) (2)

(注) この解答用紙は実物を縮小してあります。175％拡大コピーをすると、ほぼ実物大の解答欄になります。

〔社　会〕50点(推定配点)

Ⅰ 問1〜問8　各1点×8　問9　2点　問10〜問13　各1点×4　問14　2点＜完答＞　Ⅱ 問1〜問5　各1点×5　問6　(1)　2点＜完答＞　(2)　1点　問7　各1点×3　問8　(1)　2点＜完答＞　(2), (3)　各1点×2　問9, 問10　各1点×3　Ⅲ 問1〜問4　各2点×5　問5〜問7　各1点×6

2023年度　立教新座中学校

理科解答用紙　第１回

番号		氏名		評点	／50

1

(1)	(2)	(3)	(4)	(5)	(6)	
					①	②

2

(1)		(2)	(3)
a	b		

(4)				(5)
Ⅰ	Ⅱ	Ⅲ	Ⅳ	

3

(1)	(2)		(3)	(4)
kg	記号	回転		kg

(5)			
①	②	③	④

4

(1)	(2)	(3)	(4)
	mL		%

(5)	(6)	
g	記号	g

（注）この解答用紙は実物を縮小してあります。Ｂ５→Ｂ４（141%）に拡大コピーすると、ほぼ実物大の解答欄になります。

〔理　科〕50点（推定配点）

1　(1)～(5)　各２点×5＜(3)は完答＞　(6)　各１点×２　2　(1)　各１点×２　(2)，(3)　各２点×２　(4)　各１点×４　(5)　２点　3　(1)　２点　(2)　記号…１点，何回転か…２点　(3)，(4)　各２点×２　(5)　各１点×４　4　(1)～(5)　各２点×5＜(3)は完答＞　(6)　記号…１点，水のおもさ…２点

二〇二三年度　立教新座中学校

国語解答用紙　第一回

番号		氏名		評点	／100

一

問一　イ　ロ　ハ　げて　ニ　ホ

問二　Ⅰ　Ⅱ　Ⅲ

問三

問四　②　③

問五

問六

問七

二

問一　イ　ロ　れて　ハ　ニ　げる　ホ

問二　だから。

問三

問四

問五

問六　最初　最後

問七

（注）この解答用紙は実物を縮小してあります。Ｂ５→Ａ３(163%)に拡大コピーすると、ほぼ実物大の解答欄になります。

〔国　語〕100点(推定配点)

一　問１　各２点×５　問２〜問５　各５点×７　問６　７点　問７　５点　二　問１　各２点×５　問２〜問６　各５点×５　問７　８点

2023年度　立教新座中学校

算数解答用紙　第2回

番号		氏名		評点	／100

1

(1)	(2)	
	太郎君　個	花子さん　個

(3)	
①　問	②　問

(4)		(5)	
線の長さ　cm	面積の和　cm^2	①　面	②　面

2

(1)	(2)	(3)	(4)
：	cm^2	：	cm^2

3

(1)	(2)	(3)	(4)
cm^3	cm^3	cm^3	cm^3

4

(1)	(2)	(3)
	個	個

(4)		
ア	イ	ウ

5

(1)	(2)
度	3分　　秒と　3分　　秒

(3)
10分　　秒と　10分　　秒

(4)
分　　秒と　　分　　秒

（注） この解答用紙は実物を縮小してあります。B５→A３(163%)に拡大コピーすると、ほぼ実物大の解答欄になります。

〔算　数〕100点(推定配点)

1～4　各４点×20＜1の(2)，4の(4)は完答＞　5　各５点×４＜(2)～(4)はそれぞれ完答＞

２０２３年度　立教新座中学校

社会解答用紙　第２回

番号		氏名	

評点	／50

I

問1　ア　イ　ウ　エ

問2　問3　問4

問5　(1)　(2)　(3)　問6　問7

問8

問9

II

問1　問2　問3　問4

問5　問6　(1)　(2)　問7

問8　(1)　(2)

問9　問10　問11

問12　(1)　(2)　(3)

III

問1

問2　(1) A　B　C　D　(2)

問3

問4　(1)　(2)

(注) この解答用紙は実物を縮小してあります。175%拡大コピーをすると、ほぼ実物大の解答欄になります。

〔社　会〕50点(推定配点)

I　問1～問5　各1点×10　問6～問9　各2点×4　II　問1～問7　各1点×8　問8　(1)　2点　(2) 1点　問9　1点　問10　2点　問11, 問12　各1点×4　III　問1　2点　問2　(1)　各1点×4　(2) 2点　問3, 問4　各2点×3

２０２３年度　立教新座中学校

理科解答用紙　第２回

番号		氏名		評点	／50

1

(1)	(2)	(3)	(4)
	秒速　　cm		

(5)	(6)	(7)

2

(1)	(2) ①	(2) ②	(2) ③	(3)	(4) ①	(4) ②	(4) ③	(4) ④	(4) ⑤

3

(1)	
方法	結果

(2)	(3)	(4) ①	(4) ②
		%	g

(5)

4

(1)	(2)	(3)	(4)	(5)
			%	%

(6) ①	(6) ②	(7)
と	丸い種子：しわの種子＝　：	

（注）この解答用紙は実物を縮小してあります。Ｂ５→Ａ３(163%)に拡大コピーすると、ほぼ実物大の解答欄になります。

〔理　科〕50点(推定配点)

1　(1)　1点　(2)～(6)　各2点×5＜(3)～(6)はそれぞれ完答＞　(7)　1点　2　(1)　2点　(2)　各1点×3　(3)　2点　(4)　各1点×5　3　(1), (2)　各2点×3　(3)　1点　(4), (5)　各2点×3　4　(1)～(3)　各1点×3　(4)～(7)　各2点×5

二〇二三年度　立教新座中学校

国語解答用紙　第二回

番号　　氏名　　評点　／100

一

問一　イ　ロ　ハ　ニ　り　ホ

問二　A　B　C

問三

問四

問五

問六

問七

問八　ア　イ　ウ　エ　オ

二

問一　イ　ロ　ハ　て　ニ　る　ホ

問二

問三

問四

問五

問六

問七

問八

(注) この解答用紙は実物を縮小してあります。B５→A３(163%)に拡大コピーすると、ほぼ実物大の解答欄になります。

〔国　語〕100点(推定配点)

一　問１　各２点×５　問２　各３点×３　問３　７点　問４　８点　問５～問７　各４点×３　問８　各２点×５　二　問１　各２点×５　問２～問４　各４点×３　問５　５点　問６　６点　問７　７点　問８　４点

２０２２年度　立教新座中学校

算数解答用紙　第１回

番号		氏名		評点	／100

1

(1)	(2)		(3)	
	金メダル　個	銅メダル　個	整数A	あまり

(4)	
①　cm^2	②　cm^2

(5)	
①　cm^2	②　cm^3

2

(1)	(2)
cm^2	cm^2

(3)	(4)
cm^2	cm

3

(1)	(2)
cm^3	cm^3

(3)	(4)
毎分　cm^3	cm^3

4

(1)	(2)	(3)	(4)
分	人	：	人

5

(1)	(2)	(3)	(4)
	通り	通り	通り

（注）この解答用紙は実物を縮小してあります。Ｂ５→Ｂ４（141%）に拡大コピーすると、ほぼ実物大の解答欄になります。

〔算　数〕100点（推定配点）

1～3　各４点×15＜1の(2)，(3)は完答＞　4，5　各５点×８

２０２２年度　立教新座中学校

社会解答用紙　第１回

番号		氏名		評点	／50

I

問1　問2　問3

問4　問5　問6 (く) (け)

問7 (1)

(2)

(3)　問8 ② ③

II

問1　問2　問3　問4

問5　問6　問7　問8

問9　問10　問11　問12

問13

III

問1

問2　問3　問4　問5

問6　問7

問8

問9

(注) この解答用紙は実物を縮小してあります。Ｂ５→Ａ３(163%)に拡大コピーすると、ほぼ実物大の解答欄になります。

〔社　会〕50点(推定配点)

I 問1〜問6　各1点×7　問7，問8　各2点×5　II 問1〜問8　各1点×8　問9〜問13　各2点×5　III 問1　2点　問2〜問4　各1点×3　問5〜問9　各2点×5

２０２２年度　立教新座中学校

理科解答用紙　第１回

番号		氏名		評点	／50

1

(1)	(2)					(3)
	①				②	
	Ⅰ	Ⅱ	Ⅲ	Ⅳ		
					℃	

2

(1)	(2)	(3)	(4)	(5)	(6)	(7)	(8)

3

(1)	(2)		(3)	
	①	②	①	② g

(4)	(5)
g	

4

(1)	(2)	(3)	(4)	(5)	
				①	②
cm^3	g		g		cm

(6)	
①	②

（注）この解答用紙は実物を縮小してあります。Ｂ５→Ｂ４（141％）に拡大コピーすると、ほぼ実物大の解答欄になります。

〔理　科〕50点(推定配点)

1　(1)　２点＜完答＞　(2)　①　各１点×４　②　２点　(3)　２点　2　(1)～(4)　各１点×４　(5)～(8)　各２点×４　3　各２点×７＜(2)は各々完答＞　4　(1)～(5)　各２点×６　(6)　各１点×２

二〇二二年度　　立教新座中学校

国語解答用紙　第一回

番号		氏名		評点	／100

一

問一　イ　ロ　ハ　ニ　ホ

問二

問三

問四

問五　Ⅰ　Ⅱ

問六

問七

問八

問九　ア　イ　ウ　エ

二

問一　イ　ロ　い　ハ　ニ　いて　ホ

問二

問三

問四

問五

問六

問七　と考えるようになった。

（注）この解答用紙は実物を縮小してあります。Ｂ５→Ａ３（163%）に拡大コピーすると、ほぼ実物大の解答欄になります。

〔国　語〕100点（推定配点）

一　問１　各２点×５　問２～問４　各５点×３　問５　３点＜完答＞　問６～問８　各５点×３　問９　各３点×４　二　問１　各２点×５　問２～問６　各５点×５　問７　10点

２０２２年度　立教新座中学校

算数解答用紙　第２回

番号		氏名	

評点	／100

1

(1)	(2)	
	①	②

(3)		
① 最も高い点数	最も低い点数	②
点	点	点

(4)		(5)	
①	②	①	②
cm^2	cm^2	cm^3	cm^3

2

(1)	(2)	
個	番目	和

(3)	(4)
番目	

3

(1)	(2)	(3)
毎秒　cm		

4

(1)	(2)	(3)	(4)
cm^2	cm^3	：	cm

5

(1)		(2)	
容器A	容器B		
%	%	g	%

(3)	
太郎君	次郎君
g	g

（注）この解答用紙は実物を縮小してあります。Ｂ５→Ａ３(163%)に拡大コピーすると、ほぼ実物大の解答欄になります。

〔算　数〕100点(推定配点)

1, 2　各４点×13＜1の(3)の①, 2の(2)は完答＞　3　(1), (2)　各４点×2＜(2)は完答＞　(3)　5点＜完答＞　4, 5　各５点×7＜5は各々完答＞

2022年度　立教新座中学校

社会解答用紙　第2回

番号		氏名	

評点	／50

I

問1

問2 (1) (2) (3)

問3

問4 (1) (2)

問5

問6 10 15 20 25

問7 (1) (2) (3)

問8 (1) (2) (3)

問9

問10

問11

問12

問13 (1) (2)

問14

問15 (1) (2) (3)

問16 (1) (2)

問17

問18

II

問1 (1) (2) (3)

問2 (1) (2) → →

問3 (1) (2) (3)

問4 (1) (2)

（注）この解答用紙は実物を縮小してあります。175％拡大コピーをすると、ほぼ実物大の解答欄になります。

〔社　会〕50点(推定配点)

I 問1〜問3　各1点×5　問4〜問6　各2点×4　問7，問8　各1点×6　問9〜問11　各2点×3　問12〜問18　各1点×11　II 問1　各1点×3　問2　各2点×2＜(2)は完答＞　問3　各1点×3　問4　各2点×2

２０２２年度　立教新座中学校

理科解答用紙　第２回

番号		氏名		評点	／50

1

(1)	(2)	(3)	
横	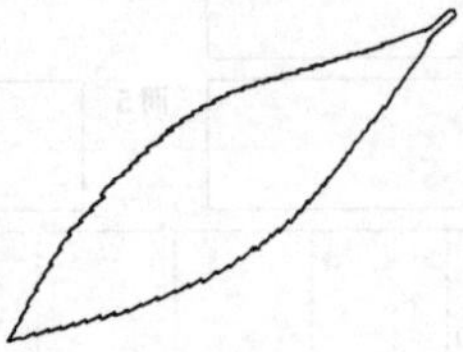	①	②
縦		③	④

(4)		(5)
①	②	

2

(1)	(2)		(3)
	①	②	

(4)		(5)
装置	説明	

3

(1)	(2)	(3)	(4)	(5)	(6)	(7)

4

(1)	(2)			
	①		②	③
	Ⅰ	Ⅱ		
	Ⅲ	Ⅳ		

（注）この解答用紙は実物を縮小してあります。Ｂ５→Ａ３（163％）に拡大コピーすると、ほぼ実物大の解答欄になります。

〔理　科〕50点（推定配点）

1 (1)　各１点×２　(2)　２点　(3)　各１点×４　(4)，(5)　各２点×２＜各々完答＞　2　各２点×５＜(1)，(2)，(3)，(4)は完答＞　3　(1)～(3)　各２点×３　(4)　各１点×２　(5)～(7)　各２点×３　4　各２点×７

二〇二二年度　立教新座中学校

国語解答用紙　第二回

番号		氏名		評点	／100

一

問一　イ　れ　ロ　ハ　ニ

問二　A　B　C　D

問三　最初　最後

問四

問五

問六

問七　最初　最後　こと。

問八　ア　イ　ウ　エ　オ

二

問一　イ　り　ロ　しい　ハ　え　ニ　いて　ホ

問二

問三

問四

問五

問六　Ⅰ　Ⅱ　Ⅲ

問七

（注）この解答用紙は実物を縮小してあります。Ｂ５→Ａ３（163%）に拡大コピーすると、ほぼ実物大の解答欄になります。

〔国　語〕100点（推定配点）

一　問１　各２点×４　問２　各３点×４　問３　５点　問４～問６　各４点×３　問７　５点　問８　各２点×５　二　問１　各２点×５　問２　10点　問３～問７　各４点×７

2021年度　　立教新座中学校

算数解答用紙　第１回

番号		氏名		評点	／100

1

(1)	(2)	
	① m	② か所

(3)		
① お菓子A 個	お菓子C 個	② 日間

(4)	(5)	
cm^3	① cm^2	② cm

2

(1)	(2)	(3)
：	：	：

3

(1)		(2)	(3)
体積 cm^3	表面積 cm^2	cm^2	cm^3

4

(1)	(2)	(3)	(4)
	個	個	

5

(1)
12　時　分　秒

(2)	(3)	(4)
m		m

（注）この解答用紙は実物を縮小してあります。Ｂ５→Ｂ４（141％）に拡大コピーすると、ほぼ実物大の解答欄になります。

〔算　数〕100点(推定配点)

1〜4　各４点×20　5　各５点×４

2021年度　立教新座中学校

社会解答用紙　第1回

番号		氏名		評点	／50

I

問1

問2 (1) (2) (3)

問3

問4 摩周湖　屈斜路湖

問5

問6

問7

問8

問9

問10

問11 川

問12 a　b

問13

問14

問15 (1) 市 (2) 市 (3) 市 (4)

問16 (1) (2)

問17

問18

問19

問20 (1) (2)

II

問1

問2 (1) (2)

問3 (1) (2)

問4 (1) (2)

（注）この解答用紙は実物を縮小してあります。B5→A3（163%）に拡大コピーすると、ほぼ実物大の解答欄になります。

〔社　会〕50点（推定配点）

I 問1～問4　各1点×7　問5　2点　問6，問7　各1点×2　問8　2点　問9，問10　各1点×2　問11～問14　各2点×5　問15～問20　各1点×11　II 各2点×7

２０２１年度　立教新座中学校

理科解答用紙　第１回

番号		氏名		評点	／50

1

(1)	(2) ①	(2) ②	(2) ③

(3)	(4)

2

(1)	(2) Ⅰ A	(2) Ⅰ B	(2) Ⅰ 語句の組み合わせ	(2) Ⅱ A	(2) Ⅱ B	(2) Ⅱ 語句の組み合わせ

(3)	(4) ①	(4) ② D	(4) ② E	(4) ② 語句の組み合わせ

(4) ③

3

(1)	(2)	(3) ①	(3) ②	(3) ③	(3) ④

(4)	(5) ①	(5) ②	(5) ③	(5) ④	(5) ⑤	(5) ⑥	(5) ⑦

4

(1)	(2) ②	(2) ③	(3) ④	(3) ⑤	(3) ⑥	(3) ⑦
時間　　分						

(4) 日の出	(4) 日の入り	(5)

（注）この解答用紙は実物を縮小してあります。Ｂ５→Ａ３(163％)に拡大コピーすると、ほぼ実物大の解答欄になります。

〔理　科〕50点(推定配点)

1　(1)　２点＜完答＞　(2)～(4)　各１点×5＜(2)は各々完答＞　2　(1)　１点　(2)　各２点×2＜各々完答＞　(3)　１点　(4)　各２点×3＜②は完答＞　3　(1)，(2)　各２点×2＜各々完答＞　(3)～(5)　各１点×12　4　(1)，(2)　各２点×3　(3)～(5)　各１点×9

二〇二一年度　立教新座中学校

国語解答用紙　第一回

番号　　氏名　　評点　／100

一

問一　イ　　ら　ロ　　い　ハ　　ニ　　ホ　　い

問二　A　　B　　C

問三　　問四

問五　A　　B　　C　　D

問六　　問七

問八　ア　　イ　　ウ　　エ　　オ

二

問一　イ　　し　ロ　　れ　ハ　　ニ　　き　ホ

問二

問三

問四　　問五

問六　圭介が　　こと。

問七　　問八

（注）この解答用紙は実物を縮小してあります。B５→A３（163％）に拡大コピーすると、ほぼ実物大の解答欄になります。

〔国　語〕100点（推定配点）

一　問１　各２点×５　問２　各３点×３　問３～問７　各４点×８　問８　各２点×５　二　問１　各２点×５　問２～問５　各４点×４　問６　５点　問７，問８　各４点×２

２０２１年度　　立教新座中学校

算数解答用紙　第２回

番号		氏名		評点	／100

1

(1)	(2)	(3)
		円

(4) ①	(4) ②	(5)
cm^3	cm	

(6) ①	(6) ②
倍	倍

2

（ア）の図形	
線の長さ　cm	面積　cm^2

（イ）の図形	
線の長さ　cm	面積　cm^2

3

(1)	(2)	(3)	(4)
倍	倍	倍	倍

4

(1)	(2)		
	①	② 国語	社会
点	点	点	点

5

(1)	(2)	(3)	(4)
	番目	個	個

（注）この解答用紙は実物を縮小してあります。Ｂ５→Ｂ４（141%）に拡大コピーすると、ほぼ実物大の解答欄になります。

〔算　数〕100点（推定配点）

1, 2　各４点×12　3　各５点×４　4, 5　各４点×８

２０２１年度　立教新座中学校

社会解答用紙　第２回

番号		氏名		評点	／50

Ⅰ

問１	(ア)	(イ)	(ウ)	(エ)	
問２	【A】	【B】	【C】	【D】	
問３	(1)	(2)	(3)	(4)	(5)

Ⅱ

問１　問２ (1) (2)

問３ (1) (2)　問４ (1) (2)

問５　問６　問７

問８ (1) (2)　問９

Ⅲ

問１　問２　問３　問４

問５　問６　問７

問８　問９

問10　問11

〔社　会〕50点(推定配点)

Ⅰ 問１　各１点×４　問２　各２点×４　問３　各１点×５　Ⅱ 問１, 問２　各１点×３　問３　各２点×２　問４〜問７　各１点×５　問８　各２点×２　問９　１点　Ⅲ 問１　１点　問２　２点　問３, 問４　各１

２０２１年度　立教新座中学校

理科解答用紙　第２回

番号		氏名		評点	／50

1

(1)	(2)	(3)			(4)
		①	②	③	

2

(1)				(2)		
①	②	③	④	①	② イモリ	ヤモリ
(3)		(4) キンギョ	メジナ			

3

(1)	(2)	(3) A	B
(4)		(5)	

4

(1)		(2)	(3)	
①	②		③	④
(4) 秒	(5) ⑤	⑥	⑦	

〔理　科〕50点(推定配点)

1 (1), (2)　各２点×２　(3)　各１点×３　(4)　２点　2 (1)　各１点×４　(2)　①　２点　②　各１点×２　(3), (4)　各２点×４　3 各２点×６<(2)は完答>　4 (1), (2)　各２点×３　(3)　各１点

二〇二二年度　立教新座中学校

国語解答用紙　第一回

番号		氏名		評点	/100

一

問一　イ　ロ　ハ

問二　A　B　C

問三

問四

問五

問六　ア　イ　ウ　エ

二

問一　イ　　らして　ロ　　め　ハ　　いで　ニ　　ホ

問二

問三

問四　　ということ。

問五

問六

問七

問八

問九　ア　イ　ウ　エ

（注）この解答用紙は実物を縮小してあります。B5→A3（163%）に拡大コピーすると、ほぼ実物大の解答欄になります。

〔国　語〕100点(推定配点)

一　問1　各2点×3　問2　各3点×3　問3〜問5　各5点×3　問6　各3点×4　二　問1　各2点×5　問2〜問5　各5点×4　問6　6点　問7，問8　各5点×2　問9　各3点×4

中学後見返し